50 —

Sämtliche Schriften der hl. Theresia von Jesu

Sämtliche Schriften der hl. Theresia von Jesu

Zweiter Band:

Das Buch der Klosterstiftungen der hl. Theresia von Jesu

—

Neue deutsche Ausgabe
übersetzt nach der spanischen Ausgabe des
P. Silverio de S. Teresa C. D.

von

P. Aloysius ab Immaculata Conceptione
aus dem Orden der unbeschuhten Karmeliten

Verlag Josef Kösel & Friedrich Pustet, München

Das Buch der Klosterstiftungen der hl. Theresia von Jesu

von

P. Aloysius Alkofer

Ord. Carm. Disc.

Verlag Josef Kösel & Friedrich Pustet, München

I M P R I M A T U R

Ratisbonae, die 6. Januarii 1934

fr. Theodorus a S. Francisco
Provincialis

—

I M P R I M A T U R

Monachii, die 29. Octobris 1935

F. Buchwieser
Vic. Gen.

ISBN 3-466-20113-6
2. unveränderte Auflage 1973
Printed in Germany
Druck: fotokop wilhelm weihert kg, Darmstadt
Einband: Graphische Werkstätten Kösel, Kempten

Einführung in das „Buch der Klosterstiftungen"

Inhaltlich ist das „Buch der Klosterstiftungen" die natürliche Fort=
setzung des „Lebens". Läßt uns die heilige Theresia in ihrem „Leben"
einen Blick tun in ihr Vorleben in der Welt und in ihr reiches Innen=
leben im Menschwerdungskloster zu Avila mit all den Prüfungen und
gnadenvollen Heimsuchungen Gottes, um dann mit dem Bericht über
die Gründung des ersten Reformklosters St. Joseph in Avila (1562)
abzuschließen, so gibt uns die große Reformatorin des Karmel in dem
vorliegenden „Buch der Klosterstiftungen" („Libro de las funda=
ciones") ausführlichen Bericht über ihre fernere reformatorische Tätig=
keit in Gründung von weiteren sechzehn Klöstern für den weiblichen
Zweig der neuen Reform. Das Buch umfaßt also die Zeitspanne von
1567 — 1582, von der Gründung des zweiten Reformklosters bis zum
Tode der Heiligen.

Nachdem der Ordensgeneral P. Johannes Baptista Rubeo gelegent=
lich seiner Visitation der spanischen Karmelitenklöster auch das neu=
gegründete Reformkloster zum hl. Joseph in Avila besucht und darin
das blühende Leben nach der ursprünglich ungemilderten Regel des
Karmel bewundert hatte, gab er, erfreut ob dieses ersten sichtlichen
Erfolgs der Möglichkeit einer Ordensreform im Sinne des Triden=
tinischen Konzils, Theresia kraft seines Amtes bereitwilligst die Voll=
macht, noch weitere solcher Reformklöster im Bereiche des Königreichs
Kastilien zu gründen. (Avila 27. April 1567, bzw. Madrid 16. Mai
1567.)

Theresia, erfüllt von glühender Liebe zu ihrem göttlichen Bräutigam
und zugleich von dem Verlangen, Seelen für ihn zu gewinnen, bzw. zu
retten, ging sofort an die Ausführung dieses für die Kräfte einer Frau
scheinbar unmöglichen Werkes. So gründet sie im Verlauf der fünfzehn
Jahre, die ihr noch zu leben beschieden sind, noch weitere sechzehn Klöster
für den weiblichen Zweig ihres Ordens, zumeist ohne jegliche finanzielle

Mittel, vielfach trotz größter Schwierigkeiten seitens weltlicher und geistlicher Behörden. Ungeachtet ihrer durch die vielen Leiden der vorausgegangenen Jahre geschwächten Gesundheit und dauernder körperlicher Gebrechen, ungeachtet der vorgenannten Schwierigkeiten durcheilt Theresia den größten Teil Spaniens; bald dehnt sie ihre Reformtätigkeit auch auf andere Teile Spaniens aus, neue Klöster gründend, die bereits gegründeten besuchend, um nach dem Rechten zu sehen, eingreifend und, wo es nötig war, Übelstände abschaffend.

Und unter welchen Umständen mußten diese beschwerlichen Reisen landauf, landab gemacht werden! P. Hieronymus Gracián, der langjährige Begleiter der Heiligen auf solchen Reisen, ihr Beichtvater und zugleich ihr innigster Vertrauter und Berater, gibt uns einen interessanten Bericht, wie es bei solchen Reisen zuging. „In der Regel", so erzählt er, „gingen drei von unseren Mitbrüdern und einige befreundete Laien auf ihren Reisen mit ihr. Die heilige Mutter befand sich auf einem zweirädrigen, von Ochsen oder Maultieren gezogenen Karren, der mit einer Segeltuch-Blahe bedeckt war, um die heilige Mutter und die sie begleitenden Schwestern nicht nur vor den neugierigen Blicken der Leute, sondern auch vor den Unbilden der Witterung zu schützen. Bevor wir eine Herberge erreichten, schickte die Heilige einen der Begleiter voraus, um für Unterkunft und Zimmer zu sorgen. Das Erste, was nach der Ankunft geschah, wenn es irgend die Zeit gestattete, war, daß wir die heilige Messe feierten und der heiligen Mutter die heilige Kommunion reichten. In der Herberge selbst verschloß man den Eingang zu den Räumen, die die Heilige mit den Schwestern bewohnte, und stellte eine Person vor dem Eingang auf, die Pfortendienste zu verrichten und darauf zu achten hatte, daß niemand jene Räume betrete.... Sowohl in den Herbergen, die man auf den weiten Reisen beziehen mußte, wie auf dem Wege, hatte die heilige Mutter immer ein Glöckchen bei sich, um damit das Zeichen zu geben zum Beginn entweder der Betrachtung oder des Offiziums oder des Stillschweigens, je nach der Tageszeit, da überall die Tagesordnung eingehalten wurde, als ob sie daheim im Kloster wäre. Immer konnte man sehen, wie besorgt die Mutter um alles war, was ihre Begleiter bzw. die Maultiertreiber benötigten, als hätte sie an sonst nichts zu denken, oder als hätte sie ihr Leben lang Leute wie diese Maultiertreiber um sich gehabt. Bisweilen rief sie jene, die zu Fuß mitgingen, zum

Wagen heran und unterhielt sich in liebenswürdigster Weise mit ihnen, so daß diese auf alle Müdigkeit vergaßen. Manchmal kam es auch vor, daß die heilige Mutter auf einem Maultier reitend die Reise machte (wenn eben eine Reise zu Wagen in unwegsamen Gegenden unmöglich war), und sie verstand es, so sicher sich darauf zu halten, als wäre sie in einem bequemen Wagen.... Mir scheint, als habe ihr Gott aber auch zu allem und jedem eine besondere Gnade verliehen...." (Anmerkungen des P. Gracián zum „Leben der hl. Theresia" des P. Ribera.)

Wenn wir ferner bedenken, daß solche Reisen bei den damals gänzlich unzulänglichen Verkehrsverhältnissen Spaniens durch unwegsame Landschaften, bei strömendem Regen oder durch tiefen Schnee, bei brennender Sonnenglut oder unter fürchterlichen Stürmen gemacht werden mußten; daß oft Ströme, durch plötzlich einfallenden Regen über die Ufer getreten, unter größter Lebensgefahr überquert werden mußten; daß des öfteren die Lebensmittel, die unserer Reisegesellschaft in den Herbergen geboten wurden, völlig unzulänglich waren, so kann man begreifen, daß solche Reisen auch für die Begleiter der Heiligen kein geringes Opfer bedeuteten. Doch Theresia verstand es meisterhaft, ihre Begleitung stets in froher Stimmung zu erhalten, sei es durch erbauliche Gespräche oder fromme Gesänge, sei es durch fröhliches Geplauder, so daß es allen, selbst den Maultiertreibern, ein Genuß war, wie sie wiederholt versicherten, mit Theresia zu reisen. Wohl eine der größten Überwindungen kostete es Theresia, wenn sie mit ihrer Begleitung in einer Herberge, wie sie in jener Gegend auf einsamen Landstraßen der Übernachtung dienten, nächtigen mußte; wenn in solchen Herbergen, in denen oft alles mögliche landfahrende Gesindel zusammenkam, Schimpf- und Fluchworte der gemeinsten Art an ihr Ohr drangen, Lärmen und Streiten vor ihren Augen sich abspielte. Und was mag sie zumal gelitten haben in solchen, meist von Schmutz und Ungeziefer starrenden Herbergen, sie, die gerade in diesem Punkte so empfindsam war!

Des öfteren macht die Heilige in ihrem Buche Andeutungen über derartige Zustände. Doch was bedeuteten für ihre hochgemute Seele all diese Hindernisse und Opfer und Schwierigkeiten! Durch einen Franziskanermissionär, der aus „Indien", wie man damals Amerika nannte, zurückgekehrt war, hatte Theresia in dem Menschwerdungskloster von Avila gehört, wie dort ungezählte Seelen aus Mangel an Missionären dauernd verlorengehen. Dies hatte sie erst recht bestärkt in dem Verlangen, Seelen für Gott zu retten durch ein Leben des Gebetes und der intensivsten Buße. Um für ein solches Leben Seelen heranzubilden, hatte sie ihr Reformwerk unternommen.

Was war nun der eigentliche Anstoß zur Abfassung des Berichtes über die erste Entwicklung dieses Reformwerks? Nachdem Theresia die Geschichte der Gründung des ersten Reformklosters von Avila auf Befehl ihres Beichtvaters, P. García de Toledo, O. Pr., geschrieben hatte, dachte sie vorläufig an keine weiteren Gründungen und fügte deshalb diesen Bericht ihrem „Leben" bei. Als sie dann 1567 auf Geheiß des Ordensgenerals, P. Rubeo, an die Gründung weiterer Klöster ging und so nach und nach die Reformklöster von Medina del Campo, Malagón, Valladolid, Durvelo entstanden, hatte sie über die Gründungsgeschichte dieser Klöster keinen eigentlichen Bericht geschrieben, sondern nur auf fliegenden Blättern sich gelegentlich einige Aufzeichnungen gemacht, bis sie eines Tages nach der hl. Kommunion, wie sie selbst in einem ihrer geistlichen Berichte erzählt (cf. Geistl. Berichte III. in d. neuen deutsch. Ausg. od. IX. in d. span. Ausg. des P. Silverio), von seiten Gottes die Stimme zu hören glaubte, auch die Geschichte dieser Klöster niederzuschreiben. Doch dieser inneren Anregung von seiten Gottes kam sie vorläufig nicht nach, bis diese Stimme Gottes durch den förmlichen Befehl ihres Vorgesetzten, d. i. ihres Beichtvaters, ergänzt wurde. Das war im August 1573, als sie eben in Salamanca an der Neugründung eines Klosters arbeitete. Da gab ihr nämlich ihr damaliger Beichtvater, P. Hieronymus Ripalda S. J., den ausdrücklichen Auftrag, die Geschichte der bis dahin gegründeten Klöster zu schreiben.

Die Heilige wandte diesem Auftrag gegenüber ein, daß sie nicht einsehe, welchen Nutzen diese Berichte haben könnten, und daß sie infolge ihrer anderweitigen Beschäftigungen überhaupt keine Zeit dazu finde. Doch als ihr Seelenführer auf seinem Befehl bestand, machte sich die Heilige, gehorsam wie immer, daran, die seinerzeit gemachten kurzen Notizen zu ordnen und zu ergänzen. So entstanden in Salamanca die ersten neun Hauptstücke des Buches, umfassend nur die Gründungen von Medina del Campo und Malagón. (Siehe ihre eigenen Worte im 27. Hauptstück der „Klosterstiftungen"!)

Dieser erste Teil der „Stiftungen" enthält nun nicht allein den Bericht über das Entstehen der beiden erstgenannten Klöster, sondern in diesem Bericht finden sich eine Reihe von wichtigen Ermahnungen über das geistliche Leben eingereiht, welche die Heilige an die Priorinnen der bis dahin gegründeten und in Zukunft noch entstehenden Klöster richtete. So spricht sie besonders im fünften Hauptstück ausführlich über den Gehorsam und findet dafür Worte, die zu dem Besten gehören, was je von den bedeutendsten geistlichen Schriftstellern über diesen Punkt geschrieben wurde.

Nach dem neunten Hauptstück brach Theresia diese Berichte über ihre Klostergründungen wieder ab, obwohl es der bis dahin bereits gegründeten Klöster schon sieben waren; denn zahlreiche andere Arbeiten hinderten sie einerseits daran, anderseits trug sie sich auch jetzt wieder mit dem Gedanken, diese Arbeit überhaupt ruhen zu lassen, da sie, wie schon so oft, auch jetzt wieder von einem geradezu unüberwindlichen Widerwillen erfaßt war gegen jede Art schriftstellerischer Betätigung.

Als sie nun im Jahre 1576 in Toledo weilte, gab ihr P. Hieronymus Gracián, damals apostolischer Kommissär und infolgedessen ihr Vorgesetzter, den strikten Auftrag, die Berichte über ihre Klostergründungen fortzusetzen. Auch diesmal fügte sich Theresia, ungeachtet alles natürlichen Widerstrebens, dem Willen des Vorgesetzten. Sofort bat sie in einem Brief (24. Juli 1576) ihren Bruder Laurentius in Avila, er möchte ihr von Avila aus die dort hinterlegten Aufzeichnungen über die bisherigen Gründungen sowie den bereits fertigen Bericht über die beiden ersten Gründungen (1. — 9. Hauptstück) nach Toledo schicken. Im Oktober des gleichen Jahres (1576) macht sich Theresia an die Niederschrift, und bereits am 14. November hat sie die weiteren Hauptstücke 10 — 27 vollendet, wie sie am Schluß des Kap. 27 schreibt.

Dieser zweite Teil ihres Werkes umfaßt die Gründungen von Valladolid (15. VIII. 1568), Toledo (14. V. 1569), des ersten Reformklosters der Patres in Durvelo (28. XI. 1568), der beiden Klöster in Pastrana, eines für die Schwestern (9. VII. 1569) und eines für die Patres (13. VII. 1569), Salamanca (1. XI. 1570), Alba de Tormes (25. I. 1571), Segovia (19. III. 1574), Beas (25. II. 1575), Sevilla (29. V. 1575) und schließt mit der Gründung von Caravaca (1. I. 1576). Es ist nicht ohne Bedeutung, wenn sie am Schluß dieser letzteren Gründung (27. Hauptstück) gleichsam als Epilog hinzufügt: „Dieser Bericht wurde vollendet am 14. November des Jahres 1576", gleich als hätte sie geahnt, daß der große Sturm der

Verfolgung gegen sie und ihr Werk nun anhebt und sie auf Jahre hinaus an dessen Fortsetzung hindern werde. Zugleich mochte sie wohl glauben, mit diesem Hauptstück die Schrift endgültig abgeschlossen zu haben.

Doch der Sturm gegen die junge Reform ging vorüber, freilich nicht ohne deren beiden Trägern, Theresia und Johannes vom Kreuz, schwere Prüfungen gebracht zu haben. Und so begibt sich Theresia in den Jahren 1580—1582 neuerdings auf den dornenvollen Weg der Gründung von weiteren Klöstern. So entstanden in den drei genannten Jahren die Klöster von Villanueva de la Jara (21. II. 1580), Palencia (29. XII. 1580), Soria (3. VI. 1581) und Burgos (22. IV. 1582). Während die Heilige die Berichte über die Gründung der beiden ersten Klöster in Palencia im April 1581 niederschrieb, verfaßte sie jene über die Gründung von Soria und Burgos jeweils nach Vollendung der betreffenden Gründung. Sie umfassen die letzten Hauptstücke (28—31) des uns vorliegenden Werkes. Der Bericht über die Gründung von Burgos ist geschrieben im Juli 1582, also wenige Monate vor dem Tode der Heiligen.

Als Theresia nach Vollendung dieser letzteren Gründung Burgos verließ, um bald darauf in Alba in die ewige Herrlichkeit einzugehen, übergab sie die Handschrift dieser Berichte, zusammen 31 Hauptstücke, einem gewissen Dr. Manso, der während ihres Aufenthaltes in Burgos ihr Beichtvater gewesen war. Von diesem ging das Original sowohl dieser Gründungsberichte als auch der übrigen Handschriften der heiligen Reformatorin im Jahre 1587 in den Besitz der Ehrw. Anna von Jesu über, die sie sammelte, um sie durch P. Ludwig de León O. S. Aug., Professor an der Universität Salamanca, veröffentlichen zu lassen. Als jedoch letzterer im August 1591 starb, noch bevor er zusammen mit den übrigen Schriften der heiligen Theresia die „Klosterstiftungen" veröffentlicht hatte, ging die Handschrift der letzteren an einen gewissen Dr. Sobrino, Universitätsprofessor von Valladolid, über.

Im Jahre 1592 gab König Philipp II. von Spanien seinem Beichtvater P. Didakus de Yepes, Prior des Augustinerklosters im Escorial, den Auftrag, ihm die Originalhandschriften der heiligen Theresia zu verschaffen. So kamen diese durch des Letztgenannten Vermittlung in den Besitz des Königs, der von nun an deren eifrigster Leser blieb. Nach dem Tode seines Sohnes Philipp III. wurden sie der Bibliothek des Escorial einverleibt.

Als ich vor Jahren das Glück hatte, in der Bibliothek des Escorial diese für einen Sohn der großen Ordensstifterin so unendlich kostbaren Handschriften zu sehen, konnte ich nur in stiller Verehrung und Bewunderung vor diesem wertvollen Schatz der Bibliothek stehen. Doch welch ein Unterschied, wenn man die beiden Handschriften des „Lebens" und der „Klosterstiftungen" miteinander vergleicht! Im „Leben" die Handschrift noch voll jugendlicher Kraft, in Eile auf das Papier hingeworfen; eine von augenblicklichen Eingebungen erfüllte Seele spiegelt sich darin. Hier dagegen, in den „Klosterstiftungen", verrät sich sofort eine unsagbar große Müdigkeit. Wohl trägt auch hier die Schrift noch ihren persönlichen Charakter, eine Seele voll Energie; aber sie ist schon viel weniger regelmäßig als dort; die Schriftzüge sind feiner, die Buchstaben kleiner, die aus Unachtsamkeit gemachten Fehler sind zahlreicher. Zumal gegen Ende des Buches merkt man, wie die Hand der heiligen Verfasserin vollständig ermattet. Die letzte Schrift der Heiligen vor ihrem Tode! Welch teures Erbe! Was erzählen nicht diese 132 Blätter! Die Geschichte von fünfzehn Jahren voll unsagbarer Opfer und Mühen, die Geschichte einer Seele, erfüllt von Heldenmut und unvergleichlichem Opfergeist!

Von den verschiedenen Abschriften, die noch vor Übergabe der Originalhandschriften an den König von einigen Freunden der Heiligen, gelehrten Männern, an Hand der Originale gemacht worden waren, existieren nur noch zwei: die eine im Besitz der Karmelitinnen von Toledo, die andere in der Akademie für Geschichte in Madrid.

In Druck erschien das „Buch der Klosterstiftungen" erstmals im Jahre 1610 zu Brüssel bei Roger Velpius & Hubert Antoine, besorgt durch die Ehrw. M. Anna von Jesu, die damals Priorin zu Brüssel war, in Verbindung mit P. Hieronymus Gracián. Jedoch fehlten in dieser Erstausgabe die Hauptstücke zehn und elf, in denen die Geschichte der außerordentlichen Berufung der kleinen Casilda de Padilla erzählt wird, die damals noch in einem Kloster der Franziskanerinnen lebte. Auch sonst enthielt diese Ausgabe viele Abweichungen vom ursprünglichen Text. — Eine zweite Sonderausgabe der „Klosterstiftungen" erschien 1623 zu Zaragoza (bei Pedro Gil), besorgt durch die Karmeliten der alten Observanz. Auch diese Ausgabe enthielt zahlreiche will-

kürliche Abweichungen vom Original. So z. B. erschien darin als erstes
Hauptstück der Bericht der Heiligen über die Gründung des Josephs-
klosters in Avila, der dem „Leben" entnommen war; die Einteilung
des Buches war sehr willkürlich, die Hauptstücke zehn und elf fehlten
auch hier; dazu kamen noch verschiedene Verstümmelungen von Worten
und Sätzen, entspringend dem damaligen Kampfgeist der alten Observanz gegen die Reform. — In der Gesamtausgabe der Werke der
heiligen Theresia erscheint das „Buch der Klosterstiftungen" zum erstenm-
mal 1630 bei Balthasar Moretus (Plantin) in Antwerpen, gleichfalls
mit allen Mängeln der editio princeps (1610). — Auch die Ausgabe
von 1661 bei Jos. Ferd. Buendia in Madrid, zusammen mit den
übrigen Werken der Heiligen, besorgt durch P. Antonius a Matre Dei
C. D., wies noch viele Mängel auf, obwohl ihr zum erstenmal die
Originalhandschriften des Escorial zugrundegelegt worden waren. In
ihr erschienen zum erstenmal auch die Hauptstücke zehn und elf. — Die
folgenden Ausgaben von 1675 bei Foppens in Brüssel, sowie die von
1778 und 1793 bei Doblado in Madrid machten sich nicht einmal die
textkritischen Verbesserungen der vorausgehenden Ausgabe zunutze.
— Auch die beiden textkritischen Ausgaben des Don Vincente de la
Fuente von 1861 und 1881 ließen an Vollständigkeit und Gründlichkeit
vieles zu wünschen übrig. Sehr verdienstvoll jedoch war die photolitho-
graphische Ausgabe des „Buches der Klosterstiftungen" von 1880. Erst
die durch P. Silverio de S. Teresa C. D. besorgte Ausgabe der „funda-
ciones", Burgos (Tipogr. de „El Monte Carmelo") 1918 (5. Bd.
der sämtlichen Werke), gibt uns erstmals einen in jeder Hinsicht vollständigen und von allen Beimischungen und Verstümmelungen ge-
reinigten Text der „Klosterstiftungen".

Das „Buch der Klosterstiftungen" nimmt unter den Schriften der
heiligen Theresia an literarischem Wert weitaus die erste Stelle ein.
Mögen andere ihrer Werke, wie die „Seelenburg", spekulativ tiel tiefer
und gehaltvoller sein oder, wie die „Rufe der Seele", an lyrischem
Schwung sie weit übertreffen, so ist doch das „Buch der Stiftungen"
in literarischer Hinsicht vollkommener: der Bericht über die Gründung
der einzelnen Klöster ist voll entzückender Schlichtheit, lebendig, in
leichtem Plauderton dahingleitend, voll natürlicher Anmut. Darin
offenbart sich so ganz die Ungezwungenheit theresianischen Stils, eine
abgewogene Feinheit des Ausdrucks, eine zarte Nüchternheit im Ge-

brauch der Bilder, wie sie nur den Werken der großen Klassiker zu eigen sind. Zugleich ist es ein Meisterwerk der Geschichtschreibung. Die heilige Verfasserin will um jeden Preis nur die volle und ganze Wahrheit der Tatsachen wiedergeben; sie verwahrt sich von Anfang an dagegen, auch nur in kleinsten Dingen eine Unwahrheit sagen zu wollen. Sie schildert die Menschen, wie sie sind, mit all ihren Licht- und Schattenseiten. Sie versteht es zudem meisterhaft, den an sich trockenen historischen Berichten Leben und Wärme einzuhauchen, indem sie ab und zu der Erzählung lustige Szenen einzuflechten weiß, z. B. wenn sie in humorvoller Weise den ruinösen Zustand des Hauses in Medina del Campo schildert, das sie beziehen sollen; oder wenn sie die Angst ihrer Begleiterin in Salamanca während der Nacht von Allerheiligen auf Allerseelen beschreibt oder von den Schwestern in Villanueva berichtet, die von den lateinischen Gebeten, die sie verrichteten, nicht das geringste verstanden; oder wenn sie so ergötzlich erzählt, wie die ersten Mönche von Durvelo in ihrem Übereifer nicht einmal etwas hatten, worauf sie sich zur Ruhe legen konnten, dafür aber fünf Sanduhren besaßen, um die Tagesordnung genau zu halten, und dergleichen mehr. Aus all dem strahlt uns das lichte, heitere Wesen der Heiligen entgegen, die alles Melancholische, Düstere aus tiefster Seele verabscheut und darum auch die sogenannten „traurigen Heiligen" nicht ausstehen kann.

Die Heilige sagte von vorliegendem Buche eines Tages zu dem Lizentiaten Aguiar: „Serán cosas de mucho gusto algún día" „Es wird die Zeit kommen, da dieses Buch mit großem Interesse gelesen wird." Diese Prophezeiung war keine Übertreibung oder Überhebichkeit von seiten der Heiligen, sondern sie hat sich in den mehr denn dreihundert Jahren, seitdem dieses Werk der Welt übergeben ist, voll und ganz bewahrheitet und wird sich auch in den kommenden Zeiten erfüllen.

P. Ambrosius a S. Theresia O. C. D.
(Rom)

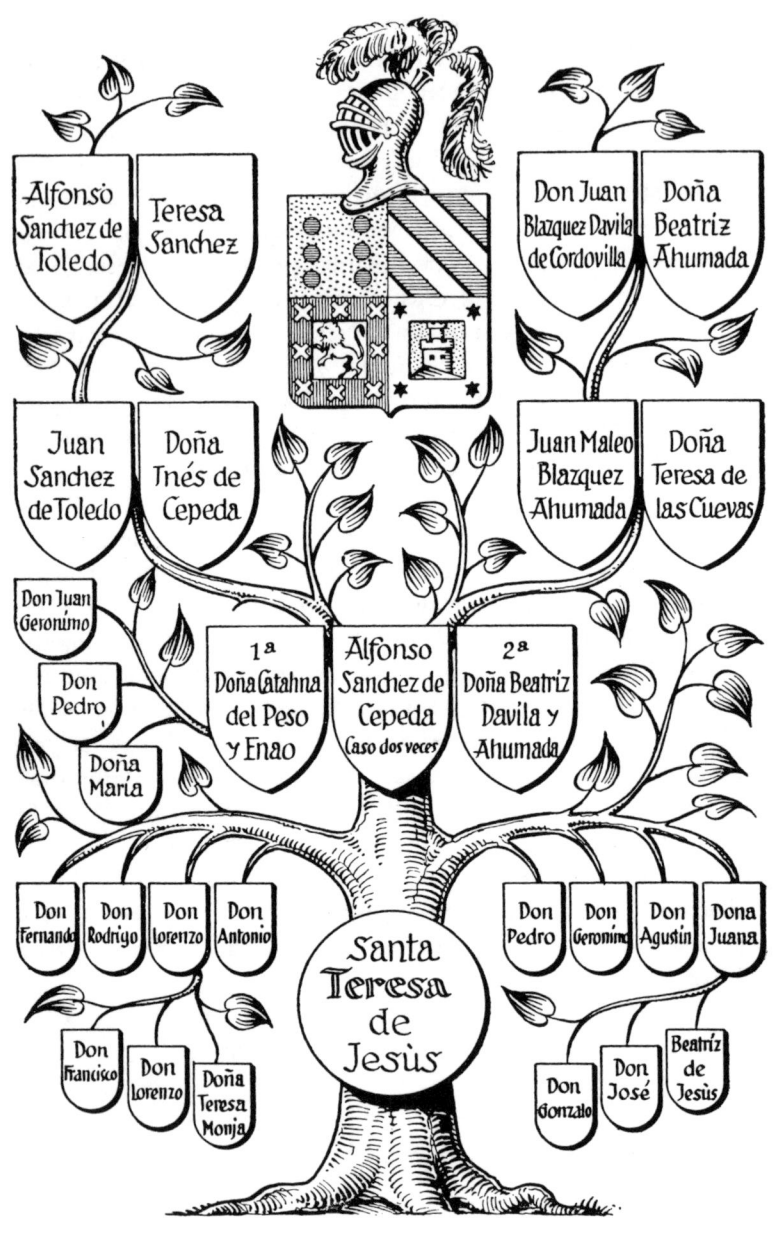

Alfonso Sanchez de Toledo

Teresa Sanchez

Don Juan Blazquez Davila de Cordovilla

Doña Beatriz Ahumada

Juan Sanchez de Toledo

Doña Inés de Cepeda

Juan Mateo Blazquez Ahumada

Doña Teresa de las Cuevas

Don Juan Geronimo

Don Pedro

Doña María

1ª Doña Catahna del Peso y Enao

Alfonso Sanchez de Cepeda (Caso dos veces)

2ª Doña Beatriz Davila y Ahumada

Don Fernando

Don Rodrigo

Don Lorenzo

Don Antonio

Don Pedro

Don Geronimo

Don Agustin

Dona Juana

Santa Teresa de Jesùs

Don Francisco

Don Lorenzo

Doña Teresa Monja

Don Gonzalo

Don José

Beatríz de Jesùs

Stammbaum der hl. Theresia

Vorrede[1]

I. H. S.[2]

1. Wenn ich von dem absehe, was ich an vielen Stellen gelesen, so weiß ich auch aus eigener Erfahrung, welch großer Nutzen der Seele dadurch erwächst, daß sie nie vom Gehorsam abweicht. Darin besteht nach meinem Dafürhalten der Fortschritt in der Tugend und der Erwerb der Demut. Hierin finden wir die Sicherheit bei der Besorgnis, den Weg zum Himmel zu verfehlen, die übrigens uns Sterblichen in diesem Leben immer heilsam ist. Hier gewinnt man jene Ruhe, die den Seelen, die Gott zu gefallen verlangen, so kostbar ist. Haben sie sich in Wahrheit diesem heiligen Gehorsam hingegeben und ihm ihren Verstand unterworfen, so daß sie keine andere Meinung mehr haben wollen, als die ihres Beichtvaters, oder wenn sie Ordensleute sind, die ihres Oberen, so hört der böse Feind auf, sie mit seinen beständigen Beunruhigungen anzufechten, weil er einsieht, daß er dabei mit mehr Verlust als Gewinn abziehen muß. Auch unsere stürmischen Gemütsbewegungen lassen nach, die immer gern dem Eigenwillen folgen und sogar die Vernunft unter ihre Botmäßigkeit bringen in Dingen, die nach unserem Geschmacke sind; der Grund daran ist die Erinnerung, daß man seinen Willen mit aller Entschiedenheit dem Willen Gottes dadurch unterworfen hat, daß man ihn dem übergab, der seine Stelle vertritt. Nachdem mir die göttliche Majestät in ihrer Güte soviel Licht gegeben hatte, den großen, in dieser Tugend verborgenen Schatz zu erkennen, habe ich mich, wenngleich schwach und unvollkommen, um dessen Erwerb bemüht. Dennoch sträubt sich die schwache Tugend, die

---

[1] Die Heilige gab diesem Buche keinen Titel, aber auf dem Titelblatte des im Escorial aufbewahrten Manuskriptes der Klosterstiftungen stehen folgende Worte: „Originalbuch der reformierten Klöster, die die glorreiche heilige Jungfrau Theresia von Jesu in Spanien gestiftet hat, von ihrer Hand geschrieben. Bibliothek von St. Laurentius zum ewigen Gedächtnis."

[2] V. de la Fuente setzt an die Stelle des von der heiligen Theresia in ihren Manuskripten stets wiederkehrenden Zeichens IHS das Wort „Jesus".

ich in mir gewahre, noch oft; denn in einigen Dingen, die mir befohlen worden, bemerke ich, daß sie nicht ausreicht. Die göttliche Majestät wolle ersetzen, was mir zu dem vorliegenden Werke abgeht!

2. Als ich mich im Jahre 1562 im Kloster des heiligen Joseph zu Avila befand, das im selben Jahre gegründet worden war, befahl mir der Dominikaner, Pater García de Toledo,[1] der damals mein Beichtvater war, die Gründung dieses Klosters nebst vielen anderen Begebenheiten zu beschreiben; dies kann jeder in der Geschichte der Gründung finden, wenn sie veröffentlicht wird. Jetzt im Jahre 1573, somit elf Jahre später, befinde ich mich in Salamanca, wo ich den P. Rektor des Kollegiums der Gesellschaft Jesu, Magister Ripalda,[2] zum Beichtvater habe. Nachdem dieser das Buch von der ersten Stiftung gelesen, meinte er, es werde zur Verherrlichung des Herrn dienen, wenn ich die anderen sieben Klöster, die durch die Güte des Herrn später gegründet wurden,[3] sowie auch den Beginn der Klöster der unbeschuhten Väter dieser ersten Ordensregel beschreiben würde. Und so hat er mir den Auftrag dazu gegeben.

3. Da mir dies infolge vieler dringender Geschäfte, Briefe und anderer Arbeiten, die mir von meinen kirchlichen Vorgesetzten aufgetragen waren, unmöglich schien, wandte ich mich im Gebete an Gott; ich war etwas niedergedrückt, weil ich mich dazu so wenig tauglich fühlte, weil meine Gesundheit in schlechtem Zustand war und ich auch ohnedies wegen meiner geringen natürlichen Begabung diese Arbeit nicht leisten zu können glaubte. Da sprach der Herr zu mir: „T o c h t e r , d e r G e h o r s a m g i b t K r ä f t e .“[4] Seine Majestät gebe, daß es so sei, und verleihe mir die Gnade, ihr zur Ehre die dem Orden bei diesen

---

[1] Siehe Leben 34. Hptst. S. 336, Anmerkung.

[2] Die Heilige lernte diesen Mann kennen, als sie die Vorrede zum Buche der Klosterstiftungen schrieb. Siehe I. B. (Leben) S. 446, Anm. 4.

[3] Siehe 4. Hptst., Anm. 1.

[4] Der Inhalt dieses und des vorhergehenden Absatzes legt uns nahe, daß die hl. Theresia den Bericht über die folgenden Stiftungen in Verbindung bringen wollte mit dem des ersten Conventes in Avila, worüber sie sich auf Geheiß des P. Garcia de Toledo im Buche ihres Lebens in fünf Hauptstücken (32—36) ausführlich verbreitete. Damals hatte sie noch nicht mehrere Klöster gegründet und auch nicht die Absicht, noch andere Werke zu verfassen. Die ihrem Leben eingereihten fünf Hauptstücke müssen darum sinngemäß als die ersten Hauptstücke des Buches der Klosterstiftungen betrachtet werden.

Stiftungen erwiesenen Wohltaten nach Gebühr erzählen zu können! Man darf versichert sein, daß es in aller Wahrheit, ohne den geringsten Zusatz, so gut ich es weiß, geschehen werde, genau so, wie es sich zugetragen hat; denn ich möchte selbst in unbedeutender Sache um nichts in der Welt eine Lüge sagen. Hier aber, wo geschrieben werden wird, was zum Lobpreise des Herrn dienen soll, würde ich mir ein großes Gewissen daraus machen und nicht bloß fürchten, die Zeit zu vergeuden, sondern auch Gott zu beleidigen, wenn ich in Sachen Gottes lügen sollte; denn das wäre eine schmähliche Verräterei, wenn er durch die Beschreibung dessen beleidigt würde, wodurch er verherrlicht werden sollte. Seine Majestät möge mich nie aus der Hand lassen, um so etwas zu tun!

4. Ich werde jede Stiftung für sich beschreiben und mich befleißen, kurz zu sein, wenn ich es vermag. Meine Schreibweise ist so schwerfällig, daß ich fürchte, auch gegen meinen Willen andere und mich selbst zu ermüden. Indessen werden meine Töchter, denen diese Schriften nach meinem Ableben verbleiben sollen, in ihrer Liebe zu mir es ertragen können. Ich suche hierin keinen Vorteil für mich und hab auch keinen Grund dazu; was ich beabsichtige, ist nur das Lob und die Verherrlichung des Herrn; man wird hier vieles finden, weswegen ihm solches Lob gebührt. Möge Gott verhüten, daß der Leser auch nur im Entfernten mir etwas zuschreibe! Denn dies wäre wider die Wahrheit. Vielmehr mögen alle Leser Seine Majestät bitten, mir zu verzeihen, daß ich alle bei diesen Stiftungen mir erwiesenen Gnaden so schlecht benützt habe. Meine Töchter haben sich für das, was ich getan, weit mehr zu beklagen als zu bedanken. Allen Dank, meine Töchter, wollen wir der göttlichen Güte darbringen für so viele Gaben, die sie uns gespendet. Um der Liebe Gottes willen bitte ich jeden, der dies lesen wird, um ein Ave Maria, auf daß es mir helfe zur Befreiung aus dem Fegfeuer und ich gelangen möge zur Anschauung Jesu Christi, unseres Herrn, der lebt und herrscht mit dem Vater und dem Heiligen Geiste in alle Ewigkeit. Amen.

5. Da ich ein schwaches Gedächtnis habe, glaube ich, daß manches Wichtige ausgelassen und anderes gesagt werden wird, das wegbleiben dürfte, wie es (eben) von meinem geringen Verstande, von meiner Ungeschicklichkeit und von dem Mangel an der nötigen Ruhe nicht anders zu erwarten ist. Man hat mir auch befohlen, bei gegebener

Gelegenheit etwas zu sagen über das Gebet, über die Täuschungen, in die jene verfallen könnten, die das Gebet üben, und die Ursache sind, daß sie nicht vorwärts kommen. In allem unterwerfe ich mich der Lehre der heiligen römischen Kirche mit dem festen Willen, daß Gelehrte und Geistesmänner davon Einsicht nehmen sollen, ehe es, meine Schwestern und meine Töchter, in euere Hände kommen wird. Ich beginne im Namen des Herrn, unter dem Beistande seiner glorreichen Mutter, deren Kleid ich, obwohl dessen unwürdig, trage und des glorreichen heiligen Vaters Joseph, in dessen Hause ich wohne (denn seinen Namen trägt das hiesige Kloster der unbeschuhten Karmelitinnen) und durch dessen Fürbitte ich allezeit Hilfe erlangt habe.

Im Jahre 1573, am Tage des heiligen Ludwig, Königs von Frankreich, den 23. August.

Gott sei gelobt!

Beginn der Stiftung des Klosters zum heiligen Joseph vom Berge Karmel in Medina del Campo.[1]

Erstes Hauptstück

Veranlassung zu dieser und den übrigen Stiftungen.

1. Nach der Stiftung des Klosters zum heiligen Joseph in Avila[2] verweilte ich dort fünf Jahre, und soviel ich jetzt beurteilen kann, scheinen mir diese wohl die ruhigsten meines Lebens gewesen zu sein;[3] jene Ruhe und Stille vermißt meine Seele oft gar sehr. Um diese Zeit traten einige Jungfrauen von zartem Alter in dieses Kloster. Soviel man aus ihrem sorgfältig ausgesuchten Kleiderschmuck abnehmen konnte, hatte sie die Welt anscheinend schon als ihr Eigentum angesehen; allein der Herr riß sie noch frühzeitig aus diesen Eitelkeiten heraus, zog sie in sein Haus und verlieh ihnen eine so hohe Vollkommenheit, daß sie mir gar sehr zur Beschämung gereichten. Als die Zahl dreizehn,[4] die

---

[1] So lautet die genaue Überschrift nach der „Edición autografiada".

[2] Siehe „Leben" der heiligen Theresia, 36. Hauptstück.

[3] Die Zelle, in der die Heilige diese ruhigen Jahre verbrachte (1562—1567), ist heute noch im St.-Josephs-Kloster zu Avila im nämlichen Zustand erhalten. Man hat nur die Wände und das Gewölbe ein wenig geziert. In einer Ecke neben dem Fenster befindet sich noch der hölzerne Stuhl, auf dem die Heilige beim Schreiben saß.

[4] Im Leben der hl. Theresia 1. Buch, Seite 373, Anm., wurde berichtet, daß die Heilige später eine größere Anzahl von Schwestern zuließ. Im Jahre 1567 befanden sich im St.-Josephs-Kloster zu Avila außer der heiligen Stifterin zwei Nonnen aus dem Kloster der Menschwerdung: Anna von den Engeln und Maria-Isabella, sowie acht Neu-Profeßschwestern. Sie hießen: Isabella vom heiligen Paulus, Ursula von den Heiligen, Antonie vom Heiligen Geist, Maria-Baptista, Maria vom Kreuz, Maria vom heiligen Hieronymus, Maria vom heiligen Joseph und Isabella vom heiligen Dominikus. Ferner drei Novizinnen: Anna von Jesu, Maria von Christus und Petronilla Baptista.

Um diese Zeit hatte die Heilige noch keine Laienschwestern, weshalb die Chorschwestern die einzelnen Hausarbeiten, auch die Küche, abwechselnd jede Woche besorgen

wir nie zu überschreiten uns entschlossen hatten, voll geworden war, lebte ich in seliger Wonne unter diesen so heiligen und reinen Seelen, deren einzige Sorge es war, unserem Herrn zu dienen und ihn zu lobpreisen.[1] Die göttliche Majestät versorgte uns mit dem Notwendigen, ohne es begehren zu müssen; und wenn uns etwas mangelte, was höchst selten geschah, so war ihre Freude um so größer. Ich lobte den Herrn beim Anblick so vieler, erhabener Tugenden, vorzüglich der Sorglosigkeit um alle Dinge, die nicht den Dienst des Herrn betrafen.

2. Ich war damals ihre Oberin und erinnere mich nicht, daß der Gedanke an zeitliche Dinge mich je beschäftigt hätte: ich war fest überzeugt, daß der Herr jene, die keine andere Sorge haben, als ihm zu gefallen, keinen Mangel leiden lasse. Reichte manchmal die Speise nicht für alle Schwestern und sagte ich, sie sei für die Bedürftigen bestimmt, so hielt sich keine für bedürftig genug, und so blieb sie unberührt, bis Gott für alle hinreichend (Speise) schickte.

3. Bezüglich der Tugend des Gehorsams, zu der ich große Liebe habe, die ich aber nicht zu üben verstand, bis diese Dienerinnen Gottes mich belehrten, könnte ich vieles erzählen, was ich an ihnen beobachtete; wenn ich wirklich Tugend hätte, könnte ich nicht in Unkenntnis darüber sein. Eines fällt mir eben ein, das sich auf folgende Weise zutrug: Als wir eines Tages im Speisezimmer waren, setzte man uns Gurken vor; ich bekam eine sehr dünne, die inwendig faul war. Ohne etwas merken zu lassen, rief ich eine Schwester,[2] die verständigste und fähigste unter ihnen, und sagte, um ihren Gehorsam zu prüfen, sie solle hingehen und jene Gurke in ein Gärtchen einsetzen, das wir besaßen. Auf ihre Frage, ob sie diese senkrecht oder quer einsetzen müsse, antwortete ich: Quer! Sie ging hin und setzte sie so, ohne auf den Gedanken zu kommen, daß diese notwendigerweise verdorren müsse. Weil der Gehorsam es forderte,

---

mußten. Im Kloster zum hl. Joseph zu Avila besteht die Überlieferung, daß die hl. Theresia mit großer Geschicklichkeit die Speisen zubereitete und trotz der großen Armut, in der das Kloster in den ersten Jahren lebte, überaus geschmackvoll zu würzen verstand.

[1] Siehe Memorias Histor. L. R. n. 208.

[2] Diese Nonne hieß Maria Baptista (Maria de Ocampo), eine Nichte der Heiligen, die später Priorin in Valladolid wurde. (Siehe auch Leben der hl. Theresia, 32. Hptst., S. 315, Anm. 2, sowie Memorias Histor. L. R. n. 183.)

unterwarf sie blindlings[1] ihren natürlichen Verstand und glaubte, daß es so ganz recht sei. So trug sich auch zu, daß ich einer anderen sechs bis sieben Geschäfte befahl, die sich nicht wohl miteinander vereinen ließen, und doch nahm sie diese stillschweigend auf sich in der Meinung, sie alle verrichten zu können.

4. Im Kloster war ein Brunnen, der, wie Kenner sagten, ein sehr ungesundes Wasser hatte, und es schien unmöglich, gesundes herzuleiten, weil der Brunnen sehr tief war. Als ich nun Arbeitsleute kommen ließ, um es zu versuchen, lachten sie über mich, daß ich vergeblich Geld ausgeben wolle. Da fragte ich die Schwestern um ihre Meinung. Eine antwortete: Man versuche es; der Herr werde für jemand sorgen, der uns Wasser für den Tisch verschaffe; es komme ihm wohlfeiler, wenn er uns Wasser im Hause gebe: drum werde er es auch tun.[2] Als ich sah, mit welch großem Glauben und Vertrauen sie dies sagte, war mir die Sache schon gewiß, und ich ließ gegen das Gutachten des Brunnenmeisters weiterarbeiten. Dem Herrn gefiel es, daß wir eine Quelle trinkbaren Wassers entdeckten, das für das Kloster vollständig hinreicht; wir haben es jetzt noch. Ich erzähle dies nicht als ein Wunder; denn da könnte ich noch viele andere Dinge sagen, sondern nur, um anzudeuten, welch großen Glauben diese Schwestern hatten, da es sich so zugetragen hat, wie ich gesagt. Es ist auch nicht meine Absicht, die Nonnen dieses Klosters zu rühmen; denn durch die Güte des Herrn wandeln alle bis auf den heutigen Tag nach dieser Weise. Über der-

---

[1] In der „Edición autografiada" liest man ganz deutlich „cegó la razón natural", darüber die Korrektur des P. Gracián „cautivó su razón natural en servicio de Cristo" (sie gab ihren natürlichen Verstand im Dienste Christi gefangen). Beide Ausdrücke sind richtig; wir zogen aber vor, den ursprünglichen Ausdruck der heiligen Mutter Theresia zu gebrauchen, weil er in einfacherer Weise den ganz blinden Gehorsam der Schwester bezeichnet.

[2] Dieser Brunnen ist heute noch vorhanden, wenn auch sein Wasser nicht mehr zum Trinken, sondern nur zum Begießen des Gartens benutzt wird. Er hat den Namen „Brunnen der Samariterin" oder „Brunnen der Maria Baptista", weil diese Schwester es war, die gegen den Willen der Arbeitsleute die Heilige veranlaßte, den Brunnen zu graben, so daß Wasser hervorfloß. Nach der Überlieferung soll Don Alvaro de Mendoza, Bischof von Avila, dieses Wasser versucht und es auch vielen anderen Personen zum Trinken gereicht haben. Wahrscheinlich ist die Quelle des Brunnens etwas versiegt, da die Stadtbehörde noch zu Lebzeiten der Heiligen dem Kloster für immer den Anschluß an die städtische Wasserleitung gewährte.

gleichen Vorkommniffe könnte ich noch vieles fchreiben und gewiß nicht ohne Nußen für die Nachkommenden, die dadurch zur Nachahmung angeeifert werden könnten. Sollte es dem Herrn gefallen, daß folche Dinge bekannt werden, fo mögen die Vorgefeßten den Priorinnen befehlen, fie aufzuzeichnen.

5. Ich Armfelige[1] lebte nun unter diefen guten Seelen, die mir wie Engel vorkamen. Sie verheimlichten mir nicht einen Fehler, felbft nicht, wenn er nur innerlich war. Ihre hochherzigen Beftrebungen, ihre gänzliche Losfchälung von allen Dingen und überhaupt all die Gnaden, die der Herr ihnen verlieh, waren auffallend. Ihr Troft war die Einfamkeit; fie verficherten mir, daß fie nie fatt würden, allein zu fein. Sie hielten es für eine Qual, Befuche zu empfangen, felbft von Gefchwiftern. Jene hielt fich für die glücklichfte, die am längften in einem Einfiedlerhüttchen verweilen konnte. Wenn ich die Vortrefflichkeit diefer Seelen und den hohen, ihnen von Gott zum Leiden und zu feinem Dienfte verliehenen Mut betrachtete, wie er fonft Frauensperfonen nicht eigen ift, fo fchien es mir oft, der Herr habe irgendeine erhabene Abficht mit den ihnen verliehenen reichen Schäßen. Was dann wirklich fpäter gefchah, kam mir freilich nicht in den Sinn; denn damals fchien fo etwas noch unmöglich, weil nirgends ein Anhaltspunkt war, um fich Derartiges vorftellen zu können. Je mehr Zeit inzwifchen verfloß, um fo mehr wuchs auch mein Verlangen, irgendwie zur Förderung einer Seele beizutragen. Oft fchien es mir, ich gleiche einem Menfchen, der im Befiße eines großen verborgenen Schaßes ift und wünfcht, alle möchten desfelben teilhaftig werden, indeffen man ihm die Hände bindet, fo daß er ihn nicht austeilen kann. Ebenfo gebunden kam mir meine Seele vor; denn die Gnaden, die der Herr ihr in jenen Jahren verlieh, waren fehr groß, und doch fchien an mir alles übel angewendet. Ich diente dem Herrn immer mit meinen armen Gebeten und ermahnte auch meine Schweftern, dasfelbe zu tun und fich das Heil der Seelen, die Ausbreitung der Kirche und die Erbauung aller, mit denen fie umgingen, ernftlich angelegen fein zu laffen. Dadurch befriedigte ich in etwa mein fehnliches Verlangen.

6. Vier Jahre nach der Gründung des Klofters oder, wie mir fcheint,

---

[1] Diefe Worte „Esta miserable" find im Original ausgeftrichen und von P. Gracián durch das Wort: Yo = ich erfeßt.

noch etwas später, besuchte mich ein Franziskanermönch, mit Namen Alfons Maldonado,[1] ein vortrefflicher Diener Gottes, der von demselben Verlangen nach dem Heile der Seelen erfüllt war wie ich. Da er sein Verlangen verwirklichen konnte, beneidete ich ihn gar sehr. Dieser Pater war vor kurzem aus Westindien gekommen und erzählte mir, wie viele Millionen Seelen dort aus Mangel an christlichem Unterricht verlorengehen. In einer Predigt, die er uns hielt, ermahnte er uns zur Buße und zog wieder weiter. Der Verlust so vieler Seelen hatte mich mit so tiefem Schmerz erfüllt, daß ich mich nicht mehr halten konnte. Ich begab mich in eine Einsiedelei,[2] rief mit vielen Tränen zu Gott und bat ihn, mir doch Mittel und Wege zu schaffen, um wenigstens eine Seele für seinen Dienst zu gewinnen, da doch der böse Feind so viele nach sich ziehe; ich flehte zu ihm, er möchte doch meine Gebete wirksam werden lassen, da ich sonst zu nichts tauge. Ich beneidete jene sehr, die sich aus Liebe zu unserem Herrn unter tausend Todesgefahren dem Werke der Glaubensverkündigung widmen konnten. Wenn ich daher in den Lebensgeschichten der Heiligen lese, daß sie Seelen für Gott gewonnen haben, so erweckt das in mir größere Andacht und Vorliebe zu ihnen, und ich beneide sie darum mehr als um alle Martern, die sie gelitten haben; denn gerade diese Neigung hat mir der Herr eingeflößt. Es scheint mir nämlich, daß Gott den Gewinn einer einzigen Seele, die wir mittels seiner Barmherzigkeit durch unser Gebet und unseren Opfersinn retten, weit höher schätzt, als alle übrigen Dienste, die wir ihm sonst leisten können.

7. Während ich nun in solcher Pein zur Nachtzeit dem Gebete oblag, erschien mir der Herr wie gewöhnlich, bezeigte mir große Liebe und sagte, als wollte er mich trösten: „Harre noch ein wenig, meine Tochter, so wirst du große Dinge sehen!" Diese Worte blieben meinem Herzen so tief eingeprägt, daß ich sie nicht aus dem

---

[1] Pater Alfons Maldonado war Generalkommissär für Westindien und ein sehr eifriger Prediger unter König Philipp II. Mutter Maria vom hl. Franziskus machte beim Informationsprozeß zur Heiligsprechung Theresias in Medina del Campo folgende Aussage: „Ich hörte den Franziskanerpater Alfons Maldonado, wie er mit großer Überredungsgabe die Heilige zu bestimmen suchte, sie möchte noch mehrere Klöster der neuen Reform gründen, da in ihnen Gott sehr eifrig gedient werde." (Memorias Histor. L. R. 54.)

[2] Siehe Leben, 38. Hptst., S. 385. Anm. 1.

Sinne bringen konnte. Obwohl ich trotz allen Nachdenkens ihre Bedeutung nicht zu erraten vermochte und auch kein Mittel zu ihrer Verwirklichung sah, ward ich doch sehr getröstet und hatte die feste Gewißheit, daß diese Worte wahrhaftig seien; die Art und Weise jedoch, wie sie in Erfüllung gehen sollten, konnte ich mir nicht vorstellen. Inzwischen verging, soviel ich mich erinnere, noch ein halbes Jahr, und dann ereignete sich, was ich nun erzählen will.

Zweites Hauptstück

Ankunft unseres Ordensgenerals in Avila und was darauf folgte.

1. Unsere Generäle haben immer ihren Sitz in Rom, und noch nie war einer nach Spanien[1] gekommen, so daß man dies auch jetzt für unmöglich hielt. Weil aber nichts von dem, was der Herr will, unmöglich ist, so fügte es Seine Majestät, daß jetzt eintreten sollte, was noch nie geschehen war. Als ich dies erfuhr, fiel es mir, wie ich glaube, sehr schwer; denn aus Gründen, die in dem Berichte über die Stiftung des Klosters zum heiligen Joseph angedeutet sind, war dieser Konvent nicht dem Orden unterworfen. Deshalb fürchtete ich zunächst, er möchte über mich ungehalten werden, und dazu hätte er Grund gehabt, weil er den ganzen Hergang der Sache nicht wußte.[2] Dann machte mir auch der Gedanke Angst, er möchte mir etwa befehlen, in das Kloster der Menschwerdung zurückzukehren, wo man die gemilderte Regel beobachtet. Dies hätte mich aus vielen, hier nicht zu erwähnenden Gründen tief betrübt,

---

[1] Besser gesagt nach Kastilien; denn im 14. Jahrhundert waren zwei Ordensgeneräle zum Besuche der Klöster im Königreich Aragonien. P. Joh. Alerio befand sich im Jahre 1324 in Barcelona und ein anderer General im Jahre 1354 in Perpignan.

[2] Als die hl. Theresia durch Vermittlung der Doña Guiomar de Ulloa sich mit dem P. Provinzial der Beschuhten Karmeliten besprach, zeigte sich dieser bereit zur Annahme der neuen Stiftung. Nachdem aber darob in der Stadt und im Kloster der Menschwerdung Unruhen entstanden, änderte er seine Ansicht und wollte die Stiftung nicht zulassen. Daraufhin wandte sich die Heilige an ihren treuen Freund, Don Alvaro Mendoza, Bischof von Avila. (Siehe Leb., 32. Hptst., S. 317, 12, u. 33. Hptst., S. 321, 1.)

24

wozu schon der eine genügte, daß ich dort die Strenge unserer ersten Regel nicht hätte beobachten können. Es wohnten dort mehr als 150 Schwestern,[1] und wo weniger sind, herrscht mehr Eintracht und Ruhe. Unser Herr fügte es besser, als ich dachte. Der General ist ein solch vortrefflicher Diener Gottes, ein so einsichtsvoller und gelehrter Mann, daß er das Unternehmen für ein gutes Werk hielt und gegen mich nicht das geringste Mißfallen zeigte. Sein Name ist Pater Johann Baptist Rubeo[2] (eigentlich Rossi), von Ravenna gebürtig; er genießt im Orden mit vollem Rechte großes Ansehen.

2. Als er zu Avila angekommen war, bemühte ich mich, daß er das Kloster zum heiligen Joseph besuchen möchte. Der Bischof hielt es für gut, daß ihm derselbe Empfang bereitet werde, wie seiner eigenen Person. Ich gab ihm in aller Wahrheit und Klarheit Rechenschaft; denn immer war es meine Art, mit meinen Vorgesetzten so zu verkehren, entstehe

---

[1] Nach Doña Maria Pinel stieg die Zahl bis auf 180.

[2] Sein eigentlicher Name ist Johann Baptist Rossi. Gemäß einem pedantischen Gebrauche seiner Zeit war auch sein Familienname latinisiert worden, und so entstand Rubeo. Er war geboren am 4. Oktober 1507 zu Ravenna und trat mit 17 Jahren in den Karmel. Nachdem er dort einige Studien gemacht, besuchte er die Universitäten von Siena und Padua, wo er sich den Doktorgrad erwarb. Papst Paul III. ernannte ihn zum Professor der Universität in Rom. Nach dem Tode des Generals P. Nikolaus Audet wurde er durch ein Breve Pius' IV. vom 17. Dezember 1562 zum Generalvikar des Ordens ernannt und im Mai 1564 zum General erwählt. Ausgestattet mit hervorragenden Gaben, mit Klugheit, Geschicklichkeit und Frömmigkeit, arbeitete er schon bei Übernahme der Regierung mit regem Eifer für das Wohl des Ordens. Um diese Zeit befaßte sich Philipp II. mit der Reform der religiösen Orden und erwirkte bei Papst Pius V. ein Breve (vom 24. Februar 1566), durch das Pater Rubeo nach Spanien gesandt wurde, um den frommen Absichten des Königs zu entsprechen. Pater Rubeo besuchte die beiden Provinzen Andalusien und Kastilien, hielt in Sevilla und auch in Avila ein Provinzialkapitel; auf letzterem wurde Pater Angelus de Salazar zum Provinzial erwählt. Pater Rubeo starb zu Rom am 3. September 1578.

Da Pater Rubeo ein frommer Mann und eifriger Förderer der Ordensobservanz war, so konnte er während seines Aufenthaltes in Avila nur Worte der Anerkennung finden für das Leben, das Theresia mit ihren Töchtern führte. Er benützte jede freie Zeit, um sich ins Sprechzimmer der Nonnen des St.-Josephs-Klosters zu begeben, sich Aufschluß über die Einzelheiten der neuen Reform zu verschaffen und sie zu diesem opfervollen Leben zu ermuntern. Pater Rubeo wurde mit großer Hochachtung vor Theresia erfüllt und nahm die besten Eindrücke mit nach Italien. Wenn es auch später einige Meinungsverschiedenheiten zwischen beiden gab, so erzeigte ihm doch die hl. Reformatorin bis zu ihrem Tode die zärtlichste Liebe.

dann daraus, was da immer wolle; denn sie vertreten Gottes Stelle. Ebenso rede ich auch mit den Beichtvätern. Würde ich nicht so handeln, so hätte meine Seele keine Sicherheit mehr. Darum offenbarte ich denn auch dem Pater General meine Seele und fast mein ganzes Leben, wenngleich nicht viel Gutes daran war. Er aber tröstete mich sehr und gab mir die Versicherung, er werde mir nicht befehlen, mein gegenwärtiges Kloster zu verlassen. Er freue sich, unsere Lebensweise kennenzulernen, und sah darin ein wenn auch unvollkommenes Abbild vom Beginn unseres Ordens, in dem die erste Regel in aller Strenge gehalten wurde; denn in keinem einzigen Kloster des ganzen Ordens wurde diese beobachtet, sondern überall die gemilderte.[1] Er wünschte sogar, daß dieser geringe Anfang sich weiter verbreiten möchte, und erteilte mir einen sehr umfassenden Vollmachtsbrief zur Errichtung noch mehrerer Klöster.[2] Ja, er drohte darin mit Zensuren oder geistlichen Strafen, damit kein Provinzial mich daran hindere. Ich hatte diese Vollmacht nicht von ihm begehrt; er gab sie mir ungebeten, weil er aus meiner Gebetsweise entnahm, wie groß mein Verlangen war, wenigstens einige Seelen Gott näher zu bringen.

3. Nach solchen Mitteln strebte ich nicht; denn dies hätte mir töricht geschienen, weil ich gut erkannte, daß eine so schwache, armselige, weibliche Person, wie ich bin, wenig ausrichten könne. Wenn sich jedoch ein solches Verlangen der Seele bemächtigt, so liegt es nicht in ihrer Gewalt, es abzuweisen. Die Liebe, die Gott zu gefallen strebt, und das gläubige Vertrauen auf ihn ermöglichen, was sonst nach natürlichem Ermessen unmöglich ist. Da ich an unserem wohlehrwürdigen Pater General ein so großes Verlangen nach der Gründung mehrerer ähnlicher Klöster

---

[1] Die ursprüngliche Regel wurde doch in zwei Männerklöstern beobachtet: in einem Kloster bei Genua, namens Ölberg, das Pater Rubeo bei seiner Hin- und Rückreise von Spanien besuchte, und im Kloster unserer Lieben Frau zur Hoffnung in Onda (im früheren Königreich Valencia).

[2] Der erste Vollmachtsbrief wurde unterzeichnet in Avila am 27. April 1567. Die Heilige erhielt dadurch die Erlaubnis, neue Häuser der Reform zu gründen unter der Bedingung, daß sie unter die Jurisdiktion des Ordens gestellt würden und die Zahl von 25 Nonnen nicht überschritten werde. Auch wurde sie bevollmächtigt, zwei Nonnen aus dem Kloster der Menschwerdung für die neuen Stiftungen mitzunehmen. Der zweite Vollmachtsbrief wurde in Madrid am 16. Mai desselben Jahres ausgefertigt. Darin wurde bestimmt, daß die Erlaubnis, Nonnenklöster zu gründen, sich nur auf die beiden Kastilien erstrecke.

gewahrte, war es mir, als sähe ich sie schon errichtet. Und wenn ich mich der Worte erinnerte, die der Herr zu mir gesagt hatte, so sah ich schon einen Anfang von dem, was ich zuvor nicht verstehen konnte. Gar sehr schmerzte mich die Rückkehr unseres Pater Generals nach Rom, da ich große Liebe zu ihm gefaßt hatte; es schien mir, als bliebe ich in großer Verlassenheit. Auch erwies er mir große Liebe und Gunst; so oft er von seinen Arbeiten abkommen konnte, besuchte er mich, um über geistliche Dinge zu reden. Seinen Gesprächen konnte man entnehmen, daß ihm der Herr große Gnaden verliehen habe; es war uns ein Trost, ihn anzuhören.

4. Noch vor seiner Abreise ersuchte ihn der Bischof von Avila, Don Alvaro de Mendoza,[1] ein Freund aller, die Gott in größerer Vollkommenheit dienen wollen, er möchte ihm die Erlaubnis zurücklassen, daß in seinem Bistum auch einige Männerklöster der unbeschuhten Karmeliten nach der ursprünglichen Regel gestiftet werden dürften. Andere Personen ersuchten ihn um das nämliche. Er hätte es gerne getan, aber weil er Widerspruch im Orden fand und in die Provinz keine Verwirrung bringen wollte, unterließ er es für jetzt.

5. Einige Tage nach seiner Abreise dachte ich darüber nach, wie notwendig es zur Stiftung noch mehrerer Nonnenklöster wäre, wenn auch noch Brüderkonvente nach derselben Regel bestünden. Ich sah nämlich, daß die Zahl der männlichen Religiosen in der Provinz gering war und dem Aussterben nahe schien. Darum empfahl ich die Sache dem Herrn eifrigst im Gebete und schrieb unserem Pater General einen Brief, worin ich, so gut ich es eben konnte, die Gründe darlegte, weshalb das Unternehmen zur größeren Ehre Gottes gereichen würde. Dabei bemerkte ich, daß die Ungelegenheiten, die daraus entstehen könnten, nicht so bedeutend seien, um ein so gutes Werk zu unterlassen. Ferner stellte ich ihm vor Augen, welch großen Dienst er unserer Lieben Frau, zu der er eine innige Verehrung trug, erweisen werde. Ohne Zweifel hat ihn die allerseligste Jungfrau auch dazu bewogen; denn von Valencia aus, wo ihn mein Brief traf, sandte er mir die Erlaubnis, zwei solcher

---

[1] Don Alvaro de Mendoza stammte aus der Familie der Grafen de Rivadavia. Sein Vater hieß Don Johann Hurtado de Mendoza und seine Mutter Doña Maria Sarmiento. Im Jahre 1560 wurde er Bischof von Avila und im Jahre 1577 Bischof von Palencia. Sein ganzes Leben lang blieb er ein eifriger Förderer der Reform.

Klöster zu stiften; er bekundete dadurch, daß er die vollkommenste Observanz im Orden wünschte. Damit sich im Orden kein Widerspruch erhebe, machte er diese Erlaubnis abhängig von der Einwilligung des damaligen und des abgetretenen Provinzials, die sehr schwer zu erhalten war.[1] Da jedoch die Hauptsache geschehen war, so hatte ich gute Hoffnung, der Herr werde das übrige schon recht machen, wie es auch wirklich der Fall war. Durch die Verwendung des Bischofs, der sich dieser Angelegenheit als seiner eigenen annahm, gaben endlich beide Provinziale ihre Einwilligung.

6. Einerseits getröstet durch diese Erlaubnis, wuchs andererseits meine Sorge, weil ich in der Provinz keinen Ordensmann kannte, der zur Ausführung des Werkes sich eignete, noch auch einen Weltgeistlichen, der es gewagt hätte, den Anfang zu machen. Ich konnte nichts anderes tun, als den Herrn bitten, er möge jemand dazu erwecken. Auch hatte ich weder ein Haus noch irgendwelche Mittel, eines zu bekommen. So stand ich arme, barfüßige Nonne da, ohne weitere Hilfe als die des Herrn, ausgerüstet mit Vollmachten und dem besten Verlangen, aber ohne Möglichkeit, etwas ins Werk zu setzen. Dennoch schwand mir weder der Mut noch die Hoffnung, es werde der Herr, der das eine gegeben, auch das übrige verleihen. Alles schien mir jetzt möglich zu sein, und darum legte ich auch Hand ans Werk.

7. O großer Gott! Wie offenbarst du doch deine Macht, indem du einer Ameise wie mir eine solche Kühnheit verleihst! Nicht an dir liegt es, o mein Herr, wenn jene, die dich lieben, nichts Großes zustande bringen, sondern an unserer Verzagtheit und unserem Kleinmut. Da wir uns nie fest entschließen, sondern voll tausend Ängsten und voll menschlicher Berechnung sind, so wirkst du, o mein Gott, auch nicht deine Wunderwerke und Großtaten. Oder wer hat mehr Freude am Geben als du, wenn du nur jemand findest, der deine Gaben annimmt? Wer würde sich so auf seine Kosten dienen lassen wie du? Möge es deiner Majestät gefallen, daß ich dir in etwa möge gedient haben und mich nicht eine um so schwerere Verantwortung treffe, je mehr ich Gutes empfangen habe!

---

[1] Pater Rubeo antwortete der Heiligen und sandte ihr einen Vollmachtsbrief von Barcelona aus unter dem 14. August 1567. Er erlaubte ihr darin, zwei Männerklöster der Reform zu gründen, eines in Altkastilien und eines in Neukastilien.

Drittes Hauptstück

Vorbereitungen, die zur Stiftung des Klosters zum heiligen Joseph in Medina del Campo getroffen wurden.

1. Inmitten all dieser Anliegen kam mir der Gedanke, die Väter der Gesellschaft Jesu, die in Medina sehr beliebt waren, um ihren Beistand anzuflehen. Wie ich schon im Berichte[1] über die erste Stiftung[2] geschrieben, hatte ich mich mit ihnen schon viele Jahre lang über die Angelegenheiten meiner Seele beraten; seitdem trage ich gegen sie für die ihr erwiesene große Wohltat eine besondere Verehrung.[3] Ich schrieb also dem dortigen Pater Rektor, was mir unser Pater General aufgetragen hatte. Es traf sich gerade, daß dieser Rektor derselbe war, dem ich viele Jahre lang meine Beichte abgelegt hatte. Ich habe dies schon erwähnt, ohne seinen Namen zu nennen. Er heißt Balthasar Alvarez und ist gegenwärtig Provinzial.[4] Er und die übrigen (Religiosen) versprachen zu tun, was ihnen in dieser Hinsicht möglich wäre. Und so trugen sie viel dazu bei, mir die Erlaubnis der Stadtverwaltung und des Prälaten zu erwirken. Weil das Kloster ohne Einkünfte gegründet werden sollte, so stieß die Sache überall auf Schwierigkeiten, weshalb sich die Unterhandlungen einige Tage hinauszogen.[5]

---

[1] In ihrem „Leben", 32.—36. Hptst.

[2] Des St.-Josephs-Klosters in Avila.

[3] Die Väter der Gesellschaft Jesu legten den Grundstein zu ihrem Kolleg im August 1555, in der Straße zum hl. Jacob ganz nahe an dem Platze, an dem die unbesch. Karmelitinnen 14 Jahre später ihr Kloster gründeten.

[4] Die Heilige spricht vom Pater Balthasar Alvarez im 24. Hauptstück ihres „Lebens". Im Jahre 1573, als sie das 3. Hauptstück der Klosterstiftungen schrieb, leitete dieser Ordensmann die Provinz Kastilien, solange der Provinzial Ägidius González Dávila in Rom war zur Wahl eines neuen Generals.

[5] Der hier genannte Prälat war der Abt von Medina, dem die geistliche Verwaltung der Stadt unterstellt war, der aber selbst wieder dem Bischof von Salamanka unterstand. Don Petrus González de Mendoza, so hieß dieser Abt, beauftragte seinen Provisor am 10. Juli 1567, eine eidliche Erklärung einiger Ordens- und Weltleute abzunehmen, ob es zweckdienlich sei, ein Kloster der unbeschuhten Karmelitinnen in Medina zuzulassen. Diese Erklärung brachte ein Notar am 24. Juli zu Protokoll. Unter anderen gaben die Väter der Gesellschaft Jesu, Pater Ludw. Santander, Ludwig Medina und Johann Ordóñez eine Erklärung ab und begründeten sie damit, daß die Gründung für die Stadt von großem Nutzen sein

2. Zu diesem Zwecke begab sich ein Priester, ein großer Diener Gottes, der sich von allen irdischen Dingen gänzlich losgesagt hatte und dem Gebete sehr ergeben war, nach Medina. Er war Kaplan des Klosters, in dem ich mich damals aufhielt. Der Herr erfüllte ihn mit demselben Verlangen wie mich, und er war mir, wie man später sehen wird, sehr behilflich. Sein Name ist Julian de Avila.[1] Die Erlaubnis hatte ich bereits, aber ich besaß weder ein Haus noch einen Heller,[2] um es mir zu kaufen. Vorgen konnte ich nichts; denn wer würde mir als einer Fremden Vertrauen geschenkt haben? Doch der Herr war mein Bürge. Seine göttliche Vorsehung fügte es, daß eine sehr tugendhafte Jung- frau,[3] die aus Mangel an Platz im Kloster zum heiligen Joseph in Avila nicht aufgenommen werden konnte, von der Errichtung eines anderen Klosters Kunde erhielt. Sie kam zu mir und bat mich, sie in dieses aufzunehmen. Sie hatte einiges Geld, aber ziemlich wenig, mit dem wir zwar kein Haus kaufen, sondern nur eines mieten konnten. Wir ließen daher ein solches mieten, und das übrige verwendeten wir für die Auslagen der Reise. Ohne weitere Unterstützung brachen wir von Avila auf.[4] Mich begleiteten noch zwei Nonnen aus dem Kloster zum

werde wegen des guten Beispiels, das die Töchter der hl. Theresia durch ihre Tugend und Zurückgezogenheit gäben.

[1] Julian war der Sohn eines Kaufmanns in Avila, namens Christoph de Avila. Seine Mutter hieß Anna de Santo Domingo. Seine Schwester, Maria vom hl. Joseph, war eine der vier ersten Nonnen, die die Reform annahmen. Julian war ein ernster, kluger und liebenswürdiger Mann, der von allen verehrt und geliebt wurde. Der Bischof von Avila bediente sich seiner bei verschiedenen Anlässen. Aber was ihn besonders berühmt machte, war die Verehrung, die die heilige Theresia ihm entgegenbrachte, und das Vertrauen, das sie ihm dadurch er- wies, daß sie ihn zum Kaplan und Beichtvater des Klosters zum heiligen Joseph in Avila erwählte.

[2] Blanka, so schreibt die Heilige, ist die geringste Münze in Spanien. Ihr Wert war verschiedenen Veränderungen unterworfen. Zur Zeit Philipps II. im Jahre 1566 galt sie soviel wie ein Maravedi. Etwas später fiel ihr Wert, und man mußte selbst 2—3 Blanka für einen Maravedi geben. Ein Maravedi = $1\frac{1}{2}$ Centimes.

[3] Die Jungfrau, von der die Heilige spricht, erhielt später den Namen Isabella von Jesu. Sie stammte aus Avila und hieß Isabella Fontecha. Mit dem geringen Vermögen, das sie mitbrachte, konnte die Heilige die Gründung in Medina be- ginnen.

[4] Es war am 13. August 1567. Die beiden Nonnen des St. Josephs-Klosters hießen Anna von den Engeln, eine ehemalige Nonne der Menschwerdung, und

heiligen Joseph und vier Nonnen aus dem Kloster der Menschwerdung. Es ist dies jenes Kloster der gemilderten Regel, in dem ich wohnte, bevor das Kloster zum heiligen Joseph gegründet wurde. Unser Kaplan, Pater Julian de Avila, begleitete uns.

3. Sobald dies in der Stadt bekannt war, entstand ein großes Gerede. Die einen sagten, ich sei eine Närrin, die anderen wollten den Ausgang dieser törichten Handlungsweise abwarten. Auch der Bischof[1] hielt es, wie er mir später erzählte, für ein sehr gewagtes Unternehmen, obschon er damals mir gegenüber nichts merken ließ. Da er mir sehr gewogen war, so wollte er mich nicht abhalten und auch nicht betrüben. Meine Freunde machten mir wohl viele Vorstellungen, aber ich achtete wenig darauf, weil das, was sie für unsicher hielten, mir so leicht vorkam, daß ich an einen unglücklichen Ausgang gar nicht denken konnte.

4. Bevor wir von Avila abreisten, hatte ich an einen Pater unseres Ordens, namens Antonius de Heredia[2] geschrieben, er möchte mir ein Haus kaufen. Dieser war damals Prior des Klosters zur heiligen Anna,[3]

Maria Baptista, die Nichte der Heiligen. Die vier Nonnen der Menschwerdung waren: Agnes und Anna de Tapia, Theresia de Quesada und Isabella Arias. Die ersten zwei erhielten die Namen Agnes von Jesu und Anna von der Menschwerdung. Isabella Arias trug als unbeschuhte Karmelitin den Namen Isabella vom Kreuze und wurde die erste Priorin von Valladolid. Theresia de Quesada erhielt den Namen Theresia de la Colonna. Letztere kehrte wieder in das Kloster der Menschwerdung zurück und starb dort. Als die Heilige im Jahre 1571 zur Priorin des Klosters der Menschwerdung erwählt wurde, kehrte auch Isabella vom Kreuze dorthin zurück und wurde im Jahre 1574 ihre Nachfolgerin als Priorin.

[1] Alvaro de Mendoza, Bischof von Avila.

[2] P. Antonius stammte aus Requena (Valencia), wo er im Jahre 1510 geboren wurde. Mit zehn Jahren trat er in den Orden der Karmeliten im Konvent seiner Vaterstadt. Im Orden verwaltete er verschiedene Ämter und begleitete auch den damaligen Provinzial Pater Angelus Salazar zum Generalkapitel nach Rom im Jahre 1564, auf dem Pater Rubeo zum General des Ordens gewählt wurde. Gegen die Reform der hl. Theresia trug er große Hochachtung, weshalb er sich auch anbot, mit dem hl. Johannes vom Kreuz die Reform der Männerklöster unter der weisen Leitung der Heiligen zu beginnen. Auch in der Reform wurde er zu wichtigen Ämtern verwendet und hatte das Glück, der hl. Theresia bei ihrem Tode (1582) beizustehen, sowie auch dem hl. Johannes vom Kreuz (1591). Pater Antonius starb im Alter von 91 Jahren in Vélez-Málaga.

[3] Das Kloster zur heiligen Anna wurde zerstört bei der Klosteraufhebung in Spanien im Jahre 1835. Gegenwärtig steht auf einem Teil des Grundes eine Holzsägefabrik. Daneben ist noch eine der hl. Anna geweihte Kapelle, in der der hl. Johannes vom Kreuz seine erste hl. Messe las.

das unsere Ordensbrüder in Medina besaßen. Er unterhandelte mit einer ihm sehr ergebenen Dame,[1] die ein sehr gut gelegenes Haus hatte, das aber mit Ausnahme eines Stockes sehr baufällig war. Sie war so gütig, daß sie es an ihn zu verkaufen versprach, ohne irgendeine andere Versicherung zu begehren als die seines Wortes; sie kamen über den Kauf überein. Hätte sie eine (Versicherung) verlangt, so wären wir nicht imstande gewesen, uns zu helfen; der Herr ordnete alles. Die Mauern dieses Hauses waren so verfallen, daß wir so lange ein anderes mieteten, bis es wieder hergestellt war. Die Ausbesserung nahm wirklich viele Arbeit in Anspruch.

5. Als wir nach der ersten Tagreise bereits zur Nachtzeit infolge unserer schlechten Reiseausrüstung ermüdet in Arévalo eintrafen, kam uns ein befreundeter Priester[2] entgegen, der uns im Hause einiger frommer Frauen eine Wohnung besorgt hatte. Er sagte mir im geheimen, wir hätten noch kein Haus, weil jenes (in das wir einziehen wollten) in der Nähe eines Klosters der Augustiner liege, die sich der Besitznahme durch uns widersetzten; es sei darum ein Prozeß notwendig.[3] Aber, o mein Gott, wie wenig vermögen alle Widersprüche, wenn du, o Herr, Mut verleihen willst! Diese Nachricht schien mich nur zu ermutigen und mir Hoffnung zu geben, daß das Kloster zur Ehre Gottes gereichen werde, weil der Teufel sich schon zu empören begann. Indessen bat ich doch (den Priester), nichts davon zu sagen, damit meine Gefährtinnen, besonders die zwei[4] aus dem Kloster der Menschwerdung, nicht beunruhigt würden. Die anderen hätten wohl aus Liebe zu mir jegliches Leid erduldet. Die eine[5] von den beiden war damals Subpriorin (des genannten Klosters), und man hatte ihr sehr davon abgeraten, mitzugehen. Zudem hatten beide sehr vornehme Verwandte, gegen deren Willen sie fortgingen; denn unser Unternehmen schien allen als Torheit, und später sah ich ein, daß man nicht unrecht hatte. Aber sobald ich

---

[1] Doña Maria Suárez.

[2] Dieser Priester hieß Alfons Esteban.

[3] Nach dem kanonischen Recht konnte in der unmittelbaren Nähe eines schon bestehenden Klosters kein anderes gegründet werden.

[4] Theresia spricht von den zwei Gefährtinnen, die direkt aus dem Kloster der Menschwerdung kamen, nämlich Theresia de Quesada und Isabella Arias. Agnes und Anna de Tapia waren schon einige Zeit im St.-Josephs-Kloster.

[5] Isabella Arias.

nach dem Willen des Herrn eines dieser Klöster gründen soll, so meine ich immer, daß kein Hindernis imstande sei, mich von einem solchen Werke abzubringen. Erst nachher treten, wie sich später zeigen wird, alle Schwierigkeiten auf einmal vor mich.

6. Als wir in der Herberge ankamen, erfuhr ich, daß sich in Arevalo ein Dominikanerpater, ein großer Diener Gottes, befand, der während meines Aufenthaltes im Kloster zum heiligen Joseph mein Beichtvater war. Da ich schon bei Gelegenheit des Berichtes der ersten Gründung vieles über seine Tugend gesagt habe, so will ich hier nur seinen Namen nennen; es ist der Magister Pater Dominikus Báñez,[1] ein sehr gelehrter und verständnisvoller Mann, durch dessen Rat ich mich leiten ließ. Ihm schien mein Vorhaben nicht so schwierig wie allen übrigen; denn je mehr einer Gott erkennt, desto leichter findet er seine Werke ausführbar. Da er von einigen Gnaden, die Seine Majestät mir verlieh, Kenntnis hatte und auch Zeuge der Ereignisse bei der Gründung des St. Josephs-klosters war, so schien ihm alles leicht möglich. Ich empfand großen Trost, als ich ihn sah, da ich überzeugt war, daß auf seinen Rat hin alles einen guten Ausgang nehmen werde. Als ich zu ihm kam, sagte ich ihm ganz im Vertrauen, was sich ereignet hatte. Er meinte, daß sich die Angelegenheit mit den Augustinern schnell erledigen lasse. Mir aber war jeder Aufschub peinlich, weil ich nicht wußte, was ich mit so vielen Nonnen anfangen sollte. Wir verbrachten diese Nacht in Angst, weil alsbald alle in der Herberge von unserem Vorhaben Kenntnis erhielten.

7. Gleich am nächsten Morgen kam Pater Antonius de Heredia, Prior unseres Klosters in Medina, zu uns und sagte, daß das Haus, dessen Kauf bereits abgeschlossen war, (zur Wohnung) hinreiche. Es habe eine Vorhalle,[2] die man zu einer kleinen Kapelle zurichten könne, wenn man sie mit einigen Teppichen schmücke. Wir ließen uns dazu bestimmen. Mir wenigstens schien dies sehr gut. Denn uns lag ja viel daran, daß alles in möglichster Eile vor sich gehe, da wir uns außerhalb

---

[1] Die Heilige spricht von diesem Pater im 39. Hauptstück, S. 399, Anm. 1, ihres „Lebens". Auch an mehreren anderen Stellen wird dieser heilige Mann erwähnt.

[2] Portal = Vorhalle, wodurch man in den inneren Hof gelangt. Von solchen Vorhallen spricht die Heilige öfters in der Geschichte ihrer Klosterstiftungen. Gewöhnlich wurde dort eine Kirche eingerichtet und bei der Besitznahme des Hauses die erste Messe gelesen.

unferer Klöfter befanden und ich, durch die erfte Gründung gewißigt, Widerfprüche befürchtete. Darum wünfchte ich, daß vom Haufe Befiß genommen werde, bevor etwas davon bekannt würde. Wir befchloffen alfo, fchnell zu handeln. So meinte auch der Pater Magifter Dominikus (Báñez).

8. Wir kamen in Medina del Campo am Vorabend von Maria Himmelfahrt nachts 12 Uhr an. Um kein Geräufch zu machen, ftiegen wir beim Klofter zur heiligen Anna ab und begaben uns zu Fuß in das (für uns beftimmte) Haus.[1] Die Barmherzigkeit Gottes wachte fehr über uns, da man um diefelbe Stunde die Stiere einfchloß, die am nächften Tage zum Stiergefecht beftimmt waren. Wir begegneten keinem einzigen. In Gedanken verfunken, merkten wir auf nichts anderes; aber der Herr, der immer jenen zu Hilfe kommt, die feine Ehre fuchen -- und wir wollten auch in der Tat nichts anderes −, behütete uns vor Gefahr. Als wir beim Haufe angekommen waren, traten wir in einen Hof.[2] Mir fchienen die Mauern fehr verfallen, aber nicht in dem Maße, wie ich es dann bei Tage wahrnahm. Es fcheint, der Herr habe zugelaffen, daß jenem guten Pater (diefer Umftand) nicht in die Augen fiel und er nicht merkte, wie ungeziemend diefer Ort für die Einfeßung des Allerheiligften Sakramentes fei.

9. Bei Befichtigung der Vorhalle fanden wir fie voll von Schutt, den man erft wegräumen mußte. Oben trat das bloße Ziegeldach zum Vorfchein, und die Mauern waren nicht angeworfen. Die Nacht war vorgefchritten, und wir hatten nur einige Maultierdecken — ich glaube, es waren drei −, die für die ganze Länge der Vorhalle fo viel wie nichts bedeuteten. Ich wußte nicht, was wir anfangen follten, da ich diefen Raum für ungeziemend hielt, einen Altar aufzurichten. Aber der Herr wollte die Sache befchleunigen; feinem Willen gemäß befaß der Verwalter der Eigentümerin des Haufes viele Teppiche und einen Bettvorhang von blauem Damaft; ihm hatte die Frau,[3] die fehr fromm war, aufgetragen, uns alles zu geben, was wir begehren würden.

---

[1] Das Haus, in das die Heilige mit ihren Gefährtinnen einzog, lag auf der anderen Seite der Stadt in der Straße St. Jacob. Die zwei Kleriker waren Julian de Avila und Muñoz, Kaplan des Bifchofs von Avila. Leßterer mußte im Auftrag feines Bifchofs die Heilige von Olmedo bis Medina begleiten.

[2] Patio ift der innere Hof, der bei den meiften fpanifchen Häufern mit Galerien umgeben ift.

[3] Doña Maria Suárez.

34

10. Als ich so großen Vorrat sah, pries ich den Herrn, und die übrigen Schwestern mögen wohl ebenso gehandelt haben; wir wußten jedoch nicht, woher wir Nägel bekommen könnten, da wir sie zur Nachtzeit nicht kaufen konnten. Wir suchten die Wände ab und brachten endlich nach langer Mühe die genügende Anzahl zusammen. Nun begannen die einen die Teppiche aufzuhängen, die anderen räumten das Erdreich hinweg; wir arbeiteten so emsig, daß mit Tagesanbruch der Altar vollständig aufgestellt und ein Glöckchen im Gange aufgehängt war. Gleich darauf wurde die heilige Messe gelesen. Dies genügte zur Besitznahme. Alles geschah im geheimen, und man merkte nur, daß wir das Allerheiligste einsetzten.[1] Durch die Spalten einer (dem Altare) gegenüberliegenden Türe hörten wir die heilige Messe, weil kein anderer Ort vorhanden war. Soweit war ich nun sehr zufrieden; es bereitete mir überaus großen Trost, wieder eine Kirche mehr zu sehen, in der sich das Allerheiligste Sakrament befindet. Doch diese Freude war von kurzer Dauer; nach beendigter Messe näherte ich mich einem halbgeöffneten Fenster, um in den Hof zu schauen, und bemerkte, daß die Mauern an einigen Stellen ganz eingefallen waren und viel Zeit erforderlich sei, um sie wieder gut instand zu setzen.

11. O mein Gott, welche Angst empfand mein Herz, als ich Seine Majestät gleichsam auf die offene Straße gesetzt sah in einer Zeit, die durch diese Lutheraner damals so gefährdet war.[2] Zudem schwebten alle Schwierigkeiten meinem Geiste vor, die von jenen vorgebracht werden konnten, die (mein Unternehmen) so arg bekrittelt hatten.[3] Ich

---

[1] Die Heilige wußte damals nicht, daß die erste heilige Messe in einem neuen Kloster zur Besitznahme genüge. Sie schreibt im 19. Hauptstück der Klosterstiftungen: „Das war das erste Kloster, das ich gründete, ohne das Allerheiligste Sakrament einsetzen zu lassen; denn ich hatte geglaubt, von einem Orte nicht Besitz genommen zu haben, wenn es nicht eingesetzt sei. Später habe ich erfahren, daß dies nicht notwendig sei." (Siehe Reforma de los Descalzos, t. I. l. II. c. V.)

[2] Medina del Campo war in jener Zeit eine der größten Handelsstädte Spaniens. Sie sah in ihren Mauern Kaufleute aus jenen Landen, die von der Häresie am meisten angesteckt waren. Es war darum die Furcht der Heiligen vor möglichen Unbilden gegen das Allerheiligste Sakrament nicht unbegründet.

[3] Sobald in Medina das Vorhaben Theresias bekannt wurde, versammelten sich die Ratsherren und einige angesehene Persönlichkeiten, um über die Neugründung der unbeschuhten Karmelitinnen zu beraten. Im Informationsprozeß

sah wohl ein, daß sie nicht unrecht hatten, und es schien mir unmöglich, das begonnene Werk weiter fortzuführen. Während mir vorher beim Gedanken, zur Ehre Gottes zu arbeiten, alles leicht vorkam, trieb mich jetzt die Versuchung bezüglich seiner Allmacht derart in die Enge, daß es mir schien, als hätte ich nie die geringste Gnade von ihm empfangen. Ich sah nur meine Armseligkeit und mein Unvermögen. Welch guten Ausgang konnte man wohl von einer Angelegenheit erhoffen, mit der sich eine so armselige Kreatur wie ich befaßte? Wäre ich allein gewesen, so hätte ich dies leichter ertragen; aber wenn ich daran dachte, daß meine Gefährtinnen, die trotz Widerspruchs mitgezogen waren, wieder in ihr Kloster zurückkehren müßten, so berührte mich das schmerzlich. Zugleich kam mir der Gedanke, daß nach diesem ersten Mißgeschick alles, was ich in bezug auf den zukünftigen Beistand des Herrn vernommen, sich nicht verwirklichen werde. Dazu gesellte sich noch die Furcht, es möchte alles, was ich im Gebete vernommen, Täuschung sein. Dies war für mich nicht die mindeste, sondern im Gegenteil die größte Pein, weil ich immer am meisten fürchte, der böse Feind möchte mich hintergehen.

12. O du mein Gott, in welch kläglichem Zustand befindet sich doch eine Seele, die du der Angst überlassen willst! Wahrhaftig, wenn ich dieser und anderer Bedrängnisse gedenke, die ich bei diesen Stiftungen ausgestanden habe, so kommen mir im Vergleich mit ihnen die leiblichen Mühseligkeiten — und diese waren in der Tat groß — wie nichts vor. Trotz all dieser Angst, die mir das Herz zusammenschnürte, ließ ich meinen Gefährtinnen durchaus nichts merken, um ihre Betrübnis nicht noch zu vermehren. In dieser Angst verblieb ich bis zum Abend; da sandte mir der Rektor der Gesellschaft Jesu einen seiner Patres, der mich sehr ermutigte und tröstete. Ich eröffnete ihm aber nicht alle meine

zur Heiligsprechung Theresias sagte Pater Báñez folgendes aus: „Ich weiß aus dem Munde des Paters Petrus Fernández, Provinzial der Dominikaner, daß ein Ordensmann von großem Ansehen und ein berühmter Prediger viel Böses über Theresia von Jesu vorbrachte und sie mit der Betrügerin Magdalena vom Kreuz aus Córdoba verglich. Pater Petrus Fernández antwortete darauf, daß er Theresia für eine ganz hervorragende Frau halte und sich aus der Versammlung entfernen werde, wenn man über solche Dinge berate." Die häßlichen und über das Maß hinausgehenden Anschuldigungen jenes Ordensmannes mußten verstummen vor der mutigen und bestimmten Äußerung des Paters Petrus Fernández, und die Sache wurde nicht mehr weiter behandelt.

Schmerzen, sondern nur jenen, daß wir uns sozusagen auf offener Straße befänden. Ich suchte nun ein Haus, soviel es auch kosten mochte, zur Miete ausfindig zu machen, in das wir übersiedeln wollten, bis jenes die notwendige Ausbesserung erhalten hätte. Ich tröstete mich damit, daß ich so viel Volk zu uns kommen sah und niemand unsere unüberlegte Handlungsweise beachtete. Die Barmherzigkeit Gottes fügte es so; denn man hätte uns mit vollem Recht das Allerheiligste Sakrament wegnehmen können. Jetzt erst sah ich meine Ungeschicklichkeit und die Unachtsamkeit aller ein, da wir nicht daran dachten, daß man es hätte genießen können. Ich meinte nämlich, es wäre das ganze Werk wieder zerstört, wenn dies geschähe.

13. Trotz aller Anstrengungen konnte man jedoch in der ganzen Stadt kein Haus zur Miete ausfindig machen; darum war ich Tag und Nacht in großen Sorgen. Obwohl ich zur beständigen Bewachung des Allerheiligsten Sakramentes Männer aufgestellt hatte, so fürchtete ich doch immer, sie möchten einschlafen. So stand ich bei Nacht auf, um sie durch ein Fenster zu beobachten.[1] Der Mond schien sehr hell, so daß ich sie gut sehen konnte. Jeden Tag fanden sich viele Leute (in der Kapelle) ein; aber anstatt Mißfallen zu finden, wurden sie vielmehr beim Anblick des Herrn, der sich abermals wie im Stalle (zu Bethlehem) befand, zur Andacht gestimmt. Seine Majestät, die nie müde wird, sich für uns zu verdemütigen, schien ungern diesen Ort zu verlassen.

14. Acht Tage waren verflossen, als ein Kaufmann,[2] der in einem sehr schönen Hause wohnte, auf unsere Notlage aufmerksam wurde. Er bot uns dessen ganze obere Etage an, um darin wie in unserem Eigentum zu wohnen. Dort befand sich ein sehr großer vergoldeter Saal, den er uns als Kapelle zur Verfügung stellte. Eine Dame, namens Helene de Quiroga,[3] die eine große Dienerin Gottes war

---

[1] Das Schiebfensterchen, durch das die Heilige mit solcher Sorgfalt das Allerheiligste bewachte, ist nach der Aussage der Nonnen dieses Hauses dasselbe, das sich heute noch über dem Gitter des Sprechzimmers befindet.

[2] Dieser Kaufmann hieß Blasius de Medina. Sein Haus befand sich in der Nähe der Kollegiatskirche.

[3] Doña Helene de Quiroga war eine Nichte des Kardinals Quiroga und trat später in den Orden. Sie erhielt das Ordenskleid der unbeschuhten Karmelitinnen zu Medina am 14. Oktober 1581. Damals befand sich in Medina bereits ihre

und gleich neben dem Hause wohnte, das wir gekauft hatten, bot mir ihre Hilfe an, um sogleich eine Kapelle zur Aufbewahrung des Allerheiligsten Sakramentes einzurichten und Vorkehrungen zu treffen, damit wir in der Klausur leben könnten. Andere Personen gaben uns viel Almosen, aber niemand half mir so viel wie diese Dame.

15. Unter solchen Umständen begann ich wieder etwas ruhiger zu werden, da wir ganz in der Klausur lebten und die Tagzeiten beten konnten. Der gute Prior hatte große Eile mit der Reparatur des Hauses und gab sich sehr viel Mühe. Indessen verzögerte sich die Sache zwei Monate lang, bis es so hergestellt wurde, daß wir einige Jahre leidlich darin wohnen konnten. Seitdem hat Unser Herr noch eine Besserung eintreten lassen.

16. Während ich mich dort aufhielt, beschäftigte mich immer noch die Sorge betreffs der Stiftung von Männerklöstern; und da ich, wie gesagt, niemand in Aussicht hatte, so wußte ich nicht, was ich tun sollte. Ich faßte darum den Entschluß, mit dem dortigen Prior mich ganz im geheimen zu besprechen, um zu sehen, welchen Rat er mir gäbe. Und so geschah es. Er freute sich sehr, als er von diesem Plane hörte, und versprach, der erste sein zu wollen.[1] Ich hielt diese Äußerung nur für Scherz und sagte es ihm auch. Denn wenn er auch immer ein guter,

Tochter Hieronyma von der Menschwerdung. Auf Wunsch ihres Onkels, des Kardinals von Toledo, begab sie sich in das dortige Kloster, wo sie das Amt einer Priorin versah. Nach acht Jahren kehrte sie wieder nach Medina zurück und starb dort am 2. September 1596. Die Heilige hatte vieles auszustehen durch die Schwierigkeiten, die der Kardinal von Toledo dem Wunsche seiner Nichte, in den Orden einzutreten, entgegenstellte. Nähere Angaben befinden sich in den Bemerkungen des Paters Gracián zur Vida de S. Teresa von Pater Ribera. Diese fromme Witwe war von so großer Hochachtung gegen die hl. Theresia und ihre Nonnen erfüllt, daß sie einmal zu einer ihrer Töchter sagte: „Diese unbeschuhten Karmelitinnen sind nicht von der Erde, sondern vom Himmel. An ihnen sehen wir die Strengheiten vergangener Zeiten sich erneuern. Sie sind zufriedener bei ihrer Armut und ihrem abgetöteten Leben als wir bei unseren Schätzen. Und was soll ich erst von ihrer Mutter sagen? Diese hat ein ausgezeichnetes Talent, aber größer noch ist ihre Heiligkeit. Sie scheint ein Weib zu sein, ist aber ein mutvoller Mann. Ihre Unterhaltung ist erheiternd, anregend und belehrend zugleich. Sie ist der Apostel unserer Zeit, ein Glück für unser Vaterland, ein verborgener Schatz."

[1] Theresia wollte nämlich auch die Männerklöster reformieren, und Pater Antonius de Heredia versprach ihr bei dieser Unterredung, der erste Ordensmann der Reform werden zu wollen.

zurückgezogener Ordensmann, ein Liebhaber des Studiums und ein Freund der Zelle war — er war ja ein Gelehrter —, so schien er mir doch gleich für den Anfang nicht geeignet. Ich traute ihm nicht den Geist und die Kraft zu, eine so strenge Lebensweise auf die Dauer zu ertragen, weil seine schwächliche Natur nicht daran gewöhnt war. Er aber versicherte und beteuerte mit ernsten Worten, der Herr habe ihn schon seit langer Zeit zu einem strengeren Leben berufen, er sei schon entschlossen gewesen, bei den Kartäusern einzutreten, die ihm bereits die Aufnahme zugesagt hätten.[1] So sehr es mich auch freute, dies zu hören, so war ich doch noch nicht ganz zufrieden. Ich bat ihn, sein Vorhaben noch einige Zeit zu verschieben und sich (inzwischen) in allem zu üben, was er geloben sollte. So geschah es, und während ein Jahr verging, kamen infolge falscher Anschuldigungen so viele Widerwärtigkeiten und Verfolgungen über ihn, daß es schien, als wolle ihn der Herr prüfen.[2] Er ertrug alles mit so frohem Mut und wurde dadurch so im Guten gefördert, daß ich unseren Herrn pries und daraus abnahm, Seine Majestät bereite ihn allmählich zu dem beabsichtigten Werke vor.

17. Einige Zeit nachher kam ein ziemlich junger Pater, der in Salamanka den Studien oblag, mit einem anderen Gefährten[3] hier an. Er hieß Pater Johannes vom Kreuz.[4] Sein Gefährte erzählte mir wunderbare Dinge über sein Leben. Ich pries dafür den Herrn, und als ich mit ihm sprach, gefiel er mir sehr gut; ich erfuhr von ihm, daß er auch den Gedanken hege, bei den Kartäusern einzutreten.[5] Ich setzte ihn von meinem Vorhaben in Kenntnis und bat ihn dringend, zuzuwarten, bis der Herr uns ein Kloster geben würde. Ich legte ihm dar, welch ein gutes Werk es wäre, wenn er bei seinem Streben, ein vollkommeneres Leben zu führen, in seinem eigenen Orden bliebe, und wie er dadurch unserem Herrn einen noch größeren Dienst erweisen könne.

---

[1] Ein Dekret Nikolaus' V. vom Jahre 1454 gestattete den Karmeliten, in den Orden der Kartäuser einzutreten ohne vorhergehende Erlaubnis des Heiligen Stuhles.

[2] Siehe „Reforma de los Descalzos", t. III. l. XI. c. VII.

[3] Der Ordensmann, der den Heiligen Johannes vom Kreuz begleitete, war Pater Petrus de Orozco.

[4] Siehe das Leben dieses Heiligen von Pater Stanislaus von der hl. Theresia, übersetzt von Pater Ambrosius von der hl. Theresia, Pfeiffer, München 1928.

[5] Es scheint, daß er in die Kartause del Paular (Segovia) eintreten wollte.

Er versprach, darauf einzugehen, wenn sich die Sache nicht allzusehr in die Länge ziehe. Als ich sah, daß ich zum Beginne bereits zwei Patres hatte, schien mir die Angelegenheit schon als erledigt, wiewohl ich mit dem Pater Prior nicht ganz zufrieden war. Aus diesem Grunde und weil ich auch kein Haus hatte, um die Gründung vornehmen zu können, wartete ich noch einige Zeit.[1]

18. Unterdessen gewannen die Nonnen allmählich das Vertrauen des Volkes, und man brachte ihnen große Hochachtung entgegen, und zwar meines Erachtens mit Recht; denn jede dachte nur daran, wie sie unserem Herrn eifriger dienen könne. Sie befolgten in allem die Lebensweise wie im St. Josephskloster zu Avila, weil sie dieselbe Regel und die gleichen Satzungen hatten. Unser Herr berief allmählich einige zur Annahme des Ordenskleides und verlieh den Nonnen so große Gnaden, daß ich darüber erstaunt war. Er sei gepriesen in Ewigkeit! Amen. Es scheint, daß er nur auf Liebe wartet, um Gegenliebe zu erweisen.[2]

Viertes Hauptstück

Einige Gnaden, die der Herr den Nonnen dieser Klöster spendet. Unterweisung für die Priorinnen, wie sie sich bezüglich dieser Gnadenerweise zu verhalten haben.

1. Ehe ich in der Erzählung dieser Stiftung fortfahre, halte ich es für gut, den Priorinnen einige Belehrungen[3] zu geben, damit sie ihre Untergebenen zur größeren Förderung ihrer Seelen zu leiten ver-

---

[1] Man erzählt, daß die Heilige den Scherz machte, sie habe zur Klostergründung einen ganzen und einen halben Ordensmann (Fraile y medio). Nach einer Bemerkung des Paters Gracián zur Vida de S. Teresa von Ribera soll die Heilige gesagt haben: „Gott sei Dank, jetzt habe ich für die Gründung meiner unbeschuhten Karmeliten einen und einen halben Ordensmann." Sie spielte dabei auf die große Statur des Paters Antonius und auf die kleine Gestalt des heiligen Johannes vom Kreuz an. Unter Anspielung auf sein großes Wissen und seine Gelehrsamkeit nannte sie letzteren auch meinen kleinen Seneka (mi Senequita).

[2] Die Heilige ließ die Schwester Agnes von Jesu als Priorin und Anna von der Menschwerdung als Subpriorin zurück. Das Kloster ist außer kleinen Veränderungen noch dasselbe wie in den ersten Jahren der Gründung.

[3] Diese Belehrungen enthalten das Wesen der höheren Seelenleitung und sind für Beichtväter und Seelenführer ebenso wichtig wie für die Oberinnen in Klöstern.

stehen, wenn sie auch dadurch deren Neigungen weniger entsprechen. Ich weiß eben nicht, wie lange mir der Herr noch Zeit und Leben schenken wird; und jetzt meine ich, zum Schreiben etwas Zeit zu haben. Ich bemerke hier noch: als man mir auftrug, diese Klosterstiftungen zu beschreiben, waren außer dem ersten Kloster zum heiligen Joseph in Avila, dessen Gründung ich sogleich niederschrieb, mit Gottes Hilfe weitere sieben Klöster gestiftet; das letzte davon ist jenes von Alba de Tormes.[1] Der Grund, warum nicht mehr gestiftet wurden, war der, daß mich die Obern zu anderen Dingen verwendeten,[2] wie wir in der Folge sehen werden.

2. Wenn ich mir den Fortgang des geistlichen Lebens in diesen Klöstern während der letzten Jahre vor Augen stelle, so erkenne ich, wie notwendig die nachfolgenden Unterweisungen sind. Gebe unser Herr, daß ich das recht auszudrücken vermag, was nach meiner Ansicht not tut! Und weil die Gnaden, um die es sich hier handelt, keine Täuschungen sind, sollen die Geister nicht in Verwirrung geraten. Ich habe schon an anderer Stelle[3] hiervon gesprochen, wo ich einige kleine Belehrungen für die Schwestern schrieb. Wenn man in Reinheit des Gewissens und im Gehorsam handelt, läßt der Herr niemals zu, daß der böse Feind so die Oberhand bekommt, daß er uns zum Schaden unserer Seele täuschen kann; im Gegenteil wird der Teufel selbst betrogen. Dies weiß der Arge gar wohl, und darum glaube ich auch, daß er nicht so viel Böses verursacht als unsere eigene Einbildungskraft und die schlimmen Launen, besonders wenn Melancholie dazu kommt; denn die weibliche Natur ist schwach und die in uns herrschende Eigenliebe gar fein. Ich habe bei Personen, mit denen ich zusammentraf, bei Männern sowohl wie bei vielen Frauen, auch bei den Nonnen dieser Klöster deutlich erkannt, daß sie sich gar oft wider ihren Willen selbst täuschen. Gerne glaube ich, daß der Teufel sich einmischen mag, um uns zu hintergehen; aber bei den meisten, die ich, wie gesagt, gesehen, habe ich, Gott sei Dank, nicht bemerkt, daß der Herr sie aus seiner Hand ge-

---

[1] Die Heilige hat hier nur die Nonnenklöster im Auge, nämlich: Medina del Campo (1567), Malagón (1568), Valladolid (1568), Toledo (1569), Pastrana (1569), Salamanka (1571) und Alba de Tormes (1571).

[2] Die Heilige spielt hier auf ihr Priorat im Kloster der Menschwerdung an, das vom Jahre 1571—1574 währte.

[3] „Im Weg zur Vollkommenheit", 40. Hauptstück.

laſſen hätte. Vielleicht will er ſie durch dieſen Schaden klug machen, damit ſie daraus Erfahrung ſchöpfen.

3. Wohl um unſerer Sünden willen iſt in der Welt die Übung des Gebetes und der Vollkommenheit ſo in Verfall gekommen, daß ich mich ſo darüber ausſprechen muß. Ohne auch nur irgendeine Gefahr wahrzunehmen, ſcheut man vor dieſem Wege zurück; wie würde es erſt ſein, wenn man ſie auf irgendeine aufmerkſam machte? In der Tat, Gefahr gibt es überall; und ſolange wir in dieſer ſterblichen Hülle wandeln, müſſen wir immer in Furcht ſein und den Herrn bitten, daß er uns belehre und nicht verlaſſe. Doch, wie ich ſchon geſagt zu haben glaube, gibt es Perſonen, für die die Gefahr weniger groß iſt; das ſind jene, die ſich mehr mit dem Gedanken an Gott beſchäftigen und nach Vervollkommnung ihres Lebens ſtreben.

4. Sehen wir, o mein Herr, daß du uns ſo oft aus Gefahren befreiſt, in die wir uns ſelbſt ſtürzen, und dazu noch, um gegen dich zu ſein: wie könnten wir da glauben, daß du uns nicht befreien werdeſt, wenn wir nichts anderes beabſichtigen, als dir wohlzugefallen und uns in dir zu erfreuen?[1] Dies kann ich niemals glauben. Gott kann zwar in ſeinen geheimen Ratſchlüſſen manche Dinge zulaſſen, die auch ohnedies geſchehen würden, aber das Gute hat niemals Böſes zur Folge gehabt. Das Geſagte ſoll dazu dienen, auf dem Wege (der Vollkommenheit) um ſo eifriger zu wandeln, damit wir unſerem Bräutigam deſto mehr gefallen und ihn um ſo ſchneller finden, aber nicht, um den Weg zu verlaſſen. Es ſoll dazu dienen, um uns zu ermutigen, auf dieſem ſo engen und rauhen Lebenswege beherzt zu wandeln, nicht aber, um den Mut zu verlieren und zu verzagen. Denn wenn wir in Demut wandeln, werden wir durch die Barmherzigkeit Gottes zu jener Stadt Jeruſalem gelangen, wo uns im Vergleich mit der Glorie, die wir dort genießen werden, alles als unbedeutend oder gar nichts erſcheinen wird, was wir hienieden ausgeſtanden haben.

5. Sobald ſich dieſe kleinen Taubenhäuschen Unſerer Lieben Frau zu bevölkern begannen, ließ die göttliche Majeſtät auch ihre Wunderwerke an dieſen ſchwachen Nönnchen erglänzen, die jedoch ſtark ſind im Verlangen und in der Losſchälung von allem Irdiſchen. Dieſe Losſchälung

---

[1] Am Rande des Original-Manuſkripts lieſt man die Bemerkung des Paters Gracián: Ein ausgezeichneter und ſehr tröſtender Vernunftſchluß.

ift, wenn damit Reinheit des Gewissens verbunden ist, mehr als alles andere geeignet, die Seele mit ihrem Schöpfer zu vereinigen. Es ist dies eigentlich eine überflüffige Bemerkung; denn wenn die Losschälung eine wahre ist, scheint sie mir unvereinbar mit einer Beleidigung Gottes; wo alle Reden und Handlungen nur auf ihn zielen, da scheint sich auch Seine Majestät den Seelen nicht entziehen zu wollen. Dies sehe ich jetzt in diesen Klöstern und kann es in Wahrheit bezeugen; jene, die nach uns kommen und dies lesen, mögen in Besorgnis sein, wenn es bei ihnen nicht mehr so steht wie jetzt, und die Ursache davon nicht auf die Zeiten schieben. Für Gott sind alle Zeiten gut, um seinen wahren Dienern große Gnaden zu spenden; sie mögen sich nur prüfen, ob es nicht an ihnen fehlt, und sich bessern.

6. Ich höre manchmal in bezug auf die Anfangsstadien der Orden sagen, der Herr habe jenen Heiligen, die vor uns lebten, größere Gnaden verliehen, da sie die Grundsteine waren, und so ist es auch;[1] aber sie mußten immer vor Augen haben, daß sie die Grundsteine der Nach= kommenden seien. Würden wir, die wir jetzt leben, nicht abgefallen sein von dem, was unsere Vorfahren getan, und würden unsere Nachkommen ebenfalls nicht anders handeln, dann stünde das (geistige) Gebäude immer fest. Was nützt es mir, daß meine Vorfahren so heilig waren, wenn ich nachher so böse bin, daß ich durch meine schlechten Gewohn= heiten das Gebäude zerstöre? Denn es ist klar, daß die Nachkommenden nicht so sehr auf jene blicken, die vor vielen Jahren gelebt haben, als auf jene, die sie vor Augen haben. Es wäre schlimm, wenn ich dem die Schuld gäbe, daß ich nicht unter den ersteren gelebt habe, anstatt den Unterschied zu betrachten, der zwischen meinem Leben und meiner Tugend und dem Leben und der Tugend jener besteht, denen Gott so große Gnaden verliehen hat.

7. O mein Gott, was sind doch das für gekünstelte Entschuldigungen und offenbare Unwahrheiten! Ich spreche nicht von den Ordensstiftern, denen Gott, weil er sie zu einem so großen Werk auserwählt hat, auch

---

[1] Im Original sind hier zwei und eine halbe Zeile ausgestrichen durch die heilige Theresia selbst. An Stelle des ausgestrichenen Satzes hat die Heilige folgende Worte eingesetzt: Y es así, mas. „Und es ist so, aber." Bei etwas aufmerksamerem Stu= dium kann man die Korrektur lesen oder wenigstens entziffern: Pues lo dicen los que saben más que yo, así debe ser. „Es muß so sein, weil es mir solche sagen, die es besser wissen als ich." La Fuente hat die korrigierte Stelle nicht gelesen.

mehr Gnaden verlieh. Es schmerzt mich, o mein Gott, daß ich so böse bin und dir so wenig diene; aber ich weiß gar wohl, daß der Fehler an mir liegt, wenn du mir nicht dieselben Gnaden erweist wie meinen Vorfahren. Mein Leben ekelt mich an, o Herr, wenn ich es mit dem ihrigen vergleiche, und ich kann dies nicht ohne Tränen bekennen. Ich sehe, daß ich verdorben habe, was sie durch Mühe aufgerichtet. Ich kann mich in keiner Weise über dich beklagen, und keine (Nonne) hat das Recht, dies zu tun, sondern wenn sie ihren Orden irgendwie in Verfall geraten sieht, so soll sie Sorge tragen, ein fester Grundstein zu werden, auf dem das Gebäude sich wieder erheben kann; der Herr wird ihr dazu verhelfen.

8. Ich komme nun wieder auf das Gesagte zurück, von dem ich weit abgewichen bin. Der Herr erweist den Nonnen dieser Klöster so große Gnaden, daß, wenn er die eine oder die andere von ihnen auf dem Wege der Betrachtung führt, alle übrigen bis zur vollkommenen Beschauung gelangen; einige machen solche Fortschritte, daß ihnen sogar Verzückungen zuteil werden.[1] Anderen verleiht der Herr Gnaden verschiedener Art und dazu Offenbarungen und Visionen, die deutlich beweisen, daß sie von Gott kommen. Es gibt jetzt kein Kloster, in dem sich nicht eine oder zwei oder drei (Nonnen) dieser Art befinden. Ich weiß wohl, daß darin nicht die Heiligkeit besteht, und es ist auch nicht meine Absicht, sie nur zu loben, sondern man soll daraus bloß abnehmen, daß ich nicht ohne irgendwelche Veranlassung die folgenden Belehrungen erteilen will.

---

[1] Diese Stelle hat im Original bedeutende Korrekturen erfahren. Die Ausdrucksweise der Heiligen ist an mehreren Stellen durch eine fremde Hand, wahrscheinlich durch Pater Gracián, sorgfältig ausgestrichen und korrigiert worden. Alle Bemühungen, diese Stelle zu entziffern, blieben erfolglos. Nach der Meinung des M. Morel-Fatio ist es unmöglich, die Ausdrucksweise der Heiligen an dieser Stelle vollkommen zu finden. Nach Pater Gracián lautet diese Stelle: Son tantas las mercedes, que el Señor hace en estas casas, que llevándolas Dios á todas por meditación, algunas llegan a contemplación perfecta, y otras van tan adelante, que llegan á arrobamientos. „So große Gnaden gewährt der Herr in diesen Häusern, daß er alle auf dem Wege der Betrachtung führt; einige erlangen die vollkommene Beschauung, und andere werden sogar bis zur Verzückung erhoben.“

44

Fünftes Hauptstück

Einige Belehrungen über das Gebet und die Offenbarungen. Es ist dies sehr nützlich
für jene, die im tätigen Leben stehen.

1. Ich habe nicht die Absicht, und denke auch nicht daran, im folgenden
so zuverlässige Belehrungen zu geben, daß man sie als unfehlbare Regel
ansehen könnte; das wäre in so schwierigen Sachen eine Torheit. Da
es aber auf diesem Wege des Geistes so viele Pfade gibt, so könnte ich
vielleicht doch über den einen oder anderen etwas Treffendes sagen.
Wenn jene, die auf diesem Wege nicht wandeln, es nicht verstehen, so
ist der Grund darin zu suchen, daß sie einen anderen gehen; sollte aber
gar niemand daraus Nutzen ziehen, so möge der Herr meinen (guten)
Willen annehmen. Er weiß ja, daß ich, wenn ich auch nicht alles selbst
an mir erfahren habe, es doch an anderen Seelen wahrgenommen habe.

2. Zuerst will ich meiner armseligen Fassungskraft gemäß davon
reden, worin das Wesen des vollkommenen Gebetes besteht; denn ich
habe einige getroffen, die da glauben, diese ganze Beschäftigung bestehe
im Denken. Wenn diese ihre Gedanken selbst mit großer Anstrengung
auf Gott gerichtet halten können, so meinen sie gleich, sie seien schon
geistig gehoben; werden sie aber gegen ihren Willen zerstreut, selbst
wenn sie sich mit guten Dingen befassen, so werden sie ganz trostlos
und halten sich für verloren. In dieser irrigen Meinung sind die
Gelehrten nicht befangen, obwohl ich auch unter ihnen einige getroffen
habe, die hierin eine Ausnahme machen, aber wir Frauenspersonen
müssen über alle diese Unwissenheiten belehrt werden. Ich leugne nicht,
daß es eine Gnade des Herrn ist, beständig mit der Betrachtung seiner
Werke beschäftigt sein zu können — es ist ja gut, daß man darauf hin-
arbeite —, aber man muß bedenken, daß nicht alle von Natur aus das
dazu notwendige Vorstellungsvermögen besitzen, während alle Seelen
fähig sind, Gott zu lieben.[1] Ich habe schon, wie ich meine, anderswo[2]

---

[1] Pater Gracián hat hinzugefügt: En que está la perfección más que en
pensar. „Denn die Vollkommenheit besteht mehr im Lieben als im Denken." Diese
Einschaltung findet sich nicht nur in der ersten Ausgabe, sondern auch in allen
anderen bis zum Jahre 1882. La Fuente, der in seiner ersten Veröffentlichung in
dieselbe Ungenauigkeit verfallen ist, hat sie in seiner letzten Ausgabe verbessert.

[2] Die Heilige hat davon im 11. Hauptstück ihres „Lebens" gehandelt.

über einige Urſachen dieſes Umherſchweifens unſerer Phantaſie geſchrieben — nicht über alle; denn das wäre unmöglich — und darum
ſpreche ich hier nicht davon. Ich möchte hier nur zeigen, daß die
Seele nicht das Denkvermögen iſt, noch daß es gut iſt, wenn der Wille
ſich von ihm beherrſchen läßt,[1] weil es ihm, wie oben erwähnt, ſehr
übel bekommt. Denn der Fortſchritt der Seele beſteht nicht im vielen
Denken, ſondern im vielen Lieben. Wie aber kann man ſich dieſe Liebe
erwerben? Ich ſage dadurch, daß ſich eine Seele entſchließt, für Gott
zu wirken und zu leiden, und zwar ſo oft ſich eine Gelegenheit dazu
bietet.

3. Es iſt volle Wahrheit, daß die Seele, wenn ſie daran denkt, was
wir Gott ſchuldig ſind, wer er iſt und was wir ſind, dahin gelangt, recht
entſchloſſen zu ſein; dies iſt ſehr verdienſtlich und für Anfänger ſehr
vorteilhaft; aber man verſtehe, ſolange man dabei nicht Handlungen
unterläßt, die den Gehorſam und das Heil des Nächſten betreffen. In
dieſen Fällen verlangen ſolche ſich darbietende Pflichten die Zeit zum
Nachteil jener, die wir ſo gerne Gott weihen möchten. Nach unſerer
Meinung iſt dies dann der Fall, wenn wir uns in der Einſamkeit mit
Gott beſchäftigen und uns an ſeinen Tröſtungen erfreuen, die er uns
gewährt. Dies aus einer dieſer beiden Urſachen (aus Gehorſam und
Nächſtenliebe) unterlaſſen, heißt Gott erfreuen und für ihn arbeiten,
wie er ſelber geſprochen: „Was ihr einem der geringſten meiner Brüder
getan habt, das habt ihr mir getan."[2] Und was den Gehorſam betrifft,
ſo will er nicht, daß man einen anderen Weg gehe wie er, und wer ihn
in Wahrheit lieben will, der folge ihm, „der gehorſam war bis in den
Tod".[3] Wenn dies auf Wahrheit beruht, woher dann dieſer ſo häufig
vorkommende Widerwille, daß man nicht einen großen Teil des Tages
einſam und in Gott vertieft zubringen konnte, obwohl man ſich mit
anderen Dingen beſchäftigen mußte?[4] Nach meiner Anſicht gibt es da

---

[1] Pater Gracián hat hier den Leſer wieder aufmerkſam gemacht durch ein ojo =
gib acht! Nichtsdeſtoweniger glaubte er die Heilige verbeſſern zu müſſen und ſie
ſagen zu laſſen: „Es iſt nicht recht, daß ſich der Wille durch das Denkvermögen
leiten läßt."

[2] Mt. 25, 40.

[3] Phlp. 2, 8.

[4] Man lieſt am Rande: „Eine wichtige Frage." Ein wenig ſpäter lieſt man
noch: „Antwort." Wahrſcheinlich Bemerkungen des Paters Gracián.

zwei Gründe. Der erste und hauptsächlichste ist eine sehr feine Eigenliebe, die sich einmischt und uns nicht erkennen läßt, daß wir mehr uns selbst als Gott befriedigen wollen. Denn es ist klar, daß eine Seele, sobald sie zu kosten beginnt, wie süß der Herr ist,[1] mehr Genuß findet, wenn der Leib in Ruhe und ohne Arbeit ist und die Seele sich geistig erfreut.

4. O (heilige) Liebe jener, die diesen Herrn wahrhaft lieben und seinen Geist recht kennen![2] Wie wenig können sie ruhen, wenn sie sehen, daß sie ein klein wenig dazu beitragen können, um einer einzigen Seele zum Fortschritt im Guten und zu größerer Liebe Gottes zu verhelfen oder um sie zu trösten oder aus einer Gefahr zu befreien! Wie sehr gereicht ihnen da ihre eigene Ruhe zur Last! Und wenn sie durch die Tat nichts ausrichten können, so bestürmen sie im Gebete den Herrn für so viele Seelen, die sie zu ihrem Leidwesen verlorengehen sehen. Sie opfern ihren eigenen Trost und halten dieses Opfer für großen Gewinn, weil sie nicht an ihre eigene Befriedigung, sondern an die vollkommenere Erfüllung des Willens Gottes denken. So ist es auch bezüglich des Gehorsams. Es wäre doch arg, wenn wir uns weigern würden, etwas sehr Wichtiges sofort zu vollbringen, wozu uns Gott in deutlicher Weise den Auftrag gegeben, sondern es vorzögen, der Beschauung zu obliegen, weil dies mehr unserem Willen entspräche. Das wäre ein schöner Fortschritt in der Liebe Gottes und hieße nichts anderes, als ihm die Hände binden in dem Wahn, er könne uns nur auf e i n e m Wege voranbringen.

5. Ich will hier, wie schon erwähnt, meine persönliche Erfahrung beiseite lassen. Aber ich kenne einige Personen, die mich zur Erkenntnis dieser Wahrheit gebracht haben. Ich selbst war wegen des Mangels an Zeit zum innerlichen Gebete in großer Betrübnis und empfand auch Mitleid mit jenen Personen, weil ich sie immer in Arbeit stehen und mit vielen Dingen beschäftigt sah, die der Gehorsam ihnen auferlegte. Ich dachte bei mir und sprach es auch aus, daß sie bei so großer Unruhe unmöglich im geistlichen Leben zunehmen könnten; denn damals waren

---

[1] Ps. 33, 9.
[2] Die Heilige will damit sagen: „Glücklich jene, die die Art und Weise seiner Herablassung kennen, die ihn gleichsam zwingt, aus seiner ewigen Ruhe und Glückseligkeit herauszutreten, um den Seelen nachzugehen und sie mit sich hineinzuführen in den allein beseligenden Schoß des ewigen Vaters!" Die Heilige unterbricht hier den behandelten Gedanken und nimmt ihn wieder auf in Nr. 14 dieses Hauptstückes mit den Worten: „Der zweite Grund dieses Widerwillens."

sie hierin noch nicht weit vorangeschritten. O Herr, wie verschieden sind doch deine Wege von unseren Vorstellungen! Du verlangst von einer Seele, die entschlossen ist, dich zu lieben und deiner Hand sich zu überlassen, nichts anderes, als daß sie gehorsam ist und sich gut in das hineinfindet, was deinem Dienste mehr entspricht! Trägt sie darnach Verlangen, so ist es nicht notwendig, daß sie die Wege suche noch auswähle, da ja ihr Wille der deinige ist. Du, o mein Herr, übernimmst die Sorge, sie zu leiten, damit sie größere Fortschritte mache. Und wenn der Obere auch für den Fortschritt der Seele nicht Sorge trägt, sondern nur, daß die Arbeiten verrichtet werden, die ihm in der Gemeinde[1] notwendig erscheinen, so übernimmst du, o mein Gott, die Sorge und verfügst über die Seele und ihre Beschäftigungen so, daß wir, ohne es zu wissen wie, mit innerem Geiste erfüllt werden und große Fortschritte machen, über die wir nachher staunen, vorausgesetzt, daß wir diesen Anordnungen um Gottes willen treu entsprechen.

6. So erging es einem Ordensmann, mit dem ich vor einigen Tagen gesprochen. Dieser war ungefähr 15 Jahre lang durch den Gehorsam mit so vielen Geschäften und Ämtern überhäuft worden, daß er sich nicht erinnerte, während all dieser Jahre auch nur einen einzigen Tag für sich gehabt zu haben; nur einige Minuten des Tages konnte er dem innerlichen Gebete widmen. Dabei befliß er sich, stets ein reines Gewissen zu bewahren. Dieser Ordensmann ist eine Seele, die von allen, die ich kennengelernt, die größte Liebe zum Gehorsam hat, und so entflammt er alle, die mit ihm umgehen, zu dieser Tugend. Der Herr hat ihn dafür sichtlich belohnt, so daß er, ohne es zu wissen wie, in den Besitz jener Freiheit des Geistes gelangte, die so kostbar und wünschenswert und eine Eigenschaft der Vollkommenen ist. In dieser Freiheit besteht alle Glückseligkeit, die man im Leben nur wünschen kann; denn wer nichts mehr wünscht, besitzt alles. Solche Seelen fürchten nichts und verlangen nichts mehr auf Erden; Leiden verwirren sie nicht, Freuden regen sie nicht auf; nichts in der Welt kann ihnen den Frieden rauben, weil dieser von Gott allein abhängt, von dem sie nichts trennen kann. Nur die Furcht, Gott zu verlieren, vermag sie zu beängstigen; alles in der Welt scheint ihnen gar keine Bedeutung zu haben, weil nichts ihre Glückseligkeit vermehren noch vermindern kann. O seliger Gehorsam;

---

[1] Man liest hier am Rande ein ojo = gib acht!

felig auch die Zerstreuung aus Gehorsam, durch die so viel gewonnen werden kann!

7. Außer diesem Ordensmann habe ich auch noch andere Personen dieser Art kennengelernt, die ich viele Jahre lang nicht mehr gesehen hatte. Als ich sie fragte, womit sie sich beschäftigt hatten, gaben sie zur Antwort: Nur mit Werken des Gehorsams und der Liebe. Trotzdem bemerkte ich an ihnen einen so großen Fortschritt im geistlichen Leben, daß sie mich in Staunen setzten. Wohlan, meine Töchter, betrübet euch nicht! Wenn der Gehorsam euch zur Übernahme äußerer Beschäftigungen bestimmt, so bedenket, daß der Herr auch in der Küche inmitten der Töpfe euch nahe ist und euch sowohl innerlich als äußerlich beisteht.[1]

8. Ich erinnere mich, daß ein Ordensmann mir erzählte, er habe den festen Entschluß und Vorsatz gefaßt, nie zu widersprechen, so mühevoll auch das Werk sei, das der Obere ihm auftrage. Eines Tages nun kam er spät abends von der Arbeit sehr ermüdet heim, so daß er sich kaum aufrecht halten konnte. Er wollte eben ausruhen und sich ein wenig niedersetzen, als ihn sein Oberer traf und ihm den Auftrag gab, den Spaten zu nehmen und im Gemüsegarten zu graben. Obwohl sich seine Natur sehr dagegen sträubte, da er sich vor Mattigkeit nicht aufrecht halten konnte, sagte er doch kein Wort und nahm den Spaten. Als er eben durch einen im Garten sich befindlichen Gang gehen wollte, erschien ihm unser Herr mit dem Kreuze auf den Schultern, überaus ermüdet und ermattet und gab ihm zu verstehen, daß seine Ermüdung nicht im Verhältnis stehe zu seiner eigenen Erschöpfung.[2] Viele Jahre, nachdem

---

[1] Wie sehr die heilige Mutter bei solchen Beschäftigungen von der Nähe Gottes durchdrungen war, ersehen wir daraus, daß sie einst, als sie die Pfanne über das Feuer hielt, zur größten Überraschung der anwesenden Schwestern in Verzückung geriet. Darum ist auch im spanischen Karmel der Ausdruck der heiligen Theresia: „entre los pucheros anda el Señor" (zwischen den Töpfen wandelt der Herr), sprichwörtlich geworden.

[2] Nach Pater Franz von der heiligen Maria (Reforma de los Desc. t. I. l. IV. c. XVIII.) war der in Frage stehende Religiose ein unbeschuhter Karmeliten-Laienbruder, namens Franz von der unbefleckten Empfängnis, aus dem Kloster Unserer Lieben Frau del Socorro in Roda. Dies stimmt schwerlich mit den Worten der hl. Theresia überein; denn die Heilige schrieb das 5. Hauptstück der „Klosterstiftungen" im Jahre 1573 und kam erst im Jahre 1580 nach Roda, aber nicht, um dort ein Kloster zu stiften. Wenn es sich wirklich um Franz von der unbefleckten Empfängnis handelt, so muß man annehmen, daß er sich zuvor in einem anderen Kloster befand, vielleicht in einem Kloster der Beschuhten.

er mir dies erzählt hatte, sah ich diesen Garten, als ich an jenen Ort kam, um ein Kloster zu gründen.

9. Nach meinem Dafürhalten erregt der böse Feind unter allerlei scheinbar guten Ausflüchten solchen Widerwillen und so große Schwierigkeiten, weil er sieht, daß es keinen anderen Weg gibt, der so schnell zur höchsten Vollkommenheit führt, als den des Gehorsams. Man möge sich dies gut merken und man wird deutlich erkennen, daß ich die Wahrheit sage. Der höchste Grad der Vollkommenheit[1] besteht offenbar nicht in innerlichen Tröstungen und erhabenen Verzückungen, auch nicht in Visionen und im Geiste der Weissagung, sondern nur in einer solchen Gleichförmigkeit unseres Willens mit dem göttlichen Willen, daß wir alles, was wir als seinen Willen erkennen, mit unserem ganzen Willen umfassen, und das Bittere und Schmerzliche ebenso freudig hinnehmen wie das Angenehme, weil wir erkennen, daß Seine Majestät es will. Dies scheint sehr schwierig zu sein, wohl nicht das Vollbringen, sondern das Zufriedensein mit dem, was unserem Willen naturgemäß so ganz und gar widerspricht. So ist es auch in Wahrheit; allein wenn die Liebe vollkommen ist, so hat sie auch die Kraft, daß wir unsere eigene Befriedigung vergessen, um den zu erfreuen, den wir lieben. In der Tat, selbst die größten Bitterkeiten werden uns süß, sobald wir erkennen, daß wir damit Gott gefallen. Auf diese Art lieben jene, die unter Verfolgungen, Schmach und Unbilden bis zu einem solchen Grade der Vollkommenheit gelangt sind.

10. Das ist so gewiß, bekannt und offenbar, daß es nicht nötig ist, mich weiter damit zu befassen. Ich möchte hier nur verständlich machen, warum der Gehorsam nach meinem Dafürhalten zu einem so glücklichen Stand führt[2] und als das beste Mittel hiezu angesehen werden muß. Der Grund ist der: Wir sind in keiner Weise Herren unseres Willens, um ihn ganz vollkommen und frei Gott hinzugeben, bis wir ihn nicht der Vernunft unterwerfen. Zu dieser Unterwerfung aber ist der Gehorsam der rechte Weg. Doch dies erreicht man nicht mit wohlüberlegten Ausreden, deren unsere Natur und Eigenliebe so viele hat, daß wir

---

[1] Man liest hier am Rande des Originals: „Worin besteht die Vollkommenheit?“

[2] Hier findet sich am Rand wieder ein ojo = gib acht! Von hier an sind alle Korrekturen und Zugaben des Paters Gracián im Originalmanuskript beseitigt und ist der Text der heiligen Mutter wieder in seiner ursprünglichen Reinheit hergestellt.

nie zum Ziele kommen; und oft scheint uns infolge unseres Widerwillens die vernünftige Handlung töricht, eben weil wir nur wenig Luft haben, sie zu vollführen.

11. Ich würde an kein Ende kommen, wollte ich hier diesen schweren, inneren Kampf und das Ränkespiel beschreiben, das der Teufel, die Welt und unsere Sinnlichkeit in die Wege leiten, um uns der Vernunft abwendig zu machen. Welches Mittel haben wir nun dagegen? Dasselbe, das man in der Welt bei einem sehr verwickelten Rechtsstreit wählt; wie die Parteien, wenn sie des Streitens überdrüssig sind, die ganze Angelegenheit in die Hände eines Schiedsrichters legen, so übergibt auch die Seele ihre Angelegenheit einem solchen, sei es nun der Obere oder der Beichtvater, mit dem festen Entschlusse, nicht weiter zu streiten noch auch an die Streitsache ferner zu denken. Sie halte sich nur vertrauensvoll an das Wort des Herrn: „Wer euch höret, der höret mich,"[1] und achte nicht auf ihren eigenen Willen. Der Herr schätzt diese Unterwürfigkeit sehr hoch, und mit Recht, da man ihn zum Herrn des freien Willens macht, den er uns gegeben hat. Üben wir uns hierin, indem wir uns bald Entsagung auferlegen, bald unter tausend inneren Kämpfen das für Unsinn halten, was man über unser Handeln urteilt, so kommen wir doch durch diese mühevolle Übung dahin, daß wir uns gerne in das finden, was man uns befiehlt. Wir werden es schließlich auch tun, ob wir es nun mit oder ohne Mühe vollziehen. Der Herr aber wird uns mächtig beistehen und uns zu Herren unseres Willens machen, weil wir ihm unseren Willen und unsere Vernunft unterworfen haben. Wenn wir dann einmal Herren über uns selbst sind, dann können wir uns vollkommen mit Gott beschäftigen und ihm den freien Willen übergeben, damit er ihn mit dem seinigen vereine; wir können ihn bitten, er möge das Feuer seiner Liebe vom Himmel senden, damit es dieses Opfer verzehre und alles entferne, was ihm mißfällig sein könnte. Nun haben wir das Unsrige getan und das Opfer, wenn auch mit großer Mühe, auf den Altar gelegt, so daß es, soviel an uns liegt, die Erde nicht mehr berührt.

12. Es ist klar, daß niemand geben kann, was er nicht hat; er muß es zuerst selber besitzen. Glaubet mir aber, daß es, um diesen Schatz zu gewinnen, kein besseres Mittel gibt als zu graben und zu arbeiten,

---
[1] Luk. 10, 16.

um ihn aus dem Schachte des Gehorsams herauszuheben. Je mehr wir graben, desto mehr werden wir finden, und je mehr wir uns den Menschen unterwerfen und keinen anderen Willen als den unserer Oberen haben, desto mehr werden wir Herren unseres Willens, um ihn dem Willen Gottes gleichförmig zu machen. Seht, meine Schwestern, wie reichlich der Verzicht auf die Wonnen der (stillen) Einsamkeit belohnt wird. Ich sage also, daß der Mangel an Zurückgezogenheit euch keineswegs hindernd in den Weg tritt, um euch auf den Besitz dieser wahren Vereinigung vorzubereiten, ich meine jene Vereinigung, in der mein Wille eins wird mit dem Willen Gottes.

13. Das ist die Vereinigung, die ich verlange und in allen sehen möchte, und nicht jenes überaus wonnevolle Versunkensein, dem wohl auch der Name „Vereinigung" beigelegt wird. Es mag dies wohl auch Vereinigung sein, wenn es zu der oben bezeichneten hinzukommt; bleiben aber nach so einem Versunkensein mangelhafter Gehorsam und der Eigenwille zurück, so scheint mir dies eine Vereinigung mit der Eigenliebe und nicht mit dem Willen Gottes zu sein. Seine Majestät gebe, daß ich dies ebenso gut ins Werk setze, als ich es verstehe!

14. Der andere Grund dieses Widerwillens[1] ist nach meiner Ansicht der, daß es in der Einsamkeit weniger Gelegenheit gibt, Gott zu beleidigen, und die Seele sich reiner hält; doch Gelegenheiten gibt es auch da, weil überall die bösen Geister und wir selber sind. Wenn darum die Seele fürchtet, Gott zu beleidigen, so ist es für sie ein sehr großer Trost, keinen Anstoß zum Straucheln zu haben. Aus diesem Grunde auf den Verkehr mit den Menschen verzichten zu wollen, scheint mir wirklich viel wichtiger, als um der großen Freuden und Tröstungen willen, die Gott gewährt. Hier, meine Töchter, muß sich die Liebe zeigen; nicht in verborgenen Winkeln (der Einsamkeit), sondern inmitten der Gelegenheiten. Glaubt es mir; treten auch hier mehr Fehler und einige kleine Gebrechlichkeiten zutage, so ist doch unser Gewinn unvergleichlich größer. Ich setze aber, was wohl zu beachten ist, stets voraus, daß man sich in diese Gelegenheiten aus Gehorsam und Liebe begibt. Außerdem ist, ich wiederhole es, die Einsamkeit der bessere Teil. Selbst inmitten dieser Beschäftigungen müssen wir Verlangen darnach tragen, und dieses

---

[1] Hier nimmt die Heilige den in Nr. 3 dieses Hauptstückes abgebrochenen Gedanken wieder auf.

Verlangen begleitet in der Tat stets jene Seelen, die Gott wahrhaft lieben.

15. Wenn ich sagte, daß wir aus diesen Gelegenheiten Gewinn ziehen, so meine ich mit diesem Gewinn die Erkenntnis, wer wir sind und wie weit unsere Tugend vorangeschritten ist. Denn eine Person, die immer zurückgezogen lebt, mag sie auch noch so heilig scheinen, weiß doch nicht, ob sie Geduld und Demut besitzt, und kann es auch nicht inne werden. Wie kann man wissen, ob ein Soldat tapfer ist, wenn man ihn nie in der Schlacht gesehen? St. Petrus glaubte sehr stark zu sein, aber seht ihn an, wie er sich benahm in der Gelegenheit! Doch er erhob sich wieder von jenem Falle und vertraute in keiner Weise mehr auf sich selbst; er setzte sein Vertrauen auf Gott und erlitt nachher, wie wir wissen, den Martertod.

16. O mein Gott, hilf, daß wir unsere große Armseligkeit recht erkennen! Ohne diese Erkenntnis sind wir überall in Gefahr, und nur aus diesem Grunde ist es für uns sehr vorteilhaft, wenn man uns Aufträge gibt, die uns zur Erkenntnis unseres Elends führen. Nach meinem Dafürhalten ist ein einziger Tag, den wir in demütiger Selbsterkenntnis verlebt haben, auch wenn er uns viel Betrübnis und Mühseligkeiten gekostet hat, eine weit größere Gnade als viele Tage, die wir dem Gebete gewidmet; und dies um so mehr, weil der wahrhaft Liebende überall liebt und immer an den Geliebten denkt. Es wäre schlimm, wenn man das Gebet bloß in (verborgenen) Winkeln pflegen könnte. Ich sehe wohl ein, daß man (bei Geschäften) nicht viele Stunden (auf das Gebet) verwenden kann; aber, o mein Herr, welche Kraft hat vor dir ein Seufzer, der aus dem Innersten eines betrübten Herzens zu dir emporsteigt, wenn wir die Wahrnehmung machen, daß wir nicht bloß in dieser Verbannung leben müssen, sondern darin nicht einmal ein Plätzchen finden, wo wir uns allein mit dir erfreuen können?

17. Hier zeigt es sich klar, daß wir seine Sklaven sind, freiwillig verkauft an die Tugend des Gehorsams aus Liebe zu ihm. Denn um dieser Tugend willen verzichten wir gewissermaßen auf den Genuß Gottes selbst. Allein dies ist noch nichts, wenn wir bedenken, daß der Herr selbst aus Gehorsam den Schoß des Vaters verlassen hat, um unser Diener zu werden. Wie können wir diese Gnade vergelten, wie uns dafür erkenntlich zeigen? Indessen ist doch immer Vorsicht notwendig, damit wir uns nicht derart in die Werke des Gehorsams und der Liebe verlieren,

daß wir vergeſſen, öfters unſer Inneres zu Gott zu erheben. Glaubet mir, nicht die Länge der Zeit fördert die Seele im Gebete; verwendet ſie einen Teil der Zeit auch auf gute Werke, ſo wird ſie ſehr bald weit mehr von Liebe entflammt als durch viele Stunden der Betrachtung. Alles muß kommen von ſeiner Hand. Er ſei geprieſen in Ewigkeit!

Sechſtes Hauptſtück

Über den Schaden, der geiſtlichen Perſonen daraus erwachſen kann, daß ſie nicht wiſſen, wann ſie dem Geiſte widerſtehen müſſen. Verlangen der Seele nach der heiligen Kommunion und welche Täuſchungen dabei vorkommen können. Wichtige Lehren für ſolche, die dieſe Klöſter leiten.

1. Ich ſuchte mit aller Sorgfalt in Erfahrung zu bringen, woher denn dieſes tiefe Verſunkenſein komme, das ich bei einigen Perſonen wahrgenommen, denen der Herr im Gebete große Süßigkeiten ver= leiht und die es auch ihrerſeits an der Vorbereitung zum Empfang dieſer Gnaden nicht fehlen laſſen. Ich ſpreche hier nicht von dem Fall, wo eine Seele von Seiner Majeſtät plötzlich ergriffen und hingeriſſen wird; darüber habe ich anderswo[1] ausführlich geſchrieben, und von dergleichen Dingen brauche ich hier nicht zu reden. Denn wenn die Verzückung eine wahre iſt, vermögen wir doch nichts dagegen, wie ſehr wir auch Widerſtand leiſten wollten. Nur das will ich bemerken, daß der gewaltſame Einfluß, der uns die Herrſchaft über uns ſelbſt nimmt, nur von kurzer Dauer iſt. Aber oft tritt ganz unvermutet ein Gebet der Ruhe ein, einem geiſtigen Schlafe ähnlich, der die Seele derart mit fortreißt, daß ſie, wofern ſie ſich dabei nicht recht zu verhalten weiß, viele Zeit verlieren und die Kraft erſchöpfen kann; und dies aus eigener Schuld und mit wenig Verdienſt.

2. Ich möchte mich hier recht deutlich ausſprechen, aber es iſt ſo ſchwer, daß ich nicht weiß, ob es mir gelingen wird. Ich weiß jedoch wohl, daß die Seelen, die von dieſer Täuſchung befangen ſind, es gut verſtehen werden, wenn ſie mir Glauben ſchenken wollen. Ich kenne einige Seelen von großer Tugend, die ſieben oder acht Stunden ſich in

---

[1] Im Buche ihres „Lebens“, 20. Hauptſtück.

dieſem Zuſtande befanden und alles für Verzückung hielten. Jede geiſt=
liche Übung ergriff ſie derart, daß ſie gleich außer ſich gerieten; ſie
meinten, es wäre nicht gut, dem Herrn zu widerſtehen. Doch ſo könnten
ſie leicht nach und nach dem Tode oder dem Wahnſinn verfallen, wenn
man nicht für ein Heilmittel Sorge trägt.

3. So wie ich die Sache verſtehe, verhält ſie ſich alſo: Sobald der
Herr die Seele wonnevoll zu erquicken beginnt, beſchäftigt ſie ſich, da
unſere Natur eine ſehr große Freundin der Wonne iſt, ſo ſehr mit
jenem Genuſſe, daß ſie ſich weder bewegen noch irgendwie den Genuß
verlieren will; er iſt auch in der Tat wonnevoller als alle Genüſſe der
Welt. Trifft dies bei einer ſchwächlichen Perſon zu, deren Geiſt oder
beſſer geſagt deren Einbildungskraft von Natur aus nicht unbeſtändig
iſt, dann hält ſie ohne Zerſtreuung an einer Sache feſt, die ſie einmal
erfaßt. So handeln viele Perſonen, die, ſobald ſie an etwas, wenn es
ſich auch nicht auf Gott bezieht, zu denken beginnen, ganz hingeriſſen
werden und auf einen Gegenſtand ihr Geiſtesauge richten, ohne zu
beachten, was ſie vor Augen haben. Auch gibt es träge Naturen, die
in ihrer Zerſtreuung zu vergeſſen ſcheinen, was ſie ſagen wollen. Das
gleiche geſchieht hier je nach der Naturanlage, Stimmung oder Schwäche.
Verbindet ſich damit noch Melancholie, ſo werden ſie tauſendfache
trügeriſche Tröſtungen erfahren.

4. Von dieſer Gemütsſtimmung[1] will ich weiter unten etwas We=
niges ſagen. Doch auch bei Perſonen, die nicht an Melancholie leiden,
trifft das Geſagte zu, beſonders bei ſolchen, die durch Bußübungen ge=
ſchwächt ſind. Sobald ſie eine fühlbare Süßigkeit der Liebe koſten, laſſen
ſie ſich, wie geſagt, davon hinreißen. Nach meiner Anſicht wäre die
Liebe weit vollkommener, wenn man ſich nicht ſo davon einnehmen ließe,
da man auf dieſer Stufe des Gebetes noch leichter widerſtehen kann.
Wie eine Perſon von ſchwächlicher Natur leicht in Ohnmacht fällt, bei
der ſie weder reden noch ſich bewegen kann, ſo geſchieht es auch hier,
wenn man nicht Widerſtand leiſtet; die Gewalt des Geiſtes bezwingt
und unterdrückt die ſchwächliche Natur.

5. Man könnte mich nun fragen, worin ſich dieſer Zuſtand von der
Verzückung unterſcheide, da ja beides, wenigſtens dem Anſcheine nach,
ein und dasſelbe ſei, und auch Gründe dafür ſprächen; doch dem iſt

---

[1] Von der Melancholie.

nicht so. Denn die Verzückung oder die Vereinigung aller Seelen-kräfte dauert, wie gesagt, nur kurze Zeit, läßt große Wirkungen und der Seele inneres Licht zurück mit vielen anderen Vorteilen. Der Verstand wirkt dabei nichts, nur der Herr ist es, der im Willen wirkt. Hier aber ist es ganz anders; wenn auch der Leib wie gefesselt ist, so doch nicht der Wille, noch das Gedächtnis, noch der Verstand; sie behalten vielmehr ihre Wirkungsweise unveränderlich bei, und wenn sie sich auf einen besonderen Gegenstand geworfen haben, beschäftigen sie sich mit diesem.

6. In dieser leiblichen Schwäche — es ist in Wirklichkeit nichts anderes — finde ich keinen Nutzen außer den, daß der Anfang gut war, der indessen dazu führen sollte, die Zeit besser zu benützen als so lange in Träumereien zuzubringen. Weit mehr könnte man gewinnen durch einen Akt der Liebe und durch oftmalige Erweckung des Willens zur Liebe Gottes, als ihn in solcher Untätigkeit zu belassen. Daher rate ich den Priorinnen, möglichst große Sorgfalt anzuwenden, um diese so langen Ohnmachten aus dem Wege zu schaffen, die ja nach meinem Dafürhalten zu nichts anderem dienen, als daß sie die Kräfte und Sinne schwächen und sie unfähig machen, zu tun, was die Seele befiehlt. Auf diese Weise berauben sie die Seele des Verdienstes, das sie sich sonst bei sorgsamem Streben, dem Herrn zu gefallen, durch Gehorsam zu erwerben pflegen.

7. Bemerkt die Oberin (bei einer Schwester), daß dieser Zustand von der Schwäche herrührt, so sind die Fasten und Kasteiungen zu verbieten — ich meine jene, die nicht verpflichtend sind; es kann aber auch der Fall eintreten, daß man sie alle mit gutem Gewissen untersagen kann; man beschäftige sie dann mit anderen Dingen, damit sie sich zerstreue. Auch bei solchen ist (dieses Heilmittel) anzuwenden, die, ohne in diese Ohnmachten zu fallen, ihre Einbildungskraft allzusehr, selbst in die erhabensten Gegenstände des Gebetes vertiefen, da es gar oft vorkommt, daß sie nicht mehr Herren ihrer selbst sind. Dies ist besonders dann der Fall, wenn sie vom Herrn eine außerordentliche Gnade empfangen haben oder eine Vision ihnen zuteil geworden ist; da verliert sich die Seele derart, daß es ihr vorkommt, als sähe sie den Gegenstand noch immer, während dies in Wirklichkeit nicht öfter als einmal geschehen ist. Bemerkt man, daß dieses Versunkensein mehrere Tage andauert, so muß man den Stoff der Betrachtung wechseln;

denn es bringt dies keinen Schaden, wenn man sich nur mit göttlichen Dingen beschäftigt, und es verschlägt nichts, ob man sich nun dem einen oder anderen Gegenstand zuwendet. Gott hat oft ebenso großes Wohlgefallen, wenn man über seine Geschöpfe und die Allmacht, womit er sie aus dem Nichts hervorrief, eine Betrachtung anstellt, als wenn man an den Schöpfer selbst denkt.

8. O wie beweinenswert ist doch das Elend, in das die Sünde den Menschen versetzt hat! Wir müssen selbst im Guten Maß und Ziel halten, damit wir nicht unsere Gesundheit zugrunderichten und uns unfähig machen für dessen Genuß. Dies zu wissen, ist in der Tat für viele sehr wichtig und notwendig, besonders für solche, die an Kopfschwäche leiden oder eine krankhafte Einbildungskraft besitzen, damit sie unserem Herrn um so besser dienen können. Gewahrt eine aus euch, daß ihre Einbildungskraft von einem Geheimnis des Leidens, der Glorie des Himmels oder etwas Ähnlichem so eingenommen wird, daß sie mehrere Tage lang trotz besten Willens weder an andere Dinge zu denken noch sich aus diesem Versunkensein zu erheben vermag, so muß sie daraus schließen, daß es für sie ratsam sei, sich zu zerstreuen. Geschieht dies nicht, so wird sie mit der Zeit den Schaden gewahren, der, wie schon erwähnt, von großer Schwäche des Körpers oder, was noch viel schlimmer ist, von der Einbildungskraft herkommt. Denn wie ein Verrückter, der sich etwas in den Kopf setzt, seiner nicht mehr mächtig ist, sich weder zerstreuen noch an andere Dinge denken kann und auch für Gegengründe unzugänglich ist, da er seine Vernunft nicht mehr zu meistern vermag, ebenso könnte auch hier ein ähnlicher Fall eintreten, wenn dies auch eine wohltuende Verrücktheit ist.

9. O welch großer Schaden kann daraus entstehen, wenn Melancholie dazu kommt! Ich finde an dem beständigen Festhalten eines der erwähnten Gegenstände in keiner Weise etwas Gutes, da die Seele fähig ist, Gott selbst zu genießen. Warum sollte sie sich also bloß von einem einzigen seiner Wunderwerke oder Geheimnisse fesseln lassen, da es außer den erwähnten so viele gibt, womit sie sich beschäftigen kann? Gott ist ja unendlich, und je tiefer wir in die Fülle seiner Wunderwerke schauen, desto reichlicher offenbaren sie uns seine Herrlichkeiten.

10. Ich will damit nicht sagen, daß man in einer Stunde oder in einem Tage viele Gegenstände betrachten sollte; denn da würde man vielleicht aus keinem Gute Genuß ziehen. Da dies so erhabene Dinge

find, so möchte ich nicht, daß euch in den Sinn komme, wovon ich gar nicht sprechen wollte, oder daß ihr das eine mit dem anderen verwechselt. Es liegt in der Tat viel daran, dieses Hauptstück gut zu verstehen. Darum gereut es mich nicht, es zu schreiben, wenn es mir auch beschwerlich fällt. Auch ihr sollt es euch nicht verdrießen lassen, es öfters zu lesen, wenn ihr es das erstemal nicht recht versteht. Dies betrifft vor allem die Priorinnen und Novizenmeisterinnen, die die Nonnen im Gebetsleben unterweisen sollen. Sie werden, wenn sie nicht gleich anfangs mit Sorgfalt zu Werke gehen, die Erfahrung machen, wie viele Zeit sie aufwenden müssen, um dergleichen Schwächen wieder zu heilen.

11. Wollte ich alles, was mir über diesen Schaden zur Kenntnis gekommen ist, beschreiben, so würdet ihr einsehen, daß ich mit gutem Grunde so großes Gewicht darauf lege. Nur ein Vorkommnis will ich erwähnen, und von diesem kann man auf die übrigen schließen. In einem unserer Klöster befinden sich eine Chor= und eine Laienschwester, die beide im Gebetsleben sehr gefördert sind, großer Abtötung sich befleißen, demütig und tugendhaft sind. Der Herr begnadigt sie reichlich mit Tröstungen und offenbaret ihnen seine Herrlichkeiten. Insbesondere sind sie so losgeschält (vom Irdischen) und beseelt von Liebe zu Gott, daß wir trotz längerer Prüfung die Überzeugung gewonnen haben, sie würden, soweit es eben unsere Schwäche vermag, den Gnaden entsprechen, die ihnen der Herr erweist.[1] Ich habe ihre Tugend deshalb so gerühmt, damit die anderen, die darin nicht so befestigt sind, mehr in Furcht wandeln. Diese Nonnen empfanden so heftige Antriebe des Verlangens nach dem Herrn, daß sie sich nicht beherrschen konnten; sie glaubten, dieses Verlangen nur durch die Kommunion befriedigen zu können; und so baten sie ihre Beichtväter um die Erlaubnis, sie öfters empfangen zu dürfen. Diese Pein nahm derart zu, daß sie sterben zu müssen glaubten, wenn man ihnen nicht täglich die heilige

---

[1] Ribera schreibt im Jahre 1589, daß er die zwei Nonnen, um die es sich hier handelt, kannte, aber er nennt ihre Namen nicht. Von Pater Franz von der heiligen Maria aber wissen wir, daß die hier besprochene Tatsache sich in Medina del Campo abspielte. Die Chorschwester hieß Alberta Baptista, die kurz nach der Gründung des Klosters eintrat, Priorin wurde und im Jahre 1583 in einem Alter von 35 Jahren starb. Die Laienschwester hieß Agnes von der Empfängnis, die am 13. November 1570 Profeß ablegte und am 17. August 1591 starb. (Reform. de los Desc. t. II. l. VI. c. XX.)

Kommunion reichte. Da die Beichtväter, von denen einer ein großer Geistesmann war, diese Seelen von so inniger Sehnsucht erfüllt sahen, so schien ihnen dies als das geeignete Mittel für ihr Leiden. Allein dabei blieb es nicht; die eine von ihnen empfand ein so unerträgliches Verlangen, daß man ihr schon am frühen Morgen die heilige Kommunion reichen mußte, um, wie sie meinte, am Leben bleiben zu können. Es waren dies aber keine Seelen, die sich etwa verstellten; denn um keinen Preis in der Welt hätten sie eine Lüge gesagt.

12. Ich war damals nicht an jenem Orte, aber die Priorin[1] schrieb mir, was sich zugetragen hatte, und daß sie sich mit ihnen nicht zu helfen wisse; auch teilte sie mir mit, daß jene Männer der Ansicht seien, man könne kein anderes Mittel anwenden als dieses. Es war der Wille Gottes, daß ich die Sache sogleich erfaßte; doch schwieg ich zu allem bis zu meiner Ankunft, weil ich fürchtete, mich selbst zu täuschen. Es war auch vernünftig, dem[2] nicht zu widersprechen, der die Sache billigte, bis ich ihm meine Gründe dargelegt hatte. Dieser war so demütig, daß er mir, sobald ich dort angekommen und mit ihm ge-sprochen hatte, alsbald beistimmte. Den anderen aber, der kein Geistes-mann und mit diesem gar nicht zu vergleichen war, konnte ich unmög-lich überzeugen; daran lag mir auch wenig, weil ich ihm gegenüber keine solchen Verpflichtungen hatte (wie gegen den ersteren).[3] Ich sprach nun mit den (beiden) Schwestern und brachte mehrere Gründe vor, die nach meiner Ansicht hinreichten, sie davon zu überzeugen, daß der Gedanke, ohne dieses Heilmittel sterben zu müssen, nur Einbildung sei. Sie beharrten aber so fest auf ihrer Meinung, daß alle meine Gründe nutzlos waren. Ich erkannte nun, daß ich mich vergeblich bemühte, und sagte ihnen, daß auch ich von jenem Verlangen erfüllt sei und dennoch die heilige Kommunion unterließe, damit sie zur Einsicht kämen, auch nicht öfters die Kommunion empfangen zu dürfen wie die anderen. Müßten wir auch alle drei sterben, so hielte ich dies doch für besser, als wenn in diesen Klöstern eine solche Gewohnheit festen Fuß fassen

---

[1] Die Mutter Agnes von Jesu, eine Base der Heiligen.

[2] Einem der Beichtväter.

[3] Alles dies berechtigt zur Annahme, daß jener erstgenannte Beichtvater, dem gegenüber sich die Heilige zu schuldigem Dank verpflichtet glaubt, Pater Balthasar Alvarez war. Er versah damals das Amt des Rektors am Kollegium zu Me-dina del Campo.

würde, in denen auch andere Seelen, die ebenso von Liebe zu Gott erfüllt seien, dasselbe tun wollten.

13. Das Übel, das die Gewohnheit herbeigeführt und bei dem auch der Teufel mit im Spiele war, hatte schon einen solchen Grad erreicht, daß sie wirklich sterben zu müssen glaubten, wenn sie nicht kommunizieren könnten. Ich zeigte große Strenge; je mehr ich merkte, daß sie sich in dem Wahne, sie könnten nicht anders, dem Gehorsam entziehen wollten, desto klarer wurde es mir, daß alles nur eine Versuchung sei. An diesem Tage litten sie große Pein, am folgenden etwas weniger, und so verminderte sich diese derart, daß sie es sehr gut ertragen konnten, als ich in (ihrer Gegenwart) die heilige Kommunion empfing; ich hatte freilich dazu den Auftrag, was ich sonst in Anbetracht ihrer Schwäche nicht getan hätte. Von da an erkannten sie selbst und auch die anderen die Versuchung, und wie gut es war, daß zur rechten Zeit das Heilmittel angewendet wurde. Denn bald darauf entstanden in diesem Kloster ohne Schuld der Nonnen Zwistigkeiten mit den Oberen, wovon ich vielleicht später sprechen werde; diese würden eine solche Gewohnheit übel aufgenommen und sie auch nicht geduldet haben.[1]

14. O wie viele dergleichen Dinge könnte ich erzählen! Nur einen Vorfall will ich noch berichten, der aber nicht in einem Kloster unseres Ordens, sondern in einem der Bernardinerinnen sich ereignete.[2] Dort befand sich eine Nonne, die ebenso tugendhaft war wie die genannten. Diese wurde infolge ihrer übermäßigen Kasteiungen und Fasten so geschwächt, daß sie jedesmal, so oft sie kommunizierte oder von inniger Andacht erfüllt wurde, zu Boden fiel; in diesem Zustand verblieb sie acht bis neun Stunden, was sie selbst und alle anderen für eine Verzückung hielten. Dies ereignete sich bei ihr so oft, daß, wie mir scheint, viel Unheil entstanden wäre, wenn man keine Abhilfe getroffen hätte.

---

[1] Theresia spielt hier auf die Uneinigkeiten zwischen diesem Kloster und den Obern der beschuhten Karmeliten an; die Ursache dazu gab einerseits die Novizin Schwester Isabella von den Engeln, die ihr Vermögen anders verwenden wollte als ihre Eltern und der Pater Provinzial meinten; anderseits gab es Schwierigkeiten bezüglich der Aufstellung der Schwester Theresia de Quesada als Priorin in Medina. Wenn sie auch eine gute Ordensfrau war, so ging es doch nicht, sie sogleich an die Spitze eines Klosters der Unbeschuhten zu stellen, da sie vom Kloster der Menschwerdung nach Medina gekommen war. (Ref. de los Desc. t. I. l. II. c. 48.)

[2] Es war das Kloster zum Heiligen Geist in Olmedo (Valladolid), wo die Heilige auf ihren Reisen öfters einkehrte.

In der ganzen Stadt hatte sich das Gerücht von diesen Verzückungen verbreitet; mir war es zuwider, nur davon zu hören, da mich der Herr erkennen ließ, was an der Sache war, und ich geriet in Furcht, wie das wohl enden würde. Ihr Beichtvater, der auch mir ein guter Vater war, kam zu mir und erzählte mir davon. Ich sagte ihm, was ich davon hielt: es sei nur Zeitverlust und könne unmöglich eine Verzückung, sondern nur Schwäche sein; er möge ihr die Kasteiungen und das Fasten verbieten und ihr Zerstreuung verschaffen. Sie war gehorsam und unterwarf sich; so kam sie in kurzer Zeit wieder zu Kräften und dachte nicht mehr an Verzückungen. Wäre dies wirklich eine Verzückung gewesen, so hätte kein Mittel etwas dagegen vermocht, außer es würde Gott diesem Zustand ein Ende bereitet haben. Denn bei wirklichen Verzückungen ist die Gewalt des Geistes so groß, daß unsere Kräfte zum Widerstand nicht ausreichen. Die Verzückung läßt, wie gesagt, große Wirkungen in der Seele zurück, während jene anderen Zustände wirkungslos vorübergehen und nur Ermattung des Körpers herbeiführen.

15. Daraus läßt sich abnehmen, daß wir alles für verdächtig halten müssen, was uns derart gefangen hält, daß wir uns des freien Gebrauches der Vernunft beraubt sehen; auf diesen Wegen werden wir nie zur Freiheit des Geistes gelangen. Denn diese hat unter anderem die Eigenschaft, daß sie Gott in allen Dingen findet und bei allem betrachtend verweilen kann. Alles übrige ist Geistesknechtung und hindert die Seele in ihrem Wachstum, abgesehen von dem Schaden, der dem Leibe zugefügt wird. In diesem Zustand gleicht die Seele einem Wanderer, der auf dem Wege in eine Pfütze oder Sumpflache gerät, aus der er nicht mehr herauskommen kann; denn wenn sie vorwärts kommen will, muß sie nicht nur gehen, sondern fliegen.

16. Was ist aber zu tun, wenn solche Personen, wie es gar oft geschieht, behaupten oder glauben, sie seien so in die Gottheit versenkt und außer sich, daß sie weder Gewalt über sich hätten noch auch sich zu zerstreuen vermöchten? Beachtet wohl, welchen Rat ich euch da gebe! Dauert dieser Zustand nur einen Tag oder vier bis acht Tage, so ist nichts zu fürchten; denn es ist nicht zu verwundern, daß eine schwächliche Natur so lange Zeit nötig habe, um sich von ihrem Erstaunen zu erholen; wenn er aber länger andauert, muß man für ein Heilmittel Sorge tragen. Das beste dabei ist, daß man sich keiner Sünde schuldig

macht und selbst Verdienste gewinnen kann; aber nichtsdestoweniger treten die genannten Mißstände und noch viele andere zutage.

17. Was die heilige Kommunion betrifft, so wäre es sehr schlimm, wenn sich eine Seele infolge ihres Verlangens darnach dem Beichtvater und der Priorin nicht unterwerfen wollte; wenn sie auch das Gefühl der Vereinsamung in sich wahrnimmt, so soll man es doch nie bis zum äußersten kommen lassen. Um dies zu vermeiden, ist es notwendig, sie ebenso wie in anderen Stücken abzutöten und zur Einsicht zu bringen, daß es besser sei, ihren eigenen Willen zu verleugnen als Trost für sich zu suchen.

18. Auch hier kann sich unsere Eigenliebe einschleichen. Mir ist es begegnet, daß ich manchmal nach dem Empfang der heiligen Kommunion, während die heilige Hostie fast noch ganz unversehrt in mir war, beim Anblick der kommunizierenden Schwestern den Wunsch hatte, nicht kommuniziert zu haben, um nochmals die heilige Kommunion empfangen zu können. Damals sah ich hierin nichts Tadelnswertes; aber da mir dies sehr oft widerfuhr, so kam mir nachher zum Bewußtsein, daß dies mehr vom Verlangen nach eigener Befriedigung als von der Liebe zu Gott herrühre. Da wir nämlich, wenn wir zur heiligen Kommunion hinzutreten, meistens eine gewisse Süßigkeit und Wonne empfinden, so bemächtigte sich meiner dieses Verlangen. Wäre nun dieses darauf gerichtet gewesen, Gott in meiner Seele zu besitzen, so besaß ich ihn ja schon; wollte ich dem Auftrag des Ordens nachkommen, mich zum Empfang der heiligen Kommunion zu begeben, so hatte ich ihn schon erfüllt; wollte ich dadurch die Gnaden in Empfang nehmen, die mit dem heiligsten Sakramente gespendet werden, so hatte ich sie schon empfangen: kurz, ich erkannte klar, daß ich nach dem wiederholten Genuß jener süßen Wonne Verlangen trug.

19. Ich erinnere mich, an einem Orte, an dem sich eines unserer Klöster befindet, eine Frau kennengelernt zu haben, die jedermann für eine sehr eifrige Dienerin Gottes hielt; sie wird es auch wohl gewesen sein. Diese kommunizierte alle Tage und ging bald in dieser, bald in einer anderen Kirche zur heiligen Kommunion; übrigens hatte sie auch keinen bestimmten Beichtvater. Ich bemerkte dies und hätte viel lieber gesehen, sie würde sich dem Gehorsame eines Beichtvaters unterworfen haben, als daß sie so häufig kommunizierte. Sie war in ihrem Hause allein und tat, wie mir schien, was ihr beliebte. Da sie fromm war,

so verrichtete sie nur gute Werke. Einige Male sagte ich ihr meine Meinung, allein sie achtete nicht auf mich, und mit Recht, da sie viel besser war als ich. Indessen glaubte ich doch, in diesem Falle nicht unrecht zu haben. Als der heilige Pater Petrus de Alcántara an diesen Ort kam, bewirkte ich, daß er mit ihr sprechen konnte; allein ich war mit dem Bericht, den er mir über sie gab, nicht zufrieden. Dies dürfte jedoch nur darin seinen Grund haben, daß wir armselige Menschen nur mit jenen ganz zufrieden sind, die denselben Weg wie wir wandeln. Denn ich glaube, daß sie Gott treuer gedient und in einem Jahre mehr Buße getan hat, als ich in vielen Jahren.

20. Schließlich wurde die Frau todkrank; und dies ist auch der Grund, warum ich dies erzähle. Sie war sehr darum besorgt, daß alle Tage in ihrem Hause die Messe gelesen und ihr die heilige Kommunion gereicht wurde. Da die Krankheit andauerte, so meinte ein Geistlicher, ein sehr frommer Diener Gottes, der oft daselbst die heilige Messe las, man sollte es nicht gestatten, daß sie alle Tage in ihrem Hause kommuniziere. Es dürfte dies wohl eine Versuchung des bösen Feindes gewesen sein, denn es war gerade am letzten Tage, an dem sie starb. Als sie sah, daß die Messe zu Ende war und man ihr den Heiland nicht reichte, wurde sie so unwillig und zornig über den Geistlichen, daß er Ärgernis nahm, zu mir sich begab und mir dies erzählte. Mir tat dies leid; denn wie ich meine, starb sie gleich darauf, und ich weiß nicht, ob sie sich zuvor noch mit Gott aussöhnte.

21. Daraus kann man den Schaden ersehen, der dadurch verursacht wird, daß wir auf irgendeine Weise und besonders in einer so wichtigen Sache unserem Eigenwillen folgen. Wer sich so oft dem Herrn naht, der muß billigerweise von seiner Unwürdigkeit so sehr überzeugt sein, daß er dies nicht nach seinem eigenen Gutdünken tut. Es ist notwendig, daß eine Vorschrift des Gehorsams das ersetzt, was uns mangelt, um einem so hohen Herrn zu nahen. Ist es ja schon viel, wenn es gezwungen geschieht. Dieser guten Frau hätte sich eine Gelegenheit geboten, sich tief zu verdemütigen, und sie hätte dadurch vielleicht größeres Verdienst sich erworben als durch den Empfang der heiligen Kommunion, wenn sie zur Einsicht gekommen wäre, daß der Geistliche keine Schuld trage, sondern der Herr es so zugelassen habe, der in Anbetracht ihrer Armseligkeit und Unwürdigkeit in eine so elende Herberge nicht einkehren wollte.

22. So handelte eine andere Person, der verständige Beichtväter öfters die heilige Kommunion untersagten, weil sie so häufig kommunizierte. Obgleich sie dies sehr schmerzlich empfand, so wünschte sie doch anderseits mehr die Ehre Gottes als die ihrige, und so pries sie ohne Unterlaß Gott, weil er dem Beichtvater in den Sinn gegeben, zu verhindern, daß Seine Majestät in eine so schlechte Wohnung eintreten müsse. Durchdrungen von solchen Gedanken, gehorchte sie mit großer Seelenruhe, wenn auch mit zärtlicher Liebespein. Aber um keinen Preis in der Welt hätte sie gegen diese Vorschriften gehandelt.[1]

23. Glaubet mir, daß jene Liebe Gottes — oder besser gesagt, was uns mit Unrecht als solche erscheint — offenbar nichts anderes ist als Selbstsucht, die die Leidenschaften derart erregt, daß es zu einer Beleidigung Gottes kommt, oder die den Frieden der liebenden Seele so stört, daß sie davon eingenommen, nicht mehr auf die Stimme der Vernunft achtet. Der Teufel wird nicht ruhen, um uns in dem Augenblicke anzugreifen, wo er uns am meisten schaden zu können glaubt, wie er es dieser Frau gegenüber getan. Ich empfand darüber einen wahren Schrecken. Wenn ich auch nicht annehmen will, daß er sie gänzlich um ihre Seligkeit brachte, da ja doch die Güte Gottes so groß ist, so ist die Versuchung doch zu einer gefährlichen Zeit gekommen.

24. Ich habe diesen Vorfall hier erzählt, damit die Priorinnen Vorsicht gebrauchen, die Schwestern in Furcht wandeln und sich aufmerksam prüfen, in welchem Zustand sie sich (der heiligen Kommunion) nahen, um eine so große Gnade zu empfangen. Geschieht es, um Gott zu gefallen, so wissen sie schon, daß ihm Gehorsam wohlgefälliger ist als Opfer.[2] Ist dies so und erlange ich mehr Verdienst, wenn ich aus Gehorsam die Kommunion unterlasse, warum sollte ich mich dann beunruhigen? Ich sage nicht, daß man sich einem demütigen Schmerz nicht überlassen dürfe; denn nicht alle sind zu solcher Vollkommenheit gelangt, daß sie diesem Schmerz gegenüber unempfindlich sind; es ist genug, wenn es geschieht mit dem Bewußtsein, daß es Gott wohlgefälliger ist. Ist der Wille von allem Eigennutz ganz frei, so wird er sich offenbar nicht darüber betrüben, vielmehr sich freuen, daß er Gelegenheit hat, durch den Verzicht auf eine so kostbare Sache dem Herrn zu

---

[1] Es unterliegt keinem Zweifel, daß die Heilige an dieser Stelle von sich selbst spricht. (Siehe „Leben" der Heiligen, 25. Hptst., S. 240, Anm. 1.)

[2] 1 Sm. 15, 22.

gefallen; die Seele wird sich demütigen und ebenso zufrieden sein mit der geistigen Kommunion.

25. Weil indessen bei Anfängen dieses Verlangen, sich dem Herrn zu nahen, eine Gnade Gottes ist, so ist es immerhin erlaubt, solch zärtliche Pein zu empfinden, wenn man auf die heilige Kommunion verzichten muß, nur soll es mit Seelenruhe geschehen und im Verein mit Akten der Demut. Ich bemerke dies auch für solche, die in der Vollkommenheit schon vorangeschritten sind; mehr jedoch gilt es für die Anfänger, weil bei diesen ein solcher Schmerz höher anzuschlagen ist und sie überhaupt die Vollkommenheit noch nicht besitzen, von der ich gesprochen! Geschähe es aber mit Entrüstung, mit Leidenschaftlichkeit und Auflehnung gegen die Priorin oder den Beichtvater, die die Kommunion untersagen, so haltet dafür, daß dieser Schmerz offenbar eine Versuchung ist. Wollte sich aber jemand unterstehen, gegen den Willen des Beichtvaters zu kommunizieren, so möchte ich an dem Verdienste, das ihm daraus erwächst, keinen Anteil haben; denn in solchen Dingen dürfen wir nicht Richter unserer eigenen Angelegenheiten sein. Das gehört dem zu, der die Schlüssel hat, um zu lösen und zu binden. Möge es dem Herrn gefallen, uns zu erleuchten, daß wir uns auf so wichtige Fragen gut verstehen! Möge er uns nie seine Gunst entziehen, damit wir ja die Gnaden, die er uns verleiht, nicht zu seiner Beleidigung mißbrauchen!

Siebentes Hauptstück

Wie man Melancholische behandeln muß. Eine wichtige Unterweisung für die Oberinnen.[1]

1. Meine Schwestern des Klosters zum heiligen Joseph in Salamanca, wo ich mich zur Zeit, da ich dies schreibe, eben befinde, haben mich dringend gebeten, etwas davon zu sagen, wie man sich gegen jene

---

[1] Die Anweisungen, die unsere Heilige in diesem Hauptstück über die Melancholie (heute nennt man sie Neurasthenie oder Hysterie) gibt, sind sehr bemerkenswert. Wenn auch der Name, den man heute dieser Krankheit gibt, modern ist, so ist doch

zu verhalten habe, die von Melancholie befallen sind. So sehr wir uns auch bemühen, solchen Personen die Aufnahme zu verweigern, so ist diese Gemütsart doch so spitzfindig, daß sie sich, wenn es notwendig ist, tot stellt und wir sie nicht bemerken, bis nicht mehr zu helfen ist. Ich glaube in einem kleinen Büchlein[1] hierüber gesprochen zu haben; aber ich erinnere mich nicht mehr; jedenfalls wird es nicht schaden, wenn ich hier etwas davon sage, wofern mir der Herr die Gnade geben wird, daß ich mich genau ausdrücke. Es kann sein, daß ich schon anderswo davon gesprochen habe; doch ich würde es gerne noch hundertmal wiederholen, wenn ich um diesen Preis einmal irgendwie Nutzen schaffen könnte. Es gibt so viele Schleichwege, die diese Gemütsart ausfindig macht, um ihren Willen durchzusetzen, daß man sie genau erforschen muß, um zu wissen, wie man solche Personen ertragen und leiten muß, damit die anderen keinen Schaden nehmen.

2. Bemerken möchte ich, daß nicht alle, die diese Gemütsart besitzen, gleich lästig sind; findet sie sich bei einem demütigen Menschen von sanftem Charakter, so schadet sie, obgleich er selbst viel auszustehen hat, andern nicht, besonders wenn er ein richtiges Urteil besitzt. Auch sind die einen in höherem, die anderen in geringerem Grade von diesem Wesen beherrscht. Ich bin der festen Überzeugung, daß der Teufel sich bei einigen Personen dieser Gemütsart bedient, um sie womöglich an sich zu ziehen; und gehen sie nicht mit großer Vorsicht zu Werke, wird er auch seinen Zweck erreichen. Denn die erste Wirkung dieser melan-

---

das Übel schon sehr alt und hat schon viele Schäden in den Klöstern verursacht. Die Heilige beschreibt die Verstellungskünste und Sonderbarkeiten dieser Naturanlage mit der Genauigkeit und dem Scharfsinn eines vollendeten Physiologen und Psychologen und gibt ganz bestimmte Heilmittel an, um den unheilvollen moralischen Folgen Einhalt zu gebieten. Wenn auch die Sprechweise der Heiligen frei ist von pedantischen Schulausdrücken unserer modernen Schriftsteller, die über diese Krankheit schreiben, so wäre es doch weit besser, bei Behandlung solcher von dieser Krankheit befallenen Seelen gerade dieses Hauptstück vor Augen zu haben.

[1] Mit dem Ausdruck „librito pequeño" meint die Heilige gewöhnlich den „Weg zur Vollkommenheit". In diesem Werkchen findet sich jedoch nur eine ganz kurze Erwähnung der Melancholie. (Siehe 25. Hauptstück.) Einige Schriftsteller, besonders der Herausgeber des „Año Teresiano", waren der Ansicht, daß die Heilige mit dieser Stelle der Klosterstiftungen an eine spezielle Abhandlung über diesen Gegenstand anspielte. Es ist jedoch nicht notwendig, dieser Ansicht beizupflichten, da die Heilige erklärt, sie erinnere sich nicht mehr genau, ob sie diesen Gegenstand schon behandelt habe.

cholischen Gemütsanlage besteht darin, daß sie sich die Vernunft unterwürfig macht; ist diese verfinstert, was werden dann unter diesen
Verhältnissen die Leidenschaften nicht alles zuwege bringen? Wo der
Gebrauch der Vernunft fehlt, da ist allem Anscheine nach Verrücktheit;
und so ist es auch. Allerdings ist es bei jenen, von denen wir hier
sprechen, noch nicht so weit gekommen; dennoch wäre dies noch das
geringere Übel. Wenn man aber jemand, der keinen Verstand hat,
als eine vernünftige Person ansehen und als solche behandeln muß,
so ist das eine unerträgliche Last. Die von diesem Übel gänzlich beherrscht
sind, verdienen zwar Mitleid, aber sie schaden nicht; und wenn es irgendein Mittel gibt, sie im Zaume zu halten, so ist es die Furcht.

3. Dieses überaus schädliche Übel entsteht indessen bei jenen, in
denen es erst seinen Anfang genommen und noch nicht festen Fuß
gefaßt hat, aus derselben Gemütsart, aus derselben Wurzel und wächst
aus dem gleichen Stamm; darum ist auch bei ihnen, wenn andere Kunstgriffe unzureichend sind, dasselbe Heilmittel anzuwenden. Möchten doch
die Oberinnen der vom Orden vorgeschriebenen Bußen sich bedienen und
solchen Personen gegenüber ihre Autorität geltend machen, damit sie
einsehen, daß sie in keiner Weise weder in allem noch in etwas ihren
Willen durchsetzen können. Denn wenn sie merken, daß ihr Geschrei und
ihre verzweiflungsvollen Ausdrücke, die ihnen der Teufel eingibt, um
sie womöglich zu verderben, öfters schon ihren Zweck erreicht haben, dann
sind sie verloren, und eine einzige kann ein ganzes Kloster in Verwirrung bringen.

4. Da so eine arme Person nicht Kraft genug hat, um sich gegen die
Vorspiegelungen des Teufels zu verteidigen, so muß die Oberin die
größte Sorgfalt anwenden in bezug auf ihre innere und äußere Leitung. Da die Vernunft oft in der Kranken verfinstert ist, so muß sie in
der Oberin um so klarer sein, damit der böse Feind nicht mit Hilfe
dieses Übels jene Seele in seine Gewalt bringt. Es ist dies ein gefährlicher Zustand, da diese Gemütsanlage manchmal eine solche Gestalt
annimmt, daß sie die Vernunft überwältigt. Hier ist indessen eine
Sünde ausgeschlossen, da auch die Wahnsinnigen nicht sündigen, so
töricht sie auch handeln. Allein jene, bei denen dieses Übel noch nicht so
weit vorangeschritten ist, deren Vernunft nur krankhaft ist, sündigen
schon. Manchmal sind sie bei gesundem Sinn, und da darf man ihnen
zu der Zeit, wo sie krank werden, keine Freiheit gestatten, damit sie nicht

die Herrschaft über sich verlieren, wenn sie wieder gesund werden. Es ist das ein schrecklicher Kunstgriff des bösen Feindes. Wenn man acht gibt, wird man erkennen, daß sie besonders geneigt sind, ihren Willen durchzusetzen, alles zu sagen, was ihnen in den Mund kommt, auf die Fehler anderer zu sehen, um damit die eigenen zu verbergen, und daran Freude zu finden, was nach ihrem Geschmacke ist. Kurz, man findet an ihnen Leute, die sich selbst nicht bezähmen können. Was würde aus ihren ungezügelten Leidenschaften werden, die alle nur nach eigener Befriedigung streben, wenn niemand ihnen entgegenträte?

5. Da ich viele Personen, die mit diesem Übel behaftet sind, kennengelernt habe und mit ihnen umgegangen bin, so wiederhole ich, daß es kein anderes Heilmittel gibt, als sie auf allen Wegen und auf alle mögliche Weise in Unterwürfigkeit zu halten; reichen Worte nicht hin, so wende man Züchtigungen an! Genügen gelinde nicht, so verschärfe man sie! Reicht ein Monat Einkerkerung nicht hin, so verlängere man sie auf vier Monate! Denn man kann kein besseres Werk an ihren Seelen tun. Ich habe es schon einmal gesagt und ich wiederhole es noch einmal, da es für sie selbst überaus wichtig ist, dies zu wissen. Haben solche Personen auch ein oder das andere Mal keine Gewalt über sich, so ist ihr Zustand doch keine so vollkommene Verrücktheit, die sie für ihre Fehler unverantwortlich machen würde; manchmal mag es wohl der Fall sein, aber nicht immer. Ihre Seele ist darum zu der Zeit, wo sie, wie gesagt, des Gebrauches der Vernunft nicht beraubt ist, in großer Gefahr, notgedrungen zu tun und zu sagen, was sie tat und sagte, als sie nicht Widerstand leisten konnte. Es ist eine große Gnade Gottes, wenn sich Personen, die von diesem Übel befallen sind, jenen unterwerfen, die sie leiten; das ist ihre einzige Rettung in der Gefahr, von der ich gesprochen. Und wenn eine von ihnen dies lesen sollte, so bitte ich sie, um der Liebe Gottes willen zu bedenken, daß (von dieser Unterwerfung) vielleicht ihre ewige Seligkeit abhängt.

6. Ich kenne einige Personen, die fast nahe daran sind, den Verstand zu verlieren, allein sie sind so demütige Seelen und fürchten sich so sehr, Gott zu beleidigen, daß sie trotz der Ströme von Tränen, die sie im geheimen vergießen, nicht über das hinausgehen, was man ihnen befiehlt. Sie tragen ihre Krankheit, wie auch andere es tun; ihr Martyrium ist sehr groß, aber sie ernten eine um so größere Glorie;

sie machen hier ihr Fegfeuer durch, um in der anderen Welt davon verschont zu bleiben.

7. Aber ich sage noch einmal: Jene, die sich nicht bereitwillig fügen, müssen von den Oberinnen gezwungen werden; und diese sollen sich nicht durch ungeeignetes Mitleid täuschen lassen, damit nicht alle miteinander durch ihre Albernheiten in Verwirrung gebracht werden. Denn außer der Gefahr, der sich so eine Nonne selbst aussetzt, entsteht noch ein anderer sehr großer Schaden, der hier besprochen werden soll. Wenn andere so eine Person sehen, scheint sie ihnen gesund zu sein — man hat nämlich von der Gewalt des Leidens, das die Seele in ihrem Inneren duldet, keinen Begriff — und so könnte sich jede, da unsere Natur so verdorben ist, für melancholisch halten, damit man sie ebenso wie jene mit Geduld ertrage. Der Teufel wird ihnen bald die Überzeugung beibringen, daß es sich in Wirklichkeit so verhält, und ein Unheil stiften, das man, wenn es einmal erkannt wird, schwer abstellen kann. Da dies so wichtig ist, so darf man ja in keiner Weise etwas dulden und nie sorglos sein. Lehnt sich eine melancholische Nonne gegen den Obern auf, so bestrafe man sie wie eine, die gesunden Geistes ist, und sehe ihr in keiner Weise etwas nach. In gleicher Weise verfahre man mit ihr, wenn sie einer Mitschwester böse Worte gibt, und so auch in allen ähnlichen Fällen.

8. Es scheint zwar ungerecht zu sein, daß man eine Kranke, die ihrer nicht mächtig ist, ebenso bestrafe wie eine Gesunde. Doch da dürfte man auch die Wahnsinnigen nicht binden und züchtigen und müßte ihnen gestatten, daß sie jeden töten. Schenkt mir hierin Glauben; ich habe davon die Probe gemacht; nachdem ich viele Versuche angestellt und auch Strafe angewendet habe, finde ich nach meiner Ansicht kein anderes Mittel. Will eine Priorin solchen Personen die Freiheit lassen, so wird sie es schließlich nicht mehr aushalten können; will sie später Abhilfe schaffen, so werden die anderen (Schwestern) schon großen Schaden genommen haben. Bindet und züchtigt man Wahnsinnige, damit sie niemand töten, und ist dies eine Wohltat, wenn sie auch, weil sie nicht anders können, Mitleid zu erregen scheinen; um wieviel mehr muß man dann verhüten, daß solche melancholische Personen durch den Mißbrauch ihrer Freiheiten den Seelen schaden?

9. Ich bin wirklich überzeugt, daß dieser Zustand, wie gesagt, gar oft von einem ausgelassenen Wesen, von Mangel an Demut und Selbst-

beherrschung herkommt und die Melancholie keine so große Gewalt über sie hat wie dieses Wesen. Ich sage, daß dies bei einigen so ist; denn ich habe die Wahrnehmung gemacht, daß sie in Gegenwart einer Person, die sie fürchten, ganz gelassen werden und sich fügen können, warum sollten sie es dann nicht um Gottes willen zustande bringen? Ich fürchte, der Teufel wolle, wie gesagt, unter dem Vorwand der Melancholie viele Seelen gewinnen; denn jetzt nimmt dieses Übel mehr überhand als sonst, und zwar deshalb, weil man jeden Eigensinn und jede Ausgelassenheit schon Melancholie nennt. Ich habe mir darum gedacht, man sollte in unseren Klöstern und in allen Ordenshäusern dieses Wort (Melancholie) gar nicht mehr in den Mund nehmen, weil es allem Anscheine nach zur Ungebundenheit führt; man nenne vielmehr diesen Zustand eine schwere Krankheit, was er auch wirklich ist, und behandle ihn als solchen. Von Zeit zu Zeit ist es sehr notwendig, dieser Gemütsstimmung durch eine Arznei entgegenzuwirken, damit solche Personen wieder erträglich werden; man schicke sie ins Krankenzimmer und gebe ihnen bekannt, daß sie sich gegen alle demütig erzeigen und dem Gehorsam sich fügen müßten, wie die übrigen, wenn sie wieder zum gemeinschaftlichen Leben zugelassen werden wollten; würden sie dies nicht tun, so gelte diese Gemütsstimmung auch nicht als Entschuldigung. So muß man sie der angeführten Gründe wegen, denen man noch mehrere hinzufügen könnte, behandeln. Die Priorinnen aber müssen solchen Personen, ohne es sie merken zu lassen, als wahre Mütter großes Mitleid entgegenbringen und alle möglichen Mittel zu ihrer Heilung suchen.

10. Es scheint, daß ich mich eines Widerspruches schuldig mache; denn bisher habe ich gesagt, solche Personen seien mit Strenge zu behandeln, und darum wiederhole ich nochmals: sie dürfen nie auf die Meinung kommen, sie könnten ihren Launen folgen, und dürfen auch nie ihren Willen durchsetzen, wenn der Augenblick kommt, wo sie zu gehorchen haben, da das Bewußtsein, frei zu sein, ihnen schädlich wäre. Aber die Priorin darf ihnen nie etwas befehlen, von dem sie voraussieht, daß sie sich widersetzen werden, da sie in sich nicht die Kraft haben, sich zu beherrschen; vielmehr leite sie diese Seelen in allem mit Milde und Liebe, damit sie womöglich aus Liebe sich unterwerfen, was das beste ist. Und dies pflegt gewöhnlich zu geschehen, wenn man ihnen eine zärtliche Liebe entgegenbringt und sie ihnen durch Wort und Tat zu erkennen gibt.

11. Die Priorinnen sollen wohl beachten, daß das beste Mittel darin besteht, sie viel mit Klosterämtern zu beschäftigen, damit sie keine Zeit mehr haben, ihren Einbildungen nachzugeben; denn darin besteht ihr ganzes Übel. Verrichten sie ihre Arbeiten auch nicht ganz recht, so sehe man ihnen einige Fehler nach, um nicht andere größere ertragen zu müssen, wenn sie bösartig geworden sind; ich halte das für das zweckmäßigste Heilmittel, das es geben kann. Überdies gestatte man ihnen nicht, daß sie viel Zeit auf das innerliche Gebet verwenden, und dispensiere sie auch teilweise vom gewöhnlichen, da ihnen dies, weil die meisten eine krankhafte Einbildungskraft besitzen, großen Schaden bringen könnte. Sie haben ohnehin so vielerlei Einfälle, die sowohl ihnen als auch jenen, die sie hören, unverständlich sind. Man achte auch darauf, daß sie nicht oft Fischspeisen genießen; auch die Fasten dürfen für sie nicht so anhaltend sein wie für die übrigen (Schwestern).

12. Es mag vielleicht als Übertreibung erscheinen, über dieses Übel so ausführlich zu sprechen, während ich andere, deren es in unserem armseligen Leben, vorzüglich bei uns schwachen Frauenspersonen, so schwere gibt, mit Stillschweigen übergehe. Es geschieht dies aus zwei Gründen; erstens scheinen solche Personen gesund zu sein, weil sie nicht einsehen wollen, daß sie an diesem Übel leiden. Da sie nicht gezwungen sind, im Bette zu bleiben, weil sie kein Fieber haben und man keinen Arzt kommen läßt, so muß die Priorin selbst Arzt sein; denn dieses Übel ist für jeglichen Fortschritt in der Vollkommenheit weit schädlicher als lebensgefährliche Krankheiten, die ans Bett fesseln. Der zweite Grund ist der, daß man bei anderen Krankheiten entweder gesund wird oder stirbt; bei dieser aber wird man nur selten gesund; auch stirbt man nicht an ihr, sondern man verliert allmählich den ganzen Verstand; das heißt man sterben, um alle anderen zu Tode zu quälen.

13. Diese Personen leiden bei ihren Bedrängnissen, Einbildungen und Skrupeln in ihrem Innern einen harten Tod und werden sich, obgleich sie dies nur Versuchungen nennen, sehr große Verdienste sammeln. Kämen sie aber zur Einsicht, daß dies vom selben Übel herrühre, und gäben sie nichts darauf, so würden sie in ihrer Lage große Erleichterung finden. Ich habe wirklich großes Mitleid mit ihnen, und billigerweise sollten es auch alle haben, die mit ihnen umgehen; möchten sie bedenken, daß der Herr dasselbe (Übel) auch ihnen schicken könnte, und sie so mit Liebe ertragen, ohne es sie, wie schon erwähnt, merken

zu laſſen! Gebe Gott, daß ich in bezug auf das Verhalten einer ſo ſchweren Krankheit gegenüber den rechten Rat erteilt habe!

Achtes Hauptſtück

Einige Unterweiſungen bezüglich der Offenbarungen und Viſionen.

1. Es gibt Menſchen, die ſchon in Schrecken zu geraten ſcheinen, wenn ſie nur den Namen „Viſionen oder Offenbarungen" hören; ich ſehe den Grund nicht ein, warum man es für ſo gefährlich hält, wenn Gott eine Seele auf dieſem Wege führt, noch woher dieſer Schauder kommt. Ich will mich jetzt nicht darüber verbreiten, welche (Offenbarungen und Viſionen) echt oder welche falſch ſind, noch auch über die Zeichen, an denen man, wie ich von ſehr gelehrten Männern gehört habe, beide Arten erkennen kann; ich will nur davon ſprechen, wie ſich eine Seele zu verhalten hat, die in ähnlicher Lage ſich befindet. Es wird dies gut ſein, weil man wenige Beichtväter treffen wird, die darüber nicht in Angſt geraten. Gewöhnlich erſchrecken ſie nicht ſo ſehr, wenn man ihnen ſagt, daß ihnen der böſe Feind allerlei Verſuchungen zur Gottesläſterung oder zu anderen widerſinnigen und ſchändlichen Dingen einflüſtere, als ſie ſich daran ſtoßen, wenn behauptet wird, man habe einen Engel ge= ſehen oder reden hören oder es ſei unſer Herr Jeſus Chriſtus am Kreuze erſchienen.

2. Ebenſowenig will ich hier davon ſprechen, wann die Offenbarungen von Gott kommen; man erkennt dies ſchon aus dem großen Gewinn, den ſie der Seele bringen. Ich will nur von den Erſcheinungen reden, wo= durch der Teufel uns zu täuſchen ſucht, indem er ſich dazu der Bilder unſeres Herrn oder ſeiner Heiligen bedient. In dieſem Punkte bin ich für meine Perſon der Meinung, daß Seine Majeſtät ihm nicht ge= ſtatten noch auch die Gewalt geben werde, mit derartigen Vorſpiege= lungen eine Seele zu täuſchen, es ſei denn, daß ſie ſich durch ihre eigene Schuld täuſchen läßt; vielmehr wird er ſelbſt der Betrogene ſein. Wer in Demut wandelt, wird gewiß nicht betrogen werden.[1] Darum iſt kein

---

[1] Dieſer Satz iſt eine Randbemerkung der heiligen Thereſia.

72

Grund vorhanden, vor den Blendwerken des Bösen zu erschrecken; man soll vielmehr auf den Herrn vertrauen, derartige Dinge für nichts achten und daraus Anlaß zu größerem Lobpreis des Herrn nehmen.

3. Ich kenne eine Person, die von den Beichtvätern wegen dieser Dinge sehr geängstigt wurde, obgleich sie von Gott kamen, wie man es nachher aus den erhabenen Wirkungen und guten Werken ersehen konnte, die daraus entsprangen.[1] Wenn sie das Bild des Heilandes in einer Vision sah, so fiel es ihr schwer, sich zu bekreuzen und es zu verachten,[2] wie ihr befohlen wurde. Als sie sich später mit dem großen Theologen aus dem Dominikanerorden, Magister Pater Dominikus Báñez,[3] hierüber besprach, mißbilligte[4] er diese Handlungsweise und sagte, daß niemand so verfahren dürfe; denn wo immer wir das Bild unseres Herrn sähen, wäre es gut, es zu verehren, selbst dann, wenn es der Teufel hervorbringe, der ein großer Maler sei. Er erweise uns, anstatt uns Böses zuzufügen, eher einen Dienst, wenn er den Gekreuzigten oder ein anderes Bild mit so lebendigen Farben zeichnet, daß es unseren Herzen eingeprägt bleibt.

---

[1] Es ist klar, daß die heilige Theresia hier von sich selber spricht. Siehe 29. und 30. Hauptstück ihres „Lebens".

[2] Siehe „Leben" der Heiligen, 25. Hptst., S. 244, Anm. 1, und 26. Hptst., S. 275, Anm. 2. Auch in der „Seelenburg", 6. Wohn., 9. Hptst., spricht die Heilige davon. Nicht bloß jene, von denen die Heilige im 25. Hauptstück ihres Lebens, S. 240, spricht, fürchteten, daß der Geist der hl. Mutter dämonisch sei; auch die im 24. Hauptstück erwähnten Männer, die in Pater Alvarez drangen, sich vor der Heiligen in acht zu nehmen, trugen keine Bedenken, ihr zu befehlen, die teuflischen Erscheinungen durch dieses Mittel zu verscheuchen. Unter diesen befanden sich Meister Daza, Franz de Salcedo, sowie auch González de Aranda, ein Kleriker aus Ávila. Neben diesen waren auch einige Väter der Gesellschaft Jesu, so Pater Fernández Alvarez del Aguila, Araoz und Ripalda, derselben Ansicht. Es ist wohl auch anzunehmen, daß außer diesen noch viele andere Ordensleute und Priester dieselbe Meinung vertraten, da in jenen Zeiten viele durch mystische Schwärmerei betrogen wurden, so daß die Inquisition sie mit starker Hand zu unterdrücken sich veranlaßt sah. Überdies war die Echtheit der übernatürlichen Vorgänge in Theresia damals noch nicht sichergestellt, wie es nachher durch das Gutachten des Pater Petrus de Alcántara und anderer Diener Gottes geschah. (Siehe P. Vandermoere, Acta S. Ther. p. 57—62.)

[3] Der Name des Paters Báñez ist eine Randbemerkung des Heiligen.

[4] Nicht nur Magister Báñez, sondern auch der ehrwürdige Johann de Avila sprachen hierüber ihre Mißbilligung aus.

4. Dieſer Grund gefiel mir ſehr gut; denn wenn wir ein ſehr ſchönes Bild ſehen, ſo halten wir es ſehr in Ehren, ſelbſt wenn wir wiſſen, daß es das Werk eines ſchlechten Menſchen iſt; wir kümmern uns nicht um den, der es verfertigt hat, und unterlaſſen es nicht, es zu verehren.[1] Der Nutzen oder Schaden liegt (alſo) nicht in der Viſion, ſondern in dem, der ſie empfängt und ſich dieſe entweder in Demut zunutze macht oder nicht. Iſt Demut vorhanden, ſo kann ſie nicht ſchaden, ſelbſt wenn ſie vom Teufel wäre; fehlt aber die Demut, ſo wird ſie keinen Nutzen bringen, ſelbſt wenn ſie von Gott käme. Denn wenn eine Seele beim Empfang einer Gnade, die dazu beſtimmt iſt, ſie demütig zu machen, hochmütig wird, anſtatt ſich ihrer unwürdig zu erkennen, ſo gleicht ſie

---

[1] In dieſem Vergleich ſpricht die Heilige nur von ſolchen Bildern, die der Teufel äußerlich und bleibend an einer Wand oder an einer Leinwand darſtellen würde, nicht aber von Trugbildern, worin dieſer ſelbſt in Geſtalt des Heilandes oder der ſeligſten Jungfrau oder eines Heiligen ſich dem Menſchen darſtellt, um ihn irre⸗ zuführen. Denn ſolchen Bildern oder Erſcheinungen religiöſe Verehrung zu erweiſen, wäre ſündhaft. (Thom. in III. sent dist. 9. quaest. 1.art. II) und (Bened. XIV. de Beatif. et Sanctif. L. 3.c. 1.. n. 8.) Ebenſo gewiß iſt es auch, daß man eine Erſcheinung des Herrn nicht durch verächtliche Gebärden zurückweiſen darf, wenn nicht wenigſtens die moraliſche Gewißheit beſteht, daß der Teufel ſie bewirkt. Das hätten jene Beichtväter der hl. Thereſia, wenn ſie auch gewiſſer Umſtände wegen in etwa zu entſchuldigen ſind, beſſer wiſſen ſollen, um nicht etwas zu befehlen, was hier keineswegs in der Ordnung war. Der Gehorſam, den die Heilige leiſtete, iſt jedoch zu loben, wenn er ihr auch große Seelenkämpfe verurſachte.

Auch dürfen die Worte des Paters Bañez im vorhergehenden Abſatz: „Wo immer wir das Bild des Herrn ſehen, wäre es gut, es zu verehren, ſelbſt wenn der Teufel es hervorbringe", nicht mißverſtanden werden. Man muß bemerken, unter welchen Umſtänden und zu welchem Zwecke ſie geſprochen wurden. Es war nämlich bereits gewiß und den Seelenführern unſerer Heiligen nicht mehr zweifelhaft, daß ihre Viſionen keine Bildwerke des Teufels, ſondern echte, von Gott kommende Viſionen waren. Dennoch wurde ſie bei ihrer tiefen Demut, in der ſie glaubte, ſo hoher und häufiger Gnaden nicht würdig zu ſein, zuweilen noch von Angſt und Furcht gequält, weshalb ſie, um ſicher und ruhig ſein zu können, immer wieder zu gelehrten und erfahrenen Seelenführern ihre Zuflucht nahm. In dieſer Abſicht beſprach ſie ſich auch viel mit Pater Bañez, der ihr nicht mit Aufſtellung und Erklärung allgemein gültiger theologiſcher Sätze antwortete, ſondern dem beſonderen Falle und Zuſtande gemäß in einer Weiſe ſich gegen ſie verhielt, wie auch jeder verſtändige und kluge Beichtvater gegen ſein Beichtkind ſich verhalten würde, das er, überzeugt von der Grundloſigkeit ſeines Zweifels und ſeiner Furcht, beruhigen will. (Acta S. Ther., Vandermoere § 12.)

einer Spinne, die alles, was sie verzehrt, in Gift verwandelt, während sie doch einer Biene ähnlich sein soll, die alles in Honig umsetzt.

5. Ich will mich darüber noch weiter erklären. Will unser Herr in seiner Güte einer Seele erscheinen, damit sie ihn besser erkennen und lieben lerne oder um ihr eines seiner Geheimnisse zu offenbaren oder ihr einige besondere Tröstungen und Gnaden zu verleihen, so hat sie, wie gesagt, allen Grund, beschämt zu werden und einzusehen, wie wenig ihre Armseligkeit dies verdiene. Hält sie sich aber gleich für eine Heilige und glaubt sie, diese Gnade werde ihr wegen eines Dienstes verliehen, den sie Gott erwiesen, so ist es klar, daß sie den großen Gewinn, der ihr daraus erwachsen könnte, wie die Spinne ins Böse verkehrt.

6. Setzen wir nun den Fall, der Teufel rufe solche Erscheinungen hervor, um eine Seele zum Stolze zu reizen. Wenn da die Seele sich verdemütigt in der Meinung, diese Erscheinungen kämen von Gott, und sich einer so großen Gnade für unwürdig erkennt; wenn sie sich bemüht, dem Herrn eifriger zu dienen und sich trotz ihrer großen Begnadigung verdemütigt und für unwürdig erachtet, von den Brosamen zu essen, die von dem Tische jener fallen, denen Gott, wie sie weiß, solche Gnaden erweist, oder besser gesagt, sich für die geringste Dienerin unter ihnen hält; wenn sie mit aller Kraft der Buße zu obliegen beginnt, mehr Zeit dem Gebete widmet, große Sorgfalt anwendet, den Herrn nicht zu beleidigen, der ihr, wie sie glaubt, diese Gnade erwiesen habe, und mit größerer Vollkommenheit den Gehorsam übt: so versichere ich sie, daß der böse Feind nicht wiederkommen, sondern sich beschämt sehen wird; der Seele aber erwächst in keiner Weise ein Schaden. Gibt er ihr in einer Erscheinung den Auftrag, irgend etwas zu tun, oder verkündet er ihr etwas Zukünftiges, so muß sie sich mit einem verständigen und gelehrten Beichtvater besprechen und nur tun und glauben, was jener sagt. Sie kann die Angelegenheit auch der Priorin mitteilen, damit sie ihr einen solch geeigneten Beichtvater verschaffe. Man beachte aber wohl: wenn sie den Worten des Beichtvaters nicht gehorcht und sich von ihm nicht leiten läßt, so ist das ein Beweis, daß die ganze Sache entweder vom bösen Feinde oder von schrecklicher Melancholie kommt. Gesetzt auch, daß der Beichtvater sich täusche, so würde doch sie im Gehorsam gegen seine Worte nicht irregehen, selbst wenn es ein Engel Gottes gewesen wäre, der mit ihr gesprochen. Die göttliche Majestät wird den Beichtvater erleuchten oder sonst Mittel schaffen, daß die Sache gut

ausgeht; bei dieser Handlungsweise ist jede Gefahr ausgeschlossen, während sonst viele Nachteile und Gefahren daraus entstehen können.

7. Man beachte wohl, daß die natürliche Schwäche, besonders bei Frauenspersonen, sehr groß ist und auf diesem Wege des Gebetes mehr zutage tritt. Daher dürfen wir nicht gleich jede Kleinigkeit, die sich uns vor Augen stellt, für eine Vision halten. Glaubt es mir, wenn es wirklich eine ist, so gibt sie sich als solche zu erkennen; hat man aber ein melancholisches Gemüt, so ist weit mehr Vorsicht am Platze. In bezug auf solche Vorspiegelungen sind mir Dinge zu Ohren gekommen, die mich in Schrecken versetzten; ich kann nicht begreifen, wie es möglich ist, daß solche Personen so fest überzeugt sind, etwas zu sehen, was sie nicht sehen.

8. Eines Tages kam ein Beichtvater voll Erstaunen zu mir. Eine Person (so bemerkte er) habe ihm gebeichtet und gesagt, Unsere Liebe Frau komme schon mehrere Tage lang zu ihr, setze sich auf ihr Bett, rede länger als eine Stunde und offenbare ihr zukünftige und viele andere Dinge. Da von diesen Torheiten einiges zutraf, so hielt man alles für sicher. Ich merkte sogleich, um was es sich handelte, obgleich ich es nicht zu sagen wagte. Wir befinden uns nämlich in einer Welt, wo man wohl erst überlegen muß, was andere von uns denken könnten, wenn unsere Worte überhaupt eine Wirkung haben sollen. Ich sagte deshalb nur, man möge warten, ob jene Prophezeiungen in Erfüllung gingen, man müsse auch auf andere Wirkungen sehen und sich über das Leben jener Person genau informieren. Schließlich kam man zur Einsicht, daß alles nur Unsinn war.

9. Ich könnte mehrere derartige Vorkommnisse berichten zum Beweise der Richtigkeit meiner Mahnung zur Vorsicht, daß so eine Seele nicht gleich sich selbst Glauben schenken darf, sondern die Zeit abwarten und mit sich selbst ins reine kommen muß, bevor sie anderen davon Mitteilung macht; sonst täuscht sie den Beichtvater, ohne daß sie es will. Wenn dieser in solchen Sachen keine Erfahrung besitzt, so wird all seine Gelehrsamkeit nicht hinreichen, um dies zu verstehen. Erst kurz, vor wenigen Jahren, kam es vor, daß ein Mann einige sehr gelehrte und dem geistlichen Leben ergebene Männer mit derartigen Dingen gar arg hinters Licht führte, bis er endlich mit einer Person[1]

---

[1] Wohl die Heilige selber.

in Verbindung trat, die in den Gnadenerweisungen des Herrn Erfahrung hatte. Sie erkannte klar, daß es lauter Torheit verbunden mit Täuschung war. Damals war die Sache noch nicht offenbar, sondern sehr verborgen; bald darauf brachte sie der Herr ans Tageslicht, aber erst nachdem jene Person, die die Sache zuerst durchschaute, viel ausgestanden hatte, weil man ihr nicht Glauben schenken wollte.[1]

10. Aus diesen und anderen ähnlichen Fällen geht hervor, daß es für jede Schwester überaus notwendig ist, über ihre Gebetsweise sich mit der Priorin zu besprechen. Diese aber muß mit großer Sorgfalt die Gemütsart und den Grad der Vollkommenheit einer jeden Schwester prüfen und dem Beichtvater darüber Aufklärung geben, damit er ein sicheres Urteil fällen könne. Sollte der gewöhnliche Beichtvater derartigen Dingen nicht gewachsen sein, so wähle sie einen aus, der die dazu nötigen Eigenschaften besitzt. Sie sorge auch dafür, daß Personen außerhalb des Klosters von diesen Dingen keine Kenntnis bekommen, selbst wenn sie ganz gewiß von Gott kämen und offenbar wunderbare Gnadenerweisungen wären; auch Beichtvätern, die nicht soviel Klugheit besitzen, daß sie schweigen können, soll keine Mitteilung gemacht werden. Auch die Schwestern sollen untereinander nicht viel davon reden; daran ist viel gelegen und weit mehr, als man denken könnte. Die Priorin soll sie stets mit Vorsicht anhören und mehr geneigt sein, jene zu loben, die in den Übungen der Demut, der Selbstverleugnung und des Gehorsams sich hervortun, als jene, die Gott auf diesem ganz übernatürlichen Gebetswege führt, obgleich diese alle anderen Tugenden auch besitzen. Denn ist es der Geist des Herrn, so bringt er immer jene Demut hervor, in der man sich freut, verachtet zu werden. Einer solchen Schwester wird das Verhalten der Priorin keinen Schaden bringen, während die anderen daraus Nutzen ziehen. Da sie nämlich

---

[1] Wahrscheinlich erwähnt hier die Heilige dieselbe Tatsache, von der die Mutter Isabella vom heiligen Dominikus in ihrer zweiten gerichtlichen Zeugenaussage spricht. Sie erzählt dort, daß im Jahre 1565 die Gegend von Avila ein Bauersmann, namens Johann Manteca, durchlief, den man für gottbegnadigt hielt. Man führte ihn zur heiligen Mutter. Die Unterredung mit ihm befriedigte sie keineswegs. Später wurde es offenbar, daß dieser Mann sich mit Betrügereien befaßte und vom Gerichte bestraft wurde. „Ich weiß dies", fügt Mutter Isabella vom heiligen Dominikus hinzu, „von der Heiligen und einer ihrer Begleiterinnen, namens Anna vom heiligen Bartholomäus, die jetzt Priorin eines unserer Klöster der Reform in Frankreich ist." (Inform. d'Avila 1610.)

außerstande sind, diese Gunstbezeigungen zu erlangen, die Gott gibt, wem er will, so könnten sie der Mutlosigkeit anheimfallen. Die erwähnten Tugenden aber kann man sich, obgleich auch sie eine Gabe Gottes sind, doch leichter erwerben, und sie sind für das Ordensleben von großem Werte. Der Herr wolle sie uns verleihen! Er wird sie keiner Seele versagen, die sich darum mit zuversichtlichem Vertrauen auf seine Barmherzigkeit durch treue Pflichterfüllung, Wachsamkeit und Gebet bewirbt.

Neuntes Hauptstück

Reise von Medina del Campo zur Gründung des Klosters zum heiligen Joseph in Malagón.

1. Wie weit bin ich doch von meinem Gegenstande abgekommen! Indessen könnten doch einige der hier besprochenen Unterweisungen zweckmäßiger sein als die Erzählung der Stiftungen. — Als ich mich im Kloster zum heiligen Joseph in Medina del Campo aufhielt, empfand ich großen Trost bei der Wahrnehmung, daß die Schwestern dortselbst ebenso wie die im St. Josephskloster zu Avila in vollkommener Ordenszucht, in schwesterlicher Eintracht und im (wahren) Geiste wandelten. Unser Herr trug in diesem Hause Sorge für alles, was für die Kirche und für den Unterhalt der Schwestern notwendig war. Es waren auch einige tüchtige Novizinnen eingetreten, die, wie es scheint, der Herr als Grundsteine eines solchen Gebäudes auserwählte; denn von einem guten Anfang hängt nach meiner Überzeugung all das Gute ab, das in der Zukunft geschieht, weil die Nachkommenden jenen Weg gehen, den sie vor sich sehen.

2. In Toledo befand sich eine Dame, die Schwester des Herzogs de Medinaceli, in deren Haus ich mich auf Befehl der Oberen einst aufhielt, wie ich es in dem Berichte über die Stiftung des St. Josephsklosters zu Avila weitläufig erzählt habe.[1] Bei jener Gelegenheit hatte sie mich besonders liebgewonnen, und die Liebe sollte der Anknüpfungs-

---

[1] Im 34. und 35. Hauptstück ihres „Lebens" erzählt die Heilige von der Doña Luise de la Cerda, der Schwester des Johann de la Cerda, Herzogs de Medinaceli.

punkt werden, um in ihr das wachzurufen, was sie jetzt ausführte. So wendet Seine Majestät oft Mittel an, die uns, die wir nicht in die Zukunft sehen, oft als unzureichend erscheinen. Als diese Dame erfuhr, daß ich zur Stiftung von Klöstern Erlaubnis hätte, ließ sie mich recht dringend ersuchen, eines auf ihrem Landgute zu Malagón[1] zu errichten. Ich wollte in keiner Weise meine Zustimmung geben, weil der Ort so klein war, daß (das Kloster) zu seinem Bestande notwendigerweise Einkünfte haben mußte, und dagegen hatte ich große Abneigung.

3. Als ich mich mit gelehrten Männern und mit meinem Beichtvater[2] besprach, sagten sie mir, daß ich nicht recht hätte; denn da das heilige Konzil (von Trient) bestimmte Einkünfte gestatte, so dürfe auf meine persönliche Meinung hin die Gründung eines Klosters nicht unterbleiben, in dem unserem Herrn so eifrig gedient werden könnte. Dazu kamen noch die dringenden Bitten dieser Dame, so daß ich um so weniger meine Zustimmung versagen konnte. Sie sorgte auch für hinreichendes Einkommen; denn ich halte immer daran fest, daß unsere Klöster entweder ganz arm oder mit Einkünften derart versehen sein sollten, daß die Schwestern sich nicht genötigt sehen, jemanden bezüglich ihres Lebensunterhaltes lästig zu fallen.

4. Man hat jedoch auf alle mögliche Weise dafür gesorgt, daß keine Schwester auch nur im geringsten ein Eigentum besitze, sondern die ganz gleichen Satzungen beobachtet werden, wie in den übrigen Klöstern, die auf Armut gegründet sind. Nachdem alle Schriftstücke in rechtlicher Form verfaßt waren, ließ ich einige Schwestern[3] für die Gründung kommen, und dann begaben wir uns mit der genannten Dame nach Malagón; allein das Haus hatte noch keine passende Einrichtung, um einziehen zu können. So mußten wir uns länger als acht Tage in einer Wohnung des Schlosses aufhalten.

5. Am Palmsonntag des Jahres 1568 holten uns die Bewohner

---

[1] Malagón, ehemals ein kleiner Ort, hat heutzutage gegen 5000 Einwohner. Diese Stadt gehörte den Herzogen de Medinaceli. Die der Heiligen geweihte Pfarrkirche ist noch dieselbe, in die einst die Heilige sich begab.

[2] Pater Dominikus Báñez. Auf diese Unterredung hin gab die Heilige dem Drängen der Doña Luise nach.

[3] Es waren die Schwestern Maria vom heiligsten Sakrament, Maria Magdalena, Isabella von Jesu, Anna Maria von Jesu und Isabella vom heiligen Joseph. Sie kamen alle aus dem Kloster der Menschwerdung. Rib. I. II. c. XI.

des Ortes in Prozession ab, und wir betraten verschleiert und mit weißen Mänteln angetan die Kirche. Dort wurde eine Predigt gehalten, und darauf trug man zur großen Erbauung aller Anwesenden das Allerheiligste Sakrament in unser Kloster; ich hielt mich nur kurze Zeit dort auf. Als ich mich eines Tages nach der heiligen Kommunion im Gebete befand, vernahm ich vom Herrn, daß ihm in diesem Hause sehr eifrig werde gedient werden. Soviel ich glaube, verblieb ich dort nicht ganz zwei Monate,[1] weil ich mich innerlich angetrieben fühlte, zur Gründung eines Klosters nach Valladolid mich zu begeben; die Veranlassung dazu werde ich jetzt erzählen.[2]

Zehntes Hauptstück

Stiftung des Klosters zu Valladolid unter dem Namen: Kloster zur Unbefleckten Empfängnis Unserer Lieben Frau vom Berge Karmel.

1. Vier oder fünf Monate vor der Gründung des Klosters zum heiligen Joseph in Malagón hatte mir ein vornehmer, junger Edelmann[3] bei einer Unterredung gesagt, daß er mir, wenn ich in Valladolid[4] ein Kloster errichten wolle, sehr gerne ein Haus nebst einem

---

[1] Die Heilige blieb etwas länger als einen Monat in Malagón; wie sie in einem Briefe vom 18. Mai 1568 schreibt, reiste sie am 19. Mai ab. Vor ihrer Abreise stellte sie Anna von den Engeln als Priorin und Isabella vom Kreuz als Novizenmeisterin auf.

[2] Von den von der Heiligen gegründeten Klöstern ist das zu Malagón das einzige, das im Laufe der Zeit die wenigsten Veränderungen erfahren hat. Aus diesem Kloster gingen sehr begabte und tugendhafte Nonnen hervor, unter anderem Anna vom hl. Augustin und Maria vom hl. Joseph, die innigst Vertraute der hl. Mutter. Von hier aus wurden Schwestern zur Einführung der Reform nach Italien gesandt. Im Buche der Wahlen und Professen heißt es: „Nach Genua begaben sich im Jahre 1610 die M. Hieronyma vom Hl. Geist als Priorin, M. Marcella vom hl. Joseph als Subpriorin und Maria vom hl. Hieronymus als Begleiterin."

[3] Der Edelmann hieß Don Berardin de Mendoza, Sohn des Don Johann Hurtado de Mendoza und der Doña Maria de Sarmiento. Er war ein Bruder des Bischofs von Avila, Alvaro de Mendoza.

[4] Valladolid, um 10 Meilen nördlicher gelegen als Medina, ist jetzt noch eine der reichsten und bedeutendsten Städte Spaniens mit ungefähr 70 000 Einwohnern.

überaus schönen und großen Garten mit einem ausgedehnten Wein-
berg geben und den Besitz sogleich abtreten werde, der bedeutenden Wert
hatte. Ich ging darauf ein, obwohl ich nicht recht entschlossen war,
dort ein Kloster zu gründen, weil der Besitz eine Viertelmeile von der
Stadt entfernt war; allein ich dachte mir, leichter in die Stadt kommen
zu können, wenn wir uns einmal dort niedergelassen hätten. Und da
er dieses Besitztum so gutherzig anbot, so wollte ich weder sein gutes
Werk zurückweisen, noch diesen Akt der Frömmigkeit verhindern.

2. Nach ungefähr zwei Monaten befiel ihn plötzlich eine so heftige
Krankheit, daß er die Sprache verlor und nicht mehr gut beichten
konnte, wenn er auch durch deutlich wahrnehmbare Zeichen den Herrn
um Verzeihung anflehte; kurz darauf verschied er, weit entfernt von
dem Orte, wo ich mich aufhielt.[1] Da offenbarte mir der Herr, sein
Seelenheil sei in großer Gefahr gewesen, aber er habe Barmherzigkeit gefunden wegen des Dienstes, den er der Mutter (des Herrn) durch
jenes Haus erwiesen, das er zur Errichtung eines Klosters ihres
Ordens zum Geschenk gemacht habe. Er werde aber nicht eher aus
dem Fegfeuer kommen, bis die erste Messe in seinem Hause gelesen
sei, erst dann werde er erlöst werden.[2] Die großen Peinen dieser Seele
standen mir so lebendig vor Augen, daß ich die Gründung in Toledo,
die ich gerne noch vorher vorgenommen hätte, für jetzt aufschob und
mich möglichst beeilte, die Stiftung in Valladolid, so gut es ging, zu
vollziehen.

3. Indessen konnte die Sache nicht so beschleunigt werden, wie ich
gewünscht hätte; denn ich sah mich gezwungen, im St. Josephskloster
zu Avila, dessen Leitung mir anvertraut war, sowie auch im St. Josephskloster zu Medina del Campo, wo ich durchreiste, einige Tage
zu verweilen. Als ich mich dort[3] eines Tages im Gebete befand, sagte

---

Zu den Zeiten der heiligen Theresia hatte dort der Königliche Hof häufig seinen
Sitz. Valladolid hatte damals ebenso wie Medina keinen Bischof, jetzt aber ist es
Bischofsstadt.

[1] Theresia befand sich damals in Alcalá im Kloster „zum Bilde", als sie den
Tod des Don Bernardin erfuhr. Er ereilte ihn zu Ubeda zu Beginn des Jahres
1568.

[2] Rubens hat in einem Bilde, das sich im Museum zu Antwerpen befindet, die
heilige Theresia zu den Füßen des Heilandes dargestellt, wie sie für Don Bernardin
de Mendoza bittet, den man in den Flammen des Fegfeuers gewahrt.

[3] In Medina del Campo.

mir der Herr, ich möchte mich beeilen, da jene Person große Pein leide. Obgleich ich noch nicht viele Vorbereitungen getroffen, ging ich dennoch ans Werk und kam am Feste des heiligen Laurentius nach Valladolid. Als ich das Haus sah, wurde ich sehr betrübt; ich sah ein, welche Torheit es wäre, wenn die Nonnen, um hier wohnen zu können, sich so große Kosten aufbürden wollten. Auch mußte das Haus, wenn es auch wegen des schönen Gartens eine anmutige Lage hatte, ungesund sein, weil es an einem Flusse lag.

4. Trotz der Ermüdung von der Reise wollte ich doch zur heiligen Messe in ein Kloster unseres Ordens gehen, das am Eingang in die Stadt lag;[1] infolge der weiten Entfernung vermehrte sich mein Schmerz. Ich sagte indessen meinen Gefährtinnen[2] nichts davon, um ihnen nicht den Mut zu benehmen, und ich hatte immer noch eine, wenn auch schwache Hoffnung, der Herr werde mir, nachdem er mich zur Beschleunigung dieser Stiftung angetrieben, zu Hilfe kommen. Ich ließ also in aller Stille Arbeiter kommen und Lehmwände aufrichten, und was sonst nötig war für ein Leben in der Klausur. In unserer Begleitung befand sich ein schon genannter Geistlicher, Julian de Avila, und einer[3] von den zwei Ordensmännern, die den Wunsch äußerten, unbeschuhte Karmeliten zu werden; dieser wollte sehen, welche Lebensweise wir in diesen Klöstern führten. Julian de Avila bemühte sich, die Erlaubnis des Ordinarius[4] zur Gründung zu erwirken, der mir schon vor meiner Hinreise große Hoffnungen gemacht hatte. Diese Angelegenheit konnte jedoch nicht so schnell erledigt werden, daß wir noch vor dem Sonntag die Erlaubnis erhielten; man gestattete uns aber die Messe an dem Orte zu lesen, den wir für die Kapelle bestimmt hätten; so geschah es auch.

5. Ich dachte gar nicht daran, daß damals schon in Erfüllung gehen sollte, was ich über die Seele jenes Stifters vernommen; denn die Worte „bei der ersten heiligen Messe" faßte ich so auf, als wären sie

---

[1] Das Kloster der beschuhten Karmeliten, das heutzutage als Militärspital dient.

[2] Die Schwestern Isabella vom Kreuz, Antonie vom Heiligen Geist und Maria vom Kreuz.

[3] Johannes vom Kreuz, den die Heilige schon im Berichte über die Gründung von Medina del Campo erwähnt.

[4] Wer damit gemeint ist, ist wohl zweifelhaft, weil Valladolid damals noch keinen Bischof hatte.

zu verstehen von jener Messe, bei der das allerheiligste Sakrament eingesetzt wurde. Als sich nun der Priester mit dem Allerheiligsten Sakramente in der Hand dem Orte näherte, wo wir kommunizierten, und ich zum Empfange der heiligen Kommunion hintrat, da erschien mir neben dem Priester jener Edelmann mit glänzendem und fröhlichem Antlitz und dankte mir mit gefalteten Händen für das, was ich für ihn getan, um ihn aus dem Fegfeuer zu befreien; darauf schwang sich seine Seele zum Himmel empor.

6. Ich konnte in Wahrheit diesen Gedanken nicht fassen, als ich zum erstenmal erfuhr, daß er auf dem Wege des Heiles sei, vielmehr war ich sehr in Angst und Sorge für ihn, weil ich nach seiner Lebensweise eine andere Todesart zur Erreichung der Seligkeit für notwendig erachtete. Wenn er auch gute Eigenschaften hatte, so war er doch sehr in die Eitelkeiten der Welt verstrickt; übrigens hatte er meinen Gefährtinnen gestanden, daß er sehr oft an den Tod denke. Es ist wunderbar, wie angenehm unserem Herrn jeder Dienst ist, den man seiner Mutter erweist, und seine Barmherzigkeit ist groß. Er, der unsere so geringen und wertlosen Werke so groß und kostbar macht und sie mit ewigem Leben und ewiger Glorie belohnt, sei für alles gelobt und gepriesen!

7. Als der 15. August des Jahres 1568, das Fest der Aufnahme Unserer Lieben Frau herankam, nahmen wir Besitz von diesem Kloster.[1] Da wir aber fast alle sehr krank wurden, so blieben wir nicht lange an diesem Orte. Dies bemerkte eine Dame jener Stadt, namens Doña Maria de Mendoza, die Gemahlin des Komtur Cobos und die Mutter des Marquis de Camarasa; sie ist eine sehr christliche Frau und voll Nächstenliebe, wovon ihre zahlreichen und großen Almosen Zeugnis ablegen. Sie hatte mir schon, bevor ich mit ihr zusammentraf, viel Gutes erwiesen; denn sie ist die Schwester des Bischofs von Avila und hat uns bei der Stiftung des ersten Klosters und bei allen übrigen Angelegenheiten des Ordens sehr große Dienste erwiesen. Als sie in ihrer überaus großen Liebe zu uns bemerkte, daß wir dort nur mit großen Schwierigkeiten bleiben konnten, da der Ort so ungesund war und wir zu weit entfernt waren (von der Stadt), um Almosen zu empfangen, so machte sie uns den Vorschlag, ihr dieses Haus zu überlassen, wofür

---

[1] Die Mutter Isabella vom Kreuz (Isabella Arias), Profeßschwester des Klosters der Menschwerdung, wurde zur ersten Priorin bestimmt.

sie uns dann ein anderes kaufen wollte. Dies tat sie auch, und das Haus, das sie uns dafür gab, war viel mehr wert; sie versorgt uns bis jetzt mit allem, was wir nötig haben, und will dies, solange sie lebt, auch weiterhin tun.

8. Am Feste des heiligen Blasius zogen wir in feierlicher Prozession in jenes Haus ein,[1] wobei uns das Volk große Verehrung erwies. Diese Zuneigung des Volkes hat nie aufgehört; denn der Herr erweist diesem Kloster in vielfacher Beziehung seine große Barmherzigkeit und hat einige Seelen dorthin berufen; ihre Heiligkeit wird zu seiner Zeit offenbar werden, damit der Herr gepriesen werde, der durch solche Mittel seine Werke verherrlichen und seinen Geschöpfen Gnade erweisen will.

9. Es trat dort ein Mädchen von sehr jugendlichem Alter ein, das durch die Verachtung der Welt zu verstehen gab, was sie wert sei. Ich glaubte dies hier erzählen zu müssen, damit jene Scham empfinden, die die Welt so sehr lieben, und sich an ihr die Jungfrauen ein Beispiel nehmen, denen der Herr fromme Begierden und Eingebungen verleiht, um sie ins Werk zu setzen.

10. In Valladolid lebte eine Dame namens Doña Maria de Acuña,[2] die Schwester des Grafen de Buendia; sie war verheiratet mit dem Statthalter von Kastilien. Nach dem Tode ihres Gatten blieb sie mit einem Sohne und zwei Töchtern Witwe, obwohl sie noch sehr jung war. Sie führte von da an ein so heiliges Leben und erzog ihre Kinder so tugendhaft, daß der Herr ihr die Gnade erwies, diese Kinder zu seinem Dienste zu berufen; doch ich habe mich geirrt, sie hatte drei Töchter. Die eine von ihnen wurde sogleich Nonne;[3] eine andere[4]

---

[1] Die Nonnen wurden begleitet vom Bischof von Avila, dem Bruder der beiden Stifter, von den beschuhten Karmeliten, den Dominikanern und hohen Herrschaften der Stadt. Das Haus, in das Doña Maria de Mendoza Theresia und ihre Töchter führte, besitzen die Karmelitinnen noch heute in Valladolid. Es hat sich nichts geändert. Die Kirche wurde erst vollendet kurz vor dem Tode der Heiligen. Das Kloster hat noch dieselbe Pforte, dasselbe Sprach- und Kommuniongitter, nur der Hochaltar ist durch einen neuen ersetzt.

[2] Doña Maria de Acuña war verheiratet mit Don Johann de Padilla Manrique, Statthalter von Kastilien.

[3] Doña Maria de Acuña Manrique trat bei den Dominikanerinnen in Valladolid ein.

[4] Doña Luise trat bei den Franziskanerinnen ein, kehrte aber wieder in die Welt zurück, wie wir später sehen werden.

wollte nicht heiraten, sondern führte mit ihrer Mutter ein sehr erbauliches Leben. Der noch junge Sohn[1] lernte allmählich die Eitelkeit der
Welt kennen und erhielt von Gott einen so entschiedenen Beruf zum
Ordensleben, daß ihn niemand davon abbringen konnte. Seine Mutter
war darüber hoch erfreut und ihm ohne Zweifel nächst dem Herrn durch
ihr Gebet sehr dazu behilflich, ohne es ihre Verwandten merken zu
lassen. Wenn nämlich der Herr eine Seele zu sich rufen will, so sind
die Geschöpfe nicht imstande, dies zu verhindern. So geschah es auch
hier; nachdem man drei Jahre lang alles aufgeboten hatte, um ihn
(von seinem Berufe) abwendig zu machen, trat er in die Gesellschaft
Jesu. Ein Beichtvater[2] dieser Dame erzählte mir, sie habe ihm gesagt,
daß sie nie in ihrem Leben eine so große Freude empfunden habe als
am Tage, an dem ihr Sohn seine Profeß ablegte.

11. O Herr, welch große Gnade erweisest du jenen, denen du Eltern
schenkst, die ihre Kinder so innig lieben, daß sie wünschen, diese möchten
ihre Güter, Majorate und Reichtümer in jener Glückseligkeit besitzen,
die nie ein Ende nehmen wird! Es ist zu tief zu beklagen, daß die Welt
jetzt in solchem Elend und so großer Blindheit darnieder liegt, daß die
Eltern meinen, ihre Ehre bestehe darin, stets an den Unrat dieser irdischen Güter zu denken, während doch ihr Ansehen nicht aus dem her-
vorgehen kann, was früher oder später ein Ende nehmen muß. Alles,
was endlich ist, hört einmal auf, mag es auch noch so lange dauern,
und ist darum für nichts zu achten. Wollen sie denn auf Kosten ihrer
armen Kinder ihre Eitelkeit nähren und in ihrer großen Verwegenheit
Gott Seelen entziehen, die er für sich erwählen will, und diesen Seelen
selbst ein so großes Gut rauben? Abgesehen von dem ewigen Gute, zu
dessen Genuß Gott die Seelen einladet, wäre es schon ein unschätzbarer
Vorteil, sich frei zu wissen von der Dienstbarkeit und den Gesetzen der
Welt, die um so drückender sind, je mehr man von der Welt besitzt.
Offne ihnen doch, o mein Gott, die Augen und laß sie die wahre Liebe

---

[1] Don Antonius de Padilla trat am 8. März 1572 mit dem Segen seiner
Mutter in die Gesellschaft Jesu ein und machte sein Noviziat in Medina unter der
Leitung des Pater Balthasar Alvarez. Er starb in Valladolid am 29. November
1611, nachdem er 40 Jahre im Orden seinem Herrn gedient hatte. (Siehe Ludwig
de Ponte „Leben des Pater Balthasar Alvarez", 20. Hauptstück.)
[2] Pater Hieronymus Ripalda, der damals Oberer des Profeßhauses der Gesellschaft Jesu zu Valladolid war.

erkennen, die sie ihren Kindern zu erweisen schuldig sind, um ihnen kein so großes Übel zuzufügen, damit diese sich nicht vor Gott am Tage des letzten Gerichtes beklagen müssen, wo man, wenn auch wider seinen Willen, den Wert aller Dinge erkennen wird!

12. Da also die Barmherzigkeit Gottes diesen Edelmann, Don Antonius de Padilla, den Sohn der genannten Frau Doña de Acuña, in einem Alter von ungefähr 17 Jahren aus der Welt herausführte, verblieben die Güter der älteren Tochter, namens Doña Luise de Padilla; denn der Graf de Buendia hatte keine Kinder, und so erbte Don Antonius diese Grafschaft und die Würde eines Statthalters in Kastilien. Da es nicht zu meinem Gegenstand gehört, so übergehe ich mit Stillschweigen, was dieser Jüngling alles von seinen Verwandten zu leiden hatte, bis er sein Vorhaben ausführen konnte. Wer es weiß, welch großen Wert die Weltleute darauf legen, einen Nachfolger in ihrem Hause zu haben, der wird dies leicht einsehen.

13. O Sohn des ewigen Vaters, Jesus Christus, unser Herr und wahrer König von allem, was ließest du in dieser Welt zurück, das wir, deine Nachkommen, erben könnten? Was anders, o mein Herr, war dein Anteil als Mühseligkeiten, Schmerz und Schmach, was anders als das Kreuzesholz, um an ihm die Qualen des Todes zu erdulden? Wollen wir, o mein Gott, deine wahren Kinder sein und auf dein Erbe nicht Verzicht leisten, so dürfen wir die Leiden nicht fliehen. Dein Wappen sind fünf Wunden. Wohlan, meine Töchter, dies muß auch unser Anteil sein, wenn wir sein Reich erben wollen; denn das, was er mit so vielem Blut erkauft hat, kann nicht erworben werden durch Ruhe und Wohlleben, auch nicht durch Ehrenstellen und Reichtümer.

14. O ihr vornehmen Erdenpilger, öffnet doch um Gottes willen die Augen! Bedenket, daß die wahren Ritter Jesu Christi und Fürsten seiner Kirche, ein heiliger Petrus und ein heiliger Paulus, nicht den Weg gingen, den ihr wandelt! Oder meint ihr etwa, es gebe einen neuen Weg für euch? Glaubet das ja nicht! Beachtet vielmehr, daß euch der Herr den rechten Weg zu zeigen sucht durch so jugendliche Personen, von denen wir jetzt eben reden!

15. Ich habe diesen Don Antonius manchmal gesehen und gesprochen; er hätte noch größeren Besitz gewünscht, um alles verlassen zu können. Glücklicher Jüngling und glückliche Jungfrau, die ihr von Gott die Gnade empfangen habt, die Welt in einem Alter mit Füßen zu treten,

in dem sie ihre Liebhaber zu beherrschen pflegte! Gepriesen sei der Herr, der euch so große Wohltaten erwiesen hat!

16. Nachdem die Güter (der Familie) der älteren Tochter (Doña Luise) zugefallen waren, legte diese ebenso wenig Wert auf sie, wie ihr Bruder; da sie von Kindheit an dem Gebete sehr ergeben war, durch das ja der Herr Licht zur Erkenntnis der Wahrheit verleiht, so achtete sie die irdischen Güter ebenso gering wie ihr Bruder. O mein Gott, welche Mühen, welche Beschwerden und Prozesse, ja sogar welche Gefahren des Lebens und der Ehre würden viele auf sich genommen haben, um diese Erbschaft zu machen! Sie würden von dem allem nicht wenig auf sich genommen haben, um in deren Besitz zu gelangen. So ist die Welt, deren Torheit wir leicht erkennen könnten, wenn wir nicht blind wären. Um ihre Erbschaft nicht antreten zu müssen, überließ Doña Luise diese sehr gerne ihrer zehn- oder elfjährigen Schwester, da sie jetzt keine andere mehr (in der Welt) hatte.[1] Um also den traurigen Fortbestand der Güter (ihrer Familie) zu erhalten, leiteten die Verwandten des Kindes sogleich die Verehelichung mit ihrem Onkel, dem Bruder ihres Vaters, in die Wege, suchten um Dispense beim Heiligen Vater nach und verlobten sie.[2]

17. Aber der Herr ließ nicht zu, daß die Tochter einer so guten Mutter und die Schwester so frommer Geschwister weniger erleuchtet gewesen wäre als diese; und so geschah, was ich hier erzählen will. Als das junge Mädchen an weltlicher Kleiderpracht und weltlichem Putz, der ja für ein Kind ihres Alters verführerisch sein mußte, Gefallen zu

---

[1] Die älteste war schon im Kloster.

[2] Don Johann de Padilla, der Vater der Doña Casilda, hatte drei Brüder: Don Gómez Manrique, Don Peter Manrique de Padilla, der Kanonikus in Toledo und später Jesuit wurde, und Don Martin de Padilla. Der letztere war es, den man mit Doña Casilda, seiner Nichte, verheiraten wollte. Da sich diese Verehelichung zerschlug, so heiratete Don Martin ihre Schwester, Doña Luise, die mit rechtmäßiger Dispens das Kleid der Franziskanerinnen ablegte. Nach dem Tode des Don Martin blieb Luise die Erbin großer Güter. Sie trat wiederum ins Kloster, und zwar zu den unbeschuhten Karmelitinnen zu Talavera de Reina, wo sich ihre alte Freundin Anna von den Engeln befand. Vor ihrer Profeß am 23. Februar 1607 verfügte sie über ihr reiches Erbe. Auf Bitten des Herzogs von Lerma, eines Günstlings Philipp III., gründeten Anna von den Engeln und Luise vom Kreuz — so hieß sie im Orden — ein Kloster der Reform in der Stadt Lerma, wo Luise am 9. Januar 1614 starb.

finden begann, da erleuchtete sie der Herr — sie war noch nicht zwei Monate verlobt — allmählich, wenn sie es auch damals noch nicht verstand. Hatte sie im Verkehr mit ihrem Bräutigam, dem sie eine weit größere Zärtlichkeit entgegenbrachte, als es ihrem Alter zustand, einen recht angenehmen Tag zugebracht, so befiel sie eine überaus große Traurigkeit bei dem Gedanken, daß alle Tage ebenso (schnell) wie jener vorübergehen würden.

18. O wie groß ist doch die Macht Gottes! Sie schöpfte aus demselben Vergnügen, das ihr der Genuß der vergänglichen Dinge bereitete, Abscheu vor diesen. Er erfüllte sie allmählich mit solcher Traurigkeit, daß sie diese vor ihrem Bräutigam nicht verbergen konnte. Sie wußte selbst nicht, woher sie kam, und konnte auch jenem die Ursache ihrer Traurigkeit nicht sagen, als er sie zur Rede stellte. Um diese Zeit mußte ihr Bräutigam eine Reise machen, die ihn nötigte, sich weit von diesem Orte zu entfernen; sie empfand darüber großen Schmerz, da sie ihn so innig liebte. Aber bald entdeckte ihr der Herr die Ursache ihres Schmerzes, die darin bestand, daß ihre Seele sich nach dem sehnte, was nie ein Ende nehmen soll. Sie fing an zu erwägen, wie ihre Geschwister den sichersten Teil erwählt und sie in den Gefahren der Welt zurückgelassen hätten. Einerseits machte ihr dies viel zu schaffen, andererseits glaubte sie, es gebe für sie keinen Ausweg mehr; sie wußte damals nicht, daß sie, obgleich verlobt, doch noch Nonne werden könnte, bis sie sich darnach erkundigte. Vor allem aber ließ sie die Liebe, die sie zu ihrem Bräutigam trug, zu keinem Entschluß kommen, und so lebte sie fortwährend in großer Qual dahin. Doch der Herr, der sie für seinen Dienst haben wollte, entzog ihr allmählich diese Liebe; und der Wunsch, alles zu verlassen, nahm immer mehr zu.

19. Was ihr damals vor allem am Herzen lag, war das Verlangen, ihre Seele zu retten und die Mittel zu wählen, die ihr dazu als die besten erschienen. Sie fürchtete, daß sie vergessen würde, nach dem Ewigen zu trachten, wenn sie sich allzusehr in weltliche Dinge einließe. Gott selbst verlieh ihr in ihrem noch jugendlichen Alter die Weisheit, die Mittel zu suchen, um zu gewinnen, was nie ein Ende nimmt. Glückliche Seele, die sich so schnell von der Blindheit losmachte, in der so viele noch im Greisenalter enden! Als sie ihr Herz frei sah, beschloß sie, es ganz Gott zu weihen; bisher hatte sie geschwiegen, und nun begann sie, die Angelegenheit mit ihrer Schwester zu besprechen. Diese

hielt die Sache anfangs für kindische Einfälle und riet ihr davon ab, indem sie ihr unter anderem nahelegte, daß sie auch im Ehestande selig werden könne. Allein sie gab zur Antwort: „Warum hast du selbst (auf diesen Stand) verzichtet?" Es vergingen einige Tage, und ihr Verlangen nahm immer mehr zu; sie wagte aber nicht, ihrer Mutter etwas davon zu sagen; vielleicht aber war gerade sie es, die durch ihr frommes Gebet den Kampf veranlaßt hatte.

Elftes Hauptstück

Fortsetzung der Erzählung, wie Doña Casilda de Padilla ihr heiliges Verlangen, in einen Orden zu treten, erfüllen konnte.

1. Um diese Zeit traf es sich, daß in unserem Kloster zur Empfängnis[1] eine Schwester[2] eingekleidet wurde, über deren Berufung ich vielleicht später berichten werde. Wenn sie auch als Mädchen vom Lande einem anderen Stande angehörte (als Casilda), so wurde sie doch durch die ihr von Gott erteilten großen Gnaden in einer Weise ausgezeichnet, daß sie zur Verherrlichung Seiner Majestät besondere Erwähnung verdient.

2. Als Doña Casilda — so hieß die obenerwähnte, vom Herrn geliebte Seele — mit ihrer Großmutter,[3] die zugleich die Mutter ihres Bräutigams war, dieser Einkleidung beiwohnte, gewann sie eine außerordentliche Vorliebe für dieses Kloster. Sie meinte, hier könnten die Nonnen wegen ihrer geringen Zahl und wegen ihrer Armut eifriger dem Herrn dienen; aber trotzdem konnte sie sich noch nicht entschließen, mit ihrem Bräutigam zu brechen, was sie auch, wie schon erwähnt, am meisten zurückhielt. Sie dachte indessen darüber nach, wie sie vor ihrer Verlobung bestimmte Stunden dem Gebete zu widmen pflegte; es war dies eine Gewohnheit, der ihre fromme und heiligmäßige Mutter oblag

---

[1] Der Karmel zu Valladolid war der Empfängnis der allerseligsten Jungfrau geweiht.

[2] Stephanie von den Aposteln wurde am 2. Juli 1572 eingekleidet und legte am 6. August 1576 ihr Gelübde ab. Sie war Laienschwester und zeichnete sich durch strenge Bußfertigkeit und durch ihr erhabenes Gebetsleben aus.

[3] Doña Luise de Padilla, die Witwe des Don Antonius Manrique.

und in der auch ihre Kinder aufwuchsen. Vom siebenten Jahre an schickte sie diese von Zeit zu Zeit in eine Hauskapelle, lehrte sie die Betrachtung des Leidens des Herrn und hielt sie zum oftmaligen Empfang der heiligen Beichte an. Auf diese Weise sah sie ihren Wunsch, sie ganz Gott zu weihen, verwirklicht. Sie erzählte mir selbst, daß sie ihre Kinder immer dem Herrn aufgeopfert und ihn gebeten habe, er möge ihr Herz losreißen von der Welt; denn sie war über den Wert der irdischen Dinge vollständig im klaren.

3. Manchmal denke ich darüber nach, welch innigen Dank diese Kinder, wenn sie sich im Genusse der ewigen Güter befinden, ihrer Mutter entgegenbringen werden, die ihnen dazu verholfen hat, und welch besondere Freude diese beim Anblick ihrer Kinder empfinden werde; andererseits aber bedenke ich auch, welche Flüche jene Kinder, die von ihren Eltern nicht zu Kindern Gottes erzogen werden, dem sie doch mehr als ihnen selbst angehören, einst in der Hölle ausstoßen werden, wenn sie einander erblicken, und in welcher Verzweiflung sie sich befinden werden.

4. Doch wir wollen uns wieder unserer Erzählung zuwenden. Als Casilda bemerkte, daß sie jetzt schon beim Beten des Rosenkranzes Widerwillen empfand, befiel sie große Furcht, es möchte immer schlechter mit ihr werden; es schien ihr klar vor Augen zu liegen, daß sie durch den Eintritt in dieses Kloster ihr Heil sicherstellen werde. So faßte sie denn einen entschiedenen Entschluß zum Eintritt.

5. Als sie sich eines Morgens mit ihrer Schwester und ihrer Mutter ins Kloster begab, bot sich Gelegenheit, in dessen Inneres zu gelangen; niemand dachte an das, was Casilda im Sinne hatte. Als sie sich innerhalb der Klausur sah, konnte sie niemand mehr herausbringen. Sie bat unter vielen Tränen, man möge sie bleiben lassen; und ihre Worte waren so rührend, daß alle von Staunen ergriffen wurden. Obwohl ihre Mutter im Herzen darüber hocherfreut war, so fürchtete sie sich doch vor den Verwandten und wollte nicht, daß ihre Tochter für jetzt im Kloster bleibe, damit man nicht etwa sage, sie sei von ihr dazu überredet worden. Auch die Priorin[1] war derselben Ansicht; sie fand Casilda noch für allzu jung und hielt eine strengere Prüfung für nötig.

6. Dies geschah in der Frühe; Mutter und Schwester mußten bei

---

[1] Maria Baptista, eine Nichte der Heiligen.

Casilda im Kloster bleiben, bis man am Abend nach ihrem Beichtvater schickte und auch meinen Beichtvater, Pater Magister Dominikus,
rufen ließ, den ich schon anfangs erwähnte. Ich selbst war damals nicht
dort.[1] Pater Dominikus erkannte sogleich, daß Casilda vom Geiste des
Herrn geführt werde; und obwohl er von seiten ihrer Verwandten viel
Ungemach ertragen mußte, stand er ihr nach Kräften bei. So wie dieser
Pater sollten alle handeln, die unserem Herrn dienen wollen, und sich
nicht soviel von menschlichen Rücksichten leiten lassen, sobald sie erkennen,
daß eine Seele von Gott berufen ist. Er gab ihr also das Versprechen,
ihr behilflich zu sein, daß sie am anderen Tage wieder (ins Kloster)
zurückkehren könne.

7. Auf eindringliches Zureden hin verließ Casilda diesmal wieder das
Kloster, damit die Schuld nicht auf ihre Mutter falle. Da aber ihr
sehnsüchtiges Verlangen immer mehr zunahm, benachrichtigte ihre
Mutter im geheimen die Verwandten, aber so, daß die Kenntnis davon
ihrem Bräutigam verborgen gehalten wurde. Man hielt auf seiten ihrer
Verwandten die Sache für Kinderei und sagte, sie möge zuwarten, bis
sie das gehörige Alter erreicht habe, denn sie war noch nicht zwölf Jahre
alt. Sie aber fragte, warum man sie denn für zu jung halten könne,
um sich Gott zu weihen, nachdem man sie doch für alt genug befunden,
um sich zu verehelichen und sich der Welt zu überliefern? So sprach sie,
und man konnte daraus leicht ersehen, daß nicht sie es war, die so redete.

8. Diese Angelegenheit konnte indessen nicht so geheim gehalten werden, daß ihr Bräutigam nichts davon erfuhr. Als ihr dies zu Ohren
kam, schien es ihr unerträglich, auf seine Rückkunft zu warten. Am
Feste der Empfängnis Mariens befand sie sich im Hause ihrer Großmutter, die zugleich ihre zukünftige Schwiegermutter war und von diesem
Vorfalle nichts wußte. Da bat sie diese flehentlich, man möchte sie mit
ihrer Erzieherin ins Freie gehen lassen, um sich ein wenig zu erheitern.
Diese ließ sie, um ihr Freude zu machen, mit ihrer Dienerschaft in einem
Wagen ausfahren. Casilda gab nun einem aus der Dienerschaft Geld
und bat ihn, einige Bündel Rebholz zu kaufen und sie an der Pforte
unseres Klosters zu erwarten. Unterdessen ließ sie den Wagen so fahren,
daß man sie auf Umwegen vor dieses Kloster führte. An der Pforte

---

[1] Dies ereignete sich im Laufe des Jahres 1573. Die Heilige war damals in
Salamanca. Pater Dominikus Báñez, von dem sie hier spricht, war zu dieser Zeit
Rektor des Kollegiums zum heiligen Gregor in Valladolid.

angelangt, bemerkte sie, man möge an der Winde um einen Krug Wasser[1] bitten, aber nicht sagen für wen, und stieg eiligst vom Wagen. Man gab zur Antwort, daß man ihr Wasser bringen werde, allein sie wies es zurück. Die Rebholzbündel waren schon da, und sie bat, man möge jemand an die Pforte kommen lassen, um die Bündel in Empfang zu nehmen; dabei stellte sie sich hart an die Türe, und als man sie öffnete, drängte sie sich hinein ins Kloster, umfaßte eiligst die Statue Unserer Lieben Frau[2] und bat die Priorin unter Tränen, sie nicht mehr hinauszustoßen.

9. Die Dienerschaft erhob großes Geschrei und pochte heftig an der Pforte. Casilda begab sich nun ans Sprechgitter, um mit ihnen zu sprechen, und erklärte, daß sie auf keine Weise mehr das Kloster verlassen werde; sie möchten sich entfernen und es ihrer Mutter sagen. Die Frauenspersonen, die sie begleiteten, erhoben lautes Wehklagen, aber dies alles machte auf sie wenig Eindruck. Als man ihrer Großmutter diese Neuigkeit meldete, wollte sie sich sofort dorthin begeben. Allein weder sie, noch der Onkel[3] Casildas, noch auch ihr Bräutigam, der nach seiner Rückkehr sie dringend am Gitter zu sprechen wünschte, erreichten etwas anderes, als daß sie ihr durch ihre Gegenwart lästig fielen; sie wurde dadurch nur um so unerschütterlicher. Als ihr Bräutigam nach vielem Wehklagen zu ihr sagte, daß sie Gott weit mehr durch Spendung von Almosen dienen könne, entgegnete sie ihm, dies möge nur er selbst tun. Auf andere Vorstellungen gab sie zur Antwort, daß sie vor allem für ihr Seelenheil zu sorgen verpflichtet sei; sie fühle sich schwach und sehe ein, daß sie inmitten der Gefahren der Welt ihr Seelenheil verscherzen werde; er habe keine Ursache, sich über sie zu beklagen, weil sie ihn nur aus Liebe zu Gott verlassen habe; sie füge ihm deshalb auch kein Unrecht zu. Als sie merkte, daß er durch nichts befriedigt werden konnte, erhob sie sich und ließ ihn allein. Er hatte sie durchaus nicht wankend gemacht, im Gegenteil, sie wurde vielmehr seiner überdrüssig. Denn wenn Gott einer Seele das Licht der Wahrheit sendet, so gereichen ihr die Versuchungen und Hindernisse, die der Teufel ihr bereitet, nur zur

---

[1] Jarro ist ein einhenkeliger Krug oder eine Flasche aus Metall.

[2] Diese Statue der seligsten Jungfrau, von der die Heilige hier spricht, befindet sich noch heutzutage im Chore in der Mitte zwischen dem Sitz der Priorin und der Subpriorin.

[3] Dieser Onkel ist wahrscheinlich der Graf de Buendia, der Bruder ihrer Mutter.

größeren Förderung, da Seine Majeſtät ſelbſt für ſie ſtreitet. Dies trat auch hier klar an Caſilda zutage; denn allem Anſcheine nach war nicht ſie es, die ſo ſprach.

10. Als ihr Bräutigam und ihre Verwandten merkten, wie wenig ſie imſtande waren, ſie auf gütlichem Wege zum Verlaſſen des Kloſters zu bewegen, ſuchten ſie dies mit Gewalt zu erreichen. Sie erwirkten eine königliche Vollmacht, kraft der ſie Caſilda aus dem Kloſter entfernen und in Freiheit ſetzen konnten. Während der ganzen Zeit vom Feſte Mariä Empfängnis bis zum Tage der unſchuldigen Kinder, an dem man ſie abholen ließ, verweilte ſie, ohne das Ordenskleid zu tragen, im Kloſter und machte mit der größten Freude alle religiöſen Übungen mit, gleich als ob ſie ſchon Nonne wäre. An dieſem Tage kamen Gerichtsbeamte und brachten ſie in das Haus eines Edelmannes. Sie folgte unter heftigen Tränen und fragte ſie: „Warum quält man mich denn ſo, da es doch nichts nützen wird?" Dort ſuchten ſie ſowohl Ordensleute als auch andere Perſonen mit allen Mitteln zur Vernunft zu bringen; die einen hielten ihr Benehmen für Kinderei, die anderen ſprachen den Wunſch aus, ſie möge ſich am Beſitze ihrer Güter erfreuen.

11. Es würde zu weit führen, wollte ich dieſen Wortwechſel und die Art und Weiſe berichten, wie Caſilda ſich allen gegenüber verteidigte. Sie waren über ihre Antworten ganz erſtaunt. Als man nun ſah, daß nichts zu erreichen ſei, brachte man ſie in das Haus ihrer Mutter, um ſie dort für einige Zeit zurückzubehalten. Dieſe war der großen Unruhen müde und ſtand ihr in keiner Weiſe bei, ſondern ſchien ſogar wider ſie zu ſein. Vielleicht geſchah dies nur, um ſie noch mehr zu prüfen. So hat mich wenigſtens nachher die Mutter verſichert, und ſie iſt ſo fromm, daß man ihren Worten Glauben ſchenken muß. Allein das Mädchen verſtand dies nicht; und auch ein Beichtvater, dem ſie ihre Beichte ablegte, war ſo ſehr dagegen, daß ſie niemand hatte, der ſie tröſtete, als Gott und eine Dienerin ihrer Mutter.[1]

12. So verlebte ſie unter großen Leiden und vieler Betrübnis die Zeit, bis ſie ihr zwölftes Lebensjahr vollendet hatte. Da vernahm ſie, daß man ſie als Nonne in ein Kloſter bringen wolle, in dem ſich ihre

---

[1] Una doncella de su madre. Man glaubt, daß dieſes junge Fräulein niemand anders war als Doña Anna de Pedruja, die etwa als Kammerzofe bei der Mutter der Caſilda lebte. Sie wurde ſpäter im Karmel berühmt unter dem Namen Anna vom heiligen Auguſtin.

Schwester befand,[1] weil dort keine so große Strenge herrschte; denn man war zur Einsicht gekommen, daß man sie von ihrem Vorhaben nicht abbringen könne. Als sie dies erfahren hatte, war sie fest entschlossen, alles aufzubieten, um ihr Vorhaben auszuführen. Eines Tages ging sie mit ihrer Mutter zur heiligen Messe; während diese, in der Kirche angekommen, in den Beichtstuhl sich begab, um zu beichten, bat Casilda ihre Erzieherin, zu einem der Patres zu gehen, damit er für sie eine heilige Messe lese. Sobald diese sich entfernt hatte, steckte sie ihre Überschuhe[2] in den Ärmel, hob ihr Schleppkleid auf und eilte so schnell sie konnte in unser Kloster, das sehr weit entfernt lag.

13. Da die Erzieherin sie nicht mehr in der Kirche fand, eilte sie ihr nach; und als sie ihr nahe kam, bat sie einen Mann, er möge sie aufhalten. Dieser aber erzählte später, daß er sich unmöglich von der Stelle habe bewegen können, und so habe er sie forteilen lassen. Sobald Casilda durch die erste Pforte des Klosters eingetreten war, schloß sie diese und fing an zu rufen; und als ihre Erzieherin ankam, befand sie sich schon im Innern des Klosters. Man gab ihr sogleich das Ordenskleid; und so konnte sie ihr frommes Vorhaben, das Gott in ihr Herz gelegt, verwirklichen. Seine Majestät belohnte sie in kurzer Zeit mit übernatürlichen Gunstbezeigungen, und sie diente ihm mit größter Freude, in tiefster Demut und gänzlicher Losschälung von allem Irdischen. Er sei gepriesen in Ewigkeit, daß er einer Person, die vorher so große Freude hatte an zierlichem, prächtigem Kleiderschmuck, eine so große Liebe zu dem ärmlichen Gewande aus schlechtem Wollenzeug einflößte! Aber selbst diese Kleider konnten ihre einnehmende Schönheit nicht verbergen, da der Herr sie mit diesen natürlichen Gaben ebenso ausgestattet hatte, wie mit geistigen Anlagen und Verständnis von so anziehender Art, daß alle zum Lobpreis Seiner Majestät hingerissen wurden. Möchten doch recht viele ebenso wie sie dem göttlichen Gnadenruf Folge leisten![3]

---

[1] Doña Maria, die bei den Dominikanerinnen eingetreten war.

[2] Unter dem Worte chapin versteht man eine Fußbekleidung, die die spanischen Damen unter dem Schuh tragen.

[3] Doña Casilda hatte im Kloster den Namen Casilda Juliana von der Empfängnis. Die Heilige trug eine besondere Liebe zu ihr. Sie legte am 13. Januar 1577 ihre heiligen Gelübde ab. Doch diese Nonne, die beim Eintritt in den Karmel so mutig allen Widersprüchen von seiten der Welt und ihrer Familie sich ent-

Zwölftes Hauptstück

Leben und Tod einer Nonne, namens Beatrix von der Menschwerdung, die Unser Herr in dasselbe Kloster geführt hat. Ihr Leben und ihr Tod zeugen von so hoher Vollkommenheit, daß es billig ist, ihrer zu gedenken.

14. In dieses Kloster war auch ein junges Mädchen eingetreten namens Doña Beatrix[1] Oñez, die mit Doña Casilda verwandt war. Ihr Eintritt erfolgte einige Jahre früher, und alle waren erstaunt beim Anblick der großen Tugenden, die der Herr dieser Seele verliehen. Die Nonnen und die Priorin bezeugen, daß sie während ihres ganzen Lebens nie an ihr etwas bemerkt hätten, was man als Unvollkommenheit ansehen könnte. Nie gewahrten sie, daß sie irgendwie ihr Äußeres veränderte; stets legte sie eine bescheidene Fröhlichkeit an den Tag, so daß man wohl mit Recht auf die innere Freude schließen konnte, die ihre Seele erfüllte. Ihr Stillschweigen fiel niemand lästig; obwohl sie es aufs genaueste beobachtete, konnte man an ihr doch keine Sonderheit wahrnehmen. Nie sprach sie ein Wort, das man an ihr hätte tadeln können; nie sah man, daß sie widersprach oder sich entschuldigte, wenn die Priorin, um sie zu prüfen, auf sie etwas schieben wollte, was sie nicht getan hatte, wie ja diese Art der Abtötung in unseren Klöstern gewöhnlich in Übung ist. Nie beklagte sie sich über irgendeine Sache oder über eine Schwester, noch zeigte sie sich in einem Amte, das ihr übertragen wurde, durch eine Miene oder ein Wort verdrießlich gegen eine Mitschwester. Nie ergab sich ein An-

gegensetzte, sollte nicht bis zum Ende im Karmel verbleiben. Im Jahre 1581 erhielt sie durch ihre Verwandten aus unbekannten Gründen die päpstliche Vollmacht, als Äbtissin die Leitung des Klosters der Franziskanerinnen von der gemilderten Regel zu Santa Gadea del Cid, das unter dem Patronat der Padillas stand, zu übernehmen. Am 20. Oktober 1589 siedelte das Kloster nach Burgos über. Die Heilige teilte ihren Schmerz über diesen Vorfall dem Pater Gracián mit in einem Briefe vom 17. September 1581, wobei sie ihr Bedauern über die arme Casilda ausspricht und sagt, sie wisse nicht, welch böser Geist sie dem Orden entfremdet habe. Es wird auch berichtet, daß Casilda während ihres ganzen Lebens diese Unbeständigkeit bereute und oft, wenn sie das Glöcklein des Karmel von Burgos läuten hörte, bittere Tränen vergoß. (Pater Anton vom heiligen Joseph, tom. II.)

[1] Beatrix Oñez stammte von Orroyo, nicht weit von Santa Gadea. Ihre vornehmen Eltern waren verschwägert mit der Familie de Padilla. Beatrix legte am 17. April 1570 ihre heilige Profeß ab. (Siehe Memorias Histor. L. R. n. 184.)

laß, an eine Unvollkommenheit von ihrer Seite auch nur zu denken oder ihr im Kapitel einen Vorwurf zu machen, obwohl bei dieser Gelegenheit die Zelatorinnen[1] auch die geringsten Fehler, die sie bemerken, zur Anzeige bringen müssen. In all diesen Dingen zeigte sich an ihr sowohl innerlich als äußerlich die vollkommenste Harmonie. Dies hatte darin seinen Grund, daß sie sich beständig die Ewigkeit und das Ziel, zu dem uns Gott erschaffen, lebendig vor Augen stellte. Ohne Unterlaß hatte sie das Lob Gottes und Akte innigster Dankbarkeit gegen ihn auf den Lippen; mit einem Worte, ihr ganzes Leben war ein beständiges Gebet.

15. In bezug auf den Gehorsam beging sie nie einen Fehler; sie verrichtete alles, was man ihr befahl, mit Pünktlichkeit, Vollkommenheit und Freude. Ihre Liebe zum Nächsten war überaus groß, so daß sie, wie sie sagte, sich für jede einzelne Seele gerne in tausend Stücke hätte zerreißen lassen, damit sie nicht verlorengehe, sondern sich bei ihrem Bruder Jesus Christus — so nannte sie unseren Herrn — erfreuen könnte. Ihre überaus großen Leiden, ihre schrecklichen Krankheiten und heftigsten Schmerzen ertrug sie, wie ich später sagen werde, so gerne und freudig, als wären sie liebliche Genüsse und Wonnen. Unser Herr hat sie ohne Zweifel mit innerer Wonne erquickt, sonst hätte sie diese Leiden nicht mit solcher Freude ertragen können.

16. Es ereignete sich einmal, daß in dieser Stadt Valladolid einige schwere Verbrecher zum Feuertode geführt wurden. Sie mußte erfahren haben, daß diese nicht mit so guter Vorbereitung zum Tode gingen, als es notwendig gewesen wäre; dies erfüllte sie mit solchem Schmerze, daß sie sich ganz betrübt an unseren Herrn wandte und ihn unter heißem Flehen um die Rettung dieser Seelen bat. Sie bot sich an, zur Sühne für ihre Fehler, oder um die Erhörung ihrer Bitte zu erlangen — ich weiß nicht mehr genau, welche Worte sie gebrauchte — während ihres ganzen Lebens alle Leiden und Peinen auf sich zu nehmen, die sie ertragen könne. Noch in derselben Nacht wurde sie zum ersten Male vom Fieber ergriffen und war von da an bis zu ihrem Tode leidend. Jene Verbrecher aber starben gut, woraus man schließen kann, daß Gott ihr Gebet erhörte.

---

[1] Die Zelatorin oder Aufseherin hat die Aufgabe, über das Betragen der Nonnen zu wachen und deren Fehler im Kapitel zur Anzeige zu bringen.

17. Bald darauf verursachte ihr ein Geschwür in den Eingeweiden so entsetzliche Schmerzen, daß ihr, um sie mit Geduld zu ertragen, die Gnaden wohl sehr notwendig waren, die der Herr ihrer Seele verlieh. Da das Geschwür innerlich war, blieb jede Medizin erfolglos, bis der Herr zuließ, daß es sich öffnete und der Eiter herausfloß; daraufhin empfand sie einige Erleichterung in diesem Übel. Doch ihrer Freude am Leiden genügte dies wenige nicht. Als sie eines Tages eine Predigt über das Kreuz hörte, wuchs ihr Verlangen nach Leiden derart, daß sie sich, wieder in die Zelle gekommen, unter heftigen Tränen auf ihr Bett warf. Auf die Frage, was vorgefallen sei, gab sie zur Antwort: „Bittet Gott, daß er mir viele Leiden schicke; damit werde ich befriedigt werden."

18. Mit der Mutter Priorin besprach sie alle ihre Seelenangelegenheiten, und dies war für sie ein Trost. Während ihrer ganzen Krankheit fiel sie niemanden auch nur im geringsten lästig; sie tat nur, was die Krankenwärterin wollte, selbst wenn es sich nur um einen Trunk Wassers handelte. Das Verlangen nach Leiden, wenn man davon verschont ist, ist bei Seelen, die dem Gebet ergeben sind, etwas sehr Gewöhnliches; aber sich freuen, wenn man von Leiden heimgesucht wird, das ist nicht Sache vieler. Beatrix war schon so schwer krank, daß ihr Leben nicht mehr lange währen konnte; nebst diesen übergroßen Schmerzen hatte sich auch ein Geschwür am Schlunde gebildet, so daß sie nichts hinunterschlucken konnte. Als sie die Priorin eines Tages in Anwesenheit einiger Schwestern zu trösten und zur Ertragung dieser großen Schmerzen zu ermutigen suchte, antwortete sie, daß sie kein Leid empfinde und mit keiner Schwester tauschen wolle, die sich einer vollkommenen Gesundheit erfreue. Sie hatte den Herrn, für den sie litt, so vor Augen, daß sie auf alle mögliche Weise ihre großen Schmerzen zu verheimlichen suchte, damit man nichts davon merken konnte, und so kam höchst selten eine Klage über ihre Lippen, wenn nicht der Schmerz überaus heftig war. Sie war überzeugt, daß es auf Erden kein elenderes Geschöpf gebe als sie, und bewies so, wie man wahrnehmen konnte, in allem eine tiefgegründete Demut.

19. Wenn man von den Tugenden anderer sprach, empfand sie überaus große Freude; in der Übung der Abtötung war sie äußerst streng. Sie wußte so geschickt auf jede Art Annehmlichkeit Verzicht zu leisten, daß man es gar nicht merkte, wenn man nicht eigens Obacht gab. Es

schien, als ob sie nicht mehr lebte und mit den Geschöpfen sich befaßte, so wenig achtete sie auf alles. Wie auch immer die Verhältnisse sich gestalten mochten, sie ertrug alles mit solcher Ruhe, daß man immer denselben Gleichmut an ihr wahrnahm, auch als eines Tages eine Schwester zu ihr sagte, daß sie jenen Personen gleiche, die so sehr auf ihre Ehre versessen sind, daß sie lieber Hungers sterben, als ihr Elend nach außen hin merken lassen wollten; man konnte in der Tat nicht glauben, daß sie gewissen Dingen gegenüber unempfindlich sei, obwohl man so wenig an ihr merkte.

20. Bei all ihren Arbeiten und Beschäftigungen in den ihr übertragenen Ämtern hatte sie einen so erhabenen Zweck im Auge, daß sie nichts von dem Verdienste verlorengehen ließ; darum sagte sie zu den Schwestern: „Das unbedeutendste Werk, das man Gott zuliebe tut, ist von unschätzbarem Werte; wir sollten, meine Schwestern, nicht einmal die Augen bewegen, außer nur zu diesem Zwecke und um Gott zu gefallen." Nie mischte sie sich in eine Sache ein, die sie nichts anging, und so gewahrte sie auch an niemand einen Fehler, außer nur an sich. Es war ihr so peinlich, wenn man über sie etwas Gutes sagte, daß sie sich sorgfältig in acht nahm, Gutes über andere in deren Gegenwart zu sagen, um sie nicht zu betrüben.

21. Nie suchte sie Trost an etwas Erschaffenem, noch auch Erholung an einem Spaziergang im Garten; denn es wäre unschön, sagte sie, Linderung in den Leiden zu suchen, die unser Herr ihr sende. Darum bat sie auch nie um etwas, sondern war zufrieden mit dem, was man ihr gab. Sie sagte auch, daß es für sie eine Qual wäre, in etwas anderem Trost zu suchen als in Gott. Kurz, ich erkundigte mich bei allen Nonnen des Klosters und fand keine einzige, die an dieser Seele etwas wahrgenommen hätte, das nicht von großer Vollkommenheit zeugte.

22. Als die Zeit herannahte, in der sie unser Herr von diesem Leben abrufen wollte, vergrößerten sich ihre Schmerzen und alle in ihr vereinten Leiden so sehr, daß die Schwestern, die sie öfters besuchten, beim Anblick der Freude, womit sie diese ertrug, unseren Herrn nur lobpreisen konnten. Der Kaplan, der ein eifriger Diener Gottes ist und Beichtvater dieses Klosters war, hatte ein besonderes Verlangen, bei ihrem Tode anwesend zu sein. Da er ihr Gewissen kannte, hielt er sie für eine Heilige. Gott ließ zu, daß dieser Wunsch in Erfüllung ging; nachdem sie die letzte Ölung empfangen hatte, ließ man ihn rufen, wäh-

rend sie noch vollständig bei Bewußtsein war, um ihr noch, wenn es in dieser Nacht notwendig wäre, eine kurze Beichte abzunehmen und beim Sterben beizustehen. Kurz vor neun Uhr, etwa eine Viertel= stunde vor ihrem Hinscheiden, als alle Schwestern mit dem Beichtvater um sie versammelt waren, verließen sie auf einmal alle Schmerzen; voll himmlischen Friedens erhob sie ihre Augen, und es zeigte sich auf ihrem Antlitze eine so innige Freude, daß es gleichsam zu erglänzen schien. Es war, als ob sie etwas wahrnehme, das ihr Freude bereite, da sie zweimal lächelte. Alle Umstehenden und der Priester selbst emp= fanden darüber eine so tiefgehende Herzensfreude und Wonne, daß sie glaubten, schon im Himmel zu sein. Inmitten dieser Freude gab sie, die Augen zum Himmel erhoben, ihren Geist auf; sie war wie ein Engel anzusehen. Nach unserem Glauben und nach ihrem Wandel können wir darum zuversichtlich annehmen, daß Gott sie in die ewige Ruhe aufgenommen habe zum Lohne für ihr großes Verlangen, um seinetwillen zu leiden.

23. Der Kaplan[1] behauptet, und er sagte es auch zu vielen Per= sonen, daß er in dem Augenblicke, als man den Leichnam in das Grab hinabsenkte, einen durchdringenden und überaus lieblichen Wohlgeruch wahrgenommen habe. Auch die Sakristanin versichert, sie habe an all dem Wachse, das bei den kirchlichen Exequien und bei ihrer Beerdigung brannte, nicht die geringste Minderung wahrgenommen; das alles ist von der göttlichen Erbarmung wohl anzunehmen. Als ich mich hierüber mit einem Beichtvater aus der Gesellschaft Jesu, dem sie viele Jahre lang gebeichtet und ihre Seelenangelegenheiten anvertraut hatte, be= sprach, sagte er, es sei dies nichts Außergewöhnliches, und er wundere sich nicht, da er wisse, wie vertraulich unser Herr mit ihr verkehrte. Seine Majestät möge gewähren, meine Töchter, daß wir Nutzen zu ziehen wissen aus dem Beispiele einer so heiligen Mitschwester und vieler anderer, die der Herr uns in diese Klöster gesendet hat! Vielleicht werde ich noch einiges davon erzählen, damit jene, die etwas lau sind, zur Nachfolge angeeifert werden und wir alle den Herrn lobpreisen, der seine Großtaten an so schwachen Frauen hervorleuchten läßt.

---

[1] P. Jalame. (Memorias Histor. L. R. n. 183.)

Dreizehntes Hauptstück

Wie und durch wen das erste Kloster der unbeschuhten Karmeliten nach der ursprünglichen Regel im Jahre 1568 seinen Anfang nahm.[1]

1. Schon ehe ich die Stiftung zu Valladolid vornahm, war ich, wie schon erwähnt, mit Pater Antonius von Jesu, dem damaligen Prior des Karmelitenklosters zur heiligen Anna in Medina, und mit Pater Johannes vom Kreuz darin übereingekommen, daß sie als die ersten eintreten sollten, wenn ein Kloster der Unbeschuhten nach der ursprünglichen Regel gestiftet werde; da ich noch keine Mittel hatte, ein Haus zu erwerben, so konnte ich nichts anderes tun, als diese Angelegenheit unserem Herrn zu empfehlen. Was die genannten beiden Patres betrifft, so war ich mit ihnen zufrieden. Den Pater Antonius von Jesu hatte der Herr das ganze Jahr hindurch, seitdem ich mich mit ihm besprochen, noch mit schweren Leiden heimgesucht, die er mit großer Geduld ertrug. Für Pater Johannes vom Kreuz war keine Prüfung notwendig; denn obwohl er unter den Vätern der gemilderten Regel[2] lebte, so führte er doch immer ein Leben hoher Vollkommenheit und strenger Ordenszucht.

2. Unser Herr hat auch alles übrige geordnet, nachdem er mir zum Beginn (der Stiftung) die Hauptsache, nämlich die (beiden) Ordensmänner gegeben hatte. Ein Edelmann aus Avila namens Don Raphael,[3] mit dem ich nie gesprochen, brachte — ich weiß nicht wie, da ich mich nicht mehr erinnere — in Erfahrung, daß man damit umgehe, ein Kloster der Unbeschuhten (Karmeliten) zu gründen. Er kam zu mir

---

[1] Wir haben schon erwähnt, daß Pater Joh. Rubeo am 14. August 1567 von Barcelona aus ein Vollmachtschreiben ausstellte, das der hl. Theresia die Erlaubnis gab, Männerklöster nach der Reform der Frauenklöster errichten zu können. Theresia hatte auch diese Vollmacht nicht vergessen; sie dachte fortwährend an die Mittel, diesen ihren Herzenswunsch in Ausführung zu bringen. Wie wir aus diesem Hauptstück ersehen, fügte es Gott, daß der Heiligen ein Haus angeboten wurde und sie auch mit Pater Johannes vom Kreuz zusammentraf. (Ref. de los Desc. l. II. c. 20 und Brief der Heiligen an Franz de Salcedo Ende September 1568.)

[2] Los de Paño Calzados ist ein Ausdruck, der in den Schriften der heiligen Theresia häufig wiederkehrt. Sie bezeichnet damit oft die beschuhten Karmeliten, deren Habit aus feinem Tuch (paño) war, im Gegensatz zu den Unbeschuhten, die Kleider aus grobem Wollenstoff trugen.

[3] Don Raphael Mejía Velásquez.

und bot sich an, mir ein Haus zu geben, das er an einem Orte hatte, in dem sich nur sehr wenige Einwohner befanden[1] — ich glaube, es waren nicht mehr als zwanzig; ich erinnere mich indessen nicht mehr genau. Dieses Haus diente einem Pächter, der die Pachtabgaben an Getreide in der Gegend einsammeln mußte. Obwohl ich mir denken konnte, wie das Haus aussehen mußte, so pries ich doch unsern Herrn und dankte ihm dafür von ganzem Herzen. Der Edelmann sagte mir, dieses Haus liege auf dem Wege nach Medina del Campo; da ich ja ohnehin durch diese Stadt reisen müßte, um in Valladolid eine Stiftung vorzunehmen, so könnte ich es in Augenschein nehmen; es sei dies der gerade Weg. Ich versprach ihm, es zu tun, und hielt auch Wort. Ich machte mich im Monat Juni auf den Weg, und zwar mit einer Begleiterin[2] und mit dem schon erwähnten Priester, Pater Julian de Avila, dem Kaplan des St.-Josephs-Klosters, der mir auf diesen Reisen zur Seite stand.

3. Wir reisten in aller Frühe ab, verirrten uns aber, weil wir des Weges unkundig waren; da der Ort wenig bekannt war, so konnte man uns darüber nicht viel Aufschluß geben. Die Sonne brannte sehr glühend hernieder, weshalb uns dieser Tag recht beschwerlich wurde; als wir schon am Ziele zu sein glaubten, mußten wir noch einen gleich-langen Weg zurücklegen. Ich vergesse niemals die Ermüdung und das Umherirren auf dieser Reise. Dies war die Ursache, daß wir erst kurz vor der Nacht ankamen; als wir das Haus betraten, fanden wir es in einem solchen Zustand, daß wir es nicht wagten, dort zu übernachten; es sah äußerst unreinlich aus, und überdies wohnten viele Erntearbeiter darin. Das Haus hatte eine ansehnliche Vorhalle, eine Doppelkammer[3] mit einem Speicher und eine kleine Küche; aus diesen Räumlichkeiten

---

[1] Man liest am Rande die Schriftzüge des Paters Gracián: „Dieser Ort heißt Durvelo." Durvelo ist ein kleiner Ort in der Diözese Avila, 8½ Meilen von dieser Stadt und eine halbe Meile von Mancera entfernt. Es gibt auch noch ein anderes Durvelo in derselben Diözese, das 12 oder 13 Kilometer von Avila entfernt ist.

[2] Es war im Jahre 1568, an einem der letzten Tage des Juni. Die Begleiterin der Heiligen war die Schwester Antonie vom Heiligen Geiste, eine von den vier ersten Nonnen, die im St.-Josephs-Kloster zu Avila aufgenommen wurden. Nach der Überlieferung des Klosters begab sich die Heilige schon vor dem Morgengrauen auf den Weg. Um die Klostergemeinde nicht zu stören, schlief sie die letzte Nacht in einem Kämmerchen neben der Pforte, das man heute noch zeigt.

[3] Ein Zimmer mit einem Alkoven.

bestand unser ganzes Kloster. Ich dachte mir, daß man die Vorhalle als Kapelle, den Speicher als Chor — er paßte dazu sehr gut — und das Zimmer als Schlafstätte benützen könnte. Meine Begleiterin, die viel frömmer und weit bußfertiger war als ich, konnte es gar nicht fassen, daß ich hier ein Kloster zu gründen im Sinne hatte, und sagte zu mir: „Wahrhaftig, Mutter, einen solchen Geist hat keiner, daß er es hier auszuhalten vermag, so fromm er auch sein mag; geben Sie doch den Gedanken an eine solche Stiftung auf!“ Der mich begleitende Pater[1] hatte dieselbe Ansicht wie meine Gefährtin; als ich ihm aber meinen Plan darlegte, widersprach er mir nicht mehr. Wir begaben uns nun in die Kirche, um dort zu übernachten; denn infolge unserer großen Ermüdung wollten wir die Nacht nicht durchwachen.

4. Als wir in Medina angekommen waren, besprach ich mich sogleich mit Pater Antonius. Ich schilderte ihm die Verhältnisse und fragte ihn, ob er Mut habe, eine Zeitlang an diesem Orte zu bleiben; Gott werde sicher bald helfen, da alles nur vom Anfang abhänge. Ich hatte, wie mir scheint, das, was der Herr später getan, so lebendig und so sicher vor Augen wie jetzt, wo ich es sehe; ja, es trat damals noch weit mehr vor mein Auge, was ich bis jetzt nicht gesehen habe, trotzdem bis zur Stunde, in der ich dieses schreibe, durch die Güte Gottes zehn[2] Klöster der Unbeschuhten bestehen. Ich fügte hinzu, er möge überzeugt sein, daß uns weder der frühere noch der spätere Provinzial[3] die Erlaubnis geben würde — und ihre Zustimmung war, wie schon anfangs erwähnt, notwendig —, wenn sie uns in einem wohleingerichteten Hause sähen; übrigens könnten wir uns jetzt nicht anders helfen, und sie würden keine Schwierigkeiten machen, wenn wir uns an diesem kleinen Orte und in diesem armseligen Hause niederließen. Gott hatte dem Pater Antonius weit mehr Mut verliehen als mir, und er erwiderte, daß er nicht nur an diesem Orte, sondern selbst in einem Schweinestalle bleiben wolle. Pater Johannes vom Kreuz hatte die-

---

[1] Pater Julian de Avila.

[2] Durvelo Pastrana, Mancera, Alcalá de Henares, Altamira, La Roda, Granada, La Peñuela, Sevilla, Almodóvar del Campo. Letzteres wurde 1575 gegründet.

[3] Pater Angelus de Salazar und Pater Alfons Gonzáles, die beide ihre Zustimmung gaben. Pater Alfons Gonzáles, der den Wünschen der Heiligen sehr gerne nachkam, trat in Salamanca in den Orden der Beschuhten. Später wurde er Prior in Avila.

felbe Gefinnung. Jetzt war nur noch die Einwilligung der beiden ge=
nannten Provinziale notwendig, da unfer Pater General unter diefer
Bedingung die Erlaubnis zur Stiftung erteilte. Ich hoffte fie im Ver=
trauen auf die Güte unferes Herrn zu erlangen, und fo gab ich dem
Pater Antonius den Auftrag, alles aufzubieten, um einige Einrichtungs=
gegenftände für das Haus zufammenzubringen. Ich felbft begab mich
mit Pater Johannes vom Kreuz zu der fchon befchriebenen Stiftung
nach Valladolid; da wir dort wegen der Arbeiter, die das Klofter ein=
richten mußten, einige Tage ohne Klaufur lebten, hatte ich Gelegen=
heit, den Pater Johannes vom Kreuz über unfere ganze Lebensweife
zu unterrichten, fo daß er von allen Dingen, fowohl von der Abtötung
als auch von der Art des fchwefterlichen Verkehrs und der gemein=
famen Erholung, genaue Kenntnis erhielt. Bei diefer Erholung ift
alles fo bemeffen, daß die Schweftern zur Erkenntnis ihrer Fehler
kommen und ein wenig ausruhen können, um dann wieder die Regel
in ihrer ganzen Strenge zu beobachten. Er war fo fromm, daß ich
wenigftens mehr von ihm lernen konnte, als er von mir; doch darum
war es mir damals nicht zu tun; ich wollte ihn nur über die Lebens=
weife unferer Schweftern unterrichten.

5. Gott fügte es, daß unfer Ordensprovinzial Pater Alfons Gon=
zález,[1] von dem ich die Genehmigung erhalten follte, fich eben in Valla=
dolid befand; er war ein hochbejahrter Mann, innig fromm und ohne
Arg. Als ich ihm meine Bitte vortrug, machte ich gar viele Gründe
geltend und wies ihn hin auf die Rechenfchaft, die er Gott geben müffe,
wenn er ein fo gutes Werk hintanhalte. Seine Majeftät, nach deren
Willen diefes Werk zuftande kommen follte, wirkte fo auf fein Inneres
ein, daß er fehr gerührt wurde.

6. Mittlerweile kamen die Frau Doña Maria de Mendoza und
ihr Bruder, der Bifchof von Avila, der uns immer feine Gunft und
feinen Schutz angedeihen ließ, hierher und brachten bei ihm und beim
früheren Provinzial, Pater Angelus de Salazar,[2] die Sache in Ord=

---

[1] Pater Alfons González war im Kapitel, das unter Pater Rubeo bei feiner
Reife nach Spanien im Jahre 1567 abgehalten wurde, zum Provinzial erwählt
worden.

[2] Siehe den Brief der heiligen Therefia an Pater Rubeo Anfang Februar 1576.
Pater Angelus de Salazar zeigte fich aus leicht begreiflichen Gründen anfangs
etwas referviert gegen die unbefchuhten Väter, wurde aber fpäter ihr großer Gönner

nung; von letzterem hatte ich die meisten Schwierigkeiten befürchtet. Der Umstand aber, daß er gerade damals in einer gewissen Angelegenheit auf die Gunst der Frau Doña Maria de Mendoza angewiesen war, trug nach meinem Dafürhalten viel dazu bei, daß er sich ihrem Ansuchen willfährig zeigte.[1] Übrigens hätte unser Herr auch ohne diesen Umstand sein Herz umstimmen können, wie er es beim Pater General getan, der auch ganz anders gesinnt war.

7. O mein Gott, wie vieles habe ich bei diesen Unternehmungen für unmöglich gehalten und wie leicht war es für Seine Majestät, diese Hindernisse zu entfernen! Wie muß ich mich schämen, daß ich beim Anblick all dessen, was ich erfahren, nicht besser geworden bin! Jetzt, da ich dies schreibe, fühle ich mich mit Staunen erfüllt und habe nur den Wunsch, Unser Herr möge aller Welt wissen lassen, daß es von nichtssagender Bedeutung ist, was wir armen Geschöpfe zu diesen Klosterstiftungen beigetragen haben. Der Herr ist es, der das ganze Gebäude, und zwar auf so unscheinbaren Grundlagen aufgeführt hat, und nur Seine Majestät konnte es zu jener Höhe emporführen, auf der es jetzt sich befindet. Er sei in Ewigkeit gepriesen! Amen.

Vierzehntes Hauptstück

Fortsetzung der Stiftung des ersten Klosters der unbeschuhten Karmeliten. Einiges über die Lebensweise, die man dort führte, sowie über den Nutzen, den unser Herr zur Ehre und Verherrlichung Gottes beim Volke jener Gegend schaffen ließ.

1. Als ich die Einwilligung dieser beiden (Provinziale) erhalten hatte, glaubte ich, daß alles in Ordnung sei. Wir bestimmten, daß Pater Johannes vom Kreuz[2] sich in das Haus begeben sollte, um es einiger-

---

und Verteidiger. Er war einer der berühmtesten Männer der Beschuhten in damaliger Zeit. In Avila trat er in den Orden, verwaltete viermal das Amt des Provinzials und zweimal das des Generalvikars.

[1] Doña Maria erreichte beim Provinzial die Zustimmung zur Gründung des ersten Konvents der Unbeschuhten. (Siehe Ref. de los Desc. t. I. l. II. c. 19.)

[2] Johannes vom Kreuz reiste am 30. September 1568 nach Durvelo in Begleitung eines Maurers aus Valladolid. Bei seiner Ankunft in Durvelo warf er sich auf die Erde nieder, küßte den Boden und sagte Gott Dank für die Gnade

maßen bewohnbar einzurichten, was auch wirklich geschah. Mein ganzes Bestreben ging dahin, einmal den Anfang zu machen, weil ich sehr in Furcht war, es möchte ein Hindernis dazwischen kommen. Pater Antonius hatte schon einige notwendige Gegenstände herbeigeschafft, und wir halfen auch nach Kräften mit, wenn auch unsere Hilfe unbedeutend war.[1] Er kam hocherfreut nach Valladolid, um mit mir zu sprechen, und erzählte mir, was er schon alles zusammengebracht hatte; es war aber sehr wenig, nur mit Uhren, deren er fünf besaß, war er wohl versehen, was mir großen Spaß machte. Diese habe er, wie er sagte, zu dem Zwecke, um das Stundengebet gut zu regeln, da er nichts unvorbereitet tun wolle. Er hatte aber, wie ich glaube, nicht einmal etwas, worauf er schlafen konnte.

2. Die Einrichtung des Hauses nahm wenig Zeit in Anspruch; denn sie hatten kein Geld, auch wenn sie vieles sich hätten anschaffen wollen. Nachdem dies geschehen war, entsagte Pater Antonius freudigen Herzens seinem Amte als Prior und legte seine Gelübde nach der ursprünglichen Regel ab;[2] man sagte ihm, er möge zuvor einen Versuch machen, allein er weigerte sich. Mit größter Freude begab er sich in sein armseliges Häuschen, wo sich Pater Johannes schon befand.

---

seiner Berufung zur Reform. Mit Hilfe seines Gefährten reinigte er sodann das Haus in der von Theresia ihm angegebenen Weise. Nach Darbringung des hl. Meßopfers begann er jenes strenge Leben, das in diesem Hauptstück geschildert wird. Nach den neuesten Forschungen unterliegt es keinem Zweifel, daß Theresia den hl. Johannes vom Kreuz im Sprechzimmer zu Medina del Campo mit dem Habit vom rauhen Stoff bekleidete, sowie auch, daß sie ihm in Valladolid die letzten Unterweisungen über die neue Lebensweise gab. (Siehe El monte Carmelo 1909, p. 898 und 939.)

[1] Pater Antonius von Jesu — so nannte er sich seit seiner Gelübdeablegung — traf mit Pater Johannes vom Kreuz am 27. November zusammen. Er war, als er das strenge Leben der Reform annahm, 58 Jahre alt.

[2] Man liest im Profeßbuch zu Valladolid: „Die Laienschwester Franziska von Jesu aus Medina del Campo, Tochter des Johann de Villalpando und der Theresia Sánchez, trat in das Kloster zu Medina del Campo. Bevor sie das Ordenskleid erhielt, nahm sie die Heilige mit zur Stiftung des Klosters in Valladolid. Die Nonnen waren noch in Rio de Olmos, als man dieser Schwester von Medina del Campo das Wollenzeug und das Tuch für den Habit und die Unterkleider nachschickte. Diese erzählte, daß dieser Stoff zur Verfertigung der Kleider benützt wurde, die unser Vater Johannes vom Kreuz bei der Annahme der Reform und bei Einführung der ursprünglichen Lebensweise in Durvelo benötigte."

3. Pater Antonius hat mir erzählt, er habe, als er in die Nähe des unscheinbaren Ortes kam, eine überaus große Herzensfreude empfunden; es sei ihm vorgekommen, als habe er schon mit der Welt gebrochen dadurch, daß er alles verließ und sich in die Einsamkeit begab. Weder der eine noch der andere gewann vom Hause einen schlechten Eindruck; es schien ihnen vielmehr, als befänden sie sich inmitten der größten Annehmlichkeiten.

4. O mein Gott, wie wenig hängt doch die Zufriedenheit der Seele von diesen Gebäuden und äußeren Bequemlichkeiten ab! Um der Liebe Gottes willen bitte ich euch, meine Schwestern und Brüder, hütet euch immer vor großen und mit prunkendem Aufwand erbauten Häusern; haben wir immer unsere wahren Stifter, jene heiligen Väter, vor Augen, von denen wir abstammen, und seien wir überzeugt, daß sie auf jenem Wege der Armut und Demut zum Genusse Gottes gelangt sind!

5. Ich habe in der Tat gefunden, daß da mehr Geist und auch mehr innerer Friede herrscht, wo die körperlichen Bequemlichkeiten fehlen, als dort, wo man ein geräumiges und bequemes Haus besitzt. Welchen Nutzen haben wir von so einem Haus bei all seiner Größe, da uns ja doch nur eine Zelle zum beständigen Aufenthalt angewiesen ist? Was hilft es uns, wenn diese Zelle sehr geräumig und schön verziert ist? Ja, haben wir denn keine andere Beschäftigung, als die Wände zu betrachten? Wenn wir bedenken, daß wir das Haus nicht für immer, sondern nur für kurze Zeit des Lebens bewohnen, das bei aller Länge nur von kurzer Dauer ist, so werden wir alles angenehm finden; wir werden erfahren, daß wir in der Ewigkeit um so mehr Genuß finden, je weniger wir hier besessen haben; dort werden die Wohnungen der Liebe entsprechen, mit der wir hier das Leben unseres guten Jesus nachgeahmt haben. Wenn wir behaupten, daß dies der Anfang zur Erneuerung der Regel der allerseligsten Jungfrau, seiner Mutter, Unserer Frau und Patronin ist, so dürfen wir weder ihr noch unseren heiligen Vätern, die unsere Vorgänger waren,[1] eine solche Schmach zufügen, ein Leben zu führen, das mit dem ihrigen im Widerspruch steht. Wenn es unsere Schwachheit auch nicht gestattet, ihnen in allem nachzufolgen,

---

[1] Nicht bloß Elias und Elisäus, sondern auch Simon Stock, Albertus und andere Heilige des Ordens.

so sollten wir doch in jenen Stücken, von denen die Erhaltung des Lebens keineswegs abhängt, mit der größten Sorgfalt zu Werke gehen, da ja alles nach der Meinung dieser zwei Patres ein kurzes, angenehmes Leiden ist. Haben wir uns nur einmal entschlossen, es auf uns zu nehmen, so verschwindet die Schwierigkeit, weil alles nur im Anfang ein wenig Mühe kostet.

6. Am ersten oder zweiten Sonntag im Advent des Jahres 1568 — ich kann mich nicht mehr genau erinnern, welcher von diesen beiden Sonntagen[1] es war — wurde die erste Messe in jenem kleinen Stalle zu Bethlehem gelesen; ich nenne diesen Ort so, weil er mir keineswegs besser erschien. Als ich mich in der folgenden Fastenzeit zur Stiftung nach Toledo begab, kam ich dorthin.[2] Ich traf früh morgens ein. Pater Antonius kehrte eben vor der Kirchtüre mit heiterem Antlitz wie immer. Auf meine Frage: „Was ist denn das, mein Vater, wo ist da Ihr Ehrgefühl geblieben?“, gab er mit der ihm eigenen Zufriedenheit zur Antwort: „Ich verfluche die Zeit, in der ich auf die Ehre etwas hielt.“ Beim Eintritt in die Kapelle mußte ich staunen über den Geist, den der Herr dort wehen ließ. Allein nicht bloß ich hatte dieses Gefühl, auch die zwei Kaufleute, die meine Freunde waren und mich von Medina bis nach Durvelo begleitet hatten, konnten nichts als weinen. Es waren dort so viele Kreuze und Totenköpfe.

7. Nie habe ich ein kleines Kreuz aus Holz vergessen, das über dem Weihwasserkesselchen hing und an das ein Christusbild von Papier geklebt war. Dieses schien mehr zur Andacht zu stimmen als selbst das schönste Kunstwerk. Als Chor diente der Speicher,[3] der in der Mitte etwas erhöht war, so daß sie die Tagzeiten beten konnten; aber man mußte sich sehr bücken, um eintreten und der Messe beiwohnen zu können. In zwei Winkeln nächst der Kapelle hatten sie zwei Eremitenzellen, in denen sie sich nur sitzend oder liegend aufhalten konnten; sie

---

[1] Das erste Kloster der unbeschuhten Karmeliten wurde am 28. November, am ersten Sonntag im Advent des Jahres 1568 gegründet unter dem Titel: Unsere Liebe Frau vom Berge Karmel. Tags vorher war auch Pater Anton in Durvelo eingetroffen. Die beiden Patres erneuerten ihre hl. Ordensgelübde und gelobten zugleich die Beobachtung der ursprünglichen Regel bis zum Tode. Pater Johannes, vorher vom hl. Matthias genannt, legte sich den Namen „vom Kreuze“ bei. Pater Anton de Heredia nannte sich fortan Anton von Jesu.

[2] Nach Durvelo.

[3] Getreideboden.

waren angefüllt mit Heu, da die Gegend sehr kalt ist. Das Dach berührte fast ihr Haupt, zwei Fensterchen waren dem Altar zugekehrt, und zwei Steine dienten als Kopfkissen; auch hier fehlten die Kreuze und Totenköpfe nicht. Ich erfuhr, daß sie nach der Matutin nicht zurückkehrten, sondern an demselben Orte[1] bis zur Prim im Gebete verharrten; sie waren so ins Gebet versunken, daß manchmal ihr Habit, wenn sie die Prim beten wollten, ganz mit Schnee bedeckt war, ohne daß sie es gemerkt hatten. Sie verrichteten das Chorgebet mit noch einem anderen Pater von der gemilderten Observanz, der sich ihnen anschloß, aber wegen seiner Kränklichkeit das Ordenskleid nicht wechselte, und mit einem jungen Ordensmann, der die heiligen Weihen noch nicht empfangen hatte und auch bei ihnen bleiben wollte.[2]

8. Sie begaben sich an viele Orte zum Predigen, da das Volk der Umgebung ganz der religiösen Belehrung entbehrte; schon aus diesem Grunde freute ich mich, daß dort ein Kloster errichtet wurde. Man sagte mir, daß in der ganzen Umgegend kein Kloster sich befinde und niemand sei, der das Volk belehrte, was ein großes Elend war. Es gereichte mir zu überaus großer Freude, als ich erfuhr, daß die beiden Patres in kurzer Zeit ein so großes Vertrauen erworben hatten. Sie gingen, wie schon erwähnt, trotz des vielen Schnees und der großen Kälte barfuß zum Predigen, da sie damals noch keine Sandalen[3] hatten, sondern erst später den Auftrag erhielten, sich solcher zu bedienen;[4] nachdem sie gepredigt und im Beichtstuhl gewirkt hatten, kehrten sie erst in später Stunde in ihr Kloster zurück, erfüllt von innerer Freude, die ihnen alles leicht machte. Was die Lebensmittel betrifft, so hatten sie daran Überfluß; denn die Bewohner der umliegenden Ortschaften be-

---

[1] Im Chor.
[2] Die beiden Ordensmänner waren aus dem Kloster der beschuhten Karmeliten zu Medina. Sie hatten den Pater Anton bei seiner Reise nach Durvelo begleitet. Der erstere hielt seine Kräfte nicht für geeignet, um sich den Unbeschuhten anzuschließen, der andere legte mit Pater Anton von Jesu und Pater Johannes vom Kreuze die heiligen Gelübde nach der ursprünglichen Regel ab unter dem Namen Joseph von Christus; aber Pater Franz von der Mutter Gottes berichtet uns, daß er nicht standhaft blieb. (Reform. de los Descalzos, t. I. l. II. c. XX.)
[3] Siehe den Brief der heiligen Theresia an Pater Mariano vom 12. Dezember 1576.
[4] Eigentlich Schuhe aus Hanf, wie sie jetzt noch die unbeschuhten Karmelitinnen tragen.

schenkten sie reichlicher, als es notwendig war. Es kamen auch einige Edelleute, die in der Umgegend wohnten, zum Beichten und boten ihnen bei dieser Gelegenheit bessere Häuser mit angenehmerer Lage an. Unter ihnen befand sich Don Ludwig,[1] der fünf Landgüter besaß. Dieser Edelmann hatte eine Kirche erbaut, um dort ein Bild Unserer Lieben Frau anbringen zu lassen, das in der Tat verdiente, zur Verehrung ausgestellt zu werden. Sein Vater hatte es durch einen Kaufmann seiner Großmutter oder seiner Mutter — ich weiß nicht mehr genau, welcher von beiden — aus Flandern gesendet. Er selbst[2] trug eine so innige Verehrung zu dem Bilde, daß er es viele Jahre bei sich behielt, und später, in der Todesstunde, ließ er es (aus der Kirche) herbeiholen. Es ist ein großes Gemälde, wie ich in meinem Leben kein schöneres gesehen, was auch viele andere behaupten.

9. Als Pater Antonius von Jesu auf Bitten dieses Edelmannes an jenen Ort kam und das Bild sah, gewann er es, und zwar mit vollem Rechte, so lieb, daß er in die Verlegung des Klosters dorthin einwilligte, obwohl daselbst kein Quellwasser vorhanden war und man auch allem Anscheine nach niemals solches bekommen konnte. Dieser Ort heißt Mancera. Jener Edelmann richtete ihnen ein Klösterlein zurecht, wie es ihrer Regel entsprach, und versah es mit den nötigen kirchlichen Geräten; mit einem Worte, er sorgte für alles.[3]

10. Ich kann nicht umhin, hier zu erzählen, wie ihnen der Herr Wasser gab; denn man hielt dies für ein Wunder. Eines Tages nach dem Abendessen befand sich Pater Antonius, damals Prior, mit seinen Brüdern im Kreuzgang, und man sprach von der Wassernot. Da erhob sich der Prior, nahm den Stock, den er gewöhnlich in der Hand hielt, und machte, wie ich meine, mit ihm an einer Stelle das Zeichen des Kreuzes; ich erinnere mich tatsächlich nicht mehr genau, ob er das Kreuz-

---

[1] Don Ludwig de Toledo, Herr von Mancera und fünf anderen Landgütern (Salmoral, Naharros, San Miguel, Montalvo und Callegos). Don Ludwig hatte zur Frau Doña Isabella de Leyva. Ihre Tochter, Isabella de Leyva, und ihr Sohn, Don Heinrich de Toledo, traten später in den Karmel. (Ref. de los Desc. t. I. l. II. c, 39.)

[2] Sein Vater.

[3] Die Übersiedelung erfolgte am 11. Juni 1570. Die Freude in Mancera war ebenso groß wie die Trauer in Durvelo. Heutzutage existiert die Kapelle von Durvelo nicht mehr. Mancera ist eine Stadt, nicht weit von Peñaranda entfernt.

zeichen machte, aber auf jeden Fall bezeichnete er mit dem Stocke eine Stelle und sprach: „Jetzt grabet hier!" Nachdem sie nur ein wenig gegraben hatten, quoll Wasser in so großer Menge hervor, daß man den Brunnen, wenn man ihn reinigen will, nur mit Mühe ausschöpfen kann. Das Wasser ist vortrefflich zum Trinken. Während des ganzen Baues wurde Wasser aus diesem Brunnen genommen, und nie konnte man ihn, wie schon erwähnt, ausschöpfen. Als man später einen Garten mit einer Mauer umgab, suchte man auch hier Wasser zu bekommen; man stellte eine Maschine zum Wasserschöpfen hin und ließ es sich viel kosten, aber bis jetzt hat man nichts finden können, was diese Mühe belohnt hätte.

11. Als ich nun jenes Häuschen,[1] in dem man vorher nicht einmal wohnen konnte, so voll Geist sah, daß ich überall, wohin ich meine Augen richtete, nur Gegenstände der Erbauung fand, und als ich ihre Lebens= weise, ihre Abtötung, ihr Gebetsleben und das gute Beispiel, das sie gaben, kennenlernte, konnte ich nicht satt werden, in der größten Freude meines Herzens unserem Herrn Dank zu sagen; ich glaubte den Anfang einer großen Förderung unseres Ordens und der Ehre unseres Herrn wahrzunehmen. Es kam auch ein Edelmann mit seiner mir recht wohl= bekannten Gemahlin dorthin, um mich zu besuchen; sie wohnten in der Nachbarschaft und konnten mir nicht genug erzählen von der Heiligkeit (der Ordensmänner) und dem vielen Guten, das sie dem Volke erwiesen. Möge Seine Majestät sie auch weiterhin auf dem Wege erhalten, den wir sie jetzt wandeln sehen, und so meine Erwartungen verwirklichen! Die Kaufleute, die mich hierher begleitet hatten, sagten mir, daß sie um keinen Preis in der Welt darauf verzichten würden, hierher ge= kommen zu sein. Was ist es doch Erhabenes um die Tugend! Diese Armut bereitete ihnen mehr Freude als all ihre Reichtümer, und ihre Seele fand hier Erquickung und Trost.

12. Nachdem ich mich mit diesen Vätern über einige Dinge besprochen hatte, bat ich sie, schwach und elend wie ich bin, recht dringend bei ihren Bußübungen, die sie im Übermaße pflegten, doch nicht mit solcher Strenge zu Werke zu gehen. Es hatte mich nämlich vieles Bitten und Beten gekostet, um vom Herrn geeignete Personen zum Beginn dieser Lebensweise zu erhalten; und da ich jetzt einen so schönen Anfang sah,

---

[1] Durvelo.

110

fürchtete ich, der Teufel möchte sie zu entkräften suchen, bevor meine Erwartungen sich verwirklichten. In meiner Unvollkommenheit und Kleingläubigkeit erkannte ich nicht, daß es Gottes Werk war und Seine Majestät dessen Förderung wollte. Da aber diese Männer jene Tugenden besaßen, die mir fehlten, so legten sie wenig Wert auf meine Worte und ließen von ihren Werken nicht ab. Und so reiste ich voll des größten Trostes wieder ab. Leider habe ich Gott nicht in dem Maße gepriesen, wie es ein so großes Gnadenwerk verdient hätte, obwohl ich einsah, daß diese Gnade weit größer war als jene, die mir Gott bei Stiftung der Nonnenklöster gewährte. Möge es Seiner Majestät in seiner Güte gefallen, mich zu würdigen, daß ich ihm in etwa das viele Gute vergelte, das ich ihm schulde! Amen.

Fünfzehntes Hauptstück

Stiftung des Klosters zum glorreichen heiligen Joseph in der Stadt Toledo im Jahre 1569.

1. In der Stadt Toledo wohnte ein vornehmer Mann aus dem Kaufmannsstande, der ein großer Diener Gottes war; er wollte sich nie verehlichen, sondern führte als Mann von unverbrüchlicher Wahrhaftigkeit und Ehrbarkeit ein echt christliches Leben. Er hatte sich durch rechtschaffenen Handel sein Vermögen erworben in der Absicht, mit diesem ein gutes, Gott besonders wohlgefälliges Werk zu vollbringen. Sein Name war Martin Ramirez.[1]

2. Als dieser in eine tödliche Krankheit fiel, erhielt ein Pater aus der Gesellschaft Jesu, namens Paul Fernández,[2] davon Kenntnis, bei dem ich während meines Aufenthaltes dortselbst, als ich Vorbereitungen zur Stiftung von Malagón traf, meine Beichte ablegte. Dieser Pater

---

[1] Martin Ramirez war ein Bruder des Alfons Ramirez, an den die Heilige mehrere Briefe schrieb. Siehe den Brief vom 15. Februar 1571.

[2] Pater Paul Fernández war geboren zu Orense im Jahre 1524 und trat 1552 in die Gesellschaft Jesu. Im Jahre 1566 war er Minister im Profeßhause zu Toledo. Er war ein musterhafter Ordensmann und überaus kluger Seelenführer. Er hatte stets eine ernste Miene, weshalb ihn die Heilige scherzweise: Padre Eterno, den ewig sich gleichbleibenden Vater nannte.

hatte den sehnlichsten Wunsch, es möchte in Toledo ein Kloster unserer Nonnen gegründet werden. Er besuchte den Kranken und erklärte ihm, welch großen Dienst er unserem Herrn erweisen würde, wenn er die Stiftungsgelder, die er für heilige Messen und für Errichtung von Kaplaneien zu verwenden gedenke, diesem Kloster überließe, da auch hier die bestimmten Festlichkeiten und alle übrigen Seelengottesdienste abgehalten würden, die er in einer Pfarrkirche dieses Ortes habe stiften wollen. Er war schon so leidend, daß er erkannte, es sei keine Zeit mehr, diese Angelegenheit zu regeln, und so überließ er alles seinem Bruder Alfons Alvarez Ramírez; kurz darauf nahm ihn Gott zu sich.[1] Er handelte klug; denn dieser Alfons Alvarez ist ein sehr verständiger und gottesfürchtiger Mann von großer Wahrheitsliebe und großem Wohltätigkeitssinn, der überall verständnisvoll zu Werke ging; da ich oft mit ihm verkehrte, so kann ich als Augenzeuge in aller Wahrheit so sprechen.

3. Als Martin Ramírez starb, war ich noch mit der Gründung von Valladolid beschäftigt. Dahin schrieb mir Pater Paul Fernández, aus der Gesellschaft Jesu, und auch Alfons Alvarez und gaben mir Nachricht über alle Vorgänge; sie machten mich aufmerksam, eiligst zu kommen, wenn ich diese Stiftung[2] annehmen wolle. Ich begab mich daher auf den Weg, kurz nachdem ich das Kloster[3] gehörig eingerichtet hatte. Ich erreichte Toledo[4] am Vorabend des Festes Mariä Verkündigung und begab mich in das Haus der Frau Doña Luise, der Stifterin des Klosters zu Malagón, bei der ich schon (früher) einige Male gewohnt hatte. Ich wurde mit großer Freude aufgenommen, da sie innige Liebe zu mir trägt. Ich hatte zwei Gefährtinnen[5] aus dem St. Josephskloster zu Avila bei mir, die sehr eifrige Dienerinnen Gottes waren. Man gab uns sogleich, wie auch sonst gewöhnlich, eine Wohnung, in der wir ebenso zurück-

---

[1] Am 31. Oktober 1568.

[2] In Toledo.

[3] In Valladolid. Theresia erhielt diese Briefe im Dezember und reiste am 21. Februar ab.

[4] Toledo war im Mittelalter Haupt- und Residenzstadt mit ungefähr 200 000 Einwohnern; nachdem aber Philipp II. im Jahre 1560 Madrid zur Hauptstadt Spaniens erklärt hatte, ging die Einwohnerzahl allmählich zurück, und heutzutage zählt Toledo nur mehr 25 000 Einwohner.

[5] Es waren dies die Schwestern Isabella vom heiligen Paulus und Isabella vom heiligen Dominikus; in ihrer Begleitung befand sich auch Gonsalva de Aranda.

gezogen wie in einem Kloster leben konnten. Jch besprach sogleich mit Alfons Alvarez und mit seinem Schwiegersohn Didakus Ortiz[1] die Angelegenheit. Letzterer, zwar ein braver Mann und theologisch gebildet, beharrte doch weit fester bei seiner Ansicht als Alfons Alvarez; er wollte nicht so schnell Vernunft annehmen. Sie begannen eine Menge Bedingungen zu stellen, die ich aber nicht annehmen zu können glaubte.

4. Während dieser Verhandlungen suchten wir ein Haus zur Miete, das uns zur Besitznahme dienen sollte, konnten aber trotz eifrigen Suchens kein passendes finden. Ebensowenig konnte ich den Verwalter der Diözese — man hatte nämlich damals keinen Erzbischof[2] — bestimmen, mir die Erlaubnis zu geben, obwohl sich jene Dame, bei der ich wohnte, sehr darum bemühte. Auch ein Edelmann, namens Don Petrus Manrique,[3] ein Sohn des Statthalters (von Kastilien) und Kanonikus an der Domkirche, bemühte sich vergebens. Dieser war oder ist vielmehr, da er nämlich noch lebt, ein eifriger Diener Gottes und trat trotz seiner schwächlichen Gesundheit einige Jahre nach der Gründung dieses Klosters in die Gesellschaft Jesu ein, in der er sich jetzt noch befindet. Dieser war in Toledo wegen seines großen Wissens und seines Ansehens sehr geachtet; aber trotzdem konnte er nicht erreichen, daß man mir die Erlaubnis gab;[4] hatte er auch den Verwalter der Diözese teilweise gewonnen, so waren die Mitglieder des Rates[5] dagegen. Andererseits konnten auch Alfons Alvarez und ich nicht übereinkommen

---

[1] Didakus Ortiz, genannt der Theologe, war verheiratet mit Doña Franziska Ramirez, einer Nichte des Don Martin. Er war viele Jahre lang Theologieprofessor in Toledo und starb im Jahre 1625.

[2] Der Verwalter der Diözese (Generalvikar?) hieß Don Gómez Tello Girón. Der berühmte, aber unglückliche Erzbischof von Toledo, der gelehrte Bartholomäus Carranza, schmachtete nämlich im Inquisitionsgefängnis. Daher konnte die heilige Theresia schreiben: man hatte damals keinen Erzbischof. Es war ihm die freie Verwaltung seiner Diözese genommen. Er starb zu Rom, nachdem er sich kurz zuvor dem über ihn gefällten Urteile unterworfen hatte, am 2. Mai 1576. Papst Gregor XIII. gestattete, daß ihm in der Dominikanerkirche S. Maria sopra Minerva ein Denkmal mit einer sehr ehrenvollen Inschrift gesetzt wurde.

[3] Don Petrus Manrique, der Sohn des Don Anton Manrique und der Doña Luise de Padilla, war der Onkel der Doña Casilda de Padilla, deren Berufung uns die Heil'ge im 10. und 11. Hauptstück dieses Buches erzählt.

[4] Zu einer Niederlassung.

[5] Die Räte der erzbischöflichen Regierung in Toledo.

wegen seines Schwiegersohnes, dem gegenüber er sich sehr nachgiebig zeigte; so hat sich schließlich die Sache ganz zerschlagen.

5. Ich wußte nicht, was ich tun sollte, da ich ja nur um ein Kloster zu gründen hierher gekommen war; auch sah ich wohl ein, daß es viel Aufsehen machen werde, wenn ich unverrichteter Dinge wieder fort= ginge. Übrigens verursachte mir die Verweigerung der Erlaubnis mehr Schmerz als alles andere; denn ich wußte wohl, daß unser Herr ebenso wie an anderen Orten auch hier für alles übrige Sorge tragen würde, wenn wir uns einmal niedergelassen hätten. So entschloß ich mich, mit dem Verwalter der Diözese selbst zu sprechen. Ich begab mich in eine Kirche, die neben seinem Hause sich befindet, und ließ ihn bitten, mir gütigst eine Unterredung mit ihm gewähren zu wollen. Schon mehr als zwei Monate lang hatte man diese Angelegenheit betrieben, und mit jedem Tag waren die Aussichten geringer.[1] Als wir uns trafen, sagte ich zu ihm: „Es ist doch sehr befremdend, daß es Leute gibt, die die Werke verhindern, die zur größeren Ehre unseres Herrn gereichen, und nicht dulden wollen, daß einige Frauenspersonen in äußerster Strenge, Vollkommenheit und Zurückgezogenheit leben, obwohl jene von alledem nichts tun, sondern nur in Wollüsten dahinleben."

6. Dies und noch vieles andere sagte ich ihm mit einer Kühnheit, die mir nur der Herr eingeben konnte. Dadurch wurde er so gerührt, daß er mir, ehe ich ihn verließ, die Erlaubnis gab.[2] Ich kehrte hoch= erfreut zurück, da ich schon alles zu haben glaubte; in der Tat aber hatte ich noch nichts. Denn mein ganzer Besitz konnte vielleicht drei bis vier Dukaten ausmachen, womit ich zwei Gemälde kaufte, die wir, da wir kein einziges Bild hatten, auf den Altar stellen wollten; ferner erwarb ich zwei Strohsäcke mit einer Bettdecke. An ein Haus war vorerst nicht zu denken, da die Verhandlungen mit Alfons Alvarez schon ab= gebrochen waren.

7. In Toledo wohnte ein Kaufmann, namens Alfons de Avila,[3]

---

[1] Es wurden bereits Schritte getan, um vom Verwalter der Diözese die Er= laubnis zu einer Niederlassung zu erhalten, bevor noch die Heilige nach Toledo kam. Siehe den Brief vom 13. Dezember 1568 an Doña Luise de la Cerda.

[2] Nach Pater Franz von der heiligen Maria fand diese Zusammenkunft am 8. Mai des Jahres 1569 statt.

[3] Die Karmelitinnen zu Toledo besitzen einen Lebensbericht dieses frommen, wohl= tätigen Kaufmanns. Er stand der Heiligen bei dieser Stiftung hilfreich zur Seite.

einer meiner Freunde, der mir sagte, ich sollte mich nicht betrüben, da er mir ein Haus suchen werde. Dieser wollte sich nie verheiraten und widmete sich nur guten Werken, die er an Gefangenen und sonst in verschiedener Weise übte; (unglücklicherweise) wurde er plötzlich krank.

8. Einige Tage vorher war ein sehr frommer Franziskanerpater, Martin vom Kreuz, nach Toledo gekommen; er hielt sich dort einige Tage auf; als er wieder abreiste, schickte er einen jungen Mann, namens Andrada, zu mir, der bei ihm beichtete. Er war keineswegs reich, sondern vielmehr sehr arm, und der Pater hatte ihn gebeten, alles zu tun, was ich ihm sagen werde. Als ich mich eines Tages in einer Kirche[1] bei der heiligen Messe befand, kam er zu mir, um mit mir zu sprechen und mir mitzuteilen, welchen Auftrag ihm jener fromme Mann gegeben; ich könnte sicher darauf rechnen, (sagte er), daß er alles für mich tun wolle, was in seinen Kräften stehe, wenn er auch nur durch persönliche Dienste uns beistehen könne. Ich dankte ihm sehr dafür und empfand großen Spaß beim Anblick der Hilfe, die uns jener fromme Mann sandte, noch mehr aber ergötzten sich meine Gefährtinnen; denn sein ganzes Äußere schien sich keineswegs für den Verkehr mit unbeschuhten Karmelitinnen zu eignen.

9. Ich war nun zwar im Besitze der Erlaubnis, hatte aber keinen Menschen, der mir beistehen sollte; und so wußte ich nicht, was ich tun und wem ich die Sorge, mir ein Haus zur Miete zu suchen, übertragen sollte. In dieser Verlegenheit dachte ich an jenen jungen Mann, den mir Pater Martin vom Kreuze zugesandt hatte, und redete darüber mit meinen Gefährtinnen. Diese lachten sehr über mich und entgegneten mir, dies nicht zu tun, da es nur dazu dienen würde, die Sache mehr in die Öffentlichkeit zu bringen. Ich wollte auf sie nicht hören; denn dieser junge Mann schien mir nicht ohne geheimnisvolle (göttliche) Zulassung von jenem Diener Gottes geschickt worden zu sein, und ich hatte Hoffnung, daß er etwas erreichen werde. Ich ließ ihn also rufen, und nachdem ich ihm vollste Verschwiegenheit, soweit ich sie ihm einschärfen konnte, ans Herz gelegt hatte, erzählte ich ihm unsere ganze Lage und bat ihn, mir zu diesem Zwecke ein Haus zu suchen, für dessen Mietgeld

---

[1] Man weiß nicht, in welcher Kirche die erste Zusammenkunft der Heiligen mit diesem armen Studenten stattfand. Die Mutter Isabella vom heiligen Dominikus bemerkt in ihrer zweiten gerichtlichen Zeugenaussage, daß dies in der Kirche des heiligen Klemens geschah, die zum Benediktinerkloster gehörte.

ich einen Bürgen stellen würde. Es war dies der gute Alfons de Avila, von dem ich schon berichtete, daß er mir krank wurde. Andrada hielt dies für sehr leicht ausführbar und versprach mir, ein Haus zu suchen.

10. Als ich am anderen Tage frühmorgens in der Kirche der Gesellschaft Jesu der heiligen Messe beiwohnte, kam er sogleich zu mir und sagte, daß er schon ein Haus habe, das ganz in der Nähe liege; er brachte auch die Schlüssel mit der Bemerkung, daß wir es in Augenschein nehmen sollten. Wir taten dies und fanden es so gut, daß wir fast ein ganzes Jahr darin wohnten.[1]

11. Oft, wenn ich an diese Stiftung denke, muß ich über die Fügungen Gottes staunen; fast drei oder wenigstens zwei Monate lang — ich erinnere mich nicht mehr genau — hatten so angesehene Personen sich bemüht, in Toledo ein Haus zu suchen, allein sie konnten keines ausfindig machen, gleich als ob es in der Stadt keine Häuser gäbe. Nun kam dieser junge Mann, der die Armut selber war; und der Herr ließ es zu, daß er sogleich eines fand. Hätte man sich mit Alfons Alvarez verständigen können, so wäre die Stiftung ohne Mühe zustande gekommen; allein es durfte nicht so geschehen, vielmehr sollte die Stiftung in Armut und Mühseligkeit vor sich gehen.

12. Da wir mit dem Hause zufrieden waren, traf ich sogleich Anstalten, davon Besitz zu nehmen, bevor noch etwas darin eingerichtet war, damit nicht irgendein Hindernis dazwischen treten würde. Kurz darauf kam der genannte Andrada, um mir die Nachricht zu bringen, daß das Haus noch am selben Tage geräumt werde und wir unsere Einrichtungsgegenstände dorthin bringen könnten. Ich sagte ihm, daß dies wenig Umstände mache, da wir sonst nichts hätten als zwei Strohsäcke und eine Bettdecke. Darüber mußte er sich wundern; aber meine Gefährtinnen bedauerten es, daß ich ihm davon Mitteilung machte, und hielten mir vor, wie ich es ihm denn habe sagen mögen, da er uns gewiß nicht mehr helfen werde, wenn er wisse, daß wir so arm seien. Daran hatte ich gar nicht gedacht, und auch er kümmerte sich wenig darum; denn Gott, der ihm den guten Willen gegeben, konnte ihn auch weiterleiten, bis er das Werk zu Ende geführt. Ich glaube in der Tat versichern zu können, daß wir ihn in der Emsigkeit, womit er sich um

---

[1] Dieses Haus befand sich auf der Plazuela del Barrio Nuevo in der Nähe von St. Benedikt. Diese Kirche war früher ein arabisches Bauwerk, das in ein christliches Gotteshaus umgewandelt wurde.

die Einrichtung des Hauses und um die Bestellung der Arbeitsleute[1] annahm, nicht übertrafen.[2]

13. Nachdem wir nun die zum Messelesen notwendigen Paramente geliehen hatten, begaben wir uns bei Anbruch der Nacht, begleitet von einem Arbeiter (in unser Haus), um Besitz davon zu nehmen. Wir brachten nur ein Glöckchen mit, wie man es zum Zeichengeben bei der Wandlung gebraucht, da wir sonst keine andere Glocke hatten. Die ganze Nacht verbrachten wir in großer Furcht mit der Zubereitung des Hauses, fanden aber keinen Platz, den man für die Kapelle einrichten konnte, außer ein Gemach, das den Eingang zu einem damit in Verbindung stehenden Häuschen bildete, das von einigen Frauenspersonen bewohnt war; auch dieses hat uns die Hauseigentümerin zur Miete gegeben.

14. Als wir nun mit allem fertig waren und es Tag werden wollte, begannen wir die vermauerte Türe zu öffnen, die in einen kleinen Hof führte. Wir hatten es nicht gewagt, diesen Frauenspersonen etwas zu sagen, damit sie uns nicht verraten konnten. Als diese noch im Bette liegend das Klopfen hörten, standen sie voll Schrecken auf, und wir hatten große Mühe, sie zu beruhigen; es war indessen schon Zeit zur Messe, die sogleich gelesen wurde; und so ungehalten auch die Frauen waren, so fügten sie uns doch kein Leid zu. Als sie sahen, um was es sich handelte, beruhigten sie sich wieder dank der Gnade des Herrn.[3]

---

[1] Oficial de albañilería = ein Maurer.

[2] Nach Pater Franz von der heiligen Maria belohnte Gott den guten Andrada reichlich für seine Ergebenheit, die er der heiligen Theresia und den Karmelitinnen bekundete. Er beschenkte ihn mit zeitlichen Gütern, gab ihm eine tugendhafte Frau und eine zahlreiche Nachkommenschaft. (Reforma de los Descalzos, t. I. l. II. c. XXIII.)

[3] Die Besitznahme des Klosters erfolgte am 14. Mai des Jahres 1569. Der Prior der beschuhten Karmeliten zu Toledo, Pater Joh. Gutiérrez, las die heilige Messe. Doña Luise de la Cerda wohnte dieser mit mehreren Personen ihres Hauses bei.

Für diesen Tag hatte ein Betrüger den Untergang der Stadt Toledo prophezeit, was auch viele glaubten. Die erregte Furcht aber verwandelte sich in Staunen, als man das neue Kloster sah. Ein kleiner Knabe brach freudig erregt über den Anblick des zwar ärmlich, aber nett gezierten Kirchleins in die Worte aus: „Gelobt sei Gott, o wie hübsch!" Darob empfand die Heilige solchen Trost, daß sie ausrief: „Durch diesen einzigen Akt der Verherrlichung Gottes aus dem Munde dieses kleinen Engels bin ich getröstet für alle Widerwärtigkeiten, die ich bei dieser Stiftung erduldet habe!" (Reforma de los Desc. t. I. p. 284.)

15. Später erkannte ich erst, wie ungeschickt wir gehandelt hatten; aber damals merkte ich bei der inneren Freude, die Gott zur Vollführung seiner Werke verleiht, die Ungeschicklichkeiten nicht. Als nämlich die Hauseigentümerin, die Frau eines Majoratsherrn, erfuhr, daß wir eine Kapelle eingerichtet hatten, wurde unsere Lage etwas schwierig; auch regte sie sich sehr auf. Glücklicherweise kam sie auf den Gedanken, wir sollten das Haus um einen annehmbaren Preis kaufen, wenn es uns gefallen würde; so fügte es der Herr, daß sie sich wieder beruhigte.

16. Als nun die Ratsherrn erfuhren, daß das Kloster, zu dem sie nie die Erlaubnis geben wollten, errichtet sei, waren sie darüber sehr ungehalten; sie begaben sich in das Haus eines Domherrn, den ich bezüglich unserer Angelegenheiten ins Vertrauen gezogen, und sagten, daß sie ihre Drohungen verwirklichen wollten. Da sich dem Verwalter der Diözese, gleich nachdem er mir die Erlaubnis erteilt hatte, Gelegenheit zu einer Reise bot, so war er von Toledo abwesend, und so kamen sie zu dem erwähnten Domherrn voll Entsetzen über die Vermessenheit eines armen Mönnchens, das wider ihren Willen ein Kloster errichtet hatte. Dieser aber tat, als wüßte er (von allem) nichts, und beruhigte sie, soweit er konnte, mit der Bemerkung, daß ich auch an anderen Orten Stiftungen vorgenommen und sicher hinreichende Vollmachten gehabt hätte.

17. Einige Tage darauf — ich weiß nicht mehr wie lange — sandten uns diese Ratsherrn unter Androhung der Erkommunikation ein Verbot zu, Messe lesen zu lassen, bis ich die Vollmacht zur Errichtung des Klosters vorgezeigt hätte. Ich antwortete ihnen in aller Gelassenheit, daß ich ihrem Auftrage nachkommen werde, obwohl ich nicht verpflichtet sei, ihnen hierin zu gehorchen. Ich ersuchte den schon erwähnten Edelmann, Don Petrus Manrique, mit ihnen Rücksprache zu nehmen und ihnen die Vollmachten vorzuzeigen;[1] da die Stiftung schon vollzogen war, konnte er sie beruhigen; wäre dies aber nicht der Fall gewesen, hätte ich viele Widerwärtigkeiten zu ertragen gehabt.

18. Einige Tage lang hatten wir keine anderen Einrichtungsgegenstände als nur zwei Strohsäcke und eine Bettdecke. Am Tage der Besitznahme hatten wir nicht einmal ein Stückchen Holz, um eine Sardelle

---

[1] Nicht bloß Don P. Manrique vermittelte bei den erzbischöflichen Ratsherrn, auch P. Vincenz Barrón, ein alter Freund des Hauses der Cepedas in Avila, verwendete sich. Er war in jener Zeit Consultor des hl. Offiziums in Toledo und Beichtvater der Heiligen. (Rib. Vida l. II. c. XIV.)

zu braten. Da bewog der Herr jemanden, ich weiß nicht wen, daß er uns ein kleines Bündel Holz in die Kapelle legte, womit uns geholfen war. Während der Nacht litten wir wegen der Kälte ein wenig Frost, obwohl wir uns mit der Bettdecke und mit den Mänteln von rauhem Wollenstoff, die uns oft gute Dienste leisten, gut einhüllten.

19. Man möchte es vielleicht für unmöglich halten, daß wir uns in so ärmliche Verhältnisse begaben, da wir doch im Hause jener Dame, die mich so innig liebte, hätten wohnen können; ich weiß jedoch keinen anderen Grund, als daß es Gottes Wille war, uns die Vortrefflich= keit dieser Tugend aus. eigener Erfahrung kennenlernen zu lassen. Ich habe diese Dame auch um nichts gebeten, da es mir immer widerstrebt, lästig zu fallen; und sie hat es vielleicht auch nicht wahrgenommen, daß wir in Not sein könnten; zudem schulde ich ihr schon weit mehr, als sie uns hätte geben können.

20. Diese Armut gereichte uns sehr zum Nutzen; denn der innere Trost, den wir dabei empfanden, und die Freude waren so groß, daß ich mich oft daran erinnere, welche Schätze der Herr in die Tugenden legt. Dieser Mangel hat uns, wie mir scheint, in eine Art wonnevoller Beschauung versetzt; doch dauerte er nicht lange, da alsbald der schon bekannte Alfons Alvarez und andere für uns über unsere Wünsche hinaus Fürsorge trafen.[1] Mich befiel in der Tat eine solche Traurigkeit, daß es mir schien, als hätte ich eine Menge goldener Kleinodien be= sessen, die man mir weggenommen, um mich in Armut zu stoßen. Ich hätte nicht mehr Schmerz empfinden können, als ich bei der Wahr= nehmung dessen fühlte, daß es mit unserer Armut vorüber war. Meine Gefährtinnen waren derselben Ansicht; und als ich beim Anblick ihrer Niedergeschlagenheit fragte, was ihnen fehle, antworteten sie: „Was sollte uns fehlen, Mutter? Wir sind ja, wie es scheint, nicht mehr arm!"

21. Von da an nahm in mir das Verlangen, recht arm zu sein, immer mehr zu, und es blieb mir eine Art Herrschaft in der Verachtung der zeitlichen Dinge, da ihr Mangel die geistigen Güter, die in Wahrheit

---

[1] Nachdem sich der Sturm gelegt, verlangte die Heilige vom Kloster der Mensch= werdung in Avila einige Nonnen, von denen nur Doña Johanna Jera unter dem Namen Johanna vom Heiligen Geiste standhielt, während die übrigen drei wieder in ihr Kloster zurückkehrten, da ihnen die Observanz in der Reform zu streng war. Zur Vervollständigung des Konvents kamen von Malagón Schwester Anna von Jesu und Isabella vom hl. Joseph.

eine ganz andere Sättigung und Ruhe mit sich bringen, nur vermehren kann. Zur Zeit, als ich noch mit Alfons Alvarez in Unterhandlung stand, gab es manche, denen es nicht gefiel und die es mir auch sagten, weil nach ihrer Meinung seine Familie nicht erlaucht genug und auch nicht von Adel sei, obwohl sie ihrem Stande nach angesehene Leute waren; auch sagten sie mir, daß es mir in einer so bedeutenden Stadt wie Toledo nicht an vornehmen Stiftern fehlen werde. Ich achtete nicht viel darauf, weil ich Gott sei Dank die Tugend immer höher geschätzt habe als die Abstammung; allein man hatte dem Verwalter (der Diözese) so viele Vorstellungen gemacht, daß er mir die Erlaubnis nur unter der Bedingung gab, daß dieses Kloster auf dieselbe Art wie an anderen Orten gestiftet werde.[1]

22. Ich wußte nicht, was ich tun sollte; denn nach der Errichtung des Klosters fingen sie[2] die Unterhandlungen aufs neue an; aber da es schon errichtet war, nahm ich dazu meine Zuflucht, ihnen die größere Kapelle unter der Bedingung zu überlassen, daß sie in bezug auf das Kloster nichts zu sagen hätten; so ist es noch bis zum heutigen Tag.[3] Diese Kapelle hatte schon vorher eine angesehene Person gewünscht; und da es sehr verschiedene Meinungen gab, wußte ich nicht, wofür ich mich entscheiden sollte. Unser Herr wollte mich über diese Angelegenheit aufklären, und darum sprach er eines Tages zu mir: „Wie wenig werden doch vor dem Gerichte Gottes diese Geburts- und Standestitel[4] gelten!" Zugleich erteilte er mir einen scharfen Verweis, weil ich auf jene gehört, die in diesem Sinne sprachen;

[1] Nach Ribera bestand diese Bedingung darin, daß dieses Kloster weder Einkünfte, noch einen Patron, noch einen Stifter haben sollte. (L. II. c. XIII.)

[2] Alfons Alvarez und sein Schwiegersohn.

[3] Diese Kapelle sollte der Familie des Alfons Alvarez als Begräbnisstätte und zur Abhaltung von Stiftsmessen dienen. Diese Stiftungen hatten aber für die Nonnen zu viele Ungelegenheiten, so daß sie sich genötigt sahen, das Kloster, das sie 1570 bezogen hatten, an einen anderen Platz zu verlegen. Dies geschah im Jahre 1594. Aber auch hier war ihres Bleibens nicht lange, da der Platz für sie zu unruhig war. Darum kaufte im Jahre 1607 die Priorin Beatrix von Jesu, eine Nichte der Heiligen, ein anderes Haus in der Pfarrei der hl. Leocadia, wo das Kloster heute noch steht.

[4] Dieser Verweis war, wie die Heilige anderswo erzählt, in die Worte gekleidet: „Du wirst sehr irren, meine Tochter, wenn du dich nach den Gesetzen der Welt richten willst. Wende deine Augen auf mich, der ich arm und verachtet gewesen bin! Werden etwa die Großen dieser Welt auch vor mir groß erscheinen?

120

denn derartige Dinge schickten sich nicht für solche, die die Welt schon verachtet hätten.

23. Durch diese und andere Äußerungen ward ich sehr verwirrt, und ich entschloß mich, mit Alfons Alvarez und seinen Verwandten weiter zu verhandeln und ihnen die Kapelle zu überlassen; ich habe dies nie bereut, da wir deutlich gesehen haben, welch schlechte Aussichten wir hatten, ein Haus zu kaufen. Mit Gottes Hilfe haben wir später jenes (Haus) gekauft, in dem wir jetzt wohnen; es ist dies eines der schönsten in Toledo und hat uns zwölftausend Dukaten gekostet. Es ist für die Nonnen und auch für das Volk ein großer Trost, daß in der zum Kloster gehörigen Kirche so viele heilige Messen und Feste gefeiert werden. Hätte ich auf die eitlen Anschauungen der Welt Rücksicht genommen, so wären wir, soweit wir es beurteilen können, dieser so vorteilhaften Gelegenheit zur Stiftung beraubt gewesen, und es würde dem Unrecht geschehen sein, der uns diesen edelmütigen Liebesdienst erwiesen hat.

Sechzehntes Hauptstück

Bericht über einige Vorkommnisse im Kloster zum heiligen Joseph in Toledo, die zur Ehre und Verherrlichung Gottes gereichen.

1. Ich hielt es für gut, hier einige Tugendwerke zu erzählen, die verschiedene Nonnen des Klosters in Toledo im Dienste unseres Herrn verrichteten, damit die Neueintretenden sich bemühen, diese ersten guten Beispiele nachzuahmen. Bevor das Haus gekauft wurde, trat dort eine Nonne ein, namens Anna von der Mutter Gottes, die ungefähr vierzig Jahre zählte und ihr ganzes Leben im Dienste der göttlichen Majestät zugebracht hatte. Obwohl es ihr in ihrem Stande und in ihrem Hause gut ging, da sie als das einzige Kind ihrer Eltern wohlhabend war, so zog sie doch die Armut und Unterwürfigkeit im Orden vor; darum kam sie zu mir, um mit mir Rücksprache zu nehmen. Sie hatte eine schwächliche Gesundheit; aber da ich in ihr eine tugendhafte und entschlossene Seele erkannte, so schien sie mir geeignet für einen guten Anfang der

Wollt ihr wegen der Abkunft oder wegen der Tugend für groß geachtet werden?" Siehe Leben der hl. Theresia, S. 468, Nr. 2.

Stiftung, und ich nahm sie auf. Gott gefiel es, ihr bei dieser strengen Lebensweise und Unterwürfigkeit eine weit bessere Gesundheit zu verleihen, als sie bei ihrer Unabhängigkeit und (aller) Bequemlichkeit besaß.

2. Ein Vorkommnis aber hat mich sehr gerührt, weswegen auch hier davon Erwähnung geschieht: Bevor sie Profeß ablegte, verschenkte sie ihren ganzen Besitz — und dieser war sehr beträchtlich — und vermachte ihn dem Kloster als Almosen.[1] Mir war das nicht recht, und ich wollte meine Zustimmung dazu nicht geben. Ich hielt ihr vor, daß sie dies bereuen würde oder daß wir vielleicht die Ablegung der Profeß verweigerten; es sei dies eine schwierige Sache. Übrigens hätten wir sie dann in diesem Falle nie entlassen, ohne ihr wieder zu geben, was sie uns geschenkt. Ich wollte aber auf diese Sache ein großes Gewicht legen, einerseits um ihr die Gelegenheit zu irgendeiner Versuchung zu benehmen, andererseits um ihren Geist mehr zu prüfen. Sie gab mir zur Antwort, daß sie, wenn dieser Fall eintrete, aus Liebe zu Gott betteln gehen werde, und man konnte nie eine andere Antwort von ihr bekommen. Sie lebte ganz zufrieden und erfreute sich immer einer besseren Gesundheit als früher.[2]

3. Ganz besonders übte man in diesem Kloster die Abtötung und den Gehorsam, so daß während meines Aufenthaltes dortselbst die Priorin öfters wohl überlegen mußte, was sie sagte, weil die Nonnen es sogleich ins Werk setzten, wenn es auch nicht ernstlich gemeint war. Als sie eines Tages eine Wassergrube im Garten betrachteten, da sprach die Priorin[3] zu einer neben ihr stehenden Nonne: „Was würde wohl geschehen, wenn ich sagte, Sie sollten sich hineinstürzen?" Sie hatte kaum ausgesprochen, als die Nonne schon im Wasser lag; ihre Kleider wurden so durchnäßt, daß sie sich umkleiden mußte. Ein anderes Mal bereiteten sich die Nonnen, während ich anwesend war, zur Beichte vor, und eine, die auf eine andere wartete, die eben beichtete, trat zur Priorin hin, um mit ihr zu sprechen.

---

[1] Das gegenwärtige kanonische Recht erlaubt während des Noviziates die Annahme eines derartigen Geschenkes nicht mehr.

[2] Anna von der Mutter Gottes, in der Welt Anna de Palma, lernte Theresia im Palaste der Doña Luise de la Cerda kennen. Als sie Witwe geworden, erbat sie sich von der Heiligen den Eintritt in das Kloster zu Toledo. Sie legte am 15. November 1570 ihr Gelübde ab. Sie wurde eine der Gründerinnen des Klosters zu Cuerva und starb dort reich an Tugenden am 2. November 1610. (Historia de la Reforma t. I. l. II. c. XXV.)

[3] Mutter Anna von den Engeln.

Diese aber erwiderte: „Was soll das sein? Das wäre mir die rechte Art, sich zu sammeln; stecken Sie ihren Kopf in den Brunnen dort und denken Sie über Ihre Sünden nach!" Die Nonne meinte wirklich, daß sie sich in den Brunnen stürzen müsse, und wollte diesen Befehl mit solcher Eile vollziehen, daß sie sich in der Tat hineingestürzt hätte, wenn man ihr nicht schnell entgegengeeilt wäre; sie glaubte eben, dadurch Gott den größten Dienst von der Welt zu erweisen. Solche und ähnliche Beispiele außerordentlicher Selbstverleugnung gab es viele.

4. So wurde es notwendig, daß gelehrte Männer ihren Eifer mäßigen und ihnen erklären mußten, in welchen Stücken sie zum Gehorsam verpflichtet seien, da sie überaus beschwerliche Dinge vollbrachten, die eher ein Mißverdienst als ein Verdienst gewesen wären, wenn sie nicht die gute Absicht entschuldigt hätte. Dies ereignete sich nicht nur in diesem Kloster, von dem ich hier gelegentlich spreche, es gibt auch in allen anderen so viele schöne Züge; ich würde wünschen, keinen Anteil daran gehabt zu haben, um einige erzählen zu können und dadurch unseren Herrn in seinen Dienerinnen zu preisen.

5. Während ich mich in Toledo aufhielt, wurde eine Schwester todkrank. Nachdem sie die Sakramente empfangen und man ihr auch die letzte Ölung gespendet hatte, war sie so heiter und zufrieden, daß wir sie, gleich als ob sie eine Reise in ein anderes Land antreten würde, beauftragen konnten, uns im Himmel Gott und unseren Lieblingsheiligen zu empfehlen. Kurz vor ihrem Hinscheiden begab ich mich zu ihr, nachdem ich vor dem Allerheiligsten Sakramente den Herrn demütig gebeten hatte, ihr eine glückselige Sterbestunde zu verleihen. Als ich bei ihr eintrat, sah ich Seine Majestät über ihrem Kopfkissen, in der Mitte des Kopfendes ihres Bettes, mit etwas ausgebreiteten Armen, gleichsam um sie zu beschützen. Seine Majestät sagte zu mir: „Sei versichert, daß ich alle Nonnen, die in diesem Kloster sterben, ebenso beschützen werde; sie sollen in der Stunde des Todes keine Furcht haben vor den Versuchungen!" Dieser Anblick hat mich sehr getröstet und zur Andacht gestimmt. Dann trat ich etwas näher zur Sterbenden hin, um sie anzureden, und sie sprach zu mir: „O meine Mutter, welche große Dinge bekomme ich zu schauen!" Sie starb wie ein Engel.[1]

---

[1] Diese musterhafte Nonne war Petronilla vom hl. Andreas, Tochter des Don Joh. Robles. (Memorias Histor. L. R. n. 39.)

6. Ich habe auch später noch einige hier sterben sehen und einen Frieden und eine Ruhe an ihnen wahrgenommen, als wären sie in einer Verzückung oder im Gebet der Ruhe, ohne daß ich irgendein Zeichen der Versuchung bemerkte. So hoffe ich zu der Güte Gottes, er werde uns durch die Verdienste seines Sohnes und seiner glorreichen Mutter, deren Habit wir tragen, auch fernerhin in der Stunde des Todes diese Gnaden verleihen. Bemüht euch darum, meine Töchter, wahre Karmelitinnen zu sein, da unsere Lebenszeit schnell zu Ende geht! Wenn wir die Bedrängnisse kennen würden, die viele in jener Stunde des Todes ausstehen, und die List und den Trug, womit der Teufel sie versucht, so würden wir diese Gnade überaus hochschätzen!

7. Es fällt mir eben etwas ein, was ich euch erzählen will; es handelt sich um einen Mann, den ich gut kannte, weil er mit meinen Vettern ein wenig verwandt war. Dieser war ein leidenschaftlicher Spieler und hatte auch einige Studien gemacht, wodurch der Teufel ihn zu hintergehen suchte, indem er ihm die Meinung beibrachte, daß eine Bekehrung in der Todesstunde nichts mehr nütze. Darauf bestand er so fest, daß man ihn durchaus nicht zum Beichten bewegen konnte. Es war alles umsonst. Der arme Mensch befand sich in äußerster Bedrängnis und voll Reue über sein sündhaftes Leben; allein er wiederholte immer, wozu ihm denn das Beichten nütze, da er ja ohnehin sich schon verdammt sehe. Ein Dominikanerpater, der ein guter Theologe und sein Beichtvater war, gab sich alle Mühe, ihm andere Gedanken beizubringen; allein der Teufel flüsterte dem Kranken solche Spitzfindigkeiten ein, daß er nichts ausrichten konnte. So verflossen einige Tage, und der Beichtvater wußte nicht, was er anfangen sollte; ohne Zweifel haben er und auch andere Personen den Kranken recht angelegentlich dem Herrn empfohlen, da er Barmherzigkeit bei ihm fand. Als die Krankheit heftiger auftrat — es war Seitenstechen[1] — kam der Beichtvater wieder zu ihm, und er hatte offenbar mehr Gründe, um ihn zu widerlegen; allein er würde

---

[1] Era dolor de costado sagt die Heilige. Dieser Ausdruck, der bei ihr und ihren Zeitgenossen oft wiederkehrt, bezeichnet nach unserem Dafürhalten nicht nur Seitenstechen, sondern auch jene Krankheit, die man heutzutage Lungenentzündung und Lungenschwindsucht nennt. Denn die Bezeichnungen der Krankheiten in damaliger Zeit sind sehr verschieden von den Bezeichnungen, die wir jetzt haben. So kann man nicht immer leicht bestimmen, was die Heilige und ihre Zeitgenossen unter mal de corazón, perlesia etc. verstehen.

wenig erreicht haben, wenn nicht der Herr in seiner Barmherzigkeit sein Herz gerührt hätte. Als er zu reden und Beweise vorzubringen begann, richtete sich der Kranke, gleich als ob ihm nichts fehlte, im Bette auf und sprach: „Sie sagen also, daß mir das Beichten helfen könne; nun denn, so will ich beichten." Jetzt ließ er einen Schreiber oder Notar kommen — ich kann mich dessen nicht mehr genau erinnern — und gelobte unter einem feierlichen Eide, nie mehr zu spielen und sein Leben zu bessern, was vor Zeugen aufgenommen werden sollte. Dann legte er eine recht gute Beichte ab und empfing die Sakramente mit solcher Andacht, daß man unserem Glauben zufolge wohl annehmen kann, er sei gerettet worden. Uns aber, meine Schwestern, möge unser Herr die Gnade verleihen, daß wir als wahre Töchter der seligsten Jungfrau leben und unsere Gelübde beobachten, damit unser Herr auch uns die Gnade gewähre, die er uns versprochen hat.[1] Amen.[2]

Siebzehntes Hauptstück

Gründung des Männer- und Frauenklosters zu Pastrana im selben Jahre 1570, will sagen 1569.

1. Während der vierzehn Tage, die seit der Gründung des Klosters zu Toledo bis zum Vorabend des Pfingstfestes verflossen, waren wir damit beschäftigt, die Kapelle einzurichten, die Sprechgitter einzusetzen und alles übrige herbeizuschaffen, was uns viele Arbeit kostete. Wir wohnten, wie schon erwähnt, fast ein Jahr lang in diesem Hause, und ich habe mich während dieser Zeit viel mit den Arbeitsleuten beschäftigen

---

[1] Am Sterbebette einer Nonne.

[2] Während des Aufenthaltes der Heiligen in Toledo ereignete sich ein Vorfall, der ihren Charakter besonders ins Licht stellt. Am Vorabend des Eintrittes einer jungen Dame ins Kloster besprach sich diese mit der Heiligen, was sie für den kommenden Tag mitbringen sollte. Als sie sich bereits verabschiedete, sagte sie noch: „Mutter, ich werde auch eine Bibel mitbringen." Als die Heilige dies hörte, antwortete sie: „Eine Bibel, Tochter? Kommen Sie ja nicht hieher. Wir brauchen weder Sie noch Ihre Bibel; denn wir sind unwissende Frauen, die nichts anderes verstehen als zu spinnen und das zu tun, was man uns befiehlt." (Historia de la Ref. t. I. l. II. c. XXV.)

müssen, bis alles vollendet war. Als wir uns an diesem Morgen im Speisezimmer endlich zu Tische setzen konnten, empfand ich innigen Trost bei der Wahrnehmung, daß es jetzt nichts mehr zu tun gebe und ich mich während dieser Festzeit einige Augenblicke bei unserem Herrn erfreuen könne. Ich konnte fast nichts essen, so sehr fühlte sich mein Herz getröstet.

2. Allein dieser Trost währte nicht lange; im selben Augenblick sagte man mir, daß ein Diener der Fürstin Eboli, der Frau des Ruy Gómez de Silva,[1] da sei. Als ich mich zu ihm begab, vernahm ich, daß er den Auftrag hatte, mich abzuholen, da schon seit langer Zeit zwischen ihr und mir Verhandlungen bezüglich einer Klosterstiftung in Pastrana gepflogen wurden; allein ich dachte nicht, daß dies so schnell vor sich gehen sollte. Mir war diese Mitteilung sehr peinlich; denn da das Kloster erst vor kurzem, und zwar mit so viel Widerspruch gestiftet wurde, so war es sehr gefährlich, es allein zu lassen. So entschloß ich mich, nicht mitzureisen, und sagte ihm dies auch. Er entgegnete mir, daß dies nicht angehe, da die Fürstin schon in Pastrana und aus keinem anderen Grunde gekommen sei; die Weigerung wäre für sie eine Beleidigung. Allein trotz alledem konnte ich mich nicht mit dem Gedanken zurechtfinden mitzureisen und legte ihm nahe, einstweilen etwas Speise zu sich zu nehmen; unterdessen würde ich an die Fürstin schreiben, worauf er dann sogleich abreisen könne. Er war ein sehr anständiger Mann, und obgleich ihm mein Bescheid schwer ankam, fügte er sich doch, nachdem ich ihm meine Gründe dargelegt hatte.

3. Es schien mir in keiner Weise statthaft, die zur Stiftung in Toledo berufenen Nonnen, die erst angekommen waren,[2] so schnell zu verlassen. Ich begab mich deshalb vor das Allerheiligste Sakrament, um den Herrn zu bitten, den Brief so schreiben zu können, daß ich (die Fürstin) nicht beleidigte. Die Sache hätte für uns sehr schlimm ausgehen

---

[1] Ruy Gómez war damals einer der einflußreichsten Männer am Hofe des Königs Philipp II. Er wurde im Jahre 1559 zum Fürsten von Eboli ernannt; im Jahre 1568 wurde er Herzog von Estremera und im Jahre 1572 wurde ihm der Titel Herzog von Pastrana verliehen. Seine Gemahlin Doña Anna de Mendoza war verwandt mit den angesehensten Familien Spaniens und stand in sehr vertrautem Verhältnis mit der jungen Königin Elisabeth von Valois. Diese beiden, bei denen die Heilige, wie sie selber sagt, nicht in Ungnade fallen wollte, waren die zukünftigen Stifter des Klosters zu Pastrana. Über den Charakter der Doña Anna, Fürstin de Eboli, siehe Reforma de los Desc. t. I. p. 295.

[2] Siehe 15. Hptst. Nr. 20, Anm. 1.

126

können, da damals auch mit der Stiftung der Brüderkonvente begonnen wurde; überdies waren wir gar sehr auf die Gunst des Ruy Gómez angewiesen, der beim König und bei allen sehr großen Einfluß hatte. Ich erinnere mich zwar nicht, ob dieser Gedanke meinem Geiste damals vorschwebte, allein ich weiß gewiß, daß ich ihr nicht Ursache zur Unzufriedenheit geben wollte. Als ich mich vor dem Allerheiligsten befand, sagte mir unser Herr, ‚ich sollte nicht unterlassen zu gehen, da es sich um mehr als um jene Stiftung handle; ich sollte auch die Regel und die Konstitutionen mitnehmen‘.

4. Obgleich ich noch wichtige Gründe gegen meine Abreise hatte, so wagte ich nach diesen Worten doch nicht zu bleiben, sondern tat, was ich in ähnlichen Fällen immer zu tun pflegte, ich übergab die Entscheidung dem Urteil meines Beichtvaters.[1] Ich ließ ihn rufen, sagte ihm aber nicht, was ich im Gebete vernommen hatte, weil ich so immer ruhiger bleibe; aber ich flehe immer zum Herrn, er möchte meine Beichtväter erleuchten, damit sie auf natürliche Weise das Rechte erkennen; und wenn Seine Majestät den Vollzug irgendeines Werkes will, so weiß er ihnen auch dies in den Sinn zu geben.

5. Dies ereignete sich bei mir sehr oft und war auch in diesem Falle so. Nachdem er alles genau erwogen, hielt er es für gut, daß ich abreisen sollte; so habe ich mich denn entschlossen, mich auf den Weg zu machen.[2] Ich reiste am zweiten Pfingstfeiertage von Toledo ab; der Weg führte durch Madrid, und ich stieg mit meinen Gefährtinnen bei einem Kloster der Franziskanerinnen ab, wo wir von einer Dame, namens Doña Eleonora Maskareñas,[3] aufgenommen wurden, die

---

[1] In dieser Zeit war in Toledo der Beichtvater der heiligen Theresia Pater Vinzenz Barrón, aus dem Orden des heiligen Dominikus.

[2] Die Heilige nahm mit sich die Schwester Isabella vom heiligen Paulus, die erste Profeßschwester des Klosters zu Avila, und Doña Antonia del Aguila, eine von den vier Nonnen der Menschwerdung, die eben erst nach Toledo gekommen war. (Rib. l. II. c. XV.)

[3] Doña Eleonora Maskareñas war, wie die heilige Theresia sagt, die Erzieherin des jungen Prinzen Philipp II.; etwas später wurde sie Erzieherin des Don Carlos. Sie stand bei den Majestäten wegen ihrer erhabenen Eigenschaften in besonderer Achtung. Sie war eine große Wohltäterin der Gesellschaft Jesu und hatte auch bei der Gründung der unbeschuhten Karmelitinnen zu Alcalá mitgeholfen, das im Jahre 1563 durch die Mutter Maria von Jesu gestiftet wurde. Im folgenden Jahre 1564 ließ sie von Avila Franziskanerinnen von der gemilderten Regel nach Madrid

das Kloster gestiftet und dort ihre Wohnung hatte. Sie war die Erzieherin des Königs und diente unserm Herrn mit großer Treue. Ich war dort schon öfters eingekehrt, wenn ich bei verschiedenen Anlässen durch Madrid reisen mußte, und immer hat sie gegen mich großes Wohlwollen gezeigt.

6. Diese Dame sagte mir, sie freue sich sehr, daß ich zu so einer geeigneten Zeit gekommen sei, da ein Einsiedler[1] hier wohne, der sich darnach sehne, mich kennenzulernen; es scheine ihr, daß das Leben, das er und seine Gefährten führten, große Ähnlichkeit mit unserer Regel habe. Da ich bisher nur zwei Patres hatte, so dachte ich mir, daß es von großer Bedeutung wäre, wenn ich diesen für unsere Regel gewinnen könnte; deshalb ersuchte ich (diese Dame), für eine Unterredung mit ihm Sorge zu tragen, was auch geschah. Er wohnte in einem Zimmer, das diese Dame ihm überlassen hatte, mit einem noch jüngeren Bruder, namens Johannes vom Elend,[2] der ein großer Diener Gottes war, sich aber in weltlichen Angelegenheiten sehr ungeschickt zeigte. Im Verlauf unserer Besprechung sagte dieser Einsiedler zu mir, daß er vorhabe, nach Rom zu reisen. Bevor ich aber weiter erzähle, will ich sagen, was ich über diesen Pater weiß, der jetzt Marianus vom heiligen Benedikt heißt.

kommen, die auf dem Platze des heiligen Dominikus ein reformiertes Kloster unter dem Titel „Unserer Lieben Frau von den Engeln" gründeten. Dort nahm Doña Eleonora beständig Wohnung. Dort stieg auch die heilige Theresia ab, als sie sich im Jahre 1567 nach Alcalá begab. Doña Eleonora starb am 10. Dezember 1584. (Reforma de los Desc., t. I. l. II. c. X.)

[1] Dieser Einsiedler hieß Ambrosius Marianus de Azaro, der aus einer reichen und angesehenen Familie Neapels stammte. Siehe Näheres, Peregrinación de Anast. Dial. XIII.

[2] Joh. Narduch war auch in Italien geboren. Er nahm in seiner Heimat das Ordenskleid der unbeschuhten mindern Brüder, wurde aber bald wieder entlassen. Einer inneren Stimme folgend, begab er sich nach Spanien und schloß sich den Einsiedlern von Tardón an, wo er mit Doña Eleonora Maskareñas bekannt wurde. Er zeichnete sich während seines ganzen Lebens durch seine Einfalt, durch innige Verehrung des Allerheiligsten Sakramentes und der Gottesmutter Maria aus. Wir verdanken ihm auch ein naturgetreues Bildnis der heiligen Theresia, das er im Jahre 1576 zu Sevilla entwarf. Während der Verfolgung von seiten der Beschuhten verließ er den Orden und begab sich nach Rom; bald darauf kehrte er mit päpstlicher Erlaubnis wieder in die Reform zurück. Man wollte ihn für seine Unbeständigkeit bestrafen, allein die heilige Theresia legte, wie man sagt, vom Himmel aus für ihn Fürsprache ein. Er starb heiligmäßig zu Madrid im Jahre 1616. (Reform. de los Desc., t. IV. l. XIV. c. XXII. – XXIX.)

7. Er war seiner Abstammung nach Italiener, hatte den Doktorgrad und war ein sehr verständiger und tüchtiger Mann. Er lebte eine Zeitlang am Hofe der Königin von Polen und hatte dort die Verwaltung ihres ganzen Hauses in Händen. Nie hatte er eine Neigung, sich zu verehelichen, und erhielt eine Pfründe vom Orden des heiligen Johannes. Da ließ unser Herr seinen Ruf an ihn ergehen, alles zu verlassen, um desto mehr für sein Seelenheil Sorge tragen zu können. Er mußte in der Folge mancherlei Prüfungen erdulden, und wurde angeklagt, bei der Ermordung eines Mannes beteiligt gewesen zu sein. Man warf ihn zwei Jahre lang ins Gefängnis, wobei er aber keinen Anwalt wollte und auch jede Verteidigung seiner Person abwies, indem er allein auf Gott und seine Gerechtigkeit vertraute. Als Zeugen gegen ihn auftraten mit der Aussage, er habe sie aufgefordert, den Mord zu vollbringen, ereignete sich fast dasselbe, wie bei den (zwei) alten (Anklägern) der frommen Susanna. Auf die Frage, wo Marianus damals gewesen, antwortete der eine, er sei auf seinem Bette gesessen, während der andere behauptete, er sei an einem Fenster gestanden; schließlich bekannten sie, daß sie ihn falsch angeklagt hätten, und Marianus versicherte mir, daß es ihn viel Geld gekostet habe, sie von der Strafe loszukaufen. Jener, der die Feindseligkeit gegen ihn begonnen, sei ihm dann (bei einer Gelegenheit) in die Hände gefallen, als er eine gerichtliche Untersuchung gegen ihn hätte einleiten sollen; allein gerade aus diesem Grunde habe er aus allen Kräften dahin gearbeitet, daß ihm kein Leid widerfuhr.

8. Durch diese und andere Tugenden — P. Marianus ist nämlich eine reine und keusche Seele[1] und ein Feind jeden vertrauten Verkehrs mit Frauenspersonen — hatte er sich wohl von unserem Herrn die Gnade verdient, daß er ihn über die Nichtigkeit der Welt erleuchtete, um darnach zu trachten, sich von ihr loszutrennen. So begann er, darüber nachzudenken, welchem Orden er sich zuwenden sollte; während er bald diesen, bald jenen im Auge hatte, fand er, wie er mir sagte, keinen, der seinen Verhältnissen entsprach. Er vernahm, daß in der Nähe von Sevilla in einer einsamen Gegend, Tardón genannt, einige Eremiten unter einem Oberen, der ein sehr frommer Mann war und Pater

---

[1] Von dieser Reinheit und Keuschheit hat die Reforma de los Desc. t. I. l. II. c. XXVII viele Beispiele uns hinterlassen, die die Heilige hier wohl vor Augen hatte.

Matthäus[1] hieß, zusammenlebten. Ein jeder von ihnen bewohnte eine abgesonderte Zelle; die kirchlichen Tagzeiten beteten sie zwar nicht, hatten aber ein Oratorium, wo sie der heiligen Messe beiwohnten. Sie hatten keine Einkünfte, bettelten kein Almosen und nahmen auch keines an; sie nährten sich nur von der Arbeit ihrer Hände, und jeder nahm für sich allein seine ärmliche Nahrung zu sich.

9. Als ich dies hörte, glaubte ich das Einsiedlerleben unserer heiligen Väter wahrzunehmen. Diese Lebensweise beobachtete Pater Marian schon acht Jahre lang. Da nun das heilige Konzil von Trient die Anordnung traf, daß die Eremiten den Ordensgenossenschaften sich anschließen sollten, wollte er sich nach Rom begeben und die Erlaubnis erbitten, daß seine Einsiedlergenossenschaft in der bisherigen Form weiterbestehen dürfe; diesen Vorsatz hatte er noch, als ich mit ihm sprach.

10. Nachdem er mir seine ganze Lebensweise entwickelt hatte, zeigte ich ihm unsere ursprüngliche Regel und bemerkte, daß er dies alles ohne große Mühe beobachten könne, da sie die gleichen Vorschriften habe, vor allem jene, von der eigenen Handarbeit zu leben, wozu er sehr große Neigung hatte. Denn sagte er mir, die Welt sei ganz verdorben durch die Habsucht, und dies sei der Grund, warum man die Ordensleute nicht mehr achte. Da ich derselben Ansicht war, so wurden wir in diesem und in allen anderen Punkten bald einig; nachdem ich ihm gründlich dargelegt, welch großen Dienst er Gott durch Annahme unseres Ordenskleides erweisen könne, versprach er, sich in der kommenden Nacht die Sache zu überlegen. Ich sah nun, daß er schon fast entschlossen war, und erkannte den Sinn der Worte, die ich im Gebete vernommen, daß es sich bei meiner Reise um mehr handle als um die Stiftung eines Nonnenklosters. Ich empfand darüber sehr große Freude, weil mir schien, daß

---

[1] Matthäus de la Fuente, der den Orden des heiligen Basilius in Spanien wieder herstellte, wurde um das Jahr 1524 zu Alminuete bei Toledo geboren. Nachdem er seine Studien in Salamanca vollendet hatte, führte er nicht weit von Córdoba entfernt ein Einsiedlerleben. Da er sich aber von den Menschen allzusehr geachtet sah, zog er sich in eine einsamere Gegend der Sierra Morena zurück. Im Auftrag seines Seelenführers, des seligen Johannes de Avila, vereinigte er einige Gefährten und wohnte mit ihnen in einer Wüste, die voll von wilden Kollerdisteln war und deshalb El Cardón oder Tardón genannt wurde. Als der heilige Pius V. die Verordnung traf, daß die Einsiedler den Orden sich anschließen sollten, nahm er mit seinen Gefährten die Regel des heiligen Basilius an.

sein Eintritt in den Orden sehr zur Verherrlichung des Herrn gereichen werde.

11. Die göttliche Majestät aber, die dies wollte, rührte in jener Nacht sein Herz so sehr, daß er mich am anderen Tage rufen ließ. Er war schon ganz entschlossen und wunderte sich selbst über die so plötzliche Veränderung (in seinem Innern), besonders weil sie durch eine Frau hervorgerufen wurde; und auch jetzt noch sagt er öfters zu mir, ich sei die Ursache gewesen und nicht der Herr, der doch die Herzen ändern kann. Wie erhaben sind doch seine Fügungen! Schon so viele Jahre lang war dieser Mann umhergewandelt, ohne zu wissen, für welchen Stand er sich entschließen sollte; denn jener, in dem er sich zuletzt befand, war ja (im eigentlichen Sinne) kein Stand, da man weder Gelübde ablegte, noch irgendeine Verpflichtung auf sich nahm, sondern nur in Zurückgezogenheit lebte. Nun hatte Gott ihm so plötzlich diese Anregung gegeben und ihn erkennen lassen, daß er ihm in diesem Stande große Dienste leisten könne und Seine Majestät sich seiner Person zur Förderung des begonnenen Werkes unserer Ordensreform bedienen wolle. Dazu hat er auch in der Tat viel beigetragen, und es hat ihn bis jetzt schon viele Mühe gekostet, wie man aus den Widersprüchen ersehen kann, auf die jetzt die Einführung der ursprünglichen Regel stößt; er wird auch noch mehr leiden müssen, bis wieder Ruhe eingetreten ist.[1] Wegen seiner Tüchtigkeit, seines Verständnisses und musterhaften Lebenswandels genießt er bei vielen Personen, die uns wohlgesinnt sind und uns beschützen, großes Ansehen.

12. Damals, als er mich rufen ließ, sagte er, daß Ruy Gómez ihm in Pastrana — das ist eben der Ort, wohin ich mich begab — eine Einsiedelei und einen Platz geschenkt habe, auf dem er Wohnungen für Einsiedler errichten könnte; diese wolle er dem Orden übergeben und zugleich das Ordenskleid nehmen. Ich bezeigte ihm meine dankbare Anerkennung und lobpries unseren Herrn von ganzem Herzen. Denn bis jetzt hatte ich von den zwei Vollmachten, die mir unser wohlehrwürdiger Pater General für zwei Männerklöster übersandt hatte, nur eine aus-

---

[1] Damit meint die Heilige die Verfolgung des reformierten Karmels bis zum Jahre 1579. Pater Marian hat in der Tat noch an sich erfahren, was die Heilige hier von ihm vorhersagte.

genützt. Ich sandte also von hier aus[1] einen Boten an die beiden schon er-wähnten Väter, an den gegenwärtigen und an den früheren Provinzial[2] und bat sie dringend um die Erlaubnis zur Errichtung eines zweiten Männerklosters, da ich ohne ihre Zustimmung nichts tun konnte; auch schrieb ich an den Bischof von Avila, Don Alvaro de Mendoza, der uns sehr gewogen war, er möchte uns bei ihnen die Erlaubnis erwirken.

13. Es war der Wille Gottes, daß sie die Stiftung begutachteten. Wahrscheinlich waren sie der Meinung, daß eine Stiftung an einem so abgelegenen Orte ihnen keinen Eintrag tun könne. Pater Marian versprach mir, sich nach Pastrana zu begeben, sobald die Erlaubnis ein-getroffen sei; ich war damit vollkommen zufriedengestellt und setzte meine Reise nach Pastrana fort. Dortselbst traf ich wirklich die Fürstin und den Fürsten Ruy Gómez, die mich sehr liebevoll aufnahmen. Sie gaben uns eine abgesonderte Wohnung, in der wir uns länger aufhielten, als ich gedacht hatte. Denn das für uns bestimmte Haus war so klein, daß die Fürstin einen großen Teil davon niederreißen und wieder von neuem aufbauen ließ, zwar nicht die Grundmauern, aber doch manches andere.

14. Ich blieb daselbst drei Monate und stieß während dieser Zeit auf viele Schwierigkeiten, weil die Fürstin verschiedenes von mir verlangte, was für den Orden unpassend war; ich hatte mich schon entschlossen, lieber ohne eine Stiftung wieder abzuziehen als hierin nachzugeben. Allein der Fürst Ruy Gómez bewog durch seine große Klugheit und sein hohes Verständnis seine Gemahlin, daß sie nachgiebiger wurde. Auch ich machte einige Zugeständnisse, weil ich weit sehnlicher wünschte, daß ein Männerkloster gestiftet werde als ein Frauenkloster; denn ich er-kannte damals schon gut, von welch großer Bedeutung dies sei, wie es sich auch später wirklich bewahrheitete. Pater Marian und sein Ge-fährte, die schon erwähnten Einsiedler, kamen um diese Zeit hierher. Als die Erlaubnis der beiden Provinziale eingetroffen war, gestatteten die Herrschaften in Güte, daß die Einsiedelei, die sie ihnen geschenkt hatten, in ein Kloster der unbeschuhten Karmeliten umgewandelt werden dürfe. Ich ließ, um diese Klosterstiftung in Angriff zu nehmen, den Pater Antonius von Jesu, den ersten (unserer Ordensmänner), kommen, der sich in Mancera befand. Inzwischen richtete ich für die beiden Einsiedler

---

[1] Von Madrid.
[2] Pater Alfons González und Pater Angelus de Salazar.

die Ordenskleidung und die Mäntel zurecht und tat nach Kräften alles, damit sie sogleich mit dem Habit sich bekleiden konnten.

15. Alsdann ließ ich einige Nonnen aus dem Kloster von Medina del Campo kommen, da ich nur zwei in meiner Begleitung hatte.[1] Daselbst[2] befand sich auch schon seit längerer Zeit ein Pater, der noch nicht sehr alt, aber auch nicht mehr jung war; er hieß Pater Balthasar von Jesu[3] und war ein guter Prediger. Als dieser hörte, daß in Pastrana ein Kloster gegründet werde, kam er mit den Nonnen in der Absicht, unbeschuhter Karmelit zu werden, was er auch nach seiner Ankunft ausführte. Als er mir diese Absicht mitteilte, lobpries ich Gott. Er gab dem Pater Marian und seinem Begleiter das Ordenskleid, die beide als Laienbrüder eintraten; denn auch Pater Marian wollte nicht Priester sein, sondern eintreten, um der geringste aus allen zu sein, und ich konnte ihn nie dazu bewegen. Später (erst) ließ er sich auf Anordnung des Paters General zum Priester weihen.

16. Als nach Gründung der beiden Klöster Pater Anton von Jesu gekommen war, traten allmählich Novizen ein, die unserem Herrn mit großer Treue dienten. Davon wird, wenn es Gottes Wille ist, einmal jemand berichten, der es besser versteht als ich, da ich hiezu nicht die Fähigkeit besitze.

17. Was die Nonnen betrifft, so stand ihr Kloster bei jenen Herr-

---

[1] Die Nonnen, welche die Heilige von Medina kommen ließ, waren Isabella vom heiligen Hieronymus und die Novizin Anna von Jesu, mit denen sich noch eine Nonne aus dem Kloster der Menschwerdung zu Avila, Hieronyma vom heiligen Augustin, vereinigte. (Ribera l. II. c. XV.)

[2] In Medina.

[3] Pater Balthasar von Jesu (Nieto), geboren zu Zafra in Estremadura, gehörte dem Konvente der beschuhten Karmeliten zu Sevilla an. Er war damals in Medina und ging schon seit einiger Zeit mit dem Gedanken um, in die Reform überzutreten. Als die Heilige an den Prior von Medina schrieb und ihn bat, er möchte zur Begleitung der Nonnen, die sie von Medina kommen ließ, einen seiner Patres mitsenden, wurde Pater Balthasar mit dieser Mission betraut. Er erkannte darin ein unzweideutiges Zeichen des Willens Gottes und begab sich ohne Verzug auf den Weg. Nachdem die beiden Eremiten, von denen die Heilige erzählt, eingekleidet waren, nahm auch er das Ordenskleid und leitete als Vikar das neue Kloster zu Pastrana. Nach seiner Profeß im Jahre 1570 wurde er der erste Prior des Klosters. Er wurde mit verschiedenen wichtigen Ämtern betraut und starb im Jahre 1589 zu Lissabon. (Reforma de los Desc., t. I. l. II. c. XXVIII, XXXI, LIV.)

schaften überaus in Gnaden[1] und die Fürstin war sehr bemüht, ihnen in Liebe und Güte entgegenzukommen, bis der Fürst Ruy Gómez starb.[2] Da sie alsdann einer Einflüsterung des bösen Feindes nachgab — oder vielleicht ließ der Herr es zu aus Gründen, die Seiner Majestät bekannt sind —, trat sie infolge ihres heftigen Schmerzgefühles über den Tod ihres Gemahls allzu voreilig als Nonne ins Kloster. Bei ihrer großen Betrübnis konnte sie jedoch am Leben in der Klausur, das ihr ungewohnt war, keinen Geschmack finden, andererseits war auch die Priorin,[3] gebunden durch das heilige Konzil, nicht imstande, ihr die gewünschten Freiheiten zu gewähren. Deshalb bekam sie allmählich Abneigung gegen die Priorin und die Nonnen, und zwar in einer Weise, daß sie auch, nachdem sie das Ordenskleid abgelegt hatte und wieder in ihrem eigenen Hause wohnte, mit Widerwillen gegen sie erfüllt war. Die armen Nonnen lebten fortan in solcher Unruhe, daß ich nach Kräften alles aufbot, um von den Obern die Aufhebung dieses Klosters zu erbitten und eines in Segovia zu gründen, wovon später berichtet werden wird. Die Nonnen begaben sich dorthin, indem sie alles zurückließen, was die Fürstin ihnen geschenkt hatte, und führten selbst einige Nonnen mit sich, die sie auf Befehl der Fürstin ohne Aussteuer aufgenommen hatten. Nur die Betten und Einrichtungsgegenstände, die sie selbst mitgebracht hatten, nahmen sie mit und verließen den Ort zur großen Betrübnis des Volkes.[4] Ich aber hatte die größte Freude von der Welt, als ich die Nonnen wieder in Ruhe leben sah; denn ich war fest überzeugt, daß sie an dem Mißfallen der Fürstin durchaus keine Schuld hatten und ihr, während sie im Kloster lebte, ebenso unterwürfig waren als zuvor. Der Grund ihres Verdrusses muß allein den schon erwähnten Umständen zugeschrieben werden, ferner dem Schmerze (über den Tod ihres Gemahls), von dem diese Dame erfüllt war, und endlich einer Magd, die sie mit sich

---

[1] Das Kloster der Nonnen war der unbefleckten Empfängnis geweiht. Die Heilige stellte als Subpriorin Isabella vom heiligen Paulus auf, und auf ihrer Rückreise nach Toledo sandte sie dorthin als Priorin Isabella vom heiligen Dominikus, die schon in Toledo diese Würde bekleidete.

[2] Er starb am 29. Juli 1573.

[3] Als die Priorin Isabella vom heiligen Dominikus den Entschluß der Fürstin vernahm, rief sie aus: „Wenn die Fürstin Nonne wird, ist das Kloster verloren!" Und so war es auch.

[4] Die Übersiedelung erfolgte im Frühjahr des Jahres 1574 unter Führung des Julian de Avila und des Anton Gaytan, der treuen Begleiter der Heiligen.

134

nahm und die allem Anscheine nach die ganze Schuld trug.[1] Kurz, der Herr hat es so zugelassen, weil er ohne Zweifel erkannte, daß dieses Kloster nicht an jenen Platz hingehörte; seine Urteile sind erhaben und übersteigen alle unsere Begriffe. Ich für meine Person hätte es nie gewagt, diese Veränderung vorzunehmen, ich handelte nur auf den Rat gelehrter und tugendhafter Männer hin.

Achtzehntes Hauptstück

Stiftung des Klosters zum heiligen Joseph in Salamanca im Jahre 1570. Einige wichtige Unterweisungen für die Priorinnen.

1. Nach Vollendung dieser zwei Stiftungen in Pastrana kehrte ich wieder in die Stadt Toledo zurück,[2] wo ich einige Monate verweilte, bis dort das schon erwähnte Haus gekauft war und ich alles in guter Ordnung verlassen konnte. Während ich damit beschäftigt war, schrieb mir der Rektor der Gesellschaft Jesu zu Salamanca,[3] um mir mitzuteilen, daß ein Kloster unserer Nonnen dort sehr wohl am Platze sei, und gab mir auch hierfür einige Gründe an. Wegen der Armut der Stadt hatte ich bisher Abstand genommen, dort ein Kloster ohne Einkünfte zu gründen; aber bei dem Gedanken, daß Avila ebenso arm war und den Nonnen nichts mangelte, daß Gott denen, die ihm dienen, nach meinem Dafürhalten nichts abgehen lasse, faßte ich den Entschluß zu dieser Gründung. Überdies war auch der Umstand maßgebend, daß die Sache so geregelt würde wie bisher, daß nämlich die Zahl der Nonnen gering sei und sie sich durch Handarbeit helfen sollten. Als ich daher von Toledo nach Avila gekommen war, hielt ich von da aus um die Erlaubnis des damaligen Bischofs an,[4] der so gütig war, mir diese sogleich zu

---

[1] Siehe Näheres Historia de la Reforma t. I. l. II. c. XXVIII.

[2] Am 21. Juli 1569.

[3] Das Kollegium der Gesellschaft Jesu in Salamanca war auf Befehl des heiligen Ignatius im Jahre 1547 gegründet worden. Im Jahre 1570 leitete dieses Kollegium der berühmte Pater Martin Gutiérrez. (Astrain, Historia de la Compañía de Jesús, t. I. l. II. c. VII.)

[4] Von Salamanca. Man liest im Original-Manuskripte: La licencia del obispo que era entonces... die Erlaubnis des damaligen Bischofs. Der Prälat

erteilen; der Pater Rektor hatte ihm bereits über unseren Orden sowie auch darüber Aufklärung gegeben, daß eine Gründung zur Ehre des Herrn gereichen werde.

2. Sobald ich die Erlaubnis des Bischofs hatte, hielt ich das Kloster schon für gegründet, so leicht kam mir die Sache vor. Ich traf also gleich Anstalten, ein Haus zu mieten, was mir eine Dame[1] aus meinem Be= kanntenkreise besorgte; allein es hatte dies seine Schwierigkeiten, weil damals nicht Mietezeit war und in dem gemieteten Hause einige Stu= denten wohnten. Allerdings veranlaßte man diese auszuziehen, sobald die künftigen Bewohner da wären. Sie wußten nicht, für wen es bestimmt sei, da ich sorgfältig darauf bedacht war, daß niemand etwas erfuhr; denn ich wußte aus Erfahrung, welche Hindernisse der böse Feind in den Weg legt, um eines dieser Klöster zu verhindern. Wenn ihm auch Gott nicht gestattete, die Stiftung des Klosters anfänglich zu hinter= treiben, da sie sein Wille war, so erwuchsen doch später viele Schwierig= keiten und Widersprüche, die jetzt, da ich dies schreibe, noch nicht ganz aus dem Wege geschafft sind, obwohl seit dieser Stiftung schon einige Jahre verflossen sind; darum glaube ich, daß in ihm Gott eifrig gedient werde, weil es der Teufel gar nicht ausstehen kann.

3. Nachdem ich also die Erlaubnis besaß und das Haus mir zu= gesichert war, begab ich mich im Vertrauen auf die Güte Gottes dorthin;[2] denn sonst hatte ich niemand, der mir zur Einrichtung des Hauses, wozu sehr viel notwendig war, in etwa hätte behilflich sein können. Um weniger Aufsehen zu machen, nahm ich nur eine Gefährtin mit,[3] da ich es für geeigneter fand, die übrigen Nonnen erst nach der Besitznahme kommen zu lassen; denn ich war durch die Vorkommnisse in Medina del Campo, wo ich mich in großer Verlegenheit befand, gewitzigt worden. So hätte ich, wäre irgendein Hindernis eingetreten, die Beschwerden nur allein mit dieser (Gefährtin) zu ertragen gehabt, der ich es freilich nicht hätte

hieß Petrus González de Mendoza. Er wurde im Jahre 1560 zum Bischof ge= weiht und war auch beim Konzil von Trient anwesend.

[1] Wahrscheinlich Doña Beatrix Yañez de Ovalle, eine Verwandte des Don Joh. de Ovalle, Gemahls der Schwester der Heiligen.

[2] Nach Salamanca, wo sie am 31. Oktober ankam.

[3] Maria vom heiligsten Sakrament (Maria Suárez), Profeßschwester des Klosters der Menschwerdung. Nach dem Informationsprozeß zur Heiligsprechung Theresias begleiteten sie die beiden beschuhten Karmeliten Pater Johann Mayllo und Pater Franz de Ledesma. (Memorias Histor. L. R. n. 107.)

ersparen können. Wir kamen am Vorabend von Allerheiligen an, nachdem wir in der vorhergehenden Nacht einen großen Teil des Weges bei starker Kälte zurückgelegt und an einem Orte übernachtet hatten, wo ich mich sehr unwohl fühlte.

4. Ich übergehe bei diesen Stiftungen mit Stillschweigen die großen Beschwerden, die wir auf den Reisen infolge der Kälte, der Sonnenhitze und des Schneegestöbers auf uns nehmen mußten. Oft hörte es den ganzen Tag nicht auf zu schneien, bald verloren wir den Weg, bald war ich sehr krank und hatte Fieber, wie ich denn überhaupt, Gott sei dafür gepriesen, gewöhnlich keine gute Gesundheit hatte; allein ich erkannte alsdann klar, daß unser Herr mir Kraft verlieh. Manchmal, wenn irgendeine Stiftung in Aussicht stand, war ich so sehr von Krankheiten und Schmerzen gequält, daß ich mich sehr darüber bekümmerte, weil ich glaubte, nicht einmal in der Zelle verweilen zu können, ohne mich zu legen. In solchen Fällen wandte ich mich dann an unseren Herrn, beklagte mich bei Seiner Majestät und sagte, warum er denn von mir verlange, Unmögliches zu tun. Seine Majestät verlieh mir daraufhin Kraft, wenn mir auch die Beschwerden blieben; und bei dem Eifer und der Sorgfalt, womit er mich beseelte, schien ich mich ganz zu vergessen.

5. Niemals habe ich, soviel ich mich jetzt erinnern kann, aus Furcht vor Schwierigkeiten eine Stiftung unterlassen, obwohl ich gegen Reisen, besonders wenn sie lange dauerten, eine starke Abneigung in mir fühlte. War aber die Reise angetreten, kam sie mir leicht vor bei dem Gedanken, für wen ich sie unternahm, und bei der Erwägung, daß in dem (neuen) Kloster der Herr gepriesen und das Allerheiligste Sakrament eingesetzt werde. Das Bewußtsein, wieder eine Kirche mehr zu sehen, bereitet mir überaus großen Trost, besonders wenn ich an die vielen Kirchen denke, die von den Lutheranern weggenommen werden. Welche Mühen, mögen sie auch noch so groß sein, sollte man da scheuen, wenn man um diesen Preis der Christenheit ein so großes Gut verschaffen kann! Wenn auch viele vergessen, daß Jesus Christus als wahrer Gott und wahrer Mensch an so vielen Orten im Allerheiligsten Sakramente gegenwärtig ist, so sollten doch wir darüber großen Trost empfinden. Für mich wenigstens war dieses Bewußtsein sehr oft überaus tröstlich, wenn ich mich im Chore befand und die Wahrnehmung machte, wie diese reinen Seelen Gott lobpriesen. Daß sie reine Seelen sind, zeigt sich in vielfacher Weise, sowohl in ihrem Gehorsam und in

ihrer Zufriedenheit, womit sie in der so strengen Klausur und Zurück=
gezogenheit leben, als auch in der Freude, die sie jedesmal empfinden,
so oft sich ihnen eine Gelegenheit zur Abtötung bietet. Je mehr Gnade
unser Herr einer Priorin verleiht, um sie in diesen Tugenden zu prü=
fen, desto zufriedener finde ich sie. Ja, eher werden die Priorinnen
müde, den Schwestern Gelegenheit zur Übung des Gehorsams zu bieten,
als diese, ihnen zu gehorchen; denn in dieser Beziehung sind ihre Wünsche
unersättlich.

6. Bezüglich der Abtötung drängen sich mir hier einige Gedanken
auf, die vielleicht für die Priorinnen sehr nützlich sein könnten und
die ich, meine Töchter, um sie nicht zu vergessen, hier aufzeichnen möchte,
wenn sie auch nicht zum Berichte über die Stiftungen gehören, deren
Beschreibung ich hier begonnen habe. Die Priorinnen haben oft, je
nach der Verschiedenheit ihrer Fähigkeiten und Tugenden, auch die Nei=
gung, ihre Nonnen auf demselben Wege zu führen, den sie gehen. Jene,
die der Abtötung sehr ergeben ist, wird alle Übungen, die sie zur Über=
windung des Eigenwillens auferlegt, für die anderen ebenso leicht fin=
den, als sie für sie selbst sind, obwohl vielleicht gerade sie es sehr un=
gern tun würde. Sehen wir besonders darauf, daß wir nicht etwas
befehlen, was uns selber schwer fällt. Die Klugheit ist bei Leitung
anderer von großer Wichtigkeit. Sie ist den Oberinnen unserer Klöster
sehr notwendig, und ich darf wohl sagen, mehr als den Oberinnen an=
derer Klöster, weil sie mit den Untergebenen, sowohl was das Innere
als auch das Äußere betrifft, mit größerer Behutsamkeit zu Werke
gehen müssen. Andere Priorinnen, die dem geistlichen Leben sehr er=
geben sind, werden durchwegs wünschen, daß man dem Gebete obliege;
indessen führt der Herr die Seelen auf verschiedenen Wegen, und die
Priorinnen müssen darauf achten, daß sie diese Schwestern nicht so
führen, als wollten sie für sie einen Weg nach ihrem eigenen Gut=
dünken wählen; sie sollen die Untergebenen auf dem Wege der Regel
und Satzungen wandeln lassen, wenn sie auch sich mehr anstrengen
und noch etwas darüber tun würden.

7. Ich traf einmal in einem dieser Klöster eine Priorin, die der
Buße sehr ergeben war und alle (Nonnen) dazu anleitete. Einmal
kam es vor, daß der ganze Konvent sich geißelte, während die sieben
Bußpsalmen und noch andere Gebete und Übungen verrichtet wurden.
Ein andermal traf es sich, daß eine Priorin ins Gebet vertieft war

— es war nicht zur Zeit des Gebetes, sondern nach der Matutin — und den ganzen Konvent (im Chore) zurückbehielt, während es besser gewesen wäre, wenn sie sich schlafen gelegt hätten. Ist eine Priorin, wie schon erwähnt, eine Freundin der Abtötung, so hat niemand Rast und Ruhe, und diese Schäflein der allerseligsten Jungfrau schweigen wie geduldige Lämmlein. Dies gereicht mir in Wahrheit zu großer Rührung und Beschämung; zuweilen aber bereitet mir das Verhalten solcher Oberinnen keine geringe Versuchung. Die Schwestern, die ganz in Gott versunken sind, merken zwar den Fehler nicht, den jene begehen, aber ich fürchte für ihre Gesundheit und wollte lieber, sie hielten ihre Regel, die ihnen genug zu schaffen macht, während das übrige in Liebe geschehe. Dies ist besonders bei der Abtötung von großer Bedeutung. Möchten doch um der Liebe unseres Herrn willen die Oberinnen darauf achten, daß die Klugheit in diesen Dingen überaus wichtig ist, und auf die Verschiedenheit der Fähigkeiten Rücksicht nehmen! Wenn sie in dieser Beziehung nicht recht vorsichtig zu Werke gehen, so werden sie, anstatt die Schwestern zu fördern, ihnen großen Schaden zufügen und sie in Verwirrung stürzen.

8. Die Priorinnen sollen bedenken, daß solche Abtötungen nicht verpflichtend sind; dies ist das erste, was sie zu beachten haben. Wenn die Abtötung auch der Seele sehr notwendig ist, um die Freiheit des Geistes und eine hohe Stufe der Vollkommenheit zu erlangen, so geschieht dies doch nicht so schnell, sondern allmählich, indem man einer jeden zu Hilfe kommt je nach dem Verständnis und den geistigen Anlagen, womit Gott sie befähigt. Sie meinen vielleicht, daß dazu kein Verständnis notwendig sei, aber da sind sie im Irrtum; denn es wird solche geben, denen es im Anfang sehr schwer fällt, die Vollkommenheit und auch den Geist der Regel zu erfassen, während sie nachher vielleicht eine erhabenere Stufe der Heiligkeit erreichen. Sie werden (oft lange) nicht wissen, wann sie sich entschuldigen dürfen und wann nicht, und manche unbedeutende Dinge würden sie mit Leichtigkeit verrichten, wenn sie Verständnis dafür hätten; allein sie sehen es nicht ein und, was noch schlimmer ist, sie glauben, daß sie für die Vollkommenheit belanglos sind.

9. In einem unserer Klöster befindet sich eine Nonne, die, soweit ich es beurteilen kann, zu den eifrigsten Dienerinnen Gottes zählt, die wir haben. Seine Majestät hat ihr große Geistesanlagen und viele

Gnaden mitgeteilt, und sie zeichnet sich auch durch Bußfertigkeit und Demut aus; aber dennoch konnte sie einige Punkte der Satzungen nicht faffen. So scheint es ihr ein Verstoß gegen die Liebe zu sein, eine Schwester wegen ihrer Fehler im Kapitel[1] anzuklagen, und sie sagte: „Wie kann man denn etwas von den Mitschwestern aussagen?" Ich könnte noch manche andere Eigentümlichkeiten ähnlicher Art von einigen Schwestern erwähnen, die sehr eifrige Dienerinnen Gottes sind und, wie ich sehe, in manchen Stücken jene übertreffen, die ein besseres Verständnis haben.

10. Die Priorin soll auch nicht glauben, daß sie die Seelen sogleich durchschaue; sie möge das Gott überlassen, da nur er allein dies vermag. Sie sehe nur darauf, eine jede auf dem Wege zu führen, auf dem Seine Majestät sie führt, vorausgesetzt, daß es bei ihnen weder im Gehorsam noch auch in wesentlichen Punkten der Regel und der Satzungen fehlt. Jene Jungfrau[2] aus der Zahl der elftausend, die sich verbarg, wurde dennoch eine Heilige und Martyrin, und sie hat vielleicht mehr gelitten als die übrigen Jungfrauen, als sie sich später allein zum Martertode bereit erklärte.

11. Wir wollen nun wieder auf die Abtötung zurückkommen. Es befiehlt (zum Beispiel) die Priorin einer Nonne zur Abtötung etwas, was an und für sich geringfügiger Natur, für sie aber schwierig ist. Diese tut es zwar, wird aber so beunruhigt und gerät in solche Versuchung, daß es besser gewesen wäre, man hätte es ihr nicht befohlen. Da wird sich die Priorin bald überzeugen, daß sie sich wohl in acht nehmen muß, eine Nonne mit Gewalt zur Vollkommenheit führen zu wollen; sie muß vielmehr Nachsicht üben und mit Behutsamkeit zu Werke gehen, bis der Herr in der Seele wirkt. Denn die Versuche, die man anstellt, um sie zur Vollkommenheit zu führen, ohne die sie ja auch eine sehr gute Nonne sein kann, dürfen nicht Ursache zu innerer Unruhe und Betrübnis des Geistes werden; dies wäre etwas sehr Schreckliches. Das Beispiel der anderen Nonnen wird sie allmählich bewegen, dasselbe wie sie zu tun, wie wir dies vielfach gesehen haben;

---

[1] Das Kapitel ist die Versammlung sämtlicher Mitglieder des Klosters, bei der über das ganze Tun und Lassen der einzelnen Rechenschaft abgelegt und die notwendige Zurechtweisung erteilt wird.

[2] Die heilige Cordula. Zur Zeit der hl. Theresia war die Verehrung der elftausend Jungfrauen, deren Führerin die hl. Ursula war, sehr in Übung.

tut sie es aber nicht, so wird sie auch ohne diese Vollkommenheit in der Abtötung selig werden.

12. Ich kenne eine von unseren Nonnen, die während ihres ganzen Lebens sehr tugendhaft war und seit vielen Jahren unserem Herrn in mannigfachen Tugendübungen gedient hat. Desungeachtet hat sie noch einige Unvollkommenheiten an sich und zeigt oft eine Empfindlichkeit, die sie nicht unterdrücken kann; sie erkennt dies und beklagt sich darüber bei mir. Ich glaube aber, Gott läßt sie in diese Fehler fallen, bei denen jedoch von einer Sünde keine Rede ist, damit sie sich demütige und zur Einsicht komme, daß sie noch nicht vollkommen sei. So können manche große Abtötungen ertragen, und je schwerere Anforderungen man an sie stellt, um so lieber kommen sie ihnen nach, da der Herr ihren Seelen schon die Kraft verliehen hat, den Willen zu unterwerfen. Andere dagegen können selbst geringere Abtötungen nicht ertragen; sie ihnen auflegen, hieße ebensoviel, als wenn man einem Kinde zwei Fanegas[1] Getreide aufladen wollte; dieses könnte eine solche Last nicht nur nicht tragen, sondern würde unter ihr zusammenbrechen und zu Boden fallen. Möget ihr, meine Töchter — ich spreche zu den Priorinnen —, mit mir Nachsicht haben, daß ich die Beobachtungen, die ich an einigen gemacht, so ausführlich erzählt habe!

13. Noch an etwas anderes, was von großer Bedeutung ist, möchte ich euch erinnern, daß ihr niemals, auch nicht um den Gehorsam zu prüfen, etwas befehlet, was auch nur eine läßliche Sünde wäre, wenn es verrichtet werden würde; denn ich habe manches in Erfahrung gebracht, was schwer sündhaft geworden wäre, wenn man es getan hätte. Die Nonnen würden wohl ohne Schuld bleiben, nicht aber die Priorin, deren Befehle diese eben sogleich ins Werk setzen. Denn wenn diese hören oder lesen, was die Heiligen der Wüste getan, so scheint ihnen alles, was man auch befehlen mag, vernünftig oder wenigstens gut ausführbar. Darum sollen auch die Untergebenen wohl bedenken, daß sie eine Handlung, die schon eine Todsünde wäre, wenn sie diese o h n e Auftrag tun würden, auch dann nicht verrichten dürfen, wenn sie den Auftrag dazu haben, außer es handelt sich um die Nichtanhörung der heiligen Messe oder um Nichtbeobachtung der kirchlichen Fasttage oder

---

[1] Fanega ist ein spanisches Maß für trockene Lebensmittel, das ungefähr 60 Liter oder einen Metzen umfaßt.

um dergleichen ähnliche Dinge, weil die Priorin dafür ihre Gründe haben kann. Aber sich in einen Brunnen stürzen und ähnliches, wäre immer Sünde, weil man nie annehmen darf, Gott werde ein Wunder wirken, wie er an den Heiligen getan. Es gibt noch andere schwierige Dinge genug, in denen man den vollkommenen Gehorsam üben kann, und ich billige alles, was nicht mit solchen Gefahren verbunden ist.

14. Zu Malagón bat einmal eine Schwester, sich geißeln zu dürfen. Die Priorin, an die ohne Zweifel schon öfters diese Bitte gerichtet worden war, sagte: „Lassen Sie mich in Ruhe!" Als (die Schwester) dringend flehte, erwiderte sie: „Gehen Sie spazieren und lassen Sie mich in Ruhe!" Diese ging nun in aller Einfalt einige Stunden spazieren, bis sie eine Schwester fragte, warum sie denn solange spazieren gehe — oder etwas Ähnliches —, worauf sie entgegnete, es sei ihr befohlen worden. Unterdessen läutete es zur Matutin; und als die Priorin fragte, warum jene Schwester nicht gekommen sei, sagte ihr die andere, was sich zugetragen. So müssen denn die Priorinnen, wie ich schon anderswo erwähnt habe, mit Seelen, von denen sie bereits wissen, daß sie überaus gehorsam sind, vorsichtig zu Werke gehen und wohl beachten, was sie anordnen.

15. Eine andere Nonne kam zur Priorin, um ihr einen jener großen Würmer zu zeigen, und sagte, sie möchte ihn ansehen, wie lieblich er sei. Die Priorin erwiderte im Scherze: „Nun wohlan, essen Sie ihn!" Diese entfernte sich und röstete ihn schön und gut. Als die Küchenschwester sie fragte, warum sie den Wurm röste, gab sie zur Antwort: „Weil ich ihn esse." Sie wollte es auch tun und würde sich großen Schaden zugefügt haben, ohne daß die Priorin eine Ahnung davon gehabt hätte. Ich freue mich indessen sehr, daß man hierin über den Gehorsam hinausgeht, weil ich eine besondere Vorliebe für diese Tugend habe; auch habe ich mit allen Kräften dahin gewirkt, daß sich die Schwestern diese Tugend erwerben. Allein es würde wenig genützt haben, wenn nicht der Herr in seiner überaus großen Barmherzigkeit allen insgesamt die Gnade erwiesen hätte, gerne zu gehorchen. Möge Seine Majestät diese Tugend immer mehr unter ihnen fördern!

142

Neunzehntes Hauptstück

Fortsetzung des Berichtes über die Gründung des Klosters zum heiligen Joseph in der Stadt Salamanca.

1. Ich bin von meinem Gegenstand weit abgekommen; denn so oft mir etwas in den Sinn kommt, worüber mich der Herr durch eigene Erfahrung belehren wollte, fällt es mir schwer, mit Stillschweigen darüber hinwegzugehen. Es mag ja möglich sein, daß das, was ich verurteile, lobenswert ist. Befragt euch darum, meine Töchter, immer bei gelehrten Männern; denn bei ihnen findet ihr Aufklärung, um auf sichere und kluge Weise den Weg der Vollkommenheit zu wandeln. Es ist für die Oberinnen, wenn sie ihr Amt gut verwalten wollen, überaus notwendig, bei gelehrten Männern zu beichten, sonst werden sie arge Mißgriffe machen und dies für Heiligkeit halten; ebenso sollen sie dafür Sorge tragen, daß die Nonnen gelehrte Beichtväter haben.

2. Wir kamen also am Vorabend vor Allerheiligen des obenerwähnten Jahres[1] zur Mittagszeit in der Stadt Salamanca an. Von einem Gasthause aus ließ ich einen frommen Mann namens Nikolaus Gutiérrez[2] zu mir rufen, den ich schon davon verständigt hatte, Sorge zu tragen, daß das gemietete Haus bei unserer Ankunft geräumt sei. Er ist ein sehr treuer Diener Gottes, dem Seine Majestät zum Lohne für sein frommes Leben eine (seltene) Gemütsruhe und Zufriedenheit inmitten aller Widerwärtigkeiten, die ihn getroffen, verliehen hat. Früher war er sehr wohlhabend; und nachdem er ganz arm geworden, blieb er in seiner Armut ebenso fröhlich wie ehedem im Reichtum. Er hat zu

---

[1] 1570.

[2] Nikolaus Gutiérrez, vermählt mit Anna de la Fuente, hatte sechs Töchter, die alle Nonnen im Kloster der Menschwerdung zu Avila waren und später zur Reform übertraten. Sie hießen: Anna Maria von Jesu, Isabella von Jesu, Juliana von der heiligen Magdalena, Hieronyma vom heiligen Augustin, Johanna Baptista und Maria vom heiligen Petrus. Alle blieben der Reform treu mit Ausnahme der Schwester Anna Maria von Jesu. Nach einem Bericht der Schwester Maria Pinel, t. II. p. 110, erbat man sich von Salamanca aus die Schwester Anna Maria von Jesu, um dem neu gegründeten Kloster der Augustinerinnen (Rekollektinnen) den Geist der hl. Mutter einzupflanzen. Diese Gesinnung bewahrt das Kloster heute noch. Dort blieb Anna Maria bis zum Jahre 1615. Dann kehrte sie ins Kloster der Menschwerdung zurück, wo sie 1618 starb.

dieser Stiftung sehr viel beigetragen, und zwar mit einer bewunderungs=
würdigen Ergebenheit und Bereitwilligkeit.

3. Als er zu mir kam, teilte er mir mit, daß das Haus noch nicht
geräumt sei, da er die Studenten nicht bewegen konnte, auszuziehen.
Ich machte ihm begreiflich, wieviel daran gelegen sei, daß es uns
unverzüglich überlassen werde, bevor man von meiner Anwesenheit etwas
erfahre; denn ich fürchtete, wie schon erwähnt, immer, es möchte irgend=
ein Hindernis dazwischenkommen. Er begab sich also zur Eigentümerin
des Hauses und legte ein so kräftiges Wort bei ihr ein, daß das Haus
noch am selben Abend geräumt wurde; es war schon fast Nacht, als wir
es bezogen. Dies war die erste Klostergründung, die ohne Einsetzung
des Allerheiligsten vollzogen wurde. Ich hatte nämlich früher gemeint,
zur Besitznahme gehöre die Einsetzung des Allerheiligsten; jetzt wußte
ich bereits, daß es darauf nicht ankomme. Es war dies ein großer
Trost für mich, und dies um so mehr, da die Studenten (das Haus)
in einem sehr schlimmen Zustand verlassen hatten. Sie hatten eben
keinen Reinlichkeitssinn, weswegen das ganze Haus so unsauber war,
daß wir während jener Nacht nicht wenig zu tun hatten.

4. Am anderen Tage in der Frühe[1] wurde die erste heilige Messe
gelesen, und ich sorgte dafür, noch mehrere Nonnen von Medina del
Campo kommen zu lassen.[2] Während der Nacht des Festes Allerheiligen
blieben ich und meine Gefährtin allein (im Hause). Ich versichere euch,
meine Schwestern, daß ich jetzt noch lachen muß, wenn ich mich an die
Furcht meiner Gefährtin, Maria vom heiligsten Sakramente, erinnere,
die weit älter als ich und eine größere Dienerin Gottes war. Das

---

[1] Pater Martin Gutiérrez zeigte dadurch seine innige Ergebenheit gegen die
Heilige, daß er am selben Abend zwei seiner Patres zu ihr kommen ließ, um die
Kapelle und den Altar für den nächsten Tag herzurichten. Am Morgen des 1. No=
vember zelebrierte Pater M. Gutiérrez, der nicht ganz drei Jahre später sein
Blut für den Glauben vergoß, die heilige Messe, um die Besitznahme des Klosters
damit zum Ausdruck zu bringen. Es ist dies gewiß eine kostbare und ehrwürdige
Erinnerung für das Kloster zu Salamanca. (Memorias Historiales, L. R. n.
105, 154, 252.)

[2] Es waren dies die Mutter Anna von der Menschwerdung, Maria von Jesu,
und die Profeßschwester von Valladolid, Hieronyma von Jesu. Etwas später
kamen von Avila die beiden Novizinnen Anna von Jesu und Johanna von Jesu,
sowie Maria vom hl. Franziskus, die in Toledo eintrat, als die Heilige dieses
Kloster gründete. (Memorias Hist. L. N. n. 77.)

Haus war sehr geräumig, in großer Unordnung und hatte viele Boden-
kammern. Meine Gefährtin konnte den Gedanken an die Studenten
nicht aus dem Kopfe bringen und meinte, es könnte sich leicht einer von
ihnen im Hause verborgen haben, weil sie sehr ungehalten darüber
waren, daß sie es verlassen mußten. Dies hätten sie auch leicht tun
können, da die Gelegenheit dazu geboten war. Wir schlossen uns also
in ein Zimmer ein, worin das Stroh sich befand, das ich immer an
erster Stelle herbeischaffen ließ, wenn ich ein Kloster stiftete; denn
wenn wir dies hatten, so fehlte es uns wenigstens nicht an einer Lagerstätte. Auf diesem Stroh schliefen wir während jener Nacht, beschützt
durch ein paar Decken, die man uns zu leihen gab.[1] Am anderen Tage
liehen uns die Nonnen des benachbarten Klosters[2] zur heiligen Elisabeth, die, wie wir meinten, (über unsere Niederlassung) ungehalten
wären, das nötige Gerät für die Schwestern, die wir kommen ließen,
und schickten uns auch Almosen. Während der ganzen Zeit unseres
Aufenthaltes in jenem Hause haben sie uns sehr viele gute Dienste
und Wohltaten erwiesen.[3]

5. Als nun meine Begleiterin sich in jenem Zimmer eingeschlossen
sah, schien sie der Studenten wegen etwas ruhiger zu werden, wenn
sie auch immer furchtsam von einer Seite zur anderen schaute. Ohne
Zweifel hat ihr der böse Feind allerlei furchtsame Gedanken eingegeben,
um auch mich in Furcht zu setzen, wozu bei der mir eigenen Schwäche
des Herzens gewöhnlich wenig hinreichte. Als ich sie fragte, warum sie
denn immer so umherblicke, da doch niemand hereinkommen könne, erwiderte sie: „Mutter, ich denke eben, was Sie wohl allein anfangen
würden, wenn ich jetzt sterben sollte.“ Wäre dies wirklich der Fall gewesen, so würde es mir schwer gefallen sein; ich dachte eine Zeitlang
darüber nach und fürchtete mich auch. Wenn ich auch vor Verstorbenen
nicht in Schrecken gerate, so bereitet mir doch dieser Anblick, selbst

---

[1] Vom Jesuitenkloster.

[2] Nicht weit von der „Casa de Santa Teresa“ befindet sich heute noch das
Kloster der Franziskanerinnen zur heiligen Elisabeth. In einem Teil dieses Klosters, das nach der Aufhebung im Jahre 1856 wieder hergestellt wurde, wohnten
nach der Überlieferung die heilige Theresia und ihre Gefährtinnen öfters der
heiligen Messe bei. Siehe La Fuente: Casas y Recuerdos de S. Teresa c. V.

[3] Nach den Worten der Ref. de los Desc. t. I. l. II. c. 44 schenkte dieses Kloster
den Karmelitinnen verschiedene Hausgeräte und Lebensmittel.

wenn ich nicht allein bin, eine gewiſſe Beklommenheit des Herzens. Da auch noch das Totengeläute dazu kam — es war nämlich, wie ſchon erwähnt, die Nacht vor Allerſeelen —, ſo hatte der böſe Feind leichtes Spiel, uns mit kindiſchen Gedanken zu beunruhigen; wenn er aber merkt, daß man ihn nicht fürchtet, ſo ſucht er andere Wege einzuſchlagen. Ich ſagte darum zu meiner Gefährtin: „Schweſter, wenn dies wirklich geſchehen ſollte, ſo werde ich ſchon daran denken, was ich zu tun habe; laſſen Sie mich jetzt ſchlafen!" Da wir ſchon zwei ſchlechte Nächte gehabt hatten, ſo vertrieb der Schlaf bald alle Furcht. Am anderen Tage kamen mehrere Schweſtern an, und die Furcht hatte ein Ende.[1] In dieſem Hauſe verblieb das Kloſter gegen drei bis vier Jahre, ich erinnere mich nicht mehr genau, ohne daß man es viel beachtete. Mich hatte man wieder in das Kloſter zur Menſchwerdung nach Avila zurück=berufen;[2] denn aus freien Stücken hätte ich ja nie ein Kloſter verlaſſen

---

[1] Einer dieſer gefürchteten Studenten, Johannes Moritz mit Namen, der ſpäter Biſchof von Barbaſtro wurde, betrieb im Jahre 1611 unter Papſt Paul V. die Heiligſprechung Thereſiens. Er ſagt: „Ich habe mit beſonderer Freude die Breve empfangen, die Eure Heiligkeit zur Heiligſprechung der ehrwürdigen Jungfrau Thereſia ausgefertigt haben. Als ich vor vierzig Jahren meine Studien in Sala= manca machte, zog ich aus dem Hauſe aus, das ich bewohnte, um es dieſer ſeligen Mutter zu überlaſſen, die dortſelbſt ein Nonnenkloſter ſtiftete. Seit dieſer Zeit trage ich gegen ſie die größte Verehrung wegen der heroiſchen Tugenden, womit Gott ſie begnadigte, und wegen der auffallenden Wunder, die ſie gewirkt und jetzt noch täglich wirkt." (Año Teresiano t. V. dia 6 de mayo.)

[2] Der apoſtoliſche Viſitator Pater Petrus Fernández hatte die heilige Thereſia im Jahre 1571 zur Priorin des Kloſters zur Menſchwerdung beſtimmt. Nach dem Zeugniſſe der Schweſter Maria Pinel (t. II. p. 106) wiſſen wir, daß Thereſia am 6. Oktober 1571 vom neuen Amt Beſitz ergriff und mit ſolch zielbewußter Klugheit zu Werke ging, daß die Nonnen, obwohl ſie die Heilige mit Widerwillen aufnahmen, ihr Betragen in kurzem vollſtändig änderten. — Durch die Bulle Pius' V. vom 20. Auguſt 1569 wurde Pater Petrus Fernández zum apoſtoliſchen Viſitator des Ordens Unſerer Lieben Frau vom Berge Karmel ernannt. Er legte im Jahre 1547 im Dominikanerkloſter zum hl. Stephan in Salamanca ſeine Ge= lübde ab, hatte im Orden hervorragende Ämter ſowie verſchiedene Lehrſtühle der Theologie inne und wurde vom König Philipp II. zum Theologen für das Konzil von Trient berufen. Bei ſeinen Viſitationen ging er mit Mäßigkeit, Klugheit und religiöſem Eifer zu Werke. Als er das Kloſter der Nonnen in Paſtrana viſitierte, rief er aus: „Nach allem, was ich ſah, habe ich in der ganzen Kirche kein Kloſter gefunden, in dem größere Strenge und Vollkommenheit herrſchte als in dieſem!" Er ſchätzte die Heilige überaus hoch. Am Ende ſeines Lebens wurde er von Papſt

und habe ich auch keines verlassen, bevor nicht ein eigenes, abgeschlossenes und gut eingerichtetes Haus vorhanden war. Gerade hierin hat mir der Herr große Gnade erwiesen, daß ich bei der Arbeit gerne die erste war und alles, was zur Ruhe und Bequemlichkeit der Schwestern notwendig ist, bis auf das kleinste besorgte, gleich als ob ich mein ganzes Leben in solch einem Hause zubringen wollte. War dann alles gut eingerichtet, so freute ich mich darüber herzlich.

6. Ich empfand darum großen Schmerz beim Anblick dessen, was die Schwestern an diesem Orte litten; es fehlte ihnen zwar nicht an Nahrung, da ich von meinem Aufenthaltsorte aus für sie Sorge trug — das Kloster war nämlich für jene, die Almosen geben wollten, zu weit entfernt —; aber ihre Gesundheit wurde sehr angegriffen, weil das Haus kalt und feucht war und diesem Übel wegen seiner Größe nicht gut abgeholfen werden konnte. Das Mißlichste war, daß das Allerheiligste Sakrament nicht eingesetzt war, was bei einer so strengen Klausur überaus betrübend ist. Sie wurden aber deshalb nicht trostlos, sondern ertrugen alles mit einer Zufriedenheit, daß man den Herrn dafür lobpreisen mußte. Einige von ihnen sagten mir, daß das Verlangen nach einem anderen Hause ihnen als Unvollkommenheit vorkomme, da sie hier sehr zufrieden wären, wenn sie nur das Allerheiligste Sakrament besitzen würden.

7. Als der Ordensobere ihren vollkommenen Wandel und die Beschwernisse sah, die sie erdulden mußten, wurde er von Mitleid erfüllt und befahl mir, vom Kloster der Menschwerdung aus wieder nach Salamanca zurückzukehren.[1] Die Schwestern waren bereits mit einem Edelmann daselbst wegen eines Hauses[2] in Unterhandlung getreten;

Gregor XIII. zum Leiter des Kapitels ernannt, das die Trennung der Unbeschuhten von den Beschuhten aussprechen sollte. Er starb aber noch vorher im Jahre 1580.

[1] Zu Anfang des Jahres 1573 erbat sich die Herzogin von Alba, Doña Maria Henríquez, vom apost. Kommissär P. Petrus Fernández die Erlaubnis, daß die Heilige einige Tage auf ihrem Schlosse zubringen dürfte; sie kam dort am 8. Februar an. Nachdem sie wieder ins Kloster der Menschwerdung zurückgekehrt war, gab ihr P. Fernández den Auftrag, die Angelegenheiten des Klosters in Salamanca zu ordnen, das in sehr bedrängter Lage sich befand. Im Hochsommer reiste sie in Begleitung einer Nonne aus dem Kloster der Menschwerdung, namens Doña Quiteria, des P. Anton von Jesu und des P. Julian de Avila dorthin. Siehe Anhang Nr. 8.

[2] Das Haus gehörte dem Petrus de la Banda und lag in der Nähe des herrlichen Palastes der Grafen de Monterey. In einem Briefe vom 2. August des

aber es befand sich in einem solchen Zustande, daß man, um einziehen zu können, mehr als tausend Dukaten aufwenden mußte. Es war ein Majoratsgut, und der Eigentümer erlaubte uns, dorthin überzusiedeln und auch die baulichen Veränderungen vorzunehmen, obwohl vom König noch keine Erlaubnis gegeben war. Ich veranlaßte den Pater Julian de Avila, der bei diesen Stiftungen gewöhnlich bei mir war und mich auch nach Avila zurückbegleitete, mit mir zu reisen. Wir besichtigten das Haus, um Anordnungen zu treffen, was zu tun sei; denn die Erfahrung hat mir für derartige Dinge ein gutes Verständnis gegeben.

8. Wir standen im Monat August; und obwohl man allen möglichen Fleiß anwendete, zogen sich doch die Arbeiten hinaus bis zum Feste des heiligen Michael, um welche Zeit gewöhnlich die Häuser vermietet werden; auch da war man mit vielem noch nicht ganz fertig. Da wir das Haus, das wir (bisher) bewohnten, für das folgende Jahr nicht gemietet hatten, so war schon ein anderer Inwohner da, der uns zu großer Eile drängte. Die Kapelle war schon beinahe ganz getüncht, allein der Edelmann, der das Haus an uns verkauft hatte, war abwesend. Einige Personen, die uns wohl geneigt waren, hielten es nicht für gut, daß wir so schnell einzogen; allein wo man in Not ist, da können die Ratschläge nichts helfen, wenn dadurch nicht auch Mittel und Wege geschaffen werden.

9. Wir zogen am Vorabend des Festes des heiligen Michael etwas vor Tagesanbruch ein. Es war schon verkündet worden, daß an diesem Feste das Allerheiligste Sakrament eingesetzt und eine Predigt gehalten werde.[1] Nun fügte es der Herr, daß am Tage unseres Umzuges gegen Abend ein heftiges Regenwetter einfiel, so daß der Transport der notwendigen Einrichtungsgegenstände sehr schwierig vonstatten ging. Die Kapelle war ganz neu hergestellt und hatte ein so schlechtes Dach, daß der Regen fast überall eindrang. Ich muß bekennen, meine Töchter, daß ich mich an jenem Tage in meiner ganzen Unvollkommenheit erblickte. Da die Feierlichkeit schon allgemein bekannt war, so wußte ich nicht, was ich tun sollte. Ich war sehr in Verwirrung und sprach zum Herrn, fast um mich zu beklagen, er möge mir entweder keinen Auftrag mehr zu solchen Werken geben oder der gegenwärtigen Not abhelfen.

Jahres 1573 bat die Heilige den Don Petrus de la Vanda um die Erlaubnis, Arbeiten vornehmen zu dürfen, von denen sie hier spricht.

[1] Die Predigt hielt der berühmte aszetische Schriftsteller P. Didakus de Estella.

Der gute Nikolaus Gutiérrez sagte in seinem Gleichmut, gleich als ob es sich um gar nichts handelte, ganz ruhig zu mir, ich sollte mich nicht betrüben, Gott werde schon helfen. Und so geschah es auch; denn am Feste des heiligen Michael fing zu der Zeit, als das Volk zusammenströmte, die Sonne zu scheinen an, was mich sehr zur Andacht stimmte. Ich erkannte, daß dieser fromme Mann durch sein Vertrauen auf Gott weit besser gehandelt hatte als ich in meinem Kummer.

10. Es fand sich viel Volk ein, und mit Musik und großer Feierlichkeit wurde das Allerheiligste Sakrament eingesetzt. Da dieses Kloster sich in einer hübschen Lage befindet, so wurde es allmählich bekannt und liebgewonnen; besonders erwiesen uns Doña Maria Pimentel, Gräfin de Monterey,[1] und eine Frau namens Doña Mariana, deren Gemahl Bürgermeister daselbst war, sehr viel Gutes. Unsere Freude am Besitze des Allerheiligsten Sakramentes sollte aber bald in etwa herabgedrückt werden. Gleich am folgenden Tage kam der Edelmann, dem das Haus gehörte, in solchem Zorn zu uns, daß ich nicht wußte, was ich mit ihm anfangen sollte. Offenbar war der böse Feind schuld, daß ich ihn nicht zur Einsicht bringen konnte; wir hatten alles erfüllt, was mit ihm vereinbart war, allein er achtete keineswegs auf unsere Vorstellungen.

11. Auf das Zureden einiger Personen wurde er ein wenig ruhiger, aber bald darauf änderte er seine Ansicht wieder; ich war schon entschlossen, ihm das Haus wieder abzutreten, allein dies wollte er auch

---

[1] Im Palaste des Grafen de Monterey hatte sich die Heilige bei ihrer Rückkehr von Salamanca mit Erlaubnis des Ordensprovinzials einige Tage aufgehalten. Diesen Aufenthalt verherrlichte Gott durch zwei Wunder. Das erste war die plötzliche Heilung der Gattin des Erziehers der Kinder des Grafen, die ein heftiges Fleckfieber hatte und von den Ärzten aufgegeben war. Die Heilige legte ihr die Hände auf das Haupt, und sogleich rief die Kranke aus: „Wer hat mich berührt? Ich bin geheilt!" Sie sprang behende aus dem Bette, um ihrer Wohltäterin zu danken, und bestätigte so die Wahrheit des an ihr gewirkten Wunders.

Das zweite Wunder war die Heilung einer Tochter des Grafen. Die Ärzte hatten sie auch schon aufgegeben, und man erwartete stündlich ihren Tod. Da ersuchten deren Eltern Theresia, sie möchte es bei Gott erflehen, daß Gott ihnen das Kind lasse. Die Heilige entsprach ihrem Wunsche und zog sich zum Gebete in ein Zimmer zurück. Während des Gebetes erschienen ihr der hl. Dominikus und die hl. Katharina von Siena, die ihr sagten, daß Gott ihr das Leben dieses Kindes geschenkt habe. Das Kind gesundete und heiratete später den Grafen Olivares und wurde so die Mutter des Herzogs von Sanlúcar, des Stifters des Klosters der unbeschuhten Karmeliten zu Avila. (Ref. de los. Descalz. t. I. l. II. c. 48.)

nicht, sondern nur, daß ihm der Preis unverzüglich ausbezahlt werde. Seine Gemahlin, die Eigentümerin des Hauses war, hatte es verkaufen wollen, um für zwei ihrer Töchter die Aussteuer beschaffen zu können, und unter diesem Vorwande hatte man um die Erlaubnis zum Verkaufe des Hauses nachgesucht. Auch war das Geld schon bei einem hinterlegt, den er bezeichnet hatte. Wie dem auch sei, der Kauf wurde schon vor mehr als drei Jahren eingeleitet und ist jetzt noch nicht vollständig abgeschlossen; ich weiß nicht, wie das enden und ob das Kloster in jenem Hause bleiben wird; aus diesem Grunde habe ich diese Bemerkung gemacht.[1] Ich weiß nur, daß die Nonnen in keinem der Klöster, die der Herr bis jetzt nach der ursprünglichen Regel gründen ließ, so vielfache und so schwere Leiden erdulden mußten als in diesem. Durch Gottes Barmherzigkeit aber befanden sich dort so vortreffliche Nonnen, daß sie alles mit Freuden ertrugen.[2] Möge Seine Majestät sie weiter fördern; denn daran liegt wenig, ob wir ein bequemes Haus haben oder nicht, es muß uns vielmehr große Freude bereiten, in einem Hause zu sein, aus dem man uns wieder vertreiben kann, wenn wir bedenken, daß der Herr der Welt auch keines hatte. Es ist uns, wie man aus dem Berichte dieser Stiftungen ersehen kann, mehr als einmal passiert, in einem fremden Hause wohnen zu müssen, und ich habe in der Tat nie bemerkt, daß eine Nonne sich darüber betrübte. Möge es der göttlichen Majestät in seiner unendlichen Güte und Barmherzigkeit gefallen, daß wir von den ewigen Wohnungen nicht ausgeschlossen werden! Amen, Amen.

Zwanzigstes Hauptstück

Gründung des Klosters zu Unserer Lieben Frau von der Verkündigung in Alba de Tormes im Jahre 1571.

1. Es waren seit dem Feste Allerheiligen, an dem wir von dem Hause in Salamanca Besitz genommen hatten, noch nicht zwei Monate ver-

---

[1] Im Jahre 1582, im Todesjahre der Heiligen, zogen die Karmelitinnen wirklich aus dem Hause des Petrus de la Banda aus und siedelten in ein anderes über, das ihnen Don Christoph Suárez y Solis zur Verfügung stellte.

[2] Priorin war damals Mutter Anna von der Menschwerdung (Anna de Tapia) und Subpriorin Maria von Christus. Die ehrwürdige Anna von Jesu, die nach der

floſſen, als ich von ſeiten des Schatzmeiſters des Herzogs von Alba und ſeiner Gemahlin beſtürmt wurde, in jener Stadt ein Kloſter zu gründen.[1] Ich hatte aus dem Grunde keine große Luſt dazu, weil man in einem ſo unbedeutenden Orte (dem Kloſter) notwendig Einkünfte zuweiſen mußte, was ganz gegen meinen Willen war. Mein Beichtvater, Pater Magiſter Dominikus Báñez,[2] von dem ich bei Beginn der Stiftungen geſprochen habe und der ſich damals zufällig in Salamanca befand, gab mir einen Verweis und ſagte, daß es nicht recht wäre, aus dieſem Grunde die Stiftung eines Kloſters zu unterlaſſen, da ja das Konzil (von Trient) den Bezug von Einkünften erlaubt habe. Ich verſtände nicht, daß die Nonnen trotzdem arm und ganz vollkommen leben könnten. Ehe ich weiter erzähle, will ich berichten, wer die Stifterin war und wie ſie der Herr dazu veranlaßte.[3]

2. Die Stifterin des Kloſters zur Verkündigung Unſerer Lieben Frau in Alba de Tormes war Thereſia de Layz, die Tochter vornehmer Eltern von hochadeliger Abkunft und reinem (echt chriſtlichem) Geblüte.[4] Da ſie nicht ſo reich waren, wie es dem hohen Adel ihrer Ahnen entſprochen hätte, ſo wohnten ſie in dem Dorfe Tordillos, zwei Meilen vom erwähnten Städtchen Alba entfernt. Es iſt ſehr zu bedauern, daß ſolche

---

Vorſehung Gottes den Karmel nach Frankreich verpflanzen ſollte, war damals Novizenmeiſterin.

[1] Die erſten Unterhandlungen geſchahen im Jahre 1568 durch Vermittlung der Doña Johanna de Ahumada, der Schweſter der heiligen Thereſia, und ihres Gemahls, Don Johann de Ovalle, die in Alba wohnten. Die Heilige begab ſich ſelbſt mit einigen Nonnen dorthin, um die erbetene Gründung zu vollziehen. Allein da kein Einverſtändnis erzielt wurde, gab man den Plan für diesmal wieder auf. Kurz nach der Gründung von Salamanca wurde das Bittgeſuch wieder erneuert. Siehe Ribera l. II. c. XVII.

[2] In meinen bisherigen Ausgaben der Schriften Thereſias ſchrieb ich immer die Form Bañes, weil ich in Spanien die Schriftzüge dieſes großen Theologen ſelbſt vor Augen hatte, der ſeinen Namen in obenſtehender Form unter ein Schriftſtück ſetzte. Heute aber ſcheint tatſächlich die gebräuchliche und richtige Schreibweiſe: Báñez zu ſein.

[3] Über die erſte Zeile des folgenden Abſchnittes ſetzte die Heilige das bekannte Anagramm: J H S.

[4] Limpia sangre (reines Blut) wird im Spaniſchen gebraucht, wenn man von Nachkommen echt chriſtlicher Eltern ſpricht, in deren Adern kein mauriſches und jüdiſches Blut floß. Doña Thereſia war die Tochter des Didakus de Layz und der Doña Beatrix de Aponte und ſtammte aus Tordillos. Sie ſtarb am 19. Januar 1583.

Leute aus weltlichen Rücksichten, die nur der Eitelkeit dienen, es vorziehen, in solch kleinen, abgelegenen Orten zu leben, wo man des Unterrichtes und so vieler zur Erleuchtung der Seele dienender Mittel entbehren muß, als daß sie auch nur etwas von dem fallen ließen, was nach ihrer Auffassung die Ehre erheische. Da die Eltern der Theresia de Layz bei deren Geburt schon vier Töchter hatten, so waren sie sehr betrübt bei der Wahrnehmung, daß sie nun eine Tochter mehr besaßen. Es ist in der Tat sehr beklagenswert, daß die Sterblichen sich weigern, sich dem zu überlassen, der alles weiß und alles schafft, und untröstlich sind über das, was sie erfreuen sollte; sie verstehen eben nicht, was für sie das Beste ist, weil die Ratschlüsse Gottes für sie ein Geheimnis sind, und denken weder an das viele Gute, das ihnen von seiten ihrer Töchter, noch auch an das viele Unheil, das ihnen von seiten ihrer Söhne erwachsen kann. Da der Glaube dieser Leute (gleichsam) eingeschläfert ist, so machen sie sich weiter keine Gedanken und vergessen, daß Gott es ist, der solche Anordnungen trifft, dessen Händen sie alles überlassen können. Sind sie nun einmal so blind, daß sie dies nicht tun, so zeugt es auch von großer Unwissenheit, daß sie nicht einsehen, wie wenig ihnen ihr Kummer nützt. O mein Gott, wie ganz anders werden wir über diesen Irrtum an jenem Tage urteilen, an dem die Wahrheit aller Dinge offenbar werden wird! Wie viele Väter und Mütter wird man in die Hölle stürzen sehen, weil sie Söhne hatten, und wie viele wird man im Himmel gewahren (einzig) um ihrer Töchter willen!

3. Ich kehre nun wieder zu meiner Erzählung zurück. Die Sache war schon so weit gekommen, daß die Eltern ihr Kind, gleich als ob ihnen an dessen Leben nichts gelegen wäre, am dritten Tage nach seiner Geburt vom Morgen bis zum Abend ganz allein ließen, ohne daß sich jemand desselben annahm. Nur eines vergaßen sie nicht, daß sie es gleich nach der Geburt von einem Priester taufen ließen. Als gegen Abend eine Frau, die um die Pflege des Kindes besorgt war, in das Haus kam und das Vorgefallene erfuhr, lief sie eilends zum Kinde, um zu sehen, ob es noch lebe. Mit ihr kamen auch einige Frauen, die die Mutter besuchen wollten und Zeugen des Vorfalles waren, den ich nun erzählen will.

4. Die Frau nahm das Kind unter Tränen auf ihre Arme und sagte, gleichsam um auf die ihm zugefügte Grausamkeit hinzuweisen: „Wie,

mein Kind, bist du denn keine Christin?" Das Kind erhob sein Köpf-
chen und sprach: „Doch, ich bin es", und es redete kein Wort mehr bis
zu dem Alter, in dem alle (Kinder) gewöhnlich reden. Jene, die dies
hörten, waren von Staunen ergriffen, und die Mutter begann von
da an das Kind zu lieben und liebevoll zu pflegen; oft sagte sie zu mir,
daß sie so lange leben möchte, bis sie sehe, was Gott aus diesem Kinde
machen werde. Sie erzog ihre Töchter recht sittsam und unterwies sie in
allen Tugenden.

5. Als die Zeit herankam, in der man sie verehelichen wollte, weigerte
sie sich und zeigte auch kein Verlangen darnach. Als sie aber erfuhr, daß
Franziskus Velásquez — er ist jetzt ihr Gemahl und auch der Stifter
dieses Klosters — um ihre Hand werbe, und seinen Namen nennen
hörte, entschloß sie sich, ohne ihn je im Leben gesehen zu haben, ihn zu
heiraten, wenn man ihn ihr zum Manne geben wolle. Der Herr aber
sah voraus, daß dies zur Vollführung eines guten Werkes notwendig
war, das beide zur Verherrlichung Seiner Majestät verwirklichten.
Denn er ist nicht nur ein tugendhafter und reicher Mann, er trägt
auch eine solche Liebe zu seiner Gemahlin, daß er ihr in allem zu gefallen
sucht. Und das mit Recht, da der Herr ihr in reichstem Maße alles verliehen hat, was man von einer Ehefrau verlangen kann. Sie führt,
mit seltenem Verständnis verbunden, mit solider Tugend ihr Haus-
wesen, wie dies folgender Vorfall beweist. Als ihr Gemahl sie an seinen
Geburtsort Alba führte und auf Anordnung der Quartiermacher des
Herzogs ein junger Edelmann in ihrem Hause Wohnung nahm, wurde
sie so entrüstet, daß sie diesen Ort zu verabscheuen begann. Da sie noch
jung und eine anziehende Erscheinung war, hätte sie trotz ihrer soliden
Tugend Gefahr laufen können, da der Teufel dem Edelmann bereits
böse Begierden einzuflößen begann. Es hätte dies leicht zu einem
schlimmen Ausgang führen können, wenn sie nicht so tugendhaft gewesen
wäre. Sie merkte dies und, ohne ihrem Gemahl etwas zu sagen, bat sie
ihn, von diesem Orte wegzuziehen. Er gab ihr Gehör und führte sie nach
Salamanca, wo sie in größter Zufriedenheit lebten, reichlich gesegnet
mit irdischen Gütern; denn Velásquez bekleidete ein Amt, wodurch er
sich und seiner Gattin die Achtung und das Entgegenkommen aller erwarb.[1] Nur einen Schmerz hatten sie, daß ihnen unser Herr keine

[1] Er war Rentenverwalter der Universität und hatte den Professoren den ihnen
gebührenden Gehalt auszubezahlen. Ribera, der uns diese Einzelheiten berichtet,

Kinder schenkte; die fromme Gattin verrichtete deshalb viele Gebete und Andachtsübungen und flehte zum Herrn um nichts anderes, als daß er ihr Nachkommenschaft geben möchte, wodurch nach ihrem Tode Seine Majestät gepriesen würde. Es fiel ihr der Gedanke überaus schwer, niemanden zurücklassen zu können, der nach ihrem Ableben Seine Majestät verherrlichen würde. Sie sagte mir auch, daß sie sonst keinen anderen Wunsch habe; sie ist, wie schon erwähnt, eine Frau von unentwegter Wahrheitsliebe, von tiefer Frömmigkeit und Tugend, so daß sie mich oft zum Lobe des Herrn stimmt, wenn ich ihre Werke und ihre Seele betrachte, da sie ein so großes Verlangen trägt, ihm zu gefallen und ihre Zeit stets gut zu benützen.

6. Schon viele Jahre lang trug sie diesen Wunsch im Herzen, als sie sich eines Tages dem heiligen Andreas[1] empfahl, der, wie man ihr sagte, in dieser Angelegenheit ein besonderer Fürsprecher sei; auch verrichtete sie viele andere Andachtsübungen. Da vernahm sie einst in der Nacht, als sie im Bette lag, die Worte: „Verlange keine Kinder, sonst wirst du verdammt!" Obwohl sie darüber sehr erschrak und in Furcht geriet, so gab sie doch dieses Verlangen nicht auf in der Meinung, daß sie doch nicht verdammt werden könne, da sie einen so guten Zweck im Auge habe. So fuhr sie fort, unseren Herrn um diese Gnade zu bitten, und verrichtete insbesondere noch eigene Gebete zum heiligen Andreas.

7. Einst war ihr Herz wieder von demselben Verlangen erfüllt. Sie weiß aber nicht, ob sie wach war oder schlief; doch wie es auch immer gewesen sein mag, man sieht aus dem Folgenden, daß sie eine gute Vision hatte. Es kam ihr vor, als sei sie in einem Hause, in dessen Hofraum sich unter einem gedeckten Gang ein Brunnen befand; an demselben Orte sah sie eine grüne Wiese, besät mit weißen Blumen von solcher Schönheit, daß sie den Anblick nicht beschreiben kann. Neben dem Brunnen erschien ihr der heilige Andreas in der Gestalt eines sehr ehrwürdigen und schönen Mannes, dessen Anblick sie überaus erfreute und der zu ihr sprach: „Das sind andere Kinder als jene, die du willst."

8. Sie hatte nur den Wunsch, es möchte dieser große Trost, der ihr an diesem Orte zuteil wurde, nie ein Ende nehmen; allein er war

behauptet, er habe Franz Velásquez gekannt, als er dieses Amt verwaltete. (t. II. c. XVII.)

[1] Im Original heißt es: San Tandrés.

nur von kurzer Dauer. Ohne daß es ihr jemand sagte, erkannte sie in jener Erscheinung den heiligen Andreas, sowie auch, daß es der Wille Unseres Herrn sei, ein Kloster zu errichten. Daraus geht hervor, daß dies sowohl eine Verstandes- als auch eine bildhafte Vision war und weder ein Phantasiegebilde noch eine Täuschung des bösen Feindes sein konnte.

9. Fürs erste war diese Vision kein Phantasiegebilde wegen der erhabenen Wirkungen, die sie hervorbrachte; denn von da an hatte sie kein Verlangen mehr nach Kindern; die Überzeugung, daß die Gründung eines Klosters der Wille Gottes sei, blieb ihrem Herzen so tief eingeprägt, daß sie nie mehr um Kinder bat noch auch solche verlangte. So begann sie denn auf Mittel und Wege zu sinnen, um ins Werk zu setzen, was der Herr von ihr wollte.

10. Daß auch der böse Feind nicht der Urheber dieser Vision sein konnte, geht ebenfalls aus der Wirkung hervor, die sie hervorbrachte. Denn Satans Werk kann etwas Gutes, wie die bereits vollzogene Gründung eines Klosters, nicht schaffen, in dem unserem Herrn sehr eifrig gedient wird. Überdies geschah dies schon mehr als sechs Jahre vor der Gründung des Klosters, und der böse Feind kann die Zukunft nicht erkennen.

11. Voll Staunen über diese Vision sagte sie zu ihrem Gemahl: „Wir wollen jetzt ein Nonnenkloster stiften, da es nicht der Wille Gottes ist, uns mit Kindern zu beschenken." Velásquez, der ja so gut und liebevoll gegen seine Gemahlin ist, freute sich über diesen Plan, und nun berieten sie sich darüber, an welchem Orte sie ein Kloster errichten sollten. Sie wünschte es in ihrem Geburtsorte zu haben; er aber machte auf die ernsten Schwierigkeiten aufmerksam, um sie zu überzeugen, daß es dort nicht gut angebracht sei.

12. Während sie so mit sich zu Rate gingen, ließ die Herzogin von Alba Franz Velásquez rufen; als er erschienen war, bestimmte sie ihn, wieder nach Alba zurückzukehren zur Übernahme einer Stelle und eines Amtes, das sie ihm an ihrem Hofe verleihen wolle. Nachdem sie ihn über die Art und Weise dieses Auftrages aufgeklärt hatte, nahm er das Amt an, obwohl es weit weniger einträglich war als seine Stellung in Salamanca.[1] Als seine Gemahlin dies erfuhr, war sie sehr

---

[1] Es handelte sich um die Stelle eines Schatzmeisters. Die Heilige nennt Franz

darüber betrübt, weil sie, wie schon erwähnt, vor diesem Orte einen Abscheu hatte; erst als er sie versicherte, daß man keinen Fremden mehr ins Haus aufnehme, beruhigte sie sich ein wenig, wenn es ihr auch noch immer überaus lästig fiel, da sie lieber in Salamanca geblieben wäre. Franz Velásquez kaufte ein Haus in Alba und ließ dann auch seine Gemahlin dorthin kommen; aber sie kam sehr ungern, und als sie das Haus sah, wurde sie noch mißvergnügter; wenn es auch sehr schön gelegen und geräumig war, so hatte es doch wenig Zimmer; die erste Nacht war sie darum sehr betrübt.

13. Als sie am anderen Tage in der Frühe in den Hof hinaustrat, erblickte sie auf derselben Seite, wo sie den heiligen Andreas gesehen hatte, den Brunnen, und es erschien ihr alles ganz genau so, wie sie es wahrgenommen.[1] Ich spreche (natürlich) nur vom Platze; denn sie sah weder den Heiligen noch die Wiese und die Blumen, wenn sie auch all dies treu im Gedächtnis behielt und noch behält. Über diesen An-blick wurde sie verwirrt und faßte den Entschluß, daselbst ein Kloster zu errichten. Sie war nun ganz getröstet und beruhigt und hatte keinen Wunsch mehr, anderswohin zu ziehen. Beide Ehegatten schickten sich nun an, mehrere aneinanderstoßende Häuser zu kaufen, bis sie einen vollkommen genügenden Platz zum Baue eines Klosters gewonnen hatten.

14. Aber jetzt beschäftigte sie sich eingehend mit der Frage, von welchem Orden das Kloster sein sollte; denn sie wünschte nur Nonnen in geringer Anzahl und mit strenger Klausur. Als sie sich mit zwei tugendhaften und gelehrten Männern aus verschiedenen Orden darüber besprach, sagten ihr beide, daß es besser sei, andere Werke der Frömmigkeit zu verrichten; denn die Nonnen seien größtenteils mit ihrem Stande unzufrieden, überdies führten sie auch noch andere wichtige Gegen-gründe an. Auf diese Weise wollte der böse Feind dieses Unternehmen, das ihm (offenbar) mißfiel, verhindern; und er brachte es wirklich dahin, daß ihr die Gründe, die beide Ordensmänner anführten, be-rechtigt erschienen. Da nun diese beiden ihr so sehr von diesem Plane abrieten und der böse Feind noch mehr Hindernisse in den Weg legte, um ihn zu zerstören, geriet Theresia de Layz in Furcht und Angst und

Velásquez selbst im Anfang dieses Hauptstückes den Schatzmeister der Herzogin von Alba. (Rib. l. II. c. XVII.)
[1] In der oben erwähnten Vision.

faßte den Entschluß, die Stiftung aufzugeben, was sie auch ihrem Gemahl eröffnete. Da solche Männer sich gegen ihr Vorhaben aussprachen, wodurch sie unserem Herrn einen Dienst zu erweisen glaubten, standen sie davon ab. Sie beschlossen nun, einen Neffen, den Sohn einer Schwester der Theresia de Layz, den sie sehr lieb hatten, mit einer Nichte des Franz Velásquez zu verehelichen und ihnen einen großen Teil ihres Vermögens zu übergeben, den anderen aber für ihr Seelenheil zu verwenden; dieser Neffe war noch sehr jung und überaus tugendhaft.

15. Beide hatten sich für diese Meinung entschieden und hielten (diesen Plan) schon für ausgemacht. Allein da unser Herr die Sache anders bestimmt hatte, so nützte ihnen ihr Entschluß wenig; denn ehe vierzehn Tage vergingen, fiel der Neffe in eine so schwere Krankheit, daß ihn unser Herr in sehr kurzer Zeit zu sich nahm.[1] Theresia[2] war davon aufs äußerste betroffen, so daß sie in große Furcht geriet; sie meinte, der Entschluß, das von Gott gewollte Werk zu unterlassen und dem Neffen das Vermögen zu übergeben, sei die Ursache seines Todes gewesen. Sie erinnerte sich an das, was dem Propheten Jonas widerfuhr,[3] weil er Gott nicht gehorchen wollte, und glaubte, er habe sie auch bestraft, indem er ihr den Neffen entriß, den sie so innig liebte.

16. Von diesem Tage an war sie fest entschlossen, die Gründung des Klosters um keinen Preis mehr zu unterlassen, und auch ihr Mann war derselben Ansicht; nur wußten sie nicht, wie sie diesen Entschluß ins Werk setzen sollten. Es scheint nun wirklich, Gott habe ihr in den Sinn gegeben, was jetzt geschah. Aber jene, denen sie Mitteilung machte und vorstellte, was sie für ein Kloster gründen wolle, lachten sie aus, weil sie der Ansicht waren, daß sie die Sache nicht so finden werde, wie sie wünsche. Zu diesen gehörte insbesondere auch ihr damaliger Beichtvater, ein gelehrter und angesehener Mann aus dem Orden des heiligen Franziskus; durch ihn wurde sie ganz mutlos.

17. Um dieselbe Zeit kam dieser Ordensmann an einen gewissen Ort,[4] wo er Kenntnis erhielt von den Klöstern Unserer Lieben Frau vom

---

[1] Dieser junge Mann, der so früh hinweggerafft wurde, war wahrscheinlich ein Sohn der Doña Isabella de Layz, einer Schwester der Stifterin.

[2] de Layz.

[3] Jonas 1 und 2.

[4] Wahrscheinlich in Pedroso, wo die Söhne des hl. Petrus de Alcántara ihm Aufschluß gaben.

Berge Karmel, die eben gegründet wurden. Nachdem er sich über diese genügend Aufklärung verschafft hatte, kam er wieder zu Theresia zurück und teilte ihr mit, daß er nun gefunden (was sie suche) und sie auch ein Kloster gründen könne, wie sie es wünsche. Er berichtete ihr den ganzen Sachverhalt und veranlaßte sie, mit mir darüber in Unterhandlung zu treten, was auch geschah. Es hat viele Mühe gekostet,[1] bis wir uns verständigt hatten; denn ich habe immer darauf gesehen, daß die Klöster, die ich mit Einkünften gründete, ein so ausreichendes Einkommen haben sollten, daß die Nonnen weder von ihren Verwandten noch auch von sonst jemand etwas benötigten, sondern die notwendige Nahrung und Kleidung ihnen im Kloster gereicht und auch die Kranken mit aller Sorgfalt gepflegt werden sollten; denn wo das Notwendige fehlt, da gibt es viele Ungelegenheiten. Selbst wenn es sich darum handelte, viele Klöster ohne Einkünfte und bloß auf Armut zu gründen, würde es mir nicht an Mut und Vertrauen gebrechen, weil ich zuversichtlich hoffe, Gott werde es an nichts fehlen lassen; aber um Klöster mit Einkommen, auch nur mit geringem, zu gründen, fehlt mir der Mut gänzlich, und ich halte es für besser, sie nicht zu gründen.

18. Endlich brachte man es zuwege, daß sie[2] Vernunft annahmen und für die bei uns festgesetzte Anzahl (von Nonnen) ein hinreichendes Einkommen bestimmten. Nebstdem überließen sie uns auch, was man ihnen besonders hoch anrechnen muß, ihr eigenes Haus und bezogen ein anderes, sehr unbequemes. Es wurde das Allerheiligste Sakrament eingesetzt, und die Gründung erfolgte am Feste der Bekehrung des heiligen Paulus im Jahre 1571 zur Ehre und Verherrlichung Gottes. Nach meinem Dafürhalten wird dort Seiner Majestät sehr eifrig gedient. Möge es ihr gefallen, dieses Kloster immer mehr zu fördern![3]

---

[1] Die Verhandlungen hatten sich einmal schon ganz zerschlagen.

[2] Die Stifter.

[3] Die von der Heiligen für das neue Kloster bestimmten Schwestern hießen: Johanna vom Heiligen Geiste, Guiomar von Jesu, Maria vom heiligsten Sakrament, Thomasina-Baptista und Maria vom heiligen Franziskus. Die Heilige stellte Johanna vom Heiligen Geiste als Priorin und Maria vom heiligsten Sakrament als Subpriorin auf; beide waren Profeßschwestern des Klosters der Menschwerdung. Elf Jahre später mußte diese Klostergemeinde die sterbende Theresia wieder in ihre Mitte aufnehmen, ihr beim Heimgang in den Himmel beistehen und endlich die Wächterin ihrer heiligen Überreste werden. In diesem Kloster ist heute noch die Zelle zu sehen, aus der sich die Seele der seraphischen Jungfrau zum Himmel empor-

19. Ich habe mit der Erzählung einzelner Züge aus dem Leben einiger Nonnen dieser Klöster begonnen, weil ich mir dachte, daß die jetzigen Nonnen nicht mehr am Leben sein werden, wenn man dies zu lesen bekommt, und es für die nachkommenden eine Aufmunterung sei, solch erhabene Vorbilder nachzuahmen. Nachher aber glaubte ich, daß jemand anders dies besser und mehr im einzelnen erzählen werde, ohne, wie ich, fürchten zu müssen, Anteil daran gehabt zu haben. Aus diesem Grunde habe ich wichtige Dinge übergangen, die jene, die sie gesehen und erfahren haben, für Wunder ansehen müssen, da sie übernatürlich sind. Von diesen Dingen habe ich nichts erzählen wollen und auch von jenen nicht, die offenbar unser Herr auf das Gebet (der Nonnen) hin gewirkt hat.

20. Obwohl ich mir nach Kräften Mühe gab, um mir die Jahreszahlen der einzelnen Stiftungen ins Gedächtnis zurückzurufen, so habe ich etwas Furcht, ich möchte mich bei deren Angabe vielleicht geirrt haben. Indessen liegt nicht viel daran, da man es später verbessern kann; ich gebe sie so gut an, als ich es meinem Gedächtnis entsprechend vermag. Wenn ich mich auch dann und wann irre, so wird der Unterschied von geringer Bedeutung sein.[1]

---

schwang. Über dem Hochaltar der Kirche, zwischen dieser und dem oberen Oratorium der Schwestern, ruht in einem silbernen, mit Marmor umgebenen Schrein der jungfräuliche Leib der Heiligen. Ihr linker Arm, von dem jedoch die Hand getrennt und zuerst nach Avila, dann nach Lissabon gebracht wurde, sowie ihr vom Engel durchbohrtes Herz werden im unteren Oratorium aufbewahrt. In der Kirche liegen auch Theresias Schwester und Schwager Johanna de Ahumada und Johann de Ovalle, sowie ihr Sohn Gonzalvo. Theresia de Layz folgte der Heiligen bald ins Grab nach. Sie ruht auch mit ihrem Gemahl in der von ihnen erbauten Klosterkirche zu Alba. Der Bau der prachtvollen Basilika, die für die Aufnahme der Reliquien der Heiligen bestimmt sein sollte, wurde am 16. Oktober 1897 von dem großen Verehrer der heiligen Theresia, dem Bischof Don Thomas Camara y Castro von Salamanca, aus dem Augustinerorden, begonnen. Nach dem Tode dieses hervorragenden Prälaten im Jahre 1904 wurde das Bauwerk unter das hohe Protektorat Ihrer Königl. Hoheit der bayerischen Prinzessin Ludwig Ferdinand de la Paz, Infantin von Spanien, gestellt. Leider ist das Bauwerk heute noch unvollendet. Es stehen bloß die halben Mauern, die wahrscheinlich dem Verfall geweiht sind. Ein betrübender Anblick für jeden Besucher.

[1] Die Heilige besuchte des öfteren dieses Kloster zu Alba auf ihren Reisen. Im Jahre 1574 befand sie sich, wie schon erwähnt, im Schlosse des Herzogs von Alba, damals eine stolze Bastei, von der heute nur noch einige Mauerreste geblieben sind, sowie der Turm, der gleichsam diese traurigen Ruinen beweint. Die damalige

Einundzwanzigstes Hauptstück

Stiftung des Karmels zum glorreichen heiligen Joseph in Segovia, am Feste desselben heiligen Joseph im Jahre 1574.

1. Ich habe schon erwähnt,[1] daß mir nach der Stiftung der Klöster von Salamanca und Alba, bevor noch in Salamanca ein eigenes Haus vorhanden war, der damalige apostolische Kommissär, Pater Magister Petrus Fernández, den Auftrag gab, für drei Jahre in das Kloster der Menschwerdung nach Avila mich zu begeben, und mir in Rücksicht auf die Not im Kloster zu Salamanca wieder zurückzukehren befahl, damit die Nonnen ein eigenes Haus bekämen.[2]

2. Als ich dortselbst eines Tages mich im Gebete befand, sagte unser Herr zu mir, ich sollte mich zu einer Gründung nach Segovia begeben. Mir schien die Sache unmöglich; denn ich durfte ohne Auftrag nicht gehen, und ich hatte vom apostolischen Kommissär, Pater Magister Petrus Fernández, vernommen, daß ihm die Stiftung mehrerer Klöster nicht angenehm sei. Auch sah ich ein, daß diese ablehnende Haltung wohl begründet war, weil die drei Jahre, während derer ich im Kloster der Menschwerdung bleiben sollte, noch nicht zu Ende waren.

3. Während ich mir darüber meine Gedanken machte, sprach der Herr wieder zu mir, ich sollte den Pater Petrus Fernández davon in Kenntnis setzen, er werde die Erlaubnis dazu geben. Ich war in Salamanca und schrieb dem Kommissär, daß ich, wie er wohl schon wisse, von unserem wohlehrwürdigen Pater General den ausdrücklichen Befehl hätte, keine Klosterstiftung zu unterlassen, wo immer sich Gelegenheit zu einer solchen bieten würde. Es sei nun in Segovia von der Stadtobrigkeit und vom Bischof die Erlaubnis zur Gründung eines Klosters (der Reform) zugestanden worden; wenn mir daher Seine Paternität den Auftrag zur Gründung gäbe, so würde ich sie vollziehen; ich wolle ihn nur davon in Kenntnis setzen, um mit meinem Gewissen ins reine zu kommen,

Pracht der herzoglichen Wohnungen bildeten für die Heilige die Unterlage für die herrlichen Schilderungen der übernatürlichen Gnaden und Gunstbezeigungen, die den Seelen zuteil werden können. (Siehe „Seelenburg", 6. Wohn., 4. Hauptstück.)

[1] Im 18. Hauptstück der Klosterstiftungen.

[2] Theresia erwähnt hier eine ehrenvolle Epoche ihres Lebens ganz kurz, vermutlich, weil sie nicht leicht davon schreiben konnte, ohne die vielen Fehler ihrer Verfolger zu erwähnen. Siehe Anhang Nr. 6.

und würde zufrieden und beruhigt sein, was er auch immer befehlen werde.

4. Ich glaube, daß dies ungefähr meine Worte waren, und ich bemerkte (noch), daß nach meinem Dafürhalten Gott dadurch ein Dienst erwiesen werde. Offenbar wollte Seine Majestät diese Stiftung, weil mir der Kommissär sogleich zur Antwort gab, sie vorzunehmen, und mir dazu die Genehmigung übersandte, so daß ich in Anbetracht dessen, was ich von ihm über diese Angelegenheit vernommen habe, sehr erstaunt war. Ich ließ nun gleich von Salamanca aus ein Haus mieten, weil ich seit der Gründung von Toledo und Valladolid belehrt worden bin, daß es aus vielen Gründen besser sei, erst dann ein eigenes Haus zu erwerben, wenn man Besitz ergriffen habe. Der Hauptgrund aber war, weil ich keinen Heller hatte, um eines zu kaufen. Diese Sorge überließ ich dem Herrn, weil er, wo immer ich ein Kloster in dieser Weise gründete,[1] bald für ein Haus sorgte; zudem konnten wir uns dann einen mehr geeigneten Platz auswählen.

5. In Segovia wohnte eine Dame, die Witwe eines Majoratsherrn, namens Doña Anna de Jimena.[2] Diese hatte mich schon einmal in Avila besucht; sie war eine eifrige Dienerin Gottes und hatte immer den Beruf in sich gefühlt, Nonne zu werden. Sobald das Kloster errichtet war, trat sie mit einer ihrer Töchter, die ein frommes Leben führte, ein, und der Herr verlieh ihr für die Widerwärtigkeiten, die sie im Ehestande und als Witwe erduldet hatte, im Ordensleben doppelte Freude. Mutter und Tochter hatten immer in strenger Zurückgezogenheit und als wahre Dienerinnen Gottes gelebt. Diese fromme Frau suchte uns ein Haus und versah uns mit allem, was sie für die Kapelle und für uns notwendig hielt, so daß wir uns darum nicht viel zu kümmern hatten. Aber damit keine dieser Stiftungen ohne Schwierigkeiten zustande kam, wurde ich, abgesehen von den inneren Leiden, an

---

[1] In einem gemieteten Hause nämlich.

[2] Doña Anna de Jimena war die Witwe des Don Franz Barros de Bracamonte. Sie trug im Karmel den Namen Anna von Jesu. Ihre Tochter Doña Maria de Bracamonte erhielt den Namen Maria von der Menschwerdung. Sie machten beide am gleichen Tage (2. Juli) Profeß. Die Mutter lebte 35 Jahre überaus erbaulich im Karmel, die Tochter trug 50 Jahre das Ordenskleid und führte ein nicht minder erbauliches Leben. Der hl. Johannes vom Kreuz schätzte diese beiden Nonnen überaus hoch.

denen meine Seele infolge Trockenheit und tiefer Finsternis des Geistes litt, auch von einem schweren Fieber, von Ekel vor Speisen und vielfachen anderen Leiden heimgesucht, die drei Monate lang sehr heftig auftraten; während des ganzen halben Jahres meiner Anwesenheit dortselbst war ich immer krank.[1]

6. Am Feste des heiligen Joseph wurde das Allerheiligste Sakrament eingesetzt, nachdem wir erst am Tage vorher nachts in Segovia angekommen waren. Obwohl wir die Erlaubnis des Bischofs und der Stadtvertretung hatten, wollte ich doch unsere Ankunft geheimhalten. Diese Erlaubnis war zwar schon lange gegeben, aber da ich im Kloster der Menschwerdung mich befand und von einem anderen Oberen als von unserem wohlehrwürdigen Vater[2] abhängig war, so konnte ich die Klosterstiftung nicht vornehmen. Ich hatte vom Bischof,[3] der damals in Segovia residierte, als die Stadt ein Kloster wünschte, die Erlaubnis nur mündlich erhalten, die er vor einem Edelmann, namens Andreas de Jimena[4] ausgesprochen, der sich unser annahm. Aber dieser hatte nicht dafür Sorge getragen, sie schriftlich zu erhalten; und ich meinte auch, daß daran nichts gelegen sei. Doch ich täuschte mich. Als der Generalvikar des Bischofs von der Errichtung des Klosters Kunde erhielt, eilte er sogleich sehr erzürnt herbei und verbot, weiterhin die Messe zu lesen, während er den Unbeschuhten Karmeliten,[5] der die Messe schon gelesen hatte, ins Gefängnis werfen wollte. Dieser Ordensmann war mit Pater Julian de Avila und mit einem anderen Diener Gottes, der mich begleitete, namens Antonius Gaytan, hierher gekommen.

---

[1] Die Heilige verließ in den letzten Tagen des Jahres 1573 Salamanca und nahm mit sich die Schwester Isabella von Jesu und die Laienschwester Maria von Jesu. Vom Konvent zu Alba nahm sie die Schwester Guiomar von Jesu und von Avila Isabella vom heiligen Paulus mit sich. Die Heilige blieb kurze Zeit in Alba und von da reiste sie über Medina nach Avila. Nachdem sie alles vorbereitet hatte, verließ sie Mitte März 1574 Avila und kam am 18. März in Segovia an. In ihrer Begleitung waren auch Johannes vom Kreuz, Julian de Avila und Gaytan.

[2] P. Petrus Fernández.

[3] Don Didakus de Covarrubias y Leyva, einer der frömmsten und gelehrtesten Prälaten seiner Zeit. Er war damals Präsident des Königlichen Rates von Kastilien.

[4] Andreas de Jimena war ein Neffe der Doña Anna de Jimena und ein Bruder der Schwester Isabella von Jesu.

[5] Den heiligen Johannes vom Kreuz.

162

7. Dieser (Antonius Gaytan)[1] war ein Edelmann aus Alba, den unser Herr einige Jahre vorher, als er noch sehr in die Welt verstrickt war, zu seinem Dienste berufen hatte. Seitdem aber hat er die Welt schon so überwunden, daß sein ganzes Sinnen und Denken darauf sich bezog, wie er am meisten die Ehre des Herrn fördern könne. Ich habe gleich seinen Namen angegeben, weil er gelegentlich der folgenden Stiftungen noch öfters erwähnt werden muß. Er hat mir viel geholfen und große Dienste erwiesen, und wollte ich seine Tugenden aufzählen, so käme ich nicht so bald an ein Ende. Jene Tugend, die uns sehr zustatten kam, ist seine große Selbstüberwindung; denn keiner von den Dienern, die uns begleiteten, hatten alles, was notwendig war, so bereitwillig vollzogen wie er. Er ist im Gebetsleben sehr weit vorangeschritten und hat von Gott so große Gnaden empfangen, daß er alles angenehm und leicht fand, was andere abschrecken würde. So scheinen ihm alle Mühen, die er bei diesen Stiftungen auf sich nehmen muß, gering; und man erkennt klar, daß ihn und den Pater Julian de Avila Gott ganz besonders dazu berufen hat; übrigens war Julian de Avila schon seit der Stiftung des ersten Klosters bei uns. Um dieser ausgezeichneten Reisebegleitung willen mußte wohl unser Herr zulassen, daß mir alles gut gelang. Auf den Reisen sprachen sie nur von Gott und unterrichteten jene, die uns begleiteten oder uns begegneten; so waren sie auf jede Weise bestrebt, Seiner Majestät zu dienen.

8. Es ist gut, meine Töchter, daß ihr, die ihr den Bericht dieser Stiftungen leset, auch wisset, was wir diesen Dienern Gottes verdanken, damit ihr sie unserem Herrn empfehlet und sie einigen Nutzen aus eueren Gebeten ziehen; denn sie haben ohne jedweden Eigennutz überaus viel zu dem Glücke beigetragen, das ihr durch das Verweilen in diesen Klöstern genießet. Wenn ihr wüßtet, wie viele böse Tage und Nächte, welche Mühseligkeiten sie auf diesen Reisen erlebten, so würdet ihr dies von Herzen gerne tun.

9. Der Generalvikar wollte sich nicht entfernen, ohne einen Gerichtsdiener an der Türe unserer Kirche zurückzulassen; ich weiß aber

---

[1] Dieser Edelmann erreichte durch seinen Verkehr mit Theresia eine hohe Stufe der Vollkommenheit, wie sie auch in ihren Briefen an ihn zu erkennen gibt. Er begleitete Theresia auf ihren Stiftungsreisen nach Segovia, Veas, Sevilla und Caravaca. Eine seiner Töchter legte am 13. Dezember 1585 in Alba ihr Gelübde ab und hieß Marianna von Jesu. Sie wurde Gründerin des Klosters zu Tarazona.

nicht, warum. (Vielleicht) hatte es den Zweck, den Umstehenden etwas Schrecken einzujagen. Was aber mich betrifft, so konnte auf mich nichts mehr, was auch vorfallen mochte, viel Eindruck machen, nachdem wir einmal Besitz ergriffen hatten; vorher war ich voll Furcht. Ich ließ einige angesehene Personen der Stadt, Verwandte einer[1] der Schwestern, die ich mitgebracht hatte, zu mir rufen, die mit dem Generalvikar die Angelegenheit besprechen und ihm sagen sollten, daß ich die Erlaubnis des Bischofs hätte. Er wußte dies recht gut, wie er nachher gestand; allein er hatte gewollt, daß wir ihn davon benachrichtigt hätten, was meines Erachtens noch schlimmer gewesen wäre. Endlich einigten sie sich dahin, daß er uns das Kloster überließ, aber das Allerheiligste Sakrament uns entzog, was uns keineswegs in Verwirrung brachte. So blieben wir einige Monate, bis wir uns unter vielen Streitigkeiten ein Haus verschafften. Wir waren schon mit den Franziskanern sehr in Streit geraten wegen eines anderen in ihrer Nähe gelegenen Hauses, das wir gekauft hatten; wegen des vorhergenannten, das wir behielten, mußten wir mit den Barmherzigen Brüdern und mit dem Kapitel der Domkirche gerichtlich verhandeln, weil es eine Rente von diesem Hause bezog. O Jesus, wieviel Kummer verursacht doch dieser Streit mit so vielen Meinungen! Wenn ich einen Streit für beendigt hielt, so entstand wieder ein neuer; denn sie waren nicht zufrieden, wenn wir ihnen auch gaben, was sie verlangten, so daß bald darauf wieder eine neue Schwierigkeit entstand. Erzählt man dies, so scheint es unbedeutend zu sein, aber es ertragen müssen, war nicht leicht.

10. Ein Neffe des Bischofs, der erste Kanonikus[2] der Domkirche, und der Lizentiat Herrera, ein eifriger Diener Gottes, taten für uns alles, was in ihrer Macht lag. Als wir endlich eine schwere Summe Geldes ausbezahlt hatten, war jene Angelegenheit[3] beendigt; mit den Barmherzigen Brüdern lagen wir indessen noch in Streit, so daß wir ganz im geheimen das Haus beziehen mußten. Als sie unsere Anwesen-

---

[1] Isabella von Jesu, Schwester des Andreas Jimena.

[2] Prior y canónigo scheint hier soviel zu heißen wie Dompropst, der erste Kanonikus einer Domkirche. Es war dies Don Johann de Orozco y Covarrubias de Leyva, der später Bischof von Guadix und Baza wurde. Seine freundlichen Beziehungen zur hl. Theresia und zur Priorin des neuen Klosters, Isabella vom hl. Dominikus, trugen sehr viel zur Schlichtung der Streitigkeiten bei, die gelegentlich dieser Gründung entstanden.

[3] Mit dem Domkapitel.

heit dort merkten — wir waren nämlich ein oder zwei Tage vor dem
Feste des heiligen Michael eingezogen —, fanden sie es für gut, sich mit
uns mittels einer Geldsumme abzufinden. Was mir noch größeren
Kummer bereitete als diese Hindernisse, war der Umstand, daß die
drei Jahre (meines Priorates) im Kloster der Menschwerdung in
sieben oder acht Tagen zu Ende gingen und meine Anwesenheit am
Schlusse dieser Jahre dortselbst unumgänglich notwendig war.

11. Durch gütige Zulassung unseres Herrn nahm alles ein so gutes
Ende, daß sich jeder Streit legte und ich zwei oder drei Tage später
ins Kloster der Menschwerdung reisen konnte.[1] Sein Name sei gepriesen in Ewigkeit, da er mir immer so große Gnaden erwiesen hat;
es mögen ihn lobpreisen alle Geschöpfe! Amen.

Zweiundzwanzigstes Hauptstück

Stiftung des Klosters zum glorreichen heiligen Joseph vom göttlichen Erlöser in der
Stadt Veas, am Feste des heiligen Matthias im Jahre 1575.

1. Um dieselbe Zeit, als ich, wie schon erwähnt, die Weisung erhielt,
vom Kloster der Menschwerdung mich nach Salamanca zu begeben,[2]

---

[1] Während ihres wiederholten Aufenthaltes in Segovia erfreute sich die heilige
Theresia vieler Gunstbezeigungen des Himmels. Einmal sah die Klostergemeinde
die Heilige eine Stunde lang in Verzückung. Nachher erfuhr man, daß in derselben Stunde in Salamanca eine Nonne gestorben war, der die Heilige bei
ihrem Hinscheiden beistand. Ein anderes Mal bemerkten die Nonnen, daß die
Heilige sich plötzlich aus der Rekreation entfernte und in den Chor ging, um ihren
sterbenden Bruder Laurentius dem Herrn zu empfehlen. Später traf die Nachricht ein, daß er um dieselbe Stunde gestorben sei.

Bemerkenswert sind auch folgende beiden Visionen: In der ersten sah die
Heilige zu ihrer Rechten den Heiland und zu ihrer Linken den hl. Albertus.
Letzterer sprach mit ihr über die Reform und legte ihr zur Förderung und zum
Frieden des Ordens die Notwendigkeit der Trennung der Unbeschuhten von den
Beschuhten nahe. Die zweite Vision, die eine Stunde dauerte, hatte die Heilige
in der zum Kloster des hl. Dominikus gehörigen Grotte, die sie bei ihrer Abreise
von Segovia im Vorübergehen besuchte. Es erschien ihr der hl. Dominikus, der
ihr sein Wort und seine Hand darauf gegeben, daß er ihr in allem, was die Reform
betreffe, seinen Beistand leisten werde. (Reforma de los Desc. t. l. III. c.
XXXI.)

[2] Im Jahre 1573.

kam während meines Aufenthaltes dortfelbst ein Bote aus der Stadt Veas.[1] Er brachte mir Briefe von einer dortigen Dame, vom Pfarrer und anderen Perfonen, die die Bitte enthielten, dorthin zu kommen und ein Klofter zu gründen; fie hätten fchon ein Haus, und es fehle weiter nichts, als die Stiftung des Klofters vorzunehmen. Ich ließ mich von diefem Manne näher unterrichten. Er erzählte mir viel Gutes von diefer Gegend und dies nicht ohne Grund; denn diefer Ort liegt fehr anmutig und hat ein ausgezeichnetes Klima. Als ich mir aber die vielen Meilen Weges bis dorthin vor Augen ftellte, fchien mir die Annahme des Anerbietens eine Torheit. Dazu kam noch der Umftand, daß ich die Stiftung nicht vornehmen konnte ohne Erlaubnis des apoftolifchen Kommiffärs,[2] der, wie fchon erwähnt, ein Gegner oder wenigftens kein Freund von (neuen) Stiftungen war. Darum wollte ich, ohne ihm etwas zu fagen, eine ablehnende Antwort geben. Nachher aber, als fich der Kommiffär eben in Salamanca befand, hielt ich es doch nicht für gut, dies, ohne feine Meinung vernommen zu haben, zu tun, weil mir ja unfer wohlehrwürdiger Pater General den Auftrag gegeben hatte, keine Stiftung zurückzuweifen. Nachdem der Pater Kommiffär von den Briefen Einficht genommen hatte, ließ er mir fagen, daß er keinen Grund finde, diefe Leute zu betrüben; ihre Frömmigkeit habe ihn erbaut, und ich follte ihnen fchreiben, daß die Stiftung vorgenommen werden würde, wenn fie von ihrem Orden[3] die Erlaubnis erhielten. Ich follte aber verfichert fein, daß ihnen die Erlaubnis nicht gegeben werde, weil er wiffe, daß man von den Komturen auch für andere Orte die Zuftimmung nicht erlangen konnte, obwohl viele Jahre lang darum nachgefucht worden fei; ich follte indeffen den Bittftellern keine abfchlägige Antwort geben.

---

[1] Veas ift eine kleine Stadt in der Sierra Morena gelegen und hat heutzutage 6000 Einwohner.

[2] Pater Petrus Fernández.

[3] Veas ftand in Abhängigkeit vom Ritterorden des heiligen Jakobus, und ohne Erlaubnis des Ordensrates konnte die Gründung nicht vorgenommen werden. Der Widerftand des Ordensrates war keineswegs gering, bis Philipp II., an den fich die Heilige wandte, die Angelegenheit zu ihren Gunften regelte. Die Heilige hatte auf ihrer Reife nach Veas eine große Begleitung bei fich und hatte in der Sierra Morena zahllofe Schwierigkeiten zu überwinden, deren Erwähnung zu weit führen würde. (Siehe Anhang Nr. 9.)

2. Zuweilen denke ich darüber nach, wie unser Herr, wenn er etwas will, was wir nicht wollen, es so fügt, daß wir selbst ohne unser Wissen als Werkzeuge dazu dienen müssen. So war es auch hier mit dem Pater Magister Petrus Fernández. Als jene Personen die gewünschte Erlaubnis erhalten hatten, konnte er auch mir die seinige nicht mehr abschlagen, und so wurde das Kloster gestiftet.

3. Dieses Kloster des seligsten Joseph in der Stadt Veas wurde also am Feste des heiligen Matthias im Jahre 1575 errichtet. Ich werde zur Ehre und Verherrlichung Gottes erzählen, wie es zustande kam. In der genannten Stadt lebte ein Edelmann, namens Sancho Rodríguez de Sandoval,[1] der aus einem vornehmen Geschlechte stammte und viele zeitliche Güter besaß. Er war mit einer Dame, namens Doña Katharina Godinez, verheiratet. Außer anderen Kindern schenkte ihnen unser Herr auch zwei Töchter, und diese wurden die Stifterinnen des genannten Klosters. Die ältere hieß Doña Katharina Godinez, die jüngere Doña Maria de Sandoval. Die ältere zählte etwa vierzehn Jahre, als der Ruf des Herrn an sie erging.[2] Bis zu diesem Alter hatte sie sich keineswegs darum gekümmert, die Welt zu verlassen, vielmehr hatte sie eine so hohe Meinung von sich, daß ihr alle Heiratsanträge, die der Vater ihr vorstellte, viel zu minderwertig erschienen.

4. Eines Tages befand sie sich in einem Zimmer neben dem ihres Vaters, der noch im Bette lag. Zufällig las sie an einem dort sich befindlichen Kreuz die Aufschrift, als der Herr plötzlich während des Lesens eine Veränderung in ihr herbeiführte. Sie dachte eben über eine Heirat nach, die man ihr angeboten hatte und überaus vorteilhaft für sie gewesen wäre. Da sagte sie zu sich selbst: „Wie ist doch mein Vater mit so wenigem zufrieden, daß er mir einen Majoratsherrn geben will! Ich aber denke, daß mein Geschlecht mit mir beginnen muß." Sie hatte keine Neigung zur Verehelichung, weil es ihr erniedrigend vorkam, jemanden unterworfen zu sein; aber sie wußte selbst nicht, woher dieser Hochmut kam. Der Herr aber wußte wohl, wie er ihr hierin zu Hilfe kommen sollte; seine Barmherzigkeit sei gepriesen!

5. Während sie so den Titel des Kreuzes las, schien es ihr, als hätte in ihrer Seele ein Licht ähnlich dem Strahle der Sonne, der in ein dunkles Zimmer fällt, aufgeleuchtet, um die Wahrheit zu er-

---

[1] Siehe Reforma de los Desc. t. I. l. III. c. XXXII. p. 502.

[2] Doña Katharina hatte an diesem Tage gerade das 14. Lebensjahr vollendet.

kennen. Erleuchtet von diesem Lichte, heftete sie ihre Augen auf den Herrn, der mit Blut übergossen am Kreuze hing, und erwog, wie sehr er mißhandelt worden. Sie dachte an seine tiefe Demut und erkannte, wie sehr sein Weg von dem ihrigen verschieden sei, da sie auf dem Wege des Hochmuts wandle. In solchen Gedanken mußte sie wohl eine geraume Zeit verweilt sein, bis der Herr ihren Geist zu sich erhob. Dabei verlieh ihr Seine Majestät eine so klare Erkenntnis ihres eigenen Elends, daß sie wünschte, alle möchten dieses Elend erkennen. Zugleich verlieh ihr Gott ein so heftiges Verlangen, für ihn zu leiden, daß sie gerne alle Peinen der Martyrer erdulden wollte. In Verbindung damit empfand sie ein so tiefes Gefühl der Niedrigkeit und des Abscheues vor sich selbst, daß sie, wenn es ohne Beleidigung Gottes möglich gewesen wäre, gewünscht hätte, das verworfenste Weib zu sein, um für alle ein Gegenstand des Abscheues zu werden. Wenigstens fing sie an, sich zu verabscheuen und ein inniges Verlangen nach Bußübungen zu fassen, was sie auch später ins Werk setzte. Unverzüglich machte sie das Gelübde der Keuschheit und Armut und nahm in sich eine solche Sehnsucht nach Unterwürfigkeit wahr, daß sie mit Freuden sich als Sklavin ins Land der Mauren hätte führen lassen. Alle diese Tugenden bewahrte sie dauernd in sich, so daß man klar erkannte, die übernatürliche Gnade unseres Herrn habe dies bewirkt; ich werde später darüber berichten, damit alle ihn lobpreisen.

6. Gepriesen seist du, o mein Gott, in alle Ewigkeit, der du eine Seele in einem Augenblick vernichtest und wieder von neuem schaffst! Was ist doch dies, o Herr? Ich möchte hier gerne an dich eine Frage stellen wie die Apostel,[1] die da sagten, als du den Blindgebornen sehend machtest: „Haben seine Eltern dies verschuldet (oder er selbst)?" Ich aber frage: „Wer hat eine so erhabene Gnade verdient?" Katharina wohl nicht; denn wir wissen schon, aus welcher Gesinnung du sie herausgerissen hast, als du ihr diese Gnade gewährtest. Wie erhaben sind doch deine Gerichte, o Herr! Du weißt, was du tust, und ich weiß nicht, was ich hier sage, da deine Werke und deine Gerichte unbegreiflich sind. Sei dafür in Ewigkeit gepriesen, der du Macht hast zu noch größeren Werken! Was würde aus mir geworden sein, wenn dies nicht so wäre? Aber vielleicht war ihre Mutter teilweise die Ursache der veränderten

---

[1] Joh. 9, 2.

Gesinnung ihrer Tochter; denn wir dürfen annehmen, daß du in deiner Güte und Barmherzigkeit dieser so christlichen Frau den Trost gewähren wolltest, noch in ihrem Leben eine so erhabene Tugend an ihren Töchtern zu sehen. Manchmal denke ich darüber nach, wie du jene, die dich lieben, auf solche Weise begnadigst, daß du ihnen den erhabenen Vorzug gewährst, dich auch in ihren Kindern zu verherrlichen.

7. Während sich mit Katharina ereignete, was ich soeben erzählte, erhob sich über dem Zimmer ein so starkes Geräusch, daß es den Anschein hatte, als ob das ganze Gemach zusammenstürzen würde; dieses ganze Geräusch schien aus einer Ecke hervorzukommen, wo sie stand; und sie hörte ein schreckliches Gebrüll, das eine gute Weile andauerte. Ihren Vater, der, wie schon erwähnt, noch nicht aufgestanden war, befiel eine solche Furcht, daß er zu zittern begann. In seiner Erregung griff er nach seinem Rocke und Degen, begab sich zu ihr und fragte sie, blaß vor Schrecken, was dies zu bedeuten habe. Sie gab ihm zur Antwort, daß sie nichts gesehen habe. Er durchsuchte noch ein anderes, mehr nach innen gelegenes Zimmer; und da er nichts bemerkte, befahl er ihr, sich zur Mutter zu begeben; dieser aber gab er den Auftrag, sie nicht allein zu lassen, und erzählte ihr, was er gehört hatte.

8. Daraus kann man erkennen, wie sehr es den bösen Feind schmerzen muß, wenn er sieht, daß eine Seele seiner Gewalt entkommt, die er schon für sein Eigentum hält. Ich wundere mich nicht, daß dieser grimmige Feind unseres Heiles, als er sah, wie der Herr in seiner Güte ihr auf einmal so große Gnaden erteilte, in solchen Schrecken geriet und seinen Zorn in so auffallender Weise kundgab; denn er erkannte wohl, daß durch den Reichtum der Gnaden, womit diese Seele ausgestattet wurde, ihm auch andere Seelen entrissen werden würden, die er schon als sein Eigentum ansah. Ich bin fest überzeugt, daß unser Herr so große Gnaden einer Seele nie erteilt, ohne daß auch andere Nutzen davon haben.

9. Doña Katharina sagte nie etwas von diesem Vorfall, aber es blieb ihr eine außerordentliche Vorliebe für das Ordensleben; ihre Eltern wollten jedoch trotz ihrer inständigen Bitten nie die Einwilligung zum Eintritt in einen Orden geben. Nachdem sie drei Jahre lang oft dringend gebeten hatte und sah, daß ihre Eltern unbeugsam blieben, bekleidete sie sich am Feste des heiligen Joseph mit einem (einfachen) ehrbaren Kleide. Sie teilte dies nur ihrer Mutter mit, von der sie

leicht die Erlaubnis erlangt hätte, Nonne zu werden, während sie vor
dem Vater etwas Scheu empfand. So bekleidet, begab sie sich in die
Kirche in der Hoffnung, daß sie nicht mehr gezwungen werde, dieses
Kleid abzulegen, wenn man sie so einmal in der Öffentlichkeit gesehen
habe. Und wirklich durfte sie es behalten.

10. Während dieser drei Jahre widmete sie täglich bestimmte Stun=
den dem Gebete und übte sich nach Kräften in jeder Abtötung, wozu
der Herr sie anregte. Oft begab sie sich in den Hof, benetzte ihr An=
gesicht mit Wasser und stellte sich in die Sonne, um so wegen ihres
üblen Aussehens von Heiratsanträgen, womit sie beständig bedrängt
wurde, verschont zu bleiben. Sie empfand es überaus schwer, jemanden
einen Befehl erteilen zu müssen. Wenn sie daher bei der Führung des
Hauswesens ihrer Eltern den Mägden etwas befehlen mußte, was
ja nicht ausbleiben konnte, so wartete sie, bis sie eingeschlafen waren,
küßte ihnen dann die Füße und äußerte darüber ihr Bedauern, daß sie
ihr dienen müßten, während sie doch weit besser wären als sie. War sie
den Tag über nach dem Willen ihrer Eltern beschäftigt, so widmete sie
die ganze Nacht, in der sie hätte schlafen sollen, dem Gebete; sie be=
gnügte sich lange Zeit mit so wenig Schlaf, daß es allem Anscheine
nach auf natürliche Weise nicht möglich war, dies aushalten zu können.
Ihre Bußübungen und Geißelungen waren außerordentlich, da sie
niemand hatte, der sie leitete, und sie sich auch mit niemanden darüber
besprach. Unter anderem trug sie einst während der ganzen Fastenzeit
ein Panzerhemd ihres Vaters auf bloßem Leibe. Zum Gebete zog sie
sich an einen einsamen Ort zurück, wo ihr der böse Feind manch schlimmen
Streich spielte. Oft begab sie sich nachts 10 Uhr zum Gebet und unter=
brach es nicht, bis sie merkte, daß es Tag wurde.

11. Ungefähr vier Jahre lang hatte sie in diesen Übungen zugebracht,
als der Herr von ihr andere schwere Opfer zu verlangen begann; er
sandte ihr überaus schwere und schmerzliche Krankheiten, andauerndes
Fieber, Wassersucht, Herzleiden und Brustkrebs, so daß sie operiert
werden mußte. Diese Krankheiten dauerten nahezu siebzehn Jahre,
und sie fühlte sich während dieser Zeit nur wenige Tage gesund. Fünf
Jahre, nachdem ihr Gott diese Gnade erwiesen hatte, starb ihr Vater.[1]
Ein Jahr nach dieser in ihr vorgegangenen Veränderung zog auch
ihre vierzehnjährige Schwester, die vorher ebenso dem Putze sehr er=

---

[1] 1560.

geben war, ein einfaches, ehrbares Kleid an und begann sich eifrig dem
Gebete zu widmen. Ihre Mutter unterstützte sie bei diesen frommen
Übungen und Bestrebungen und gestattete, daß sie einem, wenn auch
sehr verdienstlichen, aber doch ihrem Stande weniger entsprechenden
Werke sich widmeten, nämlich die kleinen Mädchen unentgeltlich in den
Handarbeiten und im Lesen zu unterrichten, um sie so das Gebet und
die christlichen Wahrheiten zu lehren. Dadurch schafften sie großen
Nutzen; denn es kamen viele zu ihnen; und jetzt noch kann man an
ihrem frommen Lebenswandel ersehen, was sie in der Jugend gelernt
hatten. Indessen währte dies nicht lange, da der böse Feind, der über
dieses gute Werk in Zorn geriet, es dahin brachte, daß die Eltern den
unentgeltlichen Unterricht ihrer Kinder für Schande hielten. Dieses,
sowie der Umstand, daß die Krankheiten der Doña Katharina sehr
zuzusetzen begannen, bereiteten diesem Unternehmen ein jähes Ende.

12. Fünf Jahre nach dem Tode des Vaters verloren diese beiden
Damen auch die Mutter,[1] und da Doña Katharina immer den Beruf
zum Ordensleben in sich fühlte und nur durch den Widerspruch ihrer
Eltern davon abgehalten wurde, wollte sie sogleich das Ordenskleid
nehmen. Weil aber damals zu Veas noch kein Kloster sich befand, so
gaben ihnen ihre Verwandten den Rat, sie sollten, da sie doch hin=
reichendes Vermögen besäßen, in ihrer Vaterstadt ein Kloster stiften,
wodurch sie unserem Herrn einen größeren Dienst erweisen würden.
Da nun dieser Ort unter dem Ritterorden des heiligen Jakobus stand,
so war die Erlaubnis des Ordensrates notwendig. Doña Katharina
gab sich darum alle Mühe, sie zu erbitten. Es war aber so schwierig,
sie zu erlangen, daß darüber vier Jahre verflossen. Die vielen Mühen
und Unkosten, die beide Schwestern zu tragen hatten, waren vergebens
und hatten keinen Erfolg, bis man an den König selber eine Bittschrift
richtete. Die Sache aber stieß auf solche Schwierigkeiten, daß ihnen
ihre Verwandten rieten, dieses Vorhaben aufzugeben, da es ein törichtes
Beginnen sei. Dazu kam, daß Doña Katharina infolge der schon er=
wähnten schweren Krankheiten fast beständig bettlägerig war, weshalb
sie ihr vorstellten, sie würde in keinem Kloster als Nonne aufgenommen
werden. Sie aber gab zur Antwort, daß sie, wenn ihr unser Herr
innerhalb eines Monats die Gesundheit schenke, daraus erkennen werde,
daß ihm durch die Errichtung eines Klosters gedient werde; sie wolle

[1] 1565.

dann selbst an den Hof sich begeben, um die Angelegenheit zu betreiben. Als sie diese Bemerkung machte,[1] war sie schon mehr als ein halbes Jahr lang nicht mehr vom Bette aufgestanden und hatte sich beinahe acht Jahre lang nicht mehr weiterbewegen können.

13. Während dieser acht Jahre litt sie beständig am Fieber, an einer Art Abzehrung, Schwindsucht und Wassersucht; endlich wurde sie von einer solch brennenden Entzündung an der Leber ergriffen, daß sich diese innere Glut auch über den Kleidern fühlbar machte und das Hemd verbrannte, was unglaublich scheint. Ich habe mich selbst bei einem Arzte, der sie damals behandelte, über diese Krankheit erkundigt, und auch dieser war sehr darüber erstaunt. Dazu hatte sie auch Glieder- und Hüftengicht.

14. Am Vorabend von St. Sebastian[2] — es war ein Samstag — gab ihr unser Herr wieder eine so vollkommene Gesundheit, daß alle ihre Anstrengungen, das Wunder geheimzuhalten, vergeblich waren. In dem Augenblicke, als ihr unser Herr die Gesundheit wieder verleihen wollte, befiel sie, wie sie sagte, ein solch heftiges inneres Zittern, daß ihre Schwester meinte, es gehe mit ihrem Leben zu Ende.[3] Was Doña Katharina betrifft, so nahm sie an sich und an ihrer Seele eine solch außerordentliche Veränderung wahr, daß sie in bezug auf ihren geistigen Fortschritt eine ganz andere zu sein glaubte. Sie freute sich über ihre Gesundung nicht so sehr deshalb, weil sie nichts mehr zu leiden hatte, als vielmehr weil sie die Angelegenheit in betreff der Klostergründung weiterbetreiben konnte. Auf ihre Leiden achtete sie gar nicht. Denn vom ersten Augenblick an, wo Gott sie an sich zog, empfand sie solchen Abscheu vor sich, daß sie gegen alles einen heiligen Gleichmut bewahrte. Nach ihrem eigenen Geständnis blieb ihr ein so heftiges Verlangen nach Leiden, daß sie von ganzem Herzen zu Gott flehte, sie auf alle mögliche Weise darin zu prüfen. Seine Majestät erhörte diese ihre Bitte; während dieser acht Jahre ließ man ihr, ohne vom vielfachen Schröpfen zu sprechen, mehr als fünfhundertmal Ader, wovon die Narben an

---

[1] Es war im Dezember 1573.

[2] Am 19. Januar 1574.

[3] Doña Katharina erzählt selbst in einem von ihr verfaßten Berichte die näheren Umstände dieser wunderbaren Heilung. (Reform. de los Desc. t. II. l. VII. c. XX.)

ihrem Leibe noch heute Zeugnis geben. Zuweilen streute man ihr Salz in die Wunden, weil dies nach der Aussage des Arztes ein gutes Mittel wäre, um das Gift von der Entzündung an der Seite zu entfernen; diesen Schmerz erduldete sie mehr als zwanzigmal. Noch mehr zu bewundern ist, daß sie, wenn der Arzt von einem solchen Mittel sprach, mit großer Sehnsucht und ohne alle Furcht die Stunde erwartete, in der man es anwendete. Sie ermutigte selbst die Ärzte, wenn sie die Instrumente zum Brennen ansetzten, was wegen ihres Brustkrebses und bei anderen Gelegenheiten gar oft geschehen mußte. Nach ihrem eigenen Geständnis war der Grund, warum sie diese Qual wünschte, kein anderer, als um sich zu prüfen, ob ihr Verlangen nach dem Martertode echt sei.

15. Als sie sich plötzlich gesund sah, besprach sie sich mit ihrem Beichtvater und mit dem Arzte (und äußerte den Wunsch), man möchte sie an einen anderen Ort verbringen, damit die Leute sagen könnten, die Luftveränderung habe sie gesund gemacht. Diese aber wollten davon nichts wissen; vielmehr machten die Ärzte dieses Wunder selbst bekannt, da sie die Kranke schon für unheilbar erklärt und versichert hatten, daß das faule Blut, das sie durch den Mund auswarf, nichts anderes sei als die Lunge selbst. Drei Tage blieb sie noch im Bette und wagte nicht aufzustehen, damit man von ihrer Heilung nichts erfahren möchte; aber da man die Gesundheit ebensowenig wie die Krankheit verbergen kann, so nützte dies wenig.

16. Sie selbst erzählte mir, sie habe im vorhergehenden (Monat) August eines Tages unsern Herrn gebeten, er möge entweder jenes innige Verlangen, Nonne zu werden und ein Kloster zu gründen, von ihr nehmen, oder ihr Mittel und Wege verschaffen, um dieses Vorhaben ins Werk setzen zu können; sie habe daraufhin mit voller Gewißheit die Versicherung erhalten, daß sie zur rechten Zeit in den Besitz der Gesundheit gelangen werde, um in der folgenden Fastenzeit abreisen und die Erlaubnis zur Gründung eines Klosters erwirken zu können. Ebenso versichert sie, sie habe während jener Zeit, obwohl die Krankheiten immer gefährlicher wurden, nie die Hoffnung aufgegeben, daß ihr der Herr diese Gnade erweisen werde. Obwohl sie schon zweimal die letzte Ölung empfangen hatte — einmal war sie so schlimm daran, daß der Arzt erklärte, die Spendung der letzten Ölung sei vergebens, da sie zuvor noch sterben werde —, so verlor sie doch nie das Vertrauen auf den Herrn,

daß sie als Nonne sterben werde. Ich will damit nicht sagen, daß sie die letzte Ölung vom Monat August bis zum Feste des heiligen Sebastian zweimal empfangen habe; einmal geschah es schon früher.

17. Als nun ihre Geschwister und ihre Verwandten die Gnade und das Wunder sahen, das der Herr durch die plötzliche Heilung an ihr gewirkt hatte, wagten sie es nicht mehr, die Reise zu hintertreiben, obwohl sie diese für nutzlos hielten. Sie verweilte drei Monate in Madrid und konnte schließlich doch nichts erreichen. Als sie aber ihre Bittschrift dem König selbst überreichte, befahl dieser bei der Wahrnehmung, daß es sich um die Stiftung eines Klosters der unbeschuhten Karmelitinnen handle, unverzüglich deren Ausfertigung.

18. Als man zur Stiftung des Klosters schritt, zeigte es sich klar, daß sie mit Gott die Angelegenheit betrieben hatte. Denn die Oberen gaben die Erlaubnis, obwohl der Ort sehr weit entfernt lag und die Einkünfte ganz gering waren. Denn was Seine Majestät einmal will, das muß auch zustande kommen. Die Schwestern kamen zu Beginn der Fastenzeit des Jahres 1575 in Veas an.[1] Das Volk empfing sie voll Freude in öffentlicher Prozession und mit großer Feierlichkeit. Die Freude war allgemein sehr groß, selbst die Kinder bezeugten in ihrer Art, daß dieses Werk unserem Herrn angenehm sei. Das Kloster wurde noch in derselben Fastenzeit, am Feste des heiligen Matthias, gestiftet unter dem Titel des heiligen Joseph vom göttlichen Erlöser.

19. Am selben Tage wurden auch die beiden Schwestern unter großer Freude eingekleidet.[2] Mit der Gesundheit der Doña Katharina ging es immer besser. Ihre Demut, ihr Gehorsam und ihr Verlangen, von

---

[1] Die Heilige war begleitet von Pater Julian de Avila, Anton Gaytan und einem Weltpriester, namens Gregor Martinez, der in Veas das Kleid der unbeschuhten Karmeliten nehmen wollte. Sie nahmen acht Nonnen mit sich. Anna von Jesus wurde als Priorin und Maria von der Heimsuchung als Subpriorin aufgestellt. (Siehe Reforma de los Desc. t. I. l. III c. XXXIII.)

[2] Katharina Godinez und Maria de Sandoval empfingen das Ordenskleid aus der Hand der Heiligen am Tage der Klostererrichtung. Beide nahmen den Beinamen „von Jesu" an. Katharina legte, 36 Jahre alt, am 14. September 1576 ihre Gelübde ab, wurde 1581 Nachfolgerin der ehrw. Anna von Jesu im Priorate und starb als Priorin 1586. Maria de Sandoval war 29 Jahre alt, als sie das Ordenskleid empfing. Sie war eine einfältige und geistvolle Seele und hatte ebenso wie ihre Schwester den hl. Johannes vom Kreuz zum Seelenführer, solange er Prior in Calvario war. Im Jahre 1585 wurde sie Subpriorin in Málaga und starb in Córdoba 1604.

anderen verachtet zu werden, beweisen zur Genüge, daß ihr Wunsch, sich dem Dienste unseres Herrn zu weihen, aufrichtig war. Er sei gepriesen in Ewigkeit!

20. Unter anderem erzählte mir diese Schwester, daß sie sich eines Abends — es war vor ungefähr zwanzig Jahren — zu Bette begab, ganz von dem Verlangen beseelt, den vollkommensten Orden, den es auf Erden gebe, zu finden, um dort eintreten zu können. Da sei es ihr im Traume vorgekommen, als gehe sie über einen sehr schmalen und engen Steg, wobei sie in großer Gefahr gewesen sei, in tiefe Abgründe zu fallen, die sich vor ihrem Auge auftaten; darauf habe sie einen unbeschuhten Karmeliten erblickt. Als dann der Bruder Johannes vom Elend,[1] ein kleiner Laienbruder unseres Ordens, während meines Aufenthaltes in Veas dorthin kam, schien er ihr derselbe zu sein, den sie (im Traume) gesehen hatte. Er hatte zu ihr gesprochen: „Komm mit mir, Schwester", und er führte sie in ein Haus, in dem sich eine große Zahl von Nonnen befand. In diesem Hause war kein anderes Licht als einige brennende Kerzen, die die Nonnen in den Händen trugen. Sie fragte, was das für ein Orden sei, worauf alle schwiegen und lächelnd und freudigen Angesichts sich entschleierten. Katharina versicherte, sie habe die Gesichtszüge derselben Schwestern wahrgenommen, die sie jetzt im Kloster sehe; die Priorin habe sie bei der Hand genommen und zu ihr gesagt: „Tochter, hier will ich dich haben"; dann habe sie ihr die Regel und die Satzungen gezeigt. Nach dem Erwachen von diesem Traume war sie von solcher Freude erfüllt, als wäre sie im Himmel gewesen; sie schrieb alles auf, was ihr von der Regel noch einfiel. Es verging eine geraume Zeit, ohne daß sie davon weder ihrem Beichtvater noch sonst jemanden gegenüber etwas verlauten ließ, und niemand wußte ihr von diesem Orden etwas zu sagen.[2]

21. Eines Tages kam ein Pater aus der Gesellschaft Jesu,[3] der von

---

[1] Dieser Bruder wurde bereits im 17. Hauptstück erwähnt.

[2] Nach dem Zeugnis des Paters Franz von der heiligen Maria ereignete sich dieser prophetische Traum im Jahre 1565. (Ref. de los Desc. t. I. l. III. c. XXXIII.)

[3] Dieser Ordensmann war der Pater Bustamante, ein gelehrter und überaus verständiger Mann. Bartholomäus Bustamante war zuvor Sekretär des Kardinal-Erzbischofs Tavera von Toledo. Da er sich durch das Beispiel des heiligen Franz Borjas mächtig angezogen fühlte, folgte er ihm im Jahre 1551 in den Orden der Gesellschaft Jesu in einem Alter von 50 Jahren. Der heilige Franz Borjas ernannte ihn zum Rektor des Noviziats zu Simankas und dann zum Provinzial

ihrem Vorhaben wußte, nach Veas. Sie zeigte ihm, was sie aufgeschrieben, und sagte, daß sie sehr glücklich wäre, wenn sie diesen Orden fände, und unverzüglich eintreten würde. Dieser kannte unsere Klöster und bemerkte, daß dies die Regel des Ordens Unserer Lieben Frau vom Berge Karmel sei. Er sprach sich jedoch nicht so deutlich aus, daß sie eine vollständige Kenntnis davon erlangt hätte, sondern erzählte nur von den Klöstern, die ich stiftete. Daraufhin schickte sie, wie schon erwähnt, einen Boten an mich. Als sie die Antwort erhielt, war sie schon so krank, daß ihr der Beichtvater nahelegte, sich zu beruhigen, da man sie ja, wenn sie sich auch in einem Kloster befände, doch nicht behalten und noch viel weniger in diesem Zustande aufnehmen würde; darüber war sie sehr betrübt. Sie wandte sich in ihrem tiefen Schmerz an unseren Herrn und sprach: „Mein Herr und mein Gott; kraft meines Glaubens weiß ich, daß du allmächtig bist; so bewirke denn, du Leben meiner Seele, daß entweder dieses Verlangen von mir genommen wird, oder zeig mir Mittel und Wege, um es ins Werk zu setzen.“

22. Diese Worte sprach sie mit innigem Vertrauen und bat zugleich Unsere Liebe Frau bei all ihren Schmerzen, die sie erduldete, als sie den Leichnam ihres Sohnes auf ihren Armen sah, für sie eine Fürsprecherin zu sein. Da vernahm sie in ihrem Innern eine Stimme, die zu ihr sprach: „Glaube und vertraue; denn ich bin es, der alles vermag. Du wirst die Gesundheit erlangen; denn jener, der bewirken konnte, daß du an so vielen Krankheiten, die alle ihrer Natur nach tödlich waren, nicht gestorben bist, und der nicht zuließ, daß sie diese Wirkung hervorbrachten, wird noch viel leichter sie hinwegnehmen können.“ Diese Worte wurden, wie sie versichert, mit solcher Kraft und Gewißheit zu ihr gesprochen, daß sie an der Erfüllung ihrer Wünsche gar nicht mehr zweifeln konnte, obwohl die Krankheiten noch immer mehr zunahmen; endlich verlieh ihr der Herr auf die erwähnte Weise die Gesundheit wieder. Es scheint wahrhaft unglaublich, was sie ausgestanden; und wenn ich mich nicht beim Arzte, bei ihren Hausgenossen und anderen Personen erkundigt hätte, so würde ich, da ich so böse bin, gar leicht auf den Gedanken gekommen sein, es sei dabei manche Übertreibung vorgekommen.

23. Obwohl Katharina etwas schwächlich ist, so besitzt sie doch so viel Gesundheit, um die Regel beobachten zu können. Sie sieht gut aus, ist

von Andalusien. Bustamante starb am 21. Juni 1570 im Kollegium zu Trigueros. (Astrain, Histor. de la Compañia de Jesús, t. I. c. VII.)

überaus freudig gestimmt und zeigt, wie schon erwähnt, durchwegs eine
so tiefe Demut, daß wir alle unseren Herrn lobpreisen müssen. Alles,
was die beiden (Schwestern) besaßen, schenkten sie ohne Ausnahme dem
Orden; und wenn wir sie auch nicht als Nonnen hätten aufnehmen
wollen, würden sie nichts zurückgefordert haben.[1] Doña Katharina hat
sich von ihren Verwandten und ihrer Heimat vollkommen losgeschält;
sie hat immer ein inniges Verlangen, weit von Veas entfernt zu sein,
so daß sie sich deshalb oft dringend (um Gewährung dieser Bitte) an
ihre Oberen wendet, obgleich ihr Gehorsam so vollkommen ist, daß sie
auch damit zufrieden ist, in Veas zu bleiben. Nur aus Gehorsam hat
sie den (schwarzen) Schleier genommen; anfänglich konnte man sie gar
nicht dazu bewegen, Chorschwester zu werden; sie wollte Laienschwester
sein, bis ich schrieb, ihr viele Vorstellungen machte und einen Verweis
erteilte, daß sie einen anderen Wunsch habe als den des Paters Provinzial.[2] Ich sagte ihr unter anderem, und zwar in allem Ernste, daß
sie so kein größeres Verdienst haben werde. Dies bereitet ihr die größte
Freude, wenn man so mit ihr spricht. Auf diese Weise konnte man sie
freilich ganz gegen ihren Willen dazu bereden. Ich kann an dieser
Seele nichts finden, was sie nicht vor Gott wohlgefällig machen würde,
und so ist sie denn auch bei allen Schwestern sehr beliebt. Die göttliche Majestät wolle sie in seiner Hand halten und die Tugenden und
Gnaden, womit er sie bereichert hat, vermehren zu seiner größeren Ehre
und Verherrlichung![3]

---

[1] Als Theresia sie fragte, was sie wohl tun würden, wenn man sie nicht behielte,
antworteten sie: „Dann würden wir Ihnen als äußere Pförtnerinnen dienen;
und wollten Sie uns auch dazu nicht behalten, so würden wir unser Brot betteln.“

[2] Pater Gracián trägt den Namen Provinzial von Andalusien in Hinsicht auf
die Vollmacht, die er vom Nuntius Ormaneto erhielt. In einem Briefe an den
Bischof von Avila, vom 11. Mai 1575, schreibt die Heilige: „Pater Gracián ist durch
Verfügung des Nuntius Provinzial von Andalusien geworden.“ Übrigens gab ihm
der Nuntius selbst offiziell den Titel Provinzial, obwohl er erst eigentlich bei der
Trennung von den Beschuhten im Jahre 1581 Provinzial wurde.

[3] Vor ihrer Abreise nach Sevilla bestellte Theresia die ehrw. Anna von Jesu zur
Priorin in Veas. Anna von Jesu war eine Schwester, die bei Theresia das höchste
Vertrauen genoß und durch ihre außerordentliche Befähigung, durch ihre Charakter=
festigkeit und anderen natürlichen Gaben sowie auch durch die hohe Stufe der Heilig=
keit, zu der sie emporstieg, dem Orden zu hoher Ehre gereichte. Geboren zu Medina
del Campo 1545 nahm sie im Jahre 1570 zu Avila das Ordenskleid. Die Heilige
setzte so großes Vertrauen auf Anna, daß sie ihr, noch Novizin, die Leitung des

Dreiundzwanzigstes Hauptstück

Stiftung des Karmels zum glorreichen heiligen Joseph in der Stadt Sevilla. Die erste heilige Messe wurde dort am Feste der allerheiligsten Dreifaltigkeit im Jahre 1575 gelesen.

1. Während ich mich in der Stadt Veas befand und auf die Erlaubnis des Ordensrates zur Stiftung des Klosters in Caravaca wartete, erhielt ich den Besuch eines unserer unbeschuhten Väter. Es war der Magister Pater Hieronymus Gracián von der Mutter Gottes, der erst vor wenigen Jahren zu Pastrana in unseren Orden eingetreten war. Er ist ein sehr gelehrter, scharfsinniger und bescheidener Mann, dessen ganzes Leben mit seltenen Tugenden geziert war, so daß es scheint, Unsere Liebe Frau habe ihn selbst zum Heile dieses Ordens nach der ursprünglichen Regel auserwählt. Als er sich noch in Alcalá befand, hatte er schon immer die Absicht, Ordensmann zu werden, wenn er auch noch nicht daran dachte, in unseren Orden einzutreten. Obwohl seine Eltern, die beim König in hohem Ansehen standen und sich von seiner großen Geschicklichkeit viel versprachen, ganz andere Absichten hatten, so wollte er doch auf ihre Pläne keineswegs eingehen.

2. Schon beim Beginn seiner Studienlaufbahn wollte sein Vater ihn für das Studium der Rechtswissenschaften bestimmen. Das fiel dem noch zarten Jüngling überaus schwer, und er konnte nur durch viele Tränen von ihm die Erlaubnis erlangen, sich dem Studium der Theologie widmen zu dürfen. Nachdem er den Grad eines Magisters[1] sich

Noviziates in Salamanca übertrug. Dort legte sie am 22. Okt. 1571 ihr Gelübde ab. Im Jahre 1575 begleitete sie die Heilige nach Veas und blieb dort, bis sie 1582 als Priorin zur Gründung nach Granada ging. Als Priorin von Veas veranlaßte sie den hl. Johannes vom Kreuz zur Erklärung des „Geistlichen Gesanges", eines der schönsten Werke des mystischen Lehrers. Mit Unterstützung dieses Heiligen gründete sie auch das Kloster in Madrid 1586. Von Salamanca aus wurde die ehrwürdige Anna zur Verpflanzung der Reform nach Frankreich gesandt. In Paris erstand am 18. Okt. 1604 das erste Kloster der Reform und in Antwerpen 1607. Dort arbeitete sie viel für eine Niederlassung der unbeschuhten Karmeliten und für die Übersetzung der Werke der hl. Theresia ins Flämische. Reich an Tugenden starb sie am 4. März 1621 in Brüssel. (P. Berthold Ignatius de St. Anna, Vie de la mère Anna de Jesús, Malines 1876.)

[1] Dieser Titel oder Grad, den die spanischen Universitäten verleihen, ist gleichbedeutend mit Baccalaureus. In den alten Orden des heiligen Dominikus, des heiligen Augustin usw. entsprach er dem Titel „Doktor".

178

erworben hatte, ging er mit dem Gedanken um, in die Gesellschaft Jesu einzutreten; man hatte ihm bereits die Aufnahme zugesagt, nur wurde ihm nahegelegt, aus einem gewissen Grund noch einige Tage zu warten. Er selbst sagte mir, daß alle Annehmlichkeiten, die er (in der Welt) genoß, ihm zur Qual wurden, da hierin, wie er meinte, nicht jener Weg zu finden sei, der sicher zum Himmel führe. Er widmete immer gewisse Stunden dem Gebete und strebte in besonderer Weise nach innerer Sammlung und Sittenreinheit.[1]

3. Um dieselbe Zeit trat einer seiner besten Freunde, der ebenfalls Magister der Theologie war, zu Pastrana in unseren Orden. Er hieß Pater Johannes von Jesu.[2] Ich weiß nun nicht, ob ein Bericht, den dieser über die Vortrefflichkeit und das hohe Alter unseres Ordens schrieb, oder etwas anderes die Ursache war, daß Hieronymus Gracián mit großer Vorliebe alles las, was diesen Orden betrifft. Er verfaßte sogar selbst ein Werk, um aus gewichtigen Autoren dessen Vorzüge zu beweisen. Dieser Beschäftigung gab er sich mit solchem Interesse hin, daß er, wie er selbst bekennt, oft Gewissensskrupel empfand, weil er das Studium anderer Gegenstände vernachlässigte, um sich dieser Arbeit widmen zu können. Auch die Erholungsstunden verwendete er auf dieses Studium.

[1] Pater Hieronymus Gracián war geboren zu Valladolid im Jahre 1545 als Sohn des Didakus Gracián de Alderete, Sekretär Karls V., und der Doña Johanna Dantisko. Die Heilige spricht an vielen Stellen ihrer Schriften sich sehr rühmend über Gracián aus, obwohl sie es auch nicht an freimütigem Tadel gegen ihn fehlen ließ. Ihr Lob ist die glänzendste Verteidigung der Ehre eines Mannes, dem zehn Jahre nach ihrem Tode das unverdiente Los zuteil wurde, aus dem Orden gestoßen zu werden. Gott ließ diese Prüfung seines Dieners zu, um seine Tugend noch mehr zu läutern und sie in noch hellerem Lichte leuchten zu lassen. Nach Erduldung unzähliger Leiden und Verachtung starb er zu Brüssel im Rufe der Heiligkeit am 21. Sept. 1614.

[2] Johannes Roca war geboren zu Sanahuja in Katalonien im Jahre 1543. Seine Eltern sandten ihn zum Studium auf die Universität Barcelona. Dort erwarb er sich durch seinen durchdringenden Geist und seine eiserne Willenskraft den Magistergrad und wurde zum Priester geweiht. Von da an verblieb er auf der Universität Alcalá, wo er in freundschaftliche Beziehungen mit Hieronymus Gracián trat. Infolge einer Unterredung mit der Priorin der unbeschuhten Karmelitinnen von Pastrana, Isabella vom heiligen Dominikus, wurde er plötzlich von der Gnade Gottes berührt und trat dort am 1. Januar 1572 in den Orden der unbeschuhten Karmeliten. (Siehe auch die Briefe der heiligen Theresia an Pater Gracián vom 19. November 1576 und an Rochus de Huerta vom 2. Mai 1579.)

4. O Weisheit und Macht Gottes, welch vergebliche Anstrengungen machen wir doch, uns seinem Willen entziehen zu können! Unser Herr erkannte wohl, wie überaus notwendig so ein Mann für jenes Werk sei, das Seine Majestät begonnen. Ich preise ihn oft für die Gnade, die er uns in ihm erwiesen hat. Hätte ich auch Seine Majestät noch so inständig um einen Mann bitten wollen, der fähig gewesen wäre, alle Angelegenheiten in diesen ersten Zeiten des Ordens zu regeln, so würde ich durch mein Flehen doch keinen solchen erhalten haben, wie Gott uns an ihm einen gegeben hat. Er sei in Ewigkeit dafür gepriesen!

5. Als Pater Gracián noch in keiner Weise daran dachte, in unseren Orden einzutreten, ersuchte man ihn, nach Pastrana zu reisen und sich mit der Priorin[1] unseres Nonnenklosters, das damals noch nicht verlegt war, über die Aufnahme einer Nonne zu besprechen. Wie wunderbar sind doch die Mittel, deren sich Seine Majestät bedient! Hätte sich Pater Gracián zu dieser Reise entschlossen, um das Ordenskleid zu nehmen, so würden ihm sehr viele abgeraten haben, so daß er diesen Entschluß vielleicht nie ausgeführt hätte. Aber die seligste Jungfrau, Unsere Liebe Frau, die er sehr eifrig verehrte, wollte ihn dadurch belohnen, daß sie ihm ihr Ordenskleid gab; ich denke wenigstens, daß sie die Mittlerin war, um derentwillen ihm Gott diese Gnade verlieh. Ja, die Ursache, daß er in unseren Orden trat und ihm mit inniger Liebe zugetan ist, war diese glorwürdige Jungfrau, die es dem, der ihr aufrichtig dienen will, nicht an Gelegenheit fehlen läßt, sein Verlangen ins Werk zu setzen. Sie pflegt eben jenen ihre Gunst zuzuwenden, die sich ihrem Schutze anvertrauen wollen.[2]

6. Während Gracián noch als Knabe in Madrid lebte, begab er sich oft zu einem Bilde Unserer Lieben Frau, zu dem er eine besondere

---

[1] Diese Priorin war die Mutter Isabella vom heiligen Dominikus. Die Postulantin hieß Doña Barbara de Castillo. Sie war im Kloster zum heiligen Johann von der Buße in der Stadt Alcalá de Henares erzogen worden und hatte später eine Stelle am Hofe der Herzogin von Alba inne. Eine Zeitlang beherrschten die Welt und ihre Eitelkeit ihr Herz, bis ihr Pater Gracián, der erst vor kurzem Priester geworden, die Augen öffnete. Sie richtete von da an ihre Blicke auf das vollkommene Leben, das die unbeschuhten Karmelitinnen führten, und trat selbst in diesen Orden. Barbara de Castillo trug im Orden den Namen Barbara vom Heiligen Geist. Sie starb im Jahre 1609.

[2] Pater Gracián bestätigt diese Worte der hl. Theresia bezüglich seines Berufskampfes in seiner Peregrinación de Anastasio, Dial. I. n. 20.

Andacht trug; ich erinnere mich nicht mehr, wo dieses sich befand. Er nannte sie seine allerliebste (Mutter) und pflegte (das Bild) sehr häufig zu besuchen. Sie hat ihm wohl auch von ihrem Sohne die Reinheit erfleht, die er immer bewahrte. Es kam ihm, wie er erzählt, manchmal vor, als wären die Augen (des Bildes) vor Weinen angeschwollen wegen der vielen Beleidigungen, die man ihrem Sohne zufügte. Von da an erwachte in ihm ein heftiger Antrieb und ein inniges Verlangen nach dem Heile der Seelen, und er wurde von tiefstem Schmerz erfüllt, wenn er an die Beleidigungen Gottes dachte. Dieses Verlangen nach dem Heile der Seelen ist in ihm so lebendig, daß ihm jede Mühe gering erscheint, wenn er ihnen dadurch irgendwie nützen zu können glaubt. Ich habe dies selbst bemerkt und erfahren bei den vielen Prüfungen, die er auf sich nehmen mußte.

7. Als ihn nun die allerseligste Jungfrau gleichsam wie durch List nach Pastrana geführt hatte, da er ja dorthin sich begab, um, wie er meinte, für eine Postulantin das Ordenskleid zu begehren, fügte es Gott, daß er es selbst bekam. O der Geheimnisse Gottes! Wie gut weiß er uns auch gegen unseren Willen für den Empfang seiner Gnaden vorzubereiten, und wie reichlich hat er diesem Manne die guten Werke, die er verrichtet, das treffliche Beispiel, das er immer gegeben, und das innige Verlangen, seiner glorwürdigen Mutter zu dienen, belohnt! Ja, gerade diesen Dienst belohnt Seine Majestät allem Anscheine nach allezeit mit großen Gnaden.

8. Als nun Pater Hieronymus Gracián nach Pastrana gekommen war, wollte er mit der Priorin[1] wegen der Aufnahme jener Nonne sprechen; aber, wie es scheint, hat er mit ihr nur gesprochen, damit sie bei unserem Herrn seinen eigenen Eintritt in den Orden erflehe. Als sie ihn sah, war sie ganz entzückt; er ist eben in seinem Verkehr so liebevoll, daß jene, die mit ihm umgehen, ihn fast ausnahmslos lieben, was eine große Gnade Gottes ist; darum ist er auch bei den Brüdern und Schwestern (die ihm unterstehen) überaus beliebt. Wenn er auch keinen Fehler ungestraft läßt, da er ja äußerst besorgt ist um die Förderung des religiösen Lebens, so weiß er doch eine so anziehende Güte anzuwenden, daß sich niemand über ihn beklagen kann.

9. Der Priorin erging es wie den übrigen (die mit ihm verkehren); sie wurde von ihm so eingenommen, daß sie das sehnlichste Verlangen

---

[1] Isabella vom hl. Dominikus.

hegte, er möchte in unseren Orden eintreten. Wir hatten damals nur wenige Religiosen und keinen seinesgleichen, weswegen die Priorin ihren Mitschwestern vor Augen stellte, wie wichtig es für den Orden wäre, einen solchen Mann zu gewinnen; sie sollten darum zu unserem Herrn flehen, daß er ihn nicht mehr fortgehen lasse, ohne sich dem Orden anzuschließen. Diese Priorin ist eine sehr große Dienerin Gottes und ich glaube, daß die göttliche Majestät auch ihr Gebet allein erhört hätte; um wie viel mehr war dann dies von den Gebeten so vieler frommen Seelen zu erwarten, die sich dort befanden. Allen lag diese Angelegenheit sehr am Herzen, und sie flehten ohne Unterlaß durch Fasten, Bußübungen und Gebet zu Seiner Majestät. Und wirklich hat Gott uns diese Gnade gewährt. Pater Gracián begab sich in das Kloster der unbeschuhten Brüder in Pastrana, wo er eine so vollkommene Observanz und so gute Gelegenheit fand, unserem Herrn zu dienen. Dies sowie der Umstand, daß der Orden der glorwürdigsten Mutter Gottes geweiht ist, nach deren Verehrung er so großes Verlangen trug, ließ allmählich in seinem Herzen den Entschluß heranreifen, nicht mehr in die Welt zurückzukehren. Obwohl ihm der böse Feind viele Hindernisse in den Weg legte, vor allem die Betrübnis der Eltern, die ihn so innig liebten und auf ihn das zuversichtliche Vertrauen setzten, für ihre übrigen Kinder eine Stütze zu sein — sie hatten nämlich viele Söhne und Töchter[1] —, so überließ er doch diese Sorge Gott, dem zuliebe er alles verließ, und entschloß sich, ein Diener der allerseligsten Jungfrau zu werden und in ihren Orden einzutreten. Er wurde aufgenommen zur großen Freude aller, besonders der Nonnen und der Priorin, die bei dem Gedanken, Gott habe ihnen auf ihr Gebet hin diese Gnade erwiesen, unsern Herrn aus allen Kräften lobpriesen.

10. Während des Prüfungsjahres bewies Pater Gracián eine Demut wie einer der jüngsten Novizen. Seine Tugend bewährte sich ganz besonders, als einst in Abwesenheit des Priors ein ganz junger Ordensmann, der weder das nötige Wissen noch auch die Fähigkeit und Klugheit zur Leitung besaß, als Oberer aufgestellt wurde; zudem hatte dieser auch keine Erfahrung, da er erst vor kurzem in den Orden eingetreten war. Die Art und Weise, wie er die Untergebenen leitete, und die Abtötungen, die er ihnen auflegte, waren ganz übertrieben; und ich

---

[1] Peregrinación de Anastasio, Dial. I.

wundere mich noch immer, sooft ich daran denke, wie dies vor allem so verdienstvolle Männer wie Pater Gracián ertragen konnten. Um dies auszuhalten, war es wohl notwendig, daß Gott ihm den Geist dazu gab. Nachher sah man auch ein, daß dieser junge Mann sehr melancholisch war; überall, wo er sich als Untergebener befand, hatte man genug mit ihm auszustehen, da er dieser Gemütsstimmung so sehr unterworfen ist; wie muß es dann erst unter seiner Leitung gewesen sein? Er ist übrigens ein guter Ordensmann, und Gott läßt manchmal so einen Irrtum in der Aufstellung solcher Personen zu, um in jenen, die er lieb hat, die Tugend des Gehorsams zu vervollkommnen.[1]

11. Dies mag wohl auch hier der Fall gewesen sein. Zum Lohne dafür verlieh Gott dem Pater Hieronymus Gracián von der Mutter Gottes hohe Einsicht bezüglich dessen, was sich auf den Gehorsam bezieht, so daß er, nachdem er selbst in der Übung dieser Tugend einen so guten Anfang gemacht hatte, seine Untergebenen hierin unterweisen konnte. Damit ihm ferner die zu allem notwendige Erfahrung nicht mangelte, wurde er drei Monate vor seiner heiligen Profeß von sehr heftigen Versuchen angefochten. Aber da er berufen war, ein mutiger Führer der Kinder der allerseligsten Jungfrau zu werden, so hielt er wacker stand. Wenn ihm der böse Feind heftiger zusetzte, den Orden zu verlassen, so widerstand er mit dem Gelöbnis, dies nicht tun zu wollen, sondern sich durch die Ordensgelübde zu binden.[2] Er gab mir eine Abhandlung,[3] die er während dieser schweren Versuchungen geschrieben hat. Ich wurde dadurch sehr zur Andacht gestimmt; man erkennt daraus ganz klar die Kraft, die ihm der Herr verlieh.

[1] Der Pater Prior von Pastrana, Balthasar von Jesu, leistete eben den beschuhten Karmeliten bei einer Klostergründung in Madrid Hilfe. Der Novizenmeister, der, wie die Heilige hier sagt, keine Klugheit und Erfahrung besaß, hieß Angelus vom heiligen Gabriel. Seine Unklugheit ging so weit, daß der heilige Johannes vom Kreuz, der damals das Kollegium zu Alcalá leitete, in den ersten Monaten des Jahres 1572 nach Pastrana gesandt wurde, um Abhilfe zu schaffen. Seine erste Amtshandlung war, daß er den Novizenmeister seiner Stelle enthob. Dieser wandte sich nun an die heilige Theresia, die zwar die Handlungsweise des heiligen Johannes vom Kreuz billigte, aber doch ihre Antwort mehr begründen wollte durch die Autorität des Pater Dominikus Báñez. Dominikus schrieb ihr von Salamanca aus seine Meinung. (Historia de la Reforma del Garsuen t. I. l. II. c. 50.)

[2] Siehe Peregrinación de Anastasio, Dial. I. und IX.

[3] Diese Abhandlung blieb uns unglücklicherweise nicht erhalten.

12. Man könnte es für ungeeignet halten, daß mir dieser Mann bezüglich seines Seelenlebens solche Einzelheiten anvertraute. Vielleicht hat es Gott zugelassen, damit ich sie hier aufzeichne und er gepriesen werde in seinen Geschöpfen; ich weiß, daß er sich weder vor seinem Beichtvater noch vor sonst jemand so deutlich ausgesprochen hat. Manchmal veranlaßte ihn zu solchen Mitteilungen die Meinung, ich könnte in Anbetracht meines Alters und bezüglich dessen, was er von mir gehört, einige Erfahrung besitzen. Als wir gelegentlich andere Gegenstände besprachen, hat er mir dies und anderes anvertraut, was sich aber nicht gut aufzeichnen läßt, da ich sonst viel zu weitläufig werden würde. Ich kann ohnehin versichern, daß ich bei diesem Berichte sehr vorsichtig zu Werke gegangen bin, aus Furcht, ihm Verdruß zu bereiten, wenn er ihm einmal in die Hände kommen sollte.[1]

13. Wenn er diesen Bericht auch zu sehen bekommt, so geschieht es doch erst nach längerer Zeit, und ich konnte nicht umhin, und es schien mir auch nicht recht, jenen mit Stillschweigen zu übergehen, der so vieles getan hat bei dieser Erneuerung der ursprünglichen Regel. Er war zwar nicht der erste, der das Werk der Reform begann, aber es kam doch eine Zeit, in der ich manchmal Reue empfand, es begonnen zu haben, wenn ich nicht ein überaus großes Vertrauen auf Gottes Barmherzigkeit gehabt hätte. Ich denke hier an die Männerklöster; denn mit den Frauenklöstern ist es dank seiner Gnade bis jetzt noch immer gut gegangen. Mit den Klöstern der Brüder stand es zwar auch nicht schlecht, aber sie trugen von Anfang an den Keim eines baldigen Verfalles in sich, weil sie keine eigene Provinz bildeten und unter der Leitung der Beschuhten standen. Es wurde nämlich jenen, die die Fähigkeit gehabt hätten, die Leitung zu übernehmen, wie dem Pater Antonius von Jesu, der die Reform in die Wege zu leiten begann, keine Gewalt zugestanden; überdies hatten (die Unbeschuhten) vom wohlehrwürdigen Pater General noch keine Satzungen erhalten.

[1] Das Buch der Klosterstiftungen wurde im Jahre 1610 gedruckt durch die Bemühungen der Mutter Anna von Jesu und des Paters Gracián. In einem seiner Briefe vom 24. August 1610 an die Priorin von Sevilla, Juliana von der Mutter Gottes, liest man: „Die Drucklegung des Buches der Klosterstiftungen der heiligen Mutter wird bald vollendet sein. Sie werden es unverzüglich erhalten. Mein Wunsch wäre gewesen, es nicht zu meinen Lebzeiten drucken zu lassen, weil ich nicht verstehen kann, daß die heilige Mutter im Berichte über die Stiftung von Sevilla so offenherzig über mich sprach. Aber die Mutter Anna von Jesu wollte es."

In jedem Kloster tat man, was man für gut hielt; und bis sie sich gegenseitig verständigt und eine eigene Leitung bekommen hätten, würde man viele Schwierigkeiten zu überwinden gehabt haben, da die einen diese, die anderen jene Ansicht hatten. Dies bereitete mir oft großen Kummer.

14. Unser Herr schaffte nun durch Vermittlung des Paters Hieronymus von der Mutter Gottes Abhilfe, der zum apostolischen Kommissär ernannt wurde und die Gewalt und Oberleitung über die Männer- und Frauenklöster der Unbeschuhten erhielt.[1] Er verfaßte für die Brüder eine eigene Satzung, während wir sie schon von unserem wohlehrwürdigen Pater General erhalten hatten.[2] Darum entwarf er für uns keine Satzungen, sondern nur für jene, und zwar kraft seiner apostolischen Vollmacht und vermöge seiner hervorragenden Geistesanlagen, die ihm der Herr, wie schon erwähnt, verliehen hat. Als er zum ersten Male die Männerklöster visitierte,[3] stellte er eine solche Ordnung und Harmonie her, daß offenbar die göttliche Majestät ihm beistand und man sehen konnte, Unsere Liebe Frau habe ihn erwählt, ihrem Orden zu Hilfe zu kommen. Möge sie mein inniges Gebet, das ich zu ihr emporsende, erhören und es bei ihrem Sohne erwirken, daß er ihn immer beschütze und ihm die Gnade verleihe, in seinem Dienste stets größere Fortschritte zu machen! Amen.

[1] Pater Franz. Vargas, apost. Kommissär für die Reform der Beschuhten in Andalusien, lernte Pater Gracián in Granada kennen und übertrug ihm wegen seiner großen Fähigkeiten die Vollmachten, die er selbst vom Hl. Stuhle erhalten. Obwohl nun Pater Gracián diese Vollmachten im geheimen und mit Milde in Anwendung brachte, verklagten ihn doch die Beschuhten beim General des Ordens, der von Papst Gregor XIII. die Aufhebung dieser Vollmachten erwirkte. König Philipp II., der große Gönner der Reform, hielt diesen Schritt des Generals nicht für gut, weshalb er beim Nuntius Ormaneto es durchsetzte, daß die Visitationen gehalten wurden, bis die Beschuhten das päpstliche Breve in Ausführung bringen konnten. Er berief Pater Gracián nach Madrid und auf dem Wege dorthin besuchte dieser die Heilige in Veas, um sie zu sprechen und kennenzulernen.

[2] Die Satzungen der unbeschuhten Karmelitinnen hat die heilige Theresia selbst verfaßt. Nichtsdestoweniger konnte die Heilige sagen, die Nonnen hätten sie vom Pater General erhalten, in dem Sinne nämlich, daß dieser sie im Jahre 1568 approbierte und zur Beobachtung vorschrieb. Der Text der ersten Satzungen der unbeschuhten Karmeliten, die von Pater Gracián verfaßt und von der heiligen Theresia gutgeheißen wurden, ist uns durch Pater Franz von der heiligen Maria erhalten worden in der Reforma de los Desc. t. I. l. III. c. XII.

[3] Im Jahre 1575.

Vierundzwanzigstes Hauptstück

1. Als mich Pater Magister Hieronymus Gracián, wie schon erwähnt, in Veas besuchte, hatten wir uns, obwohl ich es mir lange
wünschte, bis dahin noch nie gesehen, wohl aber uns einige Male
gegenseitig geschrieben. Ich war überaus erfreut, als ich seine Ankunft erfuhr; denn ich hatte große Sehnsucht, ihn persönlich kennenzulernen, da man mir so viel Gutes über ihn erzählte. Meine
Freude wurde aber noch erhöht, als ich mit ihm zu sprechen begann.
Ich war über ihn so befriedigt, daß nach meinem Dafürhalten jene,
die sich mir gegenüber so lobend über ihn ausgesprochen hatten, ihn
gar nicht kannten.[1] Da ich mich damals in großer Bedrängnis befand,
so glaubte ich, der Herr wolle mir schon durch seinen Anblick das Gute
zeigen, das durch seine Vermittlung uns zuteil werden sollte. Während der Tage (seines Aufenthaltes) war mein Trost und meine Freude
so groß, daß ich in Wahrheit über mich selbst staunte. Damals war
er bloß Kommissär in Andalusien; aber während seines Aufenthaltes
in Veas ließ ihn der Nuntius zu sich rufen und gab ihm die gleiche
Vollmacht auch über die Männer- und Frauenklöster der Unbeschuhten
in der Provinz Kastilien. Mein Herz war darüber so erfreut, daß ich
in jenen Tagen unablässig unserem Herrn Dank sagte und sonst nichts
anderes tun wollte.

2. In dieser Zeit traf auch die Erlaubnis zur Klostergründung in
Caravaca ein; aber der Wortlaut war meinem Vorhaben nicht entsprechend, und so mußte man sich nochmals an den Hof wenden. Ich
hatte an die Stifterinnen geschrieben, daß die Gründung in keiner

---

[1] Um diese Zeit war der Briefwechsel zwischen Theresia und Pater Gracián
sehr rege, wozu die Ausbreitung des Ordens sowie das Pater Gracián übertragene
Amt eines apost. Visitators der Beschuhten reichlich Gelegenheit bot. Nach Erledigung dieser Angelegenheiten, kamen beide miteinander überein, sich in Veas zu
treffen, wohin sich Pater Gracián auf seiner Reise nach Madrid begab. „Ich
verweilte", so schreibt er, „mehrere Tage in Veas; während dieser Zeit besprachen
wir alle Angelegenheiten des Ordens, die vergangenen sowohl als die gegenwärtigen
sowie auch die notwendigen Vorkehrungen für die Zukunft bezüglich des Geistes des
Ordens, in dem die Brüder und Schwestern erhalten und noch mehr begründet
werden sollten."

Weise stattfinden werde, wenn man nicht um eine gewisse Klausel nach= suchen würde, die noch mangelte;[1] so mußte man nochmals an den Hof schicken. Mir fiel es schwer, dort[2] so lange Zeit zu warten, und ich wäre gerne wieder nach Kastilien zurückgekehrt; da aber Pater Hiero= nymus, dem als Kommissär der ganzen Provinz Kastilien[3] auch das Kloster in Veas unterstand, anwesend war, so konnte ich ohne seinen Willen nichts tun; darum nahm ich mit ihm hierüber Rücksprache. Er war nun der Ansicht, daß es einerseits durch meine Abreise um die Gründung in Caravaca geschehen sei, während andererseits durch die Stiftung in Sevilla Gott ein großer Dienst erwiesen werde. Das Zustandekommen dieser Niederlassung schien mir sehr leicht, weil einige einflußreiche Personen darum nachgesucht hatten, die hinreichendes Ver= mögen besaßen, um sogleich ein Haus in Bereitschaft zu stellen. Auch der Erzbischof von Sevilla[4] war dem Orden so geneigt, daß Pater Gracián glaubte, ihm dadurch einen großen Gefallen zu erweisen. So beschlossen wir, daß ich mit der Priorin und den Nonnen, die ich für Caravaca bestimmt hatte, nach Sevilla abreisen sollte.

3. Ich war aus verschiedenen Gründen immer sehr dagegen, in Andalusien ein Kloster unserer Reform zu errichten; und wenn ich bei meiner Abreise nach Veas gewußt hätte, daß diese Stadt zu Andalusien gehöre, so hätte ich mich auf keine Weise dorthin begeben. Der Grund meines Irrtums war der, daß Veas in Wirklichkeit doch von der Provinz Andalusien abhängig ist, während das Land, ich glaube in einem Umkreise von vier bis fünf Meilen, nicht zu Andalusien gehört. Als ich aber sah, daß mein Oberer diese Entscheidung traf, unterwarf ich mich sofort; denn unser Herr erweist mir die Gnade, daß mir immer gut scheint, was meine Vorgesetzten anordnen. Obwohl ich schon zu einer anderen Stiftung entschlossen war und auch einige sehr wichtige Gründe hatte, mich nicht nach Sevilla zu begeben, so trafen

---

[1] Da Caravaca dem Ordensrat unterstand, dem auch das neu zu gründende Kloster unterstellt werden sollte, so war diese Bedingung für die Heilige unannehmbar, die das Kloster unter die Jurisdiktion des Ordens stellen wollte.

[2] In Veas.

[3] Es geschah offenbar aus Versehen, daß die Heilige Kastilien anstatt Andalusien schreibt. Sie selbst bemerkt ein wenig weiter unten, daß Veas zu Andalusien gehöre und sie aus diesem Grunde der Autorität des Paters Gracián unterstehe.

[4] Don Christoph de Rojas y Sandoval, ein großer Gönner der Ordensreform. Er starb im Jahre 1580.

wir doch zugleich Anstalten für die Abreise,[1] weil die Hitze zuzunehmen begann.[2]

4. Der apostolische Kommissär Pater Gracián reiste ab, weil er vom Nuntius berufen worden war, während wir uns auf die Reise nach Sevilla begaben, begleitet von unseren guten Reisegefährten Pater Julian de Avila, Antonius Gaytan und einem unbeschuhten Karme= liten.[3] Wir fuhren auf ganz verdeckten Wagen, wie dies immer unsere Art zu reisen war. Wenn wir in einer Herberge ankamen, bestellten wir ein Zimmer, mochte es nun gut oder schlecht sein, wie man es eben haben konnte; eine Nonne nahm an der Türe in Empfang, was wir bedurften. Selbst unsere Reisegefährten durften unser Zimmer nicht betreten. Obwohl wir uns sehr beeilten, kamen wir doch erst am Dienstag[4] vor dem Feste der allerheiligsten Dreifaltigkeit in Sevilla an, nachdem wir unterwegs große Hitze ausgestanden hatten.

5. Wir unterbrachen wohl die Reise während der Mittagszeit, allein da die Sonne mit aller Kraft auf die Wagen herniederbrannte, so war es, ich versichere Sie, meine Schwestern, als ob wir uns in ein Fegfeuer begeben würden, wenn wir wieder aufstiegen. Indem wir bald an die Hölle dachten, bald uns erinnerten, auch für Gott etwas zu tun und zu leiden, waren die Schwestern auf der Reise recht heiter und fröhlich. Die sechs (Schwestern), die ich bei mir hatte, waren Seelen, mit denen ich es nach meinem Dafürhalten hätte wagen dürfen, mich in das Land der Türken zu begeben. Sie hätten die Kraft

---

[1] Nach Sevilla.

[2] Die Heilige hatte im Gebete von Gott die Weisung erhalten, in Madrid ein Kloster zu gründen. Pater Gracián aber hatte die Ansicht, daß es besser sei, zuerst die Gründung in Sevilla vorzunehmen. Auf die Frage des letzteren nun, warum sie seine Meinung vorgezogen, gab die Heilige folgende bemerkenswerte Antwort: „Weil der Glaube mir sagt, daß die Anordnung von Euer Wohlehrwürden der Ausdruck des Willens Gottes ist und alle Offenbarungen der Welt für mich nicht diese Gewiß= heit haben." (Año Teres. t. IV. dia 3. Abril.)

[3] Es war am 18. Mai 1575. Der unbeschuhte Karmelit, von dem die Heilige spricht, war der Pater Gregor von Nazianz, der in Veas in die Reform ein= getreten war und sich nun ins Noviziat nach Sevilla begab. (Libro de Recreaciones IX. Recr. p. 100.) Die Heilige wurde von sechs Schwestern begleitet: Maria vom heiligen Joseph, Isabella vom heiligen Hieronymus, Anna vom heiligen Albertus, Eleonora vom heiligen Gabriel, Maria vom Heiligen Geist und Isabella vom hei= ligen Franziskus. (Reform. de los Desc. t. I. l. III. c. XXXVI.)

[4] Am 26. Mai 1575.

gehabt, oder beffer gefagt, unfer Herr hätte fie ihnen verliehen, für ihn zu leiden; fie waren dem Gebete und der Selbftverleugnung fehr ergeben, und fo bezogen fich ihre Wünfche und ihre Gefpräche nur auf diefe Gegenftände. Weil fie in fo weiter Ferne bleiben mußten, fo wählte ich mit aller Sorgfalt jene aus, die mir als die tauglichften erfchienen. Dies war auch überaus notwendig wegen der großen Widerwärtigkeiten, die fie erdulden mußten; von diefen will ich aber einige, und zwar die bedeutenderen, mit Stillfchweigen übergehen, weil manche daran Anftoß nehmen könnten.

6. Am Tage vor Pfingften[1] fetzte fie Gott fehr in Schrecken, indem er mir ein fehr heftiges Fieber fandte. Ich glaube gewiß, daß ihr Flehen zu Gott mächtig genug war, um diefem Übel zu fteuern; denn nie in meinem Leben hatte ich ein fo fchweres Fieber, das nur fo kurze Zeit angedauert hat. Es war derartig heftig, daß man meinem bewußtlofen Zuftande nach zu fchließen glaubte, ich fei in Lethargie gefallen. Sie benetzten mein Angeficht mit Waffer; aber die Sonnenhitze war fo groß, daß dies auch wenig Kühlung bot. Auch muß ich die fchlechte Herberge erwähnen, die wir in diefer mißlichen Lage hatten. Man räumte uns ein fchlecht gemauertes Kämmerchen unter dem freien Dache ein, das keine Fenfter hatte; und wenn man die Türe öffnete, fo fchien die Sonne mit voller Kraft herein. Ihr follt wiffen, daß hier die Sonnenhitze im Vergleich zu Kaftilien noch weit läftiger ift. Man brachte mich in ein Bett, das aber fo unbequem war, daß ich mich lieber auf den Boden gelegt hätte; auf der einen Seite war es fo hoch, auf der anderen fo niedrig, daß ich nicht wußte, welche Lage ich einnehmen follte; es kam mir vor, als ob es mit fpitzen Steinen angefüllt wäre. Welch ein Elend ift es doch um die Krankheit, während bei gefundem Körper alles leicht zu ertragen ift! Schließlich hielt ich es für beffer, wieder aufzuftehen und (mit meinen Gefährtinnen) weiterzureifen, da ich die Sonnenhitze auf freiem Felde für erträglicher hielt als die Hitze jener Kammer. Wie wird es den armen Verdammten in der Hölle ergehen, die ewig unfähig find, fich eine Veränderung zu verfchaffen! Denn kann man auch nur einen Schmerz mit einem anderen vertaufchen, fo fcheint es fchon einige Linderung zu bringen. Mir ift es fchon begegnet, daß mir, wenn ich auf einer Seite heftigen Schmerz empfand

---

[1] Nach dem Berichte der Mutter Maria vom heiligen Jofeph war dies am Pfingfttage felbft.

und mich auf die andere ebenso schmerzende Seite wendete, diese Veränderung eine Erleichterung brachte. So war es auch hier. Soviel
ich mich erinnere, bereitete mir die Wahrnehmung meiner Krankheit
nicht den geringsten Kummer, aber meine Schwestern litten weit mehr
als ich. Gott ließ zu, daß das Fieber in seiner Heftigkeit nur jenen
Tag andauerte.

7. Kurz zuvor — vielleicht zwei Tage früher —, als wir mit einer
Fähre über den Guadalquivir setzen wollten,[1] begegnete uns ein an-
deres Mißgeschick, das uns etwas in Verlegenheit brachte. Zur selben
Zeit war es nicht möglich, die Wagen an der Stelle zu übersetzen,
wo das Seil ausgespannt war, und so mußte man den Fluß in etwas
schiefer Richtung durchqueren, wobei jedoch das Seil, das man auch
etwas schräg richtete, die Überfahrt erleichterte. Aber jene, die das
Seil hielten, ließen es los, oder es geschah sonst etwas; kurz, die
Fähre trieb ohne Seil und ohne Ruderer stromabwärts. Mir ging der
Fährmann, den ich so in Angst sah, weit mehr zu Herzen als die Gefahr; wir fingen zu beten an, während allenthalben sich ein lautes Geschrei erhob. Ein Edelmann erblickte uns von seinem in der Nähe
gelegenen Schlosse aus, und von Mitleid gerührt, sandte er uns Hilfe.
Obwohl man damals das Seil noch nicht aus den Händen gelassen
hatte, da auch unsere Brüder[2] es mit aller Kraftanstrengung festhielten,
so riß doch die Gewalt des Wassers alle mit sich fort, so daß einige sogar zu Boden fielen. Besonders rührte mich ein Sohn des Fährmanns,
den ich nie vergessen kann. Er war, wie mir schien, etwa zehn oder elf
Jahre alt und strengte sich beim Anblick des geängstigten Vaters so
sehr an, daß ich dafür unsern Herrn nur lobpreisen konnte. Aber wie
Seine Majestät überhaupt die Leiden immer aus väterlicher Liebe
sendet, so geschah es auch hier; die Fähre blieb auf einer Sandbank
stehen, und da auf einer Seite das Wasser nicht tief war, so konnte
man uns zu Hilfe kommen. Wir wären, da die Nacht schon anbrach,
bei der Fortsetzung unserer Reise in große Verlegenheit gekommen,
wenn uns nicht die Leute, die vom Schlosse gekommen waren, den
Weg gewiesen hätten. Ich hatte nicht im Sinne, von solchen Begebenheiten, an denen wenig gelegen ist, etwas zu berichten; denn müßte

---

[1] Es war die Fähre von Espeluy. Espeluy ist ein Dorf am linken Ufer des
Guadalquivir, am Einfluß des Ramblar.

[2] Damit meint die Heilige ihre Reisebegleitung.

ich von den unangenehmen Zwischenfällen auf diesen Reisen erzählen, so hätte ich vieles zu sagen. Wenn ich mich nun hierüber ausführlicher verbreitet habe, so ist der Grund der, weil man mit dringenden Bitten auf mich eingewirkt hat.

8. Weit beschwerlicher als die erwähnten Begebenheiten war für mich, was uns am Pfingstdienstag[1] widerfuhr. Wir eilten, soviel wir konnten, um in der Frühe unbemerkt nach Córdoba zu kommen und dortselbst die heilige Messe zu hören. Man führte uns in eine Kirche, die jenseits der Brücke ist, damit wir allein sein könnten. Wir wollten schon die Brücke überschreiten, hatten aber noch keine Erlaubnis, mit den Wagen hinüberzufahren; diese mußte erst vom Bürgermeister gegeben werden. Bis wir sie aber erhielten, verflossen mehr als zwei Stunden, da die Leute noch im Bette lagen. Unterdessen kam viel Volk herbei, um zu sehen, wer da angekommen sei. Daran lag uns aber wenig, weil unsere Wagen so gut bedeckt waren, daß man uns nicht sehen konnte. Als die Erlaubnis angekommen war, konnte man die Wagen nicht durch das Brückentor hindurchbringen; man mußte erst etwas davon absägen oder sonst etwas daran machen, was wieder einige Zeit erforderte. Als wir endlich die Kirche erreichten, wo Pater Julian de Avila die heilige Messe lesen sollte, fanden wir sie voll von Menschen; denn es wurde eben, was wir nicht wußten, das Titularfest der Kirche, die dem Heiligen Geiste geweiht war, mit großer Feierlichkeit und Predigt begangen.

9. Als ich dies sah, empfand ich großen Schmerz und hielt es für besser, ohne eine Messe zu hören, weiterzureisen, als uns in ein solches Gedränge zu wagen. Aber Pater Julian de Avila war anderer Meinung, und weil er ein Theologe ist, so mußten wir uns seiner Ansicht fügen, während die übrigen aus unserer Begleitung vielleicht meiner Meinung gefolgt wären; aber ich wäre dann Ursache eines größeren Übels gewesen. Doch ich weiß nicht, ob ich mich auf meine Ansicht allein verlassen kann. Wir stiegen in der Nähe der Kirche ab, und obwohl man uns nicht ins Angesicht schauen konnte, da wir unsere langen schwarzen Schleier trugen, so genügte doch der Anblick unserer Schleier, unserer groben weißen Mäntel und unserer Sandalen, um

---

[1] Nach dem Berichte der Mutter Maria vom heiligen Joseph, die die Vorfälle dieser Reise erzählt, die Tag für Tag sich ereigneten, geschah dies nicht am Dienstag, sondern am Montag. (Libro de Recreac. IX.)

eine allgemeine Aufregung zu verursachen; und so war es auch. Dieser Schrecken, der für mich und für meine ganze Begleitung peinlich war, wird in mir wohl das Fieber ganz vertrieben haben.

10. Gleich beim Eintritt in die Kirche kam ein frommer Mann auf mich zu, um uns inmitten des Volkes Platz zu machen. Ich bat ihn bringend, uns in eine Kapelle zu führen; er tat es auch, schloß diese zu und entfernte sich nicht mehr von uns, bis er uns wieder aus der Kirche geführt hatte. Einige Tage darauf kam dieser Mann nach Sevilla und erzählte einem Pater unseres Ordens, daß ihn Gott nach seiner Ansicht wegen dieses guten Werkes, das er an uns getan, belohnt habe; es sei ihm eine große Erbschaft zugesichert oder schon zuteil geworden, an die er gar nicht gedacht hätte.

11. Ich versichere euch, meine Töchter, daß dies eine der größten Widerwärtigkeiten war, die mir widerfahren ist, wenn es euch auch vielleicht ganz unbedeutend vorkommen mag. Der Lärm des Volkes war so groß, als ob es sich um den Eintritt wilder Stiere gehandelt hätte.[1] Ich konnte kaum erwarten, bis wir wieder weiterreisten, obwohl in der Nähe sich kein geeigneter Platz fand, um Mittagsruhe zu halten; in Ermanglung eines besseren machten wir unter einer Brücke halt.

12. Als wir in Sevilla angekommen und bei einem Hause[2] abgestiegen waren, das Pater Mariano auf die Nachricht von unserer Ankunft hin für uns gemietet hatte, dachte ich, daß alles in Ordnung sei. Der Erzbischof war nämlich, wie schon erwähnt, den unbeschuhten Karmeliten sehr geneigt und hatte auch schon einige Male an mich sehr huldvoll geschrieben; aber trotzdem stieß ich auch hier auf viele Schwierigkeiten, weil Gott es so wollte. Er ist nämlich ein großer Gegner der auf Almosen angewiesenen Nonnenklöster und hat auch Gründe dafür. Es war ein Unglück, oder besser gesagt, ein Glück, daß man ihn von diesem Vorhaben nicht in Kenntnis setzte; denn würde man ihn vor meiner Abreise darauf aufmerksam gemacht haben, so hätte er gewiß

---

[1] Diese Redewendung ist sehr kräftig und trägt ganz spanischen Charakter.

[2] Dieses Haus liegt in der Straße de las Armas in der Nähe des Museumsplatzes. Die Heilige war am 18. Mai von Veas abgereist und erreichte, nachdem sie 60 Meilen zurückgelegt hatte, am 26. Mai Sevilla. Als Hauptstadt von Andalusien war Sevilla sowohl durch seinen Handel als auch durch die vielen und schönen Bauwerke berühmt. Wenn auch die Stadt Sevilla heutzutage den früheren Glanz verloren hat, so ist sie doch noch eine der schönsten Städte Spaniens und umfaßt 150 000 Einwohner. (Libro de Recreac. IX. p. 105.)

seine Einwilligung dazu nicht gegeben. Weil aber der Pater Kommissär und Pater Mariano, der die größte Freude über meine Ankunft hatte, der sicheren Überzeugung waren, daß dem Erzbischof durch mein Kommen ein großer Dienst erwiesen werde, so sagten sie ihm vorher nichts davon; hätten sie, wie gesagt, anders gehandelt, so würden sie vielleicht im guten Glauben eine große Ungeschicklichkeit begangen haben. Bei den anderen Klosterstiftungen war immer das erste, daß ich um die Erlaubnis des Bischofs nachsuchte, wie es das heilige Konzil vorschreibt. Hier nun hielten wir die Erlaubnis nicht nur für gewiß; wir glaubten vielmehr, dem Erzbischof einen großen Dienst zu erweisen, wie es auch in Wirklichkeit einer war und er es später einsah.[1] Aber der Herr wollte, daß keine dieser Stiftungen vor sich gehen sollte, ohne daß ich auf diese oder jene Weise große Beschwerden auf mich nehmen mußte.

13. Als wir in dem Hause angekommen waren, das man, wie schon erwähnt, für uns gemietet hatte, wollte ich meiner Gewohnheit gemäß sogleich von ihm Besitz ergreifen, um das Chorgebet verrichten zu können. Allein Pater Mariano, der in Sevilla sich aufhielt, suchte die Sache zu verzögern; denn um mich nicht zu betrüben, wollte er mir den ganzen Sachverhalt nicht offenbaren. Da aber seine Gründe nicht stichhaltig waren, so merkte ich, worin die Schwierigkeit lag; man hatte nämlich keine Erlaubnis. Nun redete er mir zu, daß er es für gut finde, das Kloster mit Einkünften zu stiften oder einen anderen Ausweg zu suchen, woran ich mich nicht mehr genau erinnere. Endlich sagte er mir, daß der Erzbischof nicht gerne die Erlaubnis zur Gründung von Nonnenklöstern gebe; nie habe er sie zu einem gegeben, solange er Erzbischof gewesen — er war zuvor Bischof von Córdoba und ist seit vielen Jahren Erzbischof von Sevilla und ein großer Diener Gottes —, keineswegs aber werde er zustimmen, wenn ein Kloster ohne Einkünfte gegründet werde. Dies hieß soviel, daß überhaupt kein Kloster zustande kommen sollte. Einerseits würde ich in einer Stadt wie Sevilla nur sehr ungern ein Kloster mit bestimmten Einkommen zugelassen haben, obwohl ich es gekonnt

---

[1] Die Mutter Maria vom heiligen Joseph gibt uns in ihrem Buche De Recreaciones eine Erklärung über die Haltung des Erzbischofs Don Christoph de Rojas. Er hatte den Wunsch geäußert, die Heilige und ihre Töchter in seiner Bischofsstadt aufzunehmen, damit sie die einzelnen Klöster bereisten, die der Reform bedurften, keineswegs aber, um ein neues Kloster zu gründen, am wenigsten ein Kloster ohne Einkünfte. (Recreac. IX.)

hätte; denn jene Orte, in denen ich Klöster mit Einkünften gründete, waren kleine Städte, wo die nötigen Hilfsmittel fehlten; man mußte sie notwendigerweise so gründen oder ganz auf die Gründung verzichten, da man sich keinen Unterhalt verschaffen konnte. Andererseits war uns von unserem Reisegeld nur mehr eine Blanka übriggeblieben; und wir hatten sonst nichts bei uns, als was wir am Leibe trugen, einige Tuniken und Leinwand für Kopfbedeckung, und was notwendig war, um auf dem Wagen entsprechend geschützt zu sein.[1] Damit unsere Reisebegleiter zurückkehren konnten, mußte man sogar Geld zu leihen nehmen, das ihnen ein Freund des Anton Gaytan in Sevilla gab. Pater Mariano suchte Mittel und Wege, um das Notwendige zur Einrichtung des Hauses zusammenzubringen. Endlich hatte ich auch kein eigenes Haus, weshalb eine Klostergründung unmöglich zu sein schien.

14. Wohl nur auf inständiges Bitten des genannten Paters hin erlaubte der Erzbischof, daß bei uns am Feste der allerheiligsten Dreifaltigkeit die heilige Messe gelesen werden durfte. Es war die erste (in Sevilla), und er ließ uns sagen, daß man keine Glocke läuten und aufhängen dürfe; allein letzteres war schon geschehen. In dieser Ungewißheit verflossen mehr als vierzehn Tage; ich weiß dies daher, weil ich ebensolange den Entschluß in mir trug, mit meinen Nonnen wieder nach Veas zurückzukehren, um die Stiftung in Caravaca vorzunehmen. Ich würde dies auch ohne sonderlichen Schmerz getan haben, hätte ich nicht auf den Pater Kommissär und Pater Mariano Rücksicht nehmen müssen. Während dieser Tage mußte ich aber — ich glaube es dauerte mehr als einen Monat — noch viel mehr ausstehen, woran ich mich wegen meines schlechten Gedächtnisses nicht mehr genau erinnern kann. Ich sehe in der Tat wohl ein, daß unsere Abreise jetzt viel schwieriger gewesen wäre als im ersten Augenblick, da die Kunde von der Klosterstiftung schon in die Öffentlichkeit gedrungen war.

15. Pater Mariano ließ mich nie an den Erzbischof schreiben, sondern er suchte ihn selbst allmählich zu besänftigen, indem er ihm durch den Pater Kommissär aus Madrid schreiben ließ. Mich beruhigte und bewahrte vor vieler Angst nur das eine, daß die Messe mit Erlaubnis des

---

[1] Algunas túnicas y tocas. Túnica ist hier ein Unterkleid aus Wolle, dessen sich die unbeschuhten Karmeliten und Karmelitinnen bedienen. Unter toca versteht man eine Kopfbedeckung aus Leinwand, die die Karmelitinnen unter dem Schleier tragen.

Erzbischofs gelesen worden war und wir immer das Breviergebet im Chore verrichten konnten. Der Erzbischof unterließ übrigens nicht, mich durch andere besuchen und mir sagen zu lassen, daß er bald selbst kommen werde; er schickte auch gleich anfangs einen seiner Kapläne, der uns die erste Messe las. Daraus konnte ich klar erkennen, daß dies alles nur dazu diente, um mich zu betrüben. Der Grund dieser Betrübnis aber waren nicht ich und auch nicht meine Nonnen, sondern der Kummer des Pater Kommissärs; denn da er mich zu dieser Reise beauftragt hatte, so berührte ihn dies recht peinlich. Es hätte ihn noch mehr geschmerzt, wenn das Unternehmen unglücklich ausgefallen wäre; zu dieser Befürchtung hatte er freilich viele Gründe.

16. Um diese Zeit kamen auch die beschuhten Väter,[1] um zu erfahren, mit welcher Vollmacht die Gründung geschehen sei. Ich zeigte ihnen die Patente unseres wohlehrwürdigen Pater Generals, und damit waren sie zufrieden. Hätten sie gewußt, wie sich der Erzbischof dazu verhielt, so wären sie wohl nicht damit einverstanden gewesen. Allein dies wußte man nicht, und alle glaubten, es sei ganz nach seinem Sinne und seiner vollen Zufriedenheit geschehen.[2] Endlich fügte es Gott, daß er uns besuchte; ich stellte ihm vor, welches Leid er uns verursache. Nun genehmigte er alles, was und wie ich es haben wollte, und von da an hat er uns immer Gutes erwiesen und sich bei jeder Gelegenheit huldvoll gegen uns gezeigt.

Fünfundzwanzigstes Hauptstück

Fortsetzung des Berichtes über die Stiftung des Klosters zum glorwürdigen heiligen Joseph in Sevilla. Leiden, die man beim Erwerbe eines eigenen Hauses erdulden mußte.

1. Niemand könnte es glauben, daß sich in einer so bevölkerten Stadt wie Sevilla, in der so viele reiche Leute wohnten, weit weniger Mittel zu einer Klosterstiftung vorfanden als in allen übrigen Orten, wo ich jemals war. Und doch gab es deren so wenige, daß ich mir manchmal dachte, es sei nicht gut, in dieser Stadt ein Kloster zu besitzen. Ich weiß

---

[1] Das große Kloster der beschuhten Karmeliten lag in der Straße de los Baños. Diese Gründung reichte zurück bis zum Jahre 1358.

[2] Siehe Brief der Heiligen vom 18. Juni 1575 an Pater Rubeo.

nicht, ob dies mit dem Klima des Landes irgendwie im Zusammenhange stand, da ich immer sagen hörte, daß die bösen Geister dort mehr Gewalt hätten, die Leute zu versuchen, als anderswo, was aber nur mit Zulassung Gottes geschehen kann. Mir selbst haben sie dort so zugesetzt, daß ich mich nie in meinem ganzen Leben kleinmütiger und verzagter fand; dies geschah in dem Grade, daß ich mich selber nicht mehr kannte. Wohl verlor ich in keiner Weise das Vertrauen, das ich sonst immer auf den Herrn setzte, allein seitdem ich mich mit dieser Gründung befaßte, war meine Gemütsart ganz anders als sonst. Ich bemerkte wohl, daß Gott teilweise seine Hand von mir zurückzog, um sich als den Unwandelbaren zu zeigen und mich zu überzeugen, daß die Entschlossenheit, die ich sonst hatte, nicht aus mir stammte.[1]

2. Von der eben bezeichneten Zeit an[2] bis kurz vor der Fastenzeit hatte ich mich in Sevilla aufgehalten, und noch immer hatte ich keine Hoffnung, ein Haus zu erwerben; wir besaßen kein Geld und auch niemanden, der für uns eingetreten wäre wie an anderen Orten. Jene, die dem apostolischen Visitator, Pater Gracián, fast versprochen hatten, in den Orden einzutreten, und die ihn gebeten hatten, Nonnen hierher zu bringen, ließen sich ohne Zweifel durch die allzu große Strenge abschrecken, die sie, wie sie glaubten, nicht zu ertragen vermöchten. Nur eine, von der ich später berichten werde, trat ein.[3] Zudem war die Zeit da, wo man mich von Andalusien abrufen konnte, da auch andere derartige Geschäfte in Kastilien auf mich warteten.[4] Den größten Schmerz bereitete mir der Gedanke, die Schwestern, ohne daß sie ein Haus besaßen, verlassen zu müssen, obgleich ich einsah, daß ein längerer Aufenthalt in Sevilla nichts nützen würde; denn der Herr verweigerte mir die Gnade, die er mir sonst gewährte, nämlich Personen zu finden, die mir bei diesen Unternehmungen behilflich gewesen wären.

---

[1] Oben schon hat die heilige Theresia bemerkt, daß sie mit ihren Schwestern in Sevilla ungemein große Bitterkeiten erdulden mußte, von denen sie die schwersten absichtlich verschweigt. An ihrer Stelle schildert Maria vom heiligen Joseph mit beredten Worten die Leiden, die in Sevilla über die heilige Mutter kamen. (Siehe Anh. Nr. 12 sowie auch den Brief der heiligen Theresia an die Mutter Maria Baptista vom 29. April 1576.)

[2] Vom 26. Mai an, drei Tage vor dem Feste der heiligsten Dreifaltigkeit.

[3] Beatrix von der Mutter Gottes, von der im folgenden Hauptstück die Rede ist.

[4] Die Heilige hatten den Auftrag erhalten, von Sevilla abzureisen und in einem Kloster Kastiliens Aufenthalt zu nehmen.

3. Nun fügte es Gott, daß um dieselbe Zeit einer meiner Brüder, namens Laurentius de Cepeda,[1] aus Indien kam, wo er sich länger als vierunddreißig Jahre aufgehalten hatte. Er empfand noch größeren Schmerz als ich bei der Wahrnehmung, daß die Nonnen, ohne ein eigenes Haus zu haben, in Sevilla zurückbleiben sollten. Er leistete uns große Hilfe, besonders dadurch, daß wir durch seine Bemühungen das Haus erhielten, das die Nonnen jetzt bewohnen. Ich flehte damals recht inständig zu unserem Herrn und bat ihn, mich doch nicht abreisen zu lassen, bevor die Schwestern ein eigenes Haus hätten; ich veranlaßte auch sie, um dasselbe zu bitten und sich an den glorwürdigen heiligen Joseph zu wenden; auch hielten wir Prozessionen und (andere) Gebetsübungen zu Ehren Unserer Lieben Frau ab. Zudem ließ ich mich, als ich meinen Bruder so bereitwillig uns Hilfe bringen sah, betreffs des Kaufes einiger Häuser in Unterhandlungen ein; aber in dem Augenblicke, wo die Angelegenheit ins reine gekommen zu sein schien, zerschlug sich alles wieder.

4. Als ich mich eines Tages im Gebete befand und zu Gott flehte, den Schwestern ein Haus zu verschaffen, da sie ja seine Bräute und voll Verlangen seien, ihm in allem zu gefallen, sprach er zu mir: „Ich habe euch schon erhört, überlasse es nur mir.“ Ich war dadurch ganz beruhigt und glaubte, das Haus schon zu besitzen. Und wirklich, der Herr sorgte für uns. Seine Majestät hat uns vor dem Kaufe eines Hauses bewahrt, das zwar wegen der guten Lage allen wohlgefiel, aber so alt und baufällig war, daß der Grund und Boden allein schon nur etwas weniger gekostet hätte als das Haus, das die Nonnen jetzt bewohnen. Dieser Kauf war bereits abgeschlossen, und es fehlte nur noch der schriftliche Kontrakt; aber ich war damit nicht zufrieden, weil es mir mit den Worten, die ich jüngst im Gebete vernommen hatte, nicht übereinzustimmen schien; denn jene Worte hatten nach meinem Dafürhalten den Sinn, daß uns der Herr ein gutes Haus geben wolle. Durch Zulassung Gottes setzte nun der Verkäufer selbst, der dadurch viel gewonnen hätte, ein Hindernis, indem er den Kontrakt nicht zur bestimmten Zeit aus-

---

[1] Maria vom heiligen Joseph berichtet in ihrem Buche de Recreaciones von den erhabenen Eigenschaften dieses Bruders der Heiligen, von seinem Zartgefühl, von seinem Edelmut, von seinem Fortschritt im Gebetsleben und seiner Entäußerung von allem Irdischen. Bis zu seinem Tode am 26. Juni 1580 — er starb als Tertiar unseres Ordens — unterhielt Laurentius die innigsten Beziehungen zur heiligen Theresia und zeigte großes Interesse an ihren Stiftungen. (Libro de Recreac. VIII. S. 68 und Leben der Heiligen S. 495, Anmerk. 2.)

fertigte. So konnten wir ohne irgendeine Schuld von unserer Seite von dem bereits abgeschlossenen Kaufe wieder zurücktreten, was eine besondere Gnade unseres Herrn war; denn die Schwestern wären während ihres ganzen Lebens mit dem Ausbau des Hauses nicht fertig geworden; sie hätten viele Mühen gehabt und wenig Unterstützung gefunden, um zum Ziele zu kommen.

5. Einen großen Anteil daran hatte ein Diener Gottes, der gleich bei unserer Ankunft in Sevilla bei der Kunde, daß wir kein Haus hätten, täglich zu uns kam, um die Messe zu lesen, obwohl seine Wohnung sehr weit entfernt lag und die Sonnenhitze ungemein groß war. Er heißt Garcia Alvarez[1] und ist ein sehr angesehener Mann und um seiner guten Werke willen in der ganzen Stadt hochgeachtet. Außerdem kümmerte er sich um nichts, und hätte er ein größeres Vermögen gehabt, so würde es uns an nichts gefehlt haben. Weil er das Haus gut kannte, so hielt er es für ungeschickt, so viel Geld dafür auszugeben; so sagte er alle Tage und brachte es dahin, daß man nicht mehr davon redete. Daraufhin nahm er mit meinem Bruder das Haus in Augenschein, das die Nonnen jetzt bewohnen. Sie waren sehr dafür eingenommen, und zwar mit Recht, so daß der Kontrakt über den Erwerb des Hauses durch Gottes Fügung in zwei oder drei Tagen abgeschlossen wurde.

6. Unsere Übersiedlung ging nicht ohne Schwierigkeit vor sich; denn der bisherige Bewohner wollte nicht ausziehen, und auch die nebenan wohnenden Franziskaner kamen sogleich, um uns bekannt zu machen, daß wir auf keine Weise dort einziehen dürften. Wäre der Kontrakt nicht schon formell ausgefertigt gewesen, so hätte ich Gott gepriesen, wenn man alles wieder hätte rückgängig machen können; denn wir waren jetzt in Gefahr, die sechstausend Dukaten zahlen zu müssen, die das Haus kostete, in das wir nicht einziehen durften. Die Priorin[2] aber war nicht meiner

---

[1] Der gute Garcia Alvarez war der erste Kaplan und Beichtvater der Nonnen zu Sevilla, aber mehr eifrig als klug; in seiner Unwissenheit und Unerfahrenheit mischte er sich über Gebühr in die Angelegenheiten des Hauses ein und zeigte sich äußerst nachgiebig im Beichtstuhl. Mit zwei Nonnen verbrachte er oft viele Stunden im Beichtstuhl, und zwar ohne wichtigen Grund, weshalb die Priorin diesem Mißbrauch ein Ende machte. Sie wendete sich an den apostol. Visitator Pater Petrus Fernández, der ihr befahl, ihm weiterhin die Abnahme der Beichten der Nonnen zu verbieten. Die hl. Theresia hieß das energische Vorgehen der Priorin gut, die diesen Mißbrauch aus der Welt schaffte, um so schlimmere Folgen zu verhüten.

[2] Schon bei der Ankunft in Sevilla hatte die Heilige die Mutter Maria vom heiligen Joseph zur Priorin der neuen Niederlassung ernannt. Am 6. November 1576

Ansicht; sie dankte Gott, daß der Kauf nicht mehr umgestoßen werden konnte. Seine Majestät hatte ihr bezüglich dieses Hauses und wohl auch in anderen Dingen weit mehr Vertrauen und Mut verliehen als mir, weil sie viel tugendhafter ist als ich. Länger als einen Monat blieben wir in dieser Angst, endlich ließ Gott es zu, daß die Priorin und ich und noch zwei Nonnen mit großer Furcht einzogen. Die Übersiedlung geschah bei Nacht, damit die Mönche nichts merkten, bevor wir Besitz ergriffen hatten. Die uns begleiteten, hielten, wie sie sagten, jeden Schatten, den sie gewahrten, für Mönche.

7. Sogleich bei Tagesanbruch las uns der gute García Alvarez, der uns ins Haus begleitete, die heilige Messe, und von da an waren wir ohne Furcht. O Jesus, wie viel Furcht habe ich nicht ausgestanden bei der Besitzergreifung dieser Häuser! Ich denke mir oft: wenn man schon da, wo man nichts Böses vollbringt, sondern zur Ehre Gottes wirkt, solche Furcht empfindet, wie muß es dann denen ums Herz sein, die darauf ausgehen, etwas wider Gott und den Nächsten zu unternehmen? Ich weiß nicht, welchen Gewinn sie dabei haben und welche Freude sie bei einer so schweren Last (auf dem Herzen) suchen können.

8. Mein Bruder war damals nicht in Sevilla; denn er war geflüchtet, da sich infolge großer Eile ein gewisser Fehler bei Ausfertigung des Kontraktes eingeschlichen hatte, der dem Kloster großen Schaden gebracht hätte; da er für uns als Bürge eingetreten war, so wollte man ihn gefänglich einziehen. Zudem war er fremd in Sevilla, weshalb wir seinetwegen viel zu leiden gehabt hätten. Wir hatten aber außerdem seinetwegen noch mehr als einen Kummer auszustehen, bis er durch Hinterlegung eines Pfandes hinlänglich Sicherheit geleistet hatte.

wurde diese Wahl durch die kanonische Stimmenabgabe der Nonnen bestätigt. Maria vom heiligen Joseph war eine sehr geistreiche Frau und eine von jenen Schwestern, die von der heiligen Theresia überaus hochgeschätzt wurden. Mit ihr unterhielt sie eine sehr rege Korrespondenz, wie aus den vielen, an sie gerichteten Briefen zu ersehen ist. Die Heilige lernte sie als junges Mädchen im Hause der Doña Luise de la Cerda kennen. Sie trat in Malagón in den Orden und legte am 10. Juni 1571 ihre Gelübde ab. Zu Beginn des Jahres 1575 nahm sie die Heilige mit nach Veas und Sevilla. Im letzteren Kloster war sie wiederholt Priorin, später, 1585, gründete sie das Kloster in Lissabon, wo sie in hohem Ansehen stand. Wie alle Freunde und Freundinnen der Heiligen mußte sie durch zahllose Trübsale und Verfolgungen gehen, die sie aber mit heroischer Geduld ertrug. Ihre Tugenden erglänzten dabei im hellsten Lichte. Sie hinterließ uns viele Schriften, die von ihren hervorragenden Geistesgaben Zeugnis ablegen. Ihr Tod erfolgte zu Cuerva (Toledo) im Jahre 1603.

Später ging alles gut vonstatten, wenn es auch eine Zeitlang zur Vermehrung unserer Leiden an Prozessen nicht fehlte.

9. Wir blieben in einigen Zimmern des Erdgeschosses eingeschlossen, während mein Bruder den ganzen Tag über bei den Arbeitern sich aufhielt und uns mit Speise versorgte, wie er schon eine Zeitlang vorher es getan hatte. Denn da wir in einem Privathause wohnten und man nicht allgemein wußte, daß es ein Kloster sei, so erhielten wir wenig Almosen, außer von einem greisen heiligen Mann, dem Prior des Kartäuserklosters de las Cuevas.¹ Dieser war ein eifriger Diener Gottes und entstammte dem Geschlechte der Pantochas aus Avila. Gott verlieh ihm schon gleich bei unserer Ankunft eine überaus große Liebe zu uns, und er wird auch nach meinem Dafürhalten fortfahren, uns Gutes zu erweisen, solange er lebt. Ich berichte dies, meine Schwestern, weil es sich geziemt, daß ihr jene Gott empfehlet, von denen ihr leset, daß sie uns in so liebevoller Weise zu Hilfe gekommen sind, mögen sie nun noch am Leben oder schon gestorben sein; diesem heiligen Manne sind wir zu großem Danke verpflichtet.

10. Dieser Zustand dauerte nach meinem Dafürhalten mehr als einen Monat lang.² Aber ich habe in bezug auf die Zeitbestimmung ein schlechtes Gedächtnis und kann mich daher auch irren. Nehmt also die Sache immer so ungefähr, sei es nun mehr oder weniger, weil wenig daranliegt. Während dieses Monats hat sich also mein Bruder viele Mühe gegeben, um einige Zimmer zu einer Kapelle umzugestalten und alles zurecht zu richten, ohne daß wir dabei etwas zu tun hatten. Nachdem dies alles in Ordnung war, hätte ich gerne das Allerheiligste Sakrament einsetzen lassen, und zwar ohne Aufsehen zu machen, weil es mir sehr widerstrebt, anderen lästig zu fallen, wenn es vermieden werden kann. Dies sagte ich auch dem Pater García Alvarez, der sich darüber mit dem Prior de las Cuevas besprach. Würde es sich um ihre eigene

---

¹ Ferdinand Pantocha war geboren zu Sevilla und entstammte einer angesehenen Familie, die in Avila ihren Ursprung hatte. Er trat im Jahre 1518 in die Kartause de las Cuevas. Die Briefe der heiligen Theresia enthalten viele Stellen, in denen sie mit Verehrung und Hochachtung von diesem heiligen Greise spricht.

² Während dieser Zeit, in der die Klausur noch nicht errichtet war, malte der Bruder Johann vom Elend ein Bild der Heiligen, das heute noch im Kloster der Karmelitinnen zu Sevilla aufbewahrt wird. Aber nur auf Bitten der Schwestern und bewogen durch ihre Tränen ließ sich Theresia dazu herbei, wie die Mutter Maria vom heiligen Joseph in ihrem Buche Recreaciones (VIII) berichtet.

Angelegenheit gehandelt haben, sie hätten sich beide der Sache nicht besser annehmen können, und sie meinten, man müsse das Allerheiligste Sakrament durchaus feierlich einsetzen, damit das Kloster in Sevilla besser bekannt würde. Sie begaben sich deshalb zum Erzbischof; hier wurde allgemein beschlossen, daß das Allerheiligste Sakrament mit großer Feierlichkeit aus einer Pfarrkirche (in unser Kloster) getragen werde. Auch befahl der Erzbischof den Geistlichen und einigen Bruderschaften, sich dabei einzufinden und die Straßen zu schmücken.

11. Der gute Garcia Alvarez schmückte unseren Kreuzgang, der, wie schon erwähnt, damals als Durchgang (für die Prozession) diente, und auch die Kirche, indem er sie mit sehr schönen Altären und anderen Verzierungen versah. Unter anderem ersann seine Liebe zu uns einen Springbrunnen, aus dem Orangenblütenwasser floß, was wir aber nicht angeordnet und nicht gewünscht hatten, wenn es uns auch nachher sehr zur Andacht stimmte. Die überaus schöne Feier unseres Festes, der prachtvolle Schmuck der Straßen, die vortreffliche Musik und die vielen Sänger erfüllten uns mit übergroßem Trost, so daß der Prior de las Cuevas mir gegenüber erklärte, er habe nie so etwas in Sevilla gesehen, und man erkenne daraus, daß es offenbar ein Werk Gottes sei. Gegen seine Gewohnheit[1] nahm er selbst an der Prozession teil, und der Erzbischof setzte das Allerheiligste Sakrament ein. So wurden, wie ihr, meine Töchter, sehet, die armen unbeschuhten Karmelitinnen von allen geehrt, nachdem es doch kurz vorher den Anschein hatte, als gäbe es für sie nicht einmal Wasser in der Stadt, obgleich ein wasserreicher Fluß sie durchströmt.

12. Der Zulauf des Volkes war außerordentlich groß. Dabei ereignete sich etwas, was allen merkwürdig vorkam, die es sahen. Man hatte sehr viele Böllerschüsse abgegeben und Feuerwerk veranstaltet. Nach Beendigung der Prozession, als bereits die Nacht hereinbrach, hatten einige den Einfall, noch weiter zu schießen. Da fing, ich weiß nicht wie, das Pulver ein wenig Feuer, und man hielt es für ein großes Wunder, daß jener, der das Pulver trug, nicht davon getötet wurde. Eine große Flamme schlug bis an das Gewölbe des Kreuzganges empor, dessen Bogen mit Taffet bedeckt waren. Man meinte, dieser Stoff müßte in Flammen aufgegangen sein, aber dennoch bemerkte man an

---

[1] Die Kartäuser nehmen in der Tat wegen ihrer Zurückgezogenheit und Abgeschiedenheit von der Welt an den Prozessionen nicht teil.

ihm nicht den geringsten Schaden, und er behielt seine gelbliche und dunkelrote Farbe. Am meisten mußte man sich darüber wundern, daß die Steine des Gewölbes, die der Taffet bedeckte, durch den Rauch geschwärzt wurden, während der Taffet selbst unversehrt blieb, als wäre er durch das Feuer nicht berührt worden. Alle, die es sahen, wunderten sich darüber; die Schwestern aber priesen den Herrn, da sie nicht so viel Geld gehabt hätten, einen anderen Taffet zu kaufen. Der böse Feind mußte offenbar über diese Festlichkeit und beim Anblick eines neuen Gotteshauses recht erzürnt gewesen sein, so daß er sich auf irgendeine Weise rächen wollte, allein Seine Majestät ließ es nicht zu. Sie sei dafür gepriesen in Ewigkeit! Amen.

Sechsundzwanzigstes Hauptstück

Fortsetzung des Berichtes über die Stiftung des Klosters zum heiligen Joseph in der Stadt Sevilla. Einige sehr merkwürdige Einzelheiten über die erste Nonne, die dortselbst eintrat.

1. Ihr könnt euch, meine Töchter, wohl einen Begriff machen von der Freude, die wir an diesem Tage empfanden. Die meinige war, ich kann euch versichern, sehr groß; besonders tröstete mich die Wahrnehmung, daß ich die Schwestern in einem so schönen und gutgelegenen Hause zurücklassen konnte, daß das Kloster allgemein bekannt war und sich im Hause (bereits) Nonnen befanden, mit deren Vermögen es größtenteils bezahlt werden konnte. So war es möglich, daß man mit der Mitgift derer, die noch aufgenommen werden sollten, so wenig sie auch mitbringen mochten, die Schuld decken konnte. Was aber meine Freude noch erhöhte, war der Gedanke, daß ich mich, nachdem ich die Widerwärtigkeiten mitgekostet, in dem Augenblick entfernen mußte, als ich mich ein wenig der Ruhe hätte überlassen können.

2. Das erwähnte Fest wurde am Sonntag vor Pfingsten[1] des Jahres 1576 gefeiert, und gleich am folgenden Montag begab ich mich auf den

---

[1] Das Pfingstfest wurde im Jahre 1576 am 3. Juni begangen. Nach dem Berichte der Schwester Maria vom hl. Joseph (Libro de Recreac. IX) reiste die Heilige nachts zwei Uhr nach Kastilien. Sie hatte zur Begleitung ihren Bruder Don Laurentius sowie dessen Tochter, die kleine Theresia.

Weg; die Hitze begann schon lästig zu werden, und ich wollte womöglich nicht während der Pfingstfeiertage reisen, sondern sie in Malagón zubringen, wo ich mich einige Zeit aufzuhalten wünschte; darum hatte ich so große Eile. Es war aber nicht der Wille des Herrn, daß ich auch nur ein einziges Mal der heiligen Messe in unserer Kirche beiwohnen konnte.

3. Die Freude der Nonnen zu Sevilla wurde aber durch meine Abreise gestört; sie empfanden es deshalb so schmerzlich, weil wir unter so vielen Widerwärtigkeiten, von denen ich, wie gesagt, die schwersten hier nicht erwähne, dieses ganze Jahr beisammen lebten. Wenn ich die erste Stiftung von Avila ausnehme, die noch ungleich beschwerlicher war, so glaube ich, daß mich keine so viel Mühe gekostet hat wie diese, weil die Leiden meistens innere waren. Möge Seine Majestät gewähren, daß ihr in diesem Kloster allezeit treu gedient werde, dann erachte ich alle diese Leiden für gering! Ich hoffe, daß dies geschehen wird, weil der Herr schon einige tugendhafte Seelen in dieses Kloster geführt hat. Von jenen fünf Nonnen, die von den mit mir angekommenen zurückblieben, habe ich schon erzählt, wie tugendhaft sie waren; es ist aber dies nur ein ganz geringer Teil von dem, was man sagen könnte.

4. Von der ersten, die dort eintrat, will ich euch einiges erzählen, weil es euch gewiß Freude machen wird. Diese Jungfrau stammte von sehr christlichen Eltern;[1] ihr Vater war im Gebirge[2] ansässig. Als sie noch ganz jung, vielleicht sieben Jahre alt war, bat eine Tante, die keine Kinder hatte, ihre Mutter, sie zu sich nehmen zu dürfen. Als sie in ihr Haus kam, wurde sie, wie man sich wohl denken kann, mit Freundlichkeit und Liebe behandelt; aber einige in ihrem Hause bedienstete Frauen hatten sich wahrscheinlich Hoffnung gemacht, daß die Herrin ihnen ihr Erbe überlassen werde. Es kam ihnen daher schon, ehe das Kind im Hause eintraf, zum Bewußtsein, daß die Tante bei ihrer Liebe zum Kinde eher ihm ihr Erbe übergeben werde. Um dies zu verhindern, ersannen sie ein teuflisches Werk; sie klagten das Kind an, daß es ihre Tante töten wolle und zu diesem Zwecke einer von ihnen, ich weiß nicht

---

[1] Es waren dies Alfons Gómez y Verro und Johanna Gómez. Ihre Tochter trug den Namen de Chavós, der von ihrer Großmutter mütterlicherseits herrührte. Diese Familie, die sich einer gewissen Wohlhabenheit erfreute, wohnte in Triana, einer Vorstadt von Sevilla.

[2] Unter Gebirge sind wahrscheinlich die höher gelegenen Provinzen Sierra Nevada und Sierra Morena zu verstehen.

wieviel Maravedi¹ gegeben habe, um ihr dafür Quecksilbersublimat zu kaufen. Als man dies der Tante sagte und alle drei dasselbe bezeugten, glaubte sie es sogleich und auch die Mutter des Kindes, die sonst eine sehr tugendhafte Frau ist.

5. Diese nahm das Kind wieder zu sich, brachte es nach Hause und glaubte, daß es zu einer sehr großen Übeltäterin heranwachsen werde. Beatrix von der Mutter Gottes — so heißt dieses Mädchen jetzt — hat mir erzählt, daß ihre Mutter, um sie zum Geständnis dieses schweren Verbrechens zu bewegen, sie ein ganzes Jahr lang alle Tage mit Ruten geschlagen und gepeinigt habe; ja, sie habe sogar auf bloßer Erde schlafen müssen. Da aber das Kind immer beteuerte, daß es diese Tat nicht begangen habe und nicht einmal wüßte, was Quecksilbersublimat sei, so schien ihr das noch schlimmer, weil sie sah, daß das Kind den Mut hatte, dies so entschieden zu verneinen. Die arme Mutter wurde ganz trostlos bei der Wahrnehmung, daß das Kind so hartnäckig leugnete, und glaubte, daß es sich nie mehr bessern werde. Es war wunderbar, daß das Kind, um dieser so großen Qual zu entgehen, nie zugab (dieses Verbrechen begangen zu haben), allein da es unschuldig war, gab ihm Gott Kraft, immer die Wahrheit zu sagen. Die göttliche Majestät aber, die sich immer der Schuldlosen annimmt, schickte zweien jener Frauen eine so schreckliche Krankheit, daß man sie für wahnsinnig hielt. Diese nun ließen insgeheim durch Vermittlung der Tante das Kind kommen und baten es um Verzeihung; und als sie sich dem Tode nahe fühlten, widerriefen sie ihre Aussage. Dasselbe tat auch die dritte, die im Kindbette starb. Schließlich starben alle drei eines qualvollen Todes zur Strafe dafür, daß sie diesem unschuldigen Kinde so viele Leiden bereitet hatten. Ich weiß dies nicht allein von Beatrix, auch ihre Mutter hat mir mit vielen anderen Einzelheiten erzählt, wie schrecklich sie ihre Tochter mißhandelt hatte; sie war ganz trostlos, als sie diese nachher als Nonne sah, weil sie ihr eine so schlechte Behandlung hat angedeihen lassen. Gott ließ zu, daß eine so christliche Mutter, die sonst keine Kinder hatte, der Henker ihres eigenen Kindes wurde, das sie so sehr liebte. Sie ist eine sehr wahrheitsliebende und tiefreligiöse Frau (so daß man ihren Worten Glauben schenken darf).

6. Als das Kind in einem Alter von zwölf Jahren in einem Buche

---

¹ Ein Maravedi ist eine kleine Münze, wovon 34 auf einen Real = 20 Pfennig gehen.

das Leben der heiligen Anna las, erwachte in ihr eine große Verehrung für die heiligen Einsiedler vom Berge Karmel, weil darin geschrieben steht, daß die Mutter der heiligen Anna — ich glaube sie heißt Emerentiana — oft mit ihnen verkehrte; sie gewann von da an eine so große Vorliebe für diesen Orden Unserer Lieben Frau, daß sie sogleich in diesen einzutreten versprach und das Gelübde der Keuschheit ablegte. Von da an widmete sie ihre ganze Zeit, über die sie verfügen konnte, der Zurückgezogenheit und dem Gebete. Dabei gewährten ihr Gott und Unsere Liebe Frau überaus große Gnaden und ganz besondere Gunstbezeigungen. Sie wäre gerne sogleich Nonne geworden, allein sie wagte es nicht aus Furcht vor ihren Eltern; auch wußte sie noch nicht, wo sie diesen Orden finden könnte. Merkwürdig ist, daß sie, obwohl sich ein Kloster dieses Ordens von der gemilderten Regel in Sevilla befand,[1] nie etwas davon erfuhr, bis sie von unseren Klöstern reden hörte, was erst viele Jahre später geschah.

7. Als sie das Alter erreicht hatte, in dem sie sich verheiraten konnte, berieten sich die Eltern, wem sie ihr Kind, das noch sehr jung war, zur Ehe geben sollten. Sie hatten damals nur mehr dieses einzige Kind; denn alle ihre anderen Geschwister waren gestorben, und sie, die von den Eltern am wenigsten geliebt wurde, blieb allein übrig. Als die erwähnte Begebenheit sich abspielte, hatte sie noch einen Bruder, der für sie Partei ergriff und behauptete, man möge (dieser Anklage) keinen Glauben schenken.[2] Schon war alles zur Verehelichung vorbereitet, und die Eltern machten ihr in der Meinung, daß sie nichts anderes im Sinne habe, davon Mitteilung; da erklärte sie, sie habe das Gelübde, sich nicht zu verehelichen, abgelegt und werde um keinen Preis in der Welt, auch wenn man sie totschlage, diesen Vorsatz brechen.

8. Sei es nun, daß der Teufel die Eltern verblendete, oder daß Gott sie zur Martyrin werden ließ, sie dachten an nichts anderes, als daß ihre Tochter sich in etwas Böses eingelassen habe, weswegen sie nicht heiraten wolle. Da sie dem für sie bestimmten Manne schon das Wort gegeben hatten und die Schmach sahen, die diesem zugefügt wurde, so mißhandelten sie ihre Tochter mit vielen Schlägen und anderen grausamen Quälereien. Zuletzt wollten sie diese gar aufhängen und erdrosselten sie

---

[1] In Sevilla bestand wirklich seit dem Jahre 1513 ein Kloster der beschuhten Karmelitinnen unter dem Namen von der Menschwerdung.

[2] Daß nämlich Beatrix ihre Tante habe vergiften wollen.

fast, so daß sie nur durch Zufall vom Tode verschont blieb. Gott aber, der sie zu Höherem ausersehen hatte, erhielt sie am Leben. Sie selbst hat mir gestanden, sie habe zuletzt fast gar nichts mehr empfunden, da sie an die Martern der heiligen Agnes gedacht, woran der Herr sie erinnerte, und habe sich gefreut für den Herrn etwas leiden zu können, dem sie ohne Unterlaß ihre Schmerzen aufgeopfert habe. Man meinte, sie werde sterben, da sie drei Monate lang im Bette lag, ohne sich bewegen zu können.

9. Es scheint sehr auffallend zu sein, daß ein junges Mädchen, das nie seine Mutter verließ, und dessen Vater, wie ich hörte, sehr vorsichtig war, in einen so schlimmen Verdacht fallen konnte; denn Beatrix war allezeit fromm und sittsam und gegen die Armen so wohltätig, daß sie alles, was sie bekommen konnte, zu Almosen verwendete. Doch unser Herr hat viele Mittel und Wege, wenn er jemandem die Gnade zu leiden erweisen will; übrigens hat er den Eltern nach einigen Jahren die Tugend·ihrer Tochter so zu erkennen gegeben, daß sie ihr bereitwilligst alles, was sie als Almosen austeilen wollte, gaben, und die (früheren) Verfolgungen verwandelten sich in zärtliche Liebe. Indessen fiel ihr dies alles lästig; und da sie ein inniges Verlangen, Nonne zu werden, in sich fühlte, so kam ihr, wie sie mir mitteilte, das Leben geschmacklos und peinlich vor.

10. Dreizehn oder vierzehn Jahre vor der Ankunft des Paters Gracián in Sevilla, als noch niemand an die unbeschuhten Karmeliten dachte, befand sie sich eines Tages mit zwei Nachbarinnen bei ihren Eltern. Plötzlich trat ein Bruder unseres Ordens, angetan mit grobwollenem Kleide und barfuß, wie die unbeschuhten Karmeliten jetzt sich tragen, bei ihnen ein. Er hatte, so sagte man mir, ein frisches und ehrwürdiges Aussehen, obwohl er schon so alt war, daß sein langer Bart aus lauter Silberfäden zu bestehen schien; er nahm neben Beatrix Platz und redete zu ihr einige Worte in einer Sprache, die weder sie noch die Anwesenden verstanden. Nachdem er zu reden aufgehört, machte er dreimal das Kreuzzeichen über sie und sprach: „Beatrix, Gott mache dich stark!" Dann entfernte er sich wieder. Alle blieben vor Schrecken unbeweglich, solange er dort verweilte. Ihr Vater fragte sie, wer der Mann sei; sie aber meinte, daß der Vater ihn kennen würde. Sie erhoben sich eiligst, um ihn zu suchen, allein er war nirgends mehr zu sehen. Beatrix schöpfte daraus großen Trost; und alle anderen waren

sehr erstaunt, als sie diesen übernatürlichen Vorfall wahrnahmen; und so begannen sie, wie schon erwähnt, ihre Tochter noch mehr zu achten.

11. Nach dieser Begebenheit verbrachte sie alle ihre Jahre — ich glaube, es waren vierzehn — im beständigen Dienste Gottes zu und flehte unablässig zum Herrn, er möge ihren Wunsch erfüllen. Sie befand sich in großer Betrübnis, als Pater Magister Hieronymus Gracián nach Sevilla kam. Eines Tages befand sie sich in einer Kirche zu Triana, dem Wohnsitz ihres Vaters, um einer Predigt beizuwohnen, ohne jedoch zu wissen, wer der Prediger sei. Es war aber der Pater Magister Gracián, den sie herausgehen sah, um den Segen zu empfangen.[1] Sobald sie seinen Habit und seine entblößten Füße bemerkt hatte, erinnerte sie sich sogleich an den Mann, den sie gesehen und der den gleichen Habit getragen hatte; das Angesicht und Alter jedoch waren verschieden, da Pater Gracián noch nicht dreißig Jahre zählte. Sie war, wie sie mir erzählte, vor ungemein großer Freude fast außer sich. Sie hatte zwar schon gehört, daß in Triana ein Kloster errichtet worden sei, wußte aber nicht, daß es eines von unserem Orden ist.[2]

12. Von diesem Tage an suchte sie sich Gelegenheit zu verschaffen, um bei Pater Gracián ihre Beichte ablegen zu können. Es war indes der Wille Gottes, daß ihr auch dies viele Mühe kostete; sie versuchte es wohl ungefähr zwölfmal, er aber wollte ihre Beichte nicht abnehmen. Da sie noch jung war und ein angenehmes Äußeres hatte — sie mußte ungefähr 27 Jahre alt gewesen sein —, so ging er ihr aus dem Wege; denn als überaus vorsichtiger Mann hütete er sich vor dem Umgang mit derlei Personen. Beatrix, die auch sehr eingezogen war, befand sich nun eines Tages wieder in der Kirche und weinte. Da fragte sie eine Dame, was ihr denn fehle. Sie gab zur Antwort, daß sie schon lange versucht habe, mit dem Pater, der eben im Beichtstuhle beschäftigt

---

[1] Von dem beim Altare stehenden Priester.

[2] Die unbeschuhten Karmeliten hatten in der Vorstadt Triana am 6. Januar 1574 ein Kloster gegründet. Der Erzbischof von Sevilla, Christoph de Rojas, hatte ihnen eine Einsiedelei gegeben, wo seit dem Jahre 1526 ein Bild der allerseligsten Jungfrau besonders um Schutz gegen die Gefahren des Meeres angerufen wurde. Man nannte dieses Bild: Unsere Liebe Frau von der Hilfe. (Nuestra Señora de los Remedios.) Pater Gracián war der erste Prior dieses Klosters, und Pater Mariano der erste Novizenmeister. Im Jahre 1587 gründeten die unbeschuhten Karmeliten in Sevilla selbst ein zweites Kloster in der Straße de la Magdalena, das vorzugsweise Studienkloster war und den Namen del Angel trug.

sei, zu sprechen, aber nicht zum Ziele kommen könne. Die Dame führte sie nun zu ihm und bat ihn, die Beichte dieser Jungfrau zu hören; so konnte sie bei ihm eine Generalbeichte ablegen. Nachdem er diese begnadigte Seele kennengelernt hatte, empfand er großen Trost; er tröstete auch sie und sagte, daß wahrscheinlich unbeschuhte Karmelitinnen nach Sevilla kämen und er sich sogleich für ihre Aufnahme verwenden würde. So geschah es auch. Gleich anfangs gab er mir den Auftrag, sie als erste aufzunehmen, da er über ihr inneres Leben überaus befriedigt war; er teilte ihr dies mit, sobald wir uns auf den Weg nach Sevilla begaben, jedoch mit aller Vorsicht, damit ihre Eltern keine Kenntnis erhielten, da sie sonst ihren Eintritt nicht hätte verwirklichen können.

13. Die Sache kam nun so. Beatrix ging immer in Begleitung von einigen Frauen bei den unbeschuhten Karmeliten zur heiligen Beichte, wo sie und ihre Eltern auch viele Almosen spendeten. Ihre Mutter aber begleitete sie nicht, da der Weg zum Kloster zu weit war. Am Feste der allerheiligsten Dreifaltigkeit hatte sie sich nun mit einer anderen Frau, die eine große Dienerin Gottes war und wegen ihrer Frömmigkeit und ihrer vielen guten Werke in Sevilla sehr bekannt war, verabredet, mit ihr zu gehen. Sie entließ die Frauen, die sie gewöhnlich begleiteten, und sagte ihnen, daß die Frau bald kommen werde, und so ließen jene sie gehen. So konnte sie ihren (zukünftigen) Habit und den grobwollenen Mantel mit sich nehmen; ich weiß nicht, wie sie dies alles zu tragen vermochte, jedoch in ihrer Freude, die sie beseelte, erschien ihr alles leicht. Sie fürchtete nur, man möchte sie aufhalten und es ihr anmerken, daß sie belastet sei, da sie gewöhnlich nicht so ausging. Aber was tut nicht die Liebe zu Gott? Sie achtete nicht auf die Ehre vor der Welt, sondern fürchtete nur, es möchte die Ausführung ihres frommen Vorhabens vereitelt werden. Wir öffneten ihr unverzüglich die Pforte, und ich ließ ihrer Mutter von dem Geschehenen Nachricht geben. Diese kam ganz bestürzt herbei, gestand aber zu, daß sie die große Gnade wohl zu schätzen wisse, die Gott ihrer Tochter zuteil werden ließ. So fügte sie sich, wenn auch mit tiefer Betrübnis (in ihr Los) und ließ es nicht bis zum äußersten kommen wie andere Mütter, die mit ihren Töchtern kein Wort mehr reden; sie fuhr (im Gegenteile) fort wie bisher, uns reichlich mit Almosen zu versorgen.

14. Die Braut Christi war nun im Besitze ihrer Freude, nach der sie schon lange ein sehnliches Verlangen getragen hatte. Sie war so

demütig und bereitwillig zu allem, was es zu tun gab, daß wir ihren Händen nur mit Mühe den Besen entwinden konnten. Obwohl man sie zu Hause sehr verschonte, so war doch die Arbeit ihre einzige Erholung. Da sie im Herzen so zufrieden war, so erhielt sie bald ein blühendes Aussehen. Darüber waren die Eltern so erfreut, daß sie sich glücklich schätzten, sie bei uns zu wissen.

15. Damit Beatrix ein so großes Gut nicht ohne Leiden genießen würde, mußte sie zwei oder drei Monate vor ihrer Profeß[1] große Anfechtungen erdulden; der Grund davon lag nicht darin, daß sie in dem Entschluß, sie abzulegen, wankend wurde, sondern in der Schwere der ihr dadurch erwachsenden Verpflichtung. Sie hatte auf alle jene Jahre vergessen, in denen sie für den Schatz, den sie jetzt ihr eigen nennen konnte, so vieles ausgestanden; der böse Feind quälte sie so sehr, daß sie es nicht mehr aushalten zu können glaubte. Da sie indessen alle Gewalt anwendete, so überwand sie den bösen Feind so vollständig, daß sie sich inmitten dieser Anfechtungen zur Profeß entschied. Unser Herr aber, der nur ihren Starkmut besser prüfen wollte, suchte sie drei Tage vor der Ablegung der heiligen Gelübde mit ganz außerordentlichem Troste heim und vertrieb den bösen Feind. Ihre Freude war darob so groß, daß sie während dieser drei Tage ganz außer sich war; und das mit vollem Rechte, da sie eine große Gnade empfangen hatte.[2]

16. Nicht lange, nachdem sie ins Kloster eingetreten war, starb ihr Vater, und ihre Mutter nahm im selben Kloster das Ordenskleid

---

[1] Am 29. September 1576. In einem Brief an Maria vom hl. Joseph vom 17. Juni 1576 schrieb ihr die Heilige ganz vertraulich, das beste Mittel zur Beruhigung der Schwester Beatrix sei, sie zur Profeß zuzulassen.

[2] Die heilige Theresia hatte Beatrix zwar mit dem Ordensgewande bekleidet, aber die Gelübde konnte sie ihr nicht abnehmen, da sie sich am 29. September 1576 in Toledo befand. Die Schwester Beatrix von der Mutter Gottes, deren Starkmut und Prüfungen uns die Heilige in diesem Hauptstück erzählt, kam aber eine Zeitlang in Verwirrung, als im Jahre 1577 die beschuhten Karmeliten sich in die Leitung des Klosters zu Sevilla einmischten, und legte sogar Zeugnis ab gegen ihre Priorin, Mutter Maria vom heiligen Joseph, und gegen Pater Gracián. Die Priorin wurde abgesetzt und die Anklägerin mit der Leitung betraut. Beatrix blieb eine Zeitlang hartnäckig, und Theresia bekundete darüber ihr gegenüber gerechten Unwillen. Von da an erkannte sie ihren Fehler und bat um Verzeihung, und die Heilige behandelte sie mit Milde und Schonung. Sie machte ihr Unrecht wieder gut und starb im Rufe der Heiligkeit im Jahre 1624. Siehe Anhang Nr. 12.

und schenkte ihm ihr ganzes Vermögen als Almosen.[1] Beide, Mutter und Tochter, sind sehr zufrieden, erbauen alle Schwestern und dienen dem Herrn, der ihnen eine so große Gnade erwiesen hat. Es war noch kein ganzes Jahr verflossen, als noch ein anderes junges Mädchen auch gegen den Willen ihrer Eltern eintrat. So bevölkert der Herr dieses Haus mit Seelen, die ein solches Verlangen haben, ihm zu dienen, daß sie sich weder vor der Strenge der Regel noch der Klausur abschrecken lassen. Er sei gelobt und gepriesen in alle Ewigkeit! Amen.

Siebenundzwanzigstes Hauptstück

Stiftung des Klosters zum glorwürdigen heiligen Joseph in der Stadt Caravaca; das Allerheiligste Sakrament wurde am Neujahrstage des Jahres 1576 eingesetzt.

1. Ich befand mich im Kloster zum heiligen Joseph in Avila, bereit, mich zur Stiftung nach Veas zu begeben, von der ich weiter oben gesprochen habe; es fehlte nur mehr die Ausrüstung der Wagen, auf denen wir fahren sollten; da kam ein eigener Bote aus Caravaca, den eine Dame namens Doña Katharina[2] gesandt hatte. Es waren nämlich drei junge Mädchen infolge einer Predigt, die sie von einem Pater aus der Gesellschaft Jesu gehört hatten, in ihr Haus gekommen mit dem Entschluß, es nicht mehr zu verlassen, bis in Caravaca ein Kloster gestiftet würde. Offenbar war dies eine mit jener Dame abgemachte Sache, da sie ihnen bei der Stiftung des Klosters ihre Hand bot. Diese drei Mädchen stammten von den angesehensten Adelsfamilien dieser Stadt ab. Der Vater des einen von ihnen hieß Rodrigo de Moya, der ein sehr eifriger Diener Gottes und ein Mann von seltener Klugheit war.[3] Alle drei zusammen besaßen Vermögen genug zu einem

---

[1] Die Mutter der Schwester Beatrix machte am 10. November 1577 Profeß als Laienschwester und erhielt den Namen Johanna vom Kreuze. Kurze Zeit darauf trat auch eine Cousine der Schwester Beatrix ins Kloster, der der Name Eleonora vom heiligen Angelus gegeben wurde.

[2] Katharina de Otálora, die Witwe des Lizentiaten Muñoz, eine sehr tugendhafte und begüterte Frau.

[3] Rodrigo de Moya, Witwer der Doña Luise de Avila, war der Vater der Franziska de Cuellar. Die anderen zwei hießen Doña Franziska de Sarjosa und Doña Franziska de Tauste.

solchen Unternehmen. Sie hatten Kenntnis von allem, was unser Herr bei Gründung unserer Klöster getan, da die Väter der Gesellschaft Jesu, die dieses Werk immer begünstigten und unterstützten, sie in die Sache eingeweiht hatten.

2. Als ich das Verlangen und den Eifer dieser Seelen sah, die, obwohl so weit entfernt, den Orden Unserer Lieben Frau ausfindig zu machen suchten,[1] wurde ich zur Andacht gestimmt und wünschte von Herzen, ihnen bei diesem guten Unternehmen behilflich zu sein. Da ich überdies Kunde erhielt, daß Caravaca nicht weit von Veas entfernt liege, so vermehrte ich die Zahl der Nonnen, die ich sonst mitgenommen hätte. Denn meine Absicht war, nach Vollendung der Stiftung von Veas gleich nach Caravaca zu reisen, da den Briefen zufolge, die ich erhielt, die Sache bald ins reine zu kommen schien.

3. Da aber der Herr etwas anderes beschlossen hatte, so halfen mir meine Pläne wenig; es traf, wie ich bereits im Berichte über die Stiftung von Sevilla angedeutet habe, vom Ordensrat die Erlaubnis mit einem derartigen Wortlaut ein, daß meine damals schon beschlossene Abreise[2] unterblieb. Da ich mich übrigens in Veas nach der Lage dieses Ortes erkundigt und erfahren hatte, daß er zu weit abseits liege und ein schlechter Weg hinführe, daß es sehr beschwerlich sei, die dortigen Nonnenklöster zu visitieren und deshalb die Oberen nicht recht damit zufrieden sein würden, so hatte ich in der Tat wenig Lust, diese Stiftung vorzunehmen.[3] Weil ich aber den Jungfrauen schon gute Hoffnung gemacht hatte, so bat ich den Pater Julian de Avila und Anton Gaytan, sich nach Caravaca zu begeben, um alles in Augenschein zu nehmen und, falls sie den gleichen Eindruck gewinnen würden, die Sache wieder rückgängig zu machen. Sie fanden, daß die Angelegenheit mit großer Gleichgültigkeit behandelt wurde, zwar nicht von seiten der Mädchen, die Nonnen werden sollten, sondern von seiten der Doña Katharina, die die Hauptperson des ganzen Unternehmens war; sie ließ die

---

[1] Nach Ribera waren die drei jungen Mädchen, als sie ihr zurückgezogenes Leben begannen, noch unschlüssig, welchen Orden sie wählen sollten. Pater Leyva aus der Gesellschaft Jesu machte sie auf die heilige Theresia und ihre Gründungen aufmerksam.

[2] Nach Caravaca.

[3] Caravaca ist eine der bedeutendsten Städte von Murcia und umfaßt heutzutage 15 000 Einwohner.

Mädchen bei ihr in einem abgeschlossenen Zimmer wohnen, gleich als ob dort schon ein Kloster bestehen würde.[1]

4. Die Jungfrauen, vorzüglich die beiden, die wirklich Nonnen wurden, waren so fest in ihrem Entschlusse und wußten den Pater Julian de Avila und Anton Gaytan so für sich zu gewinnen, daß diese noch vor ihrer Abreise den Kontrakt aufsetzten und die Jungfrauen höchst erfreut verließen. Auch sie kamen überaus befriedigt über sie und die Gegend zurück und konnten nicht genug davon erzählen; aber zugleich mußten sie auch zugeben, daß die Wege schlecht seien. Als ich nun sah, daß die Sache schon abgeschlossen war und die Erlaubnis sich verzögerte, schickte ich den guten Anton Gaytan, der aus Liebe zu mir sehr gerne sich jeder Mühe unterzog, nochmals nach Caravaca, zumal ihm und dem Pater Julian diese Stiftung sehr am Herzen lag. Ihnen ist auch in Wahrheit das Verdienst dieser Stiftung zuzuschreiben; denn wären sie nicht dorthin gereist und hätten sie nicht den Kontrakt abgeschlossen, so würde ich wenig ausgerichtet haben. Ich gab daher dem Anton Gaytan, als er wieder hinreiste, den Auftrag, in dem Hause, das zur Besitznahme bestimmt sei, eine Winde und ein Sprechgitter anzubringen und die Nonnen dort zu belassen, bis man ein geeignetes Haus finden würde. Er blieb zu diesem Zwecke längere Zeit in Caravaca. Rodrigo de Moya, der Vater eines dieser Mädchen, räumte ihm aufs bereitwilligste einen Teil seines Hauses ein, wo er sich einige Tage aufhielt und alles in Ordnung brachte.

5. Als die Erlaubnis eintraf und ich schon bereit war, dorthin abzureisen, erfuhr ich, daß darin die Klausel enthalten sei, das Kloster sollte den Ordenskomturen[2] unterworfen werden, denen die Nonnen Gehorsam geloben müßten. Das konnte ich nicht zugeben, weil es sich um ein Kloster des Ordens Unserer Lieben Frau vom Berge Karmel handelte. So mußten wir aufs neue um Erlaubnis nachsuchen, da sonst aus dieser Stiftung sowie auch aus jener in Veas nichts geworden wäre. Ich schrieb selbst an den gegenwärtigen König Philipp (II.), der mir so großes Wohlwollen erwies, daß er den Befehl gab, die Erlaubnis auszufertigen.[3] Dieser König ist ein Freund und Gönner aller Ordensleute, von denen er weiß, daß sie ihre Gelübde

---

[1] Man hatte dort schon ein Sprechgitter und eine Winde angebracht.

[2] Des Ritterordens vom hl. Jakob.

[3] Diese Erlaubnis wurde am 9. Juli 1575 ausgefertigt.

treu beobachten. Als er von der Lebensweise in diesen Klöstern Kenntnis erhalten und erfahren hatte, daß wir die ursprüngliche Regel beobachteten, hat er uns in allem seine Huld zugewendet. Darum bitte ich euch, meine Töchter, recht inständig, daß für Seine Majestät immer besondere Gebete dargebracht werden, so wie auch wir es zu tun pflegen.

6. Während man nochmals um die Erlaubnis anhalten mußte, begab ich mich im Auftrag des Paters Magister Hieronymus Gracián von der Mutter Gottes,[1] der, wie schon erwähnt, damals Provinzial war und es jetzt noch ist, nach Sevilla; die armen Mädchen mußten in ihrer Zurückgezogenheit verbleiben bis zum Neujahrstage des folgenden Jahres, und als die erste Botschaft, die sie an mich nach Avila sandten, wieder zurückkam, war es bereits Februar. Die Erlaubnis traf bald ein; allein, da ich so weit entfernt war[2] und so viele Geschäfte hatte, konnte ich ihnen nicht anders helfen. Ich hatte indessen mit ihnen großes Mitleid, da sie mir so oft brieflich ihre große Betrübnis klagten, und so konnte ich es nicht mehr ertragen, sie noch länger hinzuhalten. Weil ich mich aber unmöglich selbst dorthin begeben konnte, sowohl wegen der weiten Entfernung, als auch weil die Klostergründung in Sevilla noch nicht beendet war, so kam, wie schon erwähnt, dem apostolischen Visitator Pater Magister Hieronymus Gracián der Gedanke, es sollten die Schwestern, die für die Gründung in Caravaca bestimmt waren und sich jetzt im St. Josephskloster zu Malagón befanden, ohne mich dorthin reisen.

7. Ich sorgte dafür, daß jene als Priorin aufgestellt wurde, die ich für dieses Amt am fähigsten hielt und die auch in der Tat weit besser ist als ich.[3] Sie begaben sich, versehen mit allem Notwendigen und

[1] Wir haben schon erwähnt, daß der Nuntius Ormaneto in seinem Breve vom 3. August 1575 dem Pater Gracián den Titel „Provinzial der Unbeschuhten" gegeben hat.

[2] Von Caravaca.

[3] Die heilige Theresia hatte bereits die Mutter Maria vom heiligen Joseph als Priorin von Caravaca aufgestellt, wie uns diese in ihrem Buche Recreaciones (Recr. IX.) berichtet. Allein die Heilige glaubte ihre Wahl wieder ändern zu müssen und ernannte Maria vom heiligen Joseph zur Priorin von Sevilla, während sie Anna vom heiligen Albertus als Priorin von Caravaca bestimmte, die sich mit vier Schwestern: Barbara vom Heiligen Geiste, Anna von der Menschwerdung, Johanna vom heiligen Hieronymus und der Laienschwester Katharina von der Aufnahme dorthin begab.

in Begleitung von zwei unbeschuhten Karmeliten,[1] auf den Weg, da Pater Julian de Avila und Anton Gaytan schon längst in ihre Heimat abgereist waren. Da sie nämlich in so weiter Entfernung sich befanden und das Wetter so schlecht war — es war Ende Dezember —, so wollte ich sie nicht nochmals kommen lassen. Bei ihrer Ankunft[2] in Caravaca wurden die Nonnen vom Volke überaus freudig aufgenommen, besonders aber von den Jungfrauen, die in der Klausur lebten. Am Feste des Namens Jesu des Jahres 1576 wurde das Kloster gegründet und das Allerheiligste Sakrament eingesetzt.

8. Zwei von den erwähnten Jungfrauen traten sogleich in den Orden ein; die dritte aber, die sehr melancholisch war, fürchtete offenbar, die Klausur, noch mehr aber die so strenge Lebensweise und die Bußübungen nicht ertragen zu können; sie entschloß sich, wieder in ihr elterliches Haus zurückzukehren und bei ihrer Schwester zu bleiben. Bedenkt darum, meine Töchter, die Urteile Gottes und die Verpflichtung, die wir haben, ihm zu dienen, weil wir die Gnade empfangen haben, auszuharren bis zur heiligen Profeß und als Töchter der allerseligsten Jungfrau im Hause Gottes bleiben zu dürfen. Seine Majestät hat sich des guten Willens und des Vermögens dieser Jungfrau zur Stiftung dieses Klosters bedient; aber gerade in dem Augenblick, wo sie hätte genießen sollen, was sie so sehnlichst verlangt, fehlte ihr die Kraft und unterlag sie der Melancholie.[3] Dieser Gemütsstimmung schreiben auch wir, meine Töchter, öfters die Schuld unserer Unvollkommenheit und unseres Wankelmutes zu.

9. Möge es Seiner Majestät gefallen, uns ihre Gnaden im reichsten Maße zu verleihen, damit uns nichts aufhalte, in ihrem Dienste voranzuschreiten! Möge der Herr uns allen seinen Schutz und seine Hilfe angedeihen lassen, damit ja der so glückliche Beginn der Reform, den er in seiner Güte durch einige ganz armselige Frauenspersonen, wie

---

[1] Pater Ambrosius vom heiligen Petrus, Subprior und Vikar des Klosters zu Almodóvar del Campo, und ein anderer Pater, dessen Namen man nicht weiß.

[2] Am 18. Dezember 1575. (Ribera, Vida de Sta. Teresa l. III. c. VII.)

[3] Die heilige Theresia schrieb diese Zeilen im November 1576. Aus einem Briefe, den sie im Juli des folgenden Jahres an die Priorin von Caravaca richtete, geht hervor, daß Doña Franziska de Sarjosa aus Reue über ihre Unbeständigkeit um die Gnade nachsuchte und sie auch erhielt, ein zweites Mal ins Kloster aufgenommen zu werden, wo sie auch glücklich ausharrte. Sie erhielt den Namen Franziska von der Mutter Gottes und legte ihre Gelübde am 1. Juli 1578 ab.

wir sind, in die Wege geleitet hat, durch unsere Schwachheit keinen Schaden nehme! In seinem Namen bitte ich euch, meine Schwestern und Töchter, dies ohne Unterlaß von unserem Herrn zu erflehen; und jede von denen, die noch zu uns kommen werden, soll der Meinung sein, daß durch sie die Beobachtung der ursprünglichen Regel Unserer Lieben Frau ihren Anfang nehme. Duldet in keiner Weise eine Erleichterung; bedenket, daß durch die geringsten Kleinigkeiten die Türe zu sehr großen Fehlern geöffnet wird und die Welt wider Erwarten schnell sich bei euch eindrängen kann. Erinnert euch an die Armut und an die große Mühe, wodurch das zustande gekommen ist, was ihr jetzt in Ruhe genießet; und wenn ihr es recht beachtet, so werdet ihr finden, daß diese Klöster größtenteils nicht von Menschen, sondern vor allem durch die allmächtige Hand Gottes gegründet worden sind. Seine Majestät fördert ja mit besonderer Liebe die Werke, die sie vollbringen will, wenn nur von unserer Seite nichts fehlt.

10. Woher meint ihr wohl, hatte eine so armselige Frauensperson wie ich, die von ihren Vorgesetzten abhängig ist, die Kraft zu so beschwerlichen Werken? Ich hatte ja keine Blanka (Geld) und auch niemanden, der mir irgendwie beigestanden wäre; mein Bruder, der mir nachher bei der Stiftung von Sevilla zur Seite stand und einiges Vermögen besaß, der ein gutes Herz und einen guten Willen hatte, um mir in etwa behilflich zu sein, befand sich damals in Indien. Erkennet doch, meine Töchter, erkennet die Hand Gottes! Hat man mir vielleicht etwas zuliebe getan, weil ich zufällig aus adeligem Geschlechte stamme? Nein, ihr möget die Sache betrachten, wie ihr nur immer wollt, so werdet ihr erkennen, daß es s e i n Werk allein war. Darum ist es billig, daß wir es unversehrt erhalten, sollte es uns auch das Leben, die Ehre und die Ruhe kosten, um so mehr, da wir diese Güter alle hier vereint finden. Denn das ist wahres Leben, daß man weder den Tod noch die widrigen Vorfälle dieses Lebens fürchtet, sondern stets die gewohnte Freude kostet, wie ihr sie jetzt alle besitzt. Das ist Wohlstand, wie er nicht größer sein kann, daß man vor der Armut nicht zurückschreckt, sondern nach ihr Verlangen trägt. Gibt es denn etwas, was mit dem inneren und äußeren Frieden, den ihr allezeit genießet, verglichen werden könnte? An euch liegt es, in diesem Frieden zu leben und zu sterben, wie ihr jene sterben sahet, die in unseren Klöstern lebten. Wenn ihr Gott unablässig bittet, daß er dieses Werk weiter

fördere, und auf euch selbst Mißtrauen setzet, dann wird er euch seine
Barmherzigkeit nicht entziehen; und wenn ihr zuversichtlich auf ihn
vertrauet und mit Mut und Beherztheit zu Werke geht, woran ja
Seine Majestät so großen Gefallen findet, so dürft ihr nicht fürchten,
daß euch etwas mangelt.

11. Weiset darum jene nicht ab, die euch um Aufnahme in den
Orden bitten, wenn euch nur ihr Eifer und ihre natürlichen Gaben zusagen und sie nicht kommen wollen, um eine Zufluchtsstätte zu finden,
sondern um Gott mit größerer Vollkommenheit zu dienen; es genügt,
daß sie Tugend besitzen, wenn sie auch keine zeitlichen Güter haben.
Denn Gott wird seinerseits den Nutzen doppelt ersetzen, den ihr vielleicht aus ihrer Mitgift schöpfen würdet. Ich besitze hierin viel Erfahrung. Seine Majestät weiß wohl, daß ich, soviel ich mich erinnere,
nie einer Person wegen dieses Mangels die Aufnahme verweigerte,
wenn sie mir nur sonst zusagte. Dies können die vielen Schwestern
bezeugen, die, wie ihr wißt, rein um Gottes willen aufgenommen
worden sind. Ich kann euch in Wahrheit sagen, daß meine Freude
nicht so groß war, wenn ich Personen aufnahm, die ein großes Vermögen besaßen, als wenn ich Seelen einzig um Gottes willen zuließ.
Die ersteren flößten mir weit mehr Furcht ein, während die Armen
mein Herz erweiterten und mich mit solchem Trost erfüllten, daß ich
vor Freude weinen mußte; das ist reine Wahrheit.[1] Ist uns der Herr
damals so getreu beigestanden, als wir die Häuser kaufen und einrichten
mußten, wie sollte er dann nicht das gleiche tun, nachdem wir jetzt in
ihnen leben? Glaubet mir, meine Töchter, daß ihr gerade dadurch verlieren würdet, wodurch ihr zu gewinnen meinet.

12. Kommt eine Schwester, die Vermögen besitzt und sonst keine
weitere Verpflichtung hat, so ist es gut, wenn sie euch dieses als Almosen gibt, anstatt es anderen zukommen zu lassen, die es vielleicht nicht
bedürfen. Würde sie anders handeln, so schiene mir das — ich muß
es bekennen — ein Mangel an Liebe zu sein. Sehet aber immer
darauf, daß eine jede, die eintritt und zeitliche Güter besitzt, diese nach
dem Rate gelehrter Männer zu dem verwendet, was zur größeren
Ehre Gottes gereicht. Denn es wäre sehr schlimm, wenn wir von

---

[1] Wenn man die Profeßbücher der Nonnen liest, findet man, daß zu Lebzeiten
der Heiligen wirklich viele ohne Mitgift eintraten und nur sehr wenige mit größerem
Vermögen.

einer (Nonne), die eintritt, etwas zu einem anderen Zwecke begehren würden. Wenn sie nämlich Gott aus höheren Motiven das gibt, was sie ihm schuldet, so verschafft uns das weit mehr Gewinn als alles, was sie uns an Mitgift bringen kann. Denn unser einziges Bestreben gehe dahin — und Gott verhüte, daß wir etwas anderes suchen —, daß Seiner Majestät in allem und durch alles gedient werde.

13. Wenn ich auch armselig und böse bin, so bezeuge ich doch zur Ehre und Verherrlichung Gottes sowie auch, damit ihr über die Art und Weise der Errichtung dieser Klöster mit Freude erfüllt werdet, daß ich in keiner Weise weder bei deren Gründung noch auch in dem, was sich auf deren Stiftung bezog, etwas tun würde oder getan habe — ich sage bei diesen Stiftungen —, was mir auch nur im geringsten gegen den Willen Gottes zu sein schien; selbst da hütete ich mich davor, wo ich glaubte, etwas zu erreichen, wenn ich in etwa anderer Meinung wäre. Immer handelte ich in Übereinstimmung mit dem Rate meiner Beichtväter, die, seitdem ich mich mit diesem Werke befasse, stets sehr gelehrte Männer und eifrige Diener Gottes waren, wie ihr selbst es wisset; nie kam mir, soviel ich mich erinnere, ein anderer Gedanke in den Sinn.

14. Vielleicht täusche ich mich; vielleicht habe ich viele Fehler begangen, an die ich mich nicht erinnere, und meine Unvollkommenheiten mögen zahllos sein. Das weiß unser Herr, der wahrhaftige Richter; ich aber sage von mir nur, was ich wissen konnte. Auch sehe ich wohl ein, daß dieses Werk nicht von mir war, sondern daß Gott, der es wollte und es als das seinige betrachtete, mir dazu seine Hilfe und Gnade verlieh. Ich sage euch dieses, meine Töchter, damit ihr eure Verpflichtung gegen Gott besser erkennet und wisset, daß diese Gründungen bisher ohne Nachteil eines anderen zustande gekommen sind. Gepriesen sei der Herr, der dies alles vollbracht und den wohltätigen Sinn jener wachgerufen hat, die uns hierin unterstützten! Möge Seine Majestät uns immer beschützen und uns seine Gnade verleihen, daß wir diese großen Gnadenerweisungen nicht mit Undank vergelten! Amen.

15. Ihr habt nun gesehen, meine Töchter, daß wir gar manche Mühseligkeiten auf uns nehmen mußten, wenn ich auch nach meinem Dafürhalten nur die geringsten hier beschrieben habe; denn wollte ich alles bis auf das kleinste erzählen, was wir auf den Reisen durch Regengüsse und Schneegestöber, durch unsere Irrwege und dazu noch durch

mein oftmaliges Krankſein ausgeſtanden haben, ſo würde mich das ſehr
ermüden. Unter anderem traf es ſich einmal — ich weiß nicht mehr,
ob ich es ſchon erzählt habe —, daß mich am erſten Tage unſerer Reiſe
von Malagón nach Veas ein heftiges Fieber und im Verein damit ein
ſolches Unwohlſein befiel, daß mir in Anbetracht der weiten Reiſe und
meines elenden Zuſtandes unſer Vater Elias einfiel,[1] als er vor Jeza-
bel floh. Ich ſprach zum Herrn: „Wie werde ich doch dies aushalten
können? Sieh doch ſelber zu.“ Als der Herr meine Schwäche ſah, befreite er mich in der Tat plötzlich vom Fieber und allem Übel, ſo daß
mir nachher, als ich hierüber nachdachte, der Gedanke kam, er habe mir
dieſe Gnade um eines Prieſters willen gewährt, der ein großer Diener
Gottes war und damals zu mir kam. So mag es wohl auch geweſen
ſein, wenigſtens haben mich meine äußeren und inneren Schmerzen
plötzlich verlaſſen.

16. War ich geſund, ſo ertrug ich alle körperlichen Beſchwerden mit
Freuden. Aber keine geringe Beſchwerde war es für mich, an jedem
Orte die verſchiedenen Charaktere ſo vieler Perſonen zu ertragen; dasſelbe war auch der Fall, wenn ich meine Schweſtern und Töchter verlaſſen mußte, um von einem Orte zum anderen zu reiſen. Ich ver-
ſichere euch, daß dies nicht mein geringſtes Kreuz war, da ich ſie ſo
zärtlich liebe, beſonders wenn ich mir dachte, daß ich ſie vielleicht nie
mehr ſehen würde, und ihren großen Schmerz und ihre Tränen gewahrte. Waren ſie auch von jeder Anhänglichkeit an andere Dinge
frei, ſo hat ihnen doch Gott vielleicht nur zu meiner größeren Pein in
Hinſicht auf mich dieſe Gnade nicht verliehen, weil auch ich ihnen ſo
ſehr zugetan bin, wenngleich ich mir Gewalt antat, um ihnen dies nicht
merken zu laſſen, und ſie deshalb ſogar zurechtwies. Aber es half wenig,
da ſie innige Liebe zu mir tragen, die bei vielen Anläſſen nur zu deutlich und klar zutage tritt.

17. Ihr werdet auch gehört haben, daß dieſe Gründungen nicht
nur mit Erlaubnis unſeres wohlehrwürdigen Paters General, ſondern
auf ausdrücklichem Befehl und folglich in Kraft des Gehorſams zuſtande kamen.[2] Nicht bloß dieſes, unſer General ſchrieb mir auch bei

---

[1] 1 Kg 19.

[2] Die Mutter Maria vom heiligen Joſeph erwähnt in ihrer gerichtlichen Zeugen-
ausſage drei Vollmachtsbriefe zu Kloſterſtiftungen, die der General Pater Rubeo der
heiligen Thereſia ausgeſtellt hat; einer war datiert von Avila aus am 27. April

jeder neuen Stiftung, daß er über deren Zustandekommen innige Freude empfinde. Mein größter Trost inmitten dieser Beschwernisse war das Bewußtsein seiner Zufriedenheit darüber; und indem ich meinen Oberen erfreut sah, glaubte ich auch unserem Herrn einen Dienst zu erweisen; übrigens trug ich auch so[1] innige Liebe zu ihm.

18. Sei es nun, daß mir Seine Majestät einige Ruhe gewähren wollte oder daß es den Teufel verdroß, weil so viele Klöster gestiftet waren, in denen unserem Herrn so vollkommen gedient wurde, kurz, man konnte deutlich sehen, daß die (neue Verordnung)[2] nicht auf Veranlassung des Paters General hin erfolgte. Denn als ich ihn vor wenigen Jahren ersuchte, er möge mir keinen Auftrag mehr zu neuen Stiftungen erteilen, gab er mir zur Antwort, er werde sich davor wohl hüten, vielmehr sei es sein Wunsch, daß ich so viele Klöster stiften möchte, als ich Haare auf dem Haupte habe. Bevor ich nun von Sevilla abreiste, gab man mir nach Abschluß des Generalkapitels den Erlaß des Definitoriums[3] bekannt, wonach ich weder eine neue Niederlassung gründen noch unter irgendeinem Vorwande jenes Kloster verlassen dürfte, das ich mir selbst zu meinem Aufenthalt wählen würde,[4] während man doch hätte meinen sollen, es würde der neue Zuwachs des Ordens als eine Wohltat gutgeheißen werden. Das war eine Art

---

1567, der andere von Madrid aus am 16. Mai desselben Jahres, der dritte von Rom aus am 6. April 1571.

[1] Abgesehen davon, daß er mein Oberer war.

[2] Des Generalkapitels.

[3] General-Definitorium ist die Versammlung der vier ersten Räte des Generals oder der Bevollmächtigten des Ordens.

[4] Dieses Generalkapitel wurde am 22. Mai 1575 durch Pater Johann Baptist Rubeo zu Piacenza in Italien abgehalten. Dieser Pater las zu Beginn ein Breve Gregors XIII. vom 3. August 1574 vor, nach dem alle Vollmachten, die den apostolischen Kommissären gegeben waren, widerrufen wurden. Unter anderem wurde auch eine Verfügung getroffen, die alle der heiligen Theresia erteilten Vollmachten aufhob; es wurde ihr angedeutet, unverzüglich Andalusien zu verlassen und sich in ein Kloster Kastiliens zurückzuziehen, das sie nicht mehr verlassen dürfte. Diese Verordnung wurde ihr in Sevilla Ende 1575 bekanntgemacht durch Pater Michael de Ulloa, den Prior der beschuhten Karmeliten zu Sevilla. Ebenso wurde die Aufhebung aller Klöster der unbeschuhten Karmeliten in Andalusien beschlossen, die ohne Erlaubnis des Generals gegründet waren. (Reform. de los Desc. t. I. l. III. c. XLIV.)

Gefangenschaft;[1] denn es gibt keine Nonne, die der Provinzial, wenn es aus wichtigen Gründen zum Wohle des Ordens erforderlich ist, nicht von einem Ort in den anderen, will sagen von einem Kloster ins andere versetzen könnte. Aber das Schlimmste war — und das bereitete mir großen Schmerz —, daß unser Pater General ohne allen Grund, bloß auf den Bericht leidenschaftlicher Personen hin, gegen mich aufgebracht wurde. Zugleich erfuhr ich, daß man zwei schwere Verleumdungen über mich ausgestreut hatte.

19. Damit ihr jedoch, meine Schwestern, die Barmherzigkeit unseres Herrn recht erkennet und einsehet, daß Seine Majestät jene nicht ver- läßt, die ihr dienen wollen, so will ich euch sagen, daß mich diese An- schuldigungen nicht nur nicht betrübten, sondern mir vielmehr eine so außerordentliche Freude bereiteten, daß ich ganz außer mir war. Darum wunderte ich mich nicht über die Handlungsweise des Königs David, als er vor der Arche des Herrn einherging;[2] denn damals hätte ich auch dasselbe tun wollen, so groß war meine Freude, und ich wußte sie kaum zu verbergen. Die Ursache dieser Freude weiß ich nicht anzugeben; denn die üblen Nachreden und Widersprüche, denen ich sehr häufig bei anderen Gelegenheiten ausgesetzt war, haben in mir eine solche Wir- kung nicht hervorgebracht; und doch war wenigstens eine dieser zwei erwähnten Anklagen, die man gegen mich erhob, sehr schwerer Natur. Daß ich kein Kloster mehr stiften durfte, das wäre, abgesehen von der Unzufriedenheit des wohlehrwürdigen Generals, eine große Erleich- terung für mich gewesen; denn ich habe mich schon oft darnach gesehnt, mein Leben in Ruhe zu beschließen. Das dachten aber jene nicht, die zu dieser Maßregel Anlaß gaben, sondern sie glaubten mir die größte Betrübnis von der Welt zu bereiten; vielleicht hatten sie aber dabei auch andere, gute Absichten.

20. Desgleichen haben mich manchmal die heftigen Widersprüche und das Gerede der Leute, das ich während dieser Stiftungen über mich ergehen lassen mußte, mit Freude erfüllt; die einen von ihnen

---

[1] Die Heilige wollte sich das Kloster zu Valladolid wählen, aber P. Gracián verhinderte als apost. Kommissär diese Anordnung des Generaldefinitoriums, da er es für zweckmäßig hielt, die Heilige bis zur Vollendung der Gründung in Sevilla zu belassen. Über diesen Vorgang sowie über andere Angelegenheiten der Reform schrieb die Heilige an P. Rubeo anfangs Februar 1576 einen Brief, der von ihrer tiefen Demut und innigen Liebe zum Pater General Zeugnis ablegt.

[2] David tanzte nämlich vor Freude und Entzücken vor der Bundeslade. (2 Sm 6.)

hatten dabei wohl eine gute Absicht, während die anderen gegenteilige Zwecke verfolgten. Aber eine so außerordentliche Freude, wie ich sie über den oben erwähnten Vorfall empfand, hat mir, soweit ich mich erinnere, keine dieser Prüfungen bereitet. Auch muß ich bekennen, daß zu anderen Zeiten schon einer dieser drei hier vereinten Anlässe zur Betrübnis hingereicht hätte, mich überaus schmerzlich zu berühren. Diese besondere Freude aber hatte, wie ich glaube, ihren Grund in dem Gedanken, daß der Schöpfer mit mir (um so mehr) zufrieden sein mußte, weil die Menschen mir so wenig Dank entgegenbrachten. Ja, ich habe die Erfahrung gemacht, daß der Mensch, der um irdischer Dinge willen oder um von den Geschöpfen gelobt zu werden, etwas unternimmt, sich sehr täuscht; denn abgesehen von dem schlechten Gewinn, der darin zu finden ist, scheint den Menschen heute dies, morgen wieder etwas anderes gut; und was sie das eine Mal loben, das werden sie ein andermal wieder tadeln. Gepriesen seist du, mein Herr und mein Gott, der du unveränderlich bist in alle Ewigkeit! Amen. Wer in deinem Dienste treu ausharrt bis ans Ende, der wird in deiner Ewigkeit leben ohne Ende.

21. Wie ich schon anfangs erwähnt habe, begann ich die Beschreibung dieser Stiftungen auf Befehl des Paters Magister Ripalda aus der Gesellschaft Jesu, der damals Rektor des Kollegiums zu Salamanca und mein Beichtvater war. Ich habe schon einige Stiftungen im Jahre 1573 beschrieben, als ich in dieser Stadt im Kloster des glorwürdigen heiligen Joseph mich befand; allein infolge vielseitiger Beschäftigungen habe ich diese Arbeit wieder aufgegeben; ich wollte sie auch nicht mehr weiter fortsetzen, einerseits weil infolge meiner Reisen, die mich bald dahin, bald dorthin führten, dieser genannte Pater nicht mehr mein Beichtvater war, andererseits weil dieses Schreiben mich viele Mühe und Arbeit gekostet hatte. Aber ich muß dennoch gestehen, daß ich diese Mühe für gut angewendet halte, weil ich immer unter dem Gehorsam gestanden bin. Ich hatte schon den festen Entschluß gefaßt,[1] als mir der apostolische Kommissär, Pater Magister Hieronymus Gracián von der Mutter Gottes, den Auftrag gab, diesen Bericht zu vollenden. Als ich ihm, schwach im Gehorsam, wie ich bin, sagte, daß ich wenig Zeit dazu hätte und noch andere Gründe vorbrachte, die

---

[1] Den Bericht nicht mehr weiter fortzusetzen.

mir eben einfielen — und es war auch für mich bei meinen anderen Beschäftigungen eine große Last —, befahl er mir trotz allem, ihn nach und
nach, so gut es eben gehe, zu vollenden. So habe ich mich denn mit
vollkommener Unterwürfigkeit gefügt; und es mögen nun jene, die es
verstehen, streichen, was davon fehlerhaft ist; denn vielleicht taugt gerade das, was mir als das Beste scheint, gar nichts. Vollendet wurde
das gegenwärtige Werk heute, am 14. November 1576, am Vorabend
des Festes des heiligen Eugenius, im St. Josephskloster zu Toledo,[1]
wo ich mich eben auf Befehl des apostolischen Kommissärs, Pater Magister Hieronymus Gracián von der Mutter Gottes, aufhalte, der gegenwärtig der Obere über die unbeschuhten Männer- und Frauenklöster
nach der ursprünglichen Regel und zugleich Visitator der beschuhten
(Karmeliten) in Andalusien ist. Ehre und Verherrlichung sei unserem
Herrn Jesus Christus, der da herrscht und regiert von Ewigkeit zu
Ewigkeit! Amen.

22. Um der Liebe unseres Herrn willen bitte ich alle Brüder und
Schwestern, die dieses lesen, mich unserem Herrn zu empfehlen, daß
er mir barmherzig sei, mich befreie von den Peinen des Fegfeuers,
wenn ich für würdig befunden werde, dorthin zu kommen, und mich
zum Genusse seiner Gottheit führe. Solange ich lebe, werdet ihr diese
Zeilen nicht zu lesen bekommen. Wenn man es aber nach meinem Tode
für gut findet, daß ihr sie leset, so werde ich wohl ein wenig Nutzen
ziehen aus der Mühe, die mich das Schreiben gekostet hat, sowie auch
aus dem innigen Verlangen, das mich beseelte, euch etwas zu sagen,
was eure Seelen mit Trost erfüllen könnte.[2]

---

[1] Als die Heilige dieses schrieb, begann der langjährige Sturm, der über die
Reform hereinbrach. Nach der Stiftung von Sevilla reiste sie über Toledo nach
Avila, wo sie zwei Jahre verblieb. In Toledo verweilte die Heilige bis zum Juli
des folgenden Jahres 1577. (Siehe Anhang Nr. 5 und 12.)

[2] Schluß der zweiten Serie der Stiftungen. Damit glaubte die Heilige, dieses
Buch vollendet zu haben, in der Meinung, die ausgebrochene Verfolgung mache ihr
jede weitere Stiftung unmöglich.

In den früheren spanischen und auch anderen Ausgaben folgt hier eine Offen-
barung, die Theresia zur Mitteilung an die unbeschuhten Brüder ihres Ordens von
Gott erhalten und auf ein besonderes Blatt geschrieben hatte, das sie nach diesem
Hauptstücke der nächsten freien Seite ihres Manuskriptes anklebte. (Siehe „Leben“
S. 505, n. 62.)

Achtundzwanzigstes Hauptstück

IHS.[1]

Gründung des Klosters zu Villanueva de la Jara

1. Nachdem die Gründung von Sevilla vollendet war, unterblieben die Klosterstiftungen mehr als vier Jahre lang,[2] da heftige Verfolgungen Schlag auf Schlag gegen die Männer= und Frauenklöster der unbeschuhten (Karmeliten) einsetzten. Wenn ich auch schon früher schwere Verfolgungen erdulden mußte, so waren sie doch nicht so bedeutend, daß alles auf den gänzlichen Ruin der Reform abzielte. Man sah einerseits ganz deutlich, wie ergrimmt der böse Feind über den guten Anfang (der Reform) war, den unser Herr in die Wege geleitet hatte; anderseits erkannte man, daß sie Gottes Werk war, weil sie sich so wunderbar entfaltete. Die unbeschuhten Karmeliten, besonders die Häupter der Reform, hatten viel zu leiden, da sie schweren Verleumdungen und Widersprüchen fast aller beschuhten Väter ausgesetzt waren.[3] Diese erstatteten unserem wohlehrwürdigen Pater General derartige Berichte und beeinflußten ihn in einer Weise, daß er jetzt alles in Bewegung setzte, um die weitere Verbreitung der Unbeschuhten zu verhindern. Er war sonst ein äußerst frommer Mann, der die Erlaubnis zur Stiftung fast aller Klöster gegeben hatte, mit Ausnahme des St. Josephsklosters in Avila, das als das erste mit päpstlicher Erlaubnis gegründet wurde.

Auch gegen (unsere) Frauenklöster zeigte er sich immer wohlwollend. Aber diese Väter flößten ihm auch eine Abneigung gegen mich ein, da ich mich um die Ausbreitung der Männerklöster angenommen hatte. Dies war für mich der größte Schmerz, der mich im Verlauf dieser

---

[1] Die Heilige setzt hieher das Monogramm JHS, gleichsam um damit den zweiten Teil dieses Buches zu bezeichnen, da sie dieses, wie aus dem Ende des 27. Hauptstückes hervorgeht, schon abgeschlossen zu haben glaubte. Diese und die folgenden Stiftungen waren nicht mehr in Hauptstücke eingeteilt, sondern auf lose Blätter geschrieben, die später den vorhergehenden Stiftungen angereiht wurden.

[2] Die Stiftungen von Sevilla und Caravaca waren im Jahre 1576 abgeschlossen; erst im Jahre 1580 wurde Villanueva de la Jara gegründet.

[3] Es ist unmöglich, in einer Anmerkung die Wirren und Verfolgungen, denen die Reform ausgesetzt war, auch nur annähernd anzugeben; wir verweisen daher auf das Werk Reforma de los Desc. t. I. l. III. c. 50 und Anhang Nr. 11.

Stiftungen traf, wenn ich auch sonst vieles ausgestanden habe. Einerseits widerrieten mir große Gelehrte, denen ich beichtete und die ich um Rat fragte, mich von der Mitwirkung zur Förderung eines Werkes loszusagen, von dem ich klar erkannte, daß es zur Ehre unseres Herrn und zur Verbreitung unseres Ordens diente; andererseits war es für mich ein tödlicher Schmerz, gegen den erkannten Willen meines Obern zu handeln; denn abgesehen von der Verpflichtung, die ich als Untergebene gegen ihn hatte, liebte ich ihn von ganzem Herzen und war ich ihm diese Liebe auch in der Tat schuldig. Allein so groß auch mein Verlangen war, ihn in diesem Punkte zufriedenzustellen, so war ich nicht dazu imstande, weil ich apostolische Visitatoren über mir hatte, denen ich zu gehorchen verpflichtet war.

2. Unterdessen starb der Nuntius,[1] ein äußerst frommer Mann, der ein großer Förderer der Tugend und deshalb auch den unbeschuhten Karmeliten sehr zugetan war. Auf ihn folgte ein anderer, den, wie es scheint, Gott gesandt hatte, um uns im Leiden zu prüfen.[2] Dieser war etwas mit dem Papste verwandt und mag auch ein Diener Gottes gewesen sein, allein er nahm sich mit zu großem Eifer der Sache der Beschuhten an; indem er sich auf Berichte stützte, die ihm diese Väter über uns erstatteten, hielt er es für ratsam, den weiteren Fortschritt der Reform zu verhindern. So fing er denn auch wirklich an, mit größter Strenge zu verfahren, indem er jene Religiosen, von denen er glaubte,

---

[1] Nikolaus Ormaneto begleitete den Kardinal Pole auf seiner Mission nach England im Jahre 1554 und den Kardinal Navagero zum Konzil von Trient im Jahre 1562. Später wurde er Generalvikar des heiligen Karl Borromäus, endlich Bischof von Padua. Wegen seines glühenden Eifers für die Sache Gottes nannte man ihn den „Reformator der Welt". Im Jahre 1572 wurde er Nuntius für Spanien. Er starb zu Madrid am 18. Juni 1577 in so ärmlichen Verhältnissen, daß Philipp II. die Ausgaben für seine feierliche Beerdigung bestreiten mußte. (Siehe Reforma de los Desc. t. I. l. IV. c. XIII.)

[2] Philipp Sega war geboren zu Bologna. Wie sein Vorgänger, so war auch er ein inniger Freund des heiligen Karl Borromäus. Durch den mit ihm verwandten Kardinal Buoncompagni wurde Philipp Sega für die Beschuhten gewonnen, allein schließlich ließ er auch den Unbeschuhten Gerechtigkeit angedeihen und schloß sich sogar den Beschützern der Reform an, indem er jene herrliche Denkschrift an den König verfaßte, die den Anstoß zur Trennung der Unbeschuhten von den Beschuhten gab. Innocenz IX. erhob ihn zum Kardinal. Sega starb zu Rom im Jahre 1596. (Ref. de los Desc. t. I. l. IV. c. XXIII.)

daß sie ihm Widerstand leisten würden, zum Kerker oder zur Verbannung verurteilte.

3. Jene, die am meisten zu leiden hatten, waren Pater Anton von Jesu, der den Grund zum ersten Kloster der Unbeschuhten legte, und Pater Hieronymus Gracián, den der vorige Nuntius zum apostolischen Visitator der Beschuhten ernannt hatte. Gegen diesen und gegen Pater Mariano vom heiligen Benedikt hatte er eine große Abneigung.[1] Diese Väter habe ich schon erwähnt im Berichte über die früheren Stiftungen; auch andere von den bedeutenderen (Gliedern des Ordens) strafte er, wenn auch nicht in dem Maße. Diese drei, die ich mit Namen genannt, belegte er mit vielfachen kirchlichen Strafen und verbot ihnen, mit irgendeiner Angelegenheit sich zu befassen. Man konnte deutlich erkennen, daß dies alles nur auf Zulassung Gottes hin geschah und Seine Majestät das Beste des Ordens im Auge hatte, damit die Tugend dieser Väter um so mehr zutage trat, wie es auch wirklich der Fall war.

4. Der Nuntius stellte einen Oberen der Beschuhten[2] zum Visitator unserer Männer- und Frauenklöster auf, und wenn dieser bei uns gefunden hätte, was er sich einbildete, so würde er überaus strenge gegen uns vorgegangen sein; indes waren die Leiden, die er uns bereitete, trotzdem noch schwer genug, was eine andere beschreiben wird, die

[1] Vom heiligen Johannes vom Kreuz erwähnt die Heilige nichts, vermutlich weil das, was dieser Diener Gottes im Gefängnis litt, nicht allgemein bekannt war, oder weil vielleicht daran der Nuntius nicht beteiligt war. P. Joh. vom Kreuz und P. Germanus wurden schon vorher von den Beschuhten in Avila, wo sie als Beichtväter des Klosters der Menschwerdung wirkten, gefangengenommen.

[2] Am 16. Oktober 1576 fertigte der Nuntius Sega ein Breve aus, das unter Androhung der schwersten Strafen die unbeschuhten Brüder und Schwestern unter die Jurisdiktion der Provinziale der Beschuhten von Kastilien und Andalusien stellte. Diese Anordnung widerstrebte der Heiligen im höchsten Grade. „Als die hl. Mutter“, schreibt P. Franz von der hl. Maria (Ref. de los Desc. t. I. l. IV. c. 33, p. 669), „von dem Breve des Nuntius, das auf die Vernichtung der Reform abzielte, Kenntnis erhielt, war sie den ganzen Tag über in Tränen zerflossen. Als die Nacht herankam und die ehrw. Anna vom hl. Barth. sie noch so betrübt sah, bat sie die Heilige, vor der Mette im Refektorium einen kleinen Imbiß anzunehmen. Die Heilige gehorchte, und als sie sich an ihren Platz begeben hatte, sah Anna, wie Christus der Herr von der Serviette ein Brot nahm und ein Stückchen davon ihr in den Mund legte mit den Worten: „Iß, meine Tochter; ich sehe, daß du viel leidest. Fasse Mut, es muß so sein.“

es beſſer darzuſtellen weiß als ich.[1] Ich erwähne dies nur deshalb, da= mit die Schweſtern, die nach uns kommen, erkennen, wie ſehr ſie ver= pflichtet ſind, das Leben der Vollkommenheit zu fördern, da ſie ſich ohne Hindernis eines Gutes erfreuen können, das die jetzt Lebenden ſo viel gekoſtet hat. Einige aus dieſen[2] haben während jener Zeit vieles ausgeſtanden durch falſche Verdächtigungen, was mich weit mehr ſchmerzte als meine perſönlichen Leiden, die mir in Wahrheit eher Freude bereiteten. Ich hielt mich für die einzige Urſache all dieſer Unruhen und glaubte, daß der Sturm ſich legen würde, wenn man mich wie den Jonas ins Waſſer werfen würde. Geprieſen ſei der Herr, der immer die Wahrheit in Schutz nimmt!

5. Die Sache kam nun ſo. Unſer katholiſcher König, Don Phi= lipp (II.), erhielt von dieſen Vorfällen Kenntnis; da er das Leben und die klöſterliche Obſervanz der Unbeſchuhten ſchon kannte, nahm er unſere Angelegenheit in ſeine Hand. Damit unſer Recht gebüh= rend geſchützt würde, ließ er nicht zu, daß der Nuntius allein Richter in unſerer Angelegenheit ſei; er gab ihm, um unſeren Rechtshandel genau zu prüfen, vier angeſehene Männer als Aſſeſſoren[3] zur Seite, von denen drei aus dem Ordensſtande waren. Einer von dieſen war der Pater Magiſter Petrus Fernández, ein Mann von großer Heilig= keit, von hohem Wiſſen und großer Klugheit. Dieſer war früher apoſtoliſcher Kommiſſär und Viſitator der beſchuhten Karmeliten der Provinz Kaſtilien, dem auch die Unbeſchuhten unterſtellt waren. Er kannte genau den wahren Tatbeſtand und die Lebensweiſe der einen wie der anderen ſowie auch, daß wir alle nur den einen Wunſch hatten, es möge alles (wahrheitsgemäß) offenbar werden. Als ich nun erfuhr, daß der König ihn für dieſes Amt erwählt habe, hielt ich die Sache ſchon für erledigt, wie es auch durch die Barmherzigkeit Gottes wirklich

---

[1] Maria vom heiligen Joſeph und Maria vom heiligen Hieronymus haben uns dieſe Prüfungen, bei denen die Reform die Feuerprobe beſtand, näher beſchrieben. (Siehe Anhang Nr. 12.)

[2] Die Heilige denkt dabei wohl an das Kloſter in Sevilla.

[3] Dank der Bemühungen des Grafen de Tandilla und der Anordnung Philipps II. wurden zu Anfang des Jahres 1579 die vier Aſſeſſoren ernannt, von denen die Heilige hier ſpricht. Sie heißen: Don Ludw. Manrique, kgl. Großalmoſenier, Magiſter P. Laur. de Villavicencio aus dem Auguſtinerorden, P. Ferd. de Caſtillo und P. Petrus Fernández, beide Dominikaner.

geschehen ist. Seine Majestät verleihe, daß dies zu ihrer Ehre und Verherrlichung gereiche!

6. Wenn auch damals unter den Angesehenen des Reiches und unter den Bischöfen sich viele fanden, die sich beeilten, den Nuntius über den wahren Sachverhalt aufzuklären, so würde dies doch wenig genützt haben, wenn nicht Gott sich der Person des Königs selbst bedient hätte. Wir alle, meine Schwestern, haben die strenge Verpflichtung, in unseren Gebeten beständig diesen König und alle, die sich der Sache unseres Herrn und unserer Lieben Frau angenommen haben, dem Herrn zu empfehlen, und darum lege ich euch dies recht angelegentlich ans Herz. Aus dem, was ich gesagt habe, könnt ihr, meine Schwestern, ersehen, ob ich imstande war, ein neues Kloster zu gründen. Unsere einzige Beschäftigung bestand darin, ohne Unterlaß zu beten und Buße zu tun, damit Gott sich würdigte, die schon gegründeten Klöster weiter zu erhalten, wenn sie anders zu seiner Ehre gereichten.

7. Im Anfange dieser schweren Heimsuchung befand ich mich in Toledo, wohin ich mich nach der Stiftung von Sevilla zurückgezogen habe.[1] Ich erwähnte nur kurz diese Heimsuchung, so daß sie euch vielleicht nur unbedeutend vorkommen könnte; allein es ist in dieser langen Zeit gar vieles vorgefallen, was recht peinlich war. Im Jahre 1576 brachte mir ein Priester der Stadt Villanueva de la Jara[2] ein Schreiben vom Gemeinderat dieser Stadt. Er sollte mit mir über die Stiftung eines Klosters verhandeln, in das neun Jungfrauen einzutreten wünschten. Diese Jungfrauen wohnten schon seit einigen Jahren in einem kleinen Häuschen dieser Stadt, in der Nähe einer der glorwürdigen heiligen Anna geweihten Einsiedelei, beisammen. Sie lebten dort in so strenger Zurückgezogenheit und Frömmigkeit, daß sie den ganzen Ort veranlaßten, ihnen zur Erfüllung ihres Verlangens, Nonnen zu werden, behilflich zu sein. Es schrieb mir auch der Pfarrer dieses Ortes, Doktor Augustin Ervias,[3] ein sehr gelehrter und tugendhafter

---

[1] Im Juli 1577 begab sie sich nach Avila.

[2] Villanueva de la Jara ist ein Städtchen der Diözese Cuenca, in einer armen, einsamen Gegend gelegen. Heute umfaßt dieses Städtchen ungefähr 2400 Einwohner.

[3] Dieser aufrichtige Bewunderer der hl. Theresia war zuvor Kanonikus in Cuenca, aber aus Liebe zur Seelsorge vertauschte er sein Kanonikat mit der Pfarrei dieser Stadt.

Mann, der sich angetrieben fühlte, dieses heilige Werk nach Kräften zu unterstützen.

8. Ich glaubte in keiner Weise für diesen Plan eintreten zu können, und zwar aus folgenden Gründen: E r s t e n s war ihre Zahl zu groß, und ich hielt es für eine schwierige Aufgabe, sie mit unserer Lebensweise vertraut zu machen, nachdem sie sich schon in die ihrige gewöhnt hatten. Z w e i t e n s hatten sie nichts zu ihrem Unterhalt, und die Stadt zählte nicht viel über tausend Einwohner, so daß für ein Kloster, das vom Almosen leben sollte, wenig zu hoffen war. Wenn sich auch der Gemeinderat anbot, ihnen den Unterhalt zu geben, so schien mir doch dies Angebot für die Dauer nicht sicher zu sein. D r i t t e n s hatten sie kein eigenes Haus. V i e r t e n s war die Stadt von unseren anderen Klöstern zu weit entfernt. Wenn man mir auch diese Jungfrauen als sehr fromm schilderte, so konnte ich doch, da ich sie nicht selbst sah, nicht wissen, ob sie die für unsere Klöster notwendigen Eigenschaften hatten. Ich war also entschlossen, dieses Angebot gänzlich abzuweisen; bevor ich mich aber entschied, wollte ich noch mit meinem Beichtvater, Doktor Velásquez,[1] sprechen, der (damals) Kanonikus und Professor zu Toledo war; er ist ein sehr gelehrter und tugendhafter Mann und hat gegenwärtig den Bischofsstuhl von Osma inne. Denn ich habe die Gewohnheit, nicht nach meiner persönlichen Ansicht, sondern nach dem Gutachten solcher Männer zu handeln.

9. Nachdem dieser von den Briefen Einsicht genommen und von der Angelegenheit Kenntnis erhalten hatte, gab er mir den Rat, dieses Bittgesuch nicht direkt abzuweisen, sondern in liebevoller Weise zu antworten; denn da Gott so vielen Herzen e i n Verlangen eingeflößt habe, so könne man daraus abnehmen, daß es zu seiner Ehre gereiche. Diesen Rat befolgte ich; ich gab zwar keine ausdrückliche Zusage, aber auch keine direkt abweisende Antwort. Während der vier Jahre, die bis zum Jahre 1580 verflossen, unterließ man nicht, mich zu bitten und durch Mittelspersonen zur Annahme dieses Vorschlages zu drängen. Obwohl mir das Unternehmen als Torheit erschien, so lag es doch, so oft ich antwortete, nicht in meiner Macht, eine ganz abweisende Antwort zu geben.

10. Nun traf es sich, daß Pater Antonius von Jesu, der die Zeit

---

[1] Siehe „Leben" S. 463.

seiner Verbannung im Kloster „unserer Lieben Frau del Socorro",[1] drei Meilen von dieser Stadt Villanueva entfernt, zubringen mußte, dorthin zum Predigen kam. Auch der gegenwärtige Prior dieses Klosters, Pater Gabriel von der Himmelfahrt, ein sehr kluger Mann und großer Diener Gottes, kam öfters in diese Stadt. Beide waren Freunde des Doktor Ervias und begannen mit jenen frommen Nonnen in Unterhandlungen zu treten. Sie wurden von deren Tugend so eingenommen und durch die Bürger und den Doktor so für sie gewonnen, daß sie sich der Sache als ihrer eigenen Angelegenheit annahmen und alles aufboten, um mich für dieses Unternehmen zu begeistern. Während ich mich im St.-Josephs-Kloster zu Malagón befand, das mehr als sechsundzwanzig Meilen von Villanueva entfernt ist, kam der Pater Prior selbst dorthin, um mit mir diese Angelegenheit zu besprechen und mir Vorschläge zu machen, wie die Sache in Angriff genommen werden könnte. Auch sagte er mir, Doktor Ervias habe sich angeboten, nach der Errichtung des Klosters von seinem Benefiziumseinkommen dreihundert Dukaten abzutreten, wozu er päpstliche Genehmigung erwirken wolle. Dies hielt ich jedoch für sehr unsicher; denn ich glaubte, daß hierin leicht Lässigkeit eintreten könnte, wenn die Stiftung einmal bestehen würde; es hätte jedoch die angebotene Rente mit dem Wenigen, was sie selbst besaßen, wohl genügt.

11. Ich stellte dem Pater Prior viele Gründe vor, die nach meinem Dafürhalten überzeugend waren, um ihm die Ansicht beizubringen, daß die Sache nicht ausführbar sei. Ich sagte ihm, er möge die Angelegenheit, die ich seinem Gewissen anheimstelle, mit Pater Antonius wohl prüfen. Dies schien mir genügend, um die geplante Stiftung zu verhindern. Nach seiner Abreise dachte ich mir, er könnte, da er für die Sache so eingenommen sei, unseren jetzigen Oberen, den Pater Angelus de Salazar, dazu bereden, daß er seine Zustimmung gebe. Ich beeilte mich darum, diesem zu schreiben, legte ihm meine Gründe dar und bat ihn, diese Erlaubnis nicht zu gewähren. Wie er mir nachher schrieb, hatte er wirklich nicht im Sinne, die Erlaubnis zu geben, außer ich würde die Sache gebilligt haben.

12. Es vergingen eineinhalb Monate oder etwas darüber. Ich hielt die Sache schon für abgetan, als mir der Gemeinderat von Villanueva einen Boten mit Briefen sandte, worin er sich verpflichtete, den Nonnen

---

[1] Im Kloster Maria Hilf.

den notwendigen Lebensunterhalt zu gewähren; auch erhielt ich einen Brief von Doktor Ervias, in dem er den oben erwähnten Beitrag zu leisten versprach. Ebenso waren Briefe von den zwei wohlehrwürdigen Vätern dabei, die recht dringende Bitten enthielten. Ich hatte vor der Aufnahme so vieler Schwestern große Furcht, weil ich glaubte, sie könnten, wie es manchmal zu geschehen pflegt, gegen die Neuankommenden Partei ergreifen. Außerdem schien mir die Angelegenheit bezüglich des Unterhaltes nicht ganz geregelt, da die versprochene Unterstützung nicht rechtskräftig genug war; und so geriet ich in große Verwirrung. Nachher erkannte ich, daß der Teufel diese Furcht in mir erweckte, der mich damals so kleinmütig machte, daß ich fast kein Vertrauen mehr auf Gott zu haben schien, während mir doch sonst der Herr Mut genug verliehen hat. Aber die Gebete dieser frommen Seelen waren schließlich doch noch wirksamer und mächtiger.

13. Was mich früher immer bestimmt hatte, diesen Jungfrauen wohlwollend zu antworten, war die Befürchtung, ich möchte dem geistigen Fortschritt einiger Seelen ein Hindernis in den Weg legen; denn mein Verlangen zielte stets darauf hin, ein Werkzeug zur Förderung der Ehre unseres Herrn zu sein und die Zahl jener zu vermehren, die ihm dienen. Als ich nun eines Tages kommuniziert und diese Angelegenheit, wie ich es öfters zu tun pflegte, Gott empfohlen hatte, erteilte mir Seine Majestät einen strengen Verweis, indem sie sagte: „Mit welchen Schätzen sind denn die bis jetzt errichteten Klöster zustande gekommen? Gib ohne Bedenken die Errichtung dieses Klosters zu, da es zu meiner Ehre und zur Förderung der Seelen gereichen wird."[1] Derartige Worte Gottes sind so wirksam, daß sie nicht allein vom Verstande erfaßt werden, sondern ihn auch zum besseren Verständnis der Wahrheit erleuchten und den Willen zur bereitwilligen Erfüllung des Werkes bestimmen. Dies traf bei dieser Gelegenheit auch bei mir zu. Ich nahm nicht nur mit Freuden diese Klostergründung an, ich glaubte nun auch dadurch gefehlt zu haben, daß ich so lange gezaudert und auf menschliche Bedenken allzuviel Rücksicht genommen hatte, während ich doch aus

---

[1] Die ehrwürdige Anna vom heiligen Augustin bezeugt, von der heiligen Theresia erfahren zu haben, daß der göttliche Meister unter anderem folgende Worte an sie gerichtet habe: „Teresa, con pobres pescadores fundé yo mi Iglesia." „Theresia, mit armen Fischern habe ich meine Kirche gegründet."

Erfahrung wußte, daß Seine Majestät Werke an diesem heiligen Orden vollbracht hatte, die unseren Verstand unendlich übersteigen.

14. Nachdem ich nun entschlossen war, diese Stiftung anzunehmen, hielt ich es aus vielen Gründen für gut, jene Schwestern, die in Villanueva bleiben sollten, selbst dorthin zu begleiten; wohl fiel es mir schwer, da ich sehr leidend nach Malagón gekommen war und mich noch immer krank fühlte. Da ich aber glaubte, es werde dies zur Ehre unseres Herrn gereichen, so schrieb ich unserem Oberen, mir zu befehlen, was er für besser halte. Dieser sandte mir die Erlaubnis zur Stiftung des Klosters und gab mir zugleich den Auftrag, mich in eigener Person dorthin zu begeben und die Nonnen, die ich für geeignet hielte, hinzuführen; dies bereitete mir große Sorge, da sie unter jenen Jungfrauen leben sollten, die dort schon beisammen wohnten. Ich empfahl die Angelegenheit recht inständig unserem Herrn und nahm zwei Nonnen aus dem Kloster zum heiligen Joseph in Toledo, von denen ich eine als Priorin aufstellte, und zwei aus dem Kloster zu Malagón mit, deren eine Subpriorin wurde.[1] Diese Wahl war, nachdem man so innig zur göttlichen Majestät gefleht hatte, glücklich, was von nicht geringer Bedeutung war; denn bei den anderen Gründungen, die mit unseren Nonnen allein in die Wege geleitet werden, finden sich alle sehr gut zurecht.

15. Pater Antonius von Jesu und der Prior Pater Gabriel von der Himmelfahrt holten uns ab. Nachdem die Stadt Villanueva sich für alles völlig verbürgt hatte, begaben wir uns am Samstag vor der Fastenzeit, am 13. Februar des Jahres 1580, von Malagón aus auf den Weg. Es war der Wille Gottes, uns ein so gutes Wetter und mir eine so andauernde Gesundheit zu verleihen, daß ich mich nie krank fühlte. Ich mußte mich wundern und zu mir selber sagen, wie viel doch daran liegt, weder auf unsere schwache Gesundheit noch auf irgendeinen Widerspruch zu achten, wenn wir sehen, daß etwas zur Ehre des Herrn gereicht! Denn dieser besitzt Macht genug, um die Schwachen stark

---

[1] Die Nonnen, die die Heilige aus dem Kloster zu Toledo nahm, hießen Maria von den Martyrern und Konstantia vom Kreuze, die von Malagón waren Elvira vom heiligen Angelus und die ehrwürdige Anna vom heiligen Augustin. Außer diesen Nonnen begleitete die Heilige noch Beatrix von Jesu, ihre Nichte, und Anna vom heiligen Bartholomäus, die bei diesen letzten Reisen die gewöhnliche Begleiterin der Heiligen bis zu ihrem seligen Tode war.

und die Kranken gesund zu machen; würde er dies auch nicht tun, so wäre für unsere Seele nichts nützlicher, als zu leiden und uns selbst zu vergessen, indem wir unsere Augen nur auf die Ehre und Verherrlichung Gottes gerichtet halten. Wozu können wir denn unser Leben und unsere Gesundheit besser verwenden, als wenn wir sie für diesen erhabenen König und Herrn hinopfern? Glaubt es mir, meine Schwestern, daß es euch nie übel ergehen wird, wenn ihr diesen Weg betretet. Ich muß zwar bekennen, daß ich infolge meiner Armseligkeit und Schwäche oftmals in Furcht und Zweifel geriet; aber seitdem er mir das Kleid der unbeschuhten Karmelitinnen verliehen hat — und es war auch schon einige Jahre vorher —, erinnere ich mich nie, daß er mir in seiner Barmherzigkeit die Gnade verweigert hätte, solche Versuchungen zu überwinden und alles zu wagen, wovon ich erkannte, daß es zu seiner Ehre gereiche, mochte es auch noch so beschwerlich sein. Ich erkenne zwar klar, daß meine Mitwirkung nur von geringer Bedeutung war, allein Gott verlangt von uns nicht mehr als diese Entschlossenheit, um dann alles selbst zu vollbringen. Er sei gelobt und gepriesen in Ewigkeit! Amen.[1]

16. Wir mußten am Kloster „unserer Lieben Frau del Socorro"[2] vorbeireisen, das, wie gesagt, drei Meilen von Villanueva entfernt ist, und dort absteigen, um von da aus unsere Ankunft anzumelden; denn so hatten es die beiden Väter, die uns begleiteten, geregelt, und es war billig, daß wir ihnen in allem gehorchten. Dieses Kloster liegt einsam in einer unbewohnten Gegend inmitten einer anmutigen Einöde. Als wir uns dem Kloster näherten, kamen die Brüder in schönster Ordnung heraus, um ihren Prior zu empfangen.[3] Der Anblick ihrer bloßen Füße und ihrer armen Mäntel aus grobem Wollenstoff stimmte uns alle zur Andacht; auf mich machte dies einen besonderen Eindruck, da ich mich in die Blütezeit der heiligen Väter (unseres Ordens) zurückversetzt glaubte. Sie erschienen mir auf diesem freien Felde wie weiße,

---

[1] Diese ganze Reise der Heiligen glich einem Triumphzuge. Gott wollte sie gleichsam belohnen für die in den verflossenen Jahren erduldeten schweren Leiden und Prüfungen. Überall, wohin sie kam, strömten die Leute herbei, um sie zu sehen. (Siehe im Anhang dieses Bandes den Bericht Nr. 11.)

[2] Am Kloster Maria Hilf.

[3] Die Heilige verschweigt hier, daß sie kniend um ihren Segen baten und ihn auch von ihr erhielten.

wohlriechende Blumen, und ich glaube auch, daß sie es vor Gott sind, da ihm nach meinem Dafürhalten in jenem Kloster sehr eifrig gedient wird. Sie führten uns in die Kirche, indem sie das Te Deum sangen mit einer Stimme, die von ihrer Abtötung Zeugnis ablegte. Der Eingang in die Kirche liegt unter der Erde und gleicht einer Grotte, die mich an jene Grotte unseres heiligen Vaters Elias erinnerte. Ich machte diesen Gang in Wahrheit mit einem Gefühle so großer Herzensfreude, daß ich auch eine noch längere Reise für sehr gut belohnt gehalten hätte. Indessen empfand ich großen Schmerz, daß ich die Heilige nicht mehr am Leben traf, deren sich unser Herr zur Stiftung dieses Klosters bedient hat. Obwohl ich ein großes Verlangen hatte, sie zu sehen, wurde ich doch dieser Gnade nicht gewürdigt.[1]

17. Es wird, wie ich glaube, nicht unnütz sein, wenn ich hier etwas von ihrem Leben und von den Mitteln erzähle, wodurch unser Herr dieses Kloster gründen wollte, das, wie ich erfahren habe, so viel beigetragen hat zum Heile der Seelen der umliegenden Ortschaften. Auch sollt ihr, meine Schwestern, aus der Betrachtung des bußfertigen Lebens dieser Heiligen erkennen, wie weit wir noch zurück sind, und sollt von neuem Anstrengungen machen, unserem Herrn zu dienen; denn wir haben keinen Grund, weniger Mut zu zeigen, da wir nicht von einem so zarten und adeligen Geschlechte stammen wie sie. Wenn auch an der Abstammung wenig liegt, so sage ich dies doch, weil sie sehr weichlich erzogen worden war, wie es bei Personen ihres Standes zu geschehen pflegt; Doña Katharina de Cardona stammte nämlich von den Herzogen von Cardona ab.[2] Als sie mir später einigemal schrieb, unterzeichnete sie immer nur: die Sünderin. Jene, die ihr Leben beschreiben, werden schon berichten, was sich zugetragen, bevor ihr der Herr so große Gnaden mitteilte, sowie auch die vielen Einzelheiten, die man von ihr erzählen kann. Solltet ihr aber von diesem Berichte keine Kenntnis erhalten, so will ich euch hier erzählen, was ich von einigen glaubwürdigen Personen gehört habe, die mit ihr verkehrten.

---

[1] Das Kloster wurde durch die ehrw. Kathar. de Cardona im Jahre 1572 gegründet (Ref. de los Desc. t. I. l. IV. c. 16—17).

[2] Doña Katharina war die Tochter des Don Raymund de Cardona. Sie war 43 Jahre alt, als sie infolge einer übernatürlichen Erleuchtung heimlich Estremera, ein Schloß des Fürsten Ruy Gómez, verließ, um ein Einsiedlerleben zu führen (siehe „Leben", S. 477, n. 17).

18. Als die Heilige noch inmitten adeliger Damen und Herren verweilte, wachte sie schon mit großer Sorgfalt über ihre Seele und übte viele Bußwerke. Ihr Verlangen nach Buße nahm immer mehr zu sowie auch der Wunsch, sich in die Einsamkeit zu begeben, um sich dort ungestört des Genusses Gottes erfreuen und ihr Leben in strenger Buße zubringen zu können. Sie besprach sich hierüber mit ihren Beichtvätern, die sich aber ihrem Wunsche widersetzten. Kein Wunder auch, daß ihnen dieses Verlangen töricht vorkam; denn die Welt ist heute so voll menschlicher Klugheit, und die großen Gnaden, die Gott den heiligen Männern und Frauen verliehen hat, die ihm in den Einöden dienten, hat man fast ganz vergessen. Da aber Gott jedem aufrichtigen Verlangen seinen Beistand verleiht, um es ins Werk zu setzen, so fügte er es, daß Katharina bei einem Franziskanerpater, Franziskus de Torres, den ich sehr gut kannte und für einen Heiligen halte, ihre Beichte ablegte. Dieser führte schon seit vielen Jahren ein sehr eifriges Leben der Buße und des Gebetes und hat (deswegen) viele Verfolgungen erduldet. Er mußte wohl die Gnade kennen, die Gott denen verleiht, die sich um deren Empfang Mühe geben; darum gab er ihr den Rat, nicht mehr länger zu zögern, sondern dem Rufe Folge zu leisten, den Seine Majestät an sie habe ergehen lassen. Ich weiß zwar nicht, ob dies gerade seine Worte waren, aber dem Sinne nach mögen sie so gelautet haben, da sie ihr Vorhaben sogleich ins Werk setzte.

19. Katharina teilte einem Einsiedler, der in Alcalá sich aufhielt, ihr Vorhaben mit und bat ihn, sie zu begleiten, ohne irgendeinem Menschen etwas davon zu sagen. Als sie an den Ort gekommen waren, wo jetzt das Kloster steht,[1] fand Katharina eine kleine Höhle, die ihr kaum hinreichend Platz gewährte; der Einsiedler aber verließ sie wieder.[2] Doch welch eine Liebe mußte sie beseelen! Sie war weder darum besorgt, womit sie sich nähren sollte, noch kümmerte sie sich um die Gefahren, die ihr hätten zustoßen können, noch auch um den Verlust der Ehre vor den Menschen, der durch ihr plötzliches Verschwinden erfolgen mußte. Wie liebestrunken mußte doch diese heilige Seele gewesen sein, die ganz in dem Verlangen aufging, am Genusse ihres

---

[1] Zu „unserer Lieben Frau del Socorro".

[2] Dieser Einsiedler war bekannt unter dem Namen Pater Piña. Er bewohnte die Einsiedelei Vera Cruz, die auf einem Hügel vor der Stadt Alcalá de Henares lag (Ref. de los Desc. t. I. p. 591).

Bräutigams sich zu erfreuen, ohne von jemand gestört zu werden! Wie fest muß ihr Entschluß gewesen sein, mit der Welt zu brechen, da sie in so heroischer Weise all ihre Freuden floh! Fassen wir dies recht ins Auge, meine Schwestern, und bedenken wir, wie sie so mit einem Schlag einen vollständigen Sieg über sich davongetragen hat! Ihr vollbringt zwar auch kein geringeres Werk, wenn ihr durch den Eintritt in diesen heiligen Orden euren Willen Gott hinopfert und ihm versprechet, beständig in der Klausur zu leben; aber ich weiß nicht, ob sich dieser erste glühende Eifer nicht wieder verliert und ob wir nicht in manchen Stücken wieder Sklaven unserer Eigenliebe werden. Möge Seine Majestät verleihen, daß dieser Fall nicht eintritt, daß wir vielmehr unser Inneres ganz von der Welt loslösen, nachdem wir auch dieser heiligen Frau in dem Verlangen, die Welt zu fliehen, nachgefolgt sind!

20. Ich habe vieles über die große Strenge ihres Lebens erzählen hören, aber doch ist offenbar nur das wenigste davon bekannt geworden. Da sie, beseelt von innigem Verlangen nach Buße, so viele Jahre in jener Einsamkeit verlebte und niemanden hatte, der ihren Eifer in die rechten Schranken wies, so mag sie wohl ihren Leib auf schreckliche Weise behandelt haben. Ich will nur erzählen, was einige Personen, besonders die Nonnen des St.-Josephs-Klosters zu Toledo, die sie besuchte, aus ihrem eigenen Munde vernommen haben. Mit ihnen sprach sie wie mit ihren Schwestern ganz vertraulich, was sie auch anderen Personen gegenüber tat, da sie überaus einfältig und offenbar auch demütig war. Infolge ihres Bewußtseins, daß sie nichts aus sich habe, war sie vollkommen frei von Ruhmsucht und so erzählte sie mit Freuden die Gunstbezeigungen, womit Gott sie begnadigte, damit infolgedessen sein Name gelobt und gepriesen würde. Eine gefährliche Handlungsweise fürwahr für solche, die noch nicht zu dieser Stufe der Vollkommenheit gelangt sind, man könnte bei ihnen wenigstens Eigenlob vermuten! Aber ihre offenherzige Gutmütigkeit und heilige Einfalt bewahrten sie vor diesem Urteil; denn ich hörte nie, daß man ihr hierin einen Vorwurf gemacht hätte.

21. Sie erzählte selbst, daß sie acht Jahre lang in jener Höhle gewohnt und sich an vielen Tagen nur von Wurzeln und Kräutern genährt habe. Nachdem sie die drei Brote verzehrt hatte, die der Einsiedler, der sie dorthin begleitete, zurückließ, besaß sie nichts mehr, bis ein Hirten-

junge[1] zu ihr kam. Dieser versah sie von diesem Tage an mit Brot und
Mehl, wovon sie kleine Kuchen bereitete, die sie im Feuer röstete.
Dies war fortan ihre ganze Nahrung, die sie nur alle drei Tage zu
sich nahm. Es ist dies reine Wahrheit, was auch die Religiosen des
dortigen Klosters bezeugen können; denn als ihre Kräfte schon erschöpft
waren, nötigte man sie öfters, eine Sardine oder etwas anderes Derartiges zu essen — es war das zu der Zeit, als sie sich mit der Gründung
des genannten Klosters beschäftigte —, allein sie fühlte dabei statt
Wohlbefinden Unwohlsein. Wein trank sie meines Wissens nie. Ihre
Geißelungen nahm sie mit einer dicken Kette vor, und sie dauerten eineinhalb Stunden, oft auch zwei Stunden. Ihr Bußgürtel war sehr
scharf, und eine Frau, die auf ihrer Rückkehr von einer Wallfahrt
bei ihr übernachtete und sich schlafend stellte, erzählte mir, sie habe
gesehen, wie sie ihren Bußgürtel, der voll Blut war, ablegte und
reinigte.

22. Noch weit mehr hatte sie, wie sie den genannten Nonnen erzählte,
von den bösen Geistern zu leiden, die ihr bald in Gestalt von großen
Schäferhunden erschienen und ihr auf die Schultern sprangen, bald in
Gestalt von Schlangen; allein sie fürchtete sich keineswegs vor ihnen.
Sogar nach Errichtung des Klosters verblieb sie noch immer in ihrer
Höhle und schlief dort und verließ sie nur, um dem Gottesdienste bei-
zuwohnen. Ehe das Kloster gegründet war, wohnte sie im Kloster der
Barmherzigen Brüder,[2] das eine Viertelmeile entfernt lag, dem hei-
ligen Meßopfer bei, und manchmal legte sie diesen Weg kniend zurück.
Ihr Oberkleid war von grobem Tuch, ihr Unterkleid von rauhem
Wollenstoff, und beide hatten einen solchen Schnitt, daß man sie für
eine männliche Person hielt.

23. Nachdem sie einige Jahre in stiller Einsamkeit verlebt hatte,
wollte Gott, daß ihr Aufenthalt bekannt wurde; man begann sie so
sehr zu verehren, daß sie sich der Leute nicht mehr erwehren konnte.
Sie sprach mit allen überaus liebevoll und freundlich. Indessen wurde
der Zulauf des Volkes von Tag zu Tag immer größer, und wer das
Glück hatte, mit ihr zu sprechen, hielt es für eine große Gnade; ihr
war dies sehr lästig, und sie sagte, daß man sie dadurch ums Leben

---

[1] Dieser Hirte hieß Benitez.
[2] Das Kloster de Fuen Santa gehörte nicht den Barmherzigen Brüdern, sondern
den Trinitariern. (Reform. de los Desc. t. I. l. IV. c. V.)

bringen werde. Manchmal war die ganze Gegend ringsum mit Wagen bedeckt; und nachdem die Religiosen sich dort niedergelassen hatten, wußten sie, um sich die Leute vom Halse zu schaffen, kein anderes Mittel, als daß sie Katharina auf einem erhöhten Platze Stellung nehmen ließen,[1] damit sie dem Volke ihren Segen geben konnte. Nachdem sie acht Jahre lang in dieser Höhle zugebracht hatte, die aber von den Besuchern schon etwas erweitert worden war, fiel sie in eine sehr schwere Krankheit, an der sie sterben zu müssen glaubte; dies alles trug sich in jener Höhle zu.

24. Allmählich erwachte in ihr das Verlangen, an diesem Orte ein Männerkloster zu errichten. Allein trotz reiflicher Überlegung konnte sie über die Wahl des Ordens nicht ins reine kommen. Als sie einst vor einem Kruzifixe, das sie immer bei sich trug, betete, zeigte ihr unser Herr einen weißen Mantel, und sie erkannte daraus, daß das Kloster für den Orden der Unbeschuhten Karmeliten bestimmt sei. Allein sie hatte bisher noch nicht gehört, daß es solche Ordensmänner in der Welt gebe. Damals waren auch nur zwei dieser Klöster gestiftet, nämlich die zu Mancera und Pastrana. Sie muß sich wohl darüber erkundigt haben, und als sie erfuhr, daß ein solches Kloster in Pastrana sich befinde, begab sie sich dorthin, um Mittel und Wege zu finden, das so sehr ersehnte Kloster errichten zu können; sie unterhielt nämlich früher mit der Fürstin Eboli, der Gemahlin des Fürsten Ruy Gómez, dem Pastrana gehörte, ein besonders freundschaftliches Verhältnis. Im Kloster zu Pastrana, in der Kirche des heiligen Petrus — so hieß dieses Gotteshaus — nahm sie das Ordenskleid unserer Lieben Frau, hatte aber keineswegs die Absicht, Nonne zu werden, noch auch Profeß abzulegen; denn sie hatte nie eine Neigung zu diesem Stande, weil der Herr sie auf einem anderen Wege führte. Sie war auch der Meinung, daß der Gehorsam sie zwingen würde, auf das strenge und einsame Leben, dem sie sich ergeben, verzichten zu müssen.

25. In Gegenwart aller Brüder empfing sie das Ordenskleid[2] unserer Lieben Frau vom Berge Karmel. Es befand sich in diesem Kloster auch Pater Mariano, den ich im Berichte über diese Stiftungen schon erwähnt habe; dieser sagte mir persönlich, daß er während dieser Zere-

---

[1] Man ließ sie auf einen Wagen steigen, bemerkt Pater Franz von der heiligen Maria.

[2] Am 6. Mai 1571.

monie so ergriffen und entzückt war, daß er ganz außer sich gekommen sei. In dieser Verzückung sah er viele verstorbene Brüder und Schwestern; einige von ihnen waren enthauptet, anderen waren Hände und Füße abgeschlagen je nach der Art des Martyriums, das ihm in dieser Vision zu verstehen gegeben ward. Pater Mariano ist nicht der Mann, der etwas erzählen würde, was er nicht gesehen; sein Geist ist nicht an derlei Verzückungen gewöhnt, da ihn Gott nicht auf diesem Wege führt. Bittet darum Gott, meine Schwestern, daß wir dies in unserer Zeit erfüllt sehen und wir der so großen Gnade gewürdigt werden, in der Zahl dieser Martyrer zu sein.

26. Gleich von Pastrana aus begann die heilige Cardona[1] Anstalten zur Gründung ihres Klosters zu treffen und begab sich zu diesem Zwecke nach Madrid, das sie vorher so freudigen Herzens verlassen hatte. Es muß ihr dies keine geringe Pein bereitet haben, da ihr dort üble Nachreden und Verdrießlichkeiten nicht erspart blieben. Wenn sie die Wohnung verließ, konnte sie sich der Leute nicht erwehren, und man verfolgte sie überall, wohin sie ging; die einen schnitten ihr Stücke aus dem Kleide, die anderen aus dem Mantel. Von dort kam sie auch nach Toledo, wo sie bei unseren Schwestern wohnte. Diese alle behaupteten, daß von ihr ein überaus durchdringender Wohlgeruch, ähnlich dem Geruche der Reliquien, ausgegangen sei. Nachdem sie ihren Habit und Gürtel abgelegt hatte, — man schenkte ihr nämlich einen anderen Habit und Gürtel —, strömten selbst diese abgelegten Kleidungsstücke einen (wunderbaren) Wohlgeruch aus, so daß die Schwestern veranlaßt wurden, unseren Herrn zu lobpreisen. Je näher man ihr kam, desto durchdringender war dieser Geruch, während doch ihre Kleider zumal bei der damaligen großen Hitze eher eine gegenteilige Wirkung hätten hervorbringen sollen. Die Nonnen, von denen ich überzeugt bin, daß sie nur die reine Wahrheit sagen wollten, wurden darum auch mit inniger Andacht erfüllt.

27. In Madrid[2] und anderen Orten fand Katharina so viel Unter-

---

[1] La santa Cardona, die heilige Cardona, sagt Theresia. Man nannte sie gewöhnlich la madre Cardona, die Mutter Cardona, oder la buena mujer, was soviel bedeutet als die heilige Frau. Sie selbst aber nannte sich la mujer pecadora, die sündhafte Frau, oder la pecadora, die Sünderin.

[2] Die Kunde von der berühmten Einsiedlerin drang bis nach Madrid, und die Prinzessin Doña Johanna, Schwester Philipps II., schrieb an Ruy Gómez und an

stützung, daß sie ihr Kloster errichten konnte, und nachdem sie die Er-laubnis erhalten hatte, wurde es auch gegründet.[1] Die Kirche wurde an dem Orte erbaut, wo ihre Höhle war, und man errichtete ihr etwas weiter entfernt eine andere Höhle, in der man eine Darstellung unseres Herrn im Grabe anbrachte; dort hielt sie sich Tag und Nacht die meiste Zeit auf. Doch währte dies nicht mehr lange, da sie nach der Gründung des Klosters nur mehr ungefähr fünfeinhalb Jahre lebte; überhaupt scheint es wunderbar, daß bei einer so strengen Lebensweise ihr Leben so lange währen konnte. Ihr Tod fällt, wenn ich mich recht erinnere, um das Jahr 1577.[2] Man erwies ihr mit großer Feierlichkeit die letzten Ehren auf Anordnung eines Edelmanns, namens Frater Johannes de León,[3] der eine große Verehrung für sie hegte und es sich viel kosten ließ. Ihr Leichnam bleibt einstweilen in einer Kapelle unserer Lieben Frau, die sie besonders innig verehrte, bis eine größere Kirche erbaut wird, in der man dann, wie es billig ist, ihre geweihten Über-reste beisetzen wird.

28. Das Kloster und die ganze Umgebung stimmt um ihretwillen sehr zur Andacht, und beim Anblick der einsamen Gegend und der Höhle, in der Katharina wohnte, bevor sie sich zur Gründung des Klosters entschloß, kommt es einem vor, als ob sie an diesem Orte gegenwärtig wäre. Man versicherte mich, sie sei infolge des großen Zulaufes des Volkes, das herbeiströmte, um sie zu sehen, so müde und betrübt ge-worden, daß sie sich an einen anderen Ort begeben wollte, wo niemand etwas von ihr wüßte. Sie wollte auch den Einsiedler, der sie zu dieser Höhle geführt hatte, rufen lassen, damit er sie wieder hinwegführe, allein er war schon gestorben. Aber unser Herr, der die Stiftung des Klosters unserer Lieben Frau an diesem Orte wollte, ließ nicht zu, daß sie sich von dort entfernte; denn, wie ich weiß und schon erwähnt habe, wird ihm in diesem Kloster eifrig gedient. Die Ordensmänner befinden

---

Pater Mariano, sie möchten sie nach Madrid bringen (Ref. de los Desc. t. I. l. IV. c. XIV.)

[1] Im April 1572.

[2] Sie starb am 11. Mai 1577 in la Roda unter dem Beistande der Ordens-brüder. Ihr Tod war sehr erbaulich. Zu ihrer Beerdigung strömte das Volk der ganzen Umgebung zusammen.

[3] Er war kein Ordensbruder, die Heilige nennt ihn nur so, wenn sie nicht statt fray, Bruder, Don schreiben wollte.

ſich auch in einer ſehr glücklichen Lage, und wie man ſieht, bereitet ihnen
die Abſonderung vom Verkehr mit den Mitmenſchen große Freude.
Beſonders iſt dies beim Pater Prior der Fall,[1] den Gott ebenſo aus
einem gemächlichen Weltleben herausriß und zur Annahme der Lebensweiſe unſeres Ordens berief; zum Lohne dafür hat er ihn aufs reich-
lichſte mit geiſtigen Gunſtbezeigungen beſchenkt. Dieſer Pater hat mir
großes Wohlwollen erwieſen; er und ſeine Brüder ſchenkten uns mehrere Gegenſtände von ihrer Kircheneinrichtung für unſer neues Kloſter,
das wir eben gründen wollten; denn da jene Heilige (Cardona) bei vielen
Adeligen in großem Anſehen ſtand, ſo war ihr Gotteshaus mit Para-
menten (und Kirchenſchmuck) wohl verſehen.

29. Mein dortiger Aufenthalt gereichte mir zu großem Troſte, zugleich aber ward ich ſehr beſchämt und bin es noch bei dem Gedanken,
daß jene, die ein ſo ſtrenges Bußleben führte, eine Frauensperſon war
wie ich und infolge ihrer adeligen Abkunft noch viel ſchwächlicher und
nicht ſo ſündhaft war wie ich; in all dieſen Punkten kann man zwiſchen
uns beiden keinen Vergleich anſtellen. Zudem habe ich in mancher
Hinſicht viel größere Gnaden von unſerem Herrn empfangen, und die
größte davon iſt jene, daß ich mich noch nicht in der Hölle befinde, wie
ich es wegen meiner ſo großen Sünden verdient hätte. Nur das Verlangen, dieſe Sünden nach Möglichkeit wieder gutzumachen, tröſtet
mich; aber es iſt dies nur ein ſchwacher Troſt, da mein ganzes Leben
nur in frommen Wünſchen dahinfließt, ohne ſie jemals ins Werk zu
ſetzen. Möge mir der barmherzige Gott, auf den ich immer mein Vertrauen geſetzt habe, im Hinblick auf ſeinen heiligſten Sohn und die
allerſeligſte Jungfrau, deren Habit ich durch die Güte des Herrn trage,
gnädig ſein!

---

[1] Pater Gabriel von der Himmelfahrt ſtammte aus Paſtrana. Er war vor ſeinem Eintritt ganz in die Eitelkeiten der Welt verſtrickt und ein großer Liebhaber
weltlicher Freuden und Luſtbarkeiten. Als die heilige Thereſia im Jahre 1569 ins
Schloß des Fürſten Ruy Gómez nach Paſtrana kam, wo Pater Gabriel ſich aufhielt, lernte dieſer ſie kennen. Bald darauf wohnte er der Einkleidung des Am-
broſius Mariano und des Johannes vom Elend bei. Gerührt durch dieſen Anblick,
verzichtete er auf eine Heirat, die bereits dem Abſchluſſe nahe war, und beſprach
ſich mit der Heiligen über ſeinen Eintritt in den Orden. In der Oktave von Mariä
Himmelfahrt wurde er eingekleidet, worauf er ſich ſogleich als dritter Novize in das
Noviziat nach Paſtrana begab. Im Orden hatte er viele hervorragende Ämter inne.
Er ſtarb im Jahre 1584. (Reform. de los Desc. t. II. l. VI. c. XXXIII.)

30. Als ich eines Tages in dieser ehrwürdigen Kirche kommuniziert hatte, wurde mir eine so tiefe Sammlung des Geistes in Verbindung mit einer Verzückung zuteil, daß ich den Gebrauch der Sinne verlor. Dabei erschien mir in einer Verstandesvision diese heilige Frau[1] im verklärten Leibe, umgeben von mehreren Engeln. Sie sagte zu mir, ich sollte den Mut nicht sinken lassen, sondern mit der Gründung dieser Klöster fortfahren. Daraus erkannte ich, daß sie, wenn sie es auch nicht ausdrücklich bemerkte, für mich bei Gott um Beistand flehen werde. Außerdem sagte sie mir noch etwas, was ich hier gar nicht niederschreiben darf. Ich ward dadurch sehr getröstet und von innigem Verlangen erfüllt, weiter zu arbeiten; und ich hoffe von der Güte des Herrn, gestützt auf den guten Beistand ihrer Fürbitte, in etwa zu seiner Ehre wirken zu können.

31. Ihr seht nun, meine Schwestern, daß die Mühseligkeiten dieser frommen Dienerin Gottes zu Ende sind; aber ihre Glorie, die sie jetzt schon genießt, wird ewig dauern. Beeifern wir uns darum jetzt um der Liebe unseres Herrn willen, dieser unserer Schwester nachzufolgen! Hassen wir uns selbst, wie sie sich gehaßt, dann werden auch wir in derselben Weise wie sie unseren Lauf vollenden; denn alles geht schnell vorüber und nimmt ein Ende.[2]

32. Wir erreichten am ersten Fastensonntag des Jahres 1580, am Vorabend von Petri Stuhlfeier, am Feste des heiligen Barbatianus, Villanueva de la Jara. Am selben Tage wurde bei Beginn des Hochamtes in der St.-Anna-Kirche das Allerheiligste Sakrament eingesetzt. Der ganze Gemeinderat und mehrere andere Personen, unter denen sich auch Doktor Ervias befand, kamen uns entgegen. Wir stiegen bei der Pfarrkirche ab, die sehr weit von der St.-Anna-Kirche entfernt ist.

33. Die Freude des ganzen Volkes war ungemein groß, und ich empfand innigen Trost, als ich wahrnahm, daß man den Orden der allerseligsten Jungfrau, unserer Lieben Frau, so ehrenvoll aufnahm. Schon von ferne hörten wir das festliche Geläute der Glocken, und

---

[1] Cardona.

[2] Der Leichnam der Katharina de Cardona ruhte bis zum Jahre 1603 in der Kirche „unserer Lieben Frau del Socorro". Als um diese Zeit die Karmeliten nach Villanueva übersiedelten, nahmen sie die Überreste ihrer Stifterin mit sich. Dort wurde ihr ein herrliches Grabmal errichtet (Reform. de los Desc. t. I. l. IV. c. XX). Bei der Klosteraufhebung im Jahre 1835 kamen die ehrw. Überreste in das Kloster der Karmelitinnen zu Villanueva.

beim Eintritt in die Kirche wurde das Te Deum angestimmt, von dem abwechslungsweise ein Vers vom Sängerchor allein, der andere mit Orgelbegleitung gesungen wurde. Nach Beendigung des Gesanges wurde das Allerheiligste Sakrament auf eine Tragbahre gestellt und die Statue unserer Lieben Frau auf eine andere. Dann setzte sich die Prozession, bei der verschiedene Kreuze und Fahnen mitgetragen wurden, mit großer Feierlichkeit in Bewegung. Wir waren verschleiert und mit unseren weißen Mänteln bekleidet in der Mitte neben dem Allerheiligsten Sakramente; in unserer Nähe schritten unsere unbeschuhten Mitbrüder, die in großer Zahl vom Kloster[1] gekommen waren. Auch die Franziskaner, die in dieser Stadt ein Kloster haben, fanden sich ein nebst einem Dominikaner, der eben in dieser Stadt sich aufhielt. Obwohl dieser allein war, so bereitete es mir doch große Freude, bei dieser Gelegenheit jenes Ordenskleid zu sehen. Da die Prozession einen weiten Weg zu nehmen hatte, waren mehrere Altäre errichtet, bei denen man haltmachte und einige Strophen eines Hymnus, der auf unseren Orden Bezug hatte, sang. Dies gereichte uns zu großer Erbauung, zumal wir sahen, daß alle den großen Gott lobten, den wir in unserer Mitte hatten, und daß ihm zuliebe uns sieben armen, unbeschuhten Nonnen so viele Ehren erwiesen wurden. Beim Anblick dieses erhabenen Schauspieles und beim Gedanken, daß auch ich mit diesen Nonnen ging, befiel mich eine tiefe Beschämung; denn wenn man mich hätte behandeln wollen, wie ich es verdiente, so hätten sich alle gegen mich erheben sollen.

34. Ich habe euch deshalb (meine Töchter) einen so ausführlichen Bericht über diese Ehrenbezeigung, die man dem Kleide unserer Lieben Frau erwies, gegeben, damit ihr unseren Herrn preist und ihn inständig bittet, es möge diese Stiftung zu seiner Ehre gereichen; denn sonst habe ich eine größere Freude, wenn eine Stiftung unter vielen Verfolgungen und Widerwärtigkeiten vor sich geht, und ich erzähle euch von solchen (Stiftungen) viel lieber. Übrigens haben jene Schwestern, die während der sechs Jahre — wenigstens waren es fünfeinhalb Jahre —, seitdem sie in diesem Hause der glorwürdigen heiligen Anna beisammen lebten, genug ausgestanden. Ich will nichts sagen von ihrer großen Armut und den Beschwerden, die sie auf sich nehmen mußten, um sich den nötigen Lebensunterhalt zu verschaffen; denn sie wollten niemals um Almosen

---

[1] Zu „unserer Lieben Frau del Socorro".

bitten, damit es nicht den Anschein hätte, als befänden sie sich dort, um von den Bewohnern unterhalten zu werden. Ich will auch nichts sagen von ihrem strengen Bußleben, das sie bei spärlicher Kost und vielem Fasten, auf schlechter Lagerstätte und in einer beschränkten Wohnung führten; denn dies alles war bei der strengen Klausur, die sie beobachteten, sehr beschwerlich. Den größten Schmerz aber, der sie Tag und Nacht überaus quälte, bereitete ihnen, wie sie mir sagten, das sehnsüchtige Verlangen, sich mit dem Ordenshabit bekleidet zu sehen, weil sie fürchteten, dies nie zu erleben. So zielten all ihre Gebete und ihre beständigen Tränen nur darauf hin, Gott möge ihnen diese Gnade erweisen. Wenn sie wahrnahmen, daß irgendein Hindernis sich ihnen entgegenstellte, so gerieten sie in äußerste Betrübnis und vermehrten ihre Bußwerke. Von ihrer Nahrung, die sie sich durch Handarbeit erwarben, entzogen sie sich so viel, um die Boten bezahlen zu können, die sie an mich sandten, sowie auch, um sich, soweit es ihre Armut erlaubte, jenen gefällig erzeigen zu können, die ihnen irgendwie behilflich sein konnten. Nachdem ich jetzt persönlich mit ihnen gesprochen und ihre Frömmigkeit kennengelernt habe, sehe ich wohl ein, daß ihnen ihre Gebete und ihre Tränen die Aufnahme in unseren Orden erwirkt haben. Daher hielt ich dafür, daß durch diese auserwählten Seelen dem Orden ein weit größerer Schatz zuteil geworden sei als durch reiche Einkünfte; ich hoffe, daß dieses Kloster große Fortschritte machen wird.

35. Als wir das Haus betraten, standen diese Jungfrauen alle innerhalb der Türe, jede in ihrer gewöhnlichen Kleidung, die sie bei ihrem Eintritte trugen, denn sie wollten nie die Kleidung der Beatinnen[1] annehmen, da sie auf unser Ordenskleid warteten. Indessen war ihre Kleidung sehr ehrbar; man konnte daraus gar wohl erkennen, daß sie wenig Sorgfalt auf sich verwendeten, da man von einem Putze gar nichts wahrnahm. Sie waren alle so abgemagert, daß man auf das strenge Bußleben schließen konnte, das sie führten. Sie empfingen uns unter großen Freudentränen, und es trat klar zum Vorschein, daß diese aufrichtig waren. Ihre festgegründete Tugend zeigte sich in ihrer Freude, in ihrer Demut und in ihrem Gehorsam gegen die Priorin; sie wußten nicht, was sie jeder Nonne, die zur Stiftung gekommen war, Liebes und Gutes erweisen sollten. Ihre ganze Furcht bestand darin,

---

[1] Beata heißt hier soviel wie eine fromme, andächtige, vom Weltleben zurückgezogene Frau.

wir möchten etwa beim Anblick ihrer Dürftigkeit und ihrer armseligen Wohnung wieder abziehen.

36. Keine von ihnen hatte das Amt einer Oberin inne, sondern alle arbeiteten in echt schwesterlicher Eintracht zusammen, soviel sie konnten. Die zwei ältesten hatten die notwendigen Geschäfte nach außen besorgt, die anderen sprachen nie mit einem Menschen und hatten darnach auch kein Verlangen. Für die Pforte hatten sie nie einen Schlüssel, sondern nur einen Riegel, und keine wagte, dorthin zu gehen; nur die älteste gab Rede und Antwort. Sie schliefen sehr wenig, um sich ihren Lebensunterhalt verdienen zu können und das Gebet nicht zu versäumen, wozu sie viele Stunden verwendeten; die Festtage widmeten sie ganz dem Gebete. Zu ihrer geistlichen Leitung bedienten sie sich der Schriften des Pater Ludwig de Granada und des Pater Petrus de Alcántara. Die meiste Zeit widmeten sie den kirchlichen Tagzeiten, obwohl sie nur schlecht lesen konnten; nur eine von ihnen besitzt darin eine Fertigkeit. Dazu besaßen sie auch keine gleichen Breviere; die einen nach der alten römischen[1] Brevierausgabe hatten ihnen einige Priester geschenkt, die sie nicht mehr benützen konnten, die anderen hatten sie sich, soweit sie konnten, anderswoher verschafft. Da sie nicht gut zu lesen imstande waren, so verwendeten sie viele Zeit auf das Breviergebet; sie verrichteten es jedoch nicht an einem Orte, wo man sie von außen hören konnte. Gott wird ihre gute Meinung und ihre Mühe, die sie darauf verwendeten, gut aufgenommen haben, wenn sie auch wahrscheinlich das wenigste gut und richtig aussprachen. Als Pater Antonius von Jesu mit ihnen bekannt geworden war, gab er ihnen den Rat, nur das Offizium unserer Lieben Frau zu beten.

37. Sie hatten einen Backofen, in dem sie ihr Brot bereiteten, und alles geschah in solcher Ordnung, als hätte eine Vorsteherin sie geleitet. Alles, was ich sah, stimmte mich zum Lobe Gottes, und je mehr ich sie im Verkehr kennenlernte, um so mehr freute es mich, hieher gekommen zu sein. Wenn ich auch noch so viele Beschwerden hätte auf mich nehmen müssen, so hätte ich doch nach meinem Dafürhalten diese so guten Seelen nie ohne Trost lassen mögen. Jene von meinen Gefährtinnen, die an diesem Orte blieben, sagten mir, daß sie in den ersten Tagen etwas Widerwillen empfanden; nachdem sie aber die

[1] Damals wurden nämlich auf dem Konzil von Trient das Brevier und das Missale einer Reform unterworfen.

Jungfrauen beſſer kennengelernt und von ihrer Tugend ſich überzeugt hatten, lebten ſie ſehr gerne in ihrer Mitte und zeigten große Liebe gegen ſie. Es iſt doch etwas Großes um die Frömmigkeit und Tugend! Doch auch meine Gefährtinnen waren Seelen, die mit Hilfe des Herrn alle Beſchwerden und Mühſeligkeiten ertragen hätten, da ſie nur für ſeine Ehre zu leiden wünſchten; eine Schweſter aber, die dieſes Verlangen nicht in ſich fühlt, halte ſich ja nicht für eine wahre unbeſchuhte Karmelitin. Denn unſer Beſtreben muß auf das Leiden und nicht auf die Ruhe gerichtet ſein, damit wir unſeren wahren Bräutigam in etwa nachahmen. Seine Majeſtät möge uns dazu die Gnade verleihen! Amen.[1]

38. Dieſe Einſiedelei zur heiligen Anna iſt auf folgende Weiſe entſtanden. Es lebte am genannten Orte Villanueva de la Jara ein Prieſter, von Zamora gebürtig, der einige Zeit dem Orden unſerer Lieben Frau vom Berge Karmel angehört hatte und zur glorwürdigen heiligen Anna eine beſondere Verehrung trug. Er hieß Didakus Guadalajara und hatte neben ſeinem Hauſe dieſe Einſiedelei erbaut, um dort der heiligen Meſſe beiwohnen zu können. Infolge ſeiner großen Andacht (zu dieſer Heiligen) begab er ſich nach Rom und erwirkte eine Bulle mit vielen Abläſſen für dieſes Kirchlein oder vielmehr für dieſe Einſiedelei. Er war ein ſehr tugendhafter Mann und ein Freund der Zurückgezogenheit. Auf ſeinem Sterbebette ſetzte er teſtamentariſch feſt, daß ſein Haus und ſein ganzes Beſitztum zur Stiftung eines Kloſters

---

[1] Am 25. Februar 1580, am Feſte des heiligen Matthias, nahm die Heilige die neun Jungfrauen in den Orden auf. Sie erhielten folgenden Namen: Maria von der Aufnahme, Lucia von der heiligen Anna, Angela von der heiligſten Dreifaltigkeit, Anna von der Mutter Gottes, Katharina vom heiligen Albertus, Maria von Jeſu, Agnes von der Menſchwerdung, Katharina vom heiligen Angelus und Elvira vom heiligen Joſeph. Die letzten drei waren Laienſchweſtern.

Unter den Nonnen, die Thereſia von Malagón nach Villanueva mitnahm, zeichnete ſich durch Geiſtesgröße und Heiligkeit die ehrw. Anna v. hl. Auguſtin aus. Geboren zu Valladolid 1555, nahm ſie in Malagón 1577 das Ordenskleid. Sie wurde von Gott mit großen Gunſtbezeigungen und der Gabe hoher Beſchauung begnadigt. Thereſia nahm ſie mit zur Gründung in Villanueva und übertrug ihr die Ämter der Sakriſtanin, Pförtnerin und Verwalterin der zeitlichen Angelegenheiten. 1596 wurde ſie Priorin. Später gründete ſie das Kloſter zu Valera (Cuenca) und kehrte dann wieder nach Villanueva zurück. Sie ſtarb am 11. Dezember 1624 im Rufe der Heiligkeit. Ihr Leib wurde vier Jahre nach ihrem Tode noch unverſehrt gefunden. Der Prozeß ihrer Seligſprechung iſt eingeleitet.

unferer Lieben Frau vom Berge Karmel verwendet werden follte; würde aber diefes nicht zustande kommen, so follte ein Kaplan fein Erbe antreten und in diefer Einfiedelei jede Woche einige Meffen lefen. Diefe Verpflichtung, die Meffen zu lefen, follte ein Ende nehmen, fobald ein Nonnenklofter geftiftet fei. Mehr als zwanzig Jahre lang verfah diefes Kirchlein ein Kaplan, der die Einkünfte bedeutend gemindert hatte; jene Jungfrauen hatten zwar das Haus bezogen, aber fie be-faßen nur das Haus, während der Kaplan in einem anderen, zum Benefizium gehörigen Haufe wohnte, das er uns aber mit den übrigen fpärlichen Einkünften abtreten wird. Doch die Barmherzigkeit Gottes ift fo groß, daß er das Haus der glorwürdigen Mutter Mariens gewiß unter feinen Schutz nehmen wird. Seine Majeftät verleihe, daß ihr darin allezeit gedient werde, und es mögen fie preifen alle Gefchöpfe in alle Ewigkeit! Amen.

Neunundzwanzigftes Hauptftück

Stiftung des Klofters St. Jofeph bei „unferer Lieben Frau zur Straße" in Palencia im Jahre 1580, am Fefte des heiligen Königs David.

1. Nach meiner Rückkehr von der Stiftung des Klofters in Villanueva de la Jara gab mir mein Oberer[1] den Auftrag, nach Valla-dolid zu reifen, da der Bifchof von Palencia, Don Alvaro de Men-doza, darum gebeten hatte. Diefer Prälat hatte die Stiftung des erften Klofters zum hl. Jofeph in Avila geftattet und immer in Schutz ge-nommen; feitdem hat er unferem Orden nach Kräften in allem feine Gunft erwiefen. Als er von feinem Bifchofsfitze in Avila entfernt und auf den in Palencia erhoben wurde, flößte ihm unfer Herr das Ver-langen ein, auch hier ein Klofter diefes heiligen Ordens zu ftiften.[2] Nach meiner Ankunft in Valladolid befiel mich eine fo fchwere Krank-heit,[3] daß man mich dem Tode nahe hielt. Ich hatte deshalb gar keine

---

[1] Pater Angelus de Salazar, der im Jahre 1579 zum Generalvikar über die Unbefchuhten ernannt worden war.

[2] Don Alvaro de Mendoza wurde am 28. Juni 1577 zum Bifchof von Palen-cia ernannt und nahm am 31. Dezember desfelben Jahres Befitz von feinem neuen Bistum.

[3] Im Jahre 1580 wütete auf der ganzen fpanifchen Halbinfel ein epidemieartiges Schnupfenfieber, fo daß die Spanier diefes Jahr mit dem Namen el año del

Luft und auch die Überzeugung von meiner Unfähigkeit zu allem, daß ich mich trotz der ungestümen Bitten der Priorin[1] unseres Klosters zu Valladolid, die diese Stiftung sehr gerne gesehen hätte, nicht dafür entscheiden konnte und auch nicht wußte, wie man die Sache in die Wege leiten sollte. Denn das Kloster sollte ohne Einkünfte gestiftet werden, und man sagte mir, daß die Nonnen dort wegen der Armut des Ortes nicht bestehen könnten.

2. Fast ein ganzes Jahr lang hatte ich über diese Stiftung und über die in Burgos Unterhandlungen gepflogen; anfangs war ich nicht so sehr dagegen; jetzt aber, da ich gerade zu diesem Zwecke nach Valladolid gekommen war, fand ich viele Schwierigkeiten. Ich weiß nicht, ob meine schwere Krankheit oder meine Schwäche, die mir davon geblieben war, daran die Schuld trug, oder ob der böse Feind das Gute verhindern wollte, das nachher aus dieser Stiftung erwuchs. Ich kann in der Tat nicht ohne Staunen und Betrübnis sehen, wie sehr die arme Seele von den Krankheiten des Leibes beeinflußt wird, und darüber beklage ich mich sehr oft bei unserm Herrn. Es scheint, daß die Seele den Gesetzen des Leibes unterworfen ist in den Nöten und Leiden, die über ihn kommen, was nach meiner Ansicht eine der größten Beschwerden und Armseligkeiten ist, besonders wenn der Geist nicht die Kraft besitzt, den Leib in Unterwürfigkeit zu erhalten. Denn krank sein und große Schmerzen erdulden müssen, ist gewiß peinlich; allein solange die Seele stark bleibt, halte ich das für gar nichts, da sie dann Gott lobpreist und bedenkt, daß das Leiden von seiner Hand kommt. Wenn man aber leiden muß und dabei sich unfähig fühlt zu allem, so ist dies etwas Schreckliches, besonders wenn sich eine Seele vom heftigen Verlangen erfüllt sieht, weder innerlich noch äußerlich Ruhe zu haben und sich ganz dem Dienste ihres großen Gottes zu weihen. Da gibt es kein anderes Mittel als Geduld, Erkenntnis seiner Armseligkeit und Ergebung in den Willen Gottes, damit er sich der Seele bediene, wozu er will und wie er will.

3. In solchem Zustande befand ich mich damals. Obgleich ich mich schon auf dem Wege der Genesung befand, so war doch meine Schwäche

catarro = das Schnupfenfieberjahr belegten. Die heilige Theresia, die sich noch nicht ganz von einer schweren Erkrankung, die sie in Toledo ereilte, erholt hatte, wurde auch von dieser Epidemie ergriffen und war fast dem Tode nahe.

[1] Maria Baptista.

so groß, daß ich selbst die Zuversicht verloren hatte, die mir Gott sonst zu verleihen pflegte, wenn es sich darum handelte, eine Stiftung in Angriff zu nehmen. Alles schien mir unmöglich; würde ich damals jemanden getroffen haben, der mich ermutigt hätte, so hätte ich eine große Stütze gehabt. Allein die einen vergrößerten meine Furcht, während die anderen, die mir einige Hoffnung machten, nicht imstande waren, mich in meinem Kleinmut aufzurichten.

4. Mittlerweile kam dorthin[1] zufällig Pater Magister Ripalda[2] aus der Gesellschaft Jesu, ein eifriger Diener Gottes, der eine Zeitlang mein Beichtvater gewesen war. Diesem vertraute ich meinen Seelenzustand an, und da ich ihn als Stellvertreter Gottes betrachtete, bat ich ihn, mir seine Ansicht über die in Frage stehende Angelegenheit sagen zu wollen. Dieser ermutigte mich allmählich sehr, indem er darauf hinwies, daß meine Verzagtheit von meinem Alter herrühre. Ich erkannte aber wohl, daß dies nicht der Grund war; denn jetzt bin ich nicht in dieser Verfassung, obwohl ich viel älter bin. Dies mag jener wohl selbst eingesehen haben, aber er wollte mich nur, wie ich glaube, abtöten, damit ich nicht auf den Gedanken komme, es rühre diese Verzagtheit von Gott her. Damals handelte es sich zugleich um die Stiftungen von Palencia und Burgos, und ich hatte für beide keine Mittel; allein dies war nicht der Grund, der mich abhielt, da ich gewöhnlich mit noch weniger anfing. Nichtsdestoweniger gab mir Pater Ripalda den Rat, diese Stiftungen nicht zu unterlassen; dasselbe sagte mir auch ein wenig früher zu Toledo ein Provinzial der Gesellschaft Jesu, Balthasar Alvarez mit Namen,[3] aber damals war ich gesund, und ich konnte mich deshalb eher entschließen. Diesmal aber vermochte ich, obwohl mir sein Rat sehr zu statten kam, doch zu keinem festen Ent-

[1] Nach Valladolid.

[2] In der Einleitung zum Buche der Klosterstiftungen sagt die Heilige, daß dieser fromme und gelehrte Jesuitenpater ihr die Fortsetzung der Geschichte der Klosterstiftungen anempfahl, nachdem sie in ihrem „Leben" mit der Beschreibung der Stiftung des ersten Klosters begonnen hatte.

[3] Die Heilige spricht von Balthasar Alvarez im 24. Hauptstück ihres „Lebens" und im 23. Hauptstück der „Klosterstiftungen". Gerade in diesem Jahre 1580 starb ihr guter Freund und langjähriger Beichtvater im Alter von 47 Jahren. Die Heilige erhielt von seinem Ableben Kunde, als sie sich auf dem Wege nach Palencia befand, im Kloster zu Medina. Sie vergoß bittere Tränen über den Verlust ihres Freundes.

schluß zu kommen; denn entweder hinderte mich der böse Feind oder meine Krankheit, mit der es indes schon besser geworden war. Die Priorin von Valladolid, der die Stiftung von Palencia sehr am Herzen lag, drängte nach Kräften in mich; allein da sie mich so mutlos sah, geriet auch sie in Furcht. Möchte doch jetzt die rechte Begeisterung mich wieder beleben, da die Menschen und selbst Diener Gottes nicht imstande waren, sie mir zu geben! Daraus kann man erkennen, daß gar oft nicht ich es bin, die bei diesen Stiftungen etwas zustande bringt, sondern der, der die Macht zu allem hat.

5. Eines Tages nun flehte ich nach der heiligen Kommunion, geängstigt von diesen Zweifeln und unentschlossen, ob ich eine Stiftung vornehmen sollte, demütig zum Herrn, mich erleuchten zu wollen, um in allem seinen Willen vollziehen zu können; meine Mutlosigkeit war aber nicht derart, daß dieses Verlangen in mir auch nur im mindesten erkaltet gewesen wäre. Da sprach der Herr in Form eines Verweises zu mir: „Was fürchtest du? Wann habe ich dich je verlassen? Ich bin noch der, der ich bisher gewesen; unterlasse es nicht, diese zwei Stiftungen vorzunehmen." O mein großer Gott, wie verschieden sind doch deine Worte von den Worten der Menschen! Ich ward dadurch so fest in meinem Entschlusse und so beherzt, daß mich daran der Widerspruch der ganzen Welt nicht hätte abwendig machen können. Ich legte sogleich Hand ans Werk, und unser Herr verlieh mir allmählich Mittel und Wege. Ich nahm zwei Nonnen auf, um mit ihrem Vermögen ein Haus kaufen zu können. Obwohl man mir sagte, man könne in Palencia nicht vom Almosen leben, so machte dies doch auf mich den Eindruck, als ob man nichts gesagt hätte. Ich sah wohl ein, daß ich an eine Stiftung mit Einkünften nicht denken konnte; und da Gott mir den Auftrag gegeben, so sagte ich mir, daß Seine Majestät Fürsorge treffen werde. Trotzdem ich noch nicht ganz bei Kräften war und ungeachtet der schlechten Witterung, entschloß ich mich, nach Palencia abzureisen.

6. Am Feste der unschuldigen Kinder des oben bezeichneten Jahres[1] reiste ich von Valladolid ab. Von meiner Ankunft bis zum Feste des heiligen Johannes im folgenden Jahr stellte uns ein Edelmann aus Palencia ein Haus[2] zur Verfügung, das er für sich gemietet hatte,

---

[1] 1580.

[2] Dieses Haus lag im Stadtviertel de la Puebla und gehörte einer Witwe, namens Doña Isabella de Montoja. Palencia umfaßt heutzutage 15 000 Einwohner.

während er selbst anderswo Wohnung nahm. Ich schrieb auch an einen Kanonikus dieser Stadt, den ich zwar nicht kannte, den mir aber ein Freund von ihm als Diener Gottes schilderte; deshalb war ich der sicheren Überzeugung, daß er uns sehr viel behilflich sein werde. Denn der Herr trägt, wie es sich bei den übrigen Stiftungen gezeigt hatte, überall dafür Vorsorge, daß jemand Hilfe schafft, da Seine Majestät weiß, wie wenig ich dabei zuwege bringe. Diesen Kanonikus ließ ich nun bitten, so geheim wie möglich dafür sorgen zu wollen, daß der gegenwärtige Inwohner das Haus räume, ihm aber nicht zu sagen, welche Bestimmung es habe. Denn obwohl mehrere angesehene Personen sich wohlwollend gegen uns gezeigt hatten und der Bischof die Stiftung sehnlichst wünschte, so hielt ich es doch für weit sicherer, die Sache geheimzuhalten.

7. Der Kanonikus Reinoso[1] — so hieß jener, an den ich schrieb — vollführte meinen Wunsch so vortrefflich, daß er nicht nur die Räumung des Hauses besorgte, sondern uns auch Betten und vieles andere verschaffte, was vollständig zu unserer Erquickung hinreichte. Es war das für uns alle sehr notwendig; denn es war kalt, und tags vorher wurde unsere Reise infolge eines dichten Nebels sehr beschwerlich, da wir einander kaum sehen konnten. Ich muß indessen gestehen, daß wir wenig Ruhe hatten, bis ein Ort bereitgestellt war, an dem man am folgenden Tage die heilige Messe lesen konnte; denn vorher sollte niemand etwas von unserer Anwesenheit erfahren, was ich bei diesen Stiftungen immer als das beste gefunden habe. Wenn man nämlich anfängt, auf die Ansichten der einzelnen zu hören, so bringt der böse Feind alles wieder in Unordnung; und wenn er auch nichts für sich gewinnen kann, so verursacht er wenigstens Unruhe. So war es möglich, daß gleich morgens bei Tagesanbruch ein Priester, namens Porras, ein großer Diener Gottes, die heilige Messe lesen konnte. Er hatte uns mit Augustin de Vitoria,[2] einem anderen Freunde der Nonnen von

---

[1] Hieronymus Reinoso war durch Pater Balthasar Alvarez im geistlichen Leben unterrichtet worden und hatte daraus so großen geistigen Nutzen gezogen, daß die heilige Theresia ihn in einem Briefe an Pater Johannes von Jesu vom 4. Februar 1581 einen Heiligen nennt. Hieronymus war der Neffe des Don Franziskus Reinoso, des späteren Bischofs von Córdoba. Es sind aus den Jahren 1581 und 1582 vier Briefe der Heiligen an Hieronymus Reinoso erhalten. Sein Leichnam ruht mit dem seines vertrauten Freundes Salinas in der Kathedrale zu Palencia.

[2] Bouix und viele andere Geschichtschreiber der heiligen Theresia waren der An-

Valladolid, begleitet. Dieser hatte mir Geld zur Einrichtung des Hauses vorgestreckt und mir auf dem Wege viel Gutes erwiesen.

8. Mich begleiteten fünf Nonnen[1] und eine Gefährtin, die seit einiger Zeit gewöhnlich bei mir war. Sie ist zwar eine Laienschwester,[2] aber eine sehr große Dienerin Gottes und so verständig, daß sie mir weit mehr behilflich sein kann als manche Chorschwester. Während jener Nacht schliefen wir wenig, obwohl, wie schon erwähnt, wegen des regnerischen Wetters der Weg für uns sehr beschwerlich war. Eine große Freude war es für mich, daß das Kloster gerade am Feste des Königs David gestiftet wurde, zu dem ich eine besondere Andacht trug. Gleich am Morgen ließ ich dem hochwürdigsten Herrn Bischof Nachricht geben, der noch nicht wußte, daß ich tags vorher angekommen war. Er kam sogleich in seiner großen Liebenswürdigkeit, die er immer gegen uns zeigte, um uns zu besuchen, und versprach, uns mit dem nötigen Brot zu versorgen. Zugleich beauftragte er seinen Generalvikar, uns auch mit anderen Dingen zu versehen. Unser Orden schuldet diesem Bischof so vieles, daß alle, die diese Stiftungen lesen, die Verpflichtung haben, ihn sowohl während seines Lebens als auch nach seinem Tode unserem Herrn zu empfehlen; um das bitte ich im Namen der christlichen Liebe.

---

sicht, Augustin de Vitoria sei auch Priester gewesen wie Porras, allein das entspricht nicht der Wahrheit. Er war ein Edelmann aus Valladolid und verheiratet mit Doña Isabella de Castro, die ihm mehrere Kinder schenkte. Reich an irdischen Gütern und auch an Tugenden, zeigte er reges Interesse für die heilige Theresia und ihre Nonnen und war ein großer Wohltäter des Klosters zu Valladolid. Eine seiner Töchter trat dort im selben Jahre, in dem die heilige Theresia starb, in den Karmel unter dem Namen Maria vom heiligen Augustin.

[1] Die hier erwähnten Nonnen waren: Mutter Agnes von Jesu, Katharina vom Heiligen Geist, Maria vom heiligen Bernhard und Johanna vom heiligen Franziskus. Ferner kamen vom Kloster in Salamanka Isabella von Jesu als Priorin und Beatrix von Jesu als Subpriorin der neuen Niederlassung.

[2] Diese Laienschwester war Anna vom heiligen Bartholomäus. Drei Jahre vorher hatte sich die Heilige im Kloster zu Avila den rechten Arm gebrochen, indem sie von einer Stiege herunterfiel. Seitdem konnte sie diesen nicht mehr recht gebrauchen, und Anna mußte ihr beim An- und Auskleiden beistehen. Vom Jahre 1579 an begleitete diese fromme Laienschwester die Heilige auf ihren Reisen. Später, nach dem Tode der Heiligen, kam Anna nach Frankreich, wo sie auf Befehl der Oberen den schwarzen Schleier nehmen mußte; von da ging sie in die Niederlande und starb zu Antwerpen im Jahre 1626. Papst Benedikt XV. erklärte sie selig am 6. Mai 1917.

9. Die Freude über unsere Niederlassung war beim Volke so allgemein und groß, daß es ein ganz außerordentliches Erlebnis war; es fand sich niemand, der sich hierüber mißfällig geäußert hätte. Das Bewußtsein, daß der Bischof darüber erfreut war, trug vieles dazu bei; denn er ist sehr beliebt, und ich habe nirgends eine solche Gutmütigkeit und solchen Edelmut getroffen wie bei den Bewohnern von Palencia. Deshalb freut es mich von Tag zu Tag mehr, daß diese Stiftung dort zustande gekommen ist.

10. Da das Haus nicht uns gehörte, so ließen wir uns bald in Unterhandlungen ein, um ein anderes zu kaufen; das von uns bewohnte war zwar auch verkäuflich, aber es hatte doch eine recht ungünstige Lage, und mit Hilfe der Mitgift der Nonnen, die für dieses Kloster bestimmt war, konnten wir, wie es schien, schon einen Versuch machen. War auch diese Summe an und für sich gering, so war sie doch bedeutend für jenen Ort. Allein es wäre alles zwecklos gewesen ohne die guten Freunde, die uns Gott geschickt hatte. Der fromme Kanonikus Reinoso führte uns noch einen anderen Kanonikus, namens Salinas, zu, der mit ihm befreundet und ein sehr liebenswürdiger und verständiger Mann war. Beide nahmen sich unserer Angelegenheit an, gleich als wäre sie ihre eigene gewesen, ja ich darf wohl sagen mit noch größerem Eifer, und die gleiche Aufmerksamkeit erzeigten sie beständig diesem Kloster.

11. Es befindet sich in Palencia eine unserer Lieben Frau geweihte Kapelle, die sehr zur Andacht stimmt und wie eine Einsiedelei aussieht; sie hat den Namen: „Unsere Liebe Frau zur Straße". Die Bewohner der Stadt und der ganzen Umgebung tragen eine große Verehrung zu ihr, und es strömt sehr viel Volk dahin. Seine bischöfliche Gnaden und alle anderen waren nun der Ansicht, daß bei diesem Kirchlein für uns der rechte Platz sei. Es stand zwar bei dieser Kapelle kein Haus, allein es befanden sich zwei in der Nähe, die zu kaufen waren und mit der Kirche für uns ausgereicht hätten. Das Kirchlein mußte erst vom Domkapitel und von einer Bruderschaft bewilligt werden, weswegen darum angehalten wurde. Das Kapitel zeigte sich sogleich bereit zu diesem Gnadenerweis, allein die Bruderschaft konnte schwer dazu bestimmt werden, zeigte sich aber doch schließlich auch entgegenkommend; denn das Volk ist hier, wie gesagt, sehr tugendhaft, wie ich dergleichen in meinem ganzen Leben nie gesehen habe.

12. Als die Eigentümer der Häuser merkten, daß wir sie gerne kaufen wollten, steigerten sie, wie es ihnen nicht zu verdenken war, deren Preis. Ich wollte sie zuerst in Augenschein nehmen, und sie machten auf mich und auf meine Begleiter einen so schlechten Eindruck, daß ich sie um keinen Preis mehr erwerben wollte. Später erkannte man deutlich, daß der böse Feind bedeutend dabei im Spiele war, da es ihn verdroß, daß wir uns an diesem Orte niederlassen wollten. Den beiden Kanonikern, die sich der Sache annahmen, schienen diese Häuser zu weit von der Domkirche entlegen; es ist dies auch wahr, allein sie hatten den Vorteil, daß sie sich auf dem volkreichsten Platze der Stadt befanden. Zuletzt neigten wir alle zu der Ansicht hin, daß dies nicht der rechte Platz für eine Niederlassung sei und wir uns ein anderes Haus suchen müßten.

13. Jene zwei Kanoniker taten dies auch mit solcher Sorgfalt und solchem Eifer, daß ich mich veranlaßt fühlte, Gott dafür zu preisen; denn sie besichtigten jedes Haus, das nach ihrer Ansicht für uns passen konnte. Schließlich fanden sie eines nach ihrem Geschmacke, dessen Eigentümer Tamayo hieß. Dieses hatte einige gut hergerichtete Zimmer, die für uns vorteilhaft gewesen wären; zudem war es in der Nähe des Hauses eines angesehenen Edelmannes, namens Suero de Vega,[1] der jetzt einer unserer größten Wohltäter ist. Er und viele andere Personen der Nachbarschaft wünschten sehr, daß wir uns dort niederließen.

14. Dieses Haus war aber nicht groß genug, und man wollte uns noch ein anderes dazu geben, allein dieses hätte mit dem anderen nicht passend verbunden werden können. Da mir nun so vieles darüber berichtet worden war, so wünschte ich, daß die Sache endlich zustande komme; allein die beiden Herren wollten nichts tun, bevor ich Augen-

---

[1] Dieser Edelmann war der Sohn des Johann de Vega, des früheren Vizekönigs von Navarra und Sizilien, und Präsident des Königlichen Rates. Seine Gemahlin, Doña Elvira Manrique y Córdoba, war die Tochter des Grafen de Osorno y Alcaudete. Gott hatte diesen beiden frommen Ehegatten mehrere Kinder geschenkt, wie aus einem Briefe der heiligen Theresia an Salinas vom 13. November 1581 hervorgeht. Pater Franz von der heiligen Maria nennt Suero de Vega den Vater der Armen. Einer seiner Söhne, namens Johannes de Vega, trat in den reformierten Karmel unter dem Namen Johannes von der Mutter Gottes. Er führte ein sehr tugendhaftes Leben im Orden und wurde Prior zu Palencia, Rioseco und Toro. Im Jahre 1636 starb er im Rufe der Heiligkeit in Salamanca. (Reform. de los Desc. t. III. l. X. c. IX.)

fd)ein baoon genommen hätte. Weil id) aber nid)t gerne unter bie Leute
gehe unb mid) ganz auf fie oerlaffen wollte, fo hielt id) bas für unnötig.
Sd)ließlid) befid)tigte id) es bod), aber oorher nod) bie beiben Häufer
bei „unferer Lieben Frau zur Straße", bod) nid)t, um fie zu faufen,
fonbern nur, bamit ber Eigentümer bes anberen nid)t meinen würbe,
wir fönnten fein anberes als bas feinige befommen. Jene zwei Häufer
waren, wie fd)on erwähnt, mir unb meinen Begleiterinnen fo fd)led)t
oorgefommen, baß wir uns jetzt wunbern müffen, wie fie benn einen
fo fd)led)ten Einbruck auf uns mad)en fonnten.

15. Hierauf begaben wir uns zum anberen Haufe, feft entfd)loffen,
nur biefes zu faufen. Obgleid) wir hier große Sd)wierigfeiten oor=
fanben, fo wollten wir fie bod) auf uns nehmen, fo fd)wer man fie aud)
hätte befeitigen fönnen; benn um aud) nur eine einigermaßen geeignete
Kapelle einrid)ten zu fönnen, hätten wir faft alle Zimmer opfern
müffen. Es ift etwas Sonberbares um einen Entfd)luß, ben man fd)on
im ooraus gefaßt hat! Wahrlid), bie Erfahrung, bie id) hier gemad)t,
hat mid) beftimmt, mid) ein anbermal auf mid) felbft nid)t zu oerlaffen;
bod) war id) bamals nid)t allein getäufd)t. Kurz, wir fehrten zurück,
feft entfd)loffen, fein anberes als biefes Haus[1] zu faufen unb bem
Eigentümer ben oerlangten Preis, wenn er aud) fehr hod) war, zu
zahlen unb ihm zu fd)reiben, ba er fid) nid)t in ber Stabt, fonbern in
ber Umgegenb aufhielt.

16. Es fönnte oielleid)t unpaffenb erfd)einen, baß id) mid) (in meinem
Berid)te) fo lange mit bem Kaufe bes Haufes aufhalte, allein man
bead)te bie Abfid)t, bie ber böfe Feinb im Auge gehabt haben muß,
um zu oerhinbern, baß wir uns in bem Haufe zu „unferer Lieben Frau"
nieberließen. Jebesmal, fo oft id) baran benfe, überfällt mid) ein
Sd)auer. Da wir nun alle, wie gefagt, entfd)loffen waren, fein anberes
Haus zu faufen, befiel mid) am anberen Tage währenb ber heiligen
Meffe eine große Beforgnis, ob id) wohl red)t gehanbelt, unb eine
fold)e Verwirrung, baß id) faft währenb ber ganzen Meffe nid)t zur
Ruhe fommen fonnte. Inbeffen begab id) mid) zur heiligen Kom=
munion, unb alfogleid), nad)bem id) fie empfangen hatte, oernahm id)
bie Worte: „Diefes[2] paßt für bid)." Diefe Worte hatten eine fold)e
Kraft, baß fie mid) oollftänbig beftimmten, nid)t mehr bas Haus (bes

---

[1] Des Tamayo.
[2] Das Haus zu „unferer Lieben Frau".

Tamayo), das ich im Auge hatte, zu nehmen, sondern das zu „unserer Lieben Frau". Als mir darauf der Gedanke kam, daß ich Schwierigkeiten begegnen werde, weil die Angelegenheit schon so weit vorangeschritten war, und jene, die sich ihrer mit so großer Sorgfalt annahmen, sich so sehr darnach sehnten, antwortete mir der Herr: „Sie wissen nicht, wie sehr ich an diesem Orte beleidigt werde, und dem wird durch eure Niederlassung abgeholfen werden."

17. Es kam mir der Gedanke, es möchte dies vielleicht eine Täuschung sein; allein ich konnte es nicht glauben, weil ich aus der Wirkung, die diese Worte in mir hervorbrachten, deutlich erkannte, daß es der Geist Gottes war. Sogleich sprach unser Herr zu mir: „Ich bin es!" Nun war ich augenblicklich beruhigt und frei von der Verwirrung, in der ich mich vorher befand. Indessen wußte ich nicht, wie das schon Geschehene wieder rückgängig zu machen sei, da ich, besonders meinen Mitschwestern, so viel Übles über dieses Haus gesagt hatte; ihnen hatte ich beigebracht, in welch schlechtem Zustand es sich befunden, so daß es mir lieber gewesen wäre, wenn ich es nicht besichtigt hätte, da es für nichts und wieder nichts gewesen sei. Dies aber beunruhigte mich noch nicht am meisten, da ich wohl wußte, daß sie alles für gut finden würden, was ich tue; aber wegen der übrigen, die den anderen Kauf wünschten, geriet ich in die Klemme. Denn ich glaubte, sie würden mich für oberflächlich und wankelmütig halten, weil ich meine Ansicht so schnell änderte, was ich doch (immer) verabscheue. Doch alle diese Gedanken vermochten mich nicht im geringsten zu bestimmen, das Haus zu „unserer Lieben Frau" aus dem Auge zu lassen, und ich dachte gar nicht mehr an das, was an ihm nicht recht in Ordnung war; denn um den Preis, daß die Nonnen durch ihre Gegenwart auch nur eine einzige läßliche Sünde verhinderten, erachtete ich alles übrige für gering. Gewiß hätte jede von ihnen diese meine Ansicht gehabt, wenn ihnen bekannt gewesen wäre, was ich wußte.

18. Ich nahm nun zu folgendem Hilfsmittel meine Zuflucht. Ich beichtete damals dem Kanonikus Reinoso, dem einen von den beiden, die mich in meinem Unternehmen unterstützten. Bisher hatte ich ihm von dergleichen geistigen Mitteilungen nichts anvertraut, da keine Gelegenheit sich darbot, die mir dies notwendig erscheinen ließ. Da ich, um sicherer zu gehen, bei ähnlichen Vorfällen immer die Gewohnheit hatte, dem Rate des Beichtvaters zu folgen, so entschloß ich mich, ihm

die mir gewordene Offenbarung unter dem Siegel strengster Verschwiegenheit mitzuteilen. Ich war zwar nicht willens, zu verschweigen,
was mir gesagt war, da mir dies großes Widerstreben bereitet hätte.
Schließlich würde ich es aber doch dem Urteile des Beichtvaters unter-
breitet haben, weil ich zu unserm Herrn hoffte, Seine Majestät werde,
wie auch bei anderen Gelegenheiten, den Beichtvater umstimmen, um
zu tun, was ihr wohlgefällig sei.

19. Ich erzählte ihm zuerst, daß unser Herr schon öfters mich
auf diese Weise zu belehren pflegte und bis jetzt bereits viele Fälle vorgekommen seien, bei denen man das Wirken seines Geistes erkennen
konnte. Dann sagte ich ihm, was zuletzt geschehen, bemerkte aber, daß
ich tun werde, was er für gut finde, so schwer es mich auch ankomme.

20. Dieser Kanonikus ist ein sehr kluger und frommer Mann und
trotz seiner Jugend[1] ein vortrefflicher Ratgeber in allen Angelegenheiten; darum konnte er sich auch nicht für die Unterlassung des mir zuteil
gewordenen göttlichen Auftrages entscheiden, wenn er auch voraussah,
daß infolgedessen ein Gerede entstehen würde. Ich legte ihm noch nahe,
den Boten abwarten zu wollen, was auch seine Ansicht war; was mich
betrifft, so hoffte ich zu Gott, er werde selbst einen Ausweg schaffen.
So geschah es auch; obgleich wir dem Eigentümer des Hauses[2] angeboten hatten, was er gewollt und gefordert, so verlangte er jetzt noch
über das Angebot hinaus dreihundert Dukaten. Dies zu geben, schien
recht unsinnig, weil er sich ohnehin schon viel zu viel zahlen ließ. Wir
erkannten daraus, daß Gott es so fügte; denn der Kauf wäre für ihn
sehr vorteilhaft gewesen, und da er bereits abgeschlossen war, so handelte er durch seine Mehrforderung nicht recht. Dies nützte uns sehr
viel, und wir erklärten ihm, daß wir auf diese Weise nie mit ihm zum
Abschluß kommen könnten. Indes war die Verlegenheit, in der ich
mich befand, noch nicht ganz beseitigt; denn es war klar, daß wir wegen
dreihundert Dukaten ein Haus nicht aufgegeben hätten, das zu einem
Kloster so gelegen schien. Ich sagte nun meinem Beichtvater, er möge
sich wegen meines guten Rufes keine Sorge machen, nachdem es auch
seine Ansicht sei, daß man so handeln müsse; er möge seinem Kollegen
mitteilen, daß ich den festen Entschluß gefaßt hätte, das Haus zu „unserer
Lieben Frau" zu kaufen, sei es nun teuer oder billig, gut oder schlecht.

---

[1] Er war damals 35 Jahre alt.

[2] Tamayo.

Auch dieser ist sehr scharfsinnig und wird sich, wie ich glaube, bei der so plötzlichen Änderung meiner Ansicht, wenngleich ich ihm von dem Vorgefallenen nichts gesagt habe, wohl so etwas gedacht haben; darum drang er auch nicht mehr weiter in mich.

21. Später sahen wir alle ein, welch großen Fehler wir durch den Kauf des anderen Hauses begangen hätten; denn jetzt müssen wir staunen beim Anblick der großen Vorzüge dieses Hauses. Aber der hauptsächlichste Vorzug besteht darin, daß es offenbar zur Verherrlichung unseres Herrn und seiner glorwürdigen Mutter gereicht und viele Gelegenheiten zur Sünde entfernt werden. Da man nämlich vielfach zur Nachtzeit dorthin Wallfahrten anstellte und nur eine Einsiedelei da war, so konnten dort viele Dinge geschehen, die der Teufel nicht gerne beendigt wissen wollte; wir aber freuten uns, unserer Lieben Frau, unserer Herrin und Patronin (unseres Ordens), in etwa dienen zu können. Wir hatten sehr unrecht gehandelt, daß wir nicht schon eher diesen Ort gewählt; wir hätten auf sonst nichts Rücksicht nehmen sollen. Es ist jetzt ganz klar, daß der böse Feind uns vielfach geblendet hatte, weil sich uns daselbst so viele Annehmlichkeiten darbieten, die wir anderswo nicht hätten finden können, und weil dadurch dem ganzen Volke, das sich nach unserer Niederlassung sehnte, eine so große Freude bereitet wurde. Selbst jene, die zuvor den Wunsch geäußert hatten, wir möchten das andere Haus beziehen, fanden nachher dies für das beste.

22. Gepriesen sei der Herr in Ewigkeit, der mich in dieser Hinsicht erleuchtet hat! Wenn mir irgendwie in anderen Dingen etwas glücklich vonstatten geht, so ist es auch er, der mich erleuchtet, so daß ich mich täglich mehr darüber wundern muß, wie ich so ungeschickt zu allem bin. Man denke nicht, daß ich dies aus Demut sage; denn jeden Tag sehe ich es besser ein, so daß es den Anschein hat, unser Herr wolle mich und alle anderen erkennen lassen, daß Seine Majestät allein es ist, die diese Werke vollbringt. Wie er einst dem Blindgeborenen mit (ein wenig) Kot das Augenlicht gegeben hat, so will er auch jetzt an einer blinden Person, wie ich es bin, handeln, damit ich nicht blind zu Werke gehe. Offenbar gab ich, wie gesagt, bei diesen Vorfällen Zeichen von großer Verblendung, und so oft ich daran denke, möchte ich unseren Herrn von neuem für die mir erwiesene Gnade lobpreisen. Aber auch dazu bin ich zu ungeschickt, und ich weiß nicht, wie er mich ertragen kann. Gepriesen sei seine Barmherzigkeit! Amen.

23. Sogleich beeilten sich diese beiden heiligen Freunde unserer Lieben Frau, den Kauf der Häuser zum Abschluß zu bringen; wie mir scheint, überließ man ihnen diese um billigen Preis. Es war jedoch für sie sehr mühsam; denn bei all diesen Stiftungen fügt es Gott, daß jene, die uns beistehen, sich Verdienste sammeln können. Ich vollbringe dabei nichts, wie ich es schon oft bekannt habe und gerne allezeit bekennen möchte, da es auf Wahrheit beruht. War schon das Opfer, das sie bei der Einrichtung des Hauses und auch, da ich nichts besaß, durch Zahlung des Kaufschillings brachten, überaus groß, so traten sie noch dazu auch als Bürgen dafür ein. An anderen Orten mußte ich vieles ausstehen, bis ich auch für eine noch geringere Summe einen Bürgen bekommen konnte. Und die Leute haben, wenn sie nicht ganz auf den Herrn vertrauen, auch recht; denn ich besitze keinen Heller. Aber Seine Majestät hat mir immer die große Gnade erwiesen, daß noch keiner, der mir aushalf, etwas verlieren durfte; stets wurde alles richtig bezahlt, was ich für die größte Gnade halte. Weil die Hauseigentümer mit diesen zwei Bürgen nicht zufrieden waren, so nahmen diese ihre Zuflucht zum Generalvikar, der, wie man mir jetzt sagt, Prudencio[1] hieß, ich weiß aber nicht, ob ich mich recht erinnere. Wir nannten ihn nur Generalvikar, und so wußte ich seinen Namen nicht. Seine Liebe gegen uns war überaus groß, so daß wir ihm zu großem Danke verpflichtet waren und noch sind. Als ihm die beiden Kanoniker begegneten — er ritt eben auf einem Maultier fort —, fragte er sie, wohin sie wollten; als sie ihm zur Antwort gaben, sie kämen zu ihm, damit er jenen Kaufbrief (als Bürge) unterzeichne, lächelte er und sprach: „Begehrt ihr wirklich auf diese Art, daß ich für eine so große Summe Geldes gut stehe?" Ohne vom Maultiere herabzusteigen, unterzeichnete er sofort, was in unseren Zeiten etwas Merkwürdiges ist.

24. Ich möchte hier die große Liebe, die wir in Palencia sowohl im allgemeinen als auch im besonderen erfahren haben, besonders rühmend hervorheben. Ich glaubte mich wirklich in die ersten Zeiten der Kirche versetzt, wenigstens ist in unseren Zeiten eine solche Liebe in der Welt nicht sehr in Übung. Obwohl die Bewohner sahen, daß wir keine Einkünfte hatten und sie uns unterhalten müßten, so legten sie uns doch kein Hindernis in den Weg; sie hielten unsere Niederlassung sogar für eine ganz besondere Gnade Gottes. Sie hatten auch recht, wenn man

---

[1] Er hieß Prudencio Armentia.

die Sache im richtigen Lichte betrachtet. Wäre es auch weiter nichts, als daß in der Stadt eine Kirche mehr stünde, in der das Allerheiligste Sakrament aufbewahrt wird, so hätte das allein schon großen Wert. Der Herr sei dafür gepriesen in Ewigkeit! Amen.

25. Allmählich sieht man jetzt recht gut ein, daß das Kloster an diesem Orte zur Ehre Gottes gereicht, weil dadurch einige Mißstände beseitigt worden sind, die früher dort zutage getreten sein mußten. Denn jene Leute, die bei der einsamen Einsiedelei zu wachen pflegten, gingen nicht alle aus Andacht dorthin; das ist jetzt abgeschafft. Auch das Bild unserer Lieben Frau war an einem sehr ungeziemenden Platz aufgestellt. Der Bischof Alvaro de Mendoza ließ für dieses Bild eine eigene Kapelle erbauen, und nach und nach wird noch mehr geschehen zur Ehre und Verherrlichung der allerseligsten Jungfrau und ihres Sohnes; er sei gepriesen in Ewigkeit! Amen, Amen.[1]

26. Nachdem das Haus wohnlich eingerichtet und die Zeit des Einzuges der Nonnen gekommen war, wollte der Bischof, daß dieser mit größter Feierlichkeit vor sich gehen sollte. So geschah es auch wirklich an einem Tage der Oktav des heiligen Fronleichnamsfestes. Der Bischof selbst kam von Valladolid und beteiligte sich mit dem Domkapitel, den Ordensleuten und fast der ganzen Einwohnerschaft an der Prozession, bei der eine prächtige Musik spielte. Von dem Hause aus, in dem wir bisher gewohnt hatten, gingen wir alle prozessionsweise, verschleiert und mit unseren weißen Mänteln angetan, bis zu einer Pfarrkirche, die dem Hause unserer Lieben Frau am nächsten lag. Man kam uns auch mit dem erwähnten Bilde entgegen; aus der Pfarrkirche wurde das Allerheiligste Sakrament genommen und mit großer Feierlichkeit und in sehr schöner Ordnung in unserer Kirche eingesetzt; all das erweckte große Andacht. Auch die Nonnen, die zur Stiftung des Klosters in Soria gekommen waren, begleiteten mit brennenden Kerzen in der Hand den Zug. Ich glaube, daß der Herr an diesem Tage in der ganzen Stadt überaus gepriesen wurde; möge er von allen Geschöpfen gepriesen werden in Ewigkeit! Amen.[2]

---

[1] Hier blieben die Nonnen zehn Jahre. Es ergaben sich aber für sie soviele Mißstände, daß sie sich genötigt sahen, sich an einem anderen Orte der Stadt, wo das Kloster heute noch steht, niederzulassen.

[2] Unmittelbar hinter der Statue der allerseligsten Jungfrau schritt die heilige Theresia, begleitet vom Bischof Alvaro de Mendoza und Don Franz Reinoso,

27. Während meines Aufenthaltes in Palencia ließ Gott die Trennung der Unbeschuhten von den Beschuhten zu, und wir bekamen eine eigene Provinz. Damit war alles erreicht, was wir zur Befestigung der Ruhe und des Friedens gewünscht hatten. Man hatte zu diesem Zwecke auf Ansuchen unseres katholischen Königs, Don Philipp, von Rom ein sehr weitgehendes Breve[1] erwirkt, und Seine Königliche Majestät, die uns schon früher ihre Huld erwiesen, hat sich bei dieser Gelegenheit besonders gnädig gegen uns gezeigt. In Alcalá wurde auf Anordnung des damaligen Priors von Talavera, des wohlehrwürdigen Paters Johannes de las Cuevas,[2] aus dem Orden der Dominikaner, ein Kapitel abgehalten; er war von Rom dazu ermächtigt und von Seiner Majestät dazu bestimmt worden. Pater Johannes de las Cuevas war in der Tat ein sehr heiligmäßiger und verständiger Mann, wie es eben eine solche Aufgabe erforderte. Der König trug die Kosten für dieses Kapitel, und auf seinen Befehl unterstützte auch die ganze Universität unsere Väter.

28. Dieses Kapitel wurde im Kollegium zum heiligen Cyrillus, das die unbeschuhten Karmeliten in dieser Stadt besitzen, überaus friedlich und einträchtig abgehalten. Als Provinzial wurde Pater Magister Hieronymus Gracián von der Mutter Gottes gewählt.[3] Weil diese

dem zukünftigen Bischof von Córdoba. Hierauf folgte die Priorin, Mutter Agnes von Jesu, inmitten des Bürgermeisters und des Don Suero de Vega. Unter den unbeschuhten Vätern befanden sich auch Pater Nikolaus von Jesu Maria (Doria) und Pater Johannes von Jesu (Roca).

[1] Bulle Gregors XIII. vom 22. Juni 1580.

[2] Pater Johannes Velásquez de las Cuevas wurde später Bischof von Avila im Jahre 1596. Er starb aber schon zwei Jahre darauf. Sein Wohlwollen gegen die Reform der heiligen Theresia zeigte sich bei jeder Gelegenheit. Das von ihm zusammengerufene Kapitel wurde im März 1581 abgehalten. Hier wurden auch die ursprünglichen, von der hl. Theresia für die Nonnen ihrer Reform verfaßten Satzungen in einer etwas erweiterten Form mit veränderter Einleitung aufs neue bestätigt.

[3] Bei diesem denkwürdigen Kapitel, das die Reform der heiligen Theresia auf eigene Füße stellte, waren folgende Väter anwesend: Antonius von Jesu, Prior von Mancera, und Vinzenz von der Dreieinigkeit; Nikolaus von Jesu Maria, Prior von Pastrana, und Johannes von Jesu; Elias vom heiligen Martin, Rektor von Alcála, und Petrus von der Reinigung; Blasius vom heiligen Gregor, Prior von Altamira, und Simon Stock; Gregor von Nazianz, Prior von la Roda, und Gabriel von der Himmelfahrt; Augustin von den heiligen drei Königen, Prior von Granada, und Angelus von der Opferung; Petrus von der

Väter selbst alle Ereignisse dieses Kapitels anderswo beschreiben werden, so brauche ich davon nicht weiter zu reden. Ich habe es deshalb erwähnt, weil unser Herr eben zu der Zeit, als ich mit der Stiftung in Palencia beschäftigt war, ein so großes Werk zur Ehre und Verherrlichung seiner glorwürdigen Mutter vollbracht hat; denn es ist dies ihr Orden, und sie ist unsere Frau und Beschützerin. Dieses Ereignis war für mich eine der größten Freuden und Wonnen, die ich je in diesem Leben empfangen konnte. Schon über fünfundzwanzig Jahre hatte ich so viele Mühen, Verfolgungen und Widerwärtigkeiten ausgestanden, deren Erzählung zu weit führen würde; nur unser Herr allein kann dies wissen. Welch innige Herzensfreude ich aber nun nach Beendigung all dieser Angelegenheiten empfand und welch großes Verlangen ich hatte, daß alle Welt dafür unseren Herrn lobpreisen möchte, das kann niemand begreifen, der nicht weiß, wie viel Mühe und Arbeit mich all das gekostet hat; möchten sich alle mit mir vereinigen zum Lobpreise unseres Herrn und ihm unseren frommen König, Don Philipp, empfehlen, durch den Gott dieses Werk zu einem so glücklichen Ende geführt hat! Denn wäre der König nicht gewesen, so hätte der Teufel, der all seine Arglist aufgeboten hatte, das ganze Werk unserer Ordensreform wieder zerstört, die ja schon dem Untergange nahe war.

29. Jetzt sind wir alle, sowohl die beschuhten als auch die unbeschuhten Karmeliten in Frieden, und niemand hindert uns im Dienste unseres Herrn.[1] Weil er also, meine Brüder und Schwestern, euer Gebet so

Heimsuchung, Vikar von la Peñuela, und Petrus von der heiligen Maria; Hieronymus von der Mutter Gottes, Prior von Sevilla, und Elisäus von den Martyrern; Ambrosius vom heiligen Petrus, Prior von Almodóvar, und Petrus von den Aposteln, Didakus von der Dreifaltigkeit, Prior del Calvario, und Petrus von der Menschwerdung; endlich der heilige Johannes vom Kreuz, Rektor von Baëza, und Innozenz vom heiligen Andreas. Am ersten Tag (3. März 1581) wurde durch den Pater Kommissär die Trennung der Provinz offiziell verkündet. Am zweiten Tag fand die Wahl der Definitoren statt. Als solche wurden gewählt: Nikolaus von Jesu Maria, Antonius von Jesu, Johannes vom Kreuz und Gabriel von der Himmelfahrt. Darauf folgte die Wahl des Provinzials. Die Stimmen teilten sich zwischen Pater Gracián von der Mutter Gottes und Pater Antonius von Jesu. Der erstere übertraf den letzteren nur um eine Stimme. (Reform. de los Desc. t. I. l. V. c. IX.)

[1] Die von der hl. Theresia bewerkstelligte Reform hatte auch im gemilderten Orden die Hebung der klösterlichen Zucht, zuerst in Spanien und dann auch in anderen Ländern, zur glücklichen Folge.

gnädig erhört hat, so beeilt euch, Seiner Majestät zu dienen. Die jetzt Lebenden, die Augenzeugen all dieser Vorgänge gewesen sind, müssen wohl bedenken, welch große Gnaden uns Gott erwiesen und von wie vielen Beschwerden und Verwirrungen er uns befreit hat. Die Nach= kommenden aber, die nun alles in bester Ordnung vorfinden, sollen um der Liebe unseres Herrn willen nicht im geringsten etwas von dem auf= geben, was zur Vollkommenheit dient, damit man nicht von uns sagen kann, was man von gewissen Orden sagt: Nur ihr Anfang war lobenswert.

30. Wir fangen jetzt an; befleißet euch allezeit von neuem anzufangen, d. h. vom Guten zum Besseren voranzuschreiten. Bedenket, daß der böse Feind selbst durch die unscheinbarsten Dinge sich Eingang ver= schafft, wodurch dann die ärgsten Mißbräuche sich einschleichen. Saget nur nicht: daran ist wenig gelegen, das sind nur Übertreibungen. O meine Töchter, an allem, was den Fortschritt hindert, ist sehr viel ge= legen. Um der Liebe Gottes willen bitte ich euch, vergesset nicht, wie bald alles ein Ende nimmt und welch große Gnade uns der Herr er= wiesen hat, daß er uns in diesen Orden berief; bedenket, welch große Strafe jene aus uns treffen wird, die eine Erleichterung einführen würde. Richten wir vielmehr unser Auge stets auf das Geschlecht jener heiligen Propheten, von denen wir abstammen. Wie viele Heilige haben wir im Himmel, die unser Ordenskleid getragen haben! Hoffen wir gleichsam mit heiliger Vermessenheit, daß auch wir mit der Gnade Gottes einst zu ihnen kommen werden. Der Kampf, meine Schwestern, dauert kurze Zeit, aber das Ende ist ewig. Verachten wir die Dinge, die an sich nichts sind, und benützen wir jene, die uns zum ewigen Ziele verhelfen, damit wir den um so mehr lieben und ihm um so eifriger dienen, der da leben wird in alle Ewigkeit! Amen, Amen.

Gott sei Dank gesagt (für alles)!

Dreißigstes Hauptstück

Stiftung des Klosters zur heiligsten Dreifaltigkeit in der Stadt Soria im Jahre 1581. Die erste heilige Messe wurde am Feste unseres heiligen Vaters Elisäus gelesen.

1. Während ich in Palencia mit der genannten Stiftung beschäftigt war, erhielt ich ein Schreiben vom Bischof von Osma, namens Doktor Velásquez.[1] Als dieser noch Professor und Kanonikus an der Domkirche zu Toledo war, zog ich ihn in gewissen Zweifeln, die mich beständig quälten, zu Rate; denn ich wußte, daß er ein sehr gelehrter und gottesfürchtiger Mann war. Ich bat ihn dringend, die Sorge für meine Seele zu übernehmen und mein Beichtvater zu sein. Als er sah, daß ich ihn um der Liebe unseres Herrn willen und infolge eines wahren Bedürfnisses bat, sagte er, obwohl er mit Arbeit sehr überladen war, so gerne zu, daß ich mich darüber verwunderte. Er hörte also meine Beichte und war mein Ratgeber während der ganzen langen Zeit, in der ich in Toledo verweilte. Ich besprach mich mit ihm in aller Offenheit über meine Seelenangelegenheiten, wie ich es meinen Beichtvätern gegenüber immer zu tun gewohnt bin. Seine Leitung förderte mich so sehr, daß von da an meine vielfachen Ängstlichkeiten von mir zu weichen begannen. Dazu kam aber, um der Wahrheit die Ehre zu geben, noch eine andere Ursache, deren Erwähnung jedoch hier nicht am Platze ist. Er hat mir in der Tat großen Nutzen gebracht, da er mir durch Stellen der Heiligen Schrift wieder Mut eingeflößt hat; denn das beruhigt mich am meisten, wenn ich sicher bin, daß jene, die meiner Seele solche Gründe vorbringen, auch gelehrt sind; dies ist gerade bei ihm der Fall, und zugleich führt er auch ein frommes Leben.

2. Den erwähnten Brief schrieb er mir von Soria aus, wo er sich eben aufhielt. Er erwähnte darin, daß eine Dame, die bei ihm beichtete, über die Gründung eines Klosters unserer Nonnen mit ihm gesprochen habe; es scheine ihm dieser Plan annehmbar, und er habe ihr versprochen, es bei mir durchzusetzen, daß ich zur Vornahme der Stiftung käme. Er bat mich, ihn mit seinem Versprechen nicht im Stiche zu lassen, und ihm, wenn ich auf den Plan eingehen würde, Nachricht zu geben,

---

[1] Die Heilige lernte Doktor Velásquez in Toledo kennen, wo er ihre Seelenleitung übernahm. (Siehe „Leben" S. 463, 6. Ber.) Er wurde im Jahre 1578 Bischof von Osma.

damit er mich abholen laſſen könne. Ich freute mich ſehr darüber; denn abgeſehen davon, daß mir dieſe Stiftung vorteilhaft erſchien, hatte ich auch ein inniges Verlangen, ihn zu ſehen und ihm einige Angelegen= heiten meiner Seele vorzutragen. Er hatte meiner Seele ſchon ſo großen Nutzen verſchafft, und ſo trug ich eine innige Liebe zu ihm.

3. Dieſe Stifterin hieß Doña Beatrix de Beamonte y Navarra[1] und ſtammte von den Königen von Navarra ab. Sie iſt die Tochter des Don Franziskus de Beamonte, deſſen Geſchlecht zu den höchſten und angeſehenſten Adelsfamilien zählt. Sie war einige Jahre ver= heiratet, hatte keine Kinder, wohl aber ein großes Vermögen. Schon ſeit langem hatte ſie im Sinne, ein Nonnenkloſter zu gründen.

4. Als ſie ſich mit dem Biſchof beſprach und dieſer ſie auf den Orden der unbeſchuhten Nonnen unſerer Lieben Frau vom Berge Karmel aufmerkſam machte, hatte ſie daran ſo großes Wohlgefallen, daß ſie ſogleich in ihn drang, das Werk zur Ausführung zu bringen. Sie iſt eine ſehr freundliche, edelmütige und bußfertige Dame, kurz eine große Dienerin Gottes. Sie hatte in Soria ein ſchönes, gutgebautes Haus in ſehr guter Lage, das ſie uns, wie ſie ſagte, mit allem, was zur Gründung notwendig ſei, überlaſſen wolle. Sie übergab es uns wirklich und zugleich fünfhundert Dukaten jährliches Einkommen.[2] Es ſind dies die Zinſen eines Kapitals von 25 000 Dukaten.

5. Der Biſchof erbot ſich, uns eine ſehr ſchöne, ganz gewölbte Kirche zu geben, die als Pfarrkirche einer nahegelegenen Pfarrei diente. Dieſe konnten wir mit dem Hauſe (der genannten Dame) mittels eines ge= deckten Ganges verbinden und ſo von ihr Gebrauch machen. Es machte dies dem Biſchof keine Schwierigkeit, da dieſe Kirche arm war und es ſonſt in Soria ſehr viele Kirchen gab; ſo teilte er nun dieſe Pfarrei einer anderen Kirche zu. In ſeinem Briefe gab er mir über dies alles

---

[1] Doña Beatrix, geboren in Pamplona, war die Tochter eines Garde=Generals des Kaiſers Karl V. und die Witwe des Don Johann de Vinueſa, eines an= geſehenen Mannes aus Soria. Nachdem ſie das Kloſter in Soria geſtiftet hatte, half ſie auch mit zur Gründung in Pamplona (1583), wo ſie in einem Alter von 60 Jahren eintrat. Sie führte dort unter dem Namen Beatrix von Chriſtus ein heiligmäßiges Leben und ſtarb im Jahre 1600. (Reform. de los Desc. t. II. l. VI. c. XXI. und XXII.)

[2] Für damals mag ja dieſe Summe anſehnlich genug geweſen ſein als feſtes Einkommen für eine Stiftung; heuzutage aber würde eine ſolche Summe nicht mehr genügen.

Auskunft. Ich teilte diese Angelegenheit dem Pater Provinzial mit, der eben damals in Palencia sich befand. Dieser sowie alle unsere Freunde waren der Ansicht, ich sollte den Bischof durch einen Eilboten benachrichtigen, mich abholen zu lassen, da die Gründung in Palencia schon vollendet sei. Ich freute mich über diese Entscheidung aus den schon angeführten Gründen sehr.

6. Daraufhin begann ich die Nonnen auszuwählen, die ich dorthin mitnehmen wollte. Es waren im ganzen sieben — jene Dame wollte lieber mehr als weniger — und eine Laienschwester, sowie meine (beständige) Begleiterin und ich.[1] Um uns abzuholen, kam in größter Eile ein sehr geeigneter Bote. Denn ich hatte geschrieben, daß auch zwei unbeschuhte Karmeliten in meiner Begleitung sein würden. Ich nahm nun den Pater Nikolaus von Jesu Maria,[2] aus Genua gebürtig, mit, einen Mann von hoher Vollkommenheit und großem Verständnis.

---

[1] Die zur Gründung von Soria bestimmten Nonnen hießen: Katharina von Christus, Beatrix von Jesu, Maria von Christus, Anna Baptista, Maria vom heiligen Joseph, Katharina vom heiligen Geist, Maria von Jesu und die Laienschwester Johanna Baptista. Außerdem begleitete sie die ehrwürdige Anna vom heiligen Bartholomäus, Pater Nikolaus von Jesu und der Laienbruder Elisäus von der Mutter Gottes.

[2] Pater Nikolaus war am 13. Mai 1539 in Genua geboren und stammte aus einer angesehenen Familie. Seine Eltern hießen Dominikus und Maria Doria. Im Jahre 1570 begab er sich nach Spanien und nahm in Sevilla, einer der berühmtesten Handelsstätte der ganzen Halbinsel, seinen Wohnsitz. Als im Jahre 1574 die unbeschuhten Karmeliten das Kloster Los Remedios gründeten, fand er dort den Ambrosius Mariano wieder, mit dem ihn eine alte Freundschaft verbunden hatte. Der Verkehr mit diesen eifrigen Religiosen richtete seine Gedanken allmählich himmelwärts. Er studierte Theologie und empfing die heiligen Weihen. Als die heilige Theresia nach Sevilla kam und mit ihm zusammentraf, wurde er so sehr für die Reform eingenommen, daß er in das Kloster Los Remedios eintrat und sich dem Orden anschloß. Am 25. März des Jahres 1578 legte er seine heiligen Gelübde ab. Pater Nikolaus genoß im Orden ein großes Ansehen und wurde zu den höchsten Ämtern erwählt; aber leider neigte er, ganz entgegen dem Sinne der heiligen Theresia, des Paters Gracián und des heiligen Johannes vom Kreuz, allzusehr zu übertriebener Strenge und Buße hin, und so führten die Meinungsverschiedenheiten schließlich dahin, daß Pater Gracián von der Reform ausgestoßen wurde. Pater Nikolaus mochte es gut meinen, allein seine unbeugsame, leidenschaftliche Natur riß ihn mit sich fort. Er starb am 9. Mai 1594 zu Alcalá in einem Alter von 54 Jahren. Man sagt, daß er in seinen letzten Tagen in große Verwirrung geriet und bittere Reuetränen vergoß. (Reform. de los Desc. t. I. l. IV. c. XXIX.)

Als er in den Orden trat, war er, wie mir schien, schon über vierzig Jahre alt; wenigstens ist er jetzt so alt, und es ist noch nicht lange, daß er Ordensmann geworden ist. Er hat in kurzer Zeit so große Fortschritte gemacht, daß man leicht erkennen kann, der Herr habe ihn dazu erwählt, dem Orden in diesen schweren Verfolgungen beizustehen. Er hat uns auch wirklich große Dienste geleistet, als von den übrigen (Vätern), die Stützen des Ordens hätten sein können, die einen eingekerkert, die anderen verbannt waren. Da er kein Amt innehatte — er war ja, wie schon erwähnt, erst kurze Zeit im Orden —, so achtete man weniger auf ihn, und wahrscheinlich hat Gott es so gefügt, damit mir ein so mächtiger Beschützer blieb.

7. Als dieser Mann sich im Kloster der Beschuhten zu Madrid befand, um die Angelegenheiten unserer Reform zu betreiben, wußte er dies so geschickt zu verheimlichen, daß diese nicht das mindeste davon vermuteten, sondern meinten, er weile anderer Geschäfte wegen dort; deshalb ließen sie ihn auch ruhig gewähren. Während meiner Anwesenheit im St.-Josephs-Kloster zu Avila schrieben wir uns oft und berieten uns, was zu tun sei; es war das für ihn ein Trost. Schon daraus kann man abnehmen, in welch großer Not unser Orden sich damals befand, weil man, wie das Sprichwort[1] sagt, mangels tüchtiger Männer auf mich so viel hielt. Während jener Zeit habe ich viele Beweise von der Vollkommenheit und Klugheit des Paters Nikolaus empfangen, und darum gehört er zu jenen Männern des Ordens, die ich im Herrn überaus liebe und hochschätze.

8. Dieser Pater also und ein Laienbruder[2] waren unsere Reisebegleiter. Auf dieser Reise hatte ich nicht viel Ungemach auszustehen, da der Bote des Bischofs es uns an nichts fehlen ließ und uns nach Möglichkeit gute Herbergen verschaffte. Denn der Bischof von Osma ist sehr beliebt, und sobald wir seine Diözese betraten und die Leute vernahmen, daß wir auf sein Geheiß hieher kämen, nahmen sie uns überaus liebevoll auf. Die Zeit war sehr günstig (für die Reise), auch machten wir keine großen Tagestouren, und so erlebten wir auf dieser

---

[1] Die Heilige spielt hier auf jenes alte Sprichwort an: „A falta de hombres buenos a mi marido hicieron alcalde." Mangels fähiger Männer ist mein Mann Bürgermeister geworden.

[2] Bruder Elisäus von der Mutter Gottes.

Reise wenig Ungemach, aber viel Freude; die größte davon war, daß ich überall die Leute von der Frömmigkeit ihres Bischofs reden hörte.

9. Nach Burgo[1] kamen wir am Mittwoch in der Oktav des heiligen Fronleichnamsfestes. Am folgenden Donnerstag nach unserer Ankunft, am Oktavtag des Festes selbst, kommunizierten wir und speisten auch zu Mittag, da wir erst am anderen Tag in Soria eintreffen konnten. In jener Nacht blieben wir in einer Kirche, weil man keine andere Herberge ausfindig machen konnte, was uns aber keinen Schaden brachte. Am anderen Tag hörten wir dort noch die heilige Messe und kamen dann fast um fünf Uhr abends in Soria[2] an. Der fromme Bischof stand an einem Fenster seines Hauses,[3] an dem wir vorüber mußten, und gab uns von da aus seinen Segen, was uns großen Trost bereitete; denn der Segen eines Bischofs und eines Heiligen ist überaus hochzuschätzen.

10. Jene Dame aber, unsere Stifterin, erwartete uns an der Türe ihres Hauses, in dem das Kloster errichtet werden sollte. Wir konnten die Zeit kaum erwarten, um dort einzutreten, da eine so große Menschenmenge anwesend war. Es war das für uns nichts Neues, da überall, wohin wir kommen, die Menschen gleich neugierig sind. Es kommt so viel Volk zusammen, daß es für uns überaus lästig wäre, wenn wir nicht unsere Schleier vor dem Angesicht hätten; so kann man es wenigstens (einigermaßen) ertragen. Jene Dame hatte schon einen sehr großen Saal, in dem die heilige Messe gelesen werden sollte, überaus geschmackvoll zubereitet, da der Gang zur Kirche, die der Bischof

---

[1] Burgo de Osma oder el Burgo, wie die hl. Theresia schreibt, ist ein Flecken, der in einem Tale liegt und von allen Seiten von Hügeln umgeben ist. Burgo ist einen Kilometer von Osma entfernt. Seit der Eroberung des Landes durch die Mauren wurde der Bischofssitz von Osma nach Burgo de Osma verlegt. Dort befindet sich auch die Kathedrale, das bischöfliche Palais und das Seminar. Die Heilige kam am 31. Mai 1581 in Burgo de Osma an, wo sie nach der Überlieferung im Palais des Bischofs übernachtete. Don Velásquez traf von Soria aus, wo er sich damals befand, die nötigen Vorkehrungen zum Empfang und zur Beherbergung der Heiligen und ihrer Reisebegleitung.

[2] Soria, am Ursprung des Duero gelegen, ist die Hauptstadt der Provinz und dadurch viel bedeutender als Burgo de Osma. Soria umfaßt 7000 Einwohner, während Burgo bloß 3000 zählt. (Siehe Ref. de les Desc. t. I. l. V c. XX.)

[3] Alfons Velásquez residierte gewöhnlich in Burgo de Osma; es war nur ein Zufall, daß er sich in Soria im Hause eines Edelmannes, namens Johann de Castilla, befand.

uns geschenkt hatte, erst gebaut werden mußte. Gleich am anderen Tage, am Feste unseres heiligen Vaters Elisäus,[1] wurde die Messe gelesen. Auch hatte die Dame in edelmütiger Weise für alle Bedürfnisse reich= lichst Sorge getragen und überließ uns jenes Zimmer, in dem wir so lange zurückgezogen lebten, bis der Gang gebaut war; es dauerte bis zum Feste der Verklärung Christi.

11. Am selben Tage wurde die erste heilige Messe mit großer Feier= lichkeit und unter starkem Zulauf des Volkes gelesen. Ein Pater[2] aus der Gesellschaft Jesu hielt die Predigt, weil der Bischof nach Burgo de Osma abgereist war; denn es gibt keinen Tag und keine Stunde, die er nicht der Arbeit widmet, obwohl er sich nicht recht wohl befindet und die Sehkraft eines Auges verloren hat. Ich empfand über dieses Leiden großen Schmerz und bedauerte es sehr, daß ein Mann, der sich in so opfervoller Weise dem Dienste unseres Herrn hingab, auf einem Auge erblindete. So sind aber seine Gerichte, und er ließ dies ohne Zweifel zu, um seinem Diener, der desungeachtet nicht weniger tätig war als vorher, mehr Gelegenheit zum Verdienste zu geben und um dessen Gleichförmigkeit mit seinem Willen zu erproben. Er sagte mir, er habe darüber nicht mehr Schmerz empfunden, als wenn dies Miß=

---

[1] Es herrschten von Anfang an Meinungsverschiedenheiten bezüglich der Auf= fassung der Worte der Heiligen: „Luego otro día que era de nuestro Padre San Eliseo se dijo misa“. Die richtige Auffassung wird wohl der Herausgeber der neuen spanischen Ausgabe, P. Silverio, vertreten, wenn er sagt: „Die Heilige kam am 2. Juni abends 5 Uhr in Soria an. Noch am selben Abend empfing sie den Besuch des Bischofs, der ihr mitteilte, daß er am folgenden Tage die Messe lesen und den Nonnen die hl. Kommunion reichen werde. Vor der Messe nahm der Bischof die Beichte der hl. Mutter ab, und Pater Nikolaus die der übrigen Nonnen. (Ref. t. I. p. 821.) Die folgenden Tage wurden ausgefüllt mit der Ab= fassung der nötigen Schriftstücke und der wohnlichen Einrichtung des Hauses, so daß bis zum 14. Juni alles vorbereitet sein konnte zur endgültigen Konstituierung des Konventes. So konnte am 14. Juni, am Feste des hl. Elisäus, eine feierliche Messe gehalten und die Gründung äußerlich vollzogen werden. Dies scheint auch aus dem Akt der Wahl der Priorin, die am folgenden Tage stattfand, hervorzugehen. Der Wortlaut der Aufzeichnung dieser Wahl beginnt in folgender Weise: „Heute, am 15. Juni 1581, nachdem gestern, am 14. Juni, unser Konvent der unbeschuhten Karmelitinnen errichtet worden war, wurde in der Stadt Soria...“ Durch diese Erklärung werden die Worte der Heiligen, ohne ihnen Gewalt anzutun, deut= licher und verständlicher.

[2] Pater Franziskus de la Carrera, der bei seiner Rückkehr von der Generals= wahl in Rom die Heilige besuchte, wie Ribera sagt.

geschickt seinem Nachbar zugestoßen wäre, ja, er habe öfters gedacht, daß es ihm nicht schwer fiele, wenn er auch die Sehkraft des anderen Auges verlieren würde, weil er sich dann in eine Einsiedelei verschließen und, ohne eine weitere Verpflichtung zu haben, Gott dienen könnte. Mehrmals erklärte er mir gegenüber, er habe immer diesen Beruf in sich gefühlt, schon bevor er Bischof geworden; einmal sei er schon fest entschlossen gewesen, alles zu verlassen und sich in die Einsamkeit zu begeben. Ich konnte dies nicht billigen, weil mir seine Person für die Kirche Gottes von großem Nutzen zu sein schien; deshalb wünschte ich ihm auch das Amt, das er jetzt inne hat. Trotzdem aber geriet ich an dem Tage, an dem ihm das Bistum übertragen wurde — er ließ mir nämlich sogleich davon Nachricht geben —, für den ersten Augenblick in große Bestürzung, weil ich ihn, wie mir schien, mit einer schweren Bürde beladen sah; ich konnte mich nicht fassen und nicht zur Ruhe kommen, bis ich mich in den Chor begab und ihn unserem Herrn empfahl. Seine Majestät beruhigte mich sogleich und versicherte mich, daß die Erhebung dieses Mannes zur bischöflichen Würde zu ihrer größeren Verherrlichung gereiche, wie es auch jetzt offenbar zutage tritt.

12. Ungeachtet seines Augenleidens und mancher anderer sehr schmerzlicher Krankheiten und trotz seiner beständigen Arbeiten fastet er viermal in der Woche und übt außerdem noch andere Strengheiten; seine Nahrung ist überaus spärlich. Wenn er seine Visitationsreisen macht, so geht er zu Fuß, womit seine Diener freilich nicht einverstanden sind; sie beklagten sich deshalb bei mir. Diese müssen notwendig tugendhaft sein oder sein Haus verlassen. Wichtige Angelegenheiten vertraut er seinen Stellvertretern höchst selten an; vielmehr müssen solche Geschäfte und, wie ich glaube, alle durch seine Hand gehen. Während der ersten zwei Jahre seiner Amtstätigkeit hatte er infolge falscher Anklagen so schwere Verfolgungen zu erdulden, daß ich staunen mußte, weil er nämlich in Sachen der Gerechtigkeit überaus strenge und unbestechlich war. Jetzt aber hörten diese Anklagen allmählich auf; und obwohl die Ankläger sich an den Hof begaben und sich an Personen wendeten, durch die sie ihm Übles zufügen zu können glaubten, vermögen sie doch nichts mehr auszurichten, weil man im ganzen Bistum von seiner vollkommenen Rechtschaffenheit überzeugt ist. Indessen hat er alles mit solcher Vollkommenheit ertragen, daß er die Verleumder zuschanden machte, indem

er jenen, die ihm Böses zugefügt, Gutes erwies. So angestrengt er auch immer tätig ist, er findet doch stets auch Zeit für das Gebet.[1]

13. Man könnte meinen, ich hätte mich zu lange dabei aufgehalten, daß ich einige lobenswerte Eigenschaften dieses frommen Mannes auf= zählte, und doch habe ich noch wenig davon gesagt. Aber für jene, die später in dieses Kloster eintreten, wird es nicht umsonst gewesen sein, wenn dadurch bekannt wird, wer der Urheber der Stiftung des Klosters zur heiligsten Dreifaltigkeit in Soria gewesen ist; sie werden daraus einigen Trost schöpfen; was jene betrifft, die sich jetzt hier befinden, so wissen sie ohnehin schon alles. Wenn er uns auch keine Einkünfte anwies, so gab er uns doch die Kirche, und er ist es, wie schon erwähnt, der jene Dame zu diesem Werke veranlaßte; letztere ist, wie gesagt, überaus fromm, tugendhaft und bußfertig.

14. Als wir mit dem Gang und mit allem, was für die Klausur notwendig war, fertig geworden waren, mußte ich mich wieder in das Kloster zum heiligen Joseph nach Avila begeben; und so trat ich trotz der größten Hitze auf Wegen, die sehr schlecht zu befahren waren, die Rückreise an.[2] Mein Begleiter war ein Benefiziat aus Palencia, namens Ribera, der mir beim Bau des erwähnten Ganges und in allen Stücken außerordentlich große Hilfe geleistet hat; denn Pater Nikolaus von Jesu Maria war sogleich wieder abgereist, nachdem die Stiftungsbriefe für die Gründung ausgefertigt waren, da seine Person anderswo notwendig war. Dieser Ribera hatte, als wir uns nach Soria begaben, dort einige Geschäfte, und so reiste er mit uns. Von jenem Augenblick an hat ihn Gott so sehr beeinflußt, uns Gutes zu erweisen, daß er unter die Wohltäter des Ordens gezählt werden kann und wir ihn

---

[1] Ein Jahr nach dem Tode der heiligen Theresia wurde Velásquez von seinem Bischofssitz in Osma versetzt und auf den von Compostela erhoben. Allein er hatte ihn nur kurze Zeit inne. Da seine Leiden sich vermehrten, bat er um die Erlaubnis, sich in die Einsamkeit zurückziehen zu dürfen, was schon längst sein sehnlichster Wunsch gewesen war. Er zog sich nach Talavera zurück, wo er im Jahre 1587 im Rufe der Heiligkeit starb.

[2] Es war am 16. August, als sich die Heilige auf den Weg begab. Am Vorabend ihrer Abreise kleidete sie noch zwei Novizinnen ein, Isabella von der Mutter Gottes und Maria von der Dreifaltigkeit. Der Priorin dieses Klosters, Katharina von Christus, ließ sie eine Denkschrift zurück, in der sich einige Vorschriften verzeichnet fanden. Ebenso hielt sie auch noch eine Ansprache an die Schwestern. Siehe An= hang Nr. 6.

mit diefen Seiner Majeftät empfehlen dürfen. Ich hatte den Wunfch, daß mich außer ihm und meiner Gefährtin niemand anders begleite; denn da er um mich fo beforgt ift, fo genügt er mir vollfommen, und je mehr Ruhe ich auf den Reifen habe, defto glücklicher bin ich.

15. Auf diefer Rückreife mußte ich jedoch büßen für das Gute, das ich auf der Hinreife genoffen;[1] denn obwohl unfer Führer den Weg bis nach Segovia wußte, fo kannte er doch den Fahrweg nicht und führte uns durch Stellen, wo wir oft abfteigen und den Wagen faft auf den Schultern über die fteilen Abhänge hinwegtragen mußten. Wenn wir auch Führer zu Hilfe nahmen, fo begleiteten fie uns doch nur, folange fie einen guten Weg vor fich fahen, fobald er aber fchlecht wurde, verließen fie uns mit der Bemerkung, daß fie etwas anderes zu tun hätten. Da wir des Weges unkundig waren, mußten wir große Hitze ausftehen, bevor wir in eine Herberge kamen, und oft waren wir in Gefahr, daß der Wagen umftürzte. Ich war fehr beforgt um den Geiftlichen, der mit uns reifte; denn kaum hatte man uns gefagt, wir feien auf dem rechten Weg, als wir wieder dorthin zurückkehren mußten, woher wir gekommen. Aber er hatte eine fo gediegene Tugend, daß ich ihn, foweit ich mich erinnere, nie ungeduldig fah. Ich war darüber fehr erftaunt und lobpries dafür unferen Herrn. Ja fürwahr, wer in der Tugend feft gegründet ift, dem vermögen die Prüfungen wenig zu fchaden. Ich lobte Gott, als er fich endlich würdigte, uns aus diefem Weg herauszuführen.

16. Wir kamen am Vorabend des Feftes des heiligen Bartholomäus im Klofter zum heiligen Jofeph in Segovia an, wo unfere Schweftern uns mit Schmerzen erwartet hatten, weil wir fo lange ausblieben; wir hatten uns nämlich wegen des fchlechten Weges gar arg verfpätet. Dort wurden wir wieder erquickt; denn Gott fchickt mir nie eine Trübfal, ohne fie mir gleich wieder zu vergelten. Ich ruhte dortfelbft acht Tage lang oder etwas länger aus.[2] Diefe Stiftung von Soria ging fo ganz ohne Mühe vor fich, daß die kleinen Vorfälle kaum der Erwähnung wert find, weil fie nur von geringer Bedeutung waren. Ich kam ganz vergnügt

---

[1] Bei der Durchreife durch Osma hatte die Heilige den Troft, den Pater Didakus Yepes zu treffen.

[2] Als fie fich wieder von Segovia entfernte, teilte fie ihren Schweftern mit, daß fie für immer Abfchied nehme. Zur Schwefter Agnes von Jefu fagte fie, daß fie einander nie mehr im Leben fehen würden, da das Ende ihrer Verbannung nahe bevorftehe.

(nach Avila) zurück,[1] weil nach meinem Dafürhalten durch die Stiftung in Soria dem barmherzigen Gott, wie ich hoffe, ein besonderer Dienst erwiesen wurde; dies tritt auch jetzt schon zutage. Er sei immerdar gelobt und gepriesen von Ewigkeit zu Ewigkeit! Amen. Gott sei Dank!

Einunddreißigstes Hauptstück

Stiftung des Klosters zum glorreichen heiligen Joseph und zur heiligen Anna in der Stadt Burgos; die erste heilige Messe wurde am 19. April des Jahres 1582, am ersten Sonntag nach Ostern, gelesen.

1. Bereits vor mehr als sechs Jahren hatten einige ältere Väter der Gesellschaft Jesu, die sich durch Gottinnigkeit, Gelehrsamkeit, Erfahrung und Verständnis des geistlichen Lebens besonders auszeichneten, mir nahegelegt, daß es sehr zur Ehre Gottes gereichen werde, wenn in Burgos ein Kloster unseres heiligen Ordens errichtet würde. Sie gaben einige Gründe hiefür an, die mich bewogen, den gleichen Wunsch zu hegen. Wegen der vielen Widerwärtigkeiten, die unseren Orden trafen, und wegen anderer Stiftungen war aber dieser Plan bisher nicht zur Verwirklichung gekommen. Im Jahre 1580 befand ich mich gerade in Valladolid, als der neuernannte Erzbischof[2] von Burgos durchreiste; er kam von Canaria, wo er zuvor Bischof gewesen war. Ich ersuchte den Bischof von Palencia, Don Alvaro de Mendoza, er möge mir die Erlaubnis erwirken, in Burgos ein Kloster stiften zu dürfen. Von diesem

---

[1] Anfangs September kam sie in Avila an. Ihre Töchter wünschten sie nun beständig bei sich zu haben, weswegen die damalige Priorin mit Erlaubnis des Provinzials ihr Amt niederlegte und Theresia an ihrer Statt gewählt wurde. Kaum hatte sie zwei Monate in Avila zugebracht, als Pater Johannes vom Kreuz mit Pferden und allem, was zur Reise nötig war, ankam, um sie nach Granada zur Stiftung eines neuen Klosters abzuholen. Weil sie aber schon den Auftrag zur Stiftung in Burgos hatte, so begab sie sich nicht selbst nach Granada, sondern sandte zwei ihrer Schwestern dorthin. Da zu ihren Lebzeiten die Stiftung noch nicht ganz beendet war, so meldet Theresia nichts davon. Anna von Jesu hat diese Stiftung vollzogen und auch beschrieben.

[2] Don Christoph Vela war der Sohn des Don Blasco Núñez Vela, des ersten Vizekönigs von Peru. Die Núñez Vela hatten ihr Palais in Avila ganz in der Nähe des väterlichen Hauses der heiligen Theresia und waren auch mit der Familie de Cepeda etwas verwandt. (Memorias Histor. l. N. n. 63.)

Bischof habe ich bereits berichtet, daß er unseren Orden so sehr begünstigte; er war der erste, der das Kloster zum heiligen Joseph in Avila als dortiger Bischof unter seine Jurisdiktion nahm. Auch später hat er uns stets alles Gute erwiesen und sich der Angelegenheiten unseres Ordens so angenommen, als ob sie seine eigenen wären, besonders wenn ich ihn darum bitte.[1] Dies war auch jetzt wieder der Fall, da er sehr gerne auf meine Bitte einging und mir versprach, um die erwünschte Erlaubnis anzuhalten. Denn er hat die Ansicht, daß in diesen Klöstern unserem Herrn eifrig gedient wird, und so freut es ihn sehr, wenn ein neues errichtet wird.

2. Der Erzbischof wollte die Stadt Valladolid nicht betreten, sondern stieg im Hieronymitenkloster ab, wo ihn der Bischof von Palencia sehr festlich empfing und ihm das Pallium[2] gab oder eine andere mir unbekannte Zeremonie vornahm, die durch einen Bischof geschehen mußte. Hierauf nahmen beide die Mahlzeit ein. Hier nun bat er den Erzbischof um die Erlaubnis zu einer Klosterstiftung. Er erwiderte, daß er sie sehr gerne geben werde, weil er schon in Canaria den Wunsch gehegt, ein solches Kloster zu haben; er wisse, wie sehr man in diesen Klöstern dem Herrn diene. Denn auch in seiner Vaterstadt[3] befände sich ein solches, und er kenne mich sehr gut. Daher sagte mir der Bischof, daß ich in bezug auf die Erlaubnis keine Angst haben sollte, weil der Erzbischof darüber eine große Freude geäußert habe. Da das Konzil[4] nicht verlange, daß diese Erlaubnis schriftlich gegeben werde, sondern nur mit Zustimmung des Bischofs, so könnte man sie als gegeben erachten.

3. Im Berichte über die vorhergehende Stiftung zu Palencia erwähnte ich bereits, welch großen Widerwillen ich zu jener Zeit zum Klosterstiften hatte, weil ich damals eine schwere Krankheit durchmachen mußte, bei der man mich schon fast aufgegeben hatte;[5] überdies war ich

---

[1] Mit Recht nennt das spanische Volk die heilige Theresia die santa más agradecida, d. h. die dankbarste Heilige. Sie konnte nicht umhin, die Dienste des vortrefflichen Bischofs von Avila hervorzuheben, so oft sich ihr Gelegenheit dazu bot.

[2] Die Heilige sagt un cinto, einen Gürtel, weil sie wahrscheinlich vom Pallium keine richtige Vorstellung hatte.

[3] Avila.

[4] Das Konzil von Trient (Dess. XXV) de Reformatione Regularium sagt: „In Zukunft sollen klösterliche Niederlassungen ohne Erlaubnis des Diözesanbischofs nicht errichtet werden.“

[5] Siehe 29. Hauptstück.

noch nicht ganz davon genesen. Sonst pflegt so etwas bei mir nicht vorzukommen, wenn ich sehe, daß die Ehre Gottes gefördert wird; darum begreife ich nicht, was die Ursache meiner damaligen Unlust war. Wäre der Mangel an Geldmitteln daran schuld gewesen, so hatte ich bei anderen Stiftungen noch weniger; nachdem ich aber den Erfolg sah, wurde mir klar, daß der Teufel die Schuld daran trug, und so geschieht es gewöhnlich, daß unser Herr, der meine Armseligkeit kennt, mir immer durch Wort und Tat beisteht, wenn ich bei einer Stiftung besondere Beschwerden auf mich nehmen muß. Dagegen habe ich schon oft die Wahrnehmung gemacht, daß mir die göttliche Majestät bei einigen Stiftungen, die mir keine Mühe machten, auch keine Andeutung gab. Damals nun, als es sich nebst der Stiftung von Palencia auch um die zu Burgos handelte, stärkte mich der Herr alsbald, weil er wußte, wie viel wir dort auszustehen hatten. Er sei gepriesen für alles! Wie ich bei der Stiftung von Palencia angedeutet habe, sprach der Herr in zurechtweisendem Tone zu mir: „Was fürchtest du? Wann habe ich dich verlassen? Ich bin es selbst, unterlasse nicht, diese beiden Stiftungen vorzunehmen!" Mit welchem Mut mich diese Worte erfüllten, habe ich bereits oben erwähnt, und so ist es nicht nötig, dies nochmals zu wiederholen. Alsbald war alle Trägheit von mir gewichen, woraus hervorgeht, daß weder die Krankheit noch das Alter daran schuld waren. So begann ich denn, wie gesagt, wegen beider Klöster in Unterhandlung zu treten.

4. Es schien aber am besten, zuerst die Stiftung in Palencia vorzunehmen, weil es mehr in der Nähe lag, weil das Wetter rauh war und Burgos ein kaltes Klima besitzt. Auch machten wir dadurch dem guten Bischof von Palencia Freude, und so geschah denn, was ich bereits berichtet habe. Da sich nun während meines Aufenthaltes in Palencia Gelegenheit zur Stiftung in Soria bot und dort schon alles vorbereitet war, so schien es besser zu sein, zunächst dorthin und von da nach Burgos zu gehen. Der Bischof von Palencia war der Meinung — ich bat ihn auch darum —, daß es gut sei, den Erzbischof von den Vorgängen in Kenntnis zu setzen. Er sandte denn auch, nachdem ich nach Soria abgereist war, einen Kanonikus, namens Johannes Alphonsus, zu diesem Zwecke an den Erzbischof. Dieser schrieb mir in überaus freundlicher Weise, wie sehr er meine Ankunft wünsche. Er besprach sich mit dem Kanonikus und schrieb an den Bischof von Palencia, er wolle die Sache ihm anheimstellen; was er tue, geschehe, weil er die Stadt

Burgos kenne, deren Zuftimmung erforderlich sei. Kurz, das Ergebnis war, ich möchte nach Burgos kommen und zunächst mit der Stadtbehörde unterhandeln. Gäbe sie die Erlaubnis nicht, so könne sie doch ihm die Hände nicht binden, daß er sie mir gebe. Er sei bei der erften Klofterftiftung in Avila gewesen und erinnere sich (noch) sehr gut an den Tumult und Widerftand, den diese hervorgerufen habe; deshalb wolle er hier vorbeugen. Denn es sei nicht ratsam, ein Klofter ohne Einfünfte zu ftiften, außer mit Zuftimmung der Stadtbehörde. Anders zu handeln, wäre nicht gut für mich, weswegen er mich davon in Kenntnis setze.

5. Der Bischof[1] hielt die Sache für abgemacht, und dies mit Recht, weil man mich nach Burgos kommen hieß, und er ließ mir sagen, wir möchten uns dorthin begeben. Mir aber schien, daß dem Erzbischof die Luft etwas vergangen sei. Ich schrieb ihm, dankte ihm für die Gnade, die er mir erwiesen, bemerkte aber, daß es meines Erachtens schlimmer sei, das Klofter wider Willen als ohne Wissen der Stadtbehörde zu gründen, weil ich dadurch Seine Gnaden in noch größere Verlegenheit bringen würde. Wie mir scheint, ahnte ich, wie wenig ich mich auf ihn verlaffen konnte, falls sich, nachdem ich um Erlaubnis gebeten, irgendein Widerspruch erheben würde. Auch hielt ich die Sache für schwierig wegen der widersprechenden Meinungen, die bei derlei Gelegenheiten zutage treten. Ich schrieb auch an den Bischof von Palencia und bat ihn, die Sache für jetzt beruhen zu laffen, weil der Sommer schon zur Neige ginge und meine Kränklichkeit für einen Aufenthalt an einem so kalten Orte zu groß sei. Einen Zweifel über die Gesinnung des Erzbischofs äußerte ich jedoch nicht, weil es ihm selber sehr unangenehm war, daß der Erzbischof Schwierigkeiten machte, nachdem er zuvor sich so willfährig gegen ihn gezeigt hatte; auch wollte ich keine Uneinigkeit zwischen ihnen hervorrufen, da sie befreundet sind. Ich reiste also von Soria nach Avila, ohne im geringften im Sinne zu haben, daß ich so bald dahin[2] kommen würde; gerade damals war aber mein Besuch in jenem Klofter zum heiligen Joseph in Avila gewiffer Ursachen wegen dringend notwendig.[3]

---

[1] von Palencia.
[2] nach Burgos.
[3] Die Heilige sagt hier, daß ihre Reise nach Avila notwendig war. Es handelte sich um gewiffe Erleichterungen, die der gute alte Julian de Avila einigen Nonnen

6. Hier in der Stadt Burgos[1] lebte eine fromme Witwe, namens Katharina de Tolosa, die aus Biscaya gebürtig war. Wenn ich von ihren Tugenden, von ihrer Bußfertigkeit und ihrem Gebetsleben, von ihrer großen Freigebigkeit und Nächstenliebe, von ihrem hohen Verständnis und ihrem Mute erzählen wollte, so müßte ich sehr weitläufig werden. Diese Dame hatte vor etwa vier Jahren zwei Töchter in das Kloster zur Empfängnis unserer Lieben Frau in Valladolid gebracht, und nach Palencia, auf dessen Stiftung sie gewartet, gab sie zwei andere, die sie dorthin führte, bevor ich von dieser Stiftung zurückkehrte. Alle vier, von einer vortrefflichen Mutter erzogen, waren so gut geraten, daß sie Engel zu sein scheinen.[2] Sie gab ihnen eine gute Aussteuer und versah sie reichlich mit allem; denn das ist ganz ihre Art; alles, was sie tut, vollbringt sie auf vollkommene Weise, und sie vermag es auch, da sie reich ist.

7. Als ich nach Palencia kam, hielten wir die Erlaubnis des Erz-

zum Schaden der Ordensobservanz gestattet hatte. Die Heilige schaffte durch ihre gewohnte Klugheit und Energie bald wieder Ordnung. Siehe die Briefe der Heiligen aus dieser Zeit.

[1] Die Worte: En esta ciudad de Burgos legen nahe, daß die heilige Theresia das letzte Hauptstück der Klosterstiftungen in Burgos selbst geschrieben habe. Auch viele andere Stellen dieses Hauptstückes zeigen das nicht minder klar.

[2] Die edle Dame Kath. de Tolosa war mit einem reichen Kaufmann von Burgos, namens Sebastian Malaiz verheiratet. Aus dieser glücklichen Ehe gingen 2 Söhne und 6 Töchter hervor. Sie hießen: Sebastian, Joh. Chrysostomus, Katharina, Casilda, Maria, Isabella, Beatrix und Helene. Alle diese Kinder traten in den reformierten Karmel mit Ausnahme der Beatrix, die noch vor der Erreichung ihres Zieles starb. Die ganze Familie führte ein echt christliches Leben und zeichnete sich durch große Mildtätigkeit aus. Auch nach dem Tode des Don Sebastian setzte Doña Katharina ihre Mildtätigkeit fort. Durch die Jesuiten hatte sie von der Gründung der Klöster der Reform durch Theresia Kenntnis erhalten und sie entschloß sich, auch in Burgos eines zu gründen. Bevor noch diese Gründung zustande kam, traten zwei Töchter, Katharina von der Himmelfahrt Mariens und Casilda vom hl. Angelus in Valladolid ein, und zwei andere, Maria vom hl. Joseph und Isabella von der Dreieinigkeit, schlossen sich dem Kloster in Palencia an. Helene, die jüngste, trat im Jahre 1582 in Burgos ein. Ihre Söhne, Pater Sebastian von Jesu, der später Provinzial von Altkastilien und Generaldefinitor wurde, hatte ein großes Verdienst bei der Gründung des Klosters der unbesch. Karmeliten in Burgos (1606), und Pater Joh. Chrysostomus war Professor der Theologie im Kollegium zu Salamanca. Zuletzt trat auch die Mutter, Doña Katharina, in Palencia in den Orden unter dem Namen Katharina vom hl. Geist (1587).

bifchofs zur Stiftung des Klofters in Burgos für so gewiß, daß wir meinten, es sei nicht daran zu zweifeln. Daher erfuchte ich die genannte Witwe, mir ein Haus zur Miete ausfindig zu machen, um es in Befitz zu nehmen, ebenfo die Gitter und eine Winde auf meine Rechnung anfertigen zu laffen. Dabei kam mir nicht in den Sinn, daß fie felbft die Auslagen bezahlen follte, fondern ich wollte nur, fie möchte mir das Geld hiezu borgen. Sie hatte ein folches Verlangen nach der Stiftung, daß fie es damals fehr fchmerzlich empfand, als fie vorläufig unterbleiben mußte. Als ich nun, wie gefagt, nach Avila zurückgekommen war und gar nicht daran dachte, die Sache weiter zu betreiben, ließ fie dennoch nicht nach. In der Meinung, es fehle fonft nichts als die Einwilligung der Stadtbehörde, gab fie fich Mühe, diefe zu erlangen, ohne mir etwas davon zu fagen. Sie hatte zwei Nachbarinnen, Mutter und Tochter, vornehme Damen und eifrige Dienerinnen Gottes, die die Stiftung auch fehnlichft wünfchten. Die Mutter hieß Doña Maria Manrique, die Tochter Doña Katharina. Ein Sohn der Doña Maria, Don Alfons vom hl. Dominikus Manrique, war Ratsherr. Beide baten diefen, er möge die erwünfchte Erlaubnis beim Magiftrate erwirken. Don Alfons fprach nun mit Katharina de Tolofa und fragte fie, welchen Stiftungsfonds er in unferem Namen angeben dürfe, da ohne einen folchen der Magiftrat fich auf nichts einlaffen würde. Sie gab ihm zur Antwort, daß fie fich — was fie wirklich tat — verpflichten würde, uns das Haus und den nötigen Unterhalt zu geben, wenn es daran fehlen follte, und um dies zu bekräftigen, reichte fie eine mit ihrem eigenen Namen unterfchriebene Bittfchrift ein. Don Alfons betrieb die Angelegenheit fo gefchickt, daß er die Erlaubnis von allen Ratsherren erlangte. Darauf begab er fich zum Erzbifchof und überbrachte ihm diefe fchriftlich. Gleich nachdem die Unterhandlungen begonnen hatten, teilte Doña Katharina de Tolofa mir mit, wie fehr fie fich (um die Stiftung) bemühe. Ich hielt das für Scherz; denn ich weiß, wie ungern man arme Klöfter zuläßt; und da ich weder wußte noch auch im geringften daran dachte, daß fie fich zu dem, was fie tat, verpflichten würde, fo meinte ich, es fei noch viel mehr erforderlich.

8. Desungeachtet empfahl ich, als ich mich an einem Tage der Oktav des heiligen Martin im Gebete befand, diefe Angelegenheit unferem Herrn und überlegte, was wohl zu tun fei, wenn die Erlaubnis gegeben würde. Denn felbft nach Burgos zu gehen bei den vielen Krankheiten,

die die damalige große Kälte noch verschlimmern konnte, schien mir nicht statthaft; auch hielt ich es für Verwegenheit, einen so weiten Weg zu machen, nachdem ich eben erst von der so beschwerlichen Reise von Soria, von der ich berichtet, zurückgekommen war. Auch der Pater Provinzial[1] würde es nicht gestattet haben. Ich dachte mir, es könnte die Priorin von Palencia[2] sich dorthin begeben; denn wenn alles in Ordnung wäre, würde es nicht viel zu tun geben. Als ich mir dies so überlegte und schon fast entschlossen war, diese Reise nicht zu unternehmen, da sprach der Herr folgende Worte zu mir, aus denen ich erkannte, daß die Erlaubnis des Stadtrates bereits gegeben sei: „Achte diese Kälte nicht, denn ich bin die wahre Wärme. Der Teufel bietet alle seine Kräfte auf, um diese Stiftung zu verhindern; setze du die deinen für mich ein, damit sie zustande komme, und unterlasse nicht, selbst hinzureisen, weil dies von großem Nutzen sein wird.“[3]

9. Auf diese Worte hin änderte sich meine Meinung wieder; denn obschon sich die Natur manchmal gegen schwierige Dinge sträubt, so bleibt doch der feste Wille, für diesen großen Gott zu leiden. Deshalb sprach ich auch zum Herrn, er möge auf diese Empfindlichkeit meiner schwachen Natur keine Rücksicht nehmen, sondern mir nur befehlen, was ihm gefalle; denn gestützt auf seine Hilfe würde ich nicht unterlassen, es auszuführen. Es fiel damals Schnee; aber was mich am zaghaftesten machte, war meine schwache Gesundheit. Wäre ich gesund gewesen, so würde ich nach meiner Ansicht das alles für nichts geachtet haben. Dieser schlimme Gesundheitszustand hat mich bei dieser Stiftung fast immer gequält; die Kälte aber war wenigstens meiner Empfindung nach so unbedeutend, daß es mir wirklich vorkam, als hätte ich sie zu Toledo ebensosehr empfunden. In dieser Beziehung hat der Herr sein gegebenes Wort überaus getreu gehalten.

10. Wenige Tage darauf wurde mir die Genehmigung der Stadt-behörde mit Briefen der Katharina de Tolosa und ihrer Freundin, Doña Katharina (Manrique), übersandt,[4] worin sie mich zu großer

---

[1] Pater Hieronymus Gracián, der in diesem Jahre auf dem Kapitel zu Alcalá zum Provinzial erwählt wurde.

[2] Mutter Agnes von Jesu.

[3] Dies war auch der Grund, weswegen sie die Stiftung in Granada nicht vor-nehmen konnte.

[4] Diese Briefe gelangten am 29. November an die Heilige, wie sie selbst an diesem Tage an ihren Schwager Johann de Ovalle schrieb.

Eile mahnten, da sie fürchteten, es möchte irgend etwas dazwischen kommen. Denn um dieselbe Zeit waren auch Viktorianer[1] dorthin gekommen, um ein Kloster zu stiften. Ebenso hatten sich die beschuhten Karmeliten lange bemüht, dort eine Stiftung in die Wege zu leiten. Nachher kamen auch noch die Basilianer.[2] Obwohl das gleichzeitige Zusammentreffen so vieler Orden für unsere Stiftung ein Hindernis war, so hatten wir doch Grund genug, unseren Herrn für die große Liebe dieser Stadt zu lobpreisen, die da alle mit großer Freude aufnahm, obwohl sie sich nicht mehr des früheren Wohlstandes erfreute. Stets hatte ich die christliche Liebe dieser Stadt rühmen hören; allein ich glaubte nicht, daß diese so groß wäre. Die einen waren diesem, die anderen jenem Orden geneigt, allein der Erzbischof erwog alle Ungelegenheiten, die aus der Zulassung so vieler Orden entstehen könnten, und erklärte sich dagegen, weil er der Ansicht war, es geschehe dadurch den anderen armen Klöstern ein Eintrag, so daß sie sich nicht erhalten könnten. Vielleicht kamen diese selbst zu ihm, oder vielleicht war es eine Erfindung des Teufels, um die große Wohltat zu verhindern, die Gott einem Orte dadurch erweist, daß er dort viele Klöster entstehen läßt; denn er ist mächtig genug und vermag ebenso leicht viele als wenige zu erhalten.

11. Dies war die Veranlassung, weshalb diese frommen Frauen so sehr zur Eile drängten; so viel an mir lag, hätte ich mich sogleich aufgemacht, wenn nicht noch andere Geschäfte zu erledigen gewesen wären. Ich erkannte wohl, daß ich vielmehr verpflichtet war, die günstige Gelegenheit nicht zu versäumen, als jene (Frauen), die ich mit so viel Eifer sich der Sache annehmen sah. Nach den Worten, die ich (vom Herrn) vernommen, war ein heftiger Widerstand zu erwarten, allein ich konnte nicht begreifen, von wem und woher. Katharina de Tolosa hatte mir bereits geschrieben, die Besitznahme des Hauses, in dem sie wohne, sei sicher, Stadt und Erzbischof wären einverstanden. Ich konnte also nicht verstehen, von wem der Widerspruch ausgehen sollte, den die bösen Geister erregen wollten; ich zweifelte aber nicht daran, daß die Worte, die ich vernommen, von Gott seien. Doch Seine Majestät gibt den

---

[1] Die minderen Brüder vom heiligen Franz de Paula, die man damals gewöhnlich Vitorios ó de la Vitoria nannte, weil sie gerade nach Spanien kamen, als die Eroberung von Granada stattfand.

[2] Weder die beschuhten Karmeliten noch die Basilianer konnten sich in Burgos niederlassen.

geistlichen Vorstehern mehr Licht, und so war es auch hier der Fall. Als ich dem Pater Provinzial von meiner Reise und von dem, was ich darüber vernommen, schrieb, hinderte er mich zwar nicht, aber er fragte mich, ob ich die Erlaubnis vom Erzbischof schriftlich erhalten hätte. Ich erwiderte, daß man mir von Burgos geschrieben habe, es sei mit ihm verhandelt worden, als man um die Bewilligung der Stadtbehörde nachsuchte, und er habe seine Genehmigung gegeben. Darnach und nach allen seinen bisherigen Äußerungen über diese Angelegenheit scheine es, daß man nicht mehr zweifeln dürfe.

12. Der Pater Provinzial[1] wollte uns zu dieser Stiftung selbst begleiten, einerseits weil er damals nicht besonders beschäftigt war; die Adventspredigten waren bereits beendet, und er wollte in Soria Visitation halten, da er das Kloster seit der Stiftung nicht gesehen hatte und der Umweg auch nicht gar groß war. Andererseits aber wollte er unterwegs für meine Gesundheit Sorge tragen, weil das Wetter sehr schlecht war und ich so alt und kränklich bin; denn man meinte, es liege etwas an meinem Leben. Gewiß war es aber eine Fügung Gottes; die Wege waren wegen des vielen Regens in einem solchen Zustande, daß seine und seiner Begleiter Anwesenheit überaus nötig war, um achtzugeben, wie man durchkommen konnte, und um die Wagen aus den Sümpfen mit herausheben zu helfen, besonders zwischen Palencia und Burgos; ja, es erschien als ein großes Wagestück, uns um diese Zeit überhaupt auf die Reise zu begeben. Freilich hatte unser Herr zu mir gesagt: wir könnten gehen, ich sollte mich nicht fürchten, er würde bei uns sein; allein ich hatte dies damals dem Pater Provinzial noch nicht mitgeteilt. Ich empfand indes darin Trost bei den großen Beschwerden und Gefahren, in die wir namentlich bei einem Übergang bei Burgos, bei der sogenannten Schiffbrücke, gerieten. Der Regen war so reichlich gefallen und hatte so lange angehalten, daß die Wasser die Brücke überfluteten und man sie nicht mehr sah und auch nicht wußte, wo man fahren sollte. Alles war unter Wasser und auf beiden Seiten eine große Tiefe. Kurz, es war eine große Vermessenheit, sich dort beson-

---

[1] Pater Gracián nahm mit sich den Pater Petrus von der Reinigung, seinen Sekretär und Vertrauten, und wahrscheinlich einen Laienbruder, dessen Name nicht auf uns gekommen ist. Pater Petrus verweilte lange mit der Heiligen in Burgos; später verfaßte er im Auftrag seines Oberen einen Bericht über die Vorkommnisse in Burgos. Siehe Anhang Nr. 13.

ders mit Fuhrwerk hinüberzuwagen. Bei der geringsten Abweichung wäre alles verloren gewesen, wie denn auch einer der Wagen in Gefahr geriet.[1]

13. Wir hatten zwar in einem vor dieser Brücke gelegenen Wirtshaus einen Führer genommen, der diesen Übergang genau kannte, aber trotzdem war er sehr gefahrvoll. Ach und die Herbergen!... Infolge der schlechten Wege konnte man die gewohnten Tagereisen nicht machen, um zu besseren zu gelangen. Da die Karren gewöhnlich im Kote stecken blieben und die Zugtiere von dem einen an den anderen gespannt werden mußten, um sie wieder herauszuziehen, so haben die Väter, die mit uns reisten, vieles durchmachen müssen, zumal wir gerade ein paar junge Wagenführer hatten, die wenig achtgaben. Die Gegenwart des Paters Provinzial verschaffte uns große Erleichterung; er achtete auf alles und blieb dabei so ruhig, daß es schien, als ob die Beschwerden ihn gar nicht angreifen würden. So machte er alles Schwere leicht, so daß es uns gering vorkam; das war jedoch nicht der Fall an der Schiffbrücke, wo uns überaus große Furcht befiel. Denn sich gleichsam in einem Meer ohne Weg und ohne Nachen zu sehen, das war furchterregend sogar für mich, die ich von unserem Herrn doch so sehr gestärkt worden war. Wie mochte da wohl meinen Gefährtinnen zu Mute gewesen sein?

14. Auf dieser Reise waren unser acht (Nonnen): zwei sollten mit mir wieder zurückkehren und fünf in Burgos bleiben, vier Chorschwestern und eine Laienschwester.[2] Ich glaube, den Namen des Paters Pro-

---

[1] An einem steilen Abhange, unter dem der reißende Fluß vorbeiströmte, neigte sich der erste Wagen zum Umfallen. Die darin fahrenden Nonnen wären unrettbar verloren gewesen, wenn nicht ein Wagenführer herbeigesprungen wäre und eines der Räder ergriffen hätte. Aber wenn Gott seine Dienerinnen nicht hätte retten wollen, so wäre auch die Anstrengung dieses Mannes umsonst gewesen. Von nun an ließ die Heilige den Wagen, in dem sie fuhr, vorangehen, und bei der gefährlichen Stelle an der Brücke ermutigte sie ihre Schwestern mit den Worten: „Wohlan, meine liebsten Töchter, was könnt ihr Besseres wünschen als hier um unseres Herrn Jesu Christi willen den Martertod zu leiden? Laßt mich zuerst hinüber; wenn ich aber versinke, so fahret nicht weiter, sondern kehret, ich bitte euch, wieder ins Gasthaus zurück, aus dem ihr gekommen seid." (El monte Carmelo, anno 1906, p. 730.)

[2] Diese Bemerkung beweist von neuem, daß die Heilige dieses Hauptstück in Burgos schrieb. Die sieben Nonnen, die sie begleiteten, waren: Die Mutter Thomasina-Baptista, die zukünftige Priorin von Burgos, Katharina von Jesu, Agnes vom Kreuz, Katharina von der Himmelfahrt Mariens, die älteste Tochter der Katharina

vinzial noch nicht angegeben zu haben, er heißt Pater Hieronymus Gracián von der Mutter Gottes, den ich schon anderswo erwähnt habe. Ich hatte auf der Reise ein schmerzliches Halsübel, das mich unterwegs befallen hatte, als wir in Valladolid ankamen, ohne daß mich dabei das Fieber verließ. Die Größe dieses Schmerzes war wohl Ursache, daß ich mich über die glücklichen Ereignisse dieses Tages nicht so sehr freuen konnte. Dieses Halsübel dauerte fort bis jetzt, Ende Juni, wenn auch nicht so heftig, so doch schmerzhaft genug. Alle Schwestern waren vergnügt auf der Reise; wenn wir eine Gefahr überstanden hatten, machte es uns Freude, davon zu sprechen. Es ist etwas Großes, aus Gehorsam zu leiden, wenn dieser so zur Gewohnheit geworden ist wie bei diesen Schwestern.

15. Auf solch schlechten Wegen gelangten wir also nach Burgos, mußten aber am Eingange in die Stadt durch einen breiten Fluß.[1] Nach dem Wunsche unseres Paters Provinzial besuchten wir zuerst das heilige Kruzifix,[2] um dem Herrn unsere Angelegenheit zu empfehlen und den Anbruch der Nacht zu erwarten, weil es noch ziemlich frühe war. Am 26. Januar, an einem Freitag, einen Tag nach dem Feste Pauli Bekehrung, kamen wir an. Wir hatten den Entschluß gefaßt, die Stiftung allsogleich vorzunehmen. Ich brachte viele Briefe vom Kanonikus Salinas mit — ich habe diesen schon bei der Stiftung von Palencia erwähnt und hier hat er sich ebenso viele Mühe kosten lassen — sowie auch von anderen vornehmen Personen an ihre Verwandten, damit diese unsere Angelegenheit begünstigten, und endlich an andere Freunde, denen sie sehr ans Herz gelegt wurde. Dies erfüllten sie denn auch, da sie alle gleich am folgenden Tage mich besuchten. Auch seitens der Stadtbehörde ließ man uns sagen, daß man die Zusage (zur Gründung) keineswegs bereue, sondern sich vielmehr freue, daß ich gekommen sei; ich sollte nur angeben, womit man

---

de Tolosa, die Laienschwester Maria-Baptista, Anna vom heiligen Bartholomäus und die Nichte der Heiligen, Theresia von Jesu. Die zwei letzten mußten die Heilige wieder zurückbegleiten.

[1] Der Fluß Arlanzón, der an Burgos, das auf einem Hochplateau gelegen ist, vorbeifließt.

[2] Ein wundertätiges Bild des Gekreuzigten, das sich jetzt in der Kathedrale befindet und in ganz Spanien unter dem Namen „El santo Cristo de Burgos" sehr verehrt wird. (P. Petro de Loviano, Historia y milagros del Ssmo. Cristo de Burgos, Madrid.)

mir einen Gefallen erweisen könne. Da wir nur in Hinsicht auf die Stadtbehörde einige Besorgnis gehabt hatten, so glaubten wir jetzt, es seien nun alle Wege geebnet. Zwar dachten wir daran, dem Erzbischof Anzeige zu machen, damit noch vor dem Bekanntwerden unserer Ankunft die erste Messe gelesen werde, wie es an den meisten Orten geschah; allein da wir so durchnäßt im Hause der guten Katharina de Tolosa ankamen, so unterblieb es.

16. Wir ruhten jene Nacht aus und wurden von dieser frommen Frau gut bewirtet; freilich wurde es mir sehr beschwerlich, weil man ein großes Feuer angezündet hatte, um unsere Kleider zu trocknen. Obwohl es sich unter einem Kamin befand, so bekam es mir doch so schlecht, daß ich am anderen Tage den Kopf nicht erheben konnte. Liegend mußte ich mit denen, die mich besuchten, durch ein vergittertes Fenster reden, das wir mit einem Vorhange bedeckt hatten. Dieses Übel war um so peinlicher, weil ich gerade an diesem Tage notwendigerweise Geschäfte zu erledigen hatte.

17. Gleich am frühen Morgen begab sich der Pater Provinzial zum Erzbischof, um seinen Segen zu erbitten; denn wir meinten, es sei weiter nichts notwendig. Er fand ihn so unwillig und erzürnt darüber, daß ich ohne seine Erlaubnis gekommen sei, gleich als ob er mir nicht dazu den Auftrag gegeben hätte und mit ihm über die Sache gar nicht verhandelt worden wäre. Er sprach sich dem Pater Provinzial gegenüber höchst unwillig über mich aus. Wenn er auch zugab, mich selbst hieher befohlen zu haben, so habe er doch (wie er bemerkte) nur gemeint, ich sollte allein kommen, um mit ihm zu verhandeln, und nun käme ich mit so vielen Nonnen. Gott bewahre uns vor dem Verdrusse, den ich ihm bereitete!

18. Der Provinzial bemerkte nun ihm gegenüber, daß die Angelegenheit mit der Stadtbehörde, wie er es verlangte, bereits erledigt sei und es nichts mehr zu verhandeln gebe als die Gründung vorzunehmen. Auch wies er darauf hin, daß der Bischof von Palencia auf meine Anfrage, ob es gut sei, die Reise, ohne es Seiner Gnaden bekanntzugeben, zu unternehmen, bestimmt erklärt habe, es sei das nicht notwendig, denn der Erzbischof hätte bereits seinen Wunsch darüber geäußert. Aber es half wenig, obwohl alles in der erwähnten Form vor sich gegangen ist. Es war nun einmal Gottes Wille, daß das Kloster auf diese Weise gegründet werden sollte, was auch der Erzbischof später

selbst bekannte. Hätten wir ihn aber vollkommen aufgeklärt, so würde er gesagt haben, wir sollten nicht kommen. Er entließ nun den Pater Provinzial mit dem Bescheide, daß er, sofern wir keine Einkünfte und kein eigenes Haus hätten, durchaus die Erlaubnis nicht erteilen werde, wir könnten dann wieder hingehen, woher wir gekommen ... Nun dazu waren ja die Wege recht schön und das Wetter geeignet!...

19. Ach, mein Herr, wie wahr ist es doch, daß du jene, die dir einen Dienst erweisen, alsbald mit einer großen Trübsal belohnst! Welch unschätzbarer Lohn wäre dies für jene, die dich wahrhaft lieben, wenn sie gleich deren Wert begreifen würden! Aber damals wollten wir einen solchen Gewinn nicht, weil er alles unmöglich zu machen schien; denn es hieß sogar noch, daß das Einkommen und das Geld für den Kauf des Hauses nicht von der Mitgift der Nonnen genommen werden dürfte. Da wir uns nun nicht denken konnten, woher wir sonst, besonders in der jetzigen Zeit, die Mittel nehmen sollten, so konnte man wohl einsehen, daß uns keine Hilfe zu Gebote stehe. Mir wollte dies indes nicht einleuchten, und ich war immer überzeugt, daß alles zu unserem Besten gereiche und es nur Ränke des Teufels seien, um die Stiftung des Klosters zu hintertreiben, daß aber Gott sein Werk vollenden werde. Mit dieser Antwort kam der Pater Provinzial ganz fröhlich zurück und verlor die Fassung nicht. Gott hatte es so zugelassen, damit er nicht auch über mich verdrießlich wurde, weil ich mir nicht, wie er gesagt, die Erlaubnis schriftlich hatte geben lassen.

20. Von den Freunden, die geschrieben hatten, war, wie schon erwähnt, der Kanonikus Salinas bei mir gewesen, und auch dieser und seine Verwandten kamen alsbald. Sie meinten, man sollte vom Erzbischof die Erlaubnis erbitten, im Hause, das wir bewohnten, Messe lesen zu dürfen, damit wir nicht über die Straße gehen müßten; es lag nämlich viel Kot, und für unbeschuhte (Karmelitinnen) schickte es sich auch anscheinend nicht. In diesem Hause befand sich ein passender Saal, der den Jesuiten[1] als Kapelle gedient hatte, als sie nach Burgos kamen, und den sie mehr als zehn Jahre benützt hatten. Wir glaubten

---

[1] Die Jesuiten kamen im Jahre 1550 nach Burgos und wohnten zuerst in einem kleinen Häuschen, das mit der Pfarrkirche zum hl. Ägidius in Verbindung stand. Am 24. Mai 1565 ließen sie sich im Kollegium des Kardinals Mendoza nieder. (Astrain Hist. de la Comp. de Jesús, t. I. l. II. c. VII. u. t. II. l. II. c. II.)

auch, mit dieser Erlaubnis ohne Anstand hier Besitz nehmen zu können, bis wir ein Haus bekommen würden.

21. Indes konnte man beim Erzbischof nicht so viel erreichen, daß er uns hier die Messe zu hören gestattete, obwohl zwei Kanoniker sich zu ihm begeben und ihn darum gebeten hatten. Alles, was man erlangen konnte, bestand darin, daß wir, wenn wir im Besitze eines gesicherten Einkommens wären, die Stiftung an diesem Orte vornehmen könnten, bis wir ein eigenes Haus hätten. Für diesen Zweck sollten Bürgen gestellt werden sowie auch für den Kauf eines Hauses und für unseren Auszug aus der jetzigen Wohnung. Solche Bürgen fanden sich alsbald; die Freunde des Kanonikus Salinas erboten sich sogleich dazu, und Katharina de Tolosa wollte für das Einkommen Sorge tragen, damit die Stiftung vorgenommen werden könnte. Während man über das Wieviel, Wie und Woher[1] verhandelte, verflossen mehr als drei Wochen, und wir hörten inzwischen nur an den Festtagen in aller Frühe die heilige Messe; dabei hatte ich Fieber und befand mich sehr unwohl. Katharina de Tolosa war so edelmütig, daß ich sehr gut gepflegt wurde; mit aller Bereitwilligkeit verschaffte sie uns allen, gleich als ob sie unsere Mutter gewesen wäre, einen Monat lang den Unterhalt; dabei waren wir in einem ganz abgesonderten Teile ihres Hauses. Der Pater Provinzial und seine Gefährten wohnten im Hause eines seiner Freunde, des Doktor Manso,[2] der Kanonikus und Prediger an der Domkirche war; beide waren miteinander in einem Kollegium gewesen. Der Provinzial war tief bekümmert, daß er so lange hingehalten wurde, und wußte nicht, wie er von uns wegkommen konnte.

22. Als nun die Angelegenheit mit den Bürgen und dem Einkommen geregelt war, wies uns der Erzbischof an seinen Generalvikar, damit sie schnell erledigt würde. Der Teufel hat es nun wohl nicht unterlassen, sich an diesen heranzumachen. Nachdem nämlich alles genau erwogen

---

[1] Es ist hier auch in der deutschen Übersetzung die lakonische Kürze der Heiligen zum Ausdruck gebracht.

[2] Doktor Manso stammte aus Valdecañas, aus der Familie der Manso y Zuñiga. Er studierte auf der Universität zu Alcalá, wo sich auch Pater Hieronymus Gracian befand. Später wurde er Kanonikus in Palencia und dann in Burgos. Nach der Abreise des Paters Gracián nach Valladolid beichtete die heilige Theresia bei ihm. Manso wurde später Bischof von Calahorra; er berief die Töchter der Heiligen im Jahre 1598 in seine Diözese und im Jahre 1603 auch die unbeschuhten Karmeliten.

worden und wir bereits der Meinung waren, es könnte nun keine Verzögerung mehr stattfinden, nachdem ferner beinahe ein Monat verstrichen war, bis wir den Erzbischof mit den Verhandlungen zufriedengestellt hatten, übersandte mir der Generalvikar ein Schreiben des Inhalts, daß die Erlaubnis nicht eher würde gegeben werden, als bis wir ein eigenes Haus hätten; der Erzbischof wolle nicht, daß wir die Gründung in dem Hause vornehmen würden, in dem wir uns jetzt befänden; es sei zu feucht, und der Lärm auf jener Straße zu groß. Dazu brachte er in bezug auf das Vermögen und andere Dinge, ich weiß nicht was für Bedenken vor, als finge man eben erst an, über die Sache zu verhandeln. Es sei dagegen keine Widerrede zulässig und das Haus müsse zur Zufriedenheit des Erzbischofs ausfallen.

23. Bei dieser Nachricht wurden der Pater Provinzial und auch die übrigen sehr unwillig, wenn es auch leicht begreiflich ist, daß zum Erwerbe eines Platzes für ein Kloster viel Zeit vonnöten ist; dazu war er schon so gedrückt darüber, daß er uns zur heiligen Messe ausgehen sehen mußte. Wenn auch die Kirche in der Nähe lag und wir die Messe in einer Kapelle hörten, wo uns niemand sah, so war es doch für ihn und uns sehr peinlich, daß das Ausgehen so lange währte. Wie ich glaube, war er damals schon der Meinung, uns zurückkehren zu lassen. Dazu konnte ich mich aber nicht entschließen, da die Worte des Herrn, ich sollte die Sache für ihn betreiben, noch in meinem Gedächtnis lagen; darum hielt ich auch das Zustandekommen für so gewiß, daß ich fast um nichts bekümmert war. Mich schmerzte nur der Kummer des Paters Provinzial, und es tat mir sehr leid, daß er mit uns gereist war, weil ich eben noch nicht wußte, wie nützlich uns seine Freunde sein sollten, von denen ich später erzählen werde. Während ich mich in dieser Betrübnis befand — meine Gefährtinnen waren noch trostloser, über die ich aber nicht so bekümmert war als der Provinzial —, sprach unser Herr, ohne daß ich mich im Gebete befand, folgende Worte zu mir: „Theresia, jetzt sei standhaft.“[1] Hierauf redete ich dem Pater Provinzial noch mit mehr Mut zu — Seine Majestät mochte es ihm wohl auch nahegelegt haben —, sich zu entfernen und uns hier zu lassen; denn

---

[1] Ten fuerte. Man könnte diese Worte auch übersetzen mit „halte fest“, „sei fest“ oder „halte aus“.

die Fastenzeit war nahe, und er mußte notwendigerweise abreisen, um anderwärts zu predigen.

24. Er und seine Freunde hatten es unterdessen erwirkt, daß man uns im Hospitale zur Empfängnis einige Zimmer einräumte; hier wurde das heilige Sakrament aufbewahrt und täglich die Messe gelesen.[1] Dies stellte ihn wieder etwas zufrieden; jedoch mußten wir nicht wenig durchmachen, bis die Übergabe der Zimmer erfolgte. Denn ein gutes Zimmer, das sich dort befand, hatte eine Witwe von hier gemietet; obwohl sie es erst nach einem halben Jahre beziehen sollte, so wollte sie es uns doch nicht übergeben. Sie war sogar sehr ungehalten darüber, daß man uns einige Kammern am Boden unter dem Dache einräumen wollte, von denen eine den Ausgang auf ihr Zimmer hatte. Sie begnügte sich nicht damit, von außen mit dem Schlüssel abzuschließen, sondern schlug auch noch von innen Nägel ein. Außerdem meinten auch die Vorstände der Bruderschaft,[2] wir wollten uns das Spital zu eigen machen, was wir aber nicht im Sinne hatten. Gott wollte nur, daß wir uns um so mehr Verdienste sammeln sollten. Man drang darauf, daß der Pater Provinzial und ich vor einem Notar die Erklärung abgeben mußten, sogleich wieder auszuziehen, wenn man es uns befehlen würde. Dies war mir am schmerzlichsten; denn ich fürchtete, die Witwe, die reich war und Anverwandte hatte, möchte uns befehlen, wieder auszuziehen, wann es ihr in den Sinn käme. Aber der Pater Provinzial, der mehr Einsicht hatte, wünschte, wir sollten tun, was

---

[1] Vor dem Einzug ins Hospital besuchte die Heilige einige Klöster der Stadt, deren Nonnen durch ihre Tugenden erbaut und mit Liebe für sie eingenommen wurden. Dr. Manso bemerkte in seiner Zeugenaussage vom Jahre 1610: „In den zwei Monaten vor dem Einzug in das Hospital, während Theresia im Hause der Doña Katharina de Tolosa weilte und auf die Erlaubnis zur Gründung wartete, förderte sie in besonderer Weise den geistlichen Fortschritt in den übrigen Nonnenklöstern der Stadt, die sie besuchte und durch den Ruf ihrer Heiligkeit, durch ihre Lebensstrenge und ihrem einnehmenden Verkehr zur Lebensänderung und zu großem Tugendfortschritt veranlaßte. Dies machte sich in besonderer Weise im königlichen Kloster der Bernardinerinnen de las Huelgas bemerkbar, von dem sogar vier Schwestern zu den unbeschuhten Karmelitinnen übertraten. (Siehe auch Reforma de los Desc. t. I. l. V. c. XXV. p. 838.)

[2] Der Bau des Hospitals zur Empfängnis war durch die Bemühungen des Don Didakus de Vernuy, eines vornehmen Ratsherrn der Stadt Burgos, im Jahre 1561 vollendet worden. Durch den Gründer wurde es der Bruderschaft zur Empfängnis übergeben.

fie begehrten, damit wir fobald als möglich einziehen könnten. Man räumte uns aber nur zwei Zimmer und eine Küche ein. Der Verwalter des Hofpitals, namens Ferdinand de Matanza,[1] war aber ein eifriger Diener Gottes; er gab uns noch zwei Räume für ein Sprechzimmer und erwies uns auch fonft viel Liebe, wie er fie gegen alle an den Tag legt; befonders erweift er den Armen viel Gutes. Auch Franziskus de Cuevas,[2] Oberpoftmeifter dahier, der für das Hofpital große Sorge trägt, erwies uns viele Wohltaten; wo immer fich eine Gelegenheit bot, ftand er uns bei.

25. Ich nenne diefe anfänglichen Wohltäter, damit die gegenwärtigen und zukünftigen Nonnen ihrer, wie es fich gebührt, im Gebete eingedenk find. Dies fchuldet man noch mehr den Stiftern. Obwohl ich es anfänglich nicht beabfichtigte und auch nicht daran dachte, daß Katharina de Tolofa Stifterin fein werde, fo hat fie es doch durch ihren frommen Lebenswandel bei unferem Herrn verdient, der alles fo fügte, daß man ihr diefen Namen nicht verweigern kann. Denn abgefehen davon, daß fie uns das jetzige Haus bezahlte, wozu wir keine Mittel gehabt hätten, läßt es fich nicht befchreiben, was fie durch all diefe abweifenden Antworten des Erzbifchofs ausgeftanden hat. Der Gedanke, die Sache werde nicht zuftande kommen, vergrößerte ihre Betrübnis in hohem Grade; aber niemals ermüdete fie, uns Gutes zu erweifen. Das Hofpital war weit entfernt von ihrem Haufe, und doch befuchte fie uns mit großer Freude jeden Tag; fie fchickte alles, was wir bedurften, obgleich fie beftändig mit üblen Nachreden verfolgt wurde, die hinreichend gewefen wären, alles aufzugeben, wenn fie nicht fo beherzt gewefen wäre. Der Anblick deffen, was fie unferetwegen ausgeftanden hatte, verurfachte mir tiefen Schmerz; denn obwohl fie es meiftens in fich verbarg, fo konnte fie es doch zuweilen nicht verhehlen, befonders in Dingen, die ihr Gewiffen betrafen. Sie hat ein fo reines (Gewiffen), daß ich niemals ein Wort von ihr vernommen habe, das eine Beleidigung Gottes ge-

---

[1] Ferdinand Matanza, eine angefehene Perfönlichkeit in Burgos, war der Sohn des Garcia de Matanza und der Anna de la Cadena.

[2] Franziskus de Cuevas war Mitglied des Ritterordens vom hl. Jacob und verheiratet mit der berühmten Dichterin Luife Sigea de Velasko. Diefe wurde Hofdame der Doña Maria, Königin von Ungarn, einer Schwefter Karls V. Zur felben Zeit war Franz de Cuevas Sekretär des Königs. Nach dem Tode der Doña Luife zog Franz nach Burgos, wo er Oberpoftmeifter wurde und an der Verwaltung des Hofpitals teilnahm.

wesen wäre, obgleich ihr von einigen Personen viel Anlaß zur Erbitterung gegeben wurde. Man sagte ihr, daß sie in die Hölle käme;
wie sie doch, da sie selber Kinder habe, so etwas tun könne! Sie aber
tat alles mit Genehmigung gelehrter Männer. Hätte sie etwas anderes
tun wollen, als was erlaubt gewesen wäre, ich würde es um nichts in
der Welt zugegeben haben, wenn auch dadurch die Stiftung von tausend
Klöstern, geschweige denn von einem unterblieben wäre. Weil aber
unsere Verhandlungen im geheimen geschahen, so wundert es mich nicht,
daß man sich noch mehr dazu dachte. Sie nahm alles in Ruhe hin
und antwortete immer mit der ihr eigenen Klugheit; man merkte wohl,
daß Gott sie unterwies, mit Geschick die einen zufriedenzustellen und
die anderen zu ertragen, und er ihr Mut verlieh, alles zu erdulden.
O wieviel mehr Mut besitzen doch die Diener Gottes zu großen Unternehmungen als die Abkömmlinge vornehmer Geschlechter, wenn sie
keine (Diener Gottes) sind! Indessen vereinigte Katharina mit ihrer
Frömmigkeit den Adel des Geschlechtes, da sie aus sehr vornehmer Familie stammte.

26. Ich komme nun wieder auf den Gegenstand meiner Erzählung
zurück. Als der Pater Provinzial uns an einem Orte sah, wo wir die
Messe hören und die Klausur beobachten konnten, faßte er wieder Mut
und begab sich nach Valladolid, wo er predigen mußte. Er empfand
indessen tiefe Betrübnis, den Erzbischof in einer Stimmung zu sehen,
die nicht erwarten ließ, daß er die Erlaubnis geben würde. Wenn ich
ihm auch immer Hoffnung machte, so konnte er es doch nicht glauben,
und er hatte zu dieser Annahme Gründe genug, die ich aber hier nicht
anzuführen brauche. Hatte er schon geringe Hoffnung, so besaßen seine
Freunde, die ihm das Herz noch mehr beschwerten, viel weniger. Durch
seine Abreise fühlte ich mich etwas erleichtert, da ich, wie schon erwähnt,
am meisten über ihn bekümmert war. Er verließ uns mit dem Auftrag,
uns ein eigenes Haus zu verschaffen; allein das war keine leichte Aufgabe, da bisher keines ausfindig zu machen war, das man hätte kaufen
können.

27. Unsere Freunde, besonders die zwei des Paters Provinzial,
waren jetzt um so mehr um uns besorgt und fest entschlossen, mit dem
Erzbischof (über diese Angelegenheit) kein Wort mehr zu verlieren,
bis wir ein Haus hätten. Dieser sagte immer, er wünsche die Stiftung
mehr als irgend jemand — und ich glaube dies auch, da er überaus

fromm und gut ift —, allein feine Werke ließen dies nicht erkennen, da er von uns Dinge verlangte, die unfere Fähigfeiten und Mittel zu überfchreiten fchienen. Es war dies offenbar ein Ränkefpiel des Teufels, um das Werk zu hintertreiben. Aber, o Herr, wie offenbar tritt hier zutage, daß du allmächtig bift! Diefelben Mittel, die der böfe Feind anwendete, um das Werk zu verderben, benügteft du zu deffen größerer Förderung. Sei dafür geprief en in Ewigfeit!

28. Vom Vorabend des Feftes des heiligen Matthias, an dem wir in das Spital einzogen, bis zum Vorabend des St.-Jofephs-Feftes[1] unterhandelten wir bald wegen diefes, bald wegen jenes Haufes; allein es fand fich in jedem fo viel Unpaffendes, daß wir keines von denen, die verfäuflich waren, erwerben konnten. Man hatte mit mir von dem Haufe eines Edelmannes gefprochen, das fchon längere Zeit verfäuflich war. Obwohl fchon viele Ordensleute in Burgos für fich ein Haus ge= fucht hatten, fo fügte es Gott, daß ihnen diefes nicht gefiel, worüber fich jetzt alle wundern; einige von ihnen bereuen es auch. Von diefem Haufe hatten fchon zwei Perfonen mit mir gefprochen; allein da andere nur Übles davon zu berichten wußten, fo dachte ich nicht mehr daran in der Überzeugung, daß es für uns nicht paffe. Als ich mich eines Tages mit dem Lizentiaten Aguiar[2] befprach, der, wie fchon erwähnt, ein Freund unferes Paters Provinzial war und fich fehr viele Mühe gab, für uns ein Haus zu fuchen, fagte er mir, er habe fchon einige Häufer befichtigt, allein es finde fich in der ganzen Stadt kein geeignetes und es fcheine nach Ausfage der Leute unmöglich, ein folches ausfindig zu machen. Jetzt fiel mir das Haus (jenes Edelmannes) ein, das wir, wie gefagt, aufgegeben hatten. Obwohl man fo viel Übles darüber fagte, fo dachte ich mir doch, wir könnten uns einftweilen im Notfalle damit behelfen und es dann wieder verfaufen.[3]

29. Ich fragte nun den Lizentiaten Aguiar, ob er nicht die Güte haben möchte, es zu befichtigen. Mein Plan fchien ihm nicht übel; er hatte

---

[1] Vom 23. Februar bis 18. März.

[2] Er hatte mit Pater Gracian in Alcalá ftudiert und war Arzt.

[3] Die Eigentümer diefes Haufes hießen Don Manuel Franco und Doña Angela Manfino. Nach dem Berichte der ehrwürdigen Anna vom heiligen Bartholomäus war der letzte Eigentümer diefes Haufes ein gottlofer Menfch, der, ohne fich zu be= kehren, geftorben war. Deshalb hatte es keinen guten Ruf in der Stadt. Dies war auch einer der Gründe, warum es fo billig abgegeben wurde.

es noch nicht gesehen und wollte sich sogleich dorthin begeben, obwohl ein sehr stürmischer und kalter Tag war. Dem Inwohner des Hauses war es gar nicht recht, daß es verkauft werden sollte, und er wollte es ihm nicht zeigen; indessen war Aguiar schon mit der Lage des Hauses und mit dem, was er sehen konnte, sehr zufrieden, und so entschlossen wir uns, wegen des Kaufes zu unterhandeln. Der Edelmann,[1] dem es gehörte, befand sich nicht in der Stadt, aber er hatte einem Priester,[2] einem eifrigen Diener Gottes, die Vollmacht gegeben, es zu verkaufen. Seine Majestät beeinflußte nun diesen in der Weise, daß er es bereitwillig an uns verkaufen wollte und in aller Offenheit mit uns verhandelte. Man kam darin überein, daß ich es selbst besichtigen sollte.[3] Es gefiel mir so außerordentlich, daß es mir billig vorgekommen wäre, wenn man den doppelten Preis von dem verlangt hätte, was man, wie ich hörte, forderte. Es war dies auch kein hoher Preis; denn zwei Jahre zuvor hatte man dem Eigentümer schon so viel geboten, allein er wollte es nicht abgeben.

30. Gleich am anderen Tage kam der Priester mit dem Lizentiaten Aguiar zu uns, und als letzterer sah, wie wenig man für das Haus verlangte, wollte er die Angelegenheit sogleich ins reine bringen. Ich hatte schon einigen Freunden davon Mitteilung gemacht, und diese legten mir nahe, daß ich um fünfhundert Dukaten zu viel gäbe, wenn ich es so teuer kaufen würde. Ich sagte dies dem Lizentiaten, und dieser war der Ansicht, daß es im Gegenteil billig sei, selbst wenn ich geben würde, was man verlangte. Mir kam es ebenso vor, und ich hätte mich weiter gar nicht mehr besonnen, da es mir wie geschenkt erschien; allein da das Geld dem Orden gehörte, so bereitete mir das einige Skrupel. Diese Unterredung geschah am Vorabend des Festes des glorwürdigen heiligen Joseph, kurz vor der Messe. Ich sagte ihnen, daß wir gleich nach der Messe wieder zusammenkommen wollten, um die Sache zum Abschluß zu bringen. Der Lizentiat ist ein sehr verständiger Mann und erkannte wohl, daß das Haus uns viel mehr kosten würde und daß es vielleicht gar nicht mehr zu kaufen wäre, wenn es öffentlich bekannt werden würde.

---

[1] Manuel Franco.

[2] Don Didakus Ruiz de Ayala.

[3] Die Heilige begab sich mit mehreren Gefährtinnen, geführt vom Lizentiaten Aguiar, dorthin. Wie Aguiar berichtet, war sie vom Hospital aus schon öfters unter seiner Führung zur Besichtigung von Häusern ausgegangen.

Darum wendete er so große Sorgfalt an, und der Priester mußte ihm versprechen, gleich nach der Messe wiederzukommen.

31. Wir empfahlen unterdessen diese Angelegenheit Gott im Gebete, und er sprach zu mir: „Wegen des Geldes hast du Bedenken?" Damit gab er mir zu verstehen, daß das Haus für uns geeignet sei. Die Nonnen hatten den heiligen Joseph recht inständig gebeten, ihnen an seinem Festtage ein eigenes Haus zu verschaffen; und während sie nicht daran dachten, daß man so schnell ein solches ausfindig machen würde, ging ihr Wunsch in Erfüllung. Alle drangen in mich, den Kauf abzuschließen, und so geschah es auch. Der Lizentiat traf an der Türe einen Notar,[1] was allem Anscheine nach der Herr so fügte; er kam mit ihm und sagte mir, es sei das beste, die Angelegenheit sogleich in Ordnung zu bringen. Er brachte Zeugen herbei und verschloß die Türe des Saales, damit man es nicht, was er befürchtete, erfahre. So wurde durch die Bemühungen und die Umsicht dieses guten Freundes der Kauf, wie schon erwähnt, am Vorabend des Festes des heiligen Joseph rechtskräftig abgeschlossen.[2]

32. Niemand hatte gedacht, daß das Haus so billig[3] verkauft würde, und darum kamen, sobald es bekannt war, alsbald Käufer; man sagte, der Priester, der den Kauf abgeschlossen, habe das Haus um einen Spottpreis abgegeben; der Kauf müsse rückgängig gemacht werden, da ein großer Irrtum unterlaufen sei. Der Priester mußte deshalb viele Unannehmlichkeiten auf sich nehmen. Man machte sogleich dem Eigentümer des Hauses, dem genannten Edelmann und seiner Frau, die ebenfalls von vornehmer Abkunft war, davon Mitteilung, die aber sehr darüber erfreut waren, daß aus ihrem Hause ein Kloster werden sollte; sie hießen alles gut. Übrigens hätten sie die Sache ohnehin nicht mehr ändern können. Sogleich am anderen Tage wurde der Kontrakt ausgefertigt, und wir erlegten den dritten Teil der ganzen Kaufsumme für das Haus, wie es der Priester verlangt hatte. Obwohl man uns in

---

[1] Er hieß Johann Ortega de la Torre Frias, der auch die Schriftstücke betreffs der Stiftung unterzeichnete.

[2] Der Lizentiat Aguiar brachte die Vereinbarung am 12. März zustande, die am 16. März vor dem Notar Johann Ortega Rechtsgültigkeit erhielt. So lauten die noch vorhandenen Urkunden.

[3] Der Preis für das Haus betrug 1300 Dukaten.

einigen Stücken, über die man nicht übereingekommen war, etwas be=
lastete, so erhoben wir doch ihm zuliebe nicht den geringsten Widerspruch.

33. Man könnte es für unpassend halten, daß ich mich so lange mit der
Erzählung des Kaufes dieses Hauses befaßte; indessen sahen jene,
die den Verlauf der Angelegenheit verfolgten, hierin nichts weniger
als ein Wunder, sowohl in Hinsicht auf den überaus billigen Preis,
als auch deswegen, weil alle Ordensleute, die das Haus besichtigten,
so blind waren und es nicht für sich erwarben. Es war gerade so, als ob
es nie in Burgos gewesen wäre. Alle, die es sahen, wunderten sich,
tadelten die Verblendeten und nannten sie törichte Leute. Ein Nonnen=
kloster, ja sogar zwei suchten ein Haus zum Kaufe; von diesen war das
eine erst vor kurzem gestiftet worden; das andere hatte sich, weil sein Haus
abgebrannt war, von auswärts in die Stadt zurückgezogen. Auch eine
andere reiche Person, die ein Kloster stiften wollte, hatte dieses Haus
kurz vorher angesehen und es verschmäht; alle diese bereuten es sehr.

34. In der Stadt entstand ein so großes Gerede, daß wir klar er=
kannten, wie wohlberechtigt es war, daß der Lizentiat die Sache geheim=
hielt und so vorsichtig zu Werke ging. Wir können deshalb in Wahr=
heit sagen, daß nächst Gott er uns das Haus verschafft hat. Es ist
etwas Großes um ein gutes Verständnis; und weil der Lizentiat so her=
vorragende Einsicht besitzt und Gott ihm einen so guten Willen verlieh,
so wurde durch seine Vermittlung das Werk zum Abschluß gebracht.
Mehr als einen Monat lang stand er uns bei und gab uns Mittel
und Wege an, damit wir das Haus gut und um billigen Preis einrichten
konnten. Allem Anscheine nach hat sich unser Herr die Gründung dieses
Klosters selbst vorbehalten, weil sich in diesem Hause schon fast alles
wohlvorbereitet fand. Und in der Tat, als ich bald darauf das Haus
besichtigte, dessen Anlage für uns gleichsam wie geschaffen war, kam es
mir wie ein Traum vor, alles so schnell beendet zu sehen. Unser Herr
hat uns gut belohnt für das, was wir ausgestanden, indem er uns an
einen so anmutigen Ort[1] führte; der Garten, die Aussicht und das
Wasser verleihen ihm nach meinem Dafürhalten einen besonderen Reiz.
Er sei gepriesen in Ewigkeit! Amen.

---

[1] Das Haus hatte in der Tat eine sehr angenehme Lage am Ufer des Flusses
Arlanzón, am Eingang in die Promenade la Quinta nicht weit vom Hügel entfernt,
auf dem sich das gewaltige Kartäuserkloster Miraflores erhob. Die Aussicht erstreckte
sich bis an die Hügel, die den Horizont im Süden von Burgos abschließen.

35. Sogleich wurde der Erzbischof davon benachrichtigt, und er freute sich sehr, daß wir es so gut getroffen hatten. Er war der Ansicht, daß sein Widerstreben dazu Anlaß gegeben habe, was auch wohl begründet war. Ich schrieb ihm, daß es mir Freude bereite, ihn befriedigt zu sehen, und ich mich möglichst beeilen werde, das Haus einzurichten, damit er mir dann volle Erlaubnis geben könne. Zugleich suchte ich unsere Übersied= lung zu beschleunigen, da man mir mitteilte, man wolle uns im Spitale zurückhalten, bis, ich weiß nicht, welche Schriftstücke ausgeliefert wären. Obwohl der Inwohner unseres Hauses noch nicht ausgezogen war — wir hatten keine geringe Mühe, ihn aus dem Hause zu bringen —, so bezogen wir doch einstweilen ein Stockwerk.[1] Man teilte mir mit, daß dies den Erzbischof sehr verdrossen habe; ich besänftigte ihn wieder, soweit es in meinen Kräften lag. Denn er ist ein guter Mann; und wenn er auch leicht unwillig wird, so ist sein Zorn doch nicht von langer Dauer. Auch nahm er es übel auf, als er erfuhr, daß wir Sprachgitter und Winde anbringen ließen, weil er glaubte, ich wollte um jeden Preis meinen Willen durchsetzen. Ich schrieb ihm, daß dies nicht meine Absicht sei, sondern daß dies in den Häusern der in Klausur lebenden Ordenspersonen so zu geschehen pflege; übrigens hätte ich noch kein Kreuz aufzustellen gewagt, damit es nicht den Anschein habe, als befinde sich hier schon ein Kloster; so war es auch wirklich. Trotz seines guten Willens, den er uns gegenüber zeigte, erreichten wir doch nicht, daß er uns die Erlaubnis gab.[2]

36. Er kam und besichtigte das Haus, das ihm sehr gut gefiel. Er zeigte sich gegen uns sehr liebevoll, aber nicht in der Weise, daß er uns die Erlaubnis gegeben hätte, wenn er uns auch mehr Hoffnung machte. Aber da einige, ich weiß nicht welche Schriftstücke der Katha= rina de Tolosa noch nicht ausgefertigt waren, so fürchteten wir sehr, er werde seine Zustimmung nicht erteilen. Doch Doktor Manso, der andere bereits erwähnte Freund des Paters Provinzial, stand beim

---

[1] Die Inwohner des Hauses, die der heiligen Theresia und ihren Töchtern so viel Schwierigkeiten machten, hießen Don Hieronymus del Pino und Doña Magdalena Solórzano, Verwandte des Paters Christoph de Santotis aus dem Augustiner= orden. Dieser letztere hatte sie schließlich veranlaßt, das Haus zu verlassen, wie es selbst in seiner gerichtlichen Zeugenaussage für die Heiligsprechung der heiligen Theresia erklärt hat. (Inform. de Burgos.)
[2] Zur endgültigen Errichtung des Klosters.

Erzbischof sehr in Gnaden. Er benützte jede Gelegenheit, ihn an unsere Angelegenheit zu erinnern und zur Erledigung derselben zu drängen; denn es war ihm sehr peinlich, uns in dieser Lage zu sehen. Obwohl unser Haus schon eine Kapelle besaß, in der vorher für die Eigentümer die Messe abgehalten wurde, so wollte er doch nicht erlauben, daß man dort für uns die Messe las. Wir mußten an Sonn- und Feiertagen zur Messe in die Kirche gehen, und es war ein Glück für uns, daß sie in der Nähe lag.[1] Dies dauerte von unserer Übersiedlung in dieses Haus bis zur Errichtung des Klosters ungefähr einen Monat lang. Alle Gelehrten versicherten, daß der Erzbischof einen hinreichenden Grund gehabt hätte, uns die Messe (im eigenen Hause) zu erlauben; und auch er mußte dies wohl einsehen, da er ein großer Theologe ist. Somit scheint die Ursache davon keine andere gewesen zu sein, als daß unser Herr uns leiden lassen wollte. Ich für meine Person ertrug dies leichter, allein ich hatte eine Nonne, die immer vor Angst zitterte, wenn sie sich auf offener Straße sah.[2]

37. Auch die Ausfertigung der Stiftungsurkunden ging nicht ohne Schwierigkeit vor sich. Denn das eine Mal gab man sich schon mit Bürgen zufrieden, ein anderes Mal forderte man bares Geld, dann verlangte man wieder viele andere lästige Dinge. Die Schuld lag weniger am Erzbischof, sondern vielmehr am Generalvikar, der sich sehr feindselig gegen uns benahm.[3] Hätte es Gott nicht gefügt, daß er gerade um

---

[1] Es war die Kirche des Hospitals zum hl. Lucas, in die Pater Petrus von der Reinigung die Nonnen führte. Er hörte dort auch ihre Beichten und spendete ihnen die hl. Kommunion.

[2] Die Furcht und Angst der Nonnen war nach dem, was der hl. Stifterin selbst widerfuhr, nicht unbegründet. Als diese einmal zur Messe ging und über einen kleinen Fluß mußte, bat sie eine am Wege stehende Frau, sie möchte sie vorbeilassen. Die Frau hielt sie für ein Weib aus dem gemeinen Volke, schalt sie eine Heuchlerin und gab ihr einen solch heftigen Stoß, daß sie in den Schmutz fiel. Die Nonnen, die die Heilige begleiteten, entsetzten sich über eine solche Unbill; die Heilige aber sagte: „Lasset die Frau, sie hat ganz recht gesprochen." — Ein andermal wurde sie in der Kirche von einigen mit Füßen gestoßen und zu Boden geworfen. Die selige Anna vom hl. Barth. eilte herbei, um ihr wieder aufzuhelfen, sah sie aber heiteren und sanften Gemütes die ihr zugefügte Unbill ertragen.

[3] Pater Andreas von der Menschwerdung (Memor. Histor. L. R. n. 239) kopierte von einer jetzt verlorengegangenen Handschrift des ersten Geschichtschreibers der Reform, Pater Joseph von Jesu Maria, folgende Worte: „Das Geheimnis dieses Rätsels (die Schwierigkeiten bezüglich der Erlaubnis des Erzbischofs zur

diese Zeit verreisen mußte, und hätte nicht ein anderer seine Stelle vertreten, so wäre die Angelegenheit meines Erachtens nie zum Abschluß gekommen. Was mußte erst Katharina de Tolosa dabei ausstehen; man kann dies unmöglich sagen. Aber sie ertrug alles mit einer Geduld, die mich mit Bewunderung erfüllte, und sie wurde nicht müde, für unsere Bedürfnisse zu sorgen.

38. Sie gab uns alle Gegenstände, die zur Einrichtung des Hauses notwendig waren, Betten und viele andere Geräte, womit ihr Haus wohlversehen war, so daß uns von unseren Bedürfnissen nichts zu fehlen schien, wenn auch dadurch ihr Haus an diesen Gegenständen Mangel litt. Andere Gründerinnen mögen vielleicht zur Stiftung unserer Klöster mehr zeitliche Güter beigesteuert haben, aber keine von ihnen ließ es sich den zehnten Teil der Mühe kosten, deren sie sich unterzog. Wäre sie ohne Kinder gewesen, so würde sie uns alles gegeben haben, worüber sie verfügen konnte. Sie hatte nur den einen Wunsch, das Werk vollendet zu sehen, so daß ihr alles, was sie zu diesem Zwecke tat, gering erschien.

39. Als ich diese lästige Verzögerung bemerkte, benachrichtigte ich den Bischof von Palencia und bat ihn, wieder an den Erzbischof zu schreiben, obwohl er über ihn sehr ungehalten war; denn er faßte alles, was dieser uns zufügte, so auf, als würde es ihm selbst angetan. Am meisten aber waren wir darüber erstaunt, daß der Erzbischof der Meinung war, uns in keiner Weise ein Unrecht zuzufügen. Ich bat also den Bischof, ihm noch einmal zu schreiben und ihm zu sagen, er möchte die Angelegenheit endlich einmal zum Abschluß bringen, da wir ein eigenes Haus erworben und auch seinen Wunsch erfüllt hätten. Nun schickte mir dieser einen offenen Brief, und hätten wir ihn dem Erzbischof übergeben, so würden wir alles verdorben haben. Darum ließ es Doktor Manso, dem ich damals beichtete und den ich zu Rate zog, nicht zu, daß er ihm übergeben wurde. Der Brief war zwar sehr wohlwollend, allein er enthielt einige Wahrheiten, die den Erzbischof bei seiner Gemütsanlage noch mehr hätten verdrießlich machen müssen; er war es ohnehin schon wegen einiger Mitteilungen, die er ihm gemacht

---

Gründung) wurden erst später aufgedeckt. Es ist zu suchen in der Person eines schlechten Beraters, dessen sich der böse Feind bediente, um die Gründung zu hintertreiben. So kam es, daß der Erzbischof zuerst seine Zustimmung gab und, nachdem er sich mit dem Provisor beraten, wieder verweigerte, was er zugegeben.“

hatte; übrigens waren sie vorher gute Freunde. Der Erzbischof aber ließ mir sagen, daß ebenso, wie beim Tode unseres Herrn jene Freunde wurden, die es vorher nicht waren,[1] ich die Ursache sei, warum sie jetzt feindlich gegenüberstünden. Ich antwortete ihm, daß er dann daraus abnehmen könne, wer ich sei.

40. Ich hatte mich, wie ich glaube, aufs sorgfältigste gehütet, um sie ja nicht zu entzweien; darum bat ich den Bischof unter Anführung aller möglichen Gründe aufs neue, dem Erzbischof einen weiteren, ganz wohlwollenden Brief zu schreiben; ich stellte ihm vor Augen, welchen Dienst er Gott erweise. Er erfüllte meine Bitte, was allerdings nichts Geringes für ihn war. Nur weil er erkannte, daß es zur Ehre Gottes gereiche und weil er mir einen Liebesdienst erweisen wollte — er war ja immer gegen mich überaus entgegenkommend —, ließ er sich dazu herbei. Mir schrieb er, daß alles, was er bisher für den Orden getan, nichts sei im Vergleich zu diesem Briefe. Kurz, der Brief wirkte nebst den Bemühungen des Doktors Manso so erfolgreich auf den Erzbischof ein, daß er uns die Erlaubnis gab und sie uns durch den guten Ferdinand de Matanza[2] zusenden ließ, der sie uns hocherfreut brachte. Gerade an diesem Tage waren die Schwestern so sehr betrübt wie noch nie zuvor, und die gute Katharina de Tolosa war so traurig, daß wir sie nicht trösten konnten. Es scheint, daß uns der Herr zu der Zeit, in der wir am meisten bedrängt waren, den größten Trost zuteil werden lassen wollte. Ich hatte zwar die Hoffnung nicht sinken lassen, aber ich war doch in der vorhergehenden Nacht sehr betrübt gewesen. Der Name des Herrn sei dafür gelobt und gepriesen in Ewigkeit! Amen.

41. Dem Doktor Manso gab der Erzbischof die Erlaubnis, am anderen Tage die heilige Messe zu lesen und das Allerheiligste Sakrament einzusetzen. Dieser las nun die erste Messe; das Hochamt aber wurde mit großer Feierlichkeit unter Mitwirkung vieler Musiker, die von selbst erschienen, vom Dominikaner-Prior aus dem Kloster zum heiligen Paulus abgehalten.[3] Diesen Ordensmännern sowie den Vätern der

---

[1] „An demselben Tage wurden Herodes und Pilatus einander Freund, vorher hatten sie in gegenseitiger Feindschaft gelebt." (Luk. 23, 12.)

[2] Ohne jemandem etwas zu sagen, läutete Ferdinand de Matanza die kleine Glocke des Klosters, wodurch die Karmelitinnen erkannten, daß die Genehmigung erteilt sei. Der Jubel aller Schwestern war unbeschreiblich.

[3] Das Kloster zum heiligen Paulus lag in der Nähe des neuen Klosters der Karmelitinnen. Der Prior hieß Pater Johann de Arcediano.

Gesellschaft Jesu ist unser Orden zu großem Danke verpflichtet. Unsere Freunde waren hocherfreut, und die ganze Stadt freute sich in gewisser Beziehung mit uns; denn man hatte sehr großes Mitleid mit uns gehabt, als man uns so herumziehen sah. Das Verfahren des Erzbischofs wurde so scharf beurteilt, daß mich oft mehr schmerzte, was ich über ihn hören mußte, als was wir selbst ausstanden. Die Freude der Katharina de Tolosa und der Schwestern war so groß, daß ich dadurch in eine andächtige Stimmung versetzt wurde und zu Gott sprach: „Herr, was wollen denn diese deine Dienerinnen anderes als dir dienen und deinetwegen an einem Ort sich eingeschlossen sehen, aus dem sie nicht mehr herauskommen."

42. Wenn man keine Erfahrung hat, so kann man die Freude nicht verstehen, die wir alle bei diesen Stiftungen empfinden, wenn wir uns in der Klausur sehen, in die keine weltliche Person mehr Zutritt hat; denn so lieb sie uns auch sind, so vermögen sie uns doch nicht jenen großen Trost zu verschaffen, den wir empfinden, wenn wir unter uns allein sind. Wie die Fische, die in großer Menge in einem Netze aus dem Wasser gezogen werden, nicht leben können, außer man versetzt sie wieder ins Wasser, so scheint es auch mit den Seelen zu sein, die an den Quellbächen ihres Bräutigams zu leben gewohnt sind; trennt man sie davon und erblicken sie die Netze der Dinge dieser Welt, so vermögen sie in der Tat nicht zu leben, bis sie sich wieder dorthin zurückziehen können. Dies bemerke ich immer an allen Schwestern, und ich weiß es aus Erfahrung; jene Nonnen aber, die in sich noch ein Verlangen haben, auszugehen und häufig mit Weltleuten zu verkehren, sollen fürchten, daß sie das lebendige Wasser noch nicht gefunden haben, von dem der Herr zur Samariterin[1] gesprochen, und daß sich der Bräutigam vor ihnen, und zwar mit Recht, verborgen hält, da sie sich nicht damit zufrieden geben, bei ihm zu sein.

43. Dieses Übel kann, wie ich fürchte, zwei Ursachen haben; entweder sind solche Nonnen nicht einzig um des Herrn willen in diesen Stand getreten, oder sie erkennen nach ihrem Eintritt die große Gnade nicht, die ihnen Gott dadurch erwiesen hat, daß er sie für sich auserwählt und von der Unterwürfigkeit unter einen Mann befreit hat, der ihnen vielfach das Leben verkürzt und ihnen, wie es geschieht, leider auch die Seele geraubt haben würde. O mein Bräutigam, wahrer Gott und wahrer

---

[1] Joh. 4, 14, 15.

Mensch, darf man denn diese Gnade für gering achten? Laßt uns ihn lobpreisen, meine Schwestern, daß er uns diese Gnade erwiesen hat, und werden wir ja nicht müde, diesen so großen Herrn und König zu preisen, der uns ein Königreich bereitet hat, das kein Ende nimmt, und dies für eine geringe Mühe, die noch dazu mit mannigfachem Trost versüßt ist und morgen schon ihr Ende finden kann! Er sei gepriesen in Ewigkeit! Amen, Amen.[1]

44. Einige Tage, nachdem die Stiftung vollzogen war, kam dem Pater Provinzial und mir der Gedanke, es möchte bezüglich des Einkommens, das Doña Katharina de Tolosa diesem Kloster zugesichert hatte, etwas nicht ganz in Ordnung sein, so daß infolgedessen ein Prozeß entstehen und die gute Frau dadurch in Verwirrung geraten könnte. Wir wollten lieber auf Gott vertrauen, als ihr irgendwie Anlaß zu einer Verdrießlichkeit geben. Aus diesem und anderen Gründen versammelten wir uns alle in Gegenwart eines Notars im Kapitel und leisteten mit Genehmigung des Pater Provinzials[2] Verzicht auf die große Schenkung, die sie uns gemacht, und stellten ihr die Schriftstücke wieder zurück. Dies geschah ganz im geheimen, damit es der Erzbischof nicht erfahre und es nicht als eine Beleidigung seiner Person auffassen würde; die Last sollte allein auf das Kloster fallen. Ist es nämlich bekannt, daß das Kloster keine Einkünfte besitzt, so hat man keinen Mangel zu befürchten, da alles zur Hilfe bereit ist; weiß man aber, daß es ein sicheres Einkommen hat, so scheint Gefahr zu bestehen, daß es des nötigen Unterhaltes entbehrt, wenigstens für jetzt. Katharina de Tolosa aber hat Mittel und Wege gefunden, daß nach ihrem Tode die Sache sich anders verhält. Zwei ihrer Töchter,[3] die in diesem Jahre in unserem Kloster

---

[1] Nachdem die Heilige, so berichtet Maria vom heiligen Joseph, das Kloster zu Burgos unter den größten Schwierigkeiten gegründet hatte, entstand am 24. Mai 1582 durch den Austritt des Flusses Arlanzón eine gewaltige Überschwemmung, die das Kloster der größten Gefahr aussetzte. Durch Gottes Fügung blieb es aber vor größerem Schaden bewahrt. Der Erzbischof und viele aus der Stadt hielten dafür, daß der Herr um der Verdienste der hl. Theresia willen diese Gefahr abgewendet habe.

[2] Pater Hieronymus Gracián war nach Schluß der Fastenpredigten in Valladolid wieder nach Burgos gekommen. Er war auch anwesend bei der endgültigen Errichtung des Klosters.

[3] Maria vom hl. Joseph und Isabella von Jesu, die am 22. April 1582 Profeß ablegten.

zu Palencia Profeß ablegten, verzichteten zugunsten ihrer Mutter auf ihr Erbe. Diese aber bewirkte, daß sie ihre Verzichtleistung wieder rückgängig machten und ihre Güter dem Kloster zu Burgos überwiesen. Auch die andere Tochter,[1] die hier das Ordenskleid nehmen sollte, überließ ihren Anteil am Erbe sowohl von väterlicher als mütterlicher Seite dem Kloster zur freien Verfügung. All das zusammengenommen macht ebensoviel aus als das Einkommen, das sie uns geben wollte. Der einzige Mißstand ist nur der, daß die Schwestern es nicht gleich jetzt schon genießen können. Doch ich war immer davon überzeugt, daß es ihnen an nichts fehlen werde; denn der Herr, der auch den anderen ohne Einkommen gestifteten Klöstern den nötigen Unterhalt zukommen läßt, wird auch hier einige anregen, dem Kloster beizuspringen, oder er wird für andere Mittel Sorge tragen, damit die Schwestern ihren Unterhalt bekommen.

45. Da aber bis jetzt kein Kloster auf diese Weise[2] gestiftet war, so bat ich öfters den Herrn, er möchte, da dieses auf seinen Wunsch hin errichtet worden sei, Mittel und Wege zeigen, wie die Nonnen sich behelfen und das entsprechende Auskommen finden könnten. Auch hatte ich keine Lust, von hier abzureisen, bis eine Nonne eingetreten wäre. Während ich mich nun einmal nach der Kommunion mit diesem Gedanken beschäftigte, sagte der Herr zu mir: „Woran zweifelst du noch? Es ist bereits alles in Ordnung gebracht; du kannst jetzt wohl abreisen." Dabei gab er mir zu verstehen, daß ihnen das Notwendige nicht fehlen werde. Ich legte jede Sorge ab und faßte ein solches Vertrauen, gleich als ob ich sie mit sicherem Einkommen verlassen hätte. Ohne Verzug traf ich Vorkehrungen zu meiner Abreise; denn es schien mir, als hätte ich hier nichts anderes zu tun, als mich an dem Kloster, das mir so gut gefiel, zu erfreuen, während ich doch anderswo größeren Nutzen schaffen konnte, wenn es mir auch schwer fiel.

46. Der Erzbischof und der Bischof von Palencia blieben sehr gute Freunde; der Erzbischof zeigte sich bald darauf sehr entgegenkommend, indem er in eigener Person die Tochter[3] der Katharina de Tolosa und

---

[1] Helene von Jesu, die jüngste Tochter, die am 25. Juni 1586 Profeß ablegte.

[2] Hier meinten nämlich die Leute, das Kloster sei mit Einkünften gestiftet worden, während doch diese im geheimen wieder abgegeben wurden.

[3] Helene von Jesu.

eine andere Nonne, die auch eintrat, mit dem Habit bekleidete.[1] Bis jetzt erweisen uns mehrere Personen viel Gutes, und ich bin überzeugt, daß unser Herr seine Bräute nicht notleiden lassen wird, wenn sie ihm dienen, wie sie verpflichtet sind. Möge ihnen Seine Majestät durch ihre große Barmherzigkeit und Güte dazu die Gnade geben! Amen.[2]

IHS.

1. Ich glaube, hier noch erzählen zu müssen, wie die Nonnen des St.-Josephs-Klosters zu Avila, das an erster Stelle gegründet wurde, der Jurisdiktion des Ordens unterstellt wurden, nachdem sie seit der Gründung unter dem Gehorsam des Bischofs standen; die Stiftung dieses Klosters ist anderswo[3] und nicht in diesem Buche beschrieben.

2. Don Alvaro de Mendoza, der jetzige Bischof von Palencia, war Bischof in Avila, als das Kloster gegründet wurde; solange er in Avila residierte, empfingen die Nonnen zahllose Beweise seines Wohlwollens. Als man das Kloster seiner Jurisdiktion unterstellte, vernahm ich von unserem Herrn, daß dies das beste sei. In der Folge ist dies auch klar zutage getreten; denn in allen Zwistigkeiten, in die der Orden verwickelt wurde, fanden wir an ihm großen Schutz, und bei vielen anderen Gelegenheiten erzeigte er uns in augenscheinlicher Weise seine Huld. Er gestattete nie, daß die Visitation der Nonnen durch einen seiner Priester vorgenommen wurde, und im ganzen Kloster traf er keine anderen Anordnungen als jene, um die ich ihn bat. Auf diese Weise

---

[1] Diese Einkleidung fand am Tage nach der feierlichen Errichtung des Klosters statt, der Erzbischof hielt selbst die Ansprache. Nach dem Berichte der Nichte der Heiligen beklagte er im Chore unter Tränen, daß er durch sein langes Hinhalten der Heiligen und ihren Töchtern so viele Leiden verursacht habe, und erteilte den Verdiensten der heiligen Stifterin hohes Lob.

[2] Ende Juni waren die Klausurmauern vollendet, und am 26. Juli 1582 verließ die Heilige Burgos. Sie wurde begleitet von der Schwester Anna vom heiligen Bartholomäus und ihrer jungen Nichte Theresia. Es war dies ihre letzte Reise, drei Monate später beschloß sie im Kloster zu Alba ihr Leben. Die unbeschuhten Karmelitinnen lebten in diesem Kloster bis zum Jahre 1808. Durch den Einfall der Franzosen in Spanien wurden sie gezwungen, das Kloster zu verlassen, das bis auf die Hauptmauern und die Zelle der Heiligen durch Feuer zerstört wurde. Im Jahre 1815 kehrten sie wieder dorthin zurück, und nachdem in fast zweijähriger Arbeit das Kloster neu hergestellt war, bezogen sie es am 8. Oktober 1816 wieder.

[3] Im „Leben" der heiligen Theresia, 32. Hauptstück u. ff.

verfloſſen ungefähr ſiebzehn Jahre[1] — ich kann mich aber nicht mehr genau erinnern —, ohne daß mir der Gedanke kam, daß dieſes Ge‑horſamsverhältnis geändert werden ſollte.

3. Nach Ablauf dieſer Zeit wurde dem Biſchof von Avila das Bis‑tum Palencia übertragen.[2] Ich befand mich damals eben im Kloſter zu Toledo. Da ſprach der Herr zu mir, daß es jetzt zweckmäßiger ſei, die Nonnen des St.‑Joſephs‑Kloſters unter die Jurisdiktion des Ordens zu ſtellen; ich ſollte dies zuwege bringen. Wenn dies nicht geſchehe, ſo werde in dieſem Kloſter bald eine Erſchlaffung eintreten. Weil ich früher vernommen hatte, man müſſe ſich dem Gehorſam des Biſchofs unter‑werfen, ſo ſchien mir dies ein Widerſpruch. Ich wußte daher nicht, was ich tun ſollte.[3] Ich eröffnete dies meinem damaligen Beichtvater, der jetzt Biſchof von Osma und ein ſehr gelehrter Mann iſt.[4] Dieſer gab mir zur Antwort, daß dies nichts zu bedeuten habe; damals habe dies notwendigerweiſe ſo ſein müſſen, jetzt aber verhalte ſich die Sache anders. Es iſt in der Tat ſchon in ſehr vielen Fällen zutage getreten, wie wahr er geſprochen. Auch ſagte er mir, er habe die Überzeugung, daß es für dieſes Kloſter vorteilhafter ſei, mit den anderen vereinigt zu ſein, als allein zu ſtehen. Darum gab er mir den Auftrag, nach Avila zu gehen und die Unterhandlungen einzuleiten.

4. Ich fand den Biſchof ganz anderer Meinung, und er war durchaus nicht für dieſen Plan begeiſtert. Aber als ich ihm einige Gründe vor‑trug und ihn darauf aufmerkſam machte, welch ein Schaden daraus den Nonnen, denen er ſehr ergeben war, erwachſen könnte, erwog er meine Gründe. Da er ein überaus verſtändiger Mann iſt und Gott ihm beiſtand, ſo fand er noch weit wichtigere Gründe, als die meinigen waren. So entſchloß er ſich, auf meinen Plan einzugehen, und obwohl einige Prieſter dagegen Einſprache erhoben, ſo konnten ſie doch bei ihm nichts erreichen.

5. Nun war auch die Zuſtimmung der Nonnen notwendig. Einigen von ihnen fiel es ſehr ſchwer, aber da ſie mich überaus lieb hatten, ſo

---

[1] In Wirklichkeit waren es 15 Jahre.

[2] Er wurde am 28. Juni 1577 zum Biſchof von Palencia ernannt. Siehe „Kloſterſtift.“ 29. Hauptſtück 1.

[3] Im 33. Hauptſtück n. 18 ihres Lebens ſpricht die Heilige von den Gründen, die ſie veranlaßten, dieſes Kloſter unter die Jurisdiktion des Biſchofs zu ſtellen. (El monte Carmelo, año 1910, p. 732.)

[4] Dr. Velásquez.

302

fügten sie sich um der Gründe willen, die ich ihnen vorbrachte, ganz besonders, weil sie sahen, daß der Bischof, dem der Orden so viel ver-
dankte und den ich überaus hochschätzte, fortzog, und daß sie auch mich
nicht immer bei sich haben könnten. Dieser Gedanke machte auf sie am
meisten Eindruck. So wurde also diese wichtige Angelegenheit zum Abschluß gebracht. Später sah man allgemein ein, daß dieses Kloster
verloren gewesen wäre, wenn man das Gegenteil getan hätte. Gepriesen
sei der Herr in alle Ewigkeit, der mit großer Sorgfalt über die Angelegenheiten seiner Dienerinnen wacht! Amen.[1]

---

[1] Damit endet das Buch der Klosterstiftungen, soweit es von der Hand der heiligen Theresia geschrieben ist. Das Original befindet sich in der Bibliothek des Königs von Spanien, die im Eskorial aufbewahrt ist. Der Bericht über die Gründung des Klosters von Granada, der in manchen deutschen und lateinischen Über-
setzungen als 32. Hauptstück angereiht ist, ist eine Arbeit der ehrwürdigen Mutter
Anna von Jesu. Er folgt unmittelbar als Abschluß der Klosterstiftungen auf das
31. Hauptstück. Siehe nächste Seite.

Anmerkung für den Leser:

Der spanische Eigenname Isabel wird im Französischen mit Isabelle wieder-
gegeben, und daraus ist in Deutschland Isabella geworden. In Wirklichkeit ist die
allein richtige Wiedergabe das uns anmutende Wortbild Elisabeth. Alles, was in
Deutschland mit Elisabeth gegeben wird (Elisabeth von England, die hl. Elisabeth,
Elisabeth von Rußland, Elisabeth, die hl. Mutter Johannes des Täufers), heißt in
Spanien Isabel. Darum ist es für uns Deutsche eine Freude, ja eine sehr große
Freude, die lieblichste Tochter Deutschlands in der Namengebung Spaniens und besonders in der Namengebung der Karmelitinnen so stark vertreten zu finden. Aus
diesem Grunde möchte ich am Schlusse dieses Bandes die Erklärung abgeben, daß
ich die Unart unserer Geschichtsbücher nicht mehr mitmachen werde und von jetzt
an in meiner Übersetzung dem katholischen Ruhm Deutschlands, der hl. Elisabeth,
geben möchte, was ihr gebührt.

Die Stiftung des Klosters zum hl. Joseph in Granada[1]

1. Euer Ehrwürden haben mir befohlen, die Stiftung dieses Klosters in Granada zu beschreiben. Weil ich aber so sehr an Kopfschwäche leide, bin ich so ohne Gedächtnis, daß ich nicht weiß, ob ich mich an alles erinnern werde; deshalb kann ich nur so viel sagen, als mir einfallen wird.

2. Im Monat Oktober 1585 waren es vier Jahre, daß Pater Didakus von der Dreifaltigkeit, seligen Andenkens, nach Veas kam, um als Provinzial-Vikar an Ihrer Statt das dortige Kloster zu visitieren, wo ich schon drei oder vier Jahre nicht mehr Priorin und sehr krank war. Trotz des Zustandes, in dem mich der Pater Visitator sah, sprach er doch allen Ernstes davon, daß wir zu einer Stiftung nach Granada reisen sollten, weil mehrere angesehene Personen und vornehme und reiche Jungfrauen darum gebeten und ihm zu diesem Zwecke große Almosen angeboten hätten. Mir dagegen kam es vor, nur sein allzu großes Vertrauen, das er auf diese Personen setzte, habe ihn zu dem Glauben bewogen, daß sie uns unterstützen werden; darum sagte ich zu ihm, ich halte diese Versprechungen nur für schöne Worte, die nicht erfüllt werden würden. Auch werde der Erzbischof zur Stiftung eines armen Klosters keine Erlaubnis geben, weil dort ohnehin schon so viele Nonnen lebten, die sich nicht erhalten könnten, da Granada verheert und sehr unfruchtbare Jahre eingetreten seien. Der Pater sah wohl ein, daß ich recht hatte; weil er aber die Stiftung dieses Klosters so sehr wünschte, stärkte er sich wieder in seiner Hoffnung und sagte, der Licentiat Laguna, Assessor am dortigen Gerichtshofe, habe ihm seinen treuen Beistand versprochen; ebenso auch Pater Salazar aus der Gesellschaft Jesu, der ihm im Vertrauen gesagt habe, sie beide würden bei dem Erzbischofe die Erlaubnis erwirken.

---

[1] Diese Stiftung wurde von der Ehrw. Anna von Jesu vollzogen und beschrieben. Siehe letzte Anmerkung zum 30. Hauptstück.

3. Ich hielt dies alles für unsicher, wie es auch wirklich war; jedoch
empfahl ich die Sache angelegentlich Gott und bat auch die Schwestern,
Gott um Erleuchtung zu bitten, was hier zu tun sei. Da gab uns der
Herr ganz deutlich zu verstehen, daß zwar keine gute Gelegenheit und
auf keine menschliche Hilfe zu rechnen sei; allein wie andere Klöster
im Vertrauen auf seine göttliche Vorsehung gestiftet worden seien, so
müsse es auch bei diesem geschehen; er werde sich dessen besonders an=
nehmen, und es werde ihm darin sehr eifrig gedient werden. Dies wurde
mir geoffenbart, nachdem ich kommuniziert und der Pater Visitator schon
drei Wochen in Veas mit der Verhandlung dieses Unternehmens zu=
gebracht hatte.

4. Bei all meinen Bedenken und Ausreden war ich doch nach der
Kommunion sogleich entschieden und sagte zur Schwester Beatrix vom
hl. Michael, die Pförtnerin war und mit mir kommuniziert hatte:
„Glauben Sie mir, Gott will es, daß das Kloster in Granada er=
richtet werde; lassen Sie den Pater Johannes vom Kreuz zu mir
kommen, damit ich ihm als meinem Beichtvater sage, was die göttliche
Majestät mir geoffenbart." Als ich nun dem Pater dies in der Beichte
mitgeteilt hatte, meinte er, wir sollten den Pater Visitator, der sich
noch in Veas befand, davon in Kenntnis setzen, damit sogleich an Euere
Paternität um die Erlaubnis zur Vornahme der Stiftung geschrieben
werde. Noch an demselben Tage wurde es beschlossen und alles erledigt,
was notwendig war. Als die Patres und auch der ganze Konvent er=
fuhren, daß die Stiftung beschlossen sei, waren sie darüber hoch erfreut.
Wir schrieben also an Euere Paternität und an unsere hl. Mutter
Theresia von Jesu, begehrten aus Castilien vier Schwestern und baten
unsere hl. Mutter, selbst zu kommen und die Stiftung vorzunehmen;
wir hatten ein so großes Vertrauen, daß sie zustande kommen werde.
Auch trafen wir Anstalten, daß Pater Johannes vom Kreuz mit noch
einem Religiosen nach Castilien reisen und alles zum Abholen der
Nonnen Notwendige mit sich nehmen konnte. Er begab sich also von
Veas nach Avila zu unserer hl. Mutter Theresia; und von da fertigten
sie einen Boten nach Salamanca ab, wo Euere Paternität sich damals
aufhielten. Sobald Sie die Briefe gelesen, billigten Sie alles, was
wir begehrt hatten, und stellten es unserer hl. Mutter anheim, nach
ihrem Gutdünken die Nonnen auszuwählen, die nach unserer Angabe
notwendig waren. Ihre Ehrwürden gab also zwei aus dem Kloster

zu Avila her, nämlich die Mutter Maria von Christus, die dort fünf Jahre lang Priorin gewesen war, und die Schwester Antonia vom Heiligen Geiste, eine aus den vier ersten, die im St. Josephs-Kloster zu Avila den Habit der unbeschuhten Nonnen unseres Ordens angenommen hatten. Aus dem Kloster zu Toledo bestimmte sie die Schwester Beatrix von Jesu, die gleichfalls eine der Älteren im Orden und eine Nichte zu ihr war. Ihre Ehrwürden aber konnte nicht kommen, weil sie zur Stiftung nach Burgos reisen sollte, die zur nämlichen Zeit vorgenommen wurde. Schon früher hatte sie mir geschrieben, sie werde zur Stiftung des Klosters in Granada nicht kommen, weil sie glaube, es sei der Wille Gottes, daß i ch sie ausführe. Mir kam es unmöglich vor, mich ohne sie mit einer Stiftung zu befassen, und so fiel es mir denn sehr schwer, als am Feste der Empfängnis unserer Lieben Frau die Nonnen ohne sie in Veas ankamen. Ich las einen Brief von ihr, den jene mitgebracht hatten, und in dem sie mir schrieb, es wäre ihr Wunsch gewesen, schon allein zu meinem Troste mitkommen zu können, aber unser großer Gott habe ihr etwas anderes aufgetragen. Sie sei indessen ganz davon überzeugt, es werde in Granada alles sehr gut gehen, die göttliche Majestät werde mir großen Beistand leisten. So hat es sich auch bald gezeigt, wie aus dem Nachstehenden zu ersehen ist.

5. Der Pater Provinzial-Vikar, Pater Didakus von der Dreifaltigkeit, reiste, während man die Nonnen aus Castilien abholte, nach Granada, um das in Richtigkeit zu bringen, was ihm versprochen worden war und er mit Gewißheit zu erlangen hoffte. Er wollte uns dann schreiben, daß wir kommen sollten. Der hl. Mann muß sich viel geplagt haben, um nur einiges von dem Versprochenen zu erhalten und die Erlaubnis des Erzbischofs zu erwirken; allein er konnte es nicht dahinbringen, daß man ihm wirklich etwas zugestand. Dennoch schrieb er uns in seiner guten Meinung nach Veas immer nur von den guten Aussichten, wie man sie ihm vorstellte. Ich lachte darüber und schrieb ihm zurück, er solle dergleichen nicht achten, sondern ein Haus mieten, in das wir einziehen könnten, weil die Schwestern aus Castilien schon angekommen seien. Der gute Mann ängstigte sich sehr, weil er auch dieses nicht bekommen konnte. Auch beim Erzbischof, an den er sich wandte, stieß er auf Schwierigkeiten; und obwohl zwei der ältesten Assessoren, Don Ludwig de Mercado und der Licentiat Laguna ihm zur Seite standen, so wollte es der Erzbischof doch nicht gestatten, daß

wir kämen, im Gegenteile zeigte er großes Mißfallen und erging sich in sehr harten Worten. Er sagte, er wolle lieber alle schon bestehenden Nonnenklöster aufheben; wie man denn in so schweren Zeiten noch mehr Nonnen herbringen möge; man sehe ja, daß sie sich bei der großen Unfruchtbarkeit dieser Jahre nicht erhalten könnten. In dieser Weise sprach er sich noch weiter sehr mißliebig aus. Den beiden Herren Assessoren, die sich für uns verwendeten, war es sehr unangenehm, weil sie sahen, daß wir von Veas aus sie stets mit Briefen drängten, indem wir ihnen vorstellten, wie wenig zum Unterhalt der zehn Nonnen genüge, die nach Granada kommen würden. Indessen halfen sie doch im geheimen dem Pater und bewirkten wenigstens so viel, daß ein Ratsherr ihm ein Haus zur Miete gab. Als er dieses hatte, schrieb er uns, wir sollten kommen, wiewohl er sehr darüber bekümmert war, daß er außerdem noch gar nichts erreicht hatte.

6. In Veas waren wir voll Erwartung und fest entschlossen, abzureisen, sobald uns der Pater nur mit einem Worte die Möglichkeit andeuten würde. So hatten wir, nämlich Pater Johannes vom Kreuz, die Schwestern, die am 13. Januar angekommen waren, und ich es beschlossen. In dieser Erwartung ging ich eines Abends zum gewöhnlichen Gebete, bei dem ich über die Worte betrachtete, die Christus bei seiner Taufe zu Johannes sprach: „Es ziemt sich für uns, alle Gerechtigkeit zu erfüllen."[1] Während ich nun bei dieser Betrachtung innerlich ganz gesammelt war und gar nicht an die Stiftung dachte, hörte ich ein entsetzliches Geschrei von einer Menge durcheinander heulender Stimmen. Sogleich kam mir der Gedanke, es wären Teufel, die so heulten, weil wahrscheinlich der Bote angekommen sei, der uns die Nachricht überbringe, daß wir nach Granada abreisen sollten. Als ich mir dies so dachte, nahm das von mir vernommene Geschrei derart zu, daß mir die natürlichen Kräfte schwanden und ich mich an die Mutter Priorin, die neben mir war, anlehnte. Diese meinte, es wäre eine Schwäche, und gab den Auftrag, mir etwas zum Essen zu bringen. Ich gab jedoch durch Zeichen zu verstehen, man solle dies unterlassen und nachsehen, wer an der Winde rufe. Man ging hin, und wirklich war es der Bote mit dem Schreiben, das die Aufforderung zu unserer Abreise enthielt. Alsbald erhob sich ein so schrecklicher Sturm und es fiel so viel Regen und Hagel, daß man meinte, die ganze Welt gehe

---

[1] Matth. 3, 15.

zugrunde; ich selbst aber wurde zum Sterben krank. Die Ärzte, die mich sahen, hielten den Antritt meiner Reise für unmöglich, da ich die heftigsten Schmerzen litt; und dazu kamen auch übernatürliche Verwirrungen. Doch dies alles machte mir nur noch größeren Mut, und ich drängte um so mehr, daß die Maultiere beschafft und alle übrigen Vorkehrungen getroffen würden, um am nächsten Wochentage abreisen zu können; denn der auf jenen Abend, an dem der Bote kam, folgende Tag war ein Sonntag, und ich war so krank, daß ich nicht einmal die Messe hören konnte, obwohl der Chor ganz nahe an der von mir bewohnten Zelle war.

7. Bei all dem machten mir uns am folgenden Montage früh um 3 Uhr auf zur großen Freude aller Schwestern, die mitgingen; sie glaubten nämlich, daß durch diese Reise dem Herrn ein großer Dienst erwiesen werde. Auf der Reise hatten wir gutes Wetter; die Wege aber waren wegen des vorhergehenden Ungewitters so schlecht, daß die Maultiere kaum durchkommen konnten. Wir gelangten bis Daifuentes. Dort berieten wir uns, nämlich unsere Begleiter, Pater Johannes vom Kreuz, Pater Petrus von den Engeln und ich, was zu tun sei, damit der Erzbischof uns die Erlaubnis gebe und unserer Aufnahme nicht mehr so hartnäckig sich widersetze. In jener Nacht unserer Ankunft in Daifuentes hörten wir einen entsetzlichen Donnerschlag; der Blitz fuhr in das Haus des Erzbischofs von Granada, nicht ferne von seinem Schlafzimmer, verbrannte ihm einen Teil seiner Bibliothek und tötete einige seiner Maultiere. Er selbst geriet so in Schrecken, daß er krank wurde; dies hat ihn, wie man sagte, milder gestimmt; denn seit Menschengedenken war um diese Zeit ein Blitzschlag in Granada unerhört.

8. Am selben Tage nahm der Mann, der an Pater Vikar das für uns bestimmte Wohnhaus vermietet hatte, sein dem Don Ludwig de Mercado und dem Lizentiaten Laguna gegebenes Wort und den schriftlichen Mietvertrag wieder zurück. Er sagte, bei Abgabe seines Jawortes nicht gewußt zu haben, daß das Haus dem Zwecke eines Klosters dienen sollte; da ihm dies jetzt bekannt sei, so werden weder er noch die vielen anderen Bewohner ausziehen. So geschah es auch. Die zwei Herren, die sich im geheimen unser annahmen, konnten ihn nicht zur Räumung des Hauses bestimmen, obwohl sie ihm 50 000 Dukaten als Bürgschaft angeboten hatten. Als sie nun von unserer schon in zwei Tagen erfolgenden Ankunft erfuhren, wußten sie nicht, was zu tun sei. Da sagte zufällig Don

Ludwig de Mercado zu seiner Schwester, der Frau Doña Anna de Peñalosa, vor der der Pater Vikar bisher alles geheim gehalten hatte: „Schwester, vielleicht ist es gut, nachzusehen, ob nicht die Nonnen, die schon auf dem Wege sind, in unserem Hause absteigen könnten. Wir würden ihnen einen Teil des Hauses einräumen, wo sie für sich bleiben könnten, bis sie einen Winkel zum Wohnen finden werden." Die gute Frau, die schon seit Jahren nicht mehr aus ihrem Oratorium gekommen war, wo sie in großer Trauer über ihren Witwenstand und über den Tod ihrer einzigen Tochter ihre Tage verbrachte, begann alsbald, wie sie uns sagte, wieder aufzuleben. Eiligst richtete sie ihr Haus ein und bereitete alles zur Kirche und zu unserer Wohnung Notwendige vor; dies alles ordnete sie sehr gut, wiewohl wir uns wegen der Unansehnlichkeit ihres Hauses nur mit einem kleinen Raum begnügen mußten.

9. Wir kamen am Tage der hl. Fabian und Sebastian[1] früh um 3 Uhr in Granada an; es mußte dies um solche Zeit geschehen, damit es nicht bekannt wurde. Hier trafen wir die heiligmäßige Frau vor ihrer Haustüre, wo sie uns mit großer Ehrfurcht und mit Tränen empfing, so daß auch wir weinen mußten. Wir sangen den Psalm: „Laudate Dominum"[2] und hatten große Freude, als wir in der Vorhalle des Hauses die schön gezierte Kirche sahen. Weil wir aber vom Erzbischof noch keine Erlaubnis hatten, so bat ich, die Kirche zu schließen, und sagte den mit Pater Vikar anwesenden Vätern, sie möchten nicht läuten lassen und weder öffentlich noch im geheimen hier Messe lesen, bis der Erzbischof seine Genehmigung erteilt hätte; denn ich hoffte zu Gott, wir würden sie sogleich erhalten.

10. Ich gab ihm also Nachricht von unserer Ankunft und bat ihn, zu kommen, uns seinen Segen zu geben und das Allerheiligste Sakrament einzusetzen. Denn trotz des Feiertages wollten wir doch keine Messe hören, bis nicht seine Herrlichkeit die Erlaubnis zum Zelebrieren gegeben hatte. Der Erzbischof antwortete mit großer Liebe, unsere Ankunft sei ihm willkommen; er freue sich sehr darüber und wünsche nur aufstehen und selbst die erste Messe lesen zu können; aber seiner Unpäßlichkeit wegen schicke er seinen Provisor, daß dieser sie lese und alles tue, was ich wünsche. Als der Provisor noch am selben Morgen um 7 Uhr kam, bat ich ihn, Messe zu lesen, uns allen die Kommunion zu reichen

---

[1] des Jahres 1582.
[2] Lobet den Herrn, alle Völker usw. Pf. 116.

und selbst das Allerheiligste Sakrament einzusetzen. Dies tat er denn auch sogleich mit großer Feierlichkeit. In unserer Kirche waren die zwei Herren Assessoren und so viele Leute anwesend, daß jene sich wunderten, wie alles so bald kund geworden; denn um 8 Uhr des Tages unserer Ankunft war schon das Allerheiligste Sakrament eingesetzt, und es wurden noch mehrere Messen gelesen. Die Leute von ganz Granada kamen herbei, als wenn ein Jubiläumsablaß zu gewinnen wäre, und einstimmig hieß es, wir seien Heilige und Gott habe durch uns diese Stadt heimgesucht.

11. Als am nämlichen Tage Don Ludwig de Mercado und der Lizentiat Laguna den Erzbischof besuchten, der infolge des zwei Nächte vorher durch das Einschlagen des Blitzes ausgestandenen Schreckens noch krank war, fanden sie ihn wegen unserer Ankunft sehr aufgebracht. Sie sagten ihm, warum er denn doch die Erlaubnis gegeben habe, wenn ihm dies so unangenehm sei? Das Kloster sei jetzt einmal gegründet. Darauf antwortete er: „Ich konnte nicht anders, obwohl ich meiner Natur großen Zwang antat; denn ich kann keine Nonnen sehen; aber ich habe nicht im Sinne, ihnen etwas zu geben, da ich nicht einmal die meiner Obsorge anvertrauten Nonnen ernähren kann." So fingen wir denn an, unsere Armut nicht bloß dem Namen nach, sondern auch in der Tat zu genießen. Denn obwohl uns die Frau Doña Anna Almosen reichte, so war es doch sehr gering, und von anderen wurde uns nichts gegeben, weil man uns in ihrem Hause sah, wo so viele Arme vorsprachen, und von wo aus fast allen Klöstern und Spitälern dieser Stadt reichliche Almosen gespendet wurden. Man meinte darum, wir litten gar keine Not, obwohl diese so groß war, daß wir uns mit den Gaben dieser Frau nicht lange hätten erhalten können, wenn nicht unsere unbeschuhten Väter des Klosters zu den Märtyrern uns mit Brot und Fischen unterstützt hätten. Aber auch sie hatten nur wenig, weil im selben Jahre Andalusien von einer sehr großen Unfruchtbarkeit und Hungersnot heimgesucht war. Bezüglich der Betten waren wir schlecht bestellt; wir besaßen nur, was wir für die Reise mitgenommen hatten; dies war so wenig, daß nur zwei oder drei darauf schlafen konnten; deshalb blieben wir die meisten Nächte auf den Matten, die im Chore waren. Dies alles verursachte uns eine so große Freude, daß wir um ihres Genusses willen unsere Not nicht entdeckten, sondern sie zu verheimlichen suchten, besonders vor der heiligen Frau, um ihr ja nicht lästig zu fallen. Weil

diese uns so zufrieden und vergnügt sah und uns für fromme und bußfertige Seelen hielt, so bemerkte sie es gar nicht, daß wir mehr nötig
hätten, als sie uns gab. So lebten wir die meiste Zeit — es waren
sieben Monate —, die wir in ihrem Hause zubrachten.

12. Schon vom ersten Tage an hatten wir während der ganzen Zeit
viele Besuche von den vornehmsten Personen sowohl als auch von den
Religiosen aller Orden, die nur von der Vermessenheit redeten, womit
wir unsere Klöster in solcher Armut gründeten, ohne irgendeinen Fond
zur Bestreitung der menschlichen Bedürfnisse zu haben. Wir antworteten
ihnen: Auf solche Weise erfreuten wir uns der Hilfe Gottes um so
mehr; und im Vertrauen auf die Vorsehung und Sorge Gottes, die wir
in unseren Klöstern so vielfach bewährt gefunden, fürchteten wir uns
gar nicht so anzufangen; wir wünschten vielmehr, es möchte kein Kloster
anders gegründet werden, weil wir diese Art für die sicherste hielten.
Manche aus ihnen lachten, wenn sie uns so sprechen hörten und unsere
Zufriedenheit bei einer so großen Zurückgezogenheit sahen; denn um
unsere Klausur zu halten, lebten wir ganz abgesondert, so daß selbst
Ludwig de Mercado, der mit uns dasselbe Haus bewohnte, uns nie
anders als verschleiert sah und niemand uns von Angesicht kannte.
Wir taten nichts, als was wir immer und überall beobachteten; aber
hierzulande hielt man das für etwas Außerordentliches.

13. Viele Personen aus allen Ständen kamen, den Habit zu begehren; aber unter mehr als zweihundert, die darum anhielten, fanden
wir nicht eine einzige, die wir nach unseren Satzungen für tauglich zur
Aufnahme halten konnten. Mit vielen wollten wir darum gar nicht
reden. Andere wiesen wir zurück mit der Bemerkung, sie müßten zuerst
unsere Lebensweise kennenlernen, indes wir ihr Verlangen prüfen
wollten; auch hätten wir jetzt nur für uns selbst Raum, bis wir ein
eigenes Haus erhielten.

14. Wir suchten mit großem Eifer ein Haus, aber wir konnten
keines weder zur Miete noch zum Kaufe finden.

15. In dieser Zeit war ich etwas bekümmert, weil ich sah, daß uns
hier die Leute so wenig unterstützten. Jedesmal aber, so oft ich dem
Gedanken daran nachhing, war es mir, als hörte ich die Worte, die
Christus, unser Herr, zu unseren Aposteln sprach: „Als ich euch aus-
sandte ohne Beutel und Tasche und Schuhe, habt ihr da an etwas

Mangel gelitten?"[1] Meine Seele antwortete mit der großen Zuversicht, daß die göttliche Majestät uns mit allem, sowohl in zeitlicher als in geistlicher Hinsicht, reichlich versehen werde: „Nein, an nichts."

16. Der Herr sorgte so gut für uns, daß wir Messen und Predigten von den angesehensten Priestern und Predigern der Stadt hatten, fast ohne sie darum zu ersuchen. Sie hörten uns sehr gerne Beicht und waren von unserer Lebensweise und von der mir von Gott verliehenen inneren Zuversicht, daß uns nichts mangeln werde, sehr erbaut. Diese Zuversicht rührte von einer Gnade her, die mir gleich bei meiner Ankunft in dieser Stadt zuteil wurde. Ich hörte nämlich in meinem Innern ganz deutlich den Vers: „Scapulis suis obumbrabit tibi, et sub pennis eius sperabis."[2] Dies sagte ich meinem Beichtvater, dem Pater Johannes vom Kreuz, und dem Pater Magister Johannes Baptista de Ribera aus der Gesellschaft Jesu, denen ich von allem, was sich mit mir zutrug, sowohl in als außer der Beichte, Mitteilung machte. Beide hielten es für ein vom Herrn gegebenes Unterpfand, daß diese Stiftung einen sehr guten Fortgang haben werde. So ist es auch bis zur Stunde geschehen, nachdem nunmehr vier Jahre verflossen sind. Der Name des Herrn sei dafür gepriesen! Denn wie die Schwestern, die zu dieser Stiftung kamen, bezeugen, haben sie beständig die Gegenwart der göttlichen Majestät und die innere Gemeinschaft mit ihr mehr erfahren, als sonst in ihrem ganzen Leben. Man sah dies auch ganz deutlich an ihrem geistlichen Fortschritte und an dem Nutzen, den nach allgemeinem Zugeständnis die anderen Nonnenklöster der Stadt aus ihrem Beispiele schöpften. Wie ich vom Präsidenten, Don Petrus de Castro, vernommen, ging in den Nonnenklöstern der anderen Orden, deren es in Granada viele gibt, seit unserer Ankunft eine große Veränderung vor.

17. Außer den genannten, uns vom Herrn verliehenen Gnaden wurde uns auch noch das überaus große Geschenk zuteil, uns die Gesellschaft der Person unseres Herrn Jesu Christi im Allerheiligsten Sakramente des Altares in einer Weise empfinden zu lassen, daß wir seine leibliche Gegenwart sichtbar wahrzunehmen glaubten. Dies war so allgemein und gewöhnlich unter uns, daß wir darüber sprachen und uns gestanden, wir hätten eine solche Wirkung des Allerheiligsten Sa-

---

[1] Luk. 22, 35.

[2] Mit seinen Schultern wird er dich decken, und unter seinen Flügeln schöpfest du Hoffnung. Pf. 90, 4.

kramentes an keinem anderen Orte so erfahren wie hier. Denn vom Augenblicke der Aussetzung an hat es uns diesen Trost gewährt, der in einigen bis zur Stunde noch fortdauert, wenn auch nicht mehr in solch fühlbarer Weise wie in den ersten sieben Monaten.

18. Nach Verlauf dieser Monate fanden wir endlich auch ein Haus zur Miete, in das Euere Paternität ohne Wissen des Eigentümers in aller Stille uns einführten, nachdem der bisherige Inwohner aus= gezogen war. Sie waren damals von Baeza gekommen, um uns zu helfen. Ein anderes Haus konnte nicht gefunden werden, bis nach zehn Monaten unser Herr einige der vornehmsten Jungfrauen der Stadt wirksam anregte, mit Hilfe ihrer Beichtväter, ohne Einwilligung ihrer Eltern und Verwandten, von denen sie die Erlaubnis zum Ein= tritt in einen so strengen Orden nicht erhalten hätten, zu uns zu kommen, um das Ordenskleid zu nehmen. Innerhalb kurzer Zeit klei= deten wir sechs von ihnen mit großer Feierlichkeit ein, obwohl die Ver= wandten sehr bestürzt waren und in der Stadt große Aufregung ent= stand; man hielt es für etwas Schreckliches, in unsere Genossenschaft einzutreten. Viele Eltern verwahrten darum, wie man uns sagte, ihre Töchter sehr sorgfältig; denn der Schwester Maria von Jesu, der ersten, die wir aufnahmen, starben bald nach ihrem Eintritte Vater und Mutter, und es verbreitete sich das Gerücht, sie seien vor Gram ge= storben. An ihr selbst bemerkte man durchaus keine Reue, sondern im Gegenteil große Zufriedenheit und Dankbarkeit gegen unseren Herrn für die Gnade, daß er sie in unseren Orden geführt. Nicht bloß an ihr haben wir diese Erfahrung gemacht, sondern auch an den übrigen, die eingetreten waren, und an jenen, die später aufgenommen wurden.

19. Nachdem diese ihre Gelübde abgelegt hatten, dachten wir daran, uns mit ihrer Aussteuer ein Haus zu kaufen. Man verhandelte wegen mehrerer Häuser, und bezüglich einiger wurden auch schon Verträge aufgesetzt; allein nie kam ein Kauf zustande, bis wir uns zuletzt ent= schlossen, das Haus des Herzogs von Sesa zu kaufen. Es standen aber diesem Erwerbe so viele Schwierigkeiten im Wege, daß es uns und allen, die davon hörten, als Torheit erschien, da einziehen zu wollen, obwohl es unter allen Häusern das geeignetste und bestgelegene ist. Endlich entschloß ich mich aber doch, über den Kauf zu unterhandeln. Es hatte mir nämlich schon vor mehr als zwei Jahren die Schwester Sekretärin, die ich nicht mit Namen nenne, weil Euere Paternität sie

an der Handschrift erkennen, bestimmt versichert, unser Herr habe ihr dreimal kundgetan, daß wir uns in diesem Hause des Herzogs bleibend niederlassen werden. Sie hat dies mit einer solchen Gewißheit vernommen, daß sie nichts von ihrem festen Glauben hätte abbringen können. Daß es nun wirklich so geschehen, und wir in diesem Hause wohnen, das wissen Euere Paternität.

Anna von Jesu.

Anhang

1.

Die Familie der hl. Theresia[1]

Don Alfons Sánchez de Cepeda, der Vater der hl. Theresia, entsproß väterlicherseits dem alten Geschlecht der Sánchez und mütterlicherseits dem Stamme der Cepeda. Sein Vater hieß Johann Sánchez de Toledo; seine Mutter Agnes de Cepeda. Doña Beatrix Dávila de Ahumada, die Mutter der hl. Theresia, entstammte väterlicherseits aus dem Geschlechte der Blásquez Dávila, mütterlicherseits aus dem der Tapia. Ihr Vater hieß Johann Matthias Blásquez de Ahumada, ihre Mutter Johanna de Tapia. Sie selbst führte den Familiennamen von ihrer Großmutter väterlicherseits, die dem Geschlechte der Ahumada entstammte.[2]

Nach einer Legende ward der Name de Ahumada einem der Vorahnen der hl. Theresia gegeben infolge einer Heldentat im Kriege gegen die Mauren. Dieser war nämlich mit seinen drei Söhnen in einem Turm eingeschlossen; statt sich zu ergeben, steckte er diesen in Brand, und es gelang ihm schließlich, aus dem brennenden Turm zu entkommen, der sein Familienwappen wurde.

Brüder und Schwestern der hl. Theresia

Don Alfons vermählte sich zuerst mit Doña Katharina del Peso y Enao,[3] die ihm drei Kinder schenkte: Johann Vásquez de Cepeda

---

[1] Siehe: „Oeuvres Complètes de S. Thérèse de Jésus, tom. II. par Les Carmélites du premier monastère de Paris, 1907, par Victor Retaux.

[2] Es ist bekannt, daß in Spanien in dieser Zeit die Gewohnheit es erlaubte, entweder den Namen der Familie des Vaters oder den seiner Mutter oder den seiner Großeltern zu führen. Bisweilen wählte man den Namen entfernterer, aufsteigender Linien.

[3] Nach Pater Joseph von der hl. Theresia, einem Geschichtschreiber der karmelitanischen Reform, trugen die Enaos diesen Namen, seitdem einer ihrer Ahnen, gebürtig in der Provinz Hennegau (im Spanischen: Henao) in den Niederlanden,

und Peter de Cepeda. Johann Vásquez starb als Hauptmann der Infanterie in Afrika. Von Peter de Cepeda weiß man nichts. Endlich Maria de Cepeda, von der die hl. Theresia in ihren Schriften häufig und immer voll des Lobes spricht.[1] Doña Maria heiratete im Jahre 1531 den Don Martin de Guzmán y Barrientos.

Aus seiner Ehe mit Doña Beatrix de Ahumada, die er im Jahre 1509[2] schloß, hatte Alfons neun Kinder.

Ferdinand de Ahumada

Dieser älteste Bruder der hl. Theresia, geboren 1510, begab sich wahrscheinlich um das Jahr 1532 in die Neue Welt, d. i. zu der Zeit, als seine Schwester Zögling im Kloster der Augustinerinnen zu Avila war. Einzelheiten über die erste Zeit seiner militärischen Laufbahn fehlen. Tatsache ist, daß er um das Jahr 1545 mit seinen Brüdern den Vize-könig Núñez Vela gegen die Angriffe des Gonzalo Pizarro unter-stützte.

Die jungen Cepedas brachten ihre Waffen, ihre Rosse und Geld-mittel selbst mit und leisteten durch ihre Gegenwart dem unglücklichen Vizekönig Beistand, der von den Seinen verraten und von den Re-bellen bedroht war. Ferdinand wurde Generalfähnrich. Er machte mit seinen Brüdern mehrere Gefechte mit und hatte Anteil an dem kleinen Siege von Chinchacara. Als Pizarro mit seinem Heere heranrückte, zog sich der Vizekönig nach Quito zurück. Die Schlacht spielte sich ab vor den Toren der Stadt, in der Ebene von Iñaquito, am 18. Ja-nuar 1546; sie war sehr erbittert. Die kleine königliche Armee mußte schließlich unterliegen. Ferdinand sah zwei seiner Brüder verwundet fallen, einen anderen, Anton, tödlich getroffen. Er selbst erhielt einen Lanzenstoß, während dem Vizekönig, der vom Pferde fiel, durch einen Negersklaven das Haupt abgeschlagen wurde. Nach dieser vollständigen Niederlage fanden die jungen Cepedas Aufnahme in Quito und konnten sich dort von ihren Wunden erholen mit Ausnahme des Anton, der nach

---

sich im 14. Jahrhundert unter dem Schutze des Königs Heinrich de Testamare in Spanien niedergelassen hatte.

[1] Maria vom hl. Joseph, Libro de Recreaciones.

[2] Siehe die Dispens des Generalkommissärs für die Kreuzzüge vom 17. Oktober 1509 für die Ehe des Don Alfons mit der Doña Beatrix. Diese letztere war im vierten Grad verwandt mit Katharina del Peso y Enao.

einigen Tagen seinen Verletzungen erlag. Später schlug Ferdinand seinen Wohnsitz in Pasto auf. Er starb im Januar 1565 zu Pasto in Columbien, wie sich aus dem Archiv in Pasto ergibt, wo 1907 Msgr. Polit den Totenbericht entdeckte.[1]

Rodrigo de Cepeda

Rodrigo, geboren im Jahre 1511, also gerade vier Jahre vor The-resia, war jener auserlesene Bruder, mit dem sie in ihren Kinder-jahren so heißes Verlangen nach dem Martyrium trug. Im Jahre 1535 schiffte er sich mit der Expedition ein, die von Don Peter de Mendoza geführt und für die Gegend des Rio de la Plata bestimmt war. Die Flotte verließ am 24. August 1535 Sevilla, aber durch Gegenwinde zu San Lúcar zurückgehalten, konnte sie erst gegen Sep-tember in die hohe See gehen. Damals stand Theresia nahe vor ihrem Eintritt ins Kloster der Menschwerdung. Vor seiner Abreise hatte Rodrigo sie zur Erbin seines Vermögens und seiner etwaigen Erb-ansprüche eingesetzt.[2] Der Abschied des Bruders von der Schwester war überaus herzlich und schmerzlich. Weit schmerzlicher jedoch war für das Herz Theresiens die Nachricht, die nach ihrer Profeß eintraf. Rodrigo war, nachdem er an der Gründung von Buenos Aires teil-genommen hatte und bis zu den Kordilleren vorgerückt war, in die Gegend von Paraguay hinabgezogen. Dort starb er in der Wüste von Chaco. Er fiel auf ungläubiger Erde und eröffnete dadurch den Mis-sionären den Zutritt, die mit dem Lichte des Evangeliums die Augen jener Volksstämme erleuchteten. Deshalb betrachtete die junge Kloster-frau der Menschwerdung inmitten ihres Schmerzes den Tod ihres innigstgeliebten Bruders als eine Art Martyrium, erlitten für den Glauben.

Laurentius de Cepeda

Laurentius war im Jahre 1519 geboren, also vier Jahre nach The-resia. Das frühzeitige Ende seines Bruders Rodrigo entmutigte ihn nicht. Im Jahre 1540 schiffte er sich in Begleitung seiner beiden Brü-der, Hieronymus und Peter, nach Peru ein. Nach ihrer Ankunft im Hafen von Nombre de Dios trennten sich die drei jungen Leute. Wäh-

---

[1] Siehe Oeuvres de St. Térèse vol. IV. p. 251.

[2] Siehe den Verzicht der hl. Theresia auf dieses Erbe zugunsten ihrer Schwester Johanna bei P. Silverio, Obras, II. p. 95.

rend Peter in der Stadt verblieb, überschritten Hieronymus und Laurentius die Landenge von Panama, und nach einer gefährlichsten Fahrt über den Stillen Ozean landeten sie schiffbrüchig im Frühling des Jahres 1541 im Hafen von Buenaventura. Sie begaben sich nach Quito und von da nach Lima. Die beiden Brüder kämpften mutig gegen die aufständischen Indianer. Nachher schlossen sie sich mit ihren anderen Brüdern dem Vizekönig Don Blasko Núñez Vela an und unterstützten seine Partei gegen jene des Gonzalo Pizarro. Laurentius war immer an der Seite des Vizekönigs, der ihm die wichtigsten Sendungen anvertraute. In der Schlacht vom 18. Januar 1546 wurde er wie seine Brüder verwundet. Wieder genesen von seiner Verwundung, erhielt er ein indianisches Lehen in der Provinz Quito. Im Jahre 1549 erwarb er sich das vollkommene Bürgerrecht dieser Stadt, die durch spanische Eroberer vor kurzem gegründet ward. Im Januar 1550 ward er zum Regidor und dann zum königlichen Schatzmeister ernannt. In der Folge hatte er die Ämter eines Gouverneurs, Generalhauptmanns und Alcalden[1] der Stadt inne.

Am 18. Mai 1556 heiratete Laurentius de Cepeda Doña Johanna de Fuentes y Espinosa, die durch ihre Frömmigkeit und ihre hohen Eigenschaften würdig war, die Schwägerin der hl. Theresia zu werden. Aus dieser Ehe entsprossen sieben Kinder. Die Heilige liebte Laurentius und seine junge Frau zärtlich. In einer Zeugenaussage für den Seligsprechungsprozeß der Heiligen bestätigte Laurentius, daß Gott um das Jahr 1560 sie eines Tages im Geiste in die Stadt Quito versetzte; dort sah sie ihren Bruder, ihre Schwägerin, ihre Kinder und ihre Dienerschaft; sie hörte die Worte, die zwischen ihnen gewechselt wurden. Lange Zeit nachher bezeugte es die Heilige selbst ihrem Bruder Laurentius.

Im November 1567 starb Doña Johanna de Fuentes, nachdem sie einem Töchterchen das Leben gegeben, das sie nicht mehr überlebte. Der Schmerz des Laurentius de Cepeda war grenzenlos, als er seine Gattin, die er ebenso innig verehrte, als er sie zärtlich liebte, in der Blüte der Jugend ins Grab hinabsinken sah. Folgende Zeilen sind von ihm aufbewahrt: „Die Selige — ich darf sie nach einem solchen Leben und Tode so nennen — war 28 Jahre 4 Monate und 20 Tage alt.

---

[1] Nach Herders Konversationslexikon Vorsteher einer politischen Gemeinde in Spanien.

Sie ist so heiligmäßig gestorben, daß ich meinen Gott bitte, er möge mir, wenn er es für gut findet, mich abzurufen, die große Gnade verleihen, eines ähnlichen Todes zu sterben. Amen. Sie gab, was nicht wenig heißt, im Sterben dieselben schönen Beispiele wie im Leben. Zweimal versicherte sie mich, daß ich ihr bald folgen würde, und daß ich, wenn ich sie dort oben wiederfinden wollte, fromm leben und treu unserem Herrn dienen müßte. Sie ist begraben im Kloster unserer Lieben Frau zum Danke, angetan mit dem Kleide dieses Ordens, in der Kapelle des hl. Johannes vom Lateran. Sie selbst hatte es so gewollt, wegen der großen Ablässe, die in diesem Heiligtum zu gewinnen sind."

Nach einem Aufenthalt von 34 Jahren in Amerika kehrte Laurentius de Cepeda im Jahre 1575 wieder nach Spanien zurück mit den drei Kindern Franz, Laurentius und Theresita, die ihm blieben. Bei seiner Rückkehr zerschellte das Schiff bei einem Sturm; nur einige Passagiere konnten sich retten, indem sie sich an die Trümmer des Schiffes anklammerten. Die kleine Theresita blieb auf einem Stück Holz sitzen, ohne eine Träne zu vergießen oder einen Schrei auszustoßen. In ihrer Unschuld hatte sie keine Ahnung von der Gefahr, in der sie sich befand. Aber Gott beschützte sie gegen die Wogen des Meeres. Es kamen Schiffe vorüber, die die Schiffbrüchigen aufnahmen. Vater und Tochter wurden gerettet. Sie setzten ihre Reise bis Sevilla fort, wo sie gerade zu der Zeit ankamen, als sich dort Theresia zur Gründung eines Klosters befand. Don Laurentius besuchte seine Schwester, und indem er ihr seine Tochter zeigte, sprach er: „Siehe da den einzigen Schatz, den ich aus Indien gebracht habe."[1] Von da an bestand ein ganz heiliger Verkehr zwischen ihm und seiner Schwester, und er machte rasche Fortschritte auf dem Wege der christlichen Vollkommenheit. Am 26. Juni 1580 starb er in Avila. Seine Schwester hatte eine Offenbarung von seinem Eingang in die Glorie. Sein Grabmal ist noch zu sehen in der Kirche des Klosters zum hl. Joseph in der Kapelle des hl. Laurentius, die er gestiftet hatte. Man liest dort folgende Inschrift: „Laurentius de Cepeda, gestorben am 26. Juni des Jahres 1580. Er ist der Stifter dieser Kapelle und der Bruder der Gründerin dieses Klosters, sowie aller unbeschuhten Karmelitinnen."

---

[1] La vie de Ven. M. Anna de Saint Barth. par un Solitaire du S. Désert de Marlaigne 1708. Chap. XVIII.

Antonius de Ahumada

Antonius, geboren um 1520, war fünf Jahre jünger als Theresia. Nachdem er seine Schwester bei ihrem Eintritt ins Kloster der Menschwerdung begleitet hatte, zog er sich ins Kloster des hl. Thomas zurück, um das Kleid der Dominikaner zu nehmen. Man sagt, er habe dieses Kleid mit jenem der Hieronymiten vertauscht; jedoch eine Krankheit nötigte ihn, ins väterliche Haus zurückzukehren. Als er seine Gesundheit wiedererlangt hatte, schlug er, wie seine Brüder in Amerika, die vom früheren Wege ganz verschiedene Kriegslaufbahn ein, wahrscheinlich nach dem Tode seines Vaters (1544). Wie schon erwähnt, wurde er in der Schlacht bei Iñaquito 1546 von einem Büchsenschuß getroffen. In die Stadt Quito verbracht, verschied er, versehen mit den Tröstungen der Religion.[1]

Peter de Ahumada

Peter, der fünfte Sohn des Alfons und der Beatrix, ward geboren im Jahre 1521. Wahrscheinlich verließ er in Begleitung des Laurentius und Hieronymus Spanien und landete mit seinen Brüdern in der Stadt Nombre de Dios an der Küste des Atlantischen Ozeans, wo er sich einige Zeit aufhielt. Er irrte darauf an den benachbarten Küsten umher auf der Suche nach Abenteuern und Kostbarkeiten. Man glaubt, daß er die Antillen durchquerte und nach Ferdinand von Soto die Eroberung von Florida versuchte. Im Jahre 1561 war er in Peru. 1575 begleitete er seinen Bruder Laurentius, der mit seinen Kindern ins Heimatland zurückkehrte. Da er für seine schwermütige Gemütsart keine Hilfe fand, war er der Gegenstand teilnahmsvoller Liebe der hl. Theresia und seines Bruders Laurentius, wie aus ihrem ersten Briefwechsel zu ersehen ist. Die Todesnachricht von Petrus de Ahumada traf ein am 19. Februar 1589.

Hieronymus de Cepeda

Hieronymus war geboren im Jahre 1522. Wir begegnen ihm gewöhnlich an der Seite seines Bruders Laurentius. Mit ihm schiffte er sich im Jahre 1540 ein und landete in Nombre de Dios. Mit ihm überschritt er die Landenge von Panama und nahm an der unglücklichen

---

[1] Siehe Polit, La Familia de S. Teresa en América p. 58 und Libro de recreaciones de la Maria de San José, recreac. VIII.

Schlacht von Jñaquito teil. Mit ihm kehrte er wieder zurück und machte sich in Quito seßhaft. Allein nach Spanien konnte er seinem Bruder nicht folgen, da der Tod ihn im Jahre 1575 in Nombre de Dios überraschte.

Augustin de Ahumada

Augustin, der letzte und kampflustigste der Brüder der Heiligen, war geboren 1527. Kaum in Amerika angekommen, vereinigte er sich mit dem berühmten Präsidenten La Gasca. Bald darauf schloß er sich an Don Gracia Hurtado de Mendoza, den Sohn des dritten Vizekönigs von Peru, an und begleitete ihn nach Chile. Aus 17 Schlachten soll er als Sieger hervorgegangen sein. Zwei Jahre diente er auch als Leutnant dem Gouverneur Rodriguez de Quiroga. Zehn Jahre seines Lebens verbrachte er in Chile und verschwendete 6000 Pfund Gold. Im Jahre 1570 kam er wieder nach Peru, wo der neue Vizekönig, Don Franziskus de Toledo, ihn zu sich nahm und zum Mitglied des Kriegsrates ernannte. Er nahm an mehreren Expeditionen teil und hatte wichtige Ämter inne. Unruhig über den unersättlichen Ehrgeiz ihres Bruders und besorgt um sein Seelenheil schrieb ihm die hl. Theresia mehrere Male, um ihn zu veranlassen, nach Spanien wieder zurückzukehren. Nach der Geschichte des Karmel war Augustin Gouverneur einer bedeutenden Stadt in Peru, als ihm seine Schwester schrieb, diese alsbald zu verlassen, wenn er nicht auf einmal Leben und Seele verlieren wolle. Kaum hatte er sein Amt niedergelegt und die Stadt verlassen, als die Indianer dort eindrangen und den neuen Gouverneur und alle dort befindlichen Spanier niedermetzelten. Gegen den Rat seiner Schwester nahm Augustin hernach eine andere Gouverneurstelle an, allein er fand hier nur Verdrießlichkeiten und Bitterkeiten. Im Jahre 1585 kehrte er nach Spanien zurück. 1588 wurde er durch königliches Dekret zum Gouverneur von Tucumán ernannt, und ein Jahr später erhielt er ein indianisches Lehen mit fünfzehnhundert Pfund Rente. Schon bejahrt fuhr er nochmals übers Meer und kam nach Lima. Dort wurde er gefährlich krank, wobei er auf die Eitelkeiten dieser Welt verzichtete, um nur mehr seinem Seelenheil zu leben. Er starb im Jahre 1591 unter dem Beistande des Paters Ludwig de Valdivia, aus der Gesellschaft Jesu, und, wie man sagt, auch in Gegenwart seiner hl. Schwester, die sich schon neun Jahre bei Gott erfreute.

Johanna de Ahumada

Johanna de Ahumada, wahrscheinlich im Jahre 1528 geboren, war das jüngste von allen Kindern des Don Alfons. Die hl. Theresia erzog sie selbst im Kloster der Menschwerdung und verheiratete sie an Don Johann de Ovalle, einen Edelmann in Avila, dem sie drei Kinder gebar. Johanna und ihr Gatte standen Theresia bei der Gründung des Klosters zum hl. Joseph in Avila bei. Sehr oft geschieht hierüber im Briefwechsel der Heiligen Erwähnung, und es ist eine schöne Zahl Briefe von ihr an ihre Schwester vorhanden. Sie starb im Jahre 1589. Die beiden Gatten hatten ihr Vermögen den Karmelitinnen zu Alba vermacht. Ihre Gruft, in die nachher auch der Leichnam ihres Sohnes Gonzalo gebracht wurde, findet sich noch in der Klosterkirche. Man liest dort folgende Inschrift:

„Dies ist das Grabmal des Johannes de Ovalle y Godinez, der Doña Johanna de Ahumada, seiner Gattin, der Schwester der hl. Mutter Theresia von Jesu, und des Don Gonzalo de Ovalle, ihres Sohnes, die diesem Kloster ihr ganzes Vermögen vermachten mit der Verpflichtung, für ewige Zeiten wöchentlich zwei hl. Messen zu lesen, alljährlich zwei Jahrtage und einige Gedächtnistage zu Ehren der Heiligen zu feiern. Dieses Grabmal ward geschlossen 1594."

Neffen und Nichten der hl. Theresia

Die Kinder Marias de Cepeda, der älteren Schwester der hl. Theresia, hießen: Johannes von Jesu, Mönch der Reform des hl. Petrus de Alcántara; Didakus de Guzmán, der die leibliche Kousine seiner Mutter heiratete. Sie gebar ihm eine Tochter, Katharina de Guzmán, die sich nachher mit Johann del Aguila verehelichte. Der Briefwechsel der Heiligen scheint anzudeuten, daß Martin de Guzmán und Maria de Cepeda folgende Töchter hatten: Doña Beatrix, die ebenso wie ihre Tochter im Jahre 1570 starb, und Doña Magdalena, die um diese Zeit[1] noch nicht verheiratet war.

Die Neffen und Nichten der Heiligen, Kinder ihres Bruders Laurentius, waren: Franz de Cepeda, der Doña Orofrisia de Castello y Mendoza heiratete; Laurentius de Cepeda, der sich mit Doña Maria de Hino-

---

[1] Nämlich um das Jahr 1570. Siehe den Brief an Laurentius de Cepeda vom 17. Januar 1570 und an Didakus de Guzmán am Ende des Jahres 1576.

josa verehelichte; Stephan, der mit 12 Jahren starb; Theresita, die unter dem Namen Theresia von Jesu unbeschuhte Karmelitin wurde; zwei andere Söhne und eine Tochter, die im Blütenalter starben. Die Nachkommenschaft des Laurentius de Cepeda und der Maria de Hinojosa ist heute noch zahlreich in Amerika vertreten, hauptsächlich in Ecuador.

Die Kinder der Johanna de Ahumada waren: Gonzalo, der als Kind von fünf Jahren verunglückte und durch die Gebete der Heiligen zum Leben erweckt wurde. Er huldigte einige Zeit den Ausschweifungen der Jugend, starb aber in einem Alter von 28 Jahren fromm im Herrn. Beatrix, die nach dem Tode ihrer Tante in den Karmel von Alba eintrat und im Karmel zu Madrid im Rufe der Heiligkeit starb; endlich der kleine Joseph, der kurz nach seiner Taufe, während ihn die Heilige auf ihren Armen hielt, in den Himmel einzog (1561).

Onkel und Tanten der hl. Theresia

Man zählt im allgemeinen vier Brüder und eine Schwester des Don Alfons: Laurentius de Cepeda, Franziskus Alvarez de Cepeda, Peter Sánchez de Cepeda, Rodrigo de Cepeda und Doña Elvira de Cepeda. Man weiß nichts von Laurentius; Rodrigo heiratete in Plasencia Doña Isabella de Carvajal.[1] Franz war jener Onkel, der Theresia bei ihrer Flucht zu den Mauren aufhielt. Er heiratete Doña Maria de Ahumada, eine Nichte der Doña Beatrix, der Mutter unserer Heiligen, die ihm wenigstens sieben Kinder gebar. Sein Leichnam ruht in der Kirche des Klosters zum hl. Joseph in Avila.

Peter Sánchez de Cepeda hatte zur Frau Katharina del Aguila; Witwer geworden, trat er in den Ordensstand. Die Heilige spricht von ihm im dritten und vierten Hauptstück des Buches ihres „Lebens".

Doña Elvira de Cepeda vermählte sich in Avila mit Ferdinand Majia. Sie hatte zwei Söhne, Didakus Majia und Peter Majia. Didakus war Ordensritter von Santiago und heiratete Doña Anna de Vergara, hatte aber keine Nachkommenschaft. Peter Majia ist nach Pater Gracián der kranke Verwandte, dessen Heilung die hl. Theresia durch ihr Gebet von Gott erwirkte, wovon sie im 30. Hauptstück ihres

---

[1] Siehe S. Teresa y la orden de predicadores von Felipe Martin, Avila 1909, p. 643. Declaración de F. Alonso de Carvajal.

„Lebens" spricht. Er vermählte sich mit Doña Jsabella Cimbrón und hatte einen Sohn namens Ferdinand Majia.

Die Aufzeichnungen über die Brüder und Schwestern der Doña Beatrix de Ahumada fehlen. Man weiß nur, daß sie eine Nichte hatte, die sich mit Franz Alvarez de Cepeda, einem Bruder des Don Alfons, verehelichte.

Vettern der hl. Theresia

Die bekanntesten Vettern der hl. Theresia sind die Kinder des Franz Alvarez de Cepeda, eines Bruders des Don Alfons aus seiner Heirat mit Doña Maria de Ahumada, einer Nichte der Doña Beatrix. Es liegt die Vermutung nahe, daß diese Verwandten der Heiligen jene sind, von denen sie im zweiten Hauptstück ihres „Lebens" spricht und mit denen sie nach ihrem eigenen Geständnisse innigen vertraulichen Umgang pflog.

Die Familienhäuser des Don Alfons und des Don Franz befanden sich einander gegenüber, so daß das Wort der Heiligen: wir trennten uns nicht, ganz natürlich sich erklärt. Auch ist anzunehmen, daß die junge Verwandte, deren Umgang für Theresia nachteilig war und der Doña Beatrix ihr Haus nicht verschließen konnte, ein wenig leichtfertig war. Denn da die Umstände für Besuche sehr günstig waren, so wohnte oder verweilte die Heilige oft im Hause des Don Franz Alvarez de Cepeda.

Man kennt auch die Namen seiner sieben Kinder: Peter Alvarez Cimbrón, der mit Johanna Brochero; Franz de Cepeda, der mit Maria de Ocampo verheiratet war. Didakus de Cepeda, der in Torrijos wohnte und zuerst sich mit Beatrix de la Cruz y Ocampo, dann mit einer Andalusierin verehelichte, deren Namen man nicht weiß; Vinzenz de Ahumada, der Priester wurde und im Jahre 1517 Pfarrer von Villanuova war; Agnes und Anna de Tapia, die zuerst Nonnen im Kloster zur Menschwerdung waren, nachher unter den Namen Agnes von Jesu und Anna von der Menschwerdung zur Reform übergingen und Priorinnen wurden, die eine in Medina del Campo, die andere in Salamanca; endlich Hieronyma de Tapia, die Didakus de Guzmán, den zweiten Sohn der Maria de Cepeda heiratete.

Die hl. Theresia hatte eine andere leibliche Base, mit Namen Maria

de Tapia;[1] man weiß aber nicht, ob sie von väterlicher oder mütter=
licher Seite verwandt war.

Sie hatte auch einen Vetter, namens Ferdinand de Cepeda, den
man oft mit Ferdinand de Ahumada, dem älteren Bruder der Heiligen,
verwechselt hat. Beide verweilten eine Zeitlang in der Neuen Welt,
beide standen im Briefwechsel mit der hl. Theresia,[2] und darum war
man der Ansicht, daß es ein und dieselbe Person sei, und hegte die
Vermutung, daß der ältere Bruder der Heiligen ohne Unterschied bald
den Namen de Cepeda, bald de Ahumada trug. Das ist vielleicht der
Grund für die Meinungsverschiedenheit in bezug auf die letzte Periode
der Laufbahn des älteren Bruders der hl. Theresia. Die einen glauben
nämlich, daß er Amerika nicht mehr verließ, die anderen versichern,
daß er nach Spanien zurückkehrte, sich dort verheiratete und Nach=
kommen hinterließ. Man weiß nicht, wessen Sohn Ferdinand de Cepeda
war; man erfährt einzig nur durch den Briefwechsel der Heiligen, daß
er eine Schwester hatte.

Die Geschichtschreiber nennen oft Neffen und Nichten der hl. The=
resia die Söhne und Töchter ihrer leiblichen Vettern. Diese sind:

1. Ludwig de Cepeda, Isabella, Beatrix und Eleonora, Kinder des
Franz de Cepeda und der Maria de Ocampo. Isabella und Beatrix
traten zuerst als Ordensfrauen in das Kloster zur Menschwerdung ein
und wurden später unbeschuhte Karmelitinnen unter den Namen Isa=
bella vom hl. Paulus und Beatrix von Jesu. Eleonora heiratete Jo=
hann Pérez de Ribadeneira und hatte eine Tochter namens Maria de
Ribadeneira.

2. Eleonora de Cepeda und Maria de Ocampo, Töchter des Didakus
de Cepeda und der Beatrix de la Cruz y Ocampo. Die erste starb im
Blütenalter als Nonne des Klosters der Menschwerdung. Die zweite
wurde unbeschuhte Karmelitin und unter dem Namen Mutter Maria
Baptista Priorin von Valladolid. Aus einer zweiten Ehe, die Didakus
in Andalusien schloß, erwuchs ihm eine zahlreiche Nachkommenschaft.

Was Maria Dávila, Tochter des Don Alfons Alvarez Dávila mit

---

[1] Siehe den Brief des Don Johann de Orozco y Covarrubias de Leyva vom
20. Mai 1606 an Pater Alfons von Jesu Maria, General der unbeschuhten Kar=
meliten.

[2] Siehe die Briefe an Laurentius de Cepeda vom 30. November 1561 und vom
17. Januar 1570.

dem Beinamen „der Heilige", betrifft, die unter dem Namen Maria vom hl. Hieronymus unbeschuhte Karmelitin und nach der hl. Theresia erste Priorin im Kloster zum hl. Joseph in Avila wurde, so war ihr Vater wahrscheinlich ein leiblicher Vetter der Heiligen. Die älteren Schriftsteller nennen sie in der Tat eine N i c h t e d e r H e i l i g e n, ein Name, den sie allen jenen ihren Verwandten geben, die mit ihr im selben Grade verwandt waren.

Andere Verwandte der Heiligen

Die Heilige nennt in ihrem Briefwechsel außer den erwähnten Personen ihrer Familie: 1. einen ganz nahen Verwandten, den sie, wie es scheint, einfach mit dem Namen de Cepeda bezeichnet.[1] Vielleicht handelt es sich um einen ihrer älteren Brüder aus der ersten Ehe des Don Alfons. 2. Anna de Cepeda, eine Frau von großer Tugend und Bußfertigkeit, die aber, wie sie sagt, für den Ordensstand nicht geschaffen ist.[2]

Im siebten Hauptstück des Buches ihres „Lebens" erwähnt sie eine verwandte, alte Ordensfrau im Kloster der Menschwerdung.

Yepes nennt noch eine andere Verwandte: Barbara de Tapia, deren Magd die Heilige nach ihrem Tode wunderbar heilte. Es mangeln jedoch die näheren Aufzeichnungen, um die Verwandtschaftsgrade anzugeben, in denen die verschiedenen Personen zur hl. Theresia standen.

Andererseits ist man allgemein der Ansicht, daß die Mutter Antonia vom Heiligen Geist (Antonia de Enao), eine der vier ersten Novizinnen im Kloster des hl. Joseph zu Avila, eine Verwandte (der Heiligen) war. Ihr Vater hieß Philippus de Enao, ihre Mutter Elvira Diaz. Weder der Geschlechtsname des Vaters, noch der der Mutter, erinnern an den eines mit der hl. Theresia in aufsteigender Linie Verwandten; und da die erste Frau des Don Alfons den Namen de Enao trug, so darf man mit Recht annehmen, daß Antonia de Enao eher in einem Verwandtschaftsverhältnis mit d i e s e r stand. Wenn sie eine Kusine von Maria de Cepeda und ihren zwei Brüdern war, so war es ganz natürlich, daß die hl. Theresia mit ihr, wie mit einer Verwandten, verkehrte. Indessen ist es nicht unmöglich, daß sie eine wirkliche Verwandtschaft mit der Heiligen verband, da ja doch, wie man weiß, Doña Beatrix de

---

[1] Siehe Brief an Laurentius de Cepeda vom 17. Januar 1570.
[2] Vergleiche denselben Brief.

Ahumada im vierten Grade mit der ersten Frau des Don Alfons verwandt war.

2.

Das Kloster der Menschwerdung, Theresiens erster Aufenthalt im Karmel[1]

1. Im Norden von Avila lag vor Zeiten, durch ein enges Tal von der Stadt getrennt, das Erbgut der Doña Elvira de Medina. Diese fromme Dame, so schreibt Lezana in den Annalen des Karmelitenordens, opferte in ihrem Edelmute ihr Besitztum der allerseligsten Jungfrau Maria und gründete dortselbst im Jahre 1513 ein Kloster der Karmelitinnen unter dem Namen der Menschwerdung.[2] Einsam und stille, gegenüber dem schönsten Teile von Avila, erhebt sich das Kloster der Menschwerdung, wie es der Pilger heute noch sehen kann; es ist so recht ein Ort für Betrachtung, Beschauung und strenge Buße, wie die hl. Theresia selbst im neunten Hauptstück ihres „Lebens" schreibt: „Für mich war es von Nutzen, wenn ich das Feld oder Wasser oder die Blumen anblickte; diese Dinge weckten mich auf und verhalfen mir zur Sammlung; sie dienten mir statt eines Buches, da ich bei ihrem Anblick des Schöpfers, sowie meiner Undankbarkeit und meiner Sünden gedachte."

2. Das große, weitausgedehnte Gebäude besteht aus einer schönen Kirche, einem prachtvollen Kloster, einem geräumigen Gemüse- und Obstgarten, versehen mit hinreichendem Wasser.

3. Die edelmütigen Bestimmungen der Doña Elvira de Medina erlaubten den Karmelitinnen, ihre Bauten rasch auszudehnen und eine große Zahl von Nonnen aufzunehmen. Nach dem Berichte des Annalisten Lezana bewohnten dieses Kloster bereits im Jahre 1550 180 Nonnen; die hl. Theresia bestätigt in ihren Briefen diese Angabe, indem sie schreibt: „Ich lebte in einem Kloster, in dem 180 Nonnen sich befanden."

---

[1] Siehe „Geschichte der hl. Theresia", nach dem Französischen übersetzt von Emil Prinz zu Öttingen-Spielberg, I. B., S. 106 und „Leben der hl. Theresia", 11. Hauptstück.

[2] Nach der Überlieferung und alten Urkunden war dieser Vorort von Avila lange von Juden bewohnt, die zur Zeit der Einnahme durch die Mauren in einem eigenen Viertel, getrennt von den Christen und Mauren, wohnten. Siehe: B. de la Fuente: Manual del Peregrino p. 73—75.

4. Zwei Jahre waren notwendig zur Herstellung dieses Gebäudes, und es ist ein merkwürdiges Zusammentreffen, daß die erste hl. Messe in dieser Kirche gerade an demselben Tage gelesen wurde, an dem There= sia die hl. Taufe empfing.[1] In der Nähe dieses Klosters wurde auch die siebenjährige Heilige, als sie in ihrem sehnsüchtigen Verlangen nach dem Martyrium mit ihrem kleinen Bruder Roderich ins Land der Mauren fliehen wollte, aufgehalten und von ihrem Onkel Franz Alvarez de Ce= peda wieder ins elterliche Haus zurückgeführt. Gewiß, ein doppeltes Zusammentreffen, das um so rührender ist, wenn man sich vergegen= wärtigt, daß die Heilige nach der weisen Vorsehung Gottes gerade in den Mauern dieses Klosters ein jahrelanges Martyrium der Liebe zu Jesus erdulden mußte.

5. Obwohl schon drei und ein halbes Jahrhundert verflossen sind, stellt sich das Kloster der Menschwerdung heutzutage dem Besucher noch in derselben Gestalt dar, wie zu den Zeiten der hl. Theresia. Nur um einige Kapellen und Andachtsräume, die die Schwestern aus Verehrung gegen ihre hl. Mutter erbauen ließen, wurden die Gebäulichkeiten ver= mehrt.

6. In dieses Kloster nun lenkte Theresia de Ahumada in einem Alter von 21$\frac{1}{2}$ Jahren ihre Schritte, nachdem sie lange im Zweifel war, ob sie bei den Augustinerinnen, die sie erzogen, oder im Kloster der Menschwerdung eintreten sollte.[2]

7. Nach dem Gebrauche jener Zeit vertauschte die Heilige noch am selben Tage das weltliche Kleid mit dem klösterlichen und nahm den letzten Platz ein unter ihren nunmehrigen Mitschwestern. Dreißig Jahre lang sollte Theresia in den Hallen dieses Klosters zubringen, wo sie so viele Gnaden vom Himmel erhielt, wo ihre Seele sich herausarbeitete aus den Eitelkeiten der Welt und emporstieg zur erhabenen Stufe der Vollkommenheit.

8. Wenn wir die Klosterpforte überschreiten, wohin Antonius[3] de

---

[1] Am 4. April 1515.

[2] Siehe „Leben" der hl. Theresia, viertes Hauptstück. Es war ein schweres Opfer für sie, zumal ihr Vater sie ungern scheiden ließ. „Als ich", so schreibt sie, „die Schwelle des Vaterhauses überschritt, erfaßte mich eine solche Angst, wie ich sie, so glaube ich, in der Todesstunde kaum empfinden werde. Mir war es, als ob sich meine Knochen voneinander trennten."

[3] Antonius trat in den Dominikanerorden, verließ ihn aber wieder und zog nach Amerika.

Cepeda seine Schwester begleitete, so erinnert uns alles an den Wandel der Heiligen; auf den Gängen schauen wir im Geiste die Spuren ihrer Tritte, alles spricht von ihr, zumal an den Wänden verschiedene Szenen aus ihrem Leben dargestellt sind.

9. Tritt man vom Gange aus ins untere Sprechzimmer, so wird das Auge des Besuchers auf ein tiefergreifendes Bild gelenkt. Einst erschien ihr der Herr mit strenger Miene, als sie sich mit einer weltlichen Person unterhielt, und sagte ihr im Innersten ihrer Seele, daß solche Gespräche ihm mißfielen.[1] Ein andermal gab ihr der Herr in diesem Sprechzimmer eine geheimnisvolle innere Warnung. Beide Vorgänge sind in Gemälden verewigt.

10. Im oberen Sprechzimmer war es, wo Theresia den hl. Petrus de Alcántara in Verzückung geraten sah und wo sie selbst in Verzückung fiel, als sie sich mit dem hl. Johannes vom Kreuz über das Geheimnis der allerheiligsten Dreifaltigkeit unterhielt. Da der Heilige mit so begeisterten Worten über dieses große und wunderbare Geheimnis sprach, fiel Theresia auf ihre Knie nieder, um mit tiefer Andacht diese Worte anzuhören. Entflammt vom Feuer der göttlichen Liebe fielen beide in Verzückung, und während Johannes auf dem Stuhle sitzend in die Höhe gehoben wurde, schwebte Theresia innerhalb des Gitters kniend in der Luft. So traf die beiden Heiligen eine Nonne des Klosters, Beatrix von Jesu mit Namen, die eine Botschaft an die Heilige zu überbringen hatte, und ward so Zeuge dieses Wunders.

11. Diese Verzückungen wiederholten sich in der Folge noch sehr oft, besonders während jener Jahre, in denen Theresia Priorin des Klosters der Menschwerdung und Johannes vom Kreuz Beichtvater der Nonnen dortselbst war. Zuweilen, wenn sie mit Johannes sprach, wurde sie erfaßt von der Flammenglut des Heiligen Geistes, nicht bloß verzückt, sondern auch lichtstrahlend in die Luft entrückt. Die Heilige, die sich gegen diese außerordentlichen Gnaden sträubte, hielt sich sogar an den Gitterstangen des Sprechzimmers fest, um der göttlichen Gewalt zu widerstehen; allein es war vergebliche Mühe. Die Ursache dieser Verzückungen aber schiebt die Heilige in ihrer Demut auf den hl. Johannes

---

[1] „Ich sah den Heiland mit den Augen der Seele, und zwar viel deutlicher, als ich ihn mit den leiblichen Augen hätte sehen können. Seine Gestalt blieb mir so tief eingedrückt, daß es mir jetzt nach mehr als 26 Jahren noch immer ist, als sähe ich ihn gegenwärtig." „Leben", siebtes Hauptstück.

vom Kreuz. „Mit Pater Johannes vom Kreuz", sagt sie, „muß man sehr zurückhaltend von Gott reden; denn er gerät nicht bloß selbst in Ekstase, sondern bringt auch andere hinein."

12. Der Ort, wo ein Seraph mit glühendem Pfeile das Herz der hl. Theresia durchbohrte,[1] ist ein im östlichen Flügel des Klosters gelegenes Betzimmer, für das die Heilige besondere Vorliebe hatte, weil es so still und einsam war.[2] In geringer Entfernung von diesem Betzimmer befindet sich der obere Chor, wo die Heilige so viele Gnaden beim Gebete empfing, wo sie anfangs mit so großer Trockenheit bei der Betrachtung zu kämpfen hatte, bis sie später zur wonnevollen Beschauung von Gott erhoben wurde. In diesem Chore ist auch heute noch jene Statue der Mutter Gottes, die von der hl. Theresia bei der Übernahme ihres ersten Priorates im Kloster der Menschwerdung auf den Platz der Priorin gestellt wurde; dieser Statue übergab sie auch die Schlüssel des Hauses und erklärte die Mutter Gottes zur wahren eigentlichen Priorin des Klosters. Ebendort fand auch jene wunderbare Erscheinung der Mutter Gottes im Salve Regina statt.[3]

13. Noch größere Gnaden aber wurden der Heiligen im unteren Chore zuteil. Es war im Jahre 1572; die Heilige zählte bereits 57 Jahre, als ihr nach dem Empfange der hl. Kommunion in Gegenwart des hl. Johannes vom Kreuz und der Nonnen der Menschwerdung der Heiland erschien und, indem er ihr die Hand reichte, zu ihr sprach: „Sieh an diesen Nagel; er ist das Zeichen und das Unterpfand, daß du von heute an meine Braut sein wirst."

14. Da diese Gunstbezeigung wohl die größte zu nennen ist, die der großen Reformatorin des Karmel im Kloster der Menschwerdung zu Avila zuteil geworden ist, so wollten sie ihre Mitschwestern auch verewigen, um dieses Bild stets vor Augen zu haben und an die Erhebung ihrer Mutter zur Braut Jesu Christi erinnert zu werden. Zwei schöne Gemälde, unseren Herrn darstellend, wie er der Heiligen die Hand reicht, sind über dem Kommuniongitter, vor dem sie fast dreißig Jahre lang das Brot der Engel empfing, angebracht, das eine auf der inneren

[1] Siehe „Leben", 29. Hauptstück.
[2] Nach der wahrscheinlichen Meinung fand die oben erzählte Vision im Jahre 1559 statt. Die Heilige war damals 44 Jahre alt und befand sich noch als einfache Nonne im Kloster der Menschwerdung.
[3] Siehe: Leben, S. 478, u. 19.

Seite, das andere auf der äußeren, der Kirche zugekehrt. Unter den Gemälden stehen die Worte, die der Herr zur Heiligen gesprochen, und auch die Angabe des Tages, an dem ihr diese Gnade zuteil geworden.

15. Betritt man die Kirche, so ist am bemerkenswertesten die große Seitenkapelle, die die Nonnen der Menschwerdung zu Ehren der hl. Theresia an demselben Platze erbauen ließen, an dem ihre Zelle sich befand, die sie als einfache Nonne bewohnte. Auf dem Hochaltare sind zwei Gemälde angebracht; das eine stellt die Heilige dar, wie ihr Herz von einem Seraph verwundet wird, das andere, wie Theresia ihre Werke verfaßt. Auf einem anderen Altare ist jene wunderbare Szene der Verzückung des hl. Johannes vom Kreuz und der hl. Theresia verewigt. Das Gemälde zeigt den hl. Johannes auf einem Stuhle sitzend in die Luft erhoben, die hl. Theresia aber in kniender Stellung in der Höhe schwebend; ihr Antlitz ist ganz entflammt, und während ihr Auge zum Himmel emporgerichtet ist, hält sie mit den Händen die Gitterstangen, um sich gegen den mächtigen Gnadeneinfluß Gottes zu wehren.

16. Diese Seitenkapelle ist also der Ort, den Theresia während der ersten Jahre bewohnte, bevor sie ihr Werk als Reformatorin des Karmel begann. Doch besitzt das Kloster der Menschwerdung noch eine andere Zelle, die die Heilige während ihres Priorates dortselbst bewohnte. Diese Zelle ist in bezug auf ihre Größe unverändert geblieben, wurde aber in ein Oratorium umgewandelt. Jedem, der dieses Oratorium betritt, fällt es auf, daß die Türbekleidung und die Türe selbst arg beschädigt sind; im Laufe der Zeit wurde nämlich von frommen Gläubigen aus Verehrung gegen die Heilige, die diese Zelle bewohnte, gar manches Splitterchen hinweggenommen und als kostbare Reliquie verehrt.

17. Einen Ehrfurcht gebietenden Eindruck macht auf den Besucher der Klostergarten, der einst so oft der Aufenthalt der großen Heiligen von Avila gewesen. Er ist noch ebenso lieblich und freundlich wie zu den Zeiten der hl. Theresia, nur etwas umfangreicher. Es wurde nämlich das in der Nähe gelegene Häuschen, das einst der hl. Johannes vom Kreuz als Beichtvater der Menschwerdung bewohnte, mit dem umliegenden Boden Eigentum des Klosters und mit dem Garten verbunden. Alles im Garten erinnert noch an die hl. Theresia. Das schöne Gewässer, von dem sie in ihren Schriften spricht, hatte für sie einen besonderen Reiz. Sie konnte sich daran nicht sattsehen, weil ihr Glaube in ihm das Bild der Gnade erblickte. Jenes klar dahinfließende

Wasser mag ihr auch Anlaß gegeben haben zu jenen wunderbaren Ab=
handlungen und Vergleichen zwischen den natürlichen und den Wassern
der Gnade. Die im Garten zerstreut liegenden Einsiedeleien, die so
oft Zeuge ihres vertrauten Umganges mit Gott waren, scheinen noch jetzt
jene weihevolle Stimmung kundzugeben wie zu den Zeiten der Heiligen.

18. Das kleine Häuschen, das einst der hl. Johannes vom Kreuz als
geistlicher Leiter und Seelenführer der Nonnen der Menschwerdung
bewohnte, ist in eine achteckige Kapelle umgewandelt worden und hat
jetzt noch den Namen „Klause des hl. Johannes vom Kreuz". Der
Altar dieser Klause ist aus dem Holze der abgetragenen Zelle der hl.
Theresia verfertigt; und aus Verehrung gegen die Heilige hat man auch
diesen Altar in der natürlichen Holzfarbe belassen, ohne ihn im gering=
sten zu bemalen oder zu verzieren.

19. Und nun wollen wir vom Kloster der Menschwerdung scheiden
mit den erhebenden Eindrücken, die die Seele in dessen Innern emp=
funden; von jener Stätte sage ich, die durch den Aufenthalt und die
Wirksamkeit zweier zeitgenössischer Heiligen aus dem Orden der un=
beschuhten Karmeliten so berühmt und verehrungswürdig geworden ist.
Offenbar lebt der Geist der hl. Theresia und des hl. Johannes noch leben=
dig fort in ihren Töchtern, so daß auch noch jetzt von ihnen jene Worte
gelten, die einst der Heiland zur hl. Theresia gesprochen: „O Tochter,
Tochter, die Nonnen der Menschwerdung sind meine Schwestern."
Ebenso gerne wie einst die hl. Theresia auf ihren vielfachen Reisen bei
diesen Nonnen einkehrte und einige Tage in ihrer Mitte verweilte, wird
sie jetzt auch vom Himmel her dieses Haus segnen, beschützen und beschir=
men. Denn sie selbst sagte ja: „Ich ehre und liebe dieses Haus, wie
meine Mutter; ich komme zu euch, weil ihr meine Schwestern seid."

3.

Rede des Bürgermeisters in einer Versammlung zu
Avila, die Aufhebung des St.=Josephs=Klosters
der unbeschuhten Karmelitinnen betreffend.[1]

Hohe Herren und hochwürdige Patres!

1. Die Angelegenheit, die uns in diesem Augenblick vereinigt, würde
sicherlich nicht erfordern, die Erfahrung so vieler verdienter Männer

---

[1] Die heilige Theresia beschreibt im 34., 35. und 36. Hauptstück ihres „Lebens"
die erste Gründung des St. Josephsklosters in Avila und erwähnt dort auch die

zu Rate zu ziehen; denn sie ist so einfach, daß die Entscheidung sich von
selbst ergibt. Indes hat mich die Achtung, die ich für Sie alle hege, veranlaßt, zu diesem Mittel meine Zuflucht zu nehmen, damit klar zutage
trete, daß sich meine Maßnahmen auf das Ansehen so hervorragender
Persönlichkeiten stützen und sie weder von Übereilung noch von Willkür
diktiert seien; so wird der Maßregel, die ich treffen werde, ein um so
größeres Gewicht beigelegt werden.

2. Jedermann kennt die Neuerung, die soeben in unserer Stadt durch
die Errichtung eines Klosters der unbeschuhten Karmelitinnen entstanden ist. Ich habe „Neuerung" gesagt; denn es genügt schon der Name
dieses Wortes, um sofort zu erkennen, daß diese Niederlassung Nachteile mit sich bringt, die in hohem Grade Furcht und Mißtrauen hervorrufen müssen. In der Tat, wer wüßte nichts von all den Unruhen,
die die Neuerungen im Staate zeitigen, von den Spaltungen, zu denen
sie Anlaß geben, von den Widersprüchen und Angriffen, zu denen sie
unruhigen Geistern Gelegenheit bieten, von der Aufregung, die sie
allenthalben verursachen? Und das alles, weil es wirklich in der Natur
einer Neuerung liegt, Unordnung und Aufruhr zu schüren, die guten
Gewohnheiten zu schädigen und die Wirksamkeit der bestehenden Gesetze
zu hemmen. So verhält es sich mit jeder Neuerung im allgemeinen.

3. Jene aber, die uns gegenwärtig beschäftigt, hat noch das Besondere, daß sie unter dem Schleier der Frömmigkeit und der Verbesserung
auftritt; allein gerade dadurch wird sie um so gefährlicher. Abgesehen

vielen Widersprüche und Schwierigkeiten, die ihr dabei entgegentraten. Unter
anderem sagt sie im 36. Hauptstück: „Zwei oder drei Tage nach der Gründung des
Klosters, am 30. August 1562, versammelten sich einige Gemeinderäte, der Bürgermeister und Mitglieder des Domkapitels und erklärten einmütig, die neue Stiftung
sei durchaus nicht zu dulden, weil offenbar das allgemeine Wohl darunter leiden
müßte." Bei dieser Versammlung wurde obige Rede gehalten. Der Text dieser und
auch der folgenden Rede findet sich in dem Werke: „Histoire Générale des Carmes
et des Carmélites, composée en Espagnol par le Rév. P. Francois de Sainte
Marie, Carme déchaussé; Traduction Nouvelle par le P. Marie-René de
Jésus Crucifié, Abbaye de Lerins, Imprimerie M. Bernard 1896. Vol. I.
L. I. c. XLV. p. 404 und 407.
Schon vor dem 30. August, am 25., 26. und 29. August, fanden solche Versamm-
lungen und Sitzungen statt, die sich hinauszogen bis zum 13. Februar 1563. Es
waren im ganzen 17 Sitzungen. Bei der letzten, am 13. Februar, wurde von Don
Alfons Robledo die Rechnung des ganzen Prozesses übergeben, die sich auf 4573
Maravedis belief. (Siehe Obras de Sta. Teresa de Jesús t. II. p. 167.)

davon, daß die Vermehrung der Klöster und der Orden nicht immer ein wirksames Mittel ist, um die Gesellschaft aufs beste zu fördern, so ist es gewiß, daß es in dieser Stadt nicht nur angemessen, sondern sogar notwendig ist, Neugründungen zu verhindern. Wenn Avila auch eine der hervorragendsten Städte Spaniens ist, so ist es doch keine der wohlhabendsten, und übrigens befinden sich hier schon so viele Männer- und Frauenklöster, als man vernünftigerweise wünschen kann. Infolgedessen ist es nicht gerecht, wenn einige Personen, um sich ganz ihrer Andacht hingeben zu können, uns eine Last auferlegen wollen, die wir nicht tragen können. Selbst dann, wenn das neue Kloster über ein wohlgesichertes Stiftungskapital verfügte, würden desungeachtet die Unzukömmlichkeiten, die ich soeben angedeutet habe, wenigstens zum Teil fortbestehen, weil das, was man dem Kloster endgültig schenkt, tatsächlich der übrigen Bevölkerung weggenommen wird; es ist das ein auf ewige Zeiten für die Öffentlichkeit verlorenes und dem gemeinsamen Gebrauche für immer entzogenes Gut.

4. Was ist also von dieser Gründung zu halten, die errichtet wird ohne Einkünfte, ohne Stiftungskapital und mit der zähe festgehaltenen Absicht, niemals Einkünfte zu haben? Meine Herren, das ist ganz einfach ein erzwungener Beitrag, den man uns im voraus aufbürden will; unter diesen Verhältnissen gründen, heißt nichts anderes als uns das Geld aus der Tasche locken und das Brot vom Munde nehmen. Denn, so frage ich Sie, wer von uns wäre so herzlos, diese armen Dienerinnen Gottes Hungers sterben zu lassen, ohne sie zu unterstützen? Hätten wir da nicht die Verpflichtung, unseren Kindern einen Teil des Notwendigen zu entziehen, um jenen beizustehen?

5. Wenn es außerdem wahr ist, daß die Stadtbehörde die Obrigkeit für alle Bürger ist, wenn es feststeht, daß die religiösen Gemeinden einen Teil der Bevölkerung ausmachen, wie ist es dann zu erklären, daß sich eine neue bildet ohne unsere Zustimmung? Wo ist die Regierung, die jemals einen ähnlichen Mißbrauch geduldet hätte? Und wenn es Pflicht ist, auch geringere Mißbräuche nicht zu dulden, warum soll man dann vor diesem die Augen schließen, der doch von so weittragender Bedeutung ist?

6. Überdies, meine Herren, wissen wir denn, ob diese Gründung nicht eine Erfindung des Teufels oder die Wirkung einer Täuschung ist? Man

sagt ja, daß diese Nonne Offenbarungen hat und auf einem außergewöhnlichen Wege wandelt. Und gerade das flößt mir Furcht ein und muß die Aufmerksamkeit denkender Menschen erwecken. Tatsächlich haben wir in jüngster Zeit solche vom Geiste der Lüge beeinflußte Frauenspersonen gesehen, und übrigens ist es schon von jeher gefährlich gewesen, Neuerungen Gehör zu schenken, zu denen ihr Geschlecht ohnehin zu große Neigung hat. Ich beabsichtige durchaus nicht, den guten Glauben und die aufrichtige Gesinnung dieser Nonne in Zweifel zu ziehen, um so weniger als ich in diesen Dingen nicht zuständig bin; aber ich möchte wenigstens das Mißtrauen ernst denkender Geister erwecken, damit man den Neuerungen gegenüber auf der Hut sei und man die Klöster nicht maßlos sich vermehren lasse; ferner damit keines ohne Erlaubnis und Einwilligung der Vertreter der Obrigkeit gegründet werde; endlich damit man wisse, daß es ihnen mit Zustimmung kluger Männer zusteht zu entscheiden, ob die Errichtung eines Klosters zum Dienste Gottes gereicht oder nicht.

7. Das, meine Herren, ist meine Meinung, und ich glaube wohl, daß sie die Zustimmung von Männern finden wird, die durch ihr reifes Urteil und ihre Erfahrung ebenso hervorleuchten wie jene, die in dieser Versammlung anwesend sind.

4.

Rede des Paters Dominikus Báñez zur Erhaltung der ersten Klosterstiftung in Avila[1]

1. Es wird in der Tat als Anmaßung von mir erscheinen, eine Entscheidung entkräften zu wollen, die von so hervorragenden und verständigen Männern gebilligt wird und sich auch auf stichhaltige Gründe stützt. Indes, wenn jeder Mensch an seinem Gewissen einen zuverlässigen Führer besitzt, wenn er sich an diese Richtschnur mehr als an die Meinung eines anderen halten muß in Beratungen, wo man wie in dieser

---

[1] Diese Rede war eine Entgegnung auf die Rede des Bürgermeisters von Avila und hatte, wie die Heilige in ihrem „Leben" bemerkt (im 36. Hauptstück), den Erfolg, daß bei der großen Erbitterung der Gemüter nicht sogleich Hand ans Werk gelegt wurde. Pater Dominikus Báñez fügte auf dem Rande des Manuskriptes der Heiligen, wo sie diese Vorgänge berichtet, die Bemerkung bei: „Es war dies Ende August 1562. Ich war dabei gegenwärtig und gab dieses Gutachten ab. Pater Dominikus Báñez."

hier mit voller Freiheit seine Meinung sagen darf, so fühle ich mich verpflichtet, im voraus zu erklären, daß mein Gewissen mich bestimmt, für das neue Kloster der unbeschuhten Karmelitinnen Partei zu ergreifen. Übrigens werden meine Worte das Gute für sich haben, daß sie jeder leidenschaftlichen Voreingenommenheit entbehren, da ich niemals mit der Stifterin sprach, ja sie nicht einmal kenne und mich auch in keiner Weise mit der Angelegenheit beschäftigt habe.

2. Diese Niederlassung ist neu, hat man gesagt. Dies ist wahr, und als solche hat sie in der Öffentlichkeit den Eindruck erweckt, den gewöhnlich alles Neuartige erzeugt. Allein das ist kein Grund, daß man in einer Versammlung von so ernstdenkenden und verständigen Männern diesem nämlichen Eindruck nachgibt mit der Ausrede, daß alles, was neuartig ist, dadurch allein schon tadelnswert ist.

3. Sind etwa die übrigen religiösen Orden unter anderen Umständen entstanden? Sind nicht die Reformen, die wir tagtäglich vor Augen haben oder die schon vor uns eingeführt wurden, gerade in dem Augenblicke zutage getreten, wo man am wenigsten an sie dachte? Ist nicht die christliche Kirche selbst durch ihren göttlichen Stifter wiederholt erneuert worden? Eines ist sicher: wenn wir uns alle von der Furcht vor diesem eitlen Gespenst, Neuerung genannt, einnehmen ließen, so wäre es nie möglich, in der Kirche etwas Neues einzuführen, so nützlich und vorteilhaft es auch sein würde. Verstehen wir es wohl: jedes Werk, das zur größeren Ehre Gottes beitragen soll und auf Verbesserung der Sitten abzielt, darf man nicht mit dem Namen „Neuerung" oder „verwegene Neueinführung" brandmarken, sondern es ist dies als eine Wiederbelebung der Tugend zu bezeichnen, und diese ist immer etwas Altehrwürdiges. Wenn man es nicht als etwas Neuartiges betrachtet, daß die Bäume sich im Frühling mit neuem Laub schmücken und die Sonne an jedem Morgen am Horizont wieder erscheint, warum soll man dann, so bitte ich Sie, diese geistige Wiederbelebung, die sich in den Ordensfamilien vollzieht, als eine tadelnswerte Neuerung bezeichnen? Was ist denn bei ihnen mehr zu tadeln, der Verlust ihres früheren Eifers oder dessen Wiedererneuerung? Und wenn ihr Verfall auf uns einen schmerzlichen Eindruck gemacht hat, warum sollten wir dann an der Rückkehr zu ihrer ursprünglichen Regeltreue Anstoß nehmen? Das jedoch, meine Herren, ist eine verdammungswürdige Neuerung, daß man der Tugend und dem Wunsche, Gott eifriger zu dienen, Hin-

berniſſe in den Weg legt. Nun aber, was iſt das ſoeben gegründete Kloſter der Karmelitinnen anderes als eine Wiederherſtellung des urſprünglichen Ordensgeiſtes, was anders als eine Rückkehr zu den in Vergeſſenheit geratenen Ordensbräuchen, die zum Wohle dieſes heiligen Ordens und zur Erbauung des chriſtlichen Volkes wunderbar beitragen muß? Von dieſem Geſichtspunkte aus betrachtet iſt alſo die Begünſtigung dieſer Gründung eine Pflicht für alle, insbeſondere aber für die Machthaber der katholiſchen Staaten, weil es dieſen zuſteht, ſo lobenswerte Unternehmungen zu fördern. Möge es Gott gefallen, daß dieſe mutige Jungfrau viele Nachahmer findet! Welche Ehre für Avila, für ganz Spanien, ja für die geſamte Kirche, wenn wir alle in ihre Fußſtapfen eintreten würden!

4. Ich billige die übermäßige Vermehrung der Ordenshäuſer nicht. Immerhin aber ſcheint es mir ziemlich ſchwierig zu ſein, hierin eine genaue Grenze feſtzuſetzen. Denn wenn ſich niemand darüber beklagt, daß die vielen unnützen und laſterhaften Menſchen, auch wenn ſie ſich noch ſo ſehr vermehren, zu zahlreich werden, warum werden dann jene, die die Übung der Tugend geloben, gerade aus dieſem Grunde ungern geſehen und verfolgt? Die Städte wimmeln von charakterloſen, unſittlichen Menſchen; in den Straßen begegnet man auf Schritt und Tritt Vagabunden, Flegeln und Faulenzern; man ſieht überall junge Wüſtlinge und Perſonen von ſchlechtem Lebenswandel, und niemand erhebt die Stimme, um gegen das übermäßige Anwachſen dieſer traurigen Brut Einſprache zu erheben, niemand denkt daran, Abhilfe zu ſchaffen.

5. Und nun ſollten vier arme, ſchwache, in einem Winkel zuſammengepferchte Nonnen eine Geißel, eine Laſt ſein, die die Geſellſchaft nicht zu ertragen vermag? Dies ſollte das ſchreckliche Übel ſein, das eine ganze Stadt empört und in Aufruhr verſetzt, weswegen man Verſammlungen abhält? In der Tat, meine Herren, warum ſind wir denn eigentlich hier verſammelt? Beſtürmt vielleicht der Feind unſere Mauern? Steht etwa die Stadt in Flammen oder richtet die Peſt ihre Verheerungen an? Macht ſich eine Hungersnot fühlbar oder endlich, welches Unglück bedroht uns denn? Vier demütige, arme, friedliebende, tugendhafte unbeſchuhte Karmelitinnen und ſie allein ſind alſo die Urſache all dieſer Unruhen in Avila? Wahrhaftig — es ſei mir erlaubt, es zu ſagen — in einer Stadt wie der Ihrigen würde die Obrigkeit ſich ſelbſt ein Unrecht zufügen und

ſich erniedrigen, wenn ſie wegen ſolch geringfügiger Dinge ſo zahlreiche Verſammlungen einberuft.

6. Was nun die Gründung ohne Einkünfte betrifft, ſo ſcheint mir das, ich muß es geſtehen, nicht klug zu ſein, zwar nicht aus dem Grunde, weil es eine Laſt für die Stadt iſt — denn dieſe Laſt iſt ſehr gering —, ſondern vielmehr, weil ich fürchte, es möchte daraus für die Nonnen eine Notlage entſtehen, die bei einem Leben in ſo ſtrenger Klauſur und beim Mangel an geſichertem Einkommen in Dürftigkeit und Not geraten könnten. Ich will auch zugeben, daß die (weltlichen) Behörden das Recht und die Pflicht haben, ſich allem entgegenzuſtellen, was dem öffentlichen Wohle Eintrag tun könnte; allein das iſt nur von dem zu verſtehen, was ſich auf die rein bürgerliche und zeitliche Ordnung bezieht; in den Fragen der geiſtlichen und kirchlichen Ordnung ſteht das Urteil einzig dem Biſchof zu; und wenn mit ſeiner Erlaubnis Klöſter gegründet werden, ſo hat er auch die Pflicht, für ihre Bedürfniſſe Sorge zu tragen.

7. Was nun im beſonderen die ſoeben vollzogene Kloſterſtiftung betrifft, ſo iſt ſie nur mit Wiſſen und Willen des Biſchofs erfolgt, nachdem man ihn zuerſt um Rat gefragt hatte. Und was noch von größerer Bedeutung iſt, es ſtützt ſich dieſe Kloſtergründung auf ein beſonderes Breve des Heiligen Stuhles. In jeder Hinſicht iſt alſo dieſes Haus der weltlichen Gerichtsbarkeit entzogen.

8. Ich bin alſo, hohe Herren und wohlehrwürdige Patres, keineswegs der Anſicht, daß die Unterdrückung des neuen Kloſters in der Macht der ſtädtiſchen Behörde liegt; hat man irgendeine Klage vorzubringen und tritt der Fall ein, daß es deswegen tatſächlich zur Unterdrückung kommt, ſo hat man ſich mit dem Biſchof zu verſtändigen, der allein zu entſcheiden hat, was im gegebenen Falle das geeignetſte zu ſein ſcheint.

5.

Die hl. Thereſia im St.‑Joſephs‑Kloſter zu Avila vom Jahre 1562—1567 und 1577—1579[1]

1. Es wäre eine große Freude für mich, wenn ich ein beſſeres Gedächtnis hätte, weil ich mich viel leichter der mir vom Gehorſam übertragenen Aufgabe entledigen könnte, nämlich zu berichten, was ich von unſerer hl. Mutter Thereſia von Jeſu geſehen und aus ihrem Munde

---

[1] Erinnerungen der Schweſter Maria vom hl. Hieronymus.

338

vernommen habe, während sie in diesem Kloster verweilte. Hätte ich ein besseres Gedächtnis, so könnte ich vieles erzählen. Auch muß ich bemerken, daß seit dieser Zeit mehr als zwanzig Jahre verflossen sind, ich meine seit Errichtung dieses Klosters, in dem sie uns, die wir neu eintraten, ein bewunderungswürdiges Beispiel gab. Ferner betrachtete man in jener Zeit die Vorgänge, wie sie sich eben ereigneten; man dachte nicht daran, sie aufzuzeichnen und ließ sie so der Vergessenheit anheimfallen. Ich kann also über diesen Zeitabschnitt bloß im allgemeinen sprechen und nur beispielsweise von ihrer Demut, Nächstenliebe und ungemein großen Liebenswürdigkeit erzählen, die die Heilige einer jeden aus uns erwies.

2. In diesen ersten Zeiten nahm man keine Laienschwestern auf, und jede Schwester mußte eine Woche lang die Besorgung der Küche übernehmen. Trotz ihrer vielfachen Beschäftigungen übernahm unsere hl. Mutter, ebenso wie die anderen, ihre Woche. Es war für uns eine große Freude, sie in der Küche zu sehen; denn sie erfüllte dieses Amt mit großer Hingabe und war überaus aufmerksam, uns alle gut zu bedienen. Es scheint, daß Seine Majestät gerade in dieser ihrer Woche mehr Almosen schicken wollte, als in den anderen, was die hl. Mutter zur Äußerung veranlaßte, daß unser Herr sich nach ihren Wünschen richte; gerade wie sie im Sinne hatte, uns gut zu bewirten, schickte ihr unser Herr die dazu nötigen Mittel. Manchmal konnte sie der ganzen Kommunität nicht mehr als ein oder zwei Eier oder andere Speisen von gleicher Menge vorsetzen. Sie sagte alsdann, daß dies jenen gehöre, die es am notwendigsten bedürften. Wir meinten, daß sie selbst sich in dieser Lage befände, da sie ja von so vielen Krankheiten heimgesucht war; allein niemals wollte sie es annehmen, indem sie bemerkte, nichts nötig zu haben. Wenn sie so sprach, wollte sie ihre Töchter nötigen, [die Speise] anzunehmen; denn sie war immer bereit, ihnen den Kummer zu ersparen und ihn selbst auf sich zu nehmen.

3. In der Tugend der Nächstenliebe zeichnete sie sich besonders in bezug auf die Kranken aus und drang darauf, daß sie mit allem Notwendigen versehen waren. Wir machten in dieser Beziehung die Wahrnehmung, daß unser Herr auf ihr lebendiges Vertrauen hin für die Bedürfnisse der Schwestern Sorge trug. Deshalb sagte sie uns oft, daß der göttliche Meister, soweit es an ihm liege, es uns nie an etwas fehlen lassen werde, wenn wir nur in seinem Dienste treu blieben. Sie sprach so, da sie hierin wohl erfahren war.

4. Über das Vertrauen, womit die hl. Mutter ihre Angelegenheiten vollführte, sage ich folgendes: Kurz nach der Gründung dieses Klosters erzählte sie uns eines Tages, daß sie, um ein gewisses Werk in Ausführung zu bringen, nicht e i n e Blanka[1] besaß und auch nicht wußte, woher sie sich eine solche verschaffen konnte. Da die Not drängte, entschloß sie sich, das Werk in Ausführung zu bringen, das eine Ausgabe von 80 Dukaten erforderte. Nachdem der Kontrakt abgeschlossen war, erhielt sie von einer Person einen Besuch, der sie die Angelegenheit erzählte. Diese stellte an sie die Frage, wie sie denn so habe handeln können, ohne etwas zur Bezahlung zu haben. „G o t t w i r d d a f ü r s o r g e n", sagte sie. Und in der Tat, am nächsten Morgen brachte man ihr Briefe von ihrem Bruder aus Indien, der ihr, wenn ich mich nicht irre, mehr als 200 Dukaten schickte.

5. Ein anderes Mal war es notwendig, eine Kapelle für dieses Kloster zu bauen; es war jene, die vor der jetzigen Kirche stand. Es handelte sich nicht darum, sie neu zu erbauen, aber nichtsdestoweniger war es eine Arbeit, die eine beträchtliche Summe Geldes erforderte. Die hl. Mutter besaß nicht e i n e Blanka und wußte nicht, was sie tun sollte. Sie rief die Schwester, die das Amt einer Prokuratorin versah, und fragte sie, ob sie ihr etwas geben könne, um die Arbeit zu beginnen. Die Schwester gab ihr zur Antwort, daß sie nur einen Cuarto[2] besitze. Diese Antwort bereitete der Heiligen lebhafte Freude und hielt sie keineswegs ab, das Werk zu unternehmen. Sie begann es daher und vollendete es in kurzer Zeit, weil unser Herr ihr dazu genügend Almosen schickte.

6. Wollte ich nun von den Wirkungen sprechen, die ihr Gebet in den Seelen hervorbrachte, so gäbe es da wohl viel zu sagen. Ich habe von einer vornehmen Person dieses Landes gehört, daß die hl. Mutter Kenntnis von der Gefahr hatte, in der sie sich befand. Diese Person hatte den innigen Wunsch, sich der Gelegenheit zur Sünde zu entziehen, aber sie vermochte es nicht, weil die Gelegenheit immer vor ihren Augen war und sie nicht die Kraft fühlte, sich davon loszureißen. Die hl. Mutter vermochte bei unserem Herrn so viel, daß dieses Verhältnis, das schon seit langem bestand, plötzlich in sehr kurzer Zeit aufgegeben wurde. Sie fand Mittel und Wege, um mit dieser Person zu sprechen und an sie zu schreiben. Durch ihre Hilfe sowohl, wie auch durch ihre

---

[1] Eine alte Scheidemünze = ½ Maravedi. Ein Maravedi = 1½ Centimes.
[2] Eine Kupfermünze = 4 Maravedis.

Gebete und vielen Bußübungen, die sie in der Meinung verrichtete, wurde nicht nur die Gelegenheit und das Ärgernis beseitigt, sondern die Seele gewann daraus auch großen Fortschritt und geistlichen Nutzen. Sie blieb für diese Gnade sehr dankbar, die ihr unser Herr durch die Vermittlung der hl. Mutter gewährte.

7. Ich habe sagen hören, daß sich in einem gewissen Dorfe ein Geistlicher befand, der seit zwei Jahren im Zustand der schweren Sünde lebte. Als die hl. Mutter davon hörte, schrieb sie ihm einen Brief, der einen solchen Eindruck auf ihn machte, daß er, so sagt man, die Sünde aufgab. Diesen Brief trug er sorgfältig bei sich.[1] Die Angelegenheit erforderte ohne Zweifel viel Gebet von seiten der hl. Mutter. Wir wußten, wie viele Gebete notwendig waren und welche Angriffe sie von seiten der bösen Geister aushalten mußte, wenn sie sich für eine Seele verwendete, die sich in gleicher Lage befand. Wir waren zuweilen von Mitleid gerührt, wenn wir sahen, in welchen Zustand diese ihren Körper versetzten; denn wenn auch der Kampf innerlich sich vollzog, so empfing sie doch auch äußerlich viele Schläge. Sie wußte wohl, daß die bösen Geister wütend waren über das, was sie für sündige Seelen tat. Denn sie vernahm ihre Drohungen und Versicherungen, daß sie sich rächen würden. Später erzählte sie mir dies manchmal und fügte bei, daß sie jedesmal, wenn sie eine von diesen Seelen auf dem Wege der Bekehrung und des Fortschrittes wandeln sah, wußte, daß sie es büßen müsse. Und dies traf oft zu, da ihr Eifer für das Heil der Seelen ungemein groß war.

8. Sie hatte ein großes Verlangen nach Bußübungen, so daß sie fortwährend neue Strengheiten erfand. Trotz ihrer großen Schwächen ließ sie sich nicht zurückhalten. Eines Tages kam sie mit den Schwestern überein, uns ganz mit grobem Wollstoff zu bekleiden und selben auch auf bloßem Leibe zu tragen, statt der Unterkleider aus Leinwand, wie wir sie jetzt haben. Die Bettücher und Kopfkissen mußten vom gleichen Stoffe sein. Hierauf erklärte sie sich als die Erste bereit, sich damit zu bekleiden, was sie auch tat. Sollte es schädlich sein, so wollte sie, wie sie sagte, lieber zuerst den Versuch machen, bevor sie die Schwestern die Kleidung tragen ließ. In der Tat trug sie diese auch einige Zeit und

---

[1] Die hl. Theresia hat in ihrem „Leben", 31. Hauptstück, die von Maria vom hl. Hieronymus erwähnten Tatsachen mit ihren Einzelheiten erzählt.

ebenso alle Schwestern, aber der Obere[1] gab den Befehl, es zu unterlassen, weil, wie man versicherte, diese Bußübung der Gesundheit sehr
nachteilig wäre.

9. Was ihr Gebet betrifft, so gab sich die hl. Mutter viel Mühe,
es zu verbergen; aber je mehr sie sich in dieser Hinsicht abmühte, desto
mehr machte es unser Herr, wie es scheint, offenbar. Es bereitete ihr
großen Schmerz, im Rufe der Heiligkeit zu stehen. Ich habe ein von
ihrer Hand verfertigtes Schriftstück gesehen, das eine vertrauliche Mitteilung an einen ihrer Beichtväter enthielt. Da sie wohl wußte, daß
man sie für eine Heilige hielt, so drückte sie den Wunsch und die Absicht
aus, in ein weit entlegenes Kloster sich zu begeben und dort als Laienschwester einzutreten, um unbemerkt und unbekannt zu bleiben. Aber der
Herr, der sie zu erhabeneren Werken bestimmte, ließ diesen Schritt nicht
zu. Dies ereignete sich vor der Gründung unseres Klosters.

10. Ich habe von einem ihrer Beichtväter, einem durch Wissen und
Geist ausgezeichneten Manne, sagen hören, daß sie in ihren Gesprächen
mehr einem Engel als einem Menschen glich. Und ich wundere mich
nicht, daß er so sprach; denn außer dem Gewinn, den, wie er wußte,
die Seelen im Verkehr mit ihr schöpften, hatte er selbst großen geistigen
Nutzen daraus gezogen. Dieser Pater war ohnehin schon ein guter
Ordensmann, und in der Folge sah man an ihm einen bemerkenswerten
Fortschritt in den Tugenden. Die Mutter sagte mir eines Tages, daß
sie, als sie für ihn zu Gott betete, zu Seiner Majestät gesprochen habe:
„Herr, dieser ist ganz geeignet, unser Freund zu sein."[2] In solcher
Vertraulichkeit verkehrte sie mit Gott.

11. Ich komme wieder zurück auf die Anstrengungen, die sie machte,
um ihr Gebet verborgen zu halten. Es begegnete ihr eines Tages, daß
sie sich mit ihrem Körper von der Erde erhoben fühlte. Sie war eben
im Begriff, zu kommunizieren. Wohl wissend, was vorging, ergriff
sie mit beiden Händen das Gitter und klammerte sich fest daran. Es
bereitete ihr großen Schmerz, so augenfällige Wirkungen zu sehen,
und sie selbst sagte, es habe ihr nicht geringe Mühe gekostet, von Gott
davon befreit zu werden. Die Verzückungen, die sie in unserer Gegenwart überraschten, betrübten sie ohne Zweifel; desungeachtet fügte sie

---

[1] Don Alvaro de Mendoza, Bischof von Avila.

[2] Maria vom hl. Hieronymus spricht hier offenbar von Pater Garcia de Toledo.
Siehe „Leben der hl. Theresia", 34. Hauptstück.

sich. Aber als auch auswärtige Personen es merkten, wurde ihr Schmerz ungemein groß. Während der ganzen Zeit verbarg sie es, so gut sie konnte, und gab vor, daß sie herzleidend sei. Wenn sie vor Zeugen in Verzückung fiel, bat sie flehentlich, ihr ein wenig Speise oder Getränk zu reichen, um den Anschein zu erwecken, als sei dies eine Folge der Krankheit.

12. So widmete sie sich dem Gebete, den Bußwerken und dem Eifer für die Seelen, und gab uns ohne Unterlaß die schönsten Beispiele der Demut. Da traf der wohlehrwürdige Pater General von Rom ein und erteilte ihr die Vollmacht, neue Klöster zu gründen. Als sie uns verließ, um die erste dieser Stiftungen vorzunehmen, waren es fünf Jahre, seit unser Kloster gegründet wurde.[1] Unser Schmerz war an dem Tage, an dem wir sie von uns scheiden sahen, außerordentlich groß; denn wir trugen große Liebe zu ihr. Jede von uns würde es als ein großes Glück gehalten haben, wenn sie uns mit sich genommen hätte. Bevor sie sich entfernte, hatte sie Sorge getragen, das Haus und den Garten in bester Ordnung zurückzulassen, damit uns ihre Abwesenheit nicht schwer ankam. Da sie für diese Vorkehrungen keine Mittel besaß, so nahm sie eine Schuld von 9000 Realen[2] auf, aber wie bei anderen Gelegenheiten mit dem festen Vertrauen, unser Herr werde alles ordnen. Und in der Tat schickte ihr der Herr Novizinnen, die das nötige Almosen mitbrachten und außerdem alle nur wünschenswerten Tugenden besaßen. Es war dies keine kleine Gunst, daß sich unter solchen Verhältnissen Personen fanden, die in diesem Kloster das Ordenskleid nahmen. Und kaum hatte man gehört, daß die Heilige dieses Kloster verlassen habe, als es wirklich alle für verloren hielten; man glaubte, das ganze Werk falle in sich zusammen. Wir, die wir im Kloster zurückblieben, waren nicht in Sorge; denn alles, was Seine Majestät zugunsten des Klosters tat, seitdem wir es bewohnten, gab uns den klarsten Beweis, daß es sein Werk war. Unser einziger Kummer war, daß wir uns unserer hl. Mutter beraubt sahen. Sie empfand es auch schwer, als sie uns verließ, aber sie gab sich Mühe, den Schmerz zu unterdrücken, aus Furcht, uns zu betrüben.

---

[1] Es war im August des Jahres 1567, als die hl. Theresia das St. Josephskloster in Avila verließ, um die Gründung in Medina del Campo vorzunehmen.

[2] Ein Real = 20 Pfennig, ist eine spanische Münze im Werte von 34 Maravedi. Also eine Summe von 1800 Mark.

13. Als sie abreiste, begab sie sich in eine im Kloster sich befindliche Einsiedelei zum Heiland an der Geißelsäule, um diesen göttlichen Meister inständig um die Gnade zu bitten, bei ihrer Rückkehr die klösterliche Gemeinschaft im selben Zustande wiederzufinden, wie sie sie verlassen. Unser Herr erfüllte ihre Bitte, was sich in der Folge klar zeigte. Man sah ganz augenscheinlich, wie Seine Majestät dieses Kloster nicht nur in geistlicher, sondern auch in zeitlicher Hinsicht begünstigte. Es leuchtete jedem ein, daß dies die Folge des Gebetes der hl. Mutter war. So sehr sie auch übrigens mit ihren Gründungen beschäftigt war, so trug sie doch für diese Kommunität Sorge und blieb deren Priorin. Man sah es wirklich ganz offenbar, die Subpriorin[1] hatte sehr wenig mit deren Leitung zu tun.

14. Da die hl. Mutter selbst schriftlich hinterlassen hat, was sich während des Zeitabschnittes ihrer Klosterstiftungen zutrug, so will ich bloß erwähnen, daß sie nur den geringsten Teil davon wiedergegeben hat. Wollte ich alles, was ich von der hl. Mutter über ihre Verfolgungen und Leiden erzählen hörte, berichten, es würde ein ganzes Buch ausfüllen. Ich möchte hier nur ihre Geduld hervorheben, die für mich während der zwei Jahre, die sie nach der Gründung von Sevilla in diesem Kloster verlebte, ein Gegenstand beständiger Bewunderung war.[2]

15. Sie traf hier von Toledo aus ein, gerade als es sich darum handelte, uns unter den Gehorsam des Ordens zu stellen. Die lebhafte Freude, die ihr dieser Wechsel verursachte, sollte durch Verleumdungen und Verfolgungen, die alsbald über sie hereinbrachen, wieder sehr herabgedrückt werden. Man beschäftigte sich damals mit der Errichtung einer getrennten Provinz. Die Ränke des bösen Feindes und die Wirren, die er gegen diesen Plan heraufbeschwor, waren derart groß, daß die hl. Mutter ohne die ihr von Gott verliehene vollkommene Tugend nicht hätte standhalten können. In der Tat suchte der böse Feind nicht nur die Errichtung dieser Provinz zu vereiteln; er bot auch alles auf, die schon bestehenden Klöster zu zerstören. Zu diesem Zweck erfand er die

---

[1] Maria vom hl. Hieronymus selbst.

[2] Die hl. Theresia hatte nach einem mehr als einjährigen Aufenthalt in Toledo ihre Schritte zum Klösterlein St. Joseph in Avila gelenkt. Sie kam im Juli 1577 an und verließ das Kloster erst im Juni 1579. Die folgenden Erinnerungen beziehen sich gerade auf diesen Lebensabschnitt der hl. Theresia, der für ihr Werk die bewegteste Periode war.

entsprechenden Mittel, um die Ordensfrauen nebst ihrer Mutter durch
Andichtung abscheulicher Verleumdungen in Mißkredit zu bringen,
und zwar in so schwerwiegenden und verabscheuungswürdigen Dingen,
daß man sie nicht einmal anhören konnte.[1] Über diese und noch andere
Vorkommnisse wurden der hl. Mutter sehr oft briefliche Mitteilungen
gemacht, um sie über die täglichen Begebenheiten auf dem Laufenden
zu erhalten; denn man setzte sie von allen einzelnen Angelegenheiten in
Kenntnis und pflegte nichts ohne ihr Gutachten zu tun. Aber alle diese
Vorkommnisse spielten sich ab unter Mitwirkung gewichtiger Persönlichkeiten und unter den Augen des Nuntius.

16. Sehen wir nun jetzt, wie sich die hl. Mutter all dem gegenüber verhalten hat. So oft sie erfahren, was man über sie sagte, und
mit wie viel Mühe und Aufwand man in so schändlicher Weise ein
Werk zugrunde richten wollte, auf das sie so viel Anstrengungen verwendet hatte, da rief sie uns zusammen und las uns diese Briefe vor.
Sie selbst bewahrte den Frieden und die vollkommenste Ruhe; ja, nicht
selten lachte sie über das Gerede der Leute. Alle (denkbar schlimmen und
unwahren) Aussagen vermochten die Heilige weder zu kränken, noch
zu beunruhigen, noch auch im mindesten aufzuregen. Ja, noch mehr, sie
versicherte sogar, daß sie eine große Liebe gegen ihre Widersacher trage
und diese dem lieben Gott angelegentlichst empfehle. Damit gab sie sich
aber noch nicht zufrieden. Ich habe wiederholt von ihr gehört, daß ihr
dies alles oft eine recht innige Freude verursache. Dies trat besonders
zutage in der äußerlichen Zufriedenheit und Heiterkeit, die wir an ihr
bemerkten. In solchen Fällen pflegte sie zu sagen: „Man erweist mir
einen großen Dienst; denn weiß ich mich auch unschuldig in diesem, so
habe ich doch in anderen Punkten Gott beleidigt, und so mag das eine für
das andere gelten."

17. Zu wiederholten Malen meldete man der hl. Mutter, es sei alles
verloren; und wirklich schienen die Verhältnisse sich von Tag zu Tag zu
verschlimmern. Sie jedoch ertrug alles mit solchem Mut und Vertrauen,
daß sie von unserer Seite durchaus keines Trostes bedurfte, sondern vielmehr uns in unserer Trostlosigkeit aufrichtete; sie gab uns die Anwei-
sung, alles unserem Herrn zu empfehlen und uns keineswegs zu betrüben,
da ja alles einen sehr guten Ausgang nehmen werde. Gerade dann, wenn

---

[1] Vergleiche damit auch den Bericht der Schwester Maria vom hl. Joseph,
Nr. 12 dieses Anhangs.

jeder alles gewiß für verloren hielt, schien sie neues Vertrauen zu fassen. Jenen, die eine derartige Nachricht brachten, antwortete sie: „Sie sehen, was vorgeht; nun wohl! all dies wendet sich zum Besseren.“ Und wahrlich schien es bei ihr so einzutreffen; ich hörte sie nämlich in der Folge von dem großen Vorteil, der ihrer Seele dadurch erwuchs, und von dem Nutzen sprechen, den sie aus den Prüfungen und Widersprüchen schöpfte. Jene Prüfungen, die ihr ihre Freunde bereiteten, waren keineswegs die geringeren, sondern im Gegenteil die schwersten von allen. Da diese die hl. Mutter am empfindlichsten trafen, so verschafften sie ihr Gelegenheit, um so mehr zu leiden. Und sie hatte in der Tat von seiten ihrer Freunde Schweres zu erdulden; denn da sie von ihren guten Absichten und von ihrer aufrichtigen Zuneigung zu ihr überzeugt war, so glaubte sie, daß jene im Rechte seien, sie selbst aber irre. Es waren dies außerdem Personen von erprobter Tugend, ein Umstand, der die Heilige mit äußerster Bestürzung erfüllte. Sie sagte mehr als einmal, daß nach ihrer Meinung jene richtig urteilten und nur sie sich täusche. Doch wie man sie auch ängstigen mochte, ich hörte von ihr über diese oder jene immer nur Worte von großer Erbauung. Sie versicherte, daß diese Personen heilig seien, sowie auch alle ihre Handlungen. Dies trug sich innerhalb der zwei Jahre zu, als die Verfolgungen am heftigsten wüteten.

18. Blieb ihr nach Erledigung der Geschäftskorrespondenz etwas Zeit übrig, so schrieb sie an die Nonnenklöster, um ihre Töchter zu trösten. Diese bedurften sehr des Trostes; denn sie konnten nur mit tiefer Betrübnis es sehen, wie man geradezu darauf ausging, ihre Klöster zu zerstören. Schon der Anblick ihrer Handschrift gereichte den Nonnen zum Troste. Aber nicht lange sollten sie sich dieser Gnade erfreuen; denn der böse Feind bot alles auf, ein Hindernis in den Weg zu legen. Plötzlich fiel die hl. Mutter eines Abends[1] von oben nach unten die Treppe hinab; dieser Fall war aber so eigentümlich, daß man es für ganz gewiß hielt, niemand anders, als der böse Feind selbst habe sie von der obersten Stufe hinabgeschleudert. Sie hielt ihre Lampe in der Hand, und als sie oben auf der Treppe angekommen war und in den Chor zur Komplet sich begeben wollte, wurde sie vom Schwindel erfaßt; darauf wandte sie sich, wie sie selbst erzählte, um und kam zu Falle. Sie verwundete sich derart am Arm, daß sie ihn seitdem nie mehr wie zuvor bewegen konnte. Die Schmerzen aber, die der kranke Arm verursachte, waren außerordentlich

---

[1] Am 24. Dezember 1577.

groß, und jahrelang war sie unfähig, ihn zu gebrauchen. Welch harte Prüfung für uns, die wir sie in diesem Zustande sahen, und auch für die hl. Mutter! Sie konnte sich ja von nun an weder an- noch auskleiden, noch sich selbst den Schleier aufsetzen; sie war auch unfähig zum Schreiben, und doch wäre ihre Korrespondenz so überaus notwendig gewesen. Als die Klöster diesen Vorfall erfuhren, waren sie ungemein bekümmert. Doch die hl. Mutter ertrug alles mit staunenswerter Geduld und Freude. Als eine Schwester sie eines Tages fragte, ob sie nicht ein inniges Verlangen nach der hl. Kommunion habe, — denn schon einen ganzen Monat mußte sie darauf verzichten, da sie außerstande war, sich aufzurichten, — da antwortete sie mit einem Nein und fügte bei, sie fühle in sich eine so vollständige Ergebung in den Willen Gottes, daß sie ebenso fröhlich sei, als wenn sie alle Tage kommuniziert hätte.

19. Vor jeder Nahrung, die man ihr während der Krankheit reichte, empfand sie einen tiefen Ekel. Eines Tages sagte sie zur Krankenwärterin: „Ich möchte gerne etwas zu essen, ich glaube, daß mir eine Melone zusagen würde, da mein Mund ganz ausgetrocknet ist; sollte aber eine solche im Kloster nicht vorhanden sein, so möge man sie ja nicht anderswoher holen." Es fand sich auch keine im Hause; aber man wagte nicht, dem Verbote der Mutter, sie anderswoher holen zu lassen, zuwiderzuhandeln, so notwendig sie auch für sie gewesen wäre. Man brachte ihr daher die Speise ohne Melone; ihr Ekel jedoch war derart, daß sie unmöglich etwas davon verkosten konnte. Schon wollte man die unberührten Speisen wegtragen, als man an der Winde klopfen hörte. Und siehe, als man geantwortet und nachgesehen hatte, fand man an der Winde die Hälfte einer Melone. Die Person aber, die sie dahingelegt hatte, erschien nicht mehr und noch heute ist sie unbekannt. So darf man annehmen, daß unser Herr jemanden den guten Gedanken eingegeben habe, seiner Dienerin in ihrer Not zu Hilfe zu kommen.

20. Als die zwei Jahre dieser großen Verfolgung vorüber waren — andere weniger schwere zogen sich wohl fünfzehn und selbst zwanzig Jahre hin —, erließ der Nuntius den Befehl, daß unsere Klöster dem Provinzial der Beschuhten unterstellt werden sollten, welches Amt damals Pater Angelus de Salazar bekleidete. Dieser Pater begann sogleich die Visitation der Klöster. Als er in das von Salamanca gekommen war, hielt er die Gegenwart der Mutter für sehr notwendig; denn es handelte sich darum, gewisse Prozesse zu schlichten, die sich

auf den Ankauf eines Hauses bezogen. Er sandte ihr daher die Weisung, sich dorthin zu begeben. Gleichzeitig befahl er ihr, nach Valladolid
zu gehen; denn Doña Maria de Mendoza, die jetzt im Himmel ist,
hatte ihn inständig gebeten, es der Mutter aufzutragen, gegen die sie
stets eine große Verehrung hegte. Die hl. Mutter verließ das Kloster,
um diese zwei Reisen anzutreten; sie nahm eine Schwester des Konventes mit sich,[1] die ihre treue Gefährtin bis zu ihrem Tode bleiben
sollte. Alle folgenden Aufzeichnungen verdanken wir eben dieser Schwester, die sie als Augenzeugin berichtet, da sie nie von ihrer Seite gewichen ist. Sie ist eine Person, die vollen Glauben verdient; denn
sie besitzt keine gewöhnliche Tugend, und Gott hat sie mit vielen Fähigkeiten ausgestattet. Ich weiß, daß unsere hl. Mutter sie sehr hoch schätzte
und sich lieber bei ihr als bei vielen Chorschwestern Rats erholte. Die
Schwester, von der die Rede ist, ist Laienschwester. Ich verkehrte mit
ihr viele Jahre lang und bin mit ihren Gewissensangelegenheiten sehr
vertraut. Wenn ich ihr zuhöre und die Gaben betrachte, die Gott
dieser Seele verliehen, so kann ich nicht umhin, sie überaus glücklich
zu preisen. Ich bin überzeugt, daß zu seiner Zeit mehreres von ihr
in erfreulicher Weise offenbar werden wird zur Ehre unseres Herrn.

21. Dieses sage ich zum Beweise, daß alle nachfolgenden Aufzeichnungen von einer Augenzeugin und von einer Person gemacht wurden,
die unser Vertrauen verdient.

Maria vom hl. Hieronymus.

6.

Das Priorat der hl. Theresia im Kloster der Menschwerdung vom Jahre 1571 — 1574[2]

1. Seit der Prüfung, von der fast alle Klöster in Italien und Spanien heimgesucht wurden — es war eine allgemeine Pest, die sich im
Jahre 1550 über den ganzen Erdkreis verbreitete und in allen Klöstern unzählige Ordensleute dahinraffte —, blieb nur noch ein kleiner
Teil übrig, um die Observanz aufrechtzuerhalten. Infolgedessen wurden alle aufgenommen, die um das Ordenskleid baten. Dadurch vermehrten sich zwar die Mitglieder, aber die Disziplin wurde gelockert,

---

[1] Die ehrw. Anna vom hl. Bartholomäus.
[2] Bericht der Doña Maria Pinel y Monroy, die Nonne dieses Klosters war.

so daß die Observanz allmählich in Verfall geriet. Trotzdem hat der Eifer der Generäle den Grund zu jener blühenden Observanz gelegt, die heutzutage Bewunderung erregt. Als meine hl. Mutter Theresia sich eines Tages sehr darüber betrübte, die Observanz ihrer Zeit nicht in der Blüte zu sehen, wie sie es wünschte, da sprach der Herr zu ihr: „Was würde die Welt ohne die Ordensleute sein, die dir so lau erscheinen?" Es ist gewiß, daß trotz der Lockerung in jeder klösterlichen Gemeinschaft mehrere Ordensleute von sehr großer Tugend sein mußten, um derentwillen der Herr die Welt verschonen konnte.

2. Unter allen Orden zeichnet sich durch vollkommene Lebensweise der Orden unserer Lieben Frau vom Berge Karmel aus. — Die Karmeliten sind durch den hl. König Ludwig nach Frankreich gekommen, der sie, erbaut von ihrer Strenge, vom Berge Karmel mit sich führte. Aus demselben Grunde ließ sie der Infant Don Ferdinand, der Enkel dieses hl. Königs, im Jahre 1304 nach Spanien kommen. Aber nachdem der Orden einmal in diesem Lande ansässig war, trat sehr bald eine Erschlaffung ein. Deshalb sandte Papst Pius V. zwei Visitatoren aus dem Dominikanerorden. Kastilien fiel dem Pater Petrus Fernández zu. Die Karmeliten waren vollständig seiner Gewalt unterstellt, und auch die Heilige befand sich unter der Jurisdiktion dieses Ordensmannes. Der Pater Kommissär kam nach Avila, weil er sie sehr gerne kennenlernen wollte. Er traf sie im Kloster zum hl. Joseph, sah sie und sprach mit ihr. Da er die Gnadenschätze, womit unser Herr diese Seele bereichert hatte, erkannte, war er sehr erstaunt und sagte nachher, daß Theresia von Jesu eine wahrhaft große Frau sei. Darauf visitierte er das Kloster der Menschwerdung; es war dies am 27. Juni 1571. In diesem Kloster sollte in kurzer Zeit eine Priorin gewählt werden. Der Pater Visitator, Petrus Fernández, erkannte, daß die klösterliche Gemeinschaft sowohl in zeitlicher als auch in geistlicher Hinsicht der Leitung der hl. Theresia von Jesu bedurfte. Er besprach sich über diese Angelegenheit zuerst mit den Definitoren des Kapitels unserer Väter vom Karmel, und mit ihrer Zustimmung und kraft der ihm übertragenen Gewalt ernannte er die hl. Mutter zur Priorin dieses Klosters der Menschwerdung, damit durch ihre Gegenwart und ihr Beispiel sowie durch ihre große Klugheit und ihren Geist alles wieder in Ordnung gebracht würde.

3. Unser Herr wollte dieses Kloster der Menschwerdung dafür be-

lohnen, daß es eine große Anzahl von Töchtern für die Gründungen stellte, die bis dahin durch die Heilige ins Leben gerufen waren. Alle diese Nonnen hatten einen so guten Geist, daß die hl. Mutter die Klöster in dem Zustand beließ, wie sie diese gegründet hatte, und zu neuen anderen Stiftungen schreiten konnte. Jenen, die sich beklagten, daß sie so viele von den vollkommensten Nonnen auswählte und mit sich nahm, gab sie eines Tages zur Antwort, daß trotzdem noch vierzig blieben, von denen jede fähig wäre, einen religiösen Orden zu gründen, und daß sich unter diesen noch vierzehn von so großer Heiligkeit befänden, daß Gott um ihretwillen die Welt verschont hätte, wenn sie damals auf Erden gewesen wären, als er das Weltall durch die Sintflut untergehen ließ.

4. Wenn unser Herr durch dieses Kloster immer neue Nonnen heranbilden ließ, so geschah es deshalb, damit die hl. Mutter Hilfe für ihre Gründungen bekam, die sie nach seinem Ratschlusse ins Leben rufen sollte. Und damit nach dem Weggange der für die Gründungen notwendigen Nonnen das Kloster der Menschwerdung auch noch reich blieb an hervorragenden Seelen, kam mein hl. Vater Johannes vom Kreuz als Beichtvater hieher und blieb 5 1/2 Jahre zum größten Segen eines Klosters, das dem göttlichen Meister so teuer war.

5. Als die Heilige den Entschluß des Pater Kommissärs erfahren hatte, widersetzte sie sich anfangs und wies darauf hin, daß sie ermüdet sei durch die vielen Gründungen. Sie brachte vor, wie viele Reisen sie unternommen, wie viele Hindernisse und Schwierigkeiten sie mit Gottes Gnade überwunden habe, und wie schwer es sei, in ein Kloster zu gehen, in dem sie eine so große Zahl von Nonnen zu leiten habe, und noch dazu, ohne von der klösterlichen Gemeinde gewählt zu sein. Während sie auf so demütige Weise erwiderte, überbrachte man ihr Briefe aus Indien, in denen einer von ihren Brüdern ihr mitteilte, daß er eine neue Statthalterschaft antreten werde. Sie empfand darüber tiefen Schmerz; denn sie wünschte ihren Bruder reicher an Tugenden als an zeitlichen Gütern zu sehen. Infolge dieses Kummers wendete sie sich flehend an unseren Herrn. Ich werde diese Begebenheit erzählen, indem ich mich der Worte der Heiligen selbst bediene. „Als ich eines Abends in einer Einsiedelei vom Berge Karmel mich befand und ihn unserem Herrn empfahl, sagte ich zu Seiner Majestät — ich erinnere mich nicht mehr, ob dies bloß in Gedanken geschah —: ‚Warum

muß mein Bruder an einem Ort sich befinden, wo sein Heil in Gefahr ist? O Herr, wenn ich einen deiner Brüder in gleicher Gefahr sähe, was würde ich nicht (alles) tun, ihn daraus zu befreien? Ich glaube, daß ich alle mir möglichen Mittel anwenden würde.' Er sagte zu mir: ,O meine Tochter, meine Tochter, die Nonnen der Menschwerdung sind meine Schwestern, und du zögerst noch? Wohlan, fasse Mut, denke, daß dies mein Wille ist. Die Sache ist auch nicht so schwer, als sie dir scheint. Was du für deine Klöster als schädlich erachtest, wird auf beiden Seiten Gewinn bringen. Widerstehe nicht mehr; denn meine Macht ist groß.'"[1]

6. O unendliche Güte, die du in dieser Weise deine Bräute begünstigt hast! Und in der Tat, unser Herr nannte sie nicht nur seine Schwestern, sondern erkannte sie auch als wirkliche Kinder an, als Töchter seiner heiligsten Mutter. Er weist sie[2] zurecht. „Fasse Mut, denke, daß dies mein Wille ist." Wie hätte die Heilige dem ausdrücklichen Willen Gottes widerstehen können? Unser Herr fuhr fort mit den Worten: „Die Sache ist auch nicht so schwer, als sie dir scheint." Er selbst beseitigt vor ihr die Schwierigkeiten, da er wohl wußte, wie leicht sich die Seelen fügen würden. Die Heilige unterwarf sich alsdann dem Willen Gottes. Was die Nonnen betrifft, so waren sie befriedigt. Sie protestierten aber trotzdem, weil man ihnen das allgemeine Wahlrecht entzog und weil das Volk vermuten konnte, das Kloster habe ein sehr schweres Vergehen begangen, da man ihm ohne die gewöhnlichen Wahlen eine Priorin gab.

7. Die Nonnen berichten einen Umstand, der sich bei der Ankunft der hl. Mutter als Priorin zutrug und von der großen Nächstenliebe der Heiligen sowie von dem großen Gehorsam dieser Klostergemeinde Zeugnis ablegt. Die Sache trug sich folgendermaßen zu: Als die hl. Mutter zur Priorin des Klosters ernannt war, begab sie sich nach Medina ins Kloster zum hl. Joseph, um von dort aus alles für ihre Ankunft bei uns zu ordnen. Sie teilte vom Josephskloster aus den Nonnen der Menschwerdung mit, daß sie das Amt einer Priorin nicht antreten werde, wenn sie nicht vor ihrer Ankunft alle jungen, vornehmen Mädchen — es waren sehr viele — entlassen würden, die sich im Kloster als Pensionärinnen befanden. Sogleich gehorchten die

---

[1] Siehe „Leben" S. 475, n. 14.
[2] Die hl. Mutter.

Nonnen und entließen ohne Verzug alle Zöglinge. Unter diesen befand sich eine kleine Waise, die Nichte einer Nonne, die tief betrübt war, als sie sah, daß ihre Nichte das Kloster der Menschwerdung verlassen mußte, da sie niemanden hatte, zu dem sie sich begeben konnte. Sie schrieb eine Karte an die Heilige und ließ ihr diese durch das kleine Mädchen selbst ins Kloster zum hl. Joseph bringen. Sie erklärte sich bereit, zu gehorchen, bemerkte aber, daß dieser kleine Engel nicht wüßte, wohin er sich begeben sollte. Die hl. Mutter ward von Mitleid gerührt und gab dem Kinde die schriftliche Erlaubnis, bei seiner Tante als Dienerin zu verbleiben. Das Mädchen kam voll Freude zurück und sagte: „Traigo una cédula de moza."[1] In der Folge fand die hl. Mutter für diese Kleine einen Aufenthaltsort, wo sie wie ein Kind des Hauses behandelt wurde; später brachte sie die nach ihrer Meinung notwendige Summe zur Aussteuer zusammen. Das Mädchen trat als Nonne in dieses Kloster und wurde eine von unseren Ehrwürdigen. Ihr Name war Maria Suárez. Sie mußte schwere Krankheiten durchmachen und ward sehr begnadigt von unserm Herrn. Sie starb den Tod der Gerechten im Jahre 1638. Dies alles bezeugten, als ich in dieses Kloster kam, mehrere Schwestern, die die Nonne gekannt hatten und noch lebten.

8. Am 6. Oktober des Jahres 1571 kam also die Heilige vom Kloster zum hl. Joseph, begleitet von unserem Pater Provinzial,[2] um das Amt einer Priorin anzutreten. Sie trug die Statue unseres glorreichen hl. Vaters Joseph auf ihren Armen. Als sie eine Türe überschritt, die von der Kirche in den unteren Chor führte, befahl der Provinzial, die Mutter aufzunehmen. Die Nonnen protestierten und verlangten ihr Recht, worauf der Pater Provinzial kurz sagte: „Meine Damen, wollen Sie die Mutter Theresia nicht?" Auf diese Frage erhob sich Doña Katharina de Castro, gleichsam um zu erklären, daß der äußere Einspruch gegen sie keineswegs einer inneren Abneigung gleichkomme, und sagte: „Wir wollen sie und lieben sie. Te Deum laudamus."[3] Diese Worte werden in diesem Kloster noch heute mit

---

[1] Ich bringe ein Schriftstück, das mir die Erlaubnis gibt, als Dienerin zu bleiben.

[2] Pater Angelus de Salazar.

[3] Wir wollen sie, ist hier aufzufassen als das äußerliche Einverständnis mit dem Priorat Theresiens, während der Ausdruck, wir lieben sie, für die innere Neigung zu

rührender Zärtlichkeit wiederholt. Die größte Zahl folgte, wenn auch
Yepes, der schlecht berichtet war, sagt, daß es der geringere Teil war.

9. Am Vormittag des nächsten Tages stellte die hl. Mutter auf den
Chorsitz der Priorin die Statue der gnadenvollen Jungfrau und gab
ihr die Schlüssel in die Hände. Sie selbst ließ sich zu ihren Füßen
nieder, rief das Kapitel zusammen und hielt folgende Ansprache:

10. „Meine Frauen, meine Mütter, meine Schwestern! Unser Herr
hat mich kraft des Gehorsams in dieses Kloster gesendet, um das Amt
zu übernehmen, das ich so wenig gesucht als ich es verdient habe.

11. Die Wahl meiner Person zu diesem Amte hat mich mit großer
Betrübnis erfüllt, einerseits, weil man mich mit einer Aufgabe betraut hat, der ich nicht gewachsen bin, und andererseits weil man
Ihnen die Ihnen zustehende freie Wahl entzogen und Ihnen eine
Priorin gegen Ihren Willen und Geschmack gegeben hat,[1] eine Priorin,
die schon viel tun würde, wenn sie es dahin brächte, auch nur von der
jüngsten Schwester, die hier ist, das viele Gute zu erlernen, das ihr
eigen ist.

12. Ich komme einzig zu dem Zwecke, Ihnen zu dienen und Liebes
zu erweisen, soviel ich nur kann; dazu wird mir, wie ich hoffe, der
Herr getreulich helfen; im übrigen kann mich eine jede aus Ihnen
belehren und verbessern. Darum wollen Sie, meine Frauen, mir nur
andeuten, worin ich einer jeden dienen kann, und ich werde es sehr
gerne tun, wenn ich auch mein Blut und Leben geben müßte.

13. Ich bin eine Tochter dieses Klosters, eine Schwester von Ihnen
allen. Ich kenne den Charakter und die Bedürfnisse aller oder doch
wenigstens der meisten aus Ihnen. Es ist also kein Grund vorhanden,
warum Sie sich gegen eine Person, die Ihnen so ganz zugehört, fremd
stellen sollten.

14. Fürchten Sie meine Leitung nicht; denn habe ich auch bisher
unter unbeschuhten Nonnen gelebt und sie geleitet, so weiß ich doch,
Gott sei es gedankt, sehr gut, wie jene zu leiten sind, die nicht zu

---

Theresia steht. Man kann ja wohl äußerlich sich gegen jemand aussprechen = pro-
testieren, und doch innerlich Respekt vor ihm haben = lieben.

[1] Die Heilige wußte sich jedoch durch ihre Leitung die Herzen dieser Nonnen so
zu gewinnen, daß diese, wäre es in ihrer Macht gestanden, sie nie mehr von sich weg-
gelassen hätten. Sechs Jahre später wählten sie Theresia selbst wieder zu ihrer
Priorin.

diefen zählen. Mein Verlangen zielt dahin, daß wir alle dem Herrn in milder Weise dienen und das wenige, was unsere Regel und Satzungen vorschreiben, aus Liebe zu eben diesem Herrn, dem wir so vieles schulden, tun mögen. Ich kenne unsere Schwäche; ach, sie ist groß. Wenn wir aber auch nicht in Werken so weit gelangen, so möge es wenigstens den Begierden nach geschehen; denn der Herr ist gütig und wird geben, daß unsere Werke allmählich übereinstimmen mit unserer Absicht und unserem Verlangen."

15. Und wirklich entsprach der Erfolg den getroffenen Vorkehrungen und der Ansprache. Die Nonnen gingen getröstet von dannen und atmeten auf von dem Schrecken, der sich ihrer bemächtigt hatte. Alles verwandelte sich in Vertrauen, und während der drei Jahre, in denen die Heilige dieses Kloster leitete, brachte sie es zu solcher Höhe, daß es nicht allein in zeitlicher Hinsicht glänzend dastand und in bezug auf die Regel und Satzungen reformiert wurde, es folgte auch, wie der Chronist bemerkt, bald ein großer Teil der Nonnen der Heiligen in die Klöster der unbeschuhten Karmelitinnen. Was das Kloster der Menschwerdung in Avila betrifft, so blieb es seiner Mutter und seiner Tochter — die Heilige war in der Tat beides — so sehr ergeben, daß es der Reform nicht nur die Mutter gab, sondern auch sehr viele Töchter; ja man kann beinahe sagen, daß die Reform aus dem Kloster der Menschwerdung herausgewachsen ist.

16. Während der Dauer ihres Priorates mußte die Heilige oft sich auf die Reise begeben, um die Stiftungen vorzunehmen, die ihr um diese Zeit angeboten wurden. Die Leitung der klösterlichen Gemeinschaft lastete dann auf den Schultern der Mutter Subpriorin, Isabella vom Kreuz, die zur großen Erbauung aller Schwestern und zur Befriedigung der hl. Mutter ihr Amt führte. Sie selbst sagte, daß die Mutter Subpriorin sehr klug gehandelt habe.

17. Überdies nahm unsere hochgebenedeite Mutter, die gnadenreiche Jungfrau, die, wie schon erwähnt, die Heilige auf den Sitz der Priorin gestellt hatte, dieses Amt an, wie sie es unserer Mutter bei einer Gunstbezeigung kund tat, die sie ihr am Vorabend des Festes des hl. Sebastian gewährte. Die Heilige hat diese Begebenheit in den Zusätzen zu ihrem „Leben" berichtet. Als man das Salve Regina begann, das bei der Komplet gesungen wird, sah sie diese höchste Herrin, begleitet von himmlischen Geistern, herniedersteigen und im Chorstuhl der Priorin Platz

nehmen. „Während des ganzen Salve Regina", sagt die Heilige, „bemerkte ich dort nicht mehr die Statue, sondern die himmlische Jungfrau. Alle Spitzen und Lehnen der Chorstühle waren mit Engeln besetzt. Die hl. Jungfrau sagte zu mir: ‚Du hast gut getan, mich hieher zu setzen. Ich will dem Lobe, das man meinem Sohne in diesem Chore singt, beiwohnen und es ihm darbringen.'"[1]

18. So würdigte sich die Königin der Welt, vom Himmel herabzusteigen und das Amt einer Priorin in diesem Konvent für immer anzunehmen. Die genannte Statue ist bekleidet und hat eine Höhe von $1^1/_4$ Ellen.[2] Infolge dieser Gunstbezeigung fiel, wie man glaubt, durch ein besonderes Wunder kein Staub auf ihr Antlitz. Am nämlichen Tag nach diesem gnadenreichen Vorgang befand sich die hl. Mutter beim Gebet im Chore. „Ich befand mich", sagte sie, „beim gewöhnlichen Gebet, und meine Seele erfreute sich der Gegenwart der allerheiligsten Dreifaltigkeit. Es schien mir, als ob die Person des Vaters sich mir näherte und an mich Worte voll von Süßigkeit richtete. Er sagte unter anderem mit vieler Liebe zu mir: „Ich habe dir meinen Sohn gegeben, den Heiligen Geist und die allerseligste Jungfrau. Was wirst du mir dafür geben?" Man sieht hieraus den hohen Wert jener ersten Gunstbezeigung, da der Vater der Heiligen gegenüber das Geschenk hervorhebt, das er ihr in dieser Jungfrau gewährt hat. Wie hoch müssen dann wir sie ehren und achten, wir als ihre Sklavinnen und Töchter, die wir unwürdig sind, zu ihren Füßen zu sitzen.

19. Die Heilige erhielt in diesem Kloster nicht minder große Gnaden durch die Statue des hl. Joseph, die sie, wie schon erwähnt, mitgebracht hatte, als sie das Amt einer Priorin antrat. Sie stellte diese auf den Platz der Subpriorin. Es ist eine allgemeine Überlieferung bei den Nonnen, daß diese Statue der hl. Mutter alles zutrug, was sich im Kloster ereignete, und deshalb nannten sie die Nonnen (scherzweise) das „Plaudermäulchen". Zum Beweis der Wahrheit dieser Tatsache blieb der Mund des hl. Joseph wunderbar geöffnet.

---

[1] Hier gibt Maria Pinel nicht ganz getreu die Worte der hl. Theresia wieder.
[2] Gemeint ist da die spanische Elle = 1½ Ellen.

7.

Bericht des Paters Julian de Avila über die Reise der heiligen Theresia von Avila nach Medina del Campo im Jahre 1567.[1]

1. Als die heilige Mutter sich im Besitze von Vollmachtsbriefen und eines speziellen Auftrages zur Stiftung von Klöstern sah, glaubte sie Hand ans Werk legen zu müssen. Nachdem sie die Sache reiflich überlegt und Gott anempfohlen hatte, entschloß sie sich, die Gründung von Medina del Campo,[2] die auf die Stiftung des St. Josephsklosters zu Avila folgte, vorzunehmen. Sie wollte diese Gründung deshalb in Angriff nehmen, weil Medina sehr viele Vorteile bietet und nicht weit von Avila entfernt liegt. Obgleich sie kein Geld besaß, um die notwendigen Ausgaben bestreiten zu können, so sandte sie mich doch nach Medina, um die Erlaubnis des Abtes[3] zur Niederlassung zu erwirken. Denn nach dem Wortlaute ihrer Vollmachtsbriefe war nur die Genehmigung des Ordinarius notwendig. Ich reiste dorthin ab, war aber wegen der Unterhandlungen, die in dieser Stadt stattfanden, gezwungen, in einer gerichtlichen Untersuchung über die Nützlichkeit und die Vorteile einer Klostergründung im genannten Orte entscheiden zu lassen. Gott fügte es, daß die Untersuchung sehr befriedigend ausfiel, da viele gottesfürchtige und glaubwürdige Männer als Zeugen anwesend waren. Aus dem geistlichen Stande waren auf unserer Seite die angesehensten Väter, die sich damals im Hause der Gesellschaft Jesu befanden.[4] Da die meisten dieser Väter die heilige Mutter kannten, gaben sie sehr bereit-

---

[1] Siehe Obras de Sta. Teresa de Jesús per P. Silverio de S. Teresa t. V. p. 350. Dieser Bericht ist genommen aus dem Leben der hl. Theresia von Julian de Avila, das Vinc. de la Fuente herausgab nach dem Manuskripte, das Abt Le Rebours aufgefunden hat. Pater Julian spricht vom Kloster Medina auf Seite 249 bis 257.

[2] Siehe 3. Hauptstück dieses Bandes.

[3] In Medina wurde kraft eines speziellen Privilegiums die kirchliche Jurisdiktion durch einen Abt ausgeübt, der von den Bewohnern ernannt wurde. Ordinarius wird gebraucht sowohl vom Bischof als auch von jener geistlichen Person, die die kirchliche Jurisdiktion über einen Kirchensprengel ausübt.

[4] Die Patres Ludwig de Medina, Johann Ordóñez und Ludwig de Santander, diese drei tugendhaften und von ihren Mitbrüdern sehr geachteten Männer gaben ein zustimmendes Urteil ab. (Hist. de la Compañía de Jesús en la Asistencia de España.)

willig ihre Erklärungen ab. Sie erkannten die große Wohltat, die Gott der Stadt dadurch erwies, daß in ihr der Grund zu einem so ausgezeichneten Kloster gelegt wurde für Seelen, die sie selbst leiteten. Sie waren nämlich vollständig unterrichtet über die Handlungsweise der Mutter und über die Lebensweise der Nonnen, die sie in ihren Klöstern einführen wollte; es war eine Lebensweise, die in vielen Punkten — soweit es nämlich Frauenspersonen möglich ist — den Satzungen und Übungen der heiligen Gesellschaft Jesu ähnlich war. Sie sahen darum mit Vergnügen Klöster der unbeschuhten Karmelitinnen an solchen Orten entstehen, wo die Gesellschaft Jesu sich niedergelassen hatte, und sie verkehrten, soweit es ihre Regel ihnen erlaubte, besonders mit diesen Nonnen sehr gerne, da sie ebenso wie sie dem Gebete und der Abtötung sehr ergeben waren.

2. Ich komme wieder auf unsere Untersuchung zurück. Ich nahm auch weltliche Zeugen mit aus den angesehensten Persönlichkeiten der Stadt, von denen einige Ratsherren waren. Bis das Zeugenverhör beendet war und ich die Genehmigung erhalten hatte, — es verflossen darüber vierzehn Tage — mietete ich dem Auftrag der heiligen Mutter gemäß ein Haus. Es war dies das beste und geeignetste von ganz Medina. Ich schloß den Mietvertrag ab und verpflichtete mich, jährlich dafür tausend und fünfzig Maravedi Pacht zu zahlen. Als die Mutter von allem Kenntnis erhalten hatte, war sie überaus erfreut sowohl über die gut verlaufene Untersuchung als auch über das vorteilhafte Haus, das ich erhalten hatte. Was den Preis betraf, so hatte sie darüber gar keine Sorge, ja ich glaube versichern zu können, daß sie zu der Zeit, als ich das Haus um den Preis von tausend und fünfzig Maravedi erhielt, nicht fünfzig Maravedi hatte und sogar das Geld für die Reise zu leihen nehmen mußte. Sie verließ sich keineswegs auf das Geld und verlor auch den Mut nicht im Hinblick auf die Schwierigkeiten, die sie erwarteten. Im Gegenteil, es war ihr nach den schrecklichen Widerwärtigkeiten, die sie in Avila zu bestehen hatte, ein solch inniges Vertrauen auf Gott und eine so kindliche Hingabe in seinen Willen geblieben, daß keine Verfolgung, welcher Art sie auch immer sein mochte, sie niederbeugte oder ihr auch nur im geringsten den Mut nahm. Da sie wohl wußte, daß ihr Unternehmen mehr Sache Gottes als ihre eigene war, vollführte sie alles, was sie für notwendig hielt, mit der zuversichtlichen Hoffnung, daß der Herr, für den sie arbeitete, alles zum

beſten lenken werde. Manchmal, wenn die Dinge einen anderen Ausgang zu nehmen ſchienen, als ſie gedacht hatte, hörte ich ſie zu ihm
ſprechen: „Herr, die Angelegenheit iſt nicht die meinige, ſondern die
deine. Willſt du, daß ſie zuſtande kommt, ſo liegt es in deiner Macht;
willſt du es aber nicht, ſo geſchehe dein Wille." Daraufhin blieb ſie
vergnügt und zufrieden, als ob alles nach ihrem Wunſch und Willen
gegangen wäre.

3. Ich reiſte nun wieder ab, hocherfreut über die erhaltene Genehmigung und Erlaubnis ſowie auch über das Haus, das ich gemietet
hatte, und kam wieder nach Avila zurück. Sogleich wählte die Mutter
die Nonnen aus, die ſie mitnehmen mußte. Die meiſten davon waren
Schweſtern aus dem Kloſter der Menſchwerdung; denn das St. Jo-
ſephskloſter hatte noch zu wenig Nonnen, um einige davon wegnehmen
zu können. Da die Schriftſtücke, die ich mitbrachte, gut ausgefertigt
waren, ſo hielt man die Abreiſe nicht ſehr geheim, ſo daß faſt ganz
Avila davon wußte. Sieben Nonnen, ſehr vorzügliche Perſonen und
große Dienerinnen Gottes, machten ſich auf den Weg. Da ſie mit einer
ſolchen Mutter reiſen durften, ſo fühlten ſie den Mut in ſich, alle
Schwierigkeiten zu überwinden, die ihnen etwa begegnen könnten. Auf
drei oder vier Wagen waren die Nonnen, ihr Gepäck und die nötigen
Hausgeräte untergebracht, während die Diener in genügender Anzahl
zu Fuß folgten. Ich erinnere mich nicht, daß außer mir noch andere zu
Pferde ſaßen.

4. Zum erſten Male machten wir in Arévalo halt. Ungefähr eine
Viertelmeile vor der Ankunft dortſelbſt händigte man mir einen Brief
von Alfons Alvarez ein; es war dies jener Mann, von dem ich das
Haus gemietet hatte. Er teilte mir mit, Avila nicht zu verlaſſen, bis die
Angelegenheit mit den Auguſtinermönchen, den Nachbarn des Hauſes,
geregelt ſei, da dieſe nicht dulden wollten, daß ein Kloſter in unmittel-
barer Nähe des ihrigen errichtet werde. Er fügte bei, daß dieſe Mönche
ſeine Freunde ſeien, die er nicht vor den Kopf ſtoßen wolle, weswegen er
uns nicht in das Haus einziehen laſſen könne, bis ſie ſich damit ein-
verſtanden erklären würden. Als ich an das Gerede dachte, das unſere
Abreiſe in Avila verurſacht hatte, ſah ich wohl ein, daß unſere Rückkehr uns dem Geſpötte und Gelächter einer großen Menge, beſonders
jener ausſetzen würde, die dieſe Abreiſe mißbilligt hatten. Während ich
alles für gut geordnet hielt, erkannte ich vielmehr, daß ich der Mutter

und den Nonnen, die sich schon auf dem Wege dorthin befanden, Schaden zugefügt hatte. Meine Verwirrung war groß. Wir zogen überaus traurig in Arévalo ein und berieten, was in einer solchen Lage zu tun sei. Als unsere Mutter sich in der Stadt befand, wurde sie von allem in Kenntnis gesetzt, was sich zugetragen hatte. So groß auch ihr Mut war, durch einen so gewaltigen Schlag mußte auch sie ein wenig in Verwirrung geraten, wohl nicht in der Weise wie ich, der ich solche Prüfungen nicht so starkmütig ertragen kann. Trotz alledem mußten wohl auch ihrem Geiste diese betrübenden und unangenehmen Aussichten vorschweben.

5. Dies ereignete sich am Abend vor Mariä Himmelfahrt. Da die Mutter die Absicht hatte, das Kloster an diesem großen Festtage zu gründen, so war sie sehr bekümmert, da dies unmöglich schien. Der größte Teil der Nacht verfloß damit, daß man Pläne machte und nach Mitteln suchte, um diese unangenehme Begebenheit aus der Welt zu schaffen. Durch Gottes Zulassung befanden sich an jenem Abend in Arévalo angesehene Männer, auf die die Mutter großes Vertrauen setzte. Man kam allgemein darüber überein, daß wir trotzdem uns nach Medina begeben sollten, allein nicht mit dem zahlreichen Gefolge, das wir bei uns hatten. Am selben Abend noch schickten wir einen Teil unserer Leute nach Avila zurück, und die Hälfte der Nonnen wurde in einen benachbarten Ort geführt, wo Vinzenz de Ahumada, ein Bruder einer der Nonnen, die bei uns sich befanden, Pfarrer war. Sie wurden von einem sehr tugendhaften Geistlichen, namens Alfons Esteban, begleitet, der aus Arévalo stammte. Was mich betrifft, so war ich bestimmt, unsere heilige Mutter und zwei andere Nonnen nach Medina zu begleiten. All dieses wurde am Morgen ausgeführt.

6. Wir kamen durch Olmedo, wo sich der hochwürdigste Herr Bischof von Avila befand. Man sagte uns, daß auf dem Wege eine verwitwete Dame aus Medina del Campo wohne, die da ihren Landsitz hatte, während sie in Medina selbst ein sehr verfallenes Haus besaß, in dem sie einen Verwalter und eine Haushälterin gelassen hatte. Die Mutter sprach mit der Dame, und schließlich gab diese ihr, falls sie ihr Haus benötigen sollte, die Erlaubnis, dem Verwalter zu sagen, daß er es sogleich zu verlassen und uns zu übergeben habe. Sie erlaubte ihr auch einige Teppiche zu benützen, die sie dort hatte. Infolge dieser wohl-

meinenden Anordnungen begaben wir uns wieder mit mehr Vertrauen auf den Weg.

7. Wir kamen an diesem Abend sehr spät in Olmedo an. Der hochwürdigste Herr Bischof hatte große Freude über unsere Ankunft. Seine bischöfliche Gnaden übergaben unserer Mutter für den Rest des Weges eine Kutsche und schickten einen seiner Kapläne, einen sehr tugendhaften Mann, namens Muñoz, als Begleiter mit. Wir brachen von dort am selben Abend auf voll der Hoffnung, daß unser Unternehmen einen glücklichen Ausgang nehmen werde. Ich reiste voraus, um zuerst anzukommen und die Karmeliten zu benachrichtigen. Um Mitternacht klopfte ich mit starken Schlägen an ihre Pforte. Sie erwachten und öffneten mir. Als ich ihnen über den Grund meines Kommens Aufschluß gegeben und ihnen mitgeteilt hatte, daß die Mutter ganz in der Nähe sei, legten sie noch in derselben Nacht Hand ans Werk, um alles vorzubereiten, damit am folgenden Tag bei der Morgendämmerung die Besitznahme des Klosters im Hause der genannten Dame erfolgen konnte. Unsere Mutter kam an, und da sie in solchen Fällen immer als entschlossene Frau handelte, nahmen wir den notwendigen Altarschmuck und die Kirchengeräte für die Darbringung des heiligen Meßopfers mit und begaben uns ohne Zögern zu Fuß ins genannte Haus; mit den Nonnen gingen die Geistlichen, der Prior und zwei oder drei andere Patres. Wir nahmen den Weg außerhalb der Mauern der Stadt, da eben zur selben Stunde die Stiere eingesperrt wurden, die am nächsten Tage zum Kampfe bestimmt waren. Mit unserem Gepäck sahen wir alle aus wie Zigeuner, die von der Plünderung einer Kirche zurückkehren. Ja, wenn uns die Polizei angetroffen hätte, so würde sie uns ins Gefängnis geführt haben, um dort zu untersuchen, wohin sich um diese Stunde ein solcher Zug von Priestern, Mönchen und Nonnen begeben wolle. Selbst wenn man uns geglaubt hätte, würden dann nicht alle Anzeichen des Verdachtes gegen uns gewesen sein? Man beachte nur die Stunde, in der dies geschah, und diesen Zug durch die Straßen! In der Tat sind jene, die in ähnlichem Zustande durch die Straßen schleichen, gewöhnlich die größten Tagediebe und Vagabunden eines Ortes. Durch Zulassung Gottes waren jedoch die Leute, die uns begegneten, keine Polizeibeamten; sie ließen uns vorüberziehen, indem sie nur jene Bemerkungen machten, die solchen Leuten gegenüber und zu solcher Stunde gewöhnlich an der

Tagesordnung sind. Wir wagten kein Wort des Widerspruches, beschleunigten unsere Schritte und ließen sie sprechen, was sie wollten.

8. Wir kamen also dank der Gnade Gottes und unseres Glückes zu dem Hause, in dem sich der Verwalter befand. Diese Nacht war für ihn unseretwegen sehr lästig, da wir wiederholt klopften und Einlaß begehrten, damit uns kein Mißgeschick mehr begegnete. Er wachte endlich auf, öffnete uns und überließ uns dem Auftrage seiner Herrin gemäß das Haus. O mein Herr und Gott! Als wir uns dort befanden — es begann allmählich Tag zu werden —, da hätte man die Mutter, die Nonnen und alle übrigen sehen sollen, wie die einen von ihnen kehrten, die anderen Teppiche ausbreiteten, wieder andere den Altar zurichteten und die Glocke an ihrem Platze befestigten. Jedes arbeitete und tat sein Möglichstes mit wahrer Herzensfreude wie einer, der große Beute[1] findet. Man hat wirklich gesagt, wir hätten irgendeinen großen Schatz entdeckt, in Wahrheit aber fand sich dort nichts vor. Nur das war ein verborgener Schatz, den man auszuheben begann, nämlich teuere, gottwohlgefällige Seelen, und dieser Schatz sollte unerschöpflich sein, da er unaufhörlich kostbare Perlen uns verschaffen wird. Bei Tagesanbruch blieb nichts anderes mehr übrig, als einen gleichen Angriff[2] auf die Wohnung des Provisors[3] zu machen, damit er uns durch einen Notar eine Urkunde darüber ausfertigen ließe, daß das Kloster mit Genehmigung und dem Segen des geistlichen Oberen gegründet worden sei. Trotz der frühen Morgenstunde schickte er uns zum Notar, den wir aus dem Bette rufen ließen. Er stand auf und fertigte uns eine Urkunde aus über alles, was sich zugetragen hatte, damit niemand es wagte, Widerspruch zu erheben oder Widerstand zu leisten.

9. Das Allernotwendigste war also geschehen; der Altar war errichtet und eine Notkapelle hergestellt, die mit Tapeten sehr gut versehen war. Da es übrigens Nacht war, so konnten wir uns nicht recht darüber klar werden, ob sie sich auf der Straße oder im Innern des Hauses befand. Bei der Morgendämmerung des Festes Mariä Himmelfahrt läutete man zur ersten heiligen Messe. Beim Klange des Glöckleins kamen viele Leute herbei, um zu sehen, was es gäbe. Ganz ver-

---

[1] Pf. 118, 162.

[2] Wie auf das Haus, in dem der Verwalter wohnte.

[3] Der Provisor war der Stellvertreter des Abtes, der in Medina die geistliche Jurisdiktion ausübte.

wundert und ohne zu wissen, was sie sagen sollten, blickten sie sich gegenseitig an. Sie riefen ihre Nachbarn und Bekannten herbei, und es kamen so viele Leute zusammen, daß die Kapelle sie nicht fassen konnte. Als die heilige Messe gelesen und das Allerheiligste Sakrament eingesetzt werden sollte, sahen sich die Nonnen gezwungen, sich zurückzuziehen. Aber wohin? so fragte ich; denn der übrige Teil des Hauses war verfallen, und das Allerheiligste Sakrament befand sich so fast auf offener Straße. Hier war guter Rat teuer. Dem Tabernakel gegenüber befand sich eine Treppe, die zu einer Mauer des Korridors emporführte, die allein noch stand. Sie verschlossen die Türe der Stiege, und durch deren Spalten hörten sie wie in einem Chore die heilige Messe; sie bedienten sich dieser auch, um mit den Leuten zu sprechen, um die Beichte abzulegen, um durch sie hinauszublicken, während sie in diesem Kerker bittere Tränen vergossen. Es ist Tatsache, daß ich die Mutter, seitdem ich sie begleitete, nie so tief betrübt gesehen habe. Sie war zwar nicht deshalb betrübt, weil sie etwa über das vollzogene Werk unzufrieden gewesen wäre, sondern sie zitterte bei dem Gedanken, es könnte unvermutet ein Mißgeschick über sie kommen. Denn man mußte alle Nächte vor dem Allerheiligsten Sakramente Wache halten wie in der Nacht des Gründonnerstages, und die Mutter bebte vor Angst, es könnte jemand das Allerheiligste rauben.

10. Ja ich kann versichern, daß die Nonnen, solange sie sich hinter der verschlossenen Türe befanden, innigen Trost empfanden, wenn sie mich kommen sahen, um sie zu ermuntern, und wenn sie wußten, daß ich in ihrer Nähe war; und doch hätte ich eigentlich mehr Abscheu als Liebe verdient. Schließlich suchten wir in unserer äußersten Angst in der ganzen Stadt eine Herberge, um Schutz zu finden. Wir würden für einen kleinen Teil eines Hauses alles hingegeben haben, was man von uns verlangt hätte. Aber da die Stadt Medina wieder so wohlhabend war wie früher, so war alles besetzt, und wir wußten nicht, wo wir eine Zufluchtsstätte finden konnten. Endlich ließ es Gott zu, daß sich ein gewisser Kaufmann von Medina[1] unser annahm. Er teilte sein Haus in zwei Wohnungen; in die eine zog er sich mit den Seinigen zurück, in die andere nahm er die Nonnen auf, bis das erste Haus soweit hergestellt war, daß man darin Wohnung nehmen konnte. Ewas später

---

[1] Pater Julian nennt ihn fulano de Medina. Der Vorname dieses liebenswürdigen Kaufmanns war Blasius.

kauften sie es und zahlten dafür mehrere tausend Dukaten. In kurzer Zeit fanden sich Personen, die diese Summe und noch viel mehr bezahlten, sowie auch eine Pfründe für einen Kaplan stifteten.

11. Als die Nonnen ein Haus besaßen, wenn es auch nur geliehen war, konnte ich nach Avila zurückkehren. Es war dies gewöhnlich so: sobald die Nonnen ein wenn auch gemietetes Haus besaßen, wo sie einer Messe beiwohnen konnten, bedurften sie meiner nicht mehr. Wenn sie auch in fremder Gegend sich befanden, so waren sie doch durchaus unbesorgt und gerieten keineswegs in Angst, da sie dem Herrn des Himmels dienten. Sie vertrauten auf den, der in besonderer Weise jene beschützt, die aus Liebe zu ihm und um ihm zu dienen Haus und Vaterland verlassen.

8.

Bericht des Paters Julian de Avila über die Reise der heiligen Theresia von Avila nach Salamanca im Jahre 1573.[1]

1. Wir brachen wegen der großen Hitze, die der Mutter arg zusetzte, beim Anbruch der Nacht von Avila auf. Gleich bei Beginn der Reise fiel Pater Antonius von Jesu, der uns diesmal begleitete, sehr heftig von seinem Reittier, bevor wir noch Martin erreichten. Gott verhütete, daß er weder bei diesem Sturz noch bei vielen anderen Vorfällen Schaden litt, die ihm auf diesen für das Wohl des Ordens unternommenen Reisen zustießen. Es war auch die Haushälterin einer Dame bei uns. Ein wenig später sah ich sie vom Maultier und mit dem Kopfe auf die Erde fallen. Ich hielt sie für tot, allein Gott behütete sie, daß sie keinen Schaden nahm. Es war bereits sehr finster und tiefe Nacht, als wir unser Lasttier verloren, auf dem sich nebst einigem Gepäck auch das Geld befand, das wir nach Salamanca bringen wollten. Da wir infolge der Unfälle, der Verfolgung des Lasttiers und der dichten Finsternis viele Zeit verloren, so war allem Anschein nach Mitternacht schon vorüber, als wir die Herberge erreichten. Ich

---

[1] Diese Reise unternahm die Heilige nicht, um ein Kloster zu stiften, sondern um den in Salamanca schon ansässigen Schwestern beizustehen. In ihrer Begleitung befanden sich die Schwester Quiteria, Pater Antonius von Jesu und Pater Julian de Avila. (Vida de S. Teresa por P. Julián de Avila.)

nahm kein Abendessen zu mir, obwohl ich großes Bedürfnis darnach
hatte; denn ich zog es vor, nüchtern zu bleiben, um am andern Morgen
die heilige Messe zelebrieren zu können. Am nächsten Tage in der Frühe
machte sich ein junger Mann auf, um das verirrte Tier zu suchen.
Er fand es ein wenig abseits vom Wege schlafend; es mußte das Tier
niemand getroffen haben, da alles, was es trug, unberührt war.

2. An diesem Morgen hatten wir große Sehnsucht, in einer Einsiedelei zu „Unserer Lieben Frau del Parral" das heilige Meßopfer
darzubringen. Wir kamen zwar zu einer günstigen Zeit an, allein es
fehlten in dieser Einsiedelei die zur Feier des heiligen Meßopfers notwendigen Geräte und Paramente. Um diese herbeizuschaffen, mußte
ich mich in das Dorf begeben, das etwas abseits lag. Ich traf jedoch
den Pfarrer nicht, und niemand konnte mir geben, was ich brauchte.
Schließlich verging durch langes Hin- und Herlaufen der ganze Morgen, und ich mußte, wenn auch wider meinen Willen, auf die Zele-
bration der heiligen Messe verzichten. So geht es! Ich hatte kein
Abendessen, kein Frühstück und noch dazu eine schöne Strecke Weges
vor mir. Auch die Mutter war gezwungen, auf die heilige Kommunion Verzicht zu leisten; denn sie unterbrach eine Reise nicht, um sie
zu empfangen. Ich gestehe, daß nichts anderes an dieser Beraubung
der heiligen Kommunion schuld war als meine persönliche Ungeschicklichkeit; denn es ist nicht zu sagen, wie langweilig ich bin. Meine Reisebegleiter machten sich über mich lustig, und sie hatten in der Tat nicht
unrecht.

3. Während der folgenden Nacht erlitten wir einen anderen, viel
größeren Verlust als den des Lasttieres, wenn auch dieses, wie man
sagte, fünfzehnhundert Dukaten bei sich trug. Es kam so. Als wir
zur Nachtzeit bei dichter Finsternis weiterreisten, hatte sich unsere Reisegesellschaft in zwei Gruppen geteilt. Jener nun, dem das Glück zuteil
wurde, mit der heiligen Mutter zu reisen — ich verschweige seinen
Namen —, ließ diese allein mit Doña Quiteria, der jetzigen Priorin
des Klosters der Menschwerdung, auf offener Straße eines kleinen
Dorfes zurück, indem er sie bat, auf den Rest der Reisegesellschaft zu
warten, um auf diese Weise wieder eine Verbindung herzustellen und
sich dann nicht mehr zu trennen. Dann machte er sich auf, um die
übrige Reisebegleitung zu suchen. Als er sie gefunden, wollte er wieder
zurückkehren, um sich mit der Mutter und ihrer Begleiterin zu ver-

einigen, allein es war ihm unmöglich, den Ort wiederzufinden, wo er sie zurückgelassen. Obwohl er nach allen Seiten hin Umschau hielt, konnte er sie doch infolge der nächtlichen Dunkelheit nirgends finden. Auf den Ruf: „Vorwärts, sie sind gewiß bei den ersten", gingen wir eine gute Strecke Weges weiter. Schließlich trafen wir zusammen, und auf unsere Frage: „Ist die Mutter bei euch?" antworteten sie: „Nein." Wir erwiderten: „Was, sie ist nicht bei euch?" worauf sie entgegneten: „Aber sie war doch bei euerer Abteilung. Was habt ihr denn getan?"

4. Wir befanden uns in einer zweifachen tiefen Finsternis; die eine verursachte die Nacht, die wohl eine der dunkelsten war, die andere, die für uns noch weit trauriger war, entstand durch die Trennung von unserer Mutter. Wir wußten nicht, was wir anfangen sollten. Wir begannen zu schreien wie Verirrte und uns wieder zu trennen; die einen suchten nach der Mutter, die anderen erhoben lautes Geschrei, um zu sehen, ob man ihnen nicht von dieser oder jener Seite her Antwort gebe. Als wir bald darauf wieder auf unseren Weg zurückkehrten, sahen wir unsere Mutter mit ihrer Begleiterin kommen, geführt von einem Landmann, den sie aus seinem Hause riefen und baten, ihnen für fünf Realen den Weg zu zeigen. Dieser brave Mann wurde aufs beste bedacht; denn er hatte große Freude an seinem Gelde. Wir waren noch weit zufriedener, da wir unseren Schatz wieder gefunden hatten.

5. Nun setzten wir mit der größten Freude wieder unseren Weg fort und erzählten uns gegenseitig unsere Erlebnisse. So erreichten wir eine Herberge, wo wir viele Maultiertreiber auf dem Boden liegend antrafen, so daß sich zwischen den Lasttieren und den schlafenden Leuten fast kein Platz fand, um den Fuß auf den Boden setzen zu können. Wir mußten unsere Mutter und die Nonnen in einem Raume unterbringen, der, wie ich glaube, sechs Fuß breit war, so daß sie gezwungen waren, zu stehen, wenn sie dort bleiben wollten. Dieses Wirtshaus war so schlecht, daß wir uns darnach sehnten, wieder fortzukommen.

6. Endlich erreichten wir Salamanca; ich will aber von dieser Stiftung nichts erzählen, da unsere heilige Mutter selbst davon berichtet hat.[1]

---

[1] Im 9. Hauptstück der „Klosterstiftungen".

9.

Bericht der seligen Anna von Jesu über die Reise der heiligen Theresia von Avila nach Veas im Jahre 1575.[1]

1. Wir haben die Wahrnehmung gemacht, daß unsere Mutter mit ungewöhnlichem Vertrauen die schwierigsten Werke in Angriff nahm; darum waren wir über die Sicherheit keineswegs erstaunt, womit sie diese zur Ausführung brachte, wenn auch menschliche Hilfe versagte. Wir machten zuweilen die Bemerkung: „Meine Mutter, dies wird unmöglich sein." Sie aber gab zur Antwort: „Oh, wenn ihr doch auf Gott zu vertrauen wüßtet, wenn ihr doch begreifen würdet, daß er allem, was sich auf seinen Dienst bezieht, immer seinen Schutz angedeihen läßt, und zwar in einer Weise, wie wir es am wenigsten vermuten!" So brachte sie in der Tat glücklich zustande, was sie sowohl bei ihren Klosterstiftungen als auch bei anderen sehr verwickelten Angelegenheiten unternahm. Daher pflegte der Bischof von Avila, Don Alvaro de Mendoza, der in dieser Stadt unser erster Oberer[2] war, zu sagen: „Ich begreife die Mutter nicht, aber ich vertraue auf sie; denn sie bringt alles zustande, was sie beginnt." Schien uns eine Sache unmöglich, so fragte uns der Bischof, ob wir unsere Mutter hätten sagen hören, daß sie ausführbar sei; und antworteten wir bejahend, so bemerkte er: „Dann halte ich sie für vollbracht."

2. Es finden sich hier zahllose Beweise, sowohl hinsichtlich ihrer Klosterstiftungen als auch in bezug auf die Personen, die der Verkehr mit ihr beruhigte. Waren die Obern, nachdem sie verschiedene Erkundigungen eingezogen, über sie ungehalten und drückten ihr manche aus uns ihren Schmerz hierüber aus, so antwortete sie: „Ich hoffe von der Güte Gottes, daß sie zur Ruhe kommen und uns auf jede Weise unterstützen werden." Und wir machten die Erfahrung, daß diese Worte selbst in jenen Fällen sich verwirklichten, die Widerspruch hervorriefen.

3. Wenn wir uns auf die Reise begaben, wollte unsere Mutter nicht zulassen, daß wir ohne Vorgesetzten blieben. Wir hatten nicht

---

[1] Dieser Bericht enthält mehrere Auszüge aus der gerichtlichen Zeugenaussage der ehrwürdigen Anna von Jesu.

[2] Die heilige Theresia unterstellte ihr erstes Kloster in Avila der Jurisdiktion des Bischofs.

immer Ordensmänner bei uns, sondern manchmal andere Geistliche oder fromme Weltleute, die sie von Zeit zu Zeit begleiteten. Bei ihrer Abreise sagte sie in liebevoller Weise: „Laßt uns einen von den An= wesenden (zum Obern) wählen, und wir alle wollen ihm Gehorsam erweisen!" War dies geschehen, so gehorchte sie und trug Sorge, daß auch wir dem Erwählten mit derselben Pünktlichkeit uns unterwarfen, als wenn er wirklich unser Oberer wäre. Den Ernst, den sie auch bei uns sehen wollte, bewahrte sie bei allen Anlässen im Verein mit Liebens= würdigkeit und Heiterkeit; diese suchte sie auch bei allen jenen zu er= wecken, die mit ihr verkehrten oder in ihrer Gesellschaft reisten. Allein dies geschah immer mit großer Würde und Zurückhaltung, die sie uns allen gegenüber bewies, so daß wir leicht erkennen konnten, wie sehr sie davon erfüllt war.

4. Kaum war bei ihren Gründungen die Priorin entweder durch den Obern oder durch geheime Wahl aufgestellt, so legte unsere Mutter das Amt als Vorsteherin nieder und weigerte sich im Chore, auch nur einmal das Zeichen zu geben. War die Priorin abwesend und ersuchte man sie hiezu, so gab sie zur Antwort: „Die Mutter Subpriorin möge es tun; ich bin hier wie eine von euch." Und sie benahm sich auch sowohl in Anbetracht ihrer Stellung[1] als auch bei anderen Gelegen= heiten wie die übrigen und beschränkte sich nur darauf, die besonderen Angelegenheiten zu ordnen, die ihr durch den Gehorsam aufgetragen waren.

5. Um in den Häusern, bei denen sie auf ihren Reisen abstieg, die Wohltat des Gehorsams genießen zu können, wählte sie mit Vorliebe die Klöster anderer Orden. Hatte sie diese betreten, so erwies sie der Oberin Gehorsam. Eines Tages kam sie auf der Reise nach Veas in einem bei Fontiberos gelegenen Kloster von Beatinnen unseres Or= dens so leidend an, daß sie sich alsbald in ihr Zimmer zurückziehen mußte. Wir, die wir sie auf dieser Reise begleiteten, wurden außer= gewöhnlich gut bewirtet. Da wir dagegen Einsprache erhoben, benach= richtigte die Priorin dieses Klosters, in dem man, wie schon erwähnt, die gemilderte Regel befolgt, unsere Mutter und ließ sie bitten, uns durch den Gehorsam dazu zu verpflichten. Als diese vernahm, daß wir einen solchen Fehler begangen und nicht gleich gehorcht hätten, war sie so ungehalten, daß sie uns sehr strenge tadelte. Wir schoben die

---

[1] Als Klosterstifterin.

Schuld auf unsere Jugend und bemerkten, daß es großen Nachteil bringe, uns zur Errichtung neuer Klöster zu verwenden und mit Ämtern zu betrauen. Sie aber erwiderte, daß auch der heilige Franziskus und der heilige Dominikus bei der Gründung ihrer Klöster sich Personen bedienten, die ihnen kurz zuvor von Gott geschickt waren; wir sollten uns nur bemühen, vollkommen zu handeln, was die Hauptsache sei.

6. Die Mutter empfand große Freude, wenn man ihr bei Gelegenheit ihrer Klosterstiftungen arme Personen zur Aufnahme vorstellte. Erkannte sie, daß sie Beruf und den für unseren Orden geeigneten Geist besaßen, so nahm sie diese gerne auf. Jene Personen aber, denen dieser Geist fehlte, wies sie zurück, wenn sie auch sonst Vermögen mitgebracht hätten. Wenn sie wahrnahm, daß wir eine Person aus zeitlichen Rücksichten aufnehmen wollten, so sprach sie schmerzerfüllt: „Bedenket doch, daß nicht derartige Vorteile unsere Existenz begründen, sondern allein das Vertrauen auf Gott. Daher ziehe ich jene Klöster vor, die ich ohne menschliche Hilfe gründe. Erinnert euch daran nach meinem Tode!"

7. Später sprach sie mit einigen Priorinnen und anderen Persönlichkeiten in betreff dieser Angelegenheit auf dieselbe Weise und veranlaßte sie, Leute ohne Vermögen und ohne Mitgift aufzunehmen. Sie versicherte uns, daß es von großem Nutzen sei, solch tugendhafte und arme Personen in jedes Kloster aufzunehmen; man müsse aber darauf achten, daß ein solch junges Mädchen aus ehrbarer Familie und von wahrhaft christlichen Eltern stamme, weil ihm dann nach ihrer Meinung der Segen Gottes sicher sei. Sie behauptete, daß ihr jene Klosterstiftungen, bei denen man eine Novizin unter solchen Bedingungen aufnehme, sowie jene, die ihr größere Hindernisse bereiten, lieber seien. Sie liebte eben die armen Leute überaus und wollte nicht gerne mit solchen verkehren, die die Armut für keine Ehre hielten.

8. Bei jeder Gelegenheit und besonders bei unseren Krankheiten erwies sie uns unzählige Liebesdienste. Konnte sie uns infolge unserer Armut keine andere Erleichterung verschaffen, so erzählte sie uns erheiternde Dinge und brachte uns Blumen und Kräuter. Und wenn es ihr möglich war, bereitete sie uns mit eigener Hand wohlschmeckende Speisen. Konnten wir auf der Reise oder in der Herberge allein sein, so ließ sie es sich nicht nehmen, für uns alle selbst die Mahlzeit zu be-

reiten. In den Klöstern bediente sie uns oft im Speisesaal und im Krankenzimmer. So stillte sie ihr sehnsüchtiges Verlangen, die Nächstenliebe zu üben. Nach ihrer Äußerung beneidete sie jene, denen Gelegenheit geboten ist, beständig die Nächstenliebe zu betätigen, und empfahl uns deren Übung wenigstens durch das Gebet.

9. Unsere heilige Mutter ließ nicht zu, daß wir uns ohne Weihwasser auf den Weg machten. Weil sie manchmal sehen mußte, daß wir Weihwasser zu nehmen vergaßen, ließ sie in ihrer Besorgnis zwei kleine Kürbisflaschen an unsere Gürtel befestigen. Fast immer mußte man eine der beiden an ihrem eigenen (Gürtel) anbringen, indem sie sagte: „Ihr kennt nicht die Erquickung, die man bei der Besprengung mit Weihwasser empfindet. Welch ein Vorteil, auf so leichte Weise das Blut Jesu Christi sich zuwenden zu können!" Jedesmal, so oft wir auf der Reise die Tagzeiten zu beten begannen, mußten wir Weihwasser nehmen.

10. Wenn wir in eine Kirche kamen, mußten wir alle in tiefer Ehrfurcht niederknien. War die Türe verschlossen, so stieg sie dennoch zur Erfüllung dieser Ehrenbezeigung ab, indem sie sagte: „Welch ein Glück für uns, hier die Person des Sohnes Gottes zu finden! Ach, wie sind doch jene zu beklagen, die ihn zurückweisen!" Es lag ihr sehr am Herzen, daß die Priester, die sie auf ihren Reisen begleiteten, kein einziges Mal die Feier des heiligen Opfers unterließen. Eines Tages war man in Verlegenheit, weil einem aus ihrer Begleitung einige durchaus notwendige Gegenstände fehlten. „Bittet Gott", sprach sie zu uns, „daß man das zur Feier der heiligen Messe Fehlende finde! Der Gedanke, es möchte die Kirche heute des Wertes dieses heiligen Opfers beraubt werden, macht mich untröstlich." In diesem Augenblicke fand man wie durch ein Wunder die zur Darbringung der heiligen Messe notwendigen Gegenstände. Sie wurde von Pater Gregor von Nazianz gelesen, der gegenwärtig unbeschuhter Karmelit ist. Dies ereignete sich in einer einsam gelegenen Kirche auf dem Wege nach Veas.

11. Am letzten Tage dieser Reise verirrten sich die Führer inmitten der Sierra Morena, so daß sie sich nicht mehr zurechtfanden. Unsere heilige Mutter Theresia befahl den acht Nonnen, die sie begleiteten, Gott und unseren heiligen Vater Joseph zu bitten, unser Führer zu sein. Wirklich versicherten die Wagenführer, daß wir verloren seien

und unmöglich aus diesen gewaltig hohen Felsen, in die wir uns ver-
irrt hatten, herauskommen könnten. Eben hatte uns die Heilige diese
Mahnung gegeben, als aus dem Hintergrunde einer tiefen Höhle, die
man vom Gipfel der Felsen aus kaum unterscheiden konnte, ein Mann,
seiner Stimme nach ein Greis, kräftig zu rufen begann: „Haltet an,
haltet an, ihr seid verloren! Wenn ihr weiterfahret, stürzt ihr in die
Abgründe!" Auf diese Rufe hin hielten wir an. Die Priester und die
Weltleute, die uns begleiteten, schenkten der Stimme Gehör und frag-
ten: „Vater, was ist zu tun, um dieser Gefahr zu entrinnen?" Und
die Stimme antwortete, man müsse sich auf eine bestimmte Seite
wenden. Alle erblickten darin ein Wunder, daß die Wagen diese Stelle
passieren konnten. Einige wollten beim Anblick dieses Wunders die
Person suchen, die in so liebenswürdiger Weise gesprochen. Unterdessen sagte die Mutter mit großer Rührung und unter Tränen zu
uns: „Ich weiß nicht, warum wir sie gehen ließen; denn es war mein
heiliger Vater Joseph, und sie werden ihn nicht finden." Wirklich
kamen sie zurück mit dem Bemerken, sie könnten nichts von diesem
Manne finden, obwohl sie die Höhle gefunden, aus der diese Stimme
drang.

12. Von diesem Augenblicke an kamen wir so schnell und schleunig
vorwärts, daß die Wagenführer zuweilen sogar fluchend versicherten,
die Maultiere würden mehr fliegen als gehen und uns in Stücke zerreißen, wenn man sie nicht zurückhielte. Diese Schnelligkeit der Maultiere war derart, daß wir uns am anderen Ufer des Guadalimar befanden, ohne aus unseren Wagen steigen noch auch im geringsten uns
von der Stelle bewegen zu müssen, während die Bewohner des Dorfes,
aus dem wir kamen, die Wagen abspannen mußten, um Menschen
und Tiere auf das andere Ufer hinüberzuschaffen. Die angesehenen
Leute aus Veas, die zu unserem Empfange kamen, konnten sich nicht
genug über den Marsch wundern, den wir an diesem Tage gemacht
hatten. Ihre Verehrung gegen die Mutter und ihren Orden stieg infolgedessen noch höher.

10

Bericht der Schwester Maria vom heiligen Joseph über die Reise der heiligen Theresia von Veas nach Sevilla im Jahre 1575.[1]

1. Das Kloster zum glorreichen heiligen Joseph in der Stadt Sevilla wurde im Jahre 1575, am Feste der allerheiligsten Dreifaltigkeit, das in diesem Jahre auf den 29. Mai fiel, gegründet. Um die Anfänge dieser Gründung wohl zu verstehen, ist es notwendig, die Vorgänge ein wenig näher zu betrachten.

2. Unsere heilige Mutter Theresia befand sich im Kloster zum heiligen Joseph in Veas, das sie am Feste des heiligen Matthias desselben Jahres gegründet hatte, als Pater Hieronymus Gracián von der Mutter Gottes von Sevilla kam, um sie zu sehen. Sie kannten sich noch nicht, obwohl beide es sehnlichst wünschten. Damals hatte unsere heilige Mutter jene Vision, bei der Jesus Christus, unser Herr, beide bei der rechten Hand nahm und der Mutter befahl, den Pater, solange sie lebe, als Verfechter ihres Platzes zu betrachten und seinem Urteile sich zu unterwerfen, weil dies so zu seiner Ehre und zum Wohle unseres Ordens gereiche. Diesem Befehl kam die Heilige, wie wir später sehen werden, so vollkommen nach, daß sie sich dazu durch ein Gelübde verpflichtete. Sie war eben im Begriffe, zur Gründung von Caravaca abzureisen, wohin sie mich mit fünf anderen Nonnen führen wollte, allein die Ankunft dieses Paters änderte ihren Plan. Da er apostolischer Visitator der beschuhten und unbeschuhten Karmeliten von Andalusien war und das Kloster von Veas zu dieser Provinz gehörte, so befahl er unserer Mutter, diese Gründung zu unterlassen und sich nach Sevilla zu begeben, um dort mit den für Caravaca bestimmten Nonnen ein Kloster zu gründen. Er versicherte sie in Übereinstimmung mit seinem Begleiter, Pater Mariano, daß der Erzbischof von Sevilla, Don Christoph de Rojas y Sandoval, diese Gründung wünsche und dringend verlange, ebenso daß sie außer seinem Schutz und Beistand sehr wohlhabende Personen und endlich tausendfache Unterstützungen und Gefälligkeiten finden würde.

---

[1] Dieser Bericht ist der Schrift der Schwester Maria vom hl. Joseph: Historia de los Carmelitas Descalzos entnommen.

3. Unsere Mutter ließ sich überreden oder besser gesagt, sie sah sich durch den Gehorsam gezwungen; denn, wie schon erwähnt, gehörte Veas zur Provinz Andalusien. Dieser Umstand überraschte sie sehr; wäre sie vorher darüber aufgeklärt worden, so würde sie nicht dahin gegangen sein,[1] da sie sehr wohl wußte, daß der wohlehrwürdige Pater General, Johann Baptist Rubeo von Ravenna, aus dem Grunde darüber ungehalten sein würde, weil er auf die Religiosen von Andalusien nicht besonders gut zu sprechen war. Unsere Mutter war daher bestürzt; aber schließlich unterwarf sie sich wegen der apostolischen Autorität des in Frage stehenden Paters. Sie fürchtete — oder vielleicht wußte sie es schon —, daß Satan deshalb eine heftige Erbitterung des Generals über sie heraufbeschwören würde. Und wirklich betrachtete sie der General mit schiefem Blick und bereitete ihr Schwierigkeiten, nachdem er ihr doch zuvor großes Wohlwollen entgegengebracht hatte. Die Wahrnehmung, bei ihm in Ungnade gefallen zu sein, war für sie der bitterste Schmerz, den sie zu jener Zeit erdulden mußte; denn sie hing an ihm mit der Liebe und Verehrung einer wahren Tochter.

4. Als der Tag zur Abreise gekommen war — es war am Mittwoch, den 18. Mai, des obengenannten Jahres[2] —, machten wir uns mit unserer heiligen Mutter auf den Weg voll inniger Freude, sie in unserer Mitte zu haben. Ebenso gereichte es uns zum Troste, aus dem Munde einiger Diener Gottes erfahren zu haben, daß wir im Verlaufe dieser Gründung zahllose Leiden zu erdulden hätten. Dies gab übrigens unsere heilige Mutter selbst einer Schwester zu verstehen, indem sie ihr sagte, davon im Gebete Kenntnis erhalten zu haben. „Meine Tochter", sagte sie zu ihr, „die Leiden werden uns nicht fehlen; auch ich bin davon im Gebete in Kenntnis gesetzt worden."

5. Es waren unser sechs Nonnen, die mit der wohlehrwürdigen Mutter reisten. Die Schwester Anna vom heiligen Albertus, Professchwester des Klosters zu Malagón, die später Priorin von Caravaca wurde; Schwester Maria vom Heiligen Geist und Eleonora vom heiligen Gabriel, Professchwester desseben Klosters; Schwester Isabella vom heiligen Hieronymus, Professchwester von Medina del Campo und eine der Gründerinnen von Pastrana; Schwester Isabella vom heiligen Franziskus, Professchwester des Klosters zu Toledo; alle diese waren

---

[1] Zur Klostergründung nach Veas.
[2] 1575.

ausgezeichnete Nonnen und, wie unsere heilige Mutter im Buche der Klosterstiftungen bemerkt, wohl geeignet, für Jesus Christus zu leiden, und hocherfreut darüber, an einen Ort zu kommen, wo sich ihnen dazu Gelegenheit bot. Ich, eine Sünderin und unwürdig, in ihrer Begleitung zu reisen, ging ebenso gerne dahin, aber nicht mit demselben vollkommenen Opfersinn wie meine Mitschwestern. Am ersten Tage kamen wir zur Mittagszeit in ein reizendes Gehölz. Wir konnten unsere heilige Mutter, die inmitten der Mannigfaltigkeit der Blumen und des Gesanges zahlloser kleiner Vögel ganz in Lobpreisung Gottes aufging, nur sehr schwer davon losreißen. Die Nacht brachten wir in einer Einsiedelei zu, die dem heiligen Andreas geweiht war und oberhalb der Stadt Esteban lag. Indem wir teils unsere Gebete verrichteten, teils auf den kalten und harten Steinplatten der Kirche ein wenig ausruhten, verbrachten wir die Nacht in sehr fröhlicher Stimmung, obgleich wir uns körperlich nicht erholten. Wir kamen wirklich sehr arm und fast ohne Gepäck oder besser gesagt, ohne das Notwendigste zu besitzen, an. Denn unsere Schwestern in Veas, deren Kloster erst neu gegründet war, waren nicht imstande, uns mit dem Notwendigen zu versehen, und was sie uns hätten geben können, das entzogen sie uns im Hinblick auf die vielen reichen Leute, die wir nach Aussage des Paters Mariano am Ziele unserer Reise antreffen würden. Gestützt auf diese Hoffnung, haben wir sie selbst dazu veranlaßt. So wurden infolge dieser sicheren Annahme die einen geizig, die anderen verschwenderisch. Wir hatten indes keinen Grund dazu; denn unsere Schwestern von Malagón ließen uns alles Geld, das wir für die Kosten der Reise verausgabten. Da dieses Kloster an erster Stelle uns Gutes erwies, so ist es wohl am Platze, hier davon Erwähnung zu tun. Dazu habe ich auch noch einen anderen Grund, weil es nämlich mein Mutterkloster[1] und das der Schwestern ist, die aus diesem heiligen Konvente kamen; übrigens wurden von diesem Kloster auch noch viele andere unterstützt.

6. Ich will nun wieder von unserer Reise sprechen, die eine der mühsamsten war; denn der Sommer begann, und wir betraten Andalusien, wo die Hitze unerträglich ist. Außerdem hatten wir für uns alle sehr wenig Lebensmittel. Wir waren, wie schon erwähnt, mit

---

[1] Mutter Maria vom heiligen Joseph war Profeßschwester des Klosters zu Malagón.

unserer Mutter sieben an der Zahl. Ferner war Pater Julian de Avila bei uns, den wir den Gefährten unserer heiligen Mutter nennen können, da er sie bei so vielen Gründungen begleitete, und Anton Gaytan, ein Edelmann aus Alba; endlich Pater Gregor von Nazianz, den unser Pater Gracián auf Bitten unserer heiligen Mutter in Veas in den Orden aufnahm, während Ihre Wohlehrwürden und wir alle bei der Einkleidung mithalfen. Dieser Pater war ein in Malagón sehr bekannter und unserem Kloster sehr ergebener Priester; er kam oft, um unsere Beichten abzunehmen und Messe zu lesen. Er hatte unsere Mutter und uns bis Veas begleitet, als wir das Kloster zu Malagón verließen. Wir dachten damals noch keineswegs daran, daß er sich entschließen würde, auf seine Heimat Verzicht zu leisten; allein sein Eifer war so groß, daß er, wie ich eben erwähnte, im Kloster zu Veas das Ordenskleid nahm. Unsere Mutter liebte ihn sehr; sie nannte ihn ihren Sohn, und er zeigte sich auch in der Tat als wahrer Sohn einer solchen Mutter. Dieser Pater begleitete uns also und war uns später bei manchen Prüfungen von großem Nutzen. Da wir zur Zeit der Vigil- und Quatemberfasten reisten, so hatten wir nichts zu essen; denn wir nahmen kein Fleisch zu uns, selbst nicht an den Tagen, an denen es erlaubt war, und niemals konnten wir unsere Mutter dazu bewegen, Fleisch zu genießen, so krank sie auch war. An sehr vielen Tagen hatten wir keine andere Nahrung als Bohnen, Kirschen oder ähnliche Dinge, und es war ein Wunder, wenn wir ein Ei für unsere Mutter bekamen.

7. Wir ertrugen alles mit frohem Mute und verfaßten Gesänge und Lieder über alle Vorkommnisse der Reise. Unsere heilige Mutter empfand darüber große Freude und dankte uns beständig für die Fröhlichkeit und Zufriedenheit, mit der wir so viele unangenehme Zwischenfälle ertrugen. Diese Beschwernisse waren aber weit größer, als ich sie zu schildern vermag. Um Weitschweifigkeit zu vermeiden, werde ich bloß einige berichten, die uns ganz besonders in Schrecken versetzten.

8. Beim Übergang über den Guadalquivir z. B. befanden wir uns in großer Gefahr; nachdem die ganze Reisegesellschaft auf das andere Ufer des Flusses gebracht war, sollten auch die Wagen hinübergeschafft werden. Vielleicht hätte man für die Wagen eine andere Fähre nehmen sollen oder es wußte der Schiffer nicht, was zu tun sei; kurz die gewaltige Wucht des Wassers riß die Fähre, die mit einem oder zwei

Wagen beladen war, mit sich fort und trieb sie stromabwärts. Die Lage schien verzweifelt, und überdies war es fast Nacht. Wir befanden uns in großer Not sowohl wegen des Verlustes der Wagen, ohne die wir unsere Reise nicht fortsetzen konnten, als auch, weil uns eineinhalb Meilen von einem bewohnten Orte trennten. Daraus kann jedermann ersehen, wie die Führer und Schiffer die Sache auffaßten. Man hörte sie fluchen und schimpfen, ohne daß jemand sie beruhigen konnte.

9. Unsere Mutter, die dies bemerkte, begann unter einem Felsen am Ufer des Flusses nach Möglichkeit sich klösterlich einzurichten; und in der Voraussicht, daß wir die Nacht an diesem Orte zubringen müßten, verteilten wir unsere Einrichtungsgegenstände, nämlich Bilder, Weih= wasser und Bücher. Während unsere arme Begleitung die Fähre mittels eines Seiles aufzuhalten sich bemühten, verwendeten wir die Zeit zum Beten der Komplet. Doch auch unsere Hilfe wurde notwendig, und wir zogen auch an diesem Tau. Fast wären wir alle mit fortgerissen worden. Da endlich unsere Mutter herbeikam, deren Gebet viel vermag, ließ Gott es zu, daß die Fähre an eine Stelle getrieben wurde, wo sie stehen blieb. Man konnte sie wieder zurückbringen, so daß wir, wenn auch die Nacht schon weit vorgerückt war, aus dieser schlimmen Lage befreit wurden.

10. Allein es begegnete uns ein anderes Mißgeschick; wir verloren unseren Weg und wußten nicht mehr, welche Richtung wir einschlagen sollten. Ein Edelmann, der von ferne unser Mißgeschick an diesem Abend wahrgenommen hatte, schickte uns einen Mann, der uns auf alle mög= liche Weise behilflich sein sollte. Anfangs stieß er zahllose Verwün= schungen gegen die Mönche und Nonnen aus, ohne sich im geringsten um die Erfüllung seines Auftrages zu kümmern. Ich kann nicht sagen, ob er deshalb seine Gesinnung änderte, weil er uns das Breviergebet ver= richten sah; sicher ist es, daß er von da an in überaus liebevoller Weise sich unser annahm. Als er bei seiner Rückkehr merkte, daß wir von neuem unseren Weg verloren hatten, zeigte er ihn uns wieder und ging so eine halbe Meile mit uns, wobei er uns wegen seiner Bemerkungen um Verzeihung bat.

11. Als wir am Pfingsttage in eine Herberge vor Córdoba kamen, wurde unsere Mutter von einem so heftigen Fieber befallen, daß sie zu phantasieren anfing. Für einen so heftigen Fieberanfall hatten wir keine andere Erquickung und gegen die glühende Hitze kein anderes Obdach

als ein kleines Gemach, wo, wie ich glaube, Schweine sich aufgehalten hatten und dessen Dach so niedrig war, daß wir kaum aufrecht stehen konnten. Die Sonnenstrahlen drangen an unzähligen Stellen herein, was wir aber mit unseren Mänteln und Schleiern zu verhindern suchten. Das Bett war so, wie es unsere Mutter im Buche der Klosterstiftungen schilderte.[1] Sie sah nur das Bett, aber nicht die vielen Spinngewebe und das Ungeziefer, das sich dort befand. Zur Beseitigung dieser Unannehmlichkeiten taten wir alles, was in unseren Kräften stand. Wie groß aber waren während unseres Aufenthaltes dortselbst die Beschwerden, die wir infolge des Geschreies und Fluchens der Leute auf uns nehmen mußten, die sich in der Herberge aufhielten. Welche Qual bereiteten uns diese baskischen Tänze und Trommeln. Weder Bitten noch Geschenke vermochten sie zu bewegen, das über dem Haupte unserer Mutter gelegene Stockwerk zu verlassen, die, wie schon erwähnt, infolge des heftigen Fieberanfalles fast bewußtlos war. Schließlich entschlossen wir uns, sie von dort zu entfernen und uns trotz der großen Mittagshitze auf den Weg zu machen. Am selben Abend erreichten wir eine Herberge bei Córdoba. Soviel ich mich erinnere, lag sie neben der Brücke von Alcolea.[2] Wir machten auf freiem Felde halt, ohne sie zu betreten. Es war übrigens unsere Gewohnheit, auf freiem Felde, umgeben von unserer Begleitung, zu bleiben, um das Gewirr der Wirtshäuser und Fremdenherbergen zu vermeiden. Mit einem Worte, wir stiegen höchst selten von den Wagen ab. Dieser Abend war sehr schmerzlich für unsere heilige Mutter und für uns beim Anblick ihrer Leiden. Indes ließ der Herr eine Besserung eintreten. Sie schrieb dies den Gebeten und demütigen Bitten der Schwestern zu.

12. Am folgenden Tage reisten wir über Córdoba. Wir mußten aber auf die Erlaubnis warten, um mit unseren Wagen über die Brücke fahren zu dürfen, die man uns nur unter zahllosen Schwierigkeiten gewährte. Dazu gab es noch verschiedene andere Unannehmlichkeiten und Verdrießlichkeiten, die unsere heilige Mutter im einzelnen erzählt.[3]

13. Am Pfingstdienstag kamen wir nach Ecija. Man führte uns zu einer der glorreichen heiligen Anna geweihten Einsiedelei, die sich außer-

---

[1] Im 24. Hauptstück.

[2] Diese berühmte Brücke von Alcolea, zwei Meilen von Córdoba entfernt, ist ganz aus schwarzem Marmor erbaut. Ihre Länge und Breite ist außerordentlich groß.

[3] „Klosterstiftungen", 24. Hauptstück.

halb der Stadt befand. Wir hörten dort die heilige Messe und kommunizierten; da der Ort für die Sammlung sehr geeignet war, wollte die Mutter dort bleiben und ließ die Türe hinter uns schließen. Sie schickte unsere Begleitung in die Fremdenherberge mit dem Auftrag, uns Speise zu bringen. Zwei Stunden verweilten wir dort, ohne einen Menschen zu sehen, bis unsere Leute kamen und uns Lattich, Rüben und Brot brachten. Wir genossen dies mit großer Zufriedenheit. Unsere Mutter versicherte uns, daß sie auf keiner Reise und bei keiner Gründung so lange habe warten müssen, bis sie ihre Nonnen mit der notwendigen Nahrung versehen konnte. Ich weiß nicht, ob dies der Ungeschicklichkeit derer zuzuschreiben ist, die dafür sorgen mußten, oder ob uns der Herr einen Vorgeschmack von den Mühseligkeiten geben wollte, die uns bei dieser Gründung erwarteten.

14. An diesem Tage ließ es unsere Mutter wegen ihrer Unpäßlichkeit nicht zu, daß wir ihr wie gewöhnlich Gesellschaft leisteten. Sie blieb den ganzen Tag allein, in eine kleine dort sich befindliche Sakristei zurückgezogen, und erlaubte uns nicht, mit ihr zu sprechen. Diese Zeit wurde gut verwendet. Sie suchte dort dem Heiligen Geiste neue Dienste zu erweisen, indem sie an diesem ihm geweihten Tage ihre glühende Liebe zu erkennen gab, die sie gegen diesen Geist Gottes im Herzen trug. Man sieht dies deutlich an einem Schriftstück, das ich von ihrer Hand geschrieben besitze, und worauf man die Verbrüderung und Vereinigung, die der Herr zwischen ihr und unserem Pater Gracián begründete, sowie auch die Vision, die sie zu Veas gehabt haben soll, verzeichnet findet. Aber da ich von diesen beiden Vorkommnissen schon anderswo berichtet habe, so gehe ich hier mit Stillschweigen darüber hinweg.[1] Ich will nur sagen, daß sie in dieser Einsiedelei, in der wir uns an diesem Tage aufhielten, das Gelübde machte, die ganze Zeit ihres Lebens dem Pater Gracián zu gehorchen in allem, was nicht dem ihrem Obern schuldigen Gehorsam zuwider sei. In einem von ihrer eigenen Hand verfaßten Schriftstück drückt sie dieses Gelübde auf folgende Weise aus:

15. „An einem der Pfingsttage erinnerte sich eine Person, die sich in

---

[1] Diese Worte: „Ich habe von beiden Vorkommnissen schon anderswo berichtet", scheinen anzudeuten, daß eine Schrift der Priorin von Sevilla uns unbekannt ist. Es kann in der Tat nicht die Rede sein von der Schrift „Ramillete de mirra", die späteren Datums ist als das Buch „Recreaciones", wo auch der Bericht, um den es sich hier handelt, nicht zu finden ist.

Ecija befand, einer großen Gnade, womit sie der Herr an einem Vorabend dieses Festes beglückt hatte, und sie wünschte etwas ganz Besonderes für seinen Dienst zu tun. Es schien ihr als ein gutes Werk,
sich durch ein Gelübde zu verpflichten, von nun an und für ihr ganzes
Leben jeden Fehler und jede Sünde einem Beichtvater[1] als dem Stellvertreter Gottes zu offenbaren, wozu man dem Oberen gegenüber nicht
gehalten ist. Diese Person hatte das Gelübde des Gehorsams schon abgelegt, allein dies schien ihr als etwas Größeres. Sie wollte auch alles
erfüllen, was dieser Beichtvater ihr sagen würde, vorausgesetzt, daß es
nicht dem Gehorsam, den sie gelobt, zuwiderlaufe, d. h. in schwerwiegenden Dingen. Und obgleich sie zuerst Widerwillen davor empfand,
so legte sie doch dieses Gelübde ab. Der erste bestimmende Beweggrund
war die Überzeugung, dadurch etwas zur Ehre des Heiligen Geistes zu
tun. Der zweite bestand darin, daß sie daraus Erleichterung für ihre
Seele und Hilfe zu treuerem Dienste Gottes zu schöpfen hoffte, weil sie
diesen Beichtvater für einen großen Diener Gottes und sehr guten
Theologen hielt. Dieser Beichtvater wurde von diesem Gelübde erst
eine gewisse Zeit, nachdem es abgelegt war, in Kenntnis gesetzt. Es
handelte sich um den Pater Hieronymus Gracián von der Mutter
Gottes."[2]

16. All das ist von der heiligen Mutter selbst handschriftlich auf-
gezeichnet, und ich habe dieses Schriftstück in Händen. Auch besitze ich
eine andere Handschrift, in der sie mehr im einzelnen die Art und Weise
ihres Gelübdes auseinandersetzt. Ich habe sie, wie gesagt, anderswo
erwähnt.

17. Von da an setzten wir unseren Weg bis Sevilla fort. Die
Prüfungen auf dieser Reise waren ebenso schwer wie die vorhergehenden.
Ich werde schließen mit den Ereignissen des letzten Tages, des Qua-
tembermittwochs nach dem Feste der allerheiligsten Dreifaltigkeit. Wir
erreichten mittags eine Herberge,[3] wo wir nur äußerst stark gesalzene
Sardinen zu essen bekamen. Trinkwasser konnten wir nicht erhalten.
Durch den Genuß der Sardinen wurden wir so vom Durste gequält, daß
wir die Mahlzeit stehen ließen, weil wir unmöglich Wasser bekommen
konnten. Die Hitze war außerordentlich groß. Unsere Mutter blieb im

---

[1] Pater Hieronymus Gracián.
[2] Siehe auch I. B. S. 492, n. 36.
[3] Die Herberge von Albino.

Wagen, der auf einem Düngerhaufen ſtand. Die Sonnenhitze war dort
ſo glühend, daß ſie uns zu verbrennen ſchien. Wir baten ſie, abſteigen
zu dürfen, und die Schweſtern auf dem anderen Wagen taten dasſelbe.
Wir ſetzten uns an die Türe des Wagens, um ſie zu ſehen und mit ihr
vereint zu ſein. So glaubten wir, die Hitze weniger zu empfinden. Um
uns einigermaßen gegen die Sonne zu ſchützen, ſpannten wir einige
Mäntel aus grobem Wollenſtoff aus. Dieſer Schutz diente uns auch,
um uns vor einer Geſellſchaft, die ſich in der Herberge befand, ſicher=
zuſtellen. Es war dies eine größere Qual als alle bisher aufgezählten.
Man muß es ſelbſt geſehen haben, um ſich zu überzeugen, daß es ſolch
abſcheuliche Menſchen unter Chriſten geben könne. Die Flüche, Ver=
wünſchungen und entſetzlichen Reden, die dieſe ſchlechte Bande ausſprach,
waren unerträglich zum Anhören. Nach beendigter Mahlzeit wurden
dieſe Leute noch wütender. Vielleicht war der Waſſermangel in etwa
daran ſchuld. Schließlich griffen ſie zu ihren Degen, und es entſtand ein
heftiger Streit, der ſich über unſeren Häuptern zu entladen ſchien. Wir
verbargen unſer Geſicht im Wagen unſerer Mutter und ſuchten bei ihr
Schutz. Sie, die zuvor beim Anhören der Flüche und Läſterworte tief
betrübt war, fing nun an, herzlich zu lachen. Dies tröſtete uns; denn
wir glaubten wirklich, daß unſere letzte Stunde gekommen ſei. Sie
erkannte, daß die böſen Geiſter dieſen Tumult verurſachten, um uns zu
quälen. Tatſächlich hörte er plötzlich auf, ohne daß jemand verwundet
worden wäre. Übrigens ſahen wir mehr als vierzig Degen, die Büchſen
nicht mitgerechnet, blitzen, und dieſe Waffen befanden ſich in den Händen
wütender und von höllischer Leidenſchaft aufgeregter Menſchen.[1] Ach,
von welcher Wut waren doch die Dämonen gegen dieſe heilige und mutige
Frau erfüllt!

18. Wie klar trat dies oft zutage, ganz beſonders bei dieſer Grün=
dung, was meine weitere Erzählung bezeugen wird. Ich weiß nicht,
meine innigſtgeliebten Schweſtern, was unſere Feinde fürchten. Gebe
Gott, daß unſere und der künftigen Nonnen Tugenden die Hölle zum
Kampfe herausfordern!

19. Wir betraten Sevilla am anderen Tage, am Donnerstag, den
26. Mai, nachdem wir neun Tage auf dieſer Reiſe zugebracht hatten.

---

[1] Nach Ribera ſoll Thereſia den Frieden unter den Streitenden dadurch her=
geſtellt haben, daß ſie folgende einfache Worte an ſie richtete: „Meine Brüder,
denkt daran, daß Gott hier iſt, der euch richten muß." (L. IV. c. XXI.)

Pater Mariano hatte für uns ein sehr kleines und feuchtes Haus in der Straße de las Armas gemietet. Dort wurden wir von zwei ihm befreundeten Damen empfangen, die uns an diesem Tage Gesellschaft leisteten. Sie zogen sich darauf zurück, und wir sahen sie lange Zeit nicht mehr. Weder sie noch andere schickten uns auch nur einen Krug Wasser. Nur Pater Mariano allein verschaffte uns solches, soweit es in seinen Kräften stand. Wir waren schon zufrieden, daß er uns mit Brot versah und für die Verwaltung des Hauses Sorge trug; denn wir hatten nur eine Blanka (Geld), als wir Sevilla betraten, und der gute Pater fand für das in Frage stehende Werk nicht jene Unterstützung, auf die er gehofft hatte. Es war im Plane Gottes gelegen, daß das Kloster in völliger Armut errichtet werden sollte. Deshalb entzog er uns die menschliche Hilfe, die man, wie wir später erfuhren, von dieser Stadt wegen ihres Reichtums und der großen Almosen, die man dort zu geben pflegte, mehr als von einer anderen erwarten konnte. Ich sage der göttlichen Majestät unendlichen Dank, daß der Anfang dieser Gründung sich derartig gestaltet hat. Es ist dies eine sichere Bürgschaft für ihr zukünftiges glückliches Gedeihen.

20. Zählen wir nun im einzelnen die Einrichtungsgegenstände auf, die wir in Sevilla vorfanden. Ich erwähne zuerst ein halbes Dutzend geflochtene Matten, die Pater Mariano aus seinem Kloster los Remedios herbeischaffen ließ; wir legten sie nach Art von Betten auf den Boden hin. Ferner waren zwei oder drei kleine, sehr ungeeignete Matratzen vorhanden, wie sie die unbeschuhten Karmeliten haben; diese aber waren mit sehr viel Ungeziefer behaftet. Diese Matratzen waren für unsere Mutter und die leidenden Schwestern bestimmt. An Tüchern, Decken und Kopfkissen besaßen wir nur zwei, die wir mitgebracht hatten. Auch fanden wir eine Matte aus Palmblättern vor, einen kleinen Tisch, einen Mörser mit einem Kupfereimer, einen Ofen, eine Art Kessel mit Henkel zum Wasserschöpfen. Versehen mit diesen Gegenständen, mit einigen Krügen, einigen Schüsseln und ähnlichen Dingen glaubten wir die notwendigsten Hausgeräte zu besitzen.

21. Aber allmählich ließen die Nachbarn, die wir ersucht hatten, uns für diesen Tag die genannten Gegenstände zu leihen, diese wieder abholen; der eine den Ofen, der andere den Leuchter, dieser den Kessel und jener den Tisch, so daß uns weder der Ofen noch der Mörser, ja nicht

einmal das Brunnenseil verblieb. Es ist das, meine Schwestern, keine
Übertreibung, sondern reine Tatsache, die sich wirklich so ereignete.
Übrigens sind hier einige von euch Zeugen davon gewesen.

22. Eigentlich erhöhte all das unsere Zufriedenheit, und dieser selt-
same Zwischenfall verscheuchte die Traurigkeit, die Anlaß zu anderen
Bedürfnissen hätte geben können. Zum Beweise dafür, daß alles, was
ich eben erwähnt habe, der Wille Gottes war, will ich berichten, auf
welche Weise er uns menschliche Hilfe versagte; und bei dieser Gelegenheit erwähne ich auch unsere innigstgeliebte Doña Eleonora de
Valera, die Gemahlin des Portugiesen Heinrich Freyle; diese beiden
sind die Eltern unserer Schwestern Blanka von Jesu und Maria vom
heiligen Joseph. Diese edle Dame war nach den Schwestern von Malagón die erste Wohltäterin dieses Klosters. Ich sage dies deshalb, weil
ein Zweck meines Berichtes darin besteht, unsere Wohltäter bekannt-
zumachen. Diese Dame, die uns sehr gewogen war, steht in der Tat
an erster Stelle unter ihnen; sie hat uns geholfen, so oft es ihr möglich
war. Ihre Vermögensverhältnisse waren damals günstig, wurden aber
im nämlichen Jahre infolge verfehlter Bankspekulation ruiniert. Sie
erfuhr die nahe Ankunft unserer heiligen Mutter; und da sie ihre Aufmerksamkeit immer den Heiligen schenkte und ihre Türe den Bedürftigen
stets offen stand, so übernahm sie die Sorge für unsere Bedürfnisse. Da
sie ihre Unterstützungen uns im geheimen zukommen lassen wollte, was
sie auch bei anderen guten Werken tat, so betraute sie damit, ohne es
uns zu sagen, eine Beatin der Stadt, eine fromme Dienerin Gottes,
die sich verschiedenen Werken der Nächstenliebe hingibt, besonders der
Bekehrung von Frauenspersonen, die einen schlechten Lebenswandel
führen. Jene edle Doña Eleonora hat zu diesem guten Werke viel
beigetragen, indem sie ihr große Summen Geldes zukommen ließ. Diese
(Frau) ersuchte sie, uns auf heimliche Weise und, ohne zu sagen, daß
die Gabe von ihr sei, das zu liefern, was wir nach ihrer Meinung bedurften. Auch Pater Mariano hatte diese Beatin ersucht, unser Kloster
zu unterstützen, weil er überzeugt war, daß sie allein uns aus der Verlegenheit helfen könne. Doña Eleonora übergab ihr also ansehnliche
Geschenke für uns; denn sie hatte ihr — ich spreche nur von dem Tage,
an dem man uns erwartete —, im Bewußtsein unserer Not, in der
wir uns nach einer so langen, bei größter Hitze unternommenen Reise
befanden, aufgetragen, uns Tücher und Tuniken aus Leinwand und un-

zählige andere Gegenstände, wie Tischtücher, Porzellan und Lucaros[1] zu kaufen; endlich übergab sie ihr Geld, um uns mit Öl und Fischen zu versorgen. All das verwendete aber die gute Person, die ohne Zweifel der Meinung war, daß die Bedürfnisse der gefährdeten Seelen dringender seien, zu anderen guten Werken. So ertrugen wir unsere Entbehrungen, ohne zu wissen, was wir dieser Dame schuldeten; und als sie zu uns kam, um unsere heilige Mutter zu sprechen, bezeugten wir ihr die ihrer Nächstenliebe gebührende Zuneigung und Achtung, wußten aber nicht, daß wir in so hohem Maße ihre Schuldnerinnen seien.

23. Ich komme nun wieder auf unsere Gründung zurück. Als unsere Mutter die Erlaubnis des Ordinariates für gegeben erachtete, erklärte der Erzbischof, daß er keineswegs an die Gründung eines Klosters gedacht habe, sondern nur, daß unsere Mutter und ihre Nonnen die seiner Jurisdiktion unterstellten Klöster reformieren sollten. Die heilige Mutter geriet darüber sehr in Kummer und war fest entschlossen, wieder umzukehren. Schließlich besänftigte Pater Mariano den Erzbischof und erlangte von ihm die Erlaubnis, am folgenden Sonntag, am Feste der allerheiligsten Dreifaltigkeit, die Messe lesen zu dürfen. Der Erzbischof gewährte diese Erlaubnis unter der Bedingung, daß keine Glocke geläutet und unserer Wohnung nicht die Gestalt eines Klosters gegeben werden dürfe. Unsere Mutter war trostlos, und Pater Mariano noch mehr. Was unseren Pater Gracián betrifft, so befand er sich in Madrid, wohin er sich auf Geheiß des Nuntius von Veas aus begeben hatte. Nach und nach beruhigte endlich Pater Mariano den Erzbischof und brachte es dahin, daß er uns die Erlaubnis (zur Gründung) gewährte. Er gab sie nach Verlauf von zwanzig Tagen. Um diese Zeit war die Einrichtung des Klosters vollendet. Indes wurde, da die Kapelle nicht ganz ehrbar schien, das Allerheiligste Sakrament nicht eingesetzt. Wir mußten dasselbe ein ganzes Jahr lang entbehren, was kein kleiner Kummer für uns war, da wir das ganze Jahr dort zubringen mußten. Dies war aber nicht das einzige, und ich weiß nicht, wie wir ohne unsere Mutter soviel Armut, Verlassenheit und Verfolgungen hätten ertragen können. Die Armut war so groß, wie ich sie geschildert, und die Verzögerungen derart, wie ich be-

---

[1] Lucaros sind Vasen aus rötlicher, feiner und poröser Erde, wie es solche in Indien gibt. Man füllt sie mit Wasser, das in die Poren dringt, bald verdunstet und in den Räumen eine angenehme Frische erzeugt.

richtet habe. Wir verbrachten den ganzen Sommer ohne Decken auf den schon erwähnten Mattengeflechten. Wohl waren die Decken wegen der großen Hitze, die infolge der (ungünstigen) Lage des Hauses recht fühlbar wurde, nicht notwendig. Sehr oft bestand unser Mittagessen aus Brot und Äpfeln, die entweder gekocht oder roh gegessen wurden. Eines Tages war nur ein Brot vorhanden. Es wurde unter alle Schwestern verteilt, und so klein auch die Stückchen waren, sie genügten uns.

24. In dieser Stadt, in der unsere Mutter nicht, wie in den Städten Kastiliens, wo sie schon Klöster gegründet hatte, bekannt war, konnten wir von niemand etwas zu leihen nehmen. Pater Mariano bemühte sich vergebens; wir hatten nichts, um eine Winde, ein Sprechgitter und andere für die Klausur notwendige Dinge herzustellen. Ein Kaufmann aus Medina del Campo, den unsere Mutter kannte, schickte uns Geld, womit diese Ausgaben gedeckt wurden.

25. Die Patres[1] hatten schon im voraus die Aufnahme eines aus ehrbarer Familie stammenden Mädchens[2] geregelt. Da ihr unsere Patres das Wort gegeben hatten, nahm sie unsere Mutter auf. Ihr Eintritt fand am Feste der allerheiligsten Dreifaltigkeit statt; am selben Tage wurde auch die erste heilige Messe gelesen. Wie schon erwähnt, hatten wir wenig Aussicht, die Bestätigung zu erhalten, allein unsere Mutter zweifelte nicht; dies bewies sie dadurch, daß sie die erste Novizin aufnahm. Sie hielt auch ein Kapitel ab und betraute mich mit der Leitung der Schwestern, indem sie dabei von den Vollmachten Gebrauch machte, die sie von den Obern zur Aufstellung von Priorinnen in den neuen Niederlassungen besaß. Sie entschied auch bei den Wahlen. Dieser Gehorsamsakt bereitete mir keinen geringen Kummer. Freilich hatte ich mich schon in mein Schicksal ergeben; denn als wir noch in Veas waren, hatte mich unsere Mutter schon in ihre Pläne eingeweiht, und in dieser Absicht[3] nahm sie mich auch mit. Da sie sich überzeugen wollte, ob uns die Schwestern schon im voraus Liebe und Achtung entgegenbrächten, so bestimmte sie, wenn wir zu einer Gründung uns begaben, bereits bei der Abreise die Nonne, der sie ein Amt

---

[1] Die unbeschuhten Karmeliten des Klosters Los Remedios.

[2] Beatrix von der Mutter Gottes, deren Geschichte die hl. Theresia im 26. Hauptstück der Klosterstiftungen ausführlich erzählt.

[3] Nämlich um sie als Priorin aufzustellen.

übertragen wollte. Indes übergab sie es ihr mit allen Vollmachten
erst endgültig, wenn die Gründung vollendet war.

26. Um genaueren Aufschluß zu geben, wie unsere heilige Mutter
mit prophetischem Geiste die Prüfungen voraussah, die uns erwarteten,
und um meinen Stolz und meine geringe Selbstüberwindung zu bekennen, erwähne ich eine Prüfung, die sie vor unserer Abreise nach
Veas über mich kommen ließ. Sie hatte mich als Priorin für die
Gründung in Caravaca bestimmt, und da sich jene von Sevilla zuerst
verwirklichte, so fragte sie mich, welche Nonne sie als Priorin dorthin
schicken sollte. Sie wollte nämlich von mir wissen, ob ich gerne dorthin
gehen würde; denn sie verwendete die größte Sorgfalt darauf, keine un-
zufriedene und widerspenstige Nonne zu einer Gründung zu schicken,
weil sie mit Recht glaubte, daß man auf eine solche Nonne niemals
Hoffnung setzen könne. Da mir die Gründerinnen von Caravaca schon
überaus liebevoll geschrieben und sich bereitwilligst mir zum Gehorsam
verpflichtet hatten, da sie außerdem schon ein Einkommen und ein Haus
besaßen, so dachte die heilige Mutter, ich würde mich lieber dorthin
begeben. Daher fragte sie mich, ob ich gerne nach Sevilla gehen würde.
Und ich antwortete: „Ist Euer Wohlehrwürden entschlossen, mich hier
wie dort zur Priorin zu machen?“ „Ja“, meine Tochter, „mangels
fähiger Leute wird es so geschehen.“[1] Ich erwiderte: „In diesem Falle
ziehe ich das Priorat in Sevilla dem in Caravaca vor.“ Die Heilige
antwortete mir mit lautem Lachen: „Nun wohl, da Sie diese Wahl
treffen, müssen Sie auf sich nehmen, was dort Ihrer wartet.“ Sie
wollte damit sagen, daß ich dort viel mehr zu leiden hätte, und mir
zugleich zu erkennen geben, daß sie mir für den Wunsch, lieber nach
Sevilla als nach Caravaca zu gehen, dankbar sei. Es war das Fest der
allerheiligsten Dreifaltigkeit, an dem mir der Herr die unendlich große
Gnade erwies, mich als seine Sklavin anzunehmen, derselbe Tag, an
dem ich Profeß abgelegt und den Schleier genommen hatte.

---

[1] Die Heilige macht da eine Anspielung auf das alte Sprichwort: „A falta
de hombres buenos a mi marido hicieron alcalde.“ Mangels fähiger Männer
ist mein Mann Bürgermeister geworden. Diese Ausdrucksweise gebraucht die Heilige oft. Man findet sie im 30. Hauptstück der Klosterstiftungen und auch in
ihrem Briefwechsel.

11

Bericht der seligen Anna vom heiligen Bartholomäus über die Reise der heiligen Theresia von
Malagón nach Villanueva de la Jara im Jahre 1580.[1]

1. Pater Antonius von Jesu und Pater Gabriel von der Himmelfahrt kamen vor Fastnacht nach Malagón, um die heilige Mutter zur
Gründung nach Villanueva de la Jara mitzunehmen. Da diese zwei
Väter sehr gut in jener Gegend bekannt waren, gab es an allen Orten,
durch die wir mit unserer Mutter reisten, ein solches Gedränge, daß wir
uns nicht mehr umdrehen konnten. Wir erreichten einen Flecken mit
Namen Robledo.[2] Als die heilige Mutter die Messe gehört und kommuniziert hatte, führten uns die beiden Väter in das Haus einer ihnen
wohlbekannten Person, wo wir das Mittagsmahl einnehmen mußten.
Sie war eine sehr ehrenwerte und tugendhafte Dame, die unsere
heilige Mutter und ihre Begleitung in liebenswürdiger Weise aufnahm. Das Gedränge war derart, daß man zwei Polizeibeamte an die
Türe stellen mußte, damit wir unsere Mahlzeit einnehmen konnten. Ja
die Leute stiegen sogar über die Mauer, ohne daß man sie hindern
konnte. Um uns das Hinaustreten zu ermöglichen, war man selbst gezwungen, einige Personen zu verhaften. Man verlangte nur eines: die
heilige Mutter zu sehen; denn an ein Gespräch mit ihr durfte man
nicht denken.

2. Ein ähnlicher Volksauflauf entstand während dieser Reise bei
unserem Eintritt in einen anderen Ort, der nur in geringer Entfernung
von jenem lag. Die heilige Mutter trug Sorge, daß wir am folgenden
Tage drei Stunden vor Sonnenaufgang aufbrechen konnten, um diesem
Zusammenlauf zu entgehen. Am Ende des Dorfes brach etwas am
Wagen, allein infolge der Dunkelheit konnte man den Unfall nicht
genau feststellen. Wir legten so drei Wegstunden zurück. Als wir bei
Sonnenaufgang ein anderes Dorf erreichten und den Zustand des
Wagens sahen, waren wir äußerst erstaunt, daß wir unter diesen Ver-
hältnissen so lange reisen konnten. Die Begleiter der heiligen Mutter
hielten dies für ein Wunder.

---

[1] Siehe das 28. Hauptstück dieses Bandes.
[2] Oder vielmehr Villarobledo, sechs Stunden von La Roda entfernt.

3. In all diesen Dörfern trat eine außerordentlich große Frömmigkeit zutage. In einem Flecken, durch den die heilige Mutter reisen mußte, wollte sie ein Landmann in besonderer Weise bewirten. Seine Söhne und Schwiegersöhne, die er aus den Nachbardörfern hatte rufen lassen, waren anwesend, um den Segen der Mutter zu empfangen. Doch die Frömmigkeit der guten Leute gab sich damit noch nicht zufrieden; auch das Vieh wurde zusammengetrieben, um es segnen zu lassen. Als aber die Mutter ankam, wollte sie weder anhalten noch absteigen, so inständig wir sie auch baten. Deshalb führte dieser Mann all die Seinen zu ihr, um mit ihr sprechen und ihren Segen empfangen zu können. Hierauf reisten wir unverzüglich weiter.

4. Bevor wir Villanueva erreichten, kamen wir an ein Kloster unserer Religiosen, an dem wir vorbei mußten. Da diese Väter die nahe Ankunft unserer heiligen Mutter vernommen hatten, kamen sie uns prozessionsweise eine schöne Strecke Weges entgegen, ehe wir das Kloster erreichten. Da wir uns in einer Ebene befanden und sie in erwartungsvoller Sehnsucht ankamen, so stimmte ihr Anblick sehr zur Andacht. Die heilige Mutter sagte, daß ihr dieser Anblick überaus große Freude bereitet habe; sie glaubte die Heiligen unseres Ordens, die alten Väter der Wüste zu sehen. Sie baten alle auf den Knien um ihren Segen und führten sie dann prozessionsweise in die Kirche. Während sie an diesem Orte verweilte, verbreitete sich das Gerücht von ihrer Anwesenheit in den umliegenden Dörfern, und es eilte eine Menge Leute herbei, um sie zu sehen.

5. Von da reisten wir nach Villanueva de la Jara. Ziemlich weit von diesem Orte entfernt erschien eine Schar andächtiger Kinder zum Empfang der heiligen Mutter. Als sie bei ihrem Wagen ankamen, knieten sie nieder und gingen dann unbedeckten Hauptes voran bis zur Kirche, wo wir absteigen sollten. Da aber die heilige Mutter diese Gründung selbst beschrieben hat, so werde ich mich darauf beschränken, zu erzählen, wie sie sich den frommen Jungfrauen gegenüber benahm, die dieses Haus schon bewohnten.

6. Nachdem das Kloster eingerichtet war, begab sich unsere heilige Mutter wie die anderen Nonnen an die Arbeit; und obwohl sie nur eine einzige Hand gebrauchen konnte, kehrte sie, bediente sie im Refektorium und half in der Küche mit, soweit es ihre Kräfte erlaubten. Als sie einst zur Mittagszeit mit einem Arbeiter eine Kurbel am Brunnen be=

festigen wollte, entfiel diese Kurbel von bedeutendem Gewichte den Händen des Arbeiters. Sie fiel auf die heilige Mutter und schleuderte sie zu Boden. Selbst ganz ohnmächtig, hatte er nicht die Kraft, ihr aufzuhelfen. Sie erhob sich bei ihrer großen Energie und Lebendigkeit von selbst, als ob nichts vorgefallen wäre; aber dennoch hielt man es für ein Wunder, daß sie mit dem Leben davonkam. Der Teil ihres Körpers, den die Kurbel getroffen, wurde ganz schwarz. Es ereignete sich dies am Vorabend des St. Josephsfestes, und so schrieben wir ihm diesen Schutz zu. Von da begaben wir uns nach Toledo.

7. Auf der Reise war die Mutter so liebenswürdig, daß es jedem Freude machte, in ihrer Gesellschaft zu sein. Die Tagesordnung schrieb vor, vor allem die heilige Messe zu hören und täglich die heilige Kommunion zu empfangen. Das letzte wurde nie versäumt, so eilig wir es auch hatten. Sie trug immer Weihwasser mit sich und ein Glöckchen, um damit die Zeit des Stillschweigens anzukündigen. Sie hatte auch eine Uhr, um damit die Stunden des Gebetes zu regeln; und wenn wir mit dem Glöckchen das Zeichen zur Beendigung des Stillschweigens gaben, da hätte man die Freude der anwesenden jungen Leute[1] sehen sollen, daß sie nun wieder sprechen durften. Die Mutter war alsdann immer besorgt, ihnen einen kleinen Imbiß zu geben, um den Tugendakt zu belohnen, den sie durch Beobachtung des Stillschweigens gesetzt.

8. Sie war äußerst freundlich gegen alle, die mit ihr verkehrten. Zuweilen fanden sich Leute, die mit ihr sprechen wollten, um irgendeinen Fehler an ihr zu entdecken, weil sie an ihren öffentlichen guten Ruf nicht glauben wollten. Die Heilige unterhielt sich mit ihnen auf ganz gewöhnliche Weise, d. h. sie lenkte die Unterhaltung auf Gegenstände, aus denen die Seelen Nutzen ziehen konnten. Dies passierte auch zwei jungen Leuten, die in der oben bezeichneten Absicht kamen; sie hatten sich noch nicht entfernt, als unser Herr ihr Herz rührte. Sie bekannten der heiligen Mutter ihren Fehler, gestanden ihre Absicht und entfernten sich schließlich ganz verändert.

9. Gegen demütige und unterwürfige Charaktere war sie voll Güte; gegen jene aber, die bequem dahinlebten, zeigte sie sich sehr streng.

---

[1] Mozos oder mozos de camino waren Dienstleute, gewöhnlich ganz junge Leute, die neben dem Wagen marschieren und darauf achtgeben mußten, daß kein Unfall passierte.

Traurige Leute liebte sie nicht; sie selbst war es nicht, und darum wollte sie auch nicht, daß jemand in ihrer Begleitung sich traurig zeigte. „Gott bewahre mich vor Heiligen mit verdrießlicher Miene", sagte sie. Auf der Reise fand sie immer Mittel und Wege, über göttliche Dinge zu sprechen, und zwar in einer Weise, daß Leute, die gewohnt waren, zu fluchen und Späße zu machen, sie lieber hören wollten, als alle Freuden der Welt zu genießen. Ich habe dies von ihnen selbst sagen hören. Bei ihren Reisen erhob sie sich immer als die erste, um jedes einzelne zu wecken, und sie war die letzte, die sich zur Ruhe begab.

12.

Bericht
der Schwester Maria vom hl. Joseph über die ersten durch die Reform hervorgerufenen Wirren von 1575—1576 und von 1577—1579.[1]

1. Wie, heilige Braut, du nennst den Vielgeliebten einen Myrrhen- strauß? Sei aber vorsichtig! Wir könnten uns dadurch beleidigt fühlen, weil wir wie du den Namen dieses Vielgeliebten tragen; denn er zeigt

---

[1] Dieser Bericht ist der Schrift der Schwester Maria vom hl. Joseph entnommen, die den Titel führt: „Historia de los Descalzos Carmelitas", und anderen Schriften, die unter dem Namen „Ramillete de mirra" den speziellen Titel tragen: „Ramillete de mirra es mi Amado para mí, pondréle entre mis pechos". (Ein Myrrhenbüschlein ist mir mein Geliebter, das an meinem Busen verwahrt bleibt. Hohelied 1, 12. Die Priorin von Sevilla und Lissabon erzählt in diesen Schriften die Prüfungen, die sie seit dem Tage, an dem das Amt der Priorin ihr anvertraut wurde, auf sich nehmen mußte. Da diese Prüfungen mit den Wirren zusammenhängen, die bei der Reform der hl. Theresia sowohl zu Lebzeiten als nach ihrem Tode entstanden, so liefert der Ramillete de mirra wichtige Beiträge zur Geschichte der Ordensgemeinde der Heiligen. Maria vom hl. Joseph bedient sich in dieser Schrift wie auch in allen übrigen sehr scharfer Ausdrücke. Der erste Teil ihres Berichtes bildet eine Art Prolog von unbestreitbarer Schönheit. Wenn auch dieser Prolog den historischen Teil gar nicht berührt, so glaubten wir doch, ihn nicht übergehen zu sollen. Die Autographie des Ramillete befindet sich in der Nationalbibliothek zu Madrid. Er ist eine Handschrift in Quartformat von 84 Blättern, wovon Vinzenz de la Fuente im Jahre 1861 fast zwei Drittel veröffentlicht hat. Diese Schrift ist späteren Datums als das Buch „Recreaciones". Denn die Mutter Maria vom hl. Joseph sagt zum Schlusse, daß Pater Elias vom hl. Martin seit kurzem General der Reform sei. Dieser General regierte aber von 1594—1600.

sich gegen uns voll Milde und Lieblichkeit. Und je mehr er sich unserem Herzen nähert, desto mehr wird er unsere ganze Freude und Süßigkeit, unsere ganze Wonne und all unser Trost. Er ist ganz Liebe, und deshalb folgen wir ihm nach, verlassen Vater und Mutter, Verwandte, Freunde und alles, was die Welt hochschätzt, verleugnen uns selbst, hingerissen von dem Geruche seiner Süßigkeit. Was wird es erst sein, wenn er an unserem Herzen ruht? Wie wagst du also in Gegenwart von so vielen Zeugen, die seine unaussprechliche Süßigkeit gekostet haben, zu sagen, daß er bitter sei? Nimm dich daher in acht! Denn jene, die deine Sprache nicht verstehen, könnten auf den Gedanken kommen, die Eifersucht lasse dich so sprechen, um allein seiner Gegenwart genießen zu können.

2. O Braut, würdig aus allen, diesen Namen zu tragen! Wie gut gibst du durch eine solche Sprache zu erkennen, daß du als die würdigste die Umarmungen des Bräutigams genießest und den an deinem Herzen ruhenden Vielgeliebten besitzest! Belehre uns eines Besseren, geliebte Braut, und unterweise uns; denn viele aus uns befinden sich im Irrtum.

3. O Töchter Evas, die ihr verführt seid, wie sie selbst es war! Wisset, daß euer Bräutigam nicht die Neigungen Adams hat, und ihr mit ihm nicht den Apfel der Süßigkeit zu essen bekommt! Euer Bräutigam ist Jesus Christus, der die damals gekostete Süßigkeit mit der Bitterkeit und dem Opfer des Kreuzes gebüßt hat. Wenn ihr ihm euere bräutliche Hand gebt, so wird sie ein Nagel mit der seinen verbinden. Er ist ein Blutbräutigam. Wenn ihr also wünschet, daß der König sich von euerer Schönheit einnehmen lasse, wenn ihr ihm ähnlich werden wollt, dann müßt ihr euch mit einem blutigen Kleide schmükken. Spottreden sind seine Lust, Schmähungen seine Ehren, Peitschenhiebe sein Vergnügen, Lästerungen eine angenehme Musik. Die Galle ist seine Speise; Dornen bilden seine Krone. Wenn er sich an das Herz seiner Braut neigt, kann er sie nur verwunden. Wenn ihr ihn in einem solchen Zustande sehet, wer aus euch kann dann nach Freude und Wonne Verlangen tragen? O unverständige Bräute! Ihr verlangt nach Süßigkeiten und haltet euch für besonders bevorzugt. Ach, glaubet nicht, daß ihr es im vollen Sinne des Wortes seid, wenn ihr nicht auch mit Dornen verwundet seid; denn dann ist es klar, daß der Vielgeliebte euch noch nicht zur Umarmung und zum Friedenskuß zu-

gelaſſen hat. Habt ihr ihn aber empfangen, dann werdet ihr ohne Zweifel die bittere Galle fühlen, wovon ſeine Lippen voll ſind.

4. O mein ſüßer Meiſter! Es darf uns nicht wundernehmen, daß du uns mit bitterer Myrrhe belohnſt, nachdem wir dir ja die ſcharfe Galle gegeben haben. Indem du ſie den Töchtern Evas fühlen ließeſt, haſt du den Geſchmack jenes verhängnisvollen Apfels beseitigen wollen, den unſere Mutter aß. O glückliche, ja überglückliche Braut, an deren Herzen du ein Myrrhenſtrauß biſt! Wer könnte die Wonnen und Süßigkeiten beſchreiben, die das Wort „Bitterkeit" in ſich ſchließt? Kann es hier auf Erden etwas geben, was mit der Freude, für dich zu leiden, vergleichbar wäre? Schöpft der Stolz, der im Beſitze aller Ehren der Welt ſich befindet, daraus ebenſoviel Befriedigung, wie deine Liebhaber aus Schimpf und Schande? Gab es je eine erhabenere Macht oder glänzenderen Reichtum, als die freiwillige Armut aus Liebe zu dir? Können wohl alle fleiſchlichen Wonnen die Seele mit ſolchem Troſt und ſolcher Süßigkeit erfüllen, wie die Beleidigungen, die man dir zuliebe erträgt? Und wenn du an unſerem Herzen ruhſt, ſtärkſt du uns dann nicht in ſolcher Weiſe, daß eine ſchwache und elende Frauensperſon mit dem glorreichen hl. Paulus zu ſagen wagt: „Wir werden bedrängt, aber wir werden nicht mutlos; wir ſind in Nöten, aber wir verzagen nicht; wir leiden Verfolgung, werden aber nicht verlaſſen; wir werden gedemütigt, aber nicht verwirrt; wir werden niedergeworfen, aber wir gehen nicht zugrunde!"[1]

5. Wo findet ſich alſo die wahre Weisheit, wenn nicht im Schmerz und im Kreuze? Wem entdeckt ihr euer liebendes Herz, wenn nicht dem betrübten Herzen, das ſich euch hingibt? Die Heimſuchungen verſchaffen uns den Schatz der Geduld; Prüfung und Betrübnis zeigen uns die Reichtümer der Hoffnung. Die Verfolgungen offenbaren uns die Nichtigkeit der Geſchöpfe, machen uns mit dem Himmel vertraut, löſen uns von der Erde los, adeln unſer Herz und erheben es über dieſe ſichtbare Welt. O wie unglücklich und arm, wie unvollkommen und unwiſſend ſind jene, die nicht verſtehen, was es heißt, für Jeſus Chriſtus zu leiden, die den Wert ſolcher Leiden nicht kennen! O wenn doch alle Schmerzen, die mein Meiſter erduldet, ſich über mich ergießen würden! Dann wird er mich gewiß ſeine Braut nennen, wenn er ſieht, daß ich ihm ein klein wenig ähnlich bin. Ja, mögen meine

[1] 2. Kor. 4, 8. 9.

Freunde mich verlaſſen und jene mich kränken und mir die Ehre nehmen, die zu anderer Zeit mich ehrten und mir Schutz gewährten! Möge
auch der, den ich immer als meinen Vater betrachtet und geliebt habe,
der von Amts wegen mich verteidigen ſollte, mich verlaſſen und betrüben! Mag man mich mit der größten Schmach erfüllen und mich
als des Schatzes beraubt anſehen, den ich über alles hüte und ſchätze!
Raubt man mir auch ganz und gar die Ehre und erklärt man mich öffentlich als verworfen und meineidig; hält man mich auch für eingebildet,
und ſucht man mich auf liſtige Weiſe von meinen vielgeliebten Töchtern,
meinen zärtlich geliebten Schweſtern zu trennen, die an meiner Betrübnis teilnehmen! Mag ich auch einer Verbannten und Fremden gleichen, und mögen alle meine Arbeiten vernichtet werden! Hält man auch
das Gute für ſchlecht, die Unvollkommenheit und Schwäche für Schande;
gibt man auch die Geduld, die durch nichts ſich beugen läßt, für
Heuchelei und Verſtellung aus, und nennt man die Wahrheit Lüge, die
Standhaftigkeit und Ergebung Hartnäckigkeit! — Was ſchadet mir
das? Soll es mich berühren, auf ſolche Weiſe von Menſchen beurteilt
zu werden, die heute ſind und morgen verſchwunden ſein werden, von
Menſchen ſage ich, die unfähig ſind, ſich ſelbſt zu ehren? Welche Ehre
oder Schande können ſie mir denn bereiten? Ich bin berufen, als
Königin eines ewigen Reiches die Geſellſchaft eines Bräutigams zu
genießen, der Leben und Tod, Ehre und Schande in Händen hat. Und
ich ſoll nun ſo blind ſein und mich unterwegs aufhalten, um dieſe
vergängliche Welt um Ehre anzubetteln? Was trägt mir dies ein? Soll
mich denn der Herr nach dem Urteile der Menſchen richten und nicht nach
dem Urteile deſſen, der gerecht und treu iſt?

6. O mein König und mein Bräutigam! Mit weniger Beſchämung,
aber mit mehr Kühnheit gebe ich dir heute dieſen Namen; denn die
Trübſale ermutigen mich dazu. Zuweilen gerät meine ſonſtige ruhige und
friedliche Seele in Unruhe und Traurigkeit; unvermutet umgeben ſie
düſtere Wolken und hüllen ſie in Dunkel ein. Bald iſt ſie infolge der
Hoffnung in heiterer Stimmung, bald aufgeregt durch Furcht. Und
doch weißt du es, o Herr, daß ich einzig fürchte, du möchteſt dich von
mir entfernen; außerdem fürchte und achte ich nichts. Ich finde meinen
Troſt in dem Worte deines Propheten, daß „in deinem Zorn deine
Erbarmungen enthalten ſind."[1] O mein Gott, das Schwert deiner

---

[1] Pſ. 76, 10.

Strenge durchbohre mich! Gerne werde ich ertragen, daß es schneidet und peinigt, wenn mir dadurch der Weg zu deinen Erbarmungen eröffnet wird. Hast du diese einmal meiner Seele zugewendet, so bin ich sicher, daß sie dort verbleiben werden. Wenn du sie mir in deinem Zorne, verbunden mit Strenge verleihst, so geschieht dies ja nur, um meine Seele zu reinigen und sie so für den dauernden Empfang dieser göttlichen Schätze zu befähigen. O wie viele (Gnadenschätze) hat sie auf diesem Wege schon empfangen! Und wer hat mich denn gelehrt, auf dich zu hoffen? Wer treibt mich an, dich zu suchen? Wer hat mir in dem, was uns der Glaube lehrt, jene Erfahrung gegeben, die mich das, was ich vorher nur glaubte, jetzt gleichsam mit Händen greifen und mit eigenen Augen sehen läßt: nämlich, daß du die Schwachen stärkst und die Gefallenen wieder erhebst, daß du die Unwissenden belehrst und dich mit den Demütigen vereinigst, daß du dich der Betrübten annimmst und die Bitten derer, die dich anrufen, erhörst, daß du jene befreist, die auf dich hoffen, und jene belohnst, die im stillen leiden? Und überdies bringst du zustande, was für das Fleisch unglaublich erscheint: du bewirkst, daß deine Diener größere Sehnsucht nach Schmähungen tragen, als die Kinder der Welt nach den Reichtümern und Genüssen dieser Erde. Die Seele ist sogar derart von diesem Wunsche beseelt, daß sie, wenn Schmähungen sie treffen, weder überrascht, noch erschreckt wird, sondern diese immer geringer findet, als sie es erwartet und erwünscht.

7. Mein Herr und mein Gott! Verschließ doch deine Hand nicht! Sie war es ja niemals. O laß vielmehr eine Flut von Drangsalen über mich kommen, die den Durst meiner Seele stillen und das glühende Verlangen, das sie verzehrt, befriedigen kann! Aber was sage ich? Wie elend, kühn und verwegen bin ich doch! Darf ich wohl so in Gegenwart einer Majestät sprechen, die meine Fehler gezählt hat, die weiß, wie leicht ich kleinmütig werde und wie feige ich mich benehme? Ich bekenne es und wünsche in der Tat, o mein Herr, daß die ganze Welt dies weiß. Es ist mein Wunsch, daß man folgende Wahrheit glaube und kenne: ich bin das schwächste und elendeste aller Geschöpfe. Ja, ich liebe die Ehre und hasse die Verachtung, ich suche Selbstbefriedigung und Gunst. Ja, ich beklage mich wegen der geringsten Leiden. Ich bin eitel, hochmütig, anmaßend und ehrgeizig. Aber du, o Herr, reißt mich von alledem los, du lehrst mich verachten, was ich liebte, und lieben, was ich verachtete. In meinen Finsternissen habe ich dein Licht erkannt;

und je mehr das Dunkel mich umhüllte, desto mehr hat sich meine Seele zum Verlangen nach deiner unnahbaren Klarheit emporgeschwungen. Meine Augen wurden durch die Schärfe und Bitterkeit der Prüfungen wie durch eine heilsame Augensalbe geöffnet.

8. O mein süßester Bräutigam, o einziges Verlangen meiner Seele! Könnte ich dich ebenso wie die hl. Braut als ein Myrrhenbündel an meinem Herzen tragen! Durch dich belehrt, verlangt und begehrt sie jemanden, dessen Umarmung sie nicht traurig macht. Sie sagt in der Tat nicht, daß sie mit Myrrhe bedeckt und umgeben ist, sondern daß sie diese selbst umfaßt und an sich drückt. Und so ist es auch mit deinem Geschenk, o Herr. Unsere Schwachheit kann es fest an sich drücken und am Herzen tragen; denn es ist keine Last, die zu Boden drückt, sondern ein Strauß, der erfreut.

9. Mut also, meine vielgeliebten Schwestern! Keine unter euch fürchte die Leiden! Sehet jene, die euch von der Seligkeit, die sie verschaffen, Zeugnis gibt, hat auch die Prüfungen durchgekostet, die euch bekannt sind. Ihr kennt sie gut. Wenn daher mein ganzes Wesen ohne Furcht ist und ich andererseits kund machen soll, wie die Leiden zur Erkenntnis der Güte unseres großen Gottes führen, so sage ich: O, fliehet sie nicht! Denket ja nicht, daß ihr in euerem Stande als unbeschuhte Karmelitinnen von Schmähungen und Trübsalen verschont bleibt, die die Welt den Jüngern Jesu Christi bereitet. Was sage ich? Es ist vielmehr billig und recht, daß diesem Orden solche Schätze nicht fehlen. Die Heiligkeit besteht ja allem Anscheine nach nicht darin, daß man von der ganzen Welt Beifall erntet, sondern darin, daß man in Reinheit, frei von der Beleidigung Gottes lebt, sich der weisen Vorsehung Gottes übergibt und die Leiden erträgt, auch wenn man unschuldig ist.

10. Was mich betrifft, so weiß ich, daß ich nicht fehlerfrei bin. Meine Mängel sind im Gegenteil zahllos. Daher habe ich nicht das Recht, über mein Leiden mich zu beklagen. Ich darf nicht einmal wagen, im Gefühle meiner Unschuld meine Augen zum Herrn zu erheben. Wohl weiß jener, der mir Schutz gewährt und mich verteidigt, daß ich an dem, wessen man mich anklagt, keine Schuld trage; aber dennoch würde ich lügen, wenn ich behauptete, ohne Fehler zu sein. Ich weiß wohl, daß ich mehr als eine andere Neigung zu zahllosen Fehlern gehabt. Ehre sei Gott, der mich davon befreit hat! Dank sei ihm auch gesagt für die mir erwiesene, unendliche Barmherzigkeit, wodurch er zuließ, daß man mich in einer

Sache verleumdete, in der ich mich nicht verfehlt habe. In meinen Augen ist das ein unaussprechliches Glück. Und ist es auch Vermessenheit, hierin dem großen Apostel, dem ich in allem so unähnlich bin, und der sich nur im Kreuze seines Herrn rühmte, nachfolgen zu wollen, so will ich mich doch auch in ihm rühmen. Und dies an erster Stelle, um meine Schwestern zu ermutigen und zu trösten; dann auch, um mich selbst zur Ertragung aller Widerwärtigkeiten, die mein Herr Jesus Christus in seiner Güte mir zuschicken wird, zu nötigen und ferner, um der Verwirrung und Scham vorzubeugen, falls meine Worte meine Taten Lügen strafen würden. Endlich ist mein Zweck, die Wahrheit zu offenbaren, damit sie nicht länger durch die Lüge verdreht und verstellt wird, zum Ärgernis und zur Schande unseres Ordens, zur Schande unserer hl. Mutter Theresia, die unsere Seelen herangebildet hat und sich rühmte, uns zu Töchtern zu haben, während wir unsererseits uns bemühten, als solche zu erscheinen. Darum hat uns auch die alte Schlange einen so erbitterten Krieg erklärt. Von diesem Kriege werde ich auch erzählen, um zu zeigen, was wir gelitten haben.

11. Ich bitte unsere hl. Mutter, mir von dem, der sie mit so viel Gunstbezeigung überhäuft hat, die Gnade zu erlangen, daß ich diesen Bericht ohne Schaden eines Dritten wiedergebe. Um dies zu vermeiden, werde ich, wie vielen Zeugen bekannt ist, weniger, als es zu sagen gäbe, erwähnen. Diese (Zeugen) kann man fragen, wenn man etwa in Zweifel ziehen sollte, was ich zu meiner persönlichen Verteidigung sage, und wenn man ein unverdächtiges Zeugnis hören will, während es als parteilich angesehen werden möchte, wenn es von mir ausgeht. Aber die Zeugin meiner Unschuld, die ich anführe und vor allen anderen anführe, das ist einzig und allein die Wahrheit. Im Vertrauen auf sie fürchte ich nicht, vor der ganzen, gegen mich eingenommenen Welt zu erscheinen; denn eines der Vorrechte der Wahrheit ist, daß sie allein Berechtigung hat, für sich selbst Zeugnis zu geben. O Wahrheit! Glücklich jene, auf deren Seite du stehst und denen du gewogen bist! Möge Ansehen und Macht besitzen, wer will! Man möge dich durch Arglist und Kunstgriffe zu Falle bringen, man häufe Nachstellung auf Nachstellung, man bringe Zeugen herbei, man rechtfertige seine Absicht! Mögen deine Verfolger mehr gelten und die ganze Welt sich für sie erklären! Mag die ganze Hölle sich gegen dich bewaffnen, dich verdächtigen und mit ihrer Arglist umgeben; — o glückselige Wahrheit, du wirst ans Licht kommen und

dich um so glänzender rechtfertigen, je mehr man dich verdunkelt hat!
Du wirst durch deinen Glanz jene erfreuen, die man in die dunkle Nacht
hinausgestoßen hat. Und da du hinreichende Kraft und Fähigkeit be=
sitzest, um von dir selbst, ohne fremde Hilfe, Zeugnis zu geben, so führe
in diesem Augenblick meine Feder, die nur auf dich vertraut, damit sie in
Anbetracht des Befehles des Apostels, seinem Nächsten die Wahrheit
zu sagen, bekannt mache, was sich sagen läßt, ohne jemandem zu schaden.
Diesen Schaden will sie in keiner Weise, wenn es auch feststeht, daß die
Wahrheit nur der Lüge zu Leibe rückt. Meine Feder wird also keinen
lieblichen und friedlichen Blumenstrauß zu winden imstande sein, infolge
des verwickelten Ränkespiels der Lüge und der Arglist des Teufels. Es
möge aber der Leser gütigst in Erwägung ziehen, daß man die Rosen und
andere Blumen, die zu lieblichen und duftenden Sträußen gewunden
werden, unter diesen Dornen pflückt, und er wird geduldig Einzelheiten
lesen, die notwendig zu meinem Berichte gehören. Übrigens weiß ich,
daß es den Betrübten zum Troste gereicht, zu vernehmen, daß andere
dieselben Prüfungen, wie sie, erduldet haben. Vielleicht wird infolge=
dessen mancher weniger leicht den Anklagen Glauben schenken, die er
gegen den Nächsten vorbringen hört. Ich werde auf den Verlauf der
Ereignisse ein wenig zurückgreifen müssen, um die Quelle jener Wasser
der Trübsale und den Ursprung der Verfolgung zu finden, die wir zu
Lebzeiten unserer Mutter erduldet haben, d. h. auf den Widerstand, den
uns die Väter des gemilderten Karmel bereiteten. Zum besseren Ver=
ständnis des Folgenden ist es notwendig, kurz die Widerwärtigkeiten zu
berichten, von denen ich einen guten Teil mit durchgemacht habe.

12. Unser Pater General, Pater Johannes Baptist Rubeo von
Ravenna, gab während seines Aufenthaltes in Spanien unserer Mutter
Theresia im Jahre 1567 die Erlaubnis, zwei Männerklöster zu grün=
den. Sie hatte schon kraft eines Breves Pius' IV. das Kloster zum
hl. Joseph in Avila errichtet, worüber der fromme General sehr be=
friedigt war, obwohl dieses unter die Jurisdiktion[1] des Bischofs gestellt
worden war. Auf die Bitte unserer Mutter hin gab er ihr, wie schon
erwähnt, die notwendigen Vollmachten für zwei Männerklöster und
zugleich die Erlaubnis zur Gründung aller Nonnenklöster, die man ihr
anbieten würde. Als sich im Jahre 1568 ihre Töchter in Valladolid
niederlassen wollten, gründete sie das erste Männerkloster mit all jenen

---

[1] Gerichtsbarkeit.

Mühseligkeiten und Beschwerden, wie sie es im Buche der „Kloster=
stiftungen"[1] erzählt. Im Jahre 1569 wurde unter Mithilfe unserer
Mutter das (zweite) in Pastrana errichtet, wie aus demselben Buche[2]
ersichtlich ist. So waren also die zwei Vollmachten, die der General
unserer Mutter erteilt hatte, ausgenützt. Für das Kollegium in Alcalá,
das dritte der Männerklöster, erlangte Ruy Gómez de Silva vom
Pater General die Erlaubnis. Diese drei, mit Genehmigung seiner
Wohlehrwürden gegründeten Klöster, waren die einzigen, die die Väter
von der gemilderten Regel bis zu einem gewissen Grade als rechtmäßig
errichtet betrachteten. Nicht ohne Mißvergnügen sahen diese die un=
beschuhten Karmeliten an Zahl und Ansehen zunehmen.

13. Mittlerweile hatten Pater Hieronymus Gracián und Pater
Mariano Pastrana verlassen, weil sie die Schwierigkeiten voraussahen,
die dem Eintritt der Frau des Ruy Gómez bei unseren Schwestern in
Pastrana folgen mußten, nämlich die Unterdrückung dieses Nonnen=
klosters. Diese Väter hatten sich mit Erlaubnis des Visitators, Pater
Magister Peter Fernández, aus dem Orden des hl. Dominikus, der auf
Befehl unseres Heiligen Vaters Pius V. den Karmelitenorden visi=
tierte, nach Andalusien zurückbegeben. Bei ihrer Ankunft in Andalusien
wurden sie vom Pater Franz de Vargas, dem Visitator dieser Provinz,
der ebenfalls Dominikaner war, sehr gut aufgenommen; er erlaubte
ihnen, in Sevilla ein Kloster der unbeschuhten Karmeliten zu gründen.
Im Jahre 1574 gab dieser nämliche Pater dem Pater Gracián den
Auftrag, die beschuhten Väter der andalusischen Provinz zu visitieren.
Um diese Zeit rief ihn der Nuntius Ormaneto nach Madrid. Auf seiner
Reise dorthin kam Pater Gracián durch Veas, wo unsere Mutter so=
eben zur Gründung eines Nonnenklosters eingetroffen war. Dort traf
er zum erstenmal mit unserer Mutter zusammen, was alle beide sehnlichst
wünschten. Diese Berufung des Nuntius hatte die Ernennung des
Paters Gracián zum Visitator aller Unbeschuhten und Beschuhten
von Andalusien zum Zwecke. Außer den genannten drei Klöstern der
Unbeschuhten gab es damals noch mehrere andere; denn infolge der
Erlaubnis der apostolischen Visitatoren kamen mehrere Gründungen
zustande sowohl in Kastilien als auch in Andalusien. Was unsere Mut=
ter betrifft, so wiederhole ich, daß sie vom wohlehrwürdigen General

---

[1] Klosterstiftungen. 13. und 14. Hauptstück.
[2] Klosterstiftungen. 17. Hauptstück.

sehr weitgehende Vollmachten erhalten, um überall, wo sie wollte, für ihre Töchter Klöster zu gründen, vorausgesetzt, daß ihr auch die Visitatoren die Zustimmung gäben. Sie kam also von Veas, um in Sevilla ein Kloster zu stiften. Die Verwirklichung dieser Gründung erschwerten mancherlei Prüfungen, deren Aufzählung zu weit führen würde, und die ihren Grund in der Unzufriedenheit des wohlehrwürdigen Generals mit unserer Mutter hatten, weil sie in Andalusien ein Kloster stiften wollte. Er war nämlich auf die Väter dieser Provinz nicht gut zu sprechen infolge einer mir bekannten Verstimmung, die während seines Aufenthaltes in Spanien zwischen ihnen zutagetrat. Er nahm es übel auf, daß sie insbesondere auf Befehl des Paters Gracián zur Vornahme dieser Stiftung nach Sevilla gekommen war. Der Pater General war in der Tat wegen der beginnenden Visitation gegen ihn und alle Unbeschuhten aufgebracht. Die beschuhten Väter vermehrten noch diese Unzufriedenheit, indem sie sich beklagten, daß unsere Mutter eine Spaltung in den Orden gebracht habe, die seinen Ruin herbeiführe; so urteilten sie darüber. Sie machten den General, der zur Gründung der zwei ersten Klöster die Ermächtigung erteilt hatte, dafür verantwortlich. Daher komme es, sagten sie, daß unsere Mutter und alle anderen Anlaß genommen hätten, sich gegen ihn aufzulehnen und seiner Gewalt sich zu entziehen. In Wirklichkeit aber bezog sich alles auf die Gründung einiger Männerklöster, die mit Erlaubnis der Visitatoren und des Nuntius errichtet worden waren. Diese unterstützten in Anbetracht der Vorteile, die dadurch der Ehre Gottes erwuchsen, diese Gründungen und drängten sogar zu ihrem Vollzuge. Der wohlehrwürdige Pater General war deshalb so sehr gegen unsere Mutter aufgebracht, daß sie ihn weder durch Briefe noch durch andere Mittel beruhigen konnte. Der Heiligen ging diese Prüfung tief zu Herzen. Schließlich kam es so weit, daß das damalige Generalkapitel alle unbeschuhten Karmeliten als Apostaten und Exkommunizierte erklärte und entschied, daß alle ohne Genehmigung des Generals gegründeten Klöster, nämlich die von Sevilla, Granada, Almodóvar und La Peñuela, aufgehoben werden und nur die drei mit Erlaubnis des Generals errichteten Bestand haben sollten.

14. Man beschloß zugleich in diesem Kapitel, unserer Mutter die Patente und Vollmachten zu entziehen, die sie zu Klosterstiftungen be-

rechtigten, und sie in ein Kloster einzusperren, das sie nicht verlassen könnte. Man verordnete außerdem, daß die Karmeliten und Karmelitinnen der Reform in Zukunft als beschuhte betrachtet werden sollten, daß ihr Gesang mit Noten[1] geschehen solle und andere ähnliche Dinge. Man nahm ohne Zweifel Anstoß bei der Nachricht, daß ein so wirklich heiligmäßiger Mann, wie unser Pater General und so viele ernste Väter und fromme Diener Gottes so unvernünftig handelten und die Unterdrückung von Klöstern verlangten, die durch päpstliche Autorität gegründet worden waren. Aber wenn man nur eine Partei hört, die zugleich leidenschaftlich erregt ist — und dies war der Fall bei den im Kapitel anwesenden spanischen Vätern —, so fällt man gewöhnlich ein irriges Urteil und sieht dort ein Verbrechen, wo gar keines ist. Und dies um so mehr, wenn der Teufel das Feuer schürt. Nun ist es wahrscheinlich, daß er bei dieser Angelegenheit mit im Spiele war, um die Reform zu zerstören, wie es unser Herr unserer hl. Mutter zu erkennen gab. Da sie während jener Verhandlungen im Gebete sich befand, bat sie Gott, die Zerstörung der Klöster der Reform nicht zuzulassen. „Sie wollen dies zwar", sprach der göttliche Meister zu ihr, „aber es wird ihnen nicht gelingen, und ganz das Gegenteil wird eintreten."

15. Pater Gracián hatte, als er auf Befehl des Nuntius sich an den Hof begeben, sechs Monate sich dort aufgehalten, und die Aufregung war groß, da jeder sich fragte, ob er das neue, ihm übertragene Amt annehmen würde. Die beschuhten Väter erhoben dagegen heftigen Widerspruch und legten ein Gegen-Breve vor, das sie erwirkt hatten, um die Visitation zu hintertreiben, und wiesen darauf hin, daß sie sich dieser entziehen könnten. Die Freunde und Verwandten des Paters Gracián drangen darauf, dieses Amt von sich zu weisen. Sein Bruder, der Sekretär Anton Gracián, riet ihm noch mehr davon ab, und es irren einige mit der Behauptung, er habe sich für die Visitation verwendet; denn ich habe von ihm Briefe an unsere hl. Mutter gesehen, in denen er auf sie einwirkte, nicht zuzugeben, daß sein Bruder sich in einen solchen

---

[1] Es ist bei den unbeschuhten Karmeliten Vorschrift, alle kirchlichen Gesänge unisono, d. h. ohne Noten abzuhalten. Diese Gewohnheit erhielt sich bis auf die jüngste Zeit. Erst in den letzten Generalkapiteln wurden Stimmen laut, die auf Abschaffung des bisher gewohnten Gesanges drängten und Einführung des gregorianischen verlangten. Es wurde also im Generalkapitel 1907 von der bisherigen Vorschrift dispensiert.

Streit einlasse. Andererseits hielten sich unsere Mutter und alle Unbe-
schuhten (Karmeliten) für verloren, wenn man aus einer für unsere
Interessen so günstigen Wendung der Dinge, wie es das unserem Pater
Gracián anvertraute Amt eines Visitators war, keinen Nutzen ziehen
würde. In der Tat wußten wir sehr wohl, daß uns[1] die beschuhten
Väter, wenn wir unter ihrer Gewalt verblieben, vernichten würden.
Man sah es bald aus den Entscheidungen des Generalkapitels, von dem
ich soeben gesprochen habe. Dies war für uns alle der Anlaß, den Pater
Gracián zur Annahme (des Amtes) zu bitten, und er ließ sich auch dazu
herbei.

16. Er kam also zur Vornahme der Visitation nach Sevilla, versehen mit sehr weitgehenden Vollmachten des Nuntius, der mehr als
irgendeiner deren Vollzug wünschte. Aber die Väter waren darüber so
ungehalten, daß Pater Gracián sie bewaffnet antraf, als er die Hul-
digung entgegennehmen wollte. Der Tumult war so groß, daß man zu
unserer hl. Mutter, die eben mit ihren Nonnen sich beim Gebete befand,
eilte, um ihr mitzuteilen, daß Pater Gracián getötet, die Türen des
Klosters verschlossen und der Tumult und Lärm überaus groß seien. Die
Heilige war darüber verwirrt, und der Herr sprach damals zu ihr:
„O kleingläubiges Weib! Beruhige dich, alles wird sehr gut ausgehen.“
Es war dies am Nachmittag des Festes Mariä Opferung.[2] Die hl.
Mutter versprach, dieses Fest im reformierten Karmel jedes Jahr zu
begehen, wenn Gott den Pater befreien und ihn gesund und wohl-
behalten zurückführen würde.

17. Um diese Zeit hatten wir in unser Kloster eine Beatin[3] aufgenommen, die für sehr heilig galt. Da sie sich an unsere Lebensweise
nicht gewöhnen konnte, besprach sie, ohne daß unsere Mutter noch irgendeine von uns davon etwas wußte, ihren Austritt mit einigen Geistlichen,
bei denen ihr unsere Mutter zu ihrem Troste die Beichte abzulegen erlaubte. Nachdem das arme Wesen sich entfernt hatte, beschloß sie zur

---

[1] Die reformierten Klöster.

[2] Era víspera de Nuestra Señora de la Presentación. Unter víspera versteht Maria vom hl. Joseph nicht den Vorabend eines Festes, sondern das Ende
des Festtages. Man ersieht dies klar aus dem Abschnitt des Buches Recreaciones, wo sie den Tod der hl. Theresia berichtet: „Murió a los sesenta y siete
años de su edad, víspera del glorioso seráfico padre san Francisco.“ Ribera
spricht übrigens auch nicht anders in seinem Bericht über den Tod der Heiligen.

[3] Fromme Seelen in der Welt, die sich Werken der Nächstenliebe widmen.

Beschönigung ihrer Unbeständigkeit uns bei der Inquisition der Teilnahme an den Irrtümern der Illuminaten[1] zu beschuldigen. Einer ihrer Anklagepunkte war, daß die Schwestern, teils aus Versehen, teils aus Unwissenheit zur Kommunion gingen, ohne sich, wie es Gewohnheit sei, zu verschleiern, und wir die Schleier einander reichten, wenn wir an die Reihe kamen. Da unser Kommuniongitter sich in einem (offenen) Hofraum befand, wohin die Sonne mit voller Glut schien, wie es eben bei einem noch nicht vollständig eingerichteten Hause der Fall ist, so zog sich jede, um sich gegen die Sonnenstrahlen zu schützen und mehr gesammelt beten zu können, nach der Kommunion in irgendeinen Winkel zurück und wandte das Gesicht der Mauer zu, um dem Sonnenschein zu entgehen. Dies legte sie ebenfalls schlecht aus und fügte zahllose Lügen und Verleumdungen hinzu, um gegen unsere Mutter Anklage zu erheben. Infolgedessen kam ein Abgesandter der Inquisition, um eine Untersuchung oder ein Zeugenverhör in unserem Kloster vorzunehmen. Nachdem die Wahrheit ans Licht gekommen und die von diesem armen Mädchen erhobenen Anklagen als falsch befunden worden waren, blieb die Sache beim alten. Wir aber wurden als Fremdlinge angesehen; unser vor kurzem gegründetes Kloster bestand erst sieben Monate, und gerade zu dieser Zeit war die Sekte der Illuminaten in Llerena[2] erschienen; außerdem war die Inquisition zu uns gekommen, und die oben berichteten Verleumdungen waren zu den Ohren der Leute gedrungen; endlich arbeiteten uns die (beschuhten) Karmeliten entgegen, so daß wir vieles leiden mußten. Unsere Mutter und Pater Gracián waren sehr betrübt. An jedem Tag brachte diesem die Visitation neue Schmerzen und neue Widersprüche.

18. Der Vorteil, der uns aus dieser Prüfung, nämlich aus der Anklage bei der Inquisition, erwuchs — und wirklich kann Gott aus jedem Übel Gutes ziehen —, war folgender: Unsere Mutter war so gehorsam und so genau in der Erfüllung der Befehle ihrer Oberen und wünschte so sehnlichst dem Pater General Freude zu bereiten, daß sie

---

[1] Es waren dies mystische Schwärmer, wie sie zur damaligen Zeit auch in Frankreich und Deutschland unter den verschiedensten Namen auftraten. Sie sind wohl zu unterscheiden von jenem durch Weishaupt, Professor des kanonischen Rechtes zu Ingolstadt, ins Leben gerufenen Geheimbunde, dessen Mitglieder sich ebenfalls Illuminaten (Erleuchtete) nannten.

[2] Bezirkshauptstadt der spanischen Provinz Badajoz an der Bahnlinie Mérida — Sevilla gelegen.

im Bewußtsein des ihr zugegangenen Auftrages, sich in eines der kasti-
lianischen Klöster zu begeben und dort zu verbleiben, den Pater Visitator
inständig bat, diesen Gehorsamsakt erfüllen zu dürfen. Der Befehl des
Paters General einerseits und der Gegenbefehl des apostolischen Visitators, ruhig zu bleiben und ihre Gründung zu vollenden andrerseits,
endlich das Gefühl der Einsamkeit und Verlassenheit, in die uns ihre
Abreise versetzen würde, all das peinigte ihre Seele. Ich erinnere mich,
daß sie sich eines Tages mir gegenüber sehr bitter über die Vereinsamung
beklagte, in der ich sie ließe, und sie versicherte mir, daß sie seit den
Prüfungen bei der Gründung des Klosters zum hl. Joseph in Avila nie
mehr so schwere Betrübnis empfunden habe. Ich beruhigte sie mit dem
Hinweis, daß ihre Entfernung unter diesen Umständen nicht am Platze
sei: Da die Inquisition Erkundigungen über die von diesem Mädchen
erhobenen Anklagen einziehen werde, müßte sie vielleicht vor diesem
Gerichte erscheinen; was würde aber geschehen, wenn man sie suchen,
aber nicht mehr finden würde? „Es ist wahr, meine Tochter", antwortete
die Heilige, „du hast recht. Ich sehe jetzt ein, daß es der Wille Gottes ist,
daß ich ruhig bleibe." Ihre ganze Pein bestand darin, daß sie nicht wußte,
was der Wille ihres Meisters und ihm wohlgefällig sei. Seine Majestät
ließ sie zuweilen in diesem Zweifel und in dieser Ungewißheit, um ihr
Gelegenheit zum Verdienste zu geben, wie sie selbst sehr oft bezeugt.

18. Seitdem dachte sie mit Freuden an das, was ich ihr damals sagte,
und sie wiederholte oft mir gegenüber: „Wie gut hast du es nicht verstanden, meine Tochter, mich in dieser großen Betrübnis wahrhaft zu
trösten, indem du mir sagtest, daß man mich vor die Inquisition rufen
werde." Und in der Tat, ich erinnere mich, daß ich sie auf die (mißliche)
Lage hingewiesen, in der wir uns in dieser Gegend befanden, und ihr
vor Augen gestellt habe, daß sie dieser Vorladung (vor Gericht) nicht
würde entgehen können. Ich wußte sehr wohl, daß ich sie, um sie von ihrer
Betrübnis abzubringen, auf nichts Ermutigendes hinweisen konnte, als
auf die Aussicht auf eine solche Prüfung und Demütigung....

19. Der Pater General[1] war über uns so aufgebracht, daß er den
Herrn Tostado als Generalvikar zu uns sandte, mit dem Auftrage, unsere

---

[1] Im folgenden berichtet die Schwester Maria vom hl. Joseph die Leiden der
Karmelitinnen zu Sevilla während der Verfolgung vom Jahre 1577—1579.
Dieser Auszug ist ebenso wie der vorhergehende aus dem Ramillete de mirra
(Myrrhensträußchen) genommen.

Klöster aufzuheben. Ich meine die der Religiosen; denn die unsrigen waren alle kraft seiner eigenen, unserer hl. Mutter erteilten Erlaubnis gegründet worden. Diese Erlaubnisscheine habe ich in Händen gehabt; es sind im ganzen drei. Es bestand also kein Grund, sich darüber zu beunruhigen. Aber daß man uns unsere hl. und innigstgeliebte Mutter wegnahm, so daß sie in Zukunft nicht mehr mit uns verkehren und uns nicht mehr, wie bisher, leiten konnte, dies bereitete uns großen Schmerz und machte uns fast untröstlich. Und in der Tat, die Visitatoren, die ihre Verdienste erkannten und einsahen, welch große Bedeutung dies für unsere Klöster habe, wollten ihr vor allem die Leitung aller Klöster anvertrauen.

20. Inzwischen starb der päpstliche Nuntius, der uns sehr gewogen war. Ein anderer kam an seine Stelle, der sich, durch den General aufgeklärt, für die Beschuhten eingenommen zeigte, daß sie sich nicht nur der Visitation entziehen, sondern auch über uns alles mögliche Böse aussagen konnten. Man nahm dem Pater Gracián die Vollmacht und erteilte sie den beschuhten Patres, uns zu visitieren. Als sich diese der Autorität und einer so ungern ertragenen Unterwürfigkeit entzogen sahen, glaubten sie ein Recht zu haben, unsere Klöster zu visitieren; sie wollten alles beschönigen, sich rechtfertigen und zeigen, daß wir ihrer nicht wert seien, und veröffentlichten dies alles. Der eine begann in Kastilien, der andere in Andalusien die Visitation; aber der König, der die zu befürchtenden Übel verhindern wollte, erließ nach Kenntnisnahme des leidenschaftlichen Treibens dieser Patres den Bescheid, wodurch die Vornahme der Visitation untersagt wurde, bis der Nuntius, der nur die beschuhten Patres angehört hatte, besser unterrichtet wäre. Alle unsere Klöster, sowohl die der Patres als auch die der Schwestern, machten von diesem Bescheide Gebrauch, mit Ausnahme der zwei Klöster in Sevilla, des Männerklosters, in dem damals Pater Nikolaus von Jesu-Maria Oberer war, und des Frauenklosters, dem ich als Priorin vorstand. Wir unterwarfen uns dem Schreiben des Nuntius und wollten den königlichen Bescheid nicht, wie die anderen Klöster, uns zunutze machen. Wir[1] hielten dafür, daß wenig daran liege, ob wir von diesen oder anderen Vätern visitiert würden; denn es fand sich bei uns nichts vor, was nicht vor der ganzen Welt offenbar werden durfte. Außerdem schien uns die Unterwerfung für Sevilla als besser; denn sonst wäre noch größere

---

[1] Die beiden Klöster.

Unruhe entstanden wie bei der vorhergehenden Visitation. Unsere Weigerung würde dort mehr Aufsehen als anderswo erregt haben, und wir
hätten uns der Gefahr ausgesetzt, daß unsere Exkommunikation an die
Kirchentüren angeschlagen worden wäre, wie es, wie ich glaube, in
Granada der Fall war. Wenn unsere Klöster sich auf den königlichen
Bescheid beriefen und der König ihn gab, so geschah es deshalb, weil der
Nuntius sich geweigert hatte, seine Macht geltend zu machen. In einem
solchen Falle haben ja die Könige vermöge der ihnen verliehenen päpst-
lichen Bullen das Recht, die Ausführung der Anordnungen aufzu-
schieben.[1]

21. Unser Pater Gracián hatte im Jahre 1575 sein Amt als Visitator angetreten. Er verwaltete es bis zum Jahre 1578, wo die Wirren
entstanden, von denen ich soeben gesprochen habe. Zur selben Zeit hatte
der Nuntius in drei Klöstern zu Madrid unseren Pater Gracián, den
Pater Antonius von Jesu und den Pater Mariano in Haft setzen
lassen. Alle drei waren Opfer vieler Verleumdungen, aber besonders
heftig tobte der Sturm gegen Pater Gracián, und seine Strafen waren
sehr empfindlich. Der Nuntius bestrafte ihn wegen einer Menge von
Erfindungen und lügenhafter Angaben.

22. Unsere Mutter war betreffs der allgemeinen Interessen der
Reform sehr in Sorge. Und diese wäre in der Tat dem Ruine nahe
gewesen, wenn sie länger den beschuhten Vätern unterworfen geblieben
wäre, wie damals, als sie unsere Oberen waren. Zu ihrem eigenen
Schmerze kamen noch die Leiden ihrer Kinder, und überdies hatte man
uns den gegenseitigen Verkehr verboten. Unser Herr ließ zu, daß unser
Pater Nikolaus von Jesu Maria während dieser Ereignisse in Freiheit
blieb. Weil er nicht das Amt eines Visitators innehatte, verfolgte man
ihn nicht wie die anderen. Er begab sich an den Hof unter dem Vorwande, zugunsten eines seiner Verwandten zu unterhandeln. Auf
Bitten ebendieses Verwandten erlaubte ihm der Nuntius jene unserer
Patres zu sprechen, die gefangen gehalten wurden. Die einen wie die

---

[1] Die Mutter Maria vom hl. Joseph beschreibt dann sehr ausführlich die Wirren,
die unvermutet über ihr Kloster in Sevilla durch die Unklugheit eines Beichtvaters
und durch die Haltung der beschuhten Karmeliten bei der gewöhnlichen Visitation
hereinbrachen. Sie erzählt, wie man ihr das Amt einer Priorin abnahm, wie man
zu den bereits erfundenen Verleumdungen gegen den Pater Gracián, die anderen
unbeschuhten Karmeliten und besonders die hl. Theresia neue Lügen ersann.

anberen waren eines Sinnes mit unserer Mutter, die dringend bat, man möge sich nach Rom wenden und mit Hilfe seiner Majestät die Errichtung einer eigenen Provinz betreiben. Endlich entschloß man sich, ihrer Meinung und ihren Anweisungen gemäß zu handeln; ich weiß dies aus vielen ihrer Briefe, die ich in Händen hatte. Es wiederholte sich in diesen beständig die Bemerkung, die Väter sollten sich nicht sicher glauben, so lange sie nicht diese Gunst von Seiner Heiligkeit erlangt hätten. Unterdessen erfuhr sie, daß die Väter der Observanz[1] Seine Heiligkeit und die Kardinäle falsch über die Karmelitinnen informierten. Sie veranlaßte aber sofort mehrere Persönlichkeiten, die in den verschiedenen Städten, wo unsere Klöster sich befanden, mit uns verkehrten und Umgang hatten, Zeugnis abzugeben, was sie von uns dächten. Nach diesen Zeugenaussagen schrieb sie mir: „Ich bin tief beschämt und verwirrt, meine Tochter, über das, was die Herren über uns gesagt. Wir sind streng verpflichtet, zu sein, wie sie uns geschildert haben, wollen wir nicht ihre Worte Lügen strafen."

23. Diese schriftliche Zeugenaussagen wurden nach Rom geschickt. Wie immer sprach sich der ausgezeichnete Bischof Don Alvaro de Mendoza unter allen am meisten zu unseren Gunsten aus. Ich glaube nicht, daß jemand das uns mit aller Aufrichtigkeit gespendete Lob in Zweifel ziehen konnte; es war nichts anderes als der Ausdruck der wahren Gesinnung und tatsächlichen Meinung, die man von unseren Schwestern hatte. Und warum sollte man auch gegenüber so vielen angesehenen Persönlichkeiten und Mönchen verschiedener Orden einen falschen Verdacht haben? Man kann daraus ersehen, daß uns die Verleumdungen der Patres keine Schande brachten und unseren Ruf nicht untergruben. In der Tat, wer von Leidenschaft frei ist, verliert nur bei leidenschaftlichen Menschen sein Ansehen, und gewöhnlich finden derartige Angriffe in den Augen unparteiischer Personen keinen Anklang.

24. Als man den Nuntius wegen der angestrebten Trennung zu Rate zog, zeigte er sich damit einverstanden.[2] Da er besser als früher informiert war und erkannte, daß Seine Majestät uns sehr gewogen

---

[1] Die Beschuhten.

[2] Merkwürdig mag erscheinen, daß dieser Nuntius unvermutet seine Gesinnung änderte. Während er zuerst ein heftiger Gegner der Reform war, richtete er sogar später das berühmte Bittgesuch an den König, die Trennung der Unbeschuhten von den Beschuhten in Rom zu erwirken.

war, änderte er seine Ansicht. Dank der Unterstützung und des Inter=
esses, das Seine Majestät unseren Angelegenheiten entgegenbrachte, er=
ließ Seine Heiligkeit das Breve der Trennung. Es ist darin keines=
wegs von unserer Mutter die Rede, und es wird auch nicht erwähnt,
daß sie zuerst ihre Nonnenklöster gründete und dann mit der Gründung
von Männerklöstern begann. Man hat sich dieses Umstandes bedient, um
Personen, die von der Sache nichts wußten, falsche Angaben aufzu=
drängen, die man jetzt in der Öffentlichkeit verbreitet. Aber Schuld an
dieser Unterlassung ist die unruhige Zeit, in der man um diese Gnade
gebeten. Viele verachteten in der Tat das Werk und setzten es herab,
weil es von einer Frau unternommen und ausgeführt wurde. Auch die
Heilige wollte nicht, daß man von ihr und ihren Töchtern Erwähnung
tat. Dieses Ansuchen geschah im Namen des Königs; aber obwohl dieser
seinen Gesandten beauftragte, die Angelegenheit zu ordnen, hielten
unsere Mutter und alle übrigen es für geraten, daß sich zu diesem
Zwecke zwei unbeschuhte Karmeliten in Rom einfinden sollten. Man
schickte sie also dorthin. Es waren dies Pater Johannes von Jesu, sonst
Magister Roca genannt, der bei Beginn der Gründung von Pastrana
in den Orden eingetreten war, und Pater Didakus von der hl. Drei=
faltigkeit, ein großer Diener Gottes, der nach seiner Rückkehr aus Rom
an der Pest starb. Die beiden Patres blieben mehr als ein Jahr in
Rom. Sie betrieben ihre Angelegenheit beim Gesandten in weltlicher
Kleidung, obwohl dieser sie gut kannte. Bei den Kardinälen gaben sie
vor, Verwandte einiger Religiosen des Ordens zu sein. Um diese Auf=
gabe zu lösen, mußten sie in anständiger Weise auftreten. Die Nonnen=
klöster bestritten hiefür alle Auslagen oder wenigstens die meisten; denn
unsere Mutter hatte angeordnet, daß die Kosten auf all unsere Klöster
verteilt werden sollten. Es ist nicht meine Absicht, hier im ein=
zelnen zu berichten, was wir Nonnen von Sevilla zu diesem Zwecke
spendeten. Desungeachtet kann ich beweisen, daß mein Anteil größer ist
als der aller anderen. Vor der Verteilung der Kosten hatte ich gerade zur
Bestreitung der in Rom gemachten Ausgaben 700 Pesos[1] bezahlt; denn
mittlerweile erhielten wir ein Legat aus Indien. Ich will die Ungerech=
tigkeit nicht hervorheben, mit der man mich behandelte, sondern jene, die
man den Nonnenklöstern zugefügt und noch immer zufügt. Ja, wir

---

[1] Ein Peso = 8 Silberrealen. Ein Real = 34 Maravedis oder in deutschem
Gelde 20 Pfennig.

können mit gutem Rechte sagen, daß die Patres ihnen ihre Freiheit verdanken; denn die Nonnen haben sie nicht nur durch ihre allgemeine Beliebtheit und das Ansehen unserer hl. Mutter bei den Prälaten und Standesherrn Spaniens unterstützt, sondern jedes Kloster hat auch seine letzten Pfennige aufgeboten. Das wissen die Patres sehr gut...

25. Der Nuntius, der zuvor so sehr aufgebracht war, wurde durch die Milde des Königs besänftigt. Er gab uns zum Generalvikar den beschuhten Karmeliten, Pater Angelus de Salazar, dem die ganze Reform zu großem Danke verpflichtet ist. Dieser Ordensmann setzte mich wieder in das Amt als Priorin ein, das mir der andere Visitator von Andalusien abgenommen hatte. Wenn es auch den Anschein erweckt, als wollte ich mich wegen der gegen mich erhobenen Anklagen und wegen der grundlosen Beschuldigungen von seiten der beschuhten Karmeliten rechtfertigen, so will ich doch hier die Worte anführen, deren sich Pater Angelus in seinem Schreiben bediente. Dieses Schreiben war die Ursache, daß mir wieder Stimme, Sitz und Würde einer Priorin gegeben wurde. Er habe alle gegen mich erhobenen Anklagen, so sagt er, geprüft und sei zur Einsicht gekommen, daß bei dieser Angelegenheit der Richter dort Verbrechen sehen wollte, wo sie nicht vorhanden waren. Dann fügte er noch einige Worte des Lobes bei, um zu zeigen, daß ich ohne Grund abgesetzt worden sei.

26. Zur selben Zeit setzte auch der Nuntius den Pater Gracián wieder in Freiheit und hob die Strafen auf, die ihm, wie alle wohl wußten, ohne jeglichen Grund auferlegt waren. Der Pater Generalvikar sandte ihn hierauf nach Andalusien als Vikar dieser Provinz. Er blieb dort, bis das päpstliche Breve von Rom kam, also bis Ende des Jahres 1580. Am 6. März des Jahres 1581, am Feste des glorreichen Heiligen Cyrillus, wurde ein Kapitel abgehalten, bei dem kraft eines speziellen Breves Seiner Heiligkeit Pater Johannes de las Cuevas aus dem Orden des hl. Dominikus den Vorsitz führte. Man wählte dort den Pater Hieronymus Gracián von der Mutter Gottes zum Provinzial der Unbeschuhten, und die Provinz blieb von jener der Beschuhten getrennt. So erfüllte sich das Wort des Herrn an unsere hl. Mutter Theresia: „Noch zu deinen Lebzeiten wirst du den Orden sehr blühen sehen", und das andere: „Warte ein wenig, und du wirst sehen, was ich aus dir machen werde." Die hl. Theresia starb überaus glücklich in dem Bewußtsein, den Orden oder vielmehr diese kleine Herde von Mönchen

und Nonnen in einer so glücklichen Lage zurücklassen zu dürfen und unter
der Leitung eines Provinzials, den sie achtete und schätzte, wie es ihre
zahllosen Briefe bezeugen. Sie teilte uns allen in der Überzeugung,
daß sie auf dieser Welt nicht mehr notwendig sei, ihre Freude mit,
sowie auch ihr ungestümes Verlangen, zu ihrem Innigstgeliebten zu
gehen und sich an ihm zu erfreuen. In einem Briefe an mich sagte sie:
„Jetzt, meine Tochter, kann ich die Worte des hl. Greises Simeon
wiederholen; denn ich sehe den Orden der allerseligsten Jungfrau in
einem Zustand, wie ich es gewünscht. Ich bitte und beschwöre euch darum
alle, keine Gebete und demütigen Bitten um Verlängerung meines
Lebens an Gott zu richten. Lasset mich die Ruhe genießen; denn ich bin
hienieden nicht mehr vonnöten." —

13.
Die hl. Theresia in Burgos 1582.
Bericht des Paters Petrus von der Reinigung.[1]

1. Durch Anordnung unseres Paters General wurde ich beauftragt,
zu berichten, was ich von den heroischen Werken meiner hl. Mutter
Theresia von Jesu, der Begründerin und Wiederherstellerin dieser neuen
Reform, weiß, deren Glieder wir sind und in der wir unbeschuhte Religiosen unserer Lieben Frau vom Berge Karmel Profeß ablegten. So
will ich mich denn dieser Aufgabe in möglichster Kürze entledigen. Es
gäbe freilich unendlich vieles zu sagen über die Taten, das Leben und die
Heiligkeit der Mutter; allein der größte Teil davon findet sich entweder
in ihren Handschriften, die sie im Gehorsam und auf Befehl ihrer
Oberen und Beichtväter verfaßte, oder in den Schriften anderer Personen oder endlich in den Erkundigungen, die im Auftrag des erlauchten
und wohlehrwürdigen Camillus Cajetano, des Nuntius Seiner Heiligkeit, und auf Bitten und inständiges Verlangen des Ordens durch Don

---

[1] Dieser Bericht stammt von einem unbeschuhten Karmeliten, dem Sekretär des
Paters Gracián und einem der Begleiter der hl. Theresia bei der Gründung von
Burgos. Er wurde im Jahre 1602 in Evora in Portugal auf Anordnung des
Paters Joseph von Jesu-Maria, des Visitators der unbeschuhten Karmeliten dieses
Reiches, verfaßt. Das Originalmanuskript findet sich in der Nationalbibliothek zu
Madrid. Es ist im Jahre 1896 in den Relaciones históricas de los siglos
XVI y XVII, mit dem von Pater Joseph von Jesu-Maria vorgeschriebenen Text,
datiert vom 18. Dezember 1602, veröffentlicht.

Hieronymus Manrique, Bischof von Salamanca, sowohl in seiner als auch in anderen Diözesen Spaniens eingezogen wurden, und die auch in Portugal auf Anordnung des Patriarchen von Jerusalem, des damaligen apostolischen Delegaten dieser Länder, stattfanden. Ich werde also hier berichten, was ich aus dem eigenen Munde der hl. Mutter gehört und bei meinem Verkehr mit ihr und als ihr Begleiter während einiger Monate erfahren habe.

2. An erster Stelle muß ich an dieser großen Dienerin unseres Herrn die Liebe zu ihrem Gott und Bräutigam rühmend hervorheben, eine Liebe, die tief in ihrer Seele wurzelte; ferner ihr heißes Verlangen, für ihn zu wirken und zu leiden. Keine ihrer Handlungen genügte ihr; sie achtete immer alles für nichts im Vergleich zu dem, was sie ihrem Meister schuldete. Sie betrachtete beständig diesen, inmitten unsäglicher Leiden ans Kreuz gehefteten Meister und glaubte, daß er diese für sie allein erdulden mußte. In diesem Sinne sagte sie oft zu mir: „Wie wenig tun wir doch, mein Vater, hinsichtlich der Verpflichtungen, die wir gegen unseren Herrn haben. Wie wenig tue besonders ich, die ich von ihm mehr Gnaden empfangen habe und noch jeden Tag empfange, als alle anderen Sterblichen auf Erden. Bemühen wir uns, mittels seiner göttlichen Gnade, die er uns immer im Überfluß zu geben bereit ist, unser Inneres in Ordnung zu bringen. Machen wir uns würdiger, damit die göttliche Majestät in unseren Seelen ihre Ruhe nehmen und sich niederlassen kann."

3. Es war die glühende Liebe, die sie so sprechen ließ und unaufhörlich antrieb. Dies tritt klar zutage in einigen, von ihrer eigenen Hand geschriebenen Stoßgebeten, die noch existieren, und in anderen, die in ihren Werken enthalten sind. Diese Gebete bringen so recht das Feuer der göttlichen Liebe zum Ausdruck, das ihre Brust, ihre Seele und ihr Herz verzehrte. So oft ich sie mit Personen, sei es Welt- oder Ordens-leuten, sprechen und sich unterhalten sah, merkte ich immer, daß die Seelen in der Gottesliebe zunahmen. Ihre Worte waren in der Tat so erhaben, so voll Gottesliebe und mit solcher Klugheit gewürzt, daß sie die Herzen mit sich fortriß. Ich kann sagen, bezeugen und es gewiß versichern, daß jeder, der sich mit ihr unterhielt, daraus Nutzen und Fortschritt für seine Seele schöpfte und sein Leben besserte; ich allein machte hierin eine Ausnahme. Obgleich ich sehr vertraut mit ihr ver-kehrte und einige Male, ja selbst öfters ihre hl. Beichte entgegennahm,

so muß ich doch zu meiner Schande es bekennen, daß ich aus ihren Lehren keinen Nutzen zu ziehen wußte. Und dennoch war ich ihr besonders geliebter Sohn und bin es noch. Ich habe sogar in ganz hervorragender Weise ihre Güte erfahren.

4. Ich will hier etwas von einem Manne aus einer Stadt Kastiliens erzählen, den ich sehr gut gekannt habe. Er galt allgemein als ein Stichler und Witzbold. Da er überdies gebildet war und einen scharfen Verstand hatte, wurde er zuweilen beißend. Sobald er mit der hl. Mutter zusammenkam, änderte er sich derart, daß er beim Adel der Stadt einen ganz anderen Ruf genoß; denn er selbst war adelig und verkehrte mit der vornehmen Welt. Von da an hörte man ihn von Gott reden, von den Angelegenheiten seiner Seele, und er lebte zurückgezogener als die übrigen Mitglieder seines Standes. Schließlich sagten mir sogar die angesehensten Männer der Stadt, Würdenträger der Kathedrale, es seien die Tugenden und Eigenschaften der hl. Mutter Theresia von Jesu, ihr persönliches Verdienst und ihre Macht bei Gott offen zutage getreten, da ihre Gespräche eine solche Veränderung an jenem Herrn bewirkt und ihn in einen ganz anderen Menschen umgewandelt hätten. Der übrige Teil der Stadt hatte dieselbe Ansicht.

5. Im Verkehr mit dieser erhabenen Mutter erfüllte mich etwas mit besonderer Bewunderung: ich bemerkte es oft und richtete meine ganze Aufmerksamkeit darauf. Mochte sie auch drei oder vier aufeinander folgende Stunden lang reden — denn es war zuweilen notwendig, daß ich entweder mit ihr allein oder im Beisein von anderen über (verschiedene) Angelegenheiten verhandelte —, so war (doch) ihre Unterhaltung so angenehm, ihre Worte so erhaben, ihre Lippen bewegten sich so freudig, daß man nicht müde wurde, sie zu hören, und es überaus schmerzlich empfand, sich von ihr trennen zu müssen. Nie vernahm ich ein Wort von ihr, das man als unnütz hätte bezeichnen können; und doch — ich wiederhole es — beobachtete ich sie mit der größten Aufmerksamkeit. Niemand ging traurig von ihr hinweg. Jeder fand in ihren Worten Trost und Erleichterung seines Kummers. Sie hatte inniges Mitleid mit der Not der armen Leute und half, wenn es ihr anders nicht möglich war, mit Wort und Gebet.

6. Als sie sich zur Gründung nach Burgos begab, erhielt ich den Auftrag, sie zu begleiten und mit ihr in jener Stadt zu bleiben. Der gute Erzbischof, der indessen ihr Freund, ihr Verehrer, ihr Verwandter und

außerdem ein großer Diener Gottes war, hatte sie sowohl brieflich ersucht, sich dorthin zu begeben, als auch dem Don Alvaro de Mendoza, Bischof von Palenzia, mündlich erklärt, daß sie ein Nonnenkloster in der Stadt Burgos gründen könne. Wir kamen in großem Elend an; denn es war Januar und es gab Überschwemmungen und viel Schnee. Unser Herr fügte es so zum größten Verdienst der Heiligen und zur Übung der Geduld ihrer Begleitung. Der Erzbischof verweigerte die Erlaubnis zur Gründung, bald unter dem Vorwand, daß das Kloster Einkünfte haben müsse, bald indem er andere Ausreden vorbrachte. So ließ er die hl. Mutter drei Monate lang ohne Klausur warten, ja er verbot sogar Messe in dem Hause zu lesen, das ich für die Nonnen gekauft, und aus dem das jetzige Kloster entstanden. Ich führte sie zur Messe, hörte ihre Beichte und reichte ihnen in der nicht weit entfernten Kirche eines Spitals, San Lucas mit Namen, die hl. Kommunion. Die hl. Mutter ertrug all das mit weit größerer Geduld als wir, die wir die Angelegenheit betrieben, und man verschob auch wirklich die Erlaubnis von Tag zu Tag.

7. Als ich eines Tages beim Erzbischof zu Tische war, bemerkte ich Seiner erlauchten Herrlichkeit gegenüber, daß man nicht gut von ihm rede, da er so lange die Erlaubnis verweigerte, das Allerheiligste Sakrament einzusetzen und die Messe für die Nonnen lesen zu lassen. Ich ersuchte ihn, von dieser Weigerung abzustehen, um so den Leuten nicht weiteren Anlaß zum Kritisieren zu geben. Man wolle sich ja völlig dem Wunsche Seiner Herrlichkeit unterwerfen, und darum möge sie mir die Erlaubnis geben. Der gegenwärtige Hochwürdigste Bischof von Calahorra,[1] der damals erster Domherr der Kathedrale war, unterstützte meine Bitte. Der Erzbischof antwortete uns, daß er am Abend des nächsten Tages mir gewiß die Bewilligung geben werde und ich darauf rechnen könne. Voll Freude benachrichtigte ich sogleich die hl. Mutter. Sie war nur halbwegs damit zufrieden. Ohne Zweifel hatte sie von dem, der sie von ihren Besorgnissen befreite, noch nicht volle Zusicherung erhalten.

8. Am anderen Tage begab ich mich zum Erzbischof. Er brachte neue Gründe für seine Weigerung vor. Ich sagte ihm hierüber meine Meinung und wurde vom obengenannten Bischof und einem anderen Edelmann unterstützt. Schließlich verließen wir alle drei voll Zorn die

[1] Dr. Manso.

Wohnung des Erzbischofs. Ich begab mich zur hl. Mutter; ich war aber noch nicht angekommen, als sie zur Nonne, die den Türschlüssel hatte, sagte: „Öffnen Sie dem Pater Petrus, der kommt." Sie erriet den Kummer, der mich drückte, oder sie hatte davon schon Kenntnis. Ich brachte unzählige Klagen über den Erzbischof und seine Unentschlossenheit vor und sagte, daß es mich schließlich am meisten schmerze, sie mit ihren Nonnen in solcher Lage zu sehen, allein ohne Begleiter dazustehen, — der Bischof konnte nicht immer bei mir sein — und endlich mich als Verbrecher zu fühlen, den man durch die Straßen der Stadt jagt. Ich versicherte sie, daß ich in mein Kloster zurückkehren würde, wenn nicht sie sich in Burgos befände. Sie sprach mit überaus liebevollen, wahrhaft himmlischen Worten zu mir, die wohl imstande waren, unsere betrübten Herzen zu trösten. Aber mein Herz befand sich in einem solchen Zustand, daß es wenig Trost daraus schöpfte. Schließlich sagte sie zu mir: „Gehen wir auf die andere Seite dieses Geländers, damit unsere Schwestern uns nicht hören." Und dort eröffnete sie mir ihr Herz und richtete folgende Worte an mich: „Mein lieber Vater, ich weiß wohl, daß Sie sich überaus abgemüht haben und diese Angelegenheit Sie ganz verdrießlich macht. Ich weiß, daß meine und meiner Schwestern unangenehme Lage Sie weit schmerzlicher berührt als Ihre eigene Betrübnis. Ich weiß auch, daß der Erzbischof schrecklich ist mit all seinem Zaudern und daß infolgedessen Euer Wohlehrwürden und unsere Freunde versucht sind, das Vertrauen auf den glücklichen Ausgang dieser Gründung zu verlieren. Aber ich habe vom Herrn das Versprechen erhalten, daß sie zustande kommen werde; ich halte sie für sicherer, als wenn ich sie mit meinen Augen sähe. Und in der Tat, als Euer Wohlehrwürden von Granada kamen, um mich zur Klostergründung in jene Stadt zu führen, bat man mich zu gleicher Zeit, dieses hier zu gründen. Unentschlossen, wohin ich gehen sollte, legte ich die Angelegenheit in die Hände Gottes; denn seit zwölf Jahren fühle ich mich angetrieben, nach Burgos zu kommen, und andrerseits wußte ich, daß die Gründung von Granada großen Segen bringen werde. Ich verlegte mich auf beharrliches Gebet und bat seine Majestät inständig, mich erkennen zu lassen, was ihm das Angenehmste sei. Unser Herr erschien mir in einer bildhaften Schauung,[1] die bestimmter war, als wenn ich ihn mit körperlichen Augen gesehen hätte, und sagte folgendes zu mir:

---

[1] Visión imaginaria von imagen (Bild).

9. „Verwirkliche, meine Tochter Theresia, diese zwei Gründungen. Schicke irgend jemand in deinem Namen nach Granada; die Gründung wird leicht zustande kommen. Du aber reise unverzüglich nach Burgos ab. Du wirst dort Widerspruch von seiten dessen finden, der über die Niederlassung nicht erfreut ist, und viele Prüfungen antreffen; aber du wirst das Werk zu Ende führen. Der Name Theresia von Jesu ist mächtig. Was viel wert ist, muß teuer bezahlt werden. Es wird mir sehr gut in diesem Kloster gedient werden. Beeile dich, abzureisen."

10. Und die hl. Mutter fügte hinzu: „Mein Vater, nach diesen Worten dürfen Euer Wohlehrwürden sich nicht wundern, wenn ich über die vom Teufel mir bereiteten Hindernisse lache und, ohne mich im geringsten zu beunruhigen, einzig auf den guten Willen des Erzbischofs rechne, um uns gefällig zu sein."

11. Der Herr ist mein Zeuge, daß diese Worte jede Wolke der Traurigkeit vollständig aus meinem Herzen verscheuchten. Es scheint mir sogar, daß ich den Gleichmut inmitten noch größerer Schwierigkeiten bewahrt hätte, wenn die Verhandlungen sich auch noch zwanzig Monate hinausgeschoben hätten. Wenn (schon) diese Gespräche so viel Eindruck auf mich machten, ist es dann zu verwundern, daß die Worte und die Gegenwart Jesu Christi, unseres Herrn, die Seele dieser Heiligen mit solchem Vertrauen und solcher Festigkeit erfüllten? War sie ja doch auf so bestimmte, gewisse und beständige Weise damit begnadigt!

12. In den Verfolgungen, die sie sowohl im Verlaufe ihrer Gründungen, als auch wegen anderer wichtiger Angelegenheiten auf sich nehmen mußte — man verdächtigte sie falsch und verleumdete sie bei angesehenen Persönlichkeiten —, zeigte sie eine unüberwindliche Geduld und Ausdauer. Dies geht zum Teil klar hervor aus dem von ihr selbst beschriebenen Buch ihres „Lebens", wo sie von der Gründung des Klosters in Avila spricht, dem ersten, das errichtet wurde; ebenso ist es ersichtlich aus den Umständen der Gründung von Medina del Campo und noch aus anderen Stellen ihrer Werke. So viel weiß ich von ihr bezüglich dieses Punktes. Wenn man ihr gegenüber die Anklagepunkte erwähnte, womit man sie fälschlich beschuldigte, antwortete sie in überaus freudiger und liebenswürdiger Weise: „Alle, die den Mund geöffnet, um Schlechtes über mich zu sagen, haben mir unzählige Vorteile verschafft." Einmal — und vielleicht geschah es öfters — sagte sie zu mir folgendes: „Ich versichere Sie, mein Vater, daß ich für jeden,

von dem ich erfahre, daß er Böses über mich aussagt, zu Gott flehe und ihn inständig bitte, er möge das Herz, den Mund und die Hände dieses Menschen vor jeder Beleidigung gegen seine Person bewahren. Dann betrachte ich ihn nicht als einen, der mir Übles will, sondern als Diener Gottes, unseres Herrn, der vom Heiligen Geiste als Werkzeug erwählt ist, mir Gutes zu tun und zu meinem Heile mir behilflich zu sein." Und sie fügte hinzu: „Glauben Sie mir, mein Vater, die beste und stärkste Lanze zur Eroberung des Himmels ist die Geduld in Prüfungen. Sie macht den Menschen zum Besitzer und Herrn seiner Seele, wie unser Herr zu seinen Aposteln gesprochen."

13. Weder ihre erhabenen Übungen der Tugend und Vollkommenheit, noch ihr Gebet und ihre Betrachtung, weder ihre Verzückungen, Ekstasen und Visionen, noch die glühende Nächstenliebe, die ihre Seele erfüllte, haben mich so mit Bewunderung erfüllt als diese an ihr hervorleuchtende göttliche Gabe der Geduld. Es möge niemand glauben, daß ihre Geduld nur in geringfügigen Dingen und Fragen, die ihre Ehre nicht berührten, geprüft wurde. Man erhob im Gegenteil die schwersten Verleumdungen gegen sie und berichtete nach Rom unzählige Unwahrheiten. Und so handelten Religiosen, die im Rufe von Ehrenmännern standen. Sie hatten keinen anderen Zweck, als die fortgesetzten Klosterstiftungen zu verhindern, die sie unternommen und zur großen Ehre Gottes und zum Heile der Seelen ins Werk gesetzt hatte.

14. Ich erinnere mich, daß sie, wenn ich sie an eine gewisse, wahrhaft schreckliche Verleumdung erinnerte, zu lachen anfing und sagte: „Ich würde wohl Schlimmeres getan haben, wenn mich unser Herr nicht mit seiner heiligen Hand beschützt hätte. Am meisten zu befürchten und am schmerzlichsten für mich ist der Schaden, den einer seiner Seele zufügt, der solche Dinge behauptet. Ich wollte gerne Schimpf und Schmerzen erdulden, damit er Gott nicht beleidigte und von der Sünde frei würde. Jenem aber, der falsch angeklagt wird, fügt man kein anderes Übel zu, als daß ihm Gelegenheit zum Verdienste geboten wird."

15. Sie gestand oft ihre einstigen kleinen Fehler in überaus heiterer und anmutiger Weise. Als wir eines Tages von irgendeiner Unvollkommenheit sprachen, die man bei Personen antrifft, die anfangen, Gott zu dienen, sagte sie zu mir: „Wissen Sie, mein Vater, man hat mir in meinem Leben drei Lobsprüche erteilt. Man sagte,

daß ich klug, heilig und schön sei. Von diesen drei Lobsprüchen glaubte ich zwei und meinte, sie zu verdienen. Ich glaubte, daß ich klug und schön sei; das war eine große Eitelkeit. Aber wenn man mir sagte, daß ich tugendhaft und heilig sei, erkannte ich immer die darin liegende Täuschung. Daher mußte ich nie die Einwilligung in einen solchen Gedanken beichten, und kein Lob dieser Art flößte mir eitlen Ruhm ein."

16. Sie hatte sehr große Ehrfurcht vor dem Allerheiligsten Altarsakrament und vor der Beichte. Daher kommunizierte sie sehr oft, und wenn sie dazu keine Gelengenheit hatte, beichtete sie, um nicht der Gnaden verlustig zu gehen, die ihr Gott mittels der Sakramente gewährte. Ich empfand deshalb eine besondere Freude, ihr die Kommunion reichen und ihre Beichte entgegennehmen zu können, weil ich dadurch Zeuge ihrer Liebe und ihrer Andacht zu diesen hl. Handlungen wurde. Als sie einmal nicht kommunizieren konnte, weil wir uns in einem weltlichen Hause befanden, bat sie mich, ihre Beichte abzunehmen. Ich antwortete ihr: „Jesus, meine Mutter, belästigen Sie mich nicht. Ich weiß nicht, was Sie beichten wollen; um Stoff zur Absolution zu finden, werden wir auf die Fehler Ihrer ersten Kindheit zurückkommen müssen." Sie antwortete mir ernst und demütig: „Seien Sie, mein lieber Vater, nicht geizig mit den Reichtümern, die Ihnen gar nicht gehören. Da uns Gott ja eine besondere Gnade in seinen Sakramenten mitteilt, und zwar durch euch, Hochwürdige Herren, die ihr seine Diener seid und nichts von euerem Besitztum gebet, so verweigern Sie mir nicht einen so großen Schatz. Sie verlieren in der Tat nichts, mein Herr, Sie gewinnen im Gegenteil, indem Sie Sünden verzeihen und ein so heiliges Sakrament würdig spenden."

17. Ich übergehe stillschweigend sehr viele andere ausgezeichnete Tugenden, weil die Nonnen, die lange mit ihr zusammenlebten, sie berichten werden und ihre Bücher und andere Abhandlungen davon überfüllt sind. Ich sagte nur, was ich wußte, um meinen Auftrag zu erfüllen, und ich unterzeichne mit meinem Namen.

Ausgefertigt am 2. Februar 1602.

Bruder Petrus von der Reinigung.

414

Inhaltsverzeichnis

415

416